Warum mußte John F. Kennedy sterben?

ECON Sachbuch

Zum Buch:

In diesem aufsehenerregenden Report, der in den USA trotz seiner Verhinderungsversuche ein Bestseller wurde, gelingt es Mark Lane, die erschrekkende Wahrheit zu enthüllen: Der CIA, den John F. Kennedy »in tausend Stücke zerschlagen« wollte, hat tatsächlich die Ermordung des Präsidenten organisiert. Er legt eine lückenlose Beweiskette vor, bis hin zum atemberaubenden Höhepunkt: der beeideten Aussage der Augenzeugin Marita Lorenz, daß der CIA-Agent E. Howard Hunt das Mordkommando aus Exilkubanern in der Nacht vor dem Mord in Dallas bezahlte und bereits vorher Jack Ruby die Anweisung gab, den unschuldigen, später aber als angeblichen Attentäter verhafteten Lee Harvey Oswald zu töten.

Der Autor:

Mark Lane ist Rechtsanwalt, Universitätslehrer, Schriftsteller und Filmemacher. 1960 hat er John F. Kennedys Wahlkampagne in New York organisiert. Vor 26 Jahren erschien sein Bestseller »Rush to Judgement« (»Mark Lane klagt an«) – der Beginn seiner Suche nach der Wahrheit über die Ermordung Kennedys. Es folgten acht weitere Bücher, u.a. über die Ermordung Martin Luther Kings.

MARK LANE

Warum mußte John F. Kennedy sterben?

DAS CIA-KOMPLOTT

ECON Taschenbuch Verlag

Ökologisch handeln:
Dieses Buch ist gedruckt auf 100% Recyclingpapier,
chlorfrei gebleicht

Lizenzausgabe

Veröffentlicht im ECON Taschenbuch Verlag GmbH,
Düsseldorf und Wien, 1994

Titel des amerikanischen Originals: Plausible Denial. Was the CIA
Involved in the Assassination of JFK?

Aus dem Amerikanischen übersetzt von Alfred Hans,
Sonja Schuhmacher und Thomas Ruoff
Umschlaggestaltung: Klaus Detjen
Titelabbildung: dpa
Druck und Bindearbeiten: Ebner Ulm
Printed in Germany
ISBN 3-612-26135-5

Für Patricia Erdner Lane

Ich trat diese Reise an, bevor ich dich traf, aber gemeinsam haben wir beschlossen, unabhängig von den Konsequenzen unseren Kurs solange beizubehalten, bis alle Interessierten die Wahrheit über den Tod des Präsidenten erfahren können.

Ohne deine Liebe, Geduld und Freundschaft, aber auch deine Ermittlungsarbeiten, redaktionelle Beratung, ja Kritik, nicht zu reden von den Schreibarbeiten, hätte dieses Buch nicht fertiggestellt werden können.

Während wir an diesem Buch schrieben, haben wir gemeinsam Tränen der Enttäuschung geweint und Augenblicke der Freude gefeiert. Es war, wie es sein sollte. William Hazlitt hat dies wahrscheinlich am besten zum Ausdruck gebracht:

»Der Mensch ist das einzige Lebewesen, das Lachen und Weinen kennt; denn er ist das einzige Lebewesen, das beeindruckt den Unterschied wahrnimmt zwischen den Dingen, wie sie wirklich sind und wie sie eigentlich sein sollten.«

Inhalt

Zeittafel

1947	Die Central Intelligence Agency (CIA) wird von Präsident Truman gegründet.
November 1960	John F. Kennedy wird zum Präsidenten der Vereinigten Staaten gewählt.
April 1961	Die Schweinebucht-Invasion in Kuba scheitert.
1962–1963	Verärgert über die Inkompetenz des CIA während der Schweinebucht-Affäre ergreift JFK verschiedene Maßnahmen, die die Macht des Geheimdienstes beschneiden.
26. Sept. – 3. Okt. 1963	Lee Harvey Oswald besucht angeblich die Botschaften Kubas und der Sowjetunion in Mexico-City.
September	Kennedy beauftragt William Attwood, den amerikanischen Botschafter in Guinea, zu prüfen, ob Verhandlungen mit Kuba möglich sind.
2. Oktober	JFK unterzeichnet das NSAM 263, die Denkschrift Nr. 263 der Nationalen Sicherheitsbehörde, die den sofortigen Rückzug von 1000 US-»Militärberatern« aus Vietnam anordnet. Ferner enthält das Dokument einen Zeitplan für den Rückzug des gesamten US-amerikanischen Militärs, einschließlich der CIA-Experten.
20. November	Der französische Journalist Jean Daniel, ein Freund Attwoods, führt als inoffizieller Botschafter ein Interview mit Castro und erzählt ihm von Kennedys Bereitschaft zur Entspannungspolitik.
22. November	JFK wird in Dallas ermordet. Der texanische Gouverneur John Connally wird verletzt;

	außerdem stirbt J. D. Tippit, ein Polizeibeamter aus Dallas.
24. November	Oswald wird in Polizeigewahrsam von Jack Ruby erschossen.
29. November	Johnson setzt den Sonderausschuß zur Untersuchung des Mordes an Präsident Kennedy ein, den Vorsitz übernimmt der Vorsitzende des Obersten Gerichtshofs Earl Warren.
27. Sept. 1964	Die Warren-Kommission veröffentlicht ihren Bericht. Er schließt die Möglichkeit einer Verschwörung aus und kommt zu dem Schluß, Oswald habe allein gehandelt.
1966	Das Freedom of Information Act (Gesetz zur Wahrung des Rechts auf Auskunft) wird verabschiedet.
Aug. 1966	*Rush to Judgment* (deutsch: *Mark Lane klagt an – Kritik am Warren-Bericht*) erscheint in Amerika, kurze Zeit später auch in Deutschland.
1972	Die Watergate-Affäre führt zu dem bekannten Skandal, aufgrund dessen Präsident Nixon im August 1974 zurücktreten muß.
1973	Lyndon B. Johnson gibt in einem Interview zu, er habe »nie geglaubt, daß Oswald allein gehandelt hat«.
1974	Als Reaktion auf die Watergate-Affäre, die immer weitere Kreise zieht, wird das Freedom of Information Act ergänzt; nun bietet es den Bürgern besseren Zugriff auf Regierungsdokumente, während das verfassungsmäßige Recht des einzelnen auf seine Privatsphäre geschützt wird.
Juni 1975	Die Rockefeller-Kommission, in der der künftige Präsident Reagan sitzt, entdeckt Beweise für illegale CIA-Operationen in den Vereinigten Staaten.
August 1978	Der ehemalige CIA-Mitarbeiter Victor Marchetti verfaßt den Artikel »CIA muß Hunts Beteili-

	gung am Kennedy-Mord einräumen«, der in der Liberty-Lobby-Zeitung *Spotlight* erscheint.
1979	Der Sonderausschuß des Kongresses zur Untersuchung der Mordfrage kommt zu dem Schluß, daß vermutlich zwei Schützen auf Kennedy gefeuert haben. Außerdem heißt es, es habe sich »wahrscheinlich« um eine Verschwörung gehandelt.
Dezember 1981	Im ersten Prozeß in der Sache *Hunt gegen Liberty Lobby* wird Hunt ein Schadensersatz in Höhe von 650 000 Dollar zugesprochen.
Januar 1985	Im zweiten Verfahren *Hunt gegen Liberty Lobby* befinden die Geschworenen am 6. Februar, Liberty Lobby habe sich nicht der Verleumdung schuldig gemacht.
Juli bis August 1988	Die Zeitschrift *The Nation* veröffentlicht zwei Artikel, die George Bush zur Last legen, er sei bereits seit 1960/61 für den CIA tätig gewesen, obwohl Bush hartnäckig behauptete, er habe vor seiner Ernennung zum CIA-Chef im Jahre 1976 nichts mit dem Geheimdienst zu tun gehabt.
September 1991	Clair George, der ehemalige Leiter der CIA-Abteilung für Geheimoperationen, wird in zehn Punkten für schuldig befunden, die Ermittlungen im Iran-Contra-Skandal blockiert zu haben. Elaine Sciolino bezeichnet in der *New York Times* die Verurteilung Georges als »die härteste Kampfansage gegen die Kultur des Nachrichtendienstes . . . eine Kultur der Heimlichtuerei, die über Jahrzehnte allen Versuchen des Kongresses und der Exekutive standgehalten hat, die darauf abzielten, ihn zu durchdringen und zu verändern«.

Der CIA – Personen der Handlung

Allen Dulles: Stellvertretender Direktor für Planung (1950–1951); stellvertretender Chef der Central Intelligence (1951–1953). Mitglied der Warren-Kommission (1963–1964).

John McCone: Leiter der Central Intelligence (1961–1965).

Richard Helms: Diente beim OSS (1943–1946); CIA.

William Colby: Chef der Fernost-Division (1962–1967); stellvertretender Direktor für Operationen (1973); CIA-Chef (1973–1976).

Stansfield Turner: Admiral der US-Marine (seit 1978 außer Dienst); Chef der Central Intelligence Agency (1977–1981).

James Jesus Angleton: Diente beim OSS und CIA. Gründete 1953 die Abteilung für Spionageabwehr und diente bis 1974 als Chef der Spionageabwehr, bis er 1974 von William Colby zum Ausscheiden aus dem CIA gezwungen wurde.

E. Howard Hunt: CIA-Mitarbeiter, Watergate-Verschwörer und Autor von Spionageromanen. Wurde aus der Schweinebucht-Operation wegen Befehlsverweigerung entlassen; er behauptet, am 22. November 1963 in Washington gewesen zu sein. 1970 schied er aus dem CIA aus und wurde ein maßgeblicher Mitarbeiter Präsident Nixons.

G. Gordon Liddy: Leitender FBI-Beamter in den frühen sechziger Jahren. War als Nixons Sonderbeauftragter beim Finanzminister für das Organisierte Verbrechen zuständig; außerdem war er bevollmächtigter Beauftragter des »Committee to Re-Elect the President« (CREEP), des Komitees zur Wiederwahl des Präsidenten. Arbeitete gemeinsam mit Hunt an verschiedenen Projekten für die Regierung Nixon, war unter anderem in die Watergate-Affäre verwickelt.

Victor Marchetti: CIA-Mitarbeiter und Ende der sechziger Jahre rechte Hand von Richard Helms; hat mit John D. Marks das kontroverse Buch *CIA and the Cult of Intelligence* (deutsch: *CIA*) verfaßt.

David Atlee Phillips: CIA-Mitarbeiter in Havanna (1958–1961), machte Kennedy für das Scheitern der Schweinebucht-Invasion verantwortlich. Da er während der sechziger Jahre in Chile, Guatemala und der Dominikanischen Republik sehr aktiv war, wurde er schließlich im CIA Leiter der Operationen in der westlichen Welt. Er verließ den Geheimdienst 1975, um den Verband ehemaliger Nachrichtenoffiziere zu gründen.

Frank Sturgis: CIA-Agent, der zur Zeit des Attentats mit kubanischen Castro-Gegnern in Miami arbeitete. Rekrutierte Marita Lorenz, Castros ehemalige Geliebte und Mutter seiner Tochter, für den Nachrichtendienst, um den kubanischen Führer zu ermorden.

Ray Cline: Stellvertretender Direktor für den Bereich »Intelligence« (1962–1966). Verließ den CIA 1969, um Chef des State Department Intelligence zu werden.

Newton Scott Miler: Mitbegründer des CIA, ehemaliger Chef der Spionageabwehr

William Corson: Ehemaliger Colonel der Marineinfanterie mit umfassenden CIA-Kontakten. Ließ offensichtlich ein internes CIA-Memorandum durchsickern, das von Helms und Angleton unterzeichnet war und in dem es hieß, Hunt sei am Tag der Ermordung Kennedys in Dallas gewesen.

Einführung

Seit Jahren ist bekannt, daß weder die amerikanische Öffentlichkeit noch die Menschen in aller Welt daran glauben, daß es Lee Harvey Oswald gewesen ist, der am 22. November 1963 John F. Kennedy, den Präsidenten der Vereinigten Staaten, ermordet hat. Und ihre Vermutung ist begründet. Sie haben die Beweise, sie haben die Wahrheit auf ihrer Seite.

Ungeachtet dessen weigern sich Zeitungen, Fernsehen, Rundfunk und die großen Zeitschriften (mit einigen wenigen Ausnahmen), die Wahrheit publik zu machen. Und gerade darin zeigt sich die Ungeheuerlichkeit dieses Verbrechens. Es ist nicht besonders schwierig, einen Mann, und sei es einen Präsidenten, zu ermorden, der sich gerade außerhalb seiner gewohnten Gleise bewegt und ohne die üblichen Sicherheitsvorkehrungen reist. Andererseits aber ist es unglaublich schwierig, eine massive Täuschung zu planen und aufrechtzuerhalten, die nahezu drei Jahrzehnte lang die Tatsachen vor den Augen der Öffentlichkeit verbirgt. Allein schon die Dimensionen dieser Vertuschung verweisen auf die Macht und den Umfang der Verschwörung, die auf den Tod des Präsidenten abzielte – und auf den so vieler anderer in ähnlichen Fällen.

Mark Lane, der Autor dieses Buches und des Bestsellers *Rush to Judgment* (deutsch: *Mark Lane klagt an – Kritik am Warren-Bericht*, 1967), gehört zu den wenigen Menschen, denen es gelang, den Schleier der Lügen wegzureißen, um die verdeckten Fakten der wahren Geschichte freizulegen. Vor dem US-Bezirksgericht in Südflorida errang Lane am 6. Februar 1985 einen Spruch der Geschworenen, der eine Verleumdungsklage abwies und einen Bericht bestätigte, demzufolge Howard Hunt, ein langjähriger Mitarbeiter der Leitstelle für Operationen und des CIA, am Tag der Ermordung des Präsidenten in Dallas war. Die Zeugenaussagen vor Gericht stützten die These, daß der CIA in den Mord verwickelt gewesen sei.

Haben Sie in Ihrer Tageszeitung eine Meldung über das Urteil gelesen? Haben Sie in den Fernseh- oder Rundfunknachrichten davon gehört? Natürlich nicht. Darüber zu berichten ist nicht erlaubt. Dieses Buch schildert die Ereignisse so packend, daß die Berichte über andere Jahrhundertprozesse daneben wie Ammenmärchen erscheinen.

Auch anderen ist es gelungen, das Eis dieses Täuschungsmanövers zu brechen, und sie sind zu ähnlichen Ergebnissen gelangt. Leo Janos, ein Schriftsteller und Freund Präsident Lyndon B. Johnsons, besuchte den Expräsidenten kurz vor seinem Tode auf seiner texanischen Ranch. In einem Artikel, der im Juli 1973 im *Atlantic Monthly* erschien, gibt Janos Aussagen Johnsons in seinem Gespräch mit ihm wieder. Er sagte unter anderem:

a. »daß das Attentat in Dallas Teil einer Verschwörung war«;
b. »Ich habe nie geglaubt, daß Oswald allein gehandelt hat ...«;
c. »Wir hatten eine ›Mörder Inc.‹ in der Karibik geschaffen«.

Diese drei Sätze sind von großer Tragweite, denn sie stammen vom Nachfolger John F. Kennedys, dem Mann, der die Warren-Kommission einsetzte und der in Dallas in der Wagenkolonne nur drei Fahrzeuge hinter Kennedy fuhr und hörte, wie die Kugeln über seinen Wagen hinwegschossen. Das sollte er sein Leben lang nicht vergessen. Er wußte, wovon er sprach.

Was Johnsons Verweis auf die »Mörder Inc.« zu bedeuten hatte, wurde nie ganz geklärt. Doch ihm war die Sache völlig klar. Diesen Hinweis zu durchschauen, ist von entscheidender Bedeutung, wenn man den Mord an Kennedy und die Tragweite dieses Buches verstehen will.

1956 erhielt ich den Auftrag, eine Spezialabteilung im Hauptquartier der US-Luftwaffe zu schaffen. Diese Abteilung arbeitete nach den Vorschriften der Direktive 5412 der Nationalen Sicherheitsbehörde vom 15. März 1954 und diente dem Zweck, »die Geheimoperationen des CIA durch die Luftwaffe zu unterstützen«. Diese Aufgabe war bisher noch nicht in dem Sinne formalisiert worden.

Dieselbe NSC-Direktive definierte »Geheimoperationen« als

»sämtliche Tätigkeiten, die gemäß dieser Direktive erfolgen und so geplant und durchgeführt werden, daß für Unbefugte eine Verantwortung der US-Regierung nicht erkennbar ist und daß im Falle einer Aufdeckung die US-Regierung jede Verantwortung plausibel von sich weisen kann«.

Nachdem ich die Politik der Air Force für diese Arbeit formuliert und ein weltweites Netz von ausgewählten Mitarbeitern und Kommunikationskanälen geschaffen hatte, schickte mich der Chef der Central Intelligence, Allen Dulles, in Begleitung eines Sonderbeauftragten rund um die Welt. Ich besuchte viele CIA-Stützpunkte und wurde mit dem dortigen Personal und den Stützpunktchefs bekannt gemacht.

Während des Ungarnaufstands und der Suezkrise Ende 1956 befanden wir uns gerade in Europa und im Mittleren Osten. Vielleicht wurde ich aus diesem Grund zu diesem günstigen Zeitpunkt in ein ganz besonderes »Dorf« im Mittelmeerraum gebracht, wo eine streng ausgewählte Gruppe von staatenlosen »Mechanikern« lebte und sich ihrem höchst ungewöhnlichen Training unterzog. Beim CIA bezeichnet man Killer, Attentäter und vergleichbare Spezialisten als »Mechaniker«. Sie führen ein absolut anonymes Dasein.

Präsident Johnson meinte diese Männer und ihre Ausbildung, als er von der »Mörder Inc.« sprach. Er benutzte den Mafia-Ausdruck für die Attentäter, um sie von der US-Regierung abzurücken. Präsident Johnsons Aussage liefert ein wichtiges Detail. Im Lichte der Entwicklungen, die sich beim besagten Prozeß in Florida abspielten, und im Zusammenhang mit Dallas wird klar, daß er überzeugt war, ein Team dieser gesichtslosen, staatenlosen »Mechaniker« sei eingesetzt worden, um Präsident Kennedy zu ermorden, während ihr unheilvoller Auftritt durch die mehr oder weniger offensichtliche Anwesenheit anderer gedeckt wurde; und diese anderen wurden unter der Obhut des CIA herbeigeschafft, um die Killer abzuschirmen. Die einen verübten das Verbrechen, und die anderen lieferten die »Cover Story« und sind seither Personen der Handlung geblieben. Viele von ihnen wurden im Florida-Prozeß vorgeführt, doch keiner wurde je für dieses Verbrechen vor Gericht gestellt.

Wie gesagt, ist der Mord selbst nicht schwer zu verüben, sofern die üblichen Sicherheitsvorkehrungen, die den Präsidenten schützen, weitgehend entfallen. Dies war der zweite wichtige Faktor bei diesem Jahrhundertverbrechen. Zu meinem Aufgabenbereich gehörte der »Schutz des Präsidenten«. Ausgewähltes Militärpersonal wurde für diese Aufgabe ausgebildet, um den begrenzten Kräften des Geheimdienstes, wenn nötig, unter die Arme zu greifen. Ein eklatanter Ausrutscher, der 1963 während des Kennedy-Besuchs in Dallas passierte, bestand darin, daß nur einige wenige Geheimdienstmitarbeiter ihren Dienst versahen, während militärische Einheiten zum Schutz des Präsidenten völlig fehlten. Der Präsident hatte an diesem Tag praktisch kein erfahrenes Schutzpersonal um sich.

Ich führte ein Gespräch mit einem Mann, der, wie ich wußte, der 112. Division des militärischen Nachrichtendienstes bei der Vierten Armee in Fort Sam Houston, San Antonio, Texas, angehörte. Ich zitiere aus den Notizen, die ich mir während des Gesprächs gemacht habe:

a. Die 112. »führte bereits vor dem November 1963 Akten über Lee Harvey Oswald«.
b. »Daß Dallas gefährlich war, war bekannt.«
c. Sie waren darauf vorbereitet, nach Dallas zu gehen, »wenn man dafür trainiert, macht man es auch«.
d. Der Befehlshaber dieser Einheit, Oberstleutnant Rudolph M. Reich, hatte die Dienste seiner Einheit für die gesamte Texasreise angeboten, aber »sie wurden rundheraus abgelehnt«. Er bekam »eine kategorische Abfuhr durch den Geheimdienst«. Ein hitziger Wortwechsel zwischen beiden Behörden war die Folge.

Dies sind die Punkte, auf die es ankommt: Johnsons Aussage über die »Mörder Inc.« oder »CIA-Mechaniker« und das Fehlen ausreichender Vorkehrungen zum Schutze des Präsidenten in den Straßen von Dallas.

Jedermann kann sich eine Fotografie von den hohen Gebäuden besorgen, die eine Aussicht auf die Dealey Plaza gewähren, auf der der Präsident erschossen wurde; dabei ist nicht zu übersehen, daß viele Fenster offenstanden, während das Attentat erfolgte. Dies widerspricht den Geheimdienstvorschriften. Wären Militäreinheiten anwesend gewesen, hätten sie dafür gesorgt, daß die Fenster geschlossen gewesen wären, und Beobachter hätten darauf geachtet, daß sie solange geschlossen blieben, bis der Präsident vorbeigefahren war. An einem Fenster im fünften Stock hätte sich kein Schütze aufhalten können.

Dies sind nur einige aus dem Netz von Tatsachen, das Mark Lane aus den Aussagen im Florida-Prozeß geknüpft hat. Dies ist die Wahrheit, und nur die Wahrheit wird letztendlich die offizielle Aufklärung dieses Jahrhundertverbrechens fordern.

Doch eine große ungelöste Frage bleibt: »Wann werden die Medien in diesem Lande und in aller Welt die Erlaubnis erhalten, die Wahrheit über dieses Verbrechen zu berichten? Wie lange noch soll die Öffentlichkeit mit den Lügen des Warren-Berichts und der Propaganda abgespeist werden, die seit 1963 entwickelt wurde, um diese Lügen plausibel erscheinen zu lassen?

Die bloße Tatsache, daß die Medien der Wahrheit über den Kennedy-Mord eine unplausible Darstellung entgegenhalten, beweist, daß sie etwas zu verbergen suchen – nämlich die größte Geheimoperation des zwanzigsten Jahrhunderts.

L. Fletcher Prouty
August 1991

L. Fletcher Prouty quittierte seinen Dienst bei der US-Luftwaffe als Leiter und Begründer der Sonderabteilung beim Generalstab (1962–1963). OSO ist das Militärkürzel für »Military Support of the Clandestine Operations of the CIA«, militärische Unterstützung der Geheimoperationen des CIA. Zuvor war er hochrangiger Luftwaffenoffizier beim OSO im Verteidigungsministerium. Diese Dienststelle war für die Nationale Sicherheitsbehörde zuständig und trug die Verantwortung für alle Kontakte, außer allgemeinem Nachrichtendienst, mit dem CIA und dem Außenministerium. Er ist Autor des Buches »Secret Team«, das 1973 in Amerika erschien.

Prolog: Spionageprozesse

Im Mittelpunkt dieses Buches steht die Verleumdungsklage, die E. Howard Hunt, ein ehemaliger, hochrangiger Vertreter der Central Intelligence Agency, gegen die Zeitung *Spotlight* und ihre Herausgeber, eine Organisation namens Liberty Lobby, Inc., angestrengt hat.

Der Fall war in mehrfacher Hinsicht ungewöhnlich. Grundlage des Verfahrens war ein Artikel, in dem behauptet wurde, Hunt sei möglicherweise in die Ermordung Präsident John F. Kennedys verwickelt gewesen. Er erschien fünfzehn Jahre nach dem Attentat auf den Präsidenten; Verfasser war der ehemalige CIA-Beamte Victor Marchetti. Die Zeitung hatte zuvor nie auch nur eine Zeile veröffentlicht, die Zweifel an der offiziellen Darstellung der Warren-Kommission aus dem Jahre 1964 geweckt hätte. Die Kommission war zu dem Ergebnis gelangt, daß ein Mann, Lee Harvey Oswald, die Alleinschuld an dem Attentat trage. *Spotlight* hatte nie zuvor Kritik an Hunt geübt, obwohl er schon einige Verbrechen auf dem Kerbholz hatte, die von den Medien hinreichend dokumentiert waren und einer informierten Öffentlichkeit nicht entgangen sein konnten.

Erst nachdem Hunt ein Schadensersatz von 650 000 Dollar zugesprochen worden war, was für Liberty Lobby den Ruin bedeutet hätte, nahm die Organisation meine Dienste in Anspruch. Die Vertreter von Liberty Lobby hatten Revision eingelegt und hofften, in der Berufung werde das Urteil aufgehoben und zur erneuten Verhandlung an das Gericht zurückverwiesen werden. Ungeachtet der Tatsache, daß Liberty Lobby im Laufe der Jahre politische Positionen bezogen hatte, die ich keineswegs teile, wünschte die Organisation von mir vor Gericht vertreten zu werden, weil ich ein erfahrener Anwalt war und in den vergangenen zwei Jahrzehnten sehr viel Zeit darauf verwendet hatte, den Tod von Präsident Kennedy zu untersuchen. Das Angebot reizte mich, weil es mir die Möglichkeit eröffnen konnte, zusätzliche Informationen über das Attentat zu beschaffen – das heißt Männer wie Hunt, G. Gordon Liddy, Richard Helms, David Atlee Phillips und Stansfield Turner unter Eid zu verhören. Auch die Worte einer Frau namens Marita Lorenz, mit der ich vor Jahren gesprochen hatte, könnten zu guter Letzt doch noch vor Gericht Gehör finden. Wenn unparteiische Geschworene ihre Aussage hörten und sich ein Urteil bildeten, hätten sie damit der Nation gewiß einen Dienst erwiesen.

Hunt gegen Liberty Lobby, ein Fall, der vor dem US-Bezirksgericht von Südflorida verhandelt wurde, unterschied sich auch insofern von anderen Verfahren, als es sich um einen Spionageprozeß handelte. In einem solchen Fall ist praktisch nicht zu vermeiden, daß zwei Standpunkte miteinander in Konflikt geraten, die beide auf eine lange Geschichte ritueller Gehorsamspflicht gegenüber Präzedenzfällen und Rechtspraxis zurückblicken.

Ein Gerichtsverfahren ist im Grunde genommen ja nichts anderes als eine Form der Wahrheitssuche. Obwohl die Prozeßvorschriften das Verfahren in einem Maße bestimmen, daß sie manchmal die Tatsachen zu verschleiern scheinen, wurde bei ihrer Entwicklung vorrangig ein Ziel verfolgt – nämlich, den Geschworenen zu ermöglichen, alle relevanten Tatsachen zu erwägen. Mit der Umsetzung in die Praxis mag es, besonders bei einem atypischen Sachverhalt, gelegentlich hapern, denn kein Regelkodex kann allen Anforderungen von vornherein gerecht werden. Das lohnende Ziel bleibt jedoch nach wie vor die faire Gerichtsverhandlung, und erreicht wird es durch die Aufklärung des wahren Sachverhalts.

Die »Intelligence Community«, das heißt die »Vereinigung der Nachrichtendienstmitarbeiter«, geht mit eigenen Prinzipien an den Spionageprozeß heran. Ihre schlimmsten Verbrechen versucht sie, mit milden Beschönigungen oder eklatanten Täuschungsmanövern zu verschleiern. Ihr harmlos klingender, selbstgewählter Name, »Intelligence Community«, ist nur ein Hinweis auf diese Technik. Tatsächlich handelt es sich um ein Konglomerat von Polizei- und Spionageorganisationen, die oft nicht nur miteinander in Konflikt geraten, sondern auch mit den Gesetzen des Staates, dem sie angeblich dienen, und den Rechten der Bürger dieses Staates. Wie alle Polizeiorganisationen handeln sie aus einer imperialen Geisteshaltung heraus, die paradoxerweise mit einer Selbstjustizmentalität einhergeht. Sie behalten sich das Recht vor, Gesetze zu verletzen, und machen in aller Öffentlichkeit geltend, es sei nur recht und billig, Meineide zu leisten, um ihre Straftaten geheimzuhalten.

Die Central Intelligence Agency zum Beispiel läßt sich regelmäßig eine »Cover Story« einfallen – eine plausible Ausrede –, bevor sie eine Mission in Angriff nimmt, bei der sie ihre Befugnisse überschreiten wird. Die Neigung des CIA, Täuschungsmanöver durchzuführen, ist so chronisch und so weit fortgeschritten, daß der Geheimdienst häufig Mitarbeiter in einer Art und Weise anwirbt, daß er später die Verantwortung für deren Taten leugnen kann.

Einer dieser Mitarbeiter, Frank Sturgis, wurde gemeinsam mit Howard Hunt und anderen im Zusammenhang mit dem Watergate-Einbruch festgenommen und verurteilt. In der Sache *Hunt gegen Liberty Lobby* spielte die Beziehung zwischen Hunt und Sturgis und die Beziehung beider zum CIA eine maßgebliche Rolle.

Hat Sturgis für den CIA gearbeitet? Man möchte meinen, die Antwort auf eine so einfache Frage sei mühelos zu klären, da alle Hauptakteure unter Eid zur Sache vernommen wurden.

Sturgis sagte am 3. Februar 1978 in der Sache *Hunt gegen Third Press et al.* unter Eid aus, er habe vor der erfolgreichen Revolution im Januar 1959 in Kuba zum Schein für Fidel Castro gearbeitet, sei jedoch »vom Stützpunkt, vom Chef des CIA-Stützpunkts, in Santiago de Cuba, angeworben worden, um für die Regierung der Vereinigten Staaten zu spionieren«. Sturgis sagte außerdem, solange er in Kuba gewesen sei, habe er »niemals einen Vertrag unterzeichnet, denn wenn ich für den CIA spionieren will, werde ich doch nichts unterschreiben«. Darüber hinaus hat Sturgis unter Eid zugegeben, er sei an Mordversuchen gegen Fidel Castro und den gewählten Präsidenten von Guatemala sowie an Putschversuchen gegen die Regierungen von Guatemala und Panama beteiligt gewesen. Er gestand, daß er bei der »Operation Forty« eine maßgebliche Rolle gespielt hatte; hierbei handelte es sich um eine durch den CIA organisierten und finanzierten Verband ehemaliger »kubanischer Offiziere«, die an Attentaten mitgewirkt hatten.

Als der ehemalige CIA-Chef Richard Helms im Fall *Hunt gegen Liberty Lobby* aussagte, behauptete er, Sturgis sei ein Vertragsagent des CIA gewesen, quasi ein Angestellter des Geheimdienstes.

In derselben Verhandlung *leugnete* Sturgis, jemals für den CIA tätig gewesen zu sein, und widersprach damit unmittelbar seiner eidlichen Aussage aus dem Jahre 1978. Ein anderer Zeuge, Newton Scott Miler, ehemaliger Chef des CIA-Spionageabwehrdienstes, erklärte, »seines Wissens« habe Sturgis niemals für den CIA gearbeitet. Miler, der dem Nachrichtendienst von Anfang an angehört hatte, sagte außerdem, er habe während seiner dreißigjährigen Tätigkeit niemals etwas von der »Operation Forty« gehört, obwohl Sturgis sie dem Tätigkeitsbereich der Spionageabwehr zugeordnet hatte.

Die Beziehung zwischen Sturgis und CIA zeigt im kleinen, welchen Schwierigkeiten man in einem Spionageprozeß begegnet. Was der Richter der ersten Instanz und die Bundeszivilprozeßordnung beabsichtigen und was das Beweismaterial, das den zur Wahrheit verpflichteten Zeugen abgerungen wurde, demonstriert, wird in Frage gestellt durch andere Zeugen, die sich durch den gerade geleisteten Schwur, die Wahrheit zu sagen, weniger gebunden fühlen als durch das frühere feierliche, ja beinahe heilige Gelöbnis an den CIA, das sie zur Lüge verpflichtet. Spionageprozesse können neue, groteske Dimensionen annehmen, wenn Dokumente verschwinden, neue »Originale« angefertigt und Zeugenaussagen auf den verzweifelten Kampf um Selbsterhaltung zugeschnitten werden, den der CIA führt.

Die beiden glaubwürdigsten Zeugen in der Frage, welche Beziehung Sturgis zum CIA gehabt habe, waren scheinbar Sturgis selbst und Helms. Doch Sturgis ist ein verurteilter Verbrecher, ein Mann, der Attentate geplant hat (Castro), am Sturz demokratisch gewählter Regierungen fremder Staaten mitgewirkt hat (Guatemala und Panama) und außerdem den demokratischen Ablauf der US-Wahlen zu untergraben versuchte (Watergate).

Helms wurde, neben anderen Glanzleistungen, des Meineids überführt, weil er vor einem Ausschuß des US-Senats vorsätzliche Falschaussagen gemacht hatte und dadurch verhinderte, daß die Senatoren von illegalen CIA-Operationen erfuhren. Er bekannte sich dazu, relevante Fakten zurückgehalten zu haben, und später, nachdem er für seine Straftaten abgeurteilt worden war, erklärte er, das Urteil erfülle ihn mit Stolz wie ein Ehrenabzeichen. Wenn sich solche Ehrenmänner als die glaubwürdigsten Zeugen präsentieren, gerät die Vernehmung leicht in zwielichtige Bereiche.

Obwohl der Nachrichtendienst ein gespanntes Verhältnis zur Wahrheit pflegt, gibt es bei US-amerikanischen Schwurgerichtsverfahren eine zuverlässige Konstante: Die Geschworenen werden von beiden Parteien erst nach umfangreichen Nachforschungen und gründlicher Prüfung gewählt. Die Prozeßgegner beurteilen jeden einzelnen Geschworenen, nachdem er eingehend auf offensichtliche und latente Vorurteile geprüft worden ist.

Die Geschicklichkeit der Anwälte spielt natürlich eine erhebliche Rolle. Doch letzten Endes ist der gesunde Menschenverstand der Geschworenen der ausschlaggebende Faktor. Und bisher hat sich der CIA noch keine Methode einfallen lassen, die die Effektivität der demokratischsten Institution der Vereinigten Staaten – des Schwurgerichtsverfahrens – beeinträchtigt hätte.

Mit den Tatsachen, die mit der Ermordung Präsident Kennedys zusammenhängen, befasse ich mich nun schon seit über zwanzig Jahren. Ich war der einzige Kritiker der Vorgehensweise der Warren-Kommission, der als Zeuge vor dieses Gremium geladen wurde. Mein erstes Buch zu dem Thema *Mark Lane klagt an* wurde schnell ein Bestseller und hat dazu beigetragen, die öffentliche Meinung über die offizielle Darstellung der Ereignisse zu verändern. Ich habe mit Zeugen gesprochen, die das Attentat und dessen Folgen miterlebt haben und die die Warren-Kommission ignoriert hat; in einigen Fällen hat die Kommission die Existenz dieser Zeugen geleugnet. Diese Interviews wurden gefilmt und von Emile de Antonio und mir zu einem preisgekrönten Dokumentarfilm verarbeitet, der den Vertretern der offiziellen Darstellung einiges Unbehagen bereitet haben dürfte.

In jüngerer Zeit entdeckte Beweismittel habe ich in dem Buch *A Citizen's Dissent* untersucht; sie sind auch Thema des Dokumentarfilms *Executive Action,* für den Donald Freed und ich das Originaldrehbuch verfaßt haben. Alle diese Werke sind ausführlich dokumentiert. In *Mark Lane klagt an* finden sich etwa fünftausend Fußnoten und Zitate aus den Akten.

Während jedoch die Warren-Kommission mit Unterstützung durch FBI, CIA und die Polizei von Dallas das Recht hatte, Zeugen vorzuladen und die Beantwortung von Fragen zu erzwingen, waren meine bescheidenen Bemühungen inoffizieller Natur und daher gewissen Beschränkungen unterworfen. Kein Zeuge mußte mit mir sprechen, und diejenigen, die es taten, hatten sich aus freien Stücken dazu entschlossen und konnten eingehendere Fragen mit einem Lächeln oder einem Schulterzucken abtun.

Dieses Buch ist ein Meilenstein im Hinblick auf die Zusammenstellung des verfügbaren Beweismaterials und trägt Wesentliches zum Verständnis der Kräfte bei, die hinter dem Attentat in Dallas standen. Zum erstenmal hat ein Verdächtiger, der vermutlich am Attentat beteiligt war, freiwillig einen Gerichtssaal betreten und sich Fragen gestellt, die er beantworten mußte. Auch Antworten, die nicht der Wahrheit entsprechen, können rechtserheblich sein, wenn man sie näher unter die Lupe nimmt.

Von noch größerer Bedeutung ist die Tatsache, daß der Kläger, E. Howard Hunt, viele Jahre lang bei der Central Intelligence Agency beschäftigt war. Der Prozeß eröffnete demnach die Möglichkeit, viele von Hunts Komplizen, Mitarbeitern und Mitverschwörern einer gerichtlich verfügten Untersuchung zu unterziehen. Im Lauf des Verfahrens wurden G. Gordon Liddy, Stansfield Turner, Richard Helms, E. Howard Hunt, David Atlee Phillips, James Jesus Angleton, Frank Sturgis, Newton Scott Miler, Victor Marchetti und die vielleicht wichtigste Zeugin, Marita Lorenz, vernommen. Sie alle beantworteten relevante, eingehende Fragen, und zwar unter Eid.

Im Lauf des Prozesses erfuhren wir deshalb viel über amerikanische Zeitgeschichte. Wir hörten Zeugenaussagen, die sich direkt auf die Ermordung Präsident Kennedys bezogen, auch die Namen der Beteiligten wurden genannt. Diese Aussage wurde widerstrebend und ängstlich von einer Zeugin geliefert, die in die Tat verwickelt gewesen und unmittelbar vor dem Mord mit den Attentätern von Miami nach Dallas gereist war.

Für die Sache *Hunt gegen Liberty Lobby* gibt es keinen Präzedenzfall. Über zwanzig Jahre nach der Ermordung von John F. Kennedy wurde seinen Mördern schließlich in einem Zivilverfahren am Bezirksgericht in Miami der Prozeß gemacht.

Buch I: Ein strittiger Fall

Ich klopfe an

Ich lernte John F. Kennedy im Jahre 1959 kennen. Damals half ich ihm, den Wahlkampf um seine Nominierung als Präsidentschaftskandidat der Demokraten in New York City zu organisieren.

Um diese Zeit dominierte »Tammany Hall«, eine korrupte rassistische Gruppierung mit Kontakten zum organisierten Verbrechen, die New Yorker Demokraten. Ihr Einfluß erstreckte sich auch auf Teile des Staates New York.

Gemeinsam mit Eleanor Roosevelt, dem ehemaligen Gouverneur Herbert H. Lehman und anderen war ich Mitbegründer einer Reformbewegung innerhalb der Partei; wir waren entschlossen, die Demokratische Partei noch in diesem Jahr der Bevölkerung von New York City wieder näher zu bringen. Die Liberalen in der Bewegung, vor allem Yuppies anno 1959, stammten aus den relativ wohlhabenden Vierteln der West Side von Manhattan, und sie mochten Kennedy nicht. Damals war er noch kein abgöttisch verehrter Liberaler, kein Adlai Stevenson, und schlimmer noch, er war katholisch. »Nicht, daß die Religion für mich persönlich ein Thema wäre«, hieß es auf den Abendgesellschaften bei Wein und Käse. »Es geht nur darum, welches Bild sich andere von ihm machen werden.« Zu fortgeschrittener Stunde, nachdem der Alkohol reichlich geflossen war, kam man schließlich auf die ungeheuerliche Macht des Vatikans zu sprechen.

Bei einer Vorwahl im Jahre 1960 kandidierte ich erfolgreich gegen den Lokalmatador von Tammany Hall, den amtierenden Abgeordneten im Parlament für den Tenth Assembly District. Die großzügige Unterstützung durch Mrs. Roosevelt, Gouverneur Lehman und Senator Eugene McCarthy und verschiedene Schriftsteller, wie Norman Mailer und Jack Newfield, spielte eine wichtige Rolle. Entscheidend war jedoch unsere Kampagne, die die Bevölkerung dazu brachte, sich in die Wahlliste einzutragen. Unser Wahlkreis umfaßte Yorkville und East Harlem. Zu den beiden Vierteln gehörte ein Teil der Upper East Side von Manhattan, die Trennungslinie war hier die 69. Straße. Südlich davon lebten Deutsche, Iren und Juden; nördlich davon Schwarze, Puertoricaner und einige Italiener. Von den Schwarzen hatten sich zu wenige in die Wahlliste eingetragen, von den Puertoricanern fast niemand, was teilweise auf ein diskriminierendes Gesetz zurückzuführen war, das einen Test vorschrieb, bei dem die Wähler unter Beweis stellen mußten, daß sie lesen und schreiben konnten. Die Menschen, die in Puerto Rico geboren waren, besaßen die amerikanische Staatsbürgerschaft. Ihre Muttersprache war Spanisch. Doch den verzweifelten Arbeitsuchenden, die nach New York City zogen, verweigerte man das Wahlrecht, wenn sie den englischsprachigen Test nicht bestanden.

Um das ungerechte Gesetz außer Kraft zu setzen, fuhr ich mit einem Lautsprecherwagen durch die Straßen von East Harlem, verteilte die Lösungen für den Test und ermutigte die Leute, sich in die Wahlliste einzutragen. Ich lud das US-Justizministerium und die Medien ein, als Zeugen meiner Aktion des zivilen Ungehorsams beizuwohnen. Viele hundert Menschen ließen sich in die Wahllisten eintragen. In der Folge wurden die Tests als diskriminierend und rassistisch entlarvt und abgeschafft. Ich versprach, im Falle meines Wahlsiegs nur eine Legislaturperiode im Amt zu bleiben und mich dann als Wahlkampfmanager für den Kandidaten einzusetzen, den die Bewohner von East Harlem als Nachfolger vorschlagen würden. Es sei an der Zeit, erklärte ich, daß die Minderheiten, die im Wahlkreis die Mehrheit stellten, einen eigenen Kandidaten nominierten.

John F. Kennedy, der als Präsidentschaftskandidat der Demokraten nominiert war, hatte mit eigenen Schwierigkeiten zu kämpfen, während die allgemeinen Wahlen des Jahres 1960 näherrückten. Seine Probleme waren natürlich wesentlich weitreichender. Die Liberalen wollten ihn nicht akzeptieren, und den Stammwählern war er zu reich, zu verwöhnt, zu jung – kurz zu unberechenbar. Kennedy bat mich um Mithilfe; ich sollte die unterschiedlichen, ja gegensätzlichen Fraktionen der New Yorker Demokraten für den Wahlkampf unter einen Hut bekommen.

Ich kam mit reformorientierten demokratischen Politikern und Robert F. Kennedy in einer Wohnung in der Park Avenue zusammen, die er als Treffpunkt vorgeschlagen hatte. Sie war schön, gut ausgestattet, aber nicht gerade luxuriös, und diente den Kennedy-Brüdern als Liebesnest. Bei der Besprechung wurde Bobby von einem Reformer gefragt, welche Haltung John F. Kennedy, falls er Präsident würde, zum Vernichtungskrieg einzunehmen gedenke, der damals unter den Demokraten in New York tobte. Er krempelte die Hemdsärmel hoch und erwiderte: »Mir geht es nur darum, daß mein Bruder gewählt wird. Ich möchte, daß Sie hier in New York alle mithelfen. Wenn er erst einmal gewählt ist, werden wir uns einen Dreck darum scheren, ob in den Straßen von New York Blut fließt.« Den Anwesenden verschlug es die Sprache. Die Vordenker der Reform rutschten unbehaglich auf ihren Stühlen und den kleinen Zweiersofas herum. Die Sitzung wurde schließlich vertagt. Später, als wir ohne den künftigen Justizminister wieder zusammenkamen, gaben die Reformer zu, wie schockiert und empört sie waren. Ich war anderer Meinung. Eine Bewegung Abtrünniger in einer etablierten Partei kann schwerlich hoffen, daß der Parteiführer die Lokalrevolution gutheißt. Eine Neutralitätserklärung, wenn auch etwas brutal formuliert, war alles, was man realistischerweise erwarten durfte. Bobbys Taktgefühl, Höflichkeit und Manieren ließen zwar zu wünschen übrig, doch seine Offenheit war löblich, und mit der eigentlichen Aussage seiner Bemerkung konnte man leben.

Da es den Liberalen letztendlich um die Macht ging – denn die war das Faszinosum, der Mittelpunkt ihrer politischen Welt –, unterstützten sie Kennedy schließlich doch, wenn auch zögernd und mit Vorbehalten. Unsere Bemühungen, die beiden konkurrierenden Flügel der demokratischen Partei im Wahlkampf unter einen Hut zu bringen, waren weit weniger erfolgreich. Tammany Hall, unter der Führung von Carmine De Sapio, John Merli und Frank Rossetti, kämpfte ums Überleben. Die Tammany-Anhänger vor Ort empfanden meinen möglichen Wahlerfolg als ernste Bedrohung. Obwohl ich der offizielle Kandidat der Partei war, unterstützten die Tammany-Demokraten, die sich selbstherrlich die »Stammorganisation« nannten, bei den Parlamentswahlen schließlich meinen republikanischen Gegenkandidaten.

Mrs. Roosevelt behauptete dagegen, sie habe noch in keinen Kandidaten mehr Vertrauen gesetzt als in mich. In einem offenen Kabriolett fuhren wir gemeinsam durch East Harlem. Eine Bierdose, die vom Dach eines Mietshauses geworfen wurde, verfehlte sie nur knapp und traf statt dessen mich; meine Kopfverletzung mußte mit zwanzig Stichen genäht werden. Gegen mich gerichtete Morddrohungen hatten zur Folge, daß ich rund um die Uhr unter massiven Polizeischutz gestellt wurde, was mir gar nicht recht war, denn der Wahlkampf litt darunter.

Etwas harmloser ging es zu, als der Präsidentschaftskandidat John F. Kennedy alle Kandidaten der Stadt in ein New Yorker Hotel einlud, um sich mit den einzelnen Bewerbern fotografieren zu lassen. Die Bilder, die für Flugblätter, Zeitungen, Wurfsendungen und Plakate gedacht waren, würden bei einem Kopf-an-Kopf-Rennen vielleicht den Ausschlag geben. Das Pressebüro der Partei bestellte die Fotografen. Nach wenigen Tagen wurde ein Satz von je zwanzig Bildern verteilt. Ich bekam Nachricht, daß mein Foto mit dem künftigen Präsidenten, leider, aus technischen Gründen nichts geworden war.

Als eine Woche später Bobby wegen einer Kundgebung anrief, die ich organisierte, erwähnte ich den Vorfall. Er erwiderte: »Die Schweine. Sie wollen uns den Wahlkampf vermasseln. John will, daß Sie gewählt werden.« Er rief am selben Abend noch einmal zurück und lud mich zu einer Privatbesprechung ein, die ein paar Tage später stattfinden sollte. »Und bringen Sie einen eigenen Fotografen mit, oder vielleicht sogar zwei.« Am verabredeten Termin verbrachte ich einen Teil des Abends mit John F. Kennedy – das war meine dritte Begegnung mit dem künftigen Präsidenten. Wir stellten uns für die Fotos in Pose und besprachen den Wahlkampf. Diese Bilder und Kennedys freundliche Worte trugen wesentlich dazu bei, daß ich im November gewählt wurde, am selben Tag, an dem John F. Kennedy der designierte Präsident der Vereinigten Staaten wurde.

Zwei Jahre später, 1962, berief ich in East Harlem eine Bezirksversammlung ein. Die Versammlung wählte Reverend Carlos Rios, einen leidenschaftlichen protestantischen Geistlichen aus der Nachbarschaft, zu meinem Nachfolger. Ich wurde sein Wahlkampfmanager, und er zog als erster Puertoricaner für den Tenth Assembly District ins Parlament ein.

Im darauffolgenden Jahr, am 22. November 1963, wurde John F. Kennedy in Dallas, Texas, auf der Straße erschossen.

Die Frage, die mir im vergangenen Vierteljahrhundert am häufigsten gestellt wurde, ist, warum unter Millionen Amerikanern ausgerechnet ich mir die Kennedy-Affäre von Anfang an zum Anliegen gemacht habe. Die Antwort auf diese Frage fällt mir nicht leicht, obwohl ich viel über die Sache nachgedacht habe. Vielleicht war es einfach ein Zusammentreffen von Umständen, deren Resultat, wenn nicht unvermeidlich, so doch vorhersehbar war.

Ich war damals seit über zehn Jahren als Strafverteidiger tätig. Meine Klienten waren überwiegend verarmte Afroamerikaner und Puertoricaner. Bei den Fällen, die in der Öffentlichkeit Beachtung fanden, war das Opfer stets ein Weißer. Es war nicht zu übersehen, daß das Recht auf eine faire Verhandlung häufig durch eine Vorverurteilung in den Medien beeinträchtigt wurde. Die Informationen gelangten in der Regel durch die Staatsanwaltschaft und die Polizei an die Öffentlichkeit. Für diese nicht gerade unparteiischen Instanzen war der oder die Angeklagte von vornherein schuldig. Dabei handelte es sich natürlich ausnahmslos um Schwerverbrechen von der beispiellosen Sorte, die von einem durch und durch verdorbenen Charakter zeugten. Die Kommentare von Polizei und Staatsanwaltschaft wurden in der Regel eifrig verbreitet, fanden gelegentlich in Leitartikeln ihren Niederschlag, um dann von phantasiebegabten Journalisten zahlreicher Blätter noch weiter ausgeschmückt zu werden. Man gewann den Eindruck, Sinn und Zweck der Judikative bestehe allein darin, den Schuldigen, die von Polizei und Presse bereits verurteilt waren, das Strafmaß zuzumessen.

Ich stellte außerdem fest, daß die Massen um so leichter aufzuhetzen waren, wenn das Opfer ein Prominenter war oder besonders sympathisch dargestellt wurde. Ähnlich reagierten die Menschen, wenn man das Bild des angeblichen Straftäters in wenig schmeichelhaften Farben malte. Anfang der sechziger Jahre war Rot die unvorteilhafteste Tönung.

Im Falle von Oswald und Kennedy vergleiche man einmal das Opfer mit dem angeblichen Mörder. Der junge, dynamische Präsident war Vater kleiner Kinder, Ehemann der eleganten First Lady, hatte die Friedenstruppen geschaffen, und mit ihm waren nach acht unterkühlten Eisenhower-Jahren wieder Wärme und Glanz ins Weiße Haus eingezogen –, und dieser Mann war tot.

Oswald war für Castro, für Rußland und gegen Amerika, er war ein ehemaliger Marineangehöriger, der sich als Überläufer auf die Seite Moskaus geschlagen hatte; seine Frau war Russin und möglicherweise mit einem Spionageoffizier verwandt.

Von dem Augenblick an, in dem Oswald festgenommen wurde, machten sich Bundespolizei und Staatsanwaltschaft die Presse zunutze, um einen sofortigen Schuldspruch zu verhängen. Innerhalb weniger Stunden wurde die Behauptung, Oswald habe das Attentat in alleiniger Regie begangen, zur quasi religiösen Wahrheit erhoben. Die angesehensten Journalisten und Presseorgane verbreiteten die Meldung nur um so überzeugter. So waren es Walter Cronkite von CBS und Anthony Lewis und Harrison Salisbury von der *New York Times*, die mit unterschwelliger Hysterie forderten, die Idee von der Alleinschuld Oswalds als Tatsache hinzunehmen und sie vor ernsthaften Nachforschungen zu schützen.

Es war an einem Freitagmorgen in New York. Ich nahm die U-Bahn von Lexington Avenue nach Manhattan und ging zum Strafgerichtsgebäude. Dort besuchte ich einen Inhaftierten, der auf seine Verhandlung wartete. In einem Gerichtssaal begründete ich einen Antrag und eilte dann zu einem Aufruf zur Sache in den nächsten, um zu sehen, ob wir heute tatsächlich zur Verhandlung kommen würden. Der Richter war dafür. Es dauerte nicht lange, bis die Zeugen der Anklage ihre Aussage machten. Um ein Uhr wurde eine Mittagspause anberaumt. Ein Vorteil des Strafgerichtsgebäudes ist, daß es sich in unmittelbarer Nähe hervorragender Restaurants, den »Wahrzeichen« von Chinatown, befindet. Nach dem Dim Sum und dem Jasmintee machte ich mich auf den Weg zum Gerichtsgebäude. Da bemerkte ich die Leute, die sich auf der Straße rund um Radiogeräte versammelten und mit erbitterter, angespannter Miene den Nachrichten lauschten. Die Szene erinnerte mich an die Wochenschauen, die in europäischen Städten gezeigt wurden, um die Nachrichten vom bevorstehenden Krieg zu melden. Ich fragte, was geschehen sei, und hörte, der Präsident sei erschossen worden. Ich rannte zurück zum Gerichtsgebäude und stürmte direkt ins Pressezimmer. Dort befanden sich eine Reihe von Reportern, auch einige Anwälte, Wachleute und Angestellte. Die Meldungen aus dem Radio trafen die stumme, vor Schreck erstarrte Menge wie Gewehrkugeln. Auf die eine Beteuerung folgte ein Dementi, widersprüchliche Spekulationen lösten einander ab – da bemühte sich eine ganze Nation herauszufinden, was eigentlich vorgefallen war. Eine Stimme aus Dallas: »Vermutlich war ein Neger an dem Attentatsversuch beteiligt.« Ein schwarzer Gerichtsdiener trat von einem Fuß auf den anderen und versuchte, möglichst unschuldig dreinzublicken. Die übrigen Anwesenden gaben sich Mühe, ihn nicht anzustarren. Ein Bekannter von mir, Jack Roth, der Gerichtsberichterstatter von der *New York Times*, platzte fast vor Ungeduld. Er ging an mir vorbei und sagte: »Mark, ich werde rausfinden, was da zum Teufel noch mal vor sich geht.«

Ein paar Minuten später kam er mit Tränen in den Augen aus der Telefonzelle zurück und sagte leise zu mir: »Er ist tot.« Im Rundfunk wurde weiterhin behauptet, der Präsident sei nur verletzt und am Leben.

Mir wurde plötzlich klar, daß ich zum erstenmal im Leben zu spät zu einem Gerichtstermin erscheinen würde. Die Verhandlung hätte bereits vor fünf Minuten anfangen sollen. Ungewiß, was mich dort erwarten würde, stürmte ich in den Gerichtssaal; ich war mir jedoch sicher, daß die Verhandlung an diesem Tag nicht weitergeführt würde. Ich erklärte dem Richter, der Präsident sei erschossen worden. Woraufhin er ungerührt erwiderte, er habe davon gehört, doch die vorliegende Sache werde weiter verhandelt. »Wir wollen mit der Verhandlung fortfahren«, rief er in den Saal.

Ich zögerte. »Rufen Sie Ihren nächsten Zeugen auf, Mr. Lane, damit wir mit der Arbeit weiterkommen.« Mein Klient sagte aus. Scheinbar waren die Geschworenen mit seiner Erklärung zufrieden, denn als der Gerichtstag zu Ende ging, wurde er freigesprochen.

Als ich aus dem Gerichtsgebäude eilte, war ich mir bewußt, daß ich nun zu den Leuten gehörte, die am wenigsten über die Einzelheiten des tragischen Ereignisses wußten, das mittags bekannt geworden war. Ich wollte mich auf dem schnellsten Wege in mein Büro begeben, wo ich einen Fernseher und ein Telefon zur Verfügung hatte. Mit meiner Aktentasche in der einen und meinem Mantel in der anderen Hand rannte ich die massive Steintreppe hinunter und überholte einen älteren Herrn, der gemächlich in dieselbe Richtung ging. Er drehte sich um und sagte: »Na, Lane, was meinen Sie, hat er es alleine getan?« Es war ein Richter, den ich kannte, ein hervorragender, manchmal etwas cholerischer Jurist, den ich fachlich sehr schätzte und auch persönlich mochte. Etwas in Gedanken erwiderte ich: »Wer hat was getan?«

»Glauben Sie, daß dieser Oswald den Präsidenten ermordet hat?« fragte er. Ich erklärte, ich käme gerade aus einer Verhandlung und hätte von den Einzelheiten des Attentats noch nichts gehört. Der Richter wischte meine offensichtlich irrelevante Bemerkung mit einer Handbewegung beiseite. Er blieb stehen, sah mich an und sagte: »Er konnte ihn wohl nicht gut von hinten erschießen und dabei eine Einschußwunde an der Kehle hinterlassen?«

Die Antwort auf seine rhetorische Frage wartete er natürlich nicht ab, sondern fuhr fort: »Die Ärzte sagen, die Wunde an der Kehle sei auf einen Einschuß zurückzuführen. Das wird eine interessante Verhandlung. Ich bin gespannt, welche Antwort sie sich auf diese Frage einfallen lassen.«

Mehr als ein Vierteljahrhundert später steht eine befriedigende Antwort auf die Frage: »Wie konnte Oswald Kennedy von hinten mit einem Einschußloch vorne erschießen?« immer noch aus.

Zur Verhandlung kam es nie. Statt dessen versicherten Bundes- und Kommunalbeamte bei Pressekonferenzen, die Alleinschuld Oswalds stehe unbestritten fest. Ihre Aussagen wurden von Henry Wade, dem Staatsanwalt von Dallas, ohne Wenn und Aber zusammengefaßt.

Bei einer sehr gut besuchten Pressekonferenz mit Wade, FBI-Agenten und dem Polizeichef von Dallas fragte ein Journalist, ob Oswald ein Motiv für den Mord am Präsidenten genannt habe. Wade verneinte und klagte, der Mörder sei so arrogant, daß er sein Motiv nicht preisgebe – ja, er behaupte sogar, er sei es nicht gewesen. Die Reporter notierten dienstbeflissen, Oswald sei arrogant. Und obwohl Oswald seine Unschuld beteuerte, wollte niemand wissen, wo sich Oswald nach eigenen Angaben zur Zeit des Attentats befunden habe.

Ein Reporter fragte, welches Beweismittel am deutlichsten dafür spreche, daß Oswald der Täter sei, und wartete gespannt auf die Antwort des Polizeichefs. »Wir haben das Gewehr. Auf der Waffe können wir Oswalds Fingerabdrücke nachweisen – das ist der Beweis.« Die großen Zeitungen meldeten, »vorläufigen Berichten zufolge« seien Oswalds Fingerabdrücke auf der Mordwaffe durch Tests nachgewiesen worden. Tatsächlich ergaben aber die Tests, daß Oswalds Fingerabdrücke *nicht* nachweisbar waren.

Eine Pressekonferenz ist nicht gerade ein geeigneter Ersatz für ein Gerichtsverfahren. Dennoch können Journalisten, die hartnäckig unbequeme Fragen stellen und auf offensichtliche Widersprüche hinweisen, der Öffentlichkeit einen wichtigen Dienst erweisen. Untersucht man jedoch den frühen Informationsaustausch zwischen den Regierungsbeamten und den Medien, zeigt sich, daß die Nation Dilettanten aufgesessen war. Die Reporter – keine gestandenen Gerichtsberichterstatter, sondern sonst eher Reisebegleiter des Präsidenten – schienen gewillt, jede beliebige Darstellung, und sei sie noch so absurd, hinzunehmen und in die Geschichtsbücher eingehen zu lassen. Widersprüche wurden nicht hinterfragt. Die Journalisten hatten eine schicksalsträchtige Entscheidung getroffen. Sie heulten mit den Wölfen.

Oswald wurde zwei Tage lang von der Öffentlichkeit abgeschirmt. Die Regierung leimte die Reporter und die Öffentlichkeit, indem sie den Angeklagten gelegentlich kurz vorführte, auf dem Weg durch Polizeikorridore von einem Raum zum anderen. Wenn Oswald versuchte, Fragen zu beantworten, die ihm die Journalisten zuriefen, zerrten ihn die Polizisten weg, so daß er bestenfalls kurze Kommentare abgeben konnte.

Der aufgelöst wirkende, verwirrte junge Mann, der unregelmäßig und stets in Polizeibegleitung auftauchte, durfte seine Argumente nie vorbringen. Er leugnete entschieden die gegen ihn erhobenen Vorwürfe und bat die Behörden, mit einem Anwalt sprechen zu dürfen. Als ihm ein Reporter erklärte, er sei wegen Mordes am Präsidenten angeklagt, schien er verblüfft und entgegnete, Polizei und FBI-Agenten hätten ihn nie wegen des Kennedy-Attentats verhört. Als man noch einmal wiederholte, was ihm zur Last gelegt wurde, blieb er plötzlich stehen. Während ihn die Polizei wegzerrte, beugte er sich zu einem Reporter hin und sagte: »Dann bin ich der Sündenbock.« Die Polizisten führten ihn ab, und das nächste Mal sah man ihn erst am Sonntag wieder, am Morgen des 24. November 1963, im Keller des Polizei- und Gerichtsgebäudes von Dallas.

Oswald war von Polizeibeamten umgeben, die das Kellergeschoß abgeriegelt hatten, damit der öffentlich angekündigte Transfer des Gefangenen von einem Gebäude ins andere ungefährdet vonstatten gehen könne, als er von Jack Ruby erschossen wurde. Ruby, der lange Jahre in Chicago für das organisierte Verbrechen gearbeitet hatte, war mehrere Jahre lang für das FBI in Dallas tätig gewesen, bevor er Oswald tötete.

Der Mord wurde landesweit durch das Fernsehen publik gemacht und löste großes Erstaunen aus. Selbst in Dallas wurden einige Fragen aufgeworfen. Der Polizeibeamte Will Fritz, der den Transfer vorbereitet hatte, wurde zur Sache befragt. Er antwortete gleichgültg:

Frage: »Herr Kommissar, welche Entschuldigung haben Sie dafür, daß er [Ruby] so nah herankommen konnte?«

Fritz: »Welche Entschuldigung er hatte?«

Frage: »Nein, welche Entschuldigung Sie alle dafür haben?«

Fritz: »Wir brauchen keine Entschuldigung.«

(Interview, aufgezeichnet von WFAA-TV, Dallas, Polizei- und Gerichtsgebäude, 24. November 1963)

Angesichts des Mordes am Angeklagten bestand man hartnäckig auf der Klärung solcher Fragen. Kurz nachdem die Ärzte im Parkland-Krankenhaus Oswalds Tod bestätigt hatten, berief Henry Wade eine weitere Pressekonferenz ein, um alle Zweifel zu zerstreuen. Wade bot sämtliche Beweismittel auf, die das FBI, die Texas Rangers und die Polizeibehörden von Dallas vorbereitet hatten. In seiner Darstellung bot er alle maßgeblichen Argumente auf, die die Anklage der Regierung gegen Lee Harvey Oswald stützten – die Anschuldigung, er habe sowohl Präsident Kennedy als auch den Polizeibeamten J. D. Tippit aus Dallas ermordet, der angeblich versuchte hatte, ihn festzunehmen.

Wade erklärte zunächst, er sei zweifelsfrei davon überzeugt,

Oswald habe beide Männer ermordet, er sei bei beiden Verbrechen alleine vorgegangen, und eine Verschwörung habe es nicht gegeben.

Bevor die Konferenz zu Ende ging, hatte Wade fünfzehn Erklärungen zum Tatbestand abgegeben, die die gesamten Beweismittel gegen Oswald darstellten. Manche Vorwürfe waren lediglich Schlußfolgerungen ohne jede faktische Grundlage. Manche beruhten angeblich auf Quellen, die jedoch aus ungenannten Gründen nicht preisgegeben wurden. Andere Behauptungen wurden durch gewisse Dokumentationen gestützt. Obwohl damals nur wenige Beweismittel der Öffentlichkeit bekannt waren, war klar, daß zumindest einige der Behauptungen Wades zu den bekannten Fakten in Widerspruch standen. Manche Anklagepunkte wurden sogar durch andere Behauptungen des Staatsanwalts ad absurdum geführt. Die Presse betete den Wortlaut der Presseerklärung andächtig nach.

Ich verfolgte die Pressekonferenz im Fernsehen mit wachsender Besorgnis, ja Bestürzung. Es war nicht zu übersehen, daß die Anklage gegen Oswald, und mochte sie auf noch so wackligen Beinen stehen, nun vorgebracht war, und man hatte ihr zugestimmt. Wie hätte wohl die Verteidigung ausgesehen? Oswald war tot, und eine Verteidigung, die auf seiner Einschätzung der Beweismittel und seinen Aussagen zum Tatbestand beruht hätte, konnte nun nicht mehr aufgebaut werden.

Ich holte mir die *New York Times* und las noch einmal die Aussage einer Bürgerin von Dallas namens Jean Hill, die als Zuschauerin nahe bei der Limousine des Präsidenten gestanden hatte, als die Schüsse fielen. Ich rief die Auskunft an, und ein paar Minuten später hatte ich Mrs. Hill am Apparat. Ich erklärte ihr, warum mich der Fall interessierte, und sie berichtete mir, was sie beobachtet hatte. Zunächst fragte sie mich, ob ich je an der Dealey Plaza gewesen wäre. Ich erwiderte, ich sei noch nie in Dallas gewesen. Dann schilderte sie mir die geographische Beschaffenheit des Platzes und bezeichnete den Bereich, der zum Zeitpunkt des Mordes vorne rechts vor dem Präsidenten lag, als »Grashügel«. Ein Schuß kam *vom Holzzaun*, der sich *auf dem Hügel* befand. Kennedy hatte in diese Richtung geschaut, als er getroffen wurde. Später zitierte ich

Jean Hills Beobachtungen und übernahm dabei ihre Formulierung. Deshalb heißt das kleine Stück Land, das nun in die Geschichte eingegangen ist, für alle Zeit der »Grashügel«. Ich bezweifle, daß sich Mrs. Hill bewußt ist, daß sie diesen Begriff für die Ewigkeit geprägt hat.

Die Ärzte, die sich im Parkland-Krankenhaus vergeblich bemühten, Kennedys Leben zu retten, haben in den damaligen Interviews übereinstimmend ausgesagt, daß die Kehlkopfwunde des Präsidenten eine Einschußwunde war. Wade und das FBI kamen aber zu dem Schluß, daß sich Oswald direkt hinter dem Präsidenten befunden und nur er allein an diesem Tag auf der Dealey Plaza einen Schuß abgefeuert habe. Mir fiel die Frage wieder ein, die mir der Richter vor kurzem gestellt hatte. Wie sollte Oswald, der angeblich hinter dem Präsidenten stand, Einschußwunden vorne am Hals verursachen?

Als die *New York Times* den Text von Wades Pressekonferenz veröffentlichte, studierte ich die Behauptungen sorgfältig. Die Brüchigkeit der Argumente war nicht zu übersehen. Die Anklage, die der Staatsanwalt formuliert hatte, war in mancher Hinsicht schwach, in anderen Punkten unvollständig und insgesamt wenig überzeugend, da eine angemessene Beweisgrundlage fehlte, ja es fehlte im Grunde jeglicher Beweis. Dennoch, es handelte sich um die offizielle Stellungnahme der Regierung, und die war widerspruchslos hingenommen worden.

In den Wochen, die auf das Attentat folgten, analysierte ich den Fall und verglich meine Analyse mit den damals bekannten Fakten, wie ich es schon hundertmal für die Klienten, die ich vertrat, getan hatte. Der Unterschied war nur, daß es diesmal keinen Klienten gab. Ich machte mich daran herauszufinden, was der Häftling Oswald während der stundenlangen Verhöre durch FBI-Agenten und andere ausgesagt hatte. Ich erfuhr, daß das FBI sich geweigert hatte, die Gespräche aufzuzeichnen. Es existierte keine Abschrift, die die Beteuerung seiner Unschuld erklärt oder seinen Hinweis, er sei ein »Sündenbock«, dokumentiert hätte. Die Polizeibeamten waren sich nicht einmal darüber einig, was er ausgesagt hatte.

Als ich meine Analyse der Beweismittel und der Anklagepunkte abgeschlossen hatte, verfaßte ich ein Gutachten von etwa zehntausend Wörtern. Es war ein Plädoyer für »eine faire Erwägung der Beweise«. Ich war weder zu dem Schluß gekommen, daß Oswald unschuldig sei, noch daß er, im Falle seiner Schuld, nicht allein gehandelt haben könnte. Mein Text fing so an:

»Aller Wahrscheinlichkeit nach könnte man in keiner einzigen Stadt und keinem einzigen Dorf der Vereinigten Staaten zwölf rechtschaffene Männer und Frauen von einwandfreiem Leumund finden, die nicht der Ansicht sind, Lee Harvey Oswald habe Präsident Kennedy ermordet. Keine vernichtendere Aussage läßt sich über den Bankrott des angelsächsischen Rechtswesens machen. Eckstein und Grundpfeiler unseres Verfahrensrechts bildet das Gebot, Unschuldige wie Schuldige gleichermaßen vor Massenhysterie, gefälschten Beweismitteln, übereifrigen Vertretern der Strafverfolgungsbehörden, kurz, vor allem zu schützen, was auf einen automatischen, auf Vorurteile gegründeten, hübsch verpackten Schuldspruch dringt. Jeder Bürger, dem eine Straftat zur Last gelegt wird, darf sich darauf berufen, daß er als schuldlos zu gelten hat. Das ist sein geheiligtes Recht.

Diese Unschuldsvermutung wurde einmal mit einem Umhang verglichen, den sich der Beschuldigte umlegt, sobald die ihm zur Last gelegte Tat vorgetragen wird. Seinen Schutz genießt er während des gesamten gegen ihn geführten Verfahrens, und von den Schultern genommen wird er ihm erst, nachdem er Gelegenheit hatte, Zeugen der Gegenseite ins Kreuzverhör zu nehmen, eigene Zeugen aufzubieten und selbst auszusagen.

Oswald hat nicht ausgesagt. Es wird nicht einmal eine Anklage oder ein Verfahren geben, und nach wie vor vertritt niemand die Rechte dieses Mannes, der einem Mord zum Opfer fiel, während er sich in Polizeigewahrsam befand. Unter so gearteten Umständen eine Verteidigungsstrategie aufzubauen ist schwierig, ja, nahezu unmöglich. Aber gerade unter solchen Umständen ist der Aufbau einer fairen Verteidigungsstrategie eine Pflicht.

Es wird eine Untersuchung geben. Doch keine Untersuchung, wie begründet sie auch sein mag, kann als angemessener Ersatz für ein Gerichtsverfahren gelten. Die Strafverfolgungsbehörden untersuchen jeden strafrechtlich bedeutsamen Fall, bevor er einem Schwurgericht vorgelegt wird. In nahezu all diesen Fällen ruft diese Untersuchung auf seiten der Ermittelnden die Überzeugung hervor, daß der Tatverdächtige schuldig sei. Dennoch befinden Geschworene den Angeklagten häufig schuldlos. Zwischen den eifrig Ermittelnden und den Geschworenen liegt das ordentliche Gerichtsverfahren, das im Laufe der Jahre mit großen Opfern an menschlichem Leben und an Freiheit erkauft wurde. Dabei gilt das Recht, daß für die Entscheidung unerhebliche Aussagen auszuschließen sind, der Anspruch, daß Tatsachen vorgetragen werden, nicht aber Hoffnungen, Annahmen, Wünsche oder auf Voreingenommenheit fußende Ansichten. Ferner gilt das Recht, die Glaubwürdigkeit eines jeden Zeugen und den Wert von dessen Aussage im Kreuzverhör auf die Probe zu stellen. Es gilt, möglicherweise vor allem, das Recht, einen Anwalt eigener Wahl zu benennen, der dafür sorgt, daß alle anderen Rechte gewahrt werden. Oswald wurden zusammen mit seinem Leben alle diese Rechte genommen.

Zum gegenwärtigen Zeitpunkt ist es den Bürgern, die sich vor der Flut einer vierundzwanzig Stunden lang auf sie einprasselnden umfassenden Berichterstattung in Fernsehen, Rundfunk und Zeitungen kaum retten konnten (Medien, denen es darum zu tun war, die Schuld des Bezichtigten zu beweisen – hinzugekommen ist außerdem seither noch eine Fülle zusätzlichen Beweismaterials), unmöglich, diesen Fall zu beurteilen, ohne daß sie ihm mit gewissen vorgefaßten Meinungen gegenübertreten. Daher bitten wir lediglich darum, daß man einstweilen den Anspruch aufgeben möge, der Fall sei unstreitig geklärt.«

Eine solche vorurteilslose Herangehensweise ließ im Falle der Alleinschuld Oswalds noch auf sich warten. Erst nachdem 1966 in Amerika mein Buch *Mark Lane klagt an* erschien, zeigten landesweite Meinungsumfragen, daß sich die öffentliche Einstellung zu dem Fall drastisch geändert hatte. Doch in den Tagen, die auf das Attentat folgten, versuchte ich verzweifelt ein Organ zu finden, das meinen Artikel veröffentlichen würde.

Das naheliegendste wäre die Zeitschrift *The Nation* gewesen. Mit dem Redakteur, Carey McWilliams, war ich bekannt. Er hatte mich schon oft gebeten, etwas für ihn zu schreiben, denn damals lud er mich häufig zu Diskussionen über Lokalpolitik ein; dabei ging es zum Beispiel um meine Vorschläge zum sozialen Wohnungsbau in

Manhattan oder das Weißbuch, das ich für den Bürgermeister geschrieben hatte, um neue Lösungswege für das Drogenproblem aufzuzeigen. Bei diesen Treffen war auch manchmal ein junger Aktivist aus Yorkville, John Harrington, mit dabei.

Anscheinend freute sich McWilliams von mir zu hören und war begeistert, als ich ihm mitteilte, ich hätte etwas für die *Nation* geschrieben. Als er jedoch erfuhr, um welches Thema es ging, geriet er in Panik. »Das können wir nicht drucken. Das wollen wir nicht. Es tut mir leid, aber wir haben beschlossen, dieses Thema nicht zu berühren.« Ich versuchte ihm zu erklären, daß es im Kern des Artikels keineswegs um Oswalds Unschuld ging, ja, ich behauptete nicht einmal, daß andere beteiligt wären. »Alles, was ich sage, Carey, ist, daß da einige ernste Fragen offenbleiben, denen man nachgehen sollte.« Er blieb unerbittlich, ebenso wie der Redakteur eines Magazins namens *Fact*, das sich auf die Fahne geschrieben hatte, kontroverse Themen anzupacken – der meinte, das Thema sei zu kontrovers –, ebenso wie die Redakteure von *The Reporter, Look, Life, The Saturday Evening Post* und alle anderen, die ich fragte. *The New Republic* erwog angeblich, die Veröffentlichung eines ähnlichen Artikels.

Schließlich hörte ich von James Aronson. Er war Redakteur eines linken Presseorgans, des *National Guardian*. Er hatte von dem Artikel gehört und war sehr darauf gespannt, ihn zu lesen. Ich versprach, ihm den Artikel zu schicken, einer Veröffentlichung wollte ich jedoch nicht zustimmen. Er fragte nach den Gründen. Ich erwiderte, ich sei auf der Suche nach einem unpolitischen Verlag, der die breite Öffentlichkeit anspreche. Wenn der Text im linken Spektrum erscheine, würde das Thema nie die Debatte auslösen, die ihm eigentlich gebührte. Er rief mich am nächsten Tag wieder an: »Unserer Meinung nach ist der Text ein äußerst wichtiges Dokument, und wir wollen ihn veröffentlichen«, erklärte er. Als ich ablehnte, zeigte er sich enttäuscht und nannte mich unfair.

Ich ging mit dem Artikel zu James Wechsler, einem Redakteur der damals noch liberalen *New York Post*. Auch er konnte niemanden finden, der bereit gewesen wäre, ihn zu publizieren. Er bat mich eindringlich, mir die Sache aus dem Kopf zu schlagen. Als ich ihm von Aronsons Angebot erzählte, wurde er wütend: »Sie werden ein Politikum daraus machen«, meinte er. »Du darfst nicht zulassen, daß sie den Artikel bringen.« Nachdem ich erlebt hatte, daß der Kerngedanke des Artikels von allen Presseorganen der Vereinigten Staaten und von allen meinen Freunden mit Kontakten zu und Einfluß auf die Medien abgelehnt wurde, blieb mir nur noch das Angebot des *National Guardian*. Ich rief Aronson an und erklärte, wenn er noch interessiert sei, könne er den Artikel haben.

Am 19. Dezember 1963 veröffentlichte der *National Guardian* den Text. Er beanspruchte fünf Seiten im Tageszeitungsformat. Die Nachfrage war so groß, daß der *National Guardian* die Zeitungskioske nicht ausreichend beliefern konnte. Aronson legte den Text als Auszug noch einmal auf und verkaufte mehrere tausend Exemplare davon. Die *New York Times* brachte einen längeren Artikel zu den Argumenten, die ich vorgebracht hatte, aber meines Wissens veröffentlichte keine andere Zeitung in den Vereinigten Staaten auch nur eine Zeile darüber. Der *Guardian*, der die Rechte für meinen Artikel besaß, berichtete später, »in Übersee sah die Reaktion ganz anders aus. In Rom wurde geplant, den Schriftsatz Lanes in voller Länge im *Paese Sera*, der größten Abendzeitung, abzudrucken, in Paris interessierte sich *Libération* dafür. *Oggi*, eine italienische Zeitschrift mit einer Million Auflage, bemühte sich um die Rechte für den Nachdruck. Die japanischen Zeitungen und Agenturen schreckten ebenfalls nicht vor einer Veröffentlichung zurück. Auch einige mexikanische Blätter griffen die Sache auf.

In den Vereinigten Staaten schickte der *Guardian* den Artikel an die United Press International. Doch der zuständige UPI-Korrespondent erklärte, seine Agentur werde »die Finger davon lassen«.

FBI-Chef J. Edgar Hoover hatte da eine andere Einstellung. Er verteilte das Dokument großzügig, verschickte es an seine besten Kontaktleute in Regierungskreisen und anderswo. Um sicherzugehen, daß der Text, der frei erhältlich war, nicht in die falschen Hände fiel, versah er ihn mit dem Vermerk »Top Secret«. Da diese Worte in schwarzer Tinte quer über der ersten Seite prangten, war der Inhalt teilweise schwer zu entziffern. Er verteilte die Schrift an die Staatsanwälte der Vereinigten Staaten, an Richter, Funktionäre der Anwaltskammer und Polizeiämter.

Es stellte sich jedoch heraus, daß meine wichtigste Leserin eine Frau aus Hominy, Oklahoma, war.

Shirley Martin hatte die Wahl John F. Kennedys zutiefst bewegt. Sie glaubte, daß er einen frischen Wind in die Politik bringen würde. Sein plötzlicher Tod war ein schwerer Schock für sie, das Ende eines großen Mannes, der noch nicht hätte gehen dürfen. Die Polizeimeldungen befriedigten sie nicht, sie hatte den Eindruck, daß es sich um Manipulationen handelte. Was zu dem Thema veröffentlicht wurde, las sie von A bis Z, doch ihre Zweifel legten sich nicht. Schließlich schrieb sie an Marina Oswald, die Witwe, und an Marguerite Oswald, die Mutter des Angeklagten.

Als sie den Artikel im *National Guardian* las, schöpfte sie Mut. Sie schickte ihn an Marguerite Oswald. Mrs. Oswald und Shirley Martin waren sich vorher nie begegnet; auch ich war mit keiner von beiden bekannt.

Daraufhin rief mich Mrs. Oswald an. Sie sagte, sie habe den Artikel gelesen, und wollte wissen, ob ich immer noch dazu stand. Außerdem berichtete sie, die Warren-Kommission wolle mit ihr sprechen.

Präsident Lyndon B. Johnson, der ehemalige US-Senator von Texas, war unter Kennedy Vizepräsident gewesen. Nach Kennedys Tod war er Präsident geworden. Um alle Zweifel um die Vorfälle, die sich am 22. November 1963 in Dallas abgespielt hatten, zu zerstreuen, berief er, laut Durchführungsverordnung Nummer 11130, eine Kommission zur Untersuchung des Attentats auf Präsident Kennedy ein, unter Leitung des Vorsitzenden des Obersten Gerichtshofs, Earl Warren.

»Sie sind der einzige Rechtsanwalt im ganzen Land, der sagt, daß mein Sohn nicht als Mörder verdammt werden darf, ohne daß handfeste Beweise vorliegen«, sagte sie. »Sie stellen ihn jetzt vor Gericht, nachdem er tot ist und nicht mehr aussagen kann. Ich habe Lee gut gekannt; er war schließlich mein Sohn. Ich weiß, daß er unschuldig ist.« Dann bat sie mich, die Interessen ihres Sohnes vor der Warren-Kommission zu vertreten. »Sie können Zeugen für Lee finden, Sie können die Zeugen der Anklage ins Kreuzverhör nehmen«, meinte sie.

Natürlich faszinierte mich die Idee. Dennoch gab es Hindernisse, die ich für unüberwindlich hielt. In meiner Anwaltspraxis verteidigte ich vor allem Klienten, die mittellos oder nahezu mittellos waren. Die einzige Aktiengesellschaft, die ich vertrat und die mir meine unentgeltliche Arbeit größtenteils ermöglichte, hatte mir vor kurzem mitgeteilt, das Unternehmen sei in Verlegenheit geraten und habe Nachteile erlitten, da es nach der Veröffentlichung meines Artikels zu dem Fall mit mir in Zusammenhang gebracht worden sei. Man teilte mir mit, daß jeder weitere Versuch, mich in die Untersuchungen zum Kennedy-Attentat einzuschalten, die Kündigung meines Vertrags mit der Firma zur Folge haben werde. Mrs. Oswald selbst war nicht in der Lage, für meine Unkosten aufzukommen, noch weniger hätte sie mir ein Honorar für meine Dienste bezahlen können. Für die Veröffentlichung meines Artikels in aller Welt hatte ich insgesamt einhundert Dollar erhalten. Und als ich vom *National Guardian* einen Scheck über diesen Betrag erhielt, war ich sogar erstaunt.

Ich glaubte, das Mandat, das mir Mrs. Oswald antrug, nicht annehmen zu können. Doch sie blieb hartnäckig. Sie erinnerte mich daran, daß ich geschrieben hatte, sowohl Lee Harvey Oswald als auch das Land hätten ein Recht darauf, eine faire und kritische Beurteilung der Beweise zu erhalten. Sie sagte: »Bei der Warren-Kommission steht er vor Gericht. Er hat keinen Anwalt. Werden Sie seine Interessen vertreten oder war das, was Sie geschrieben haben, nicht ernst gemeint?«

Schließlich ließ ich mich darauf ein, Ermittlungen durchzuführen, vorausgesetzt Mrs. Oswald, die in gewissem Sinne meine Klientin war, zeigte sich damit einverstanden, daß ich meine Untersuchung ganz unabhängig von ihr führen würde. Ich war nicht bereit, als ihr Anwalt aufzutreten, wenn sie vor der Warren-Kommission aussagte. Und ich bestand auf einer schriftlichen Vereinbarung, die mir erlaubte, sofern meine Ermittlungen zwingend ergäben, daß ihr Sohn der Attentäter sei, diesen Sachverhalt öffentlich klarzustellen. Sie stimmte bereitwillig zu – denn sie war sich sicher, daß Beweise ihren Sohn entlasten würden.

Mit Befürchtungen, die nur durch mein Interesse am Gegenstand gemildert wurden, machte ich mich an eine Aufgabe, die ich im Grunde nicht angestrebt hatte. Zunächst einmal gab ich meine

Tätigkeit für die erwähnte Aktiengesellschaft auf. Der Präsident der Gesellschaft stimmte ohne weiteres zu.

Mittlerweile stellte sich heraus, daß nur ein Faktor ebenso schwer wog wie das mangelnde Interesse an Tatsachen, das die Presseleute an den Tag legten, und das war ihre Feindseligkeit gegenüber den Leuten, die die Sache für relevant und wichtig hielten. Mir war nicht klar, auf welche Schwierigkeiten ich mich eingelassen hatte, bis mich mein ehemaliger Freund James Wechsler in der *New York Post* angriff. Er wollte wissen, warum ich meinen Artikel in einer linksgerichteten Zeitschrift veröffentlicht hätte und nicht in einer angesehenen Zeitung. Er deutete an, er und seine Kollegen bei den Medien seien durchaus bereit gewesen, meiner abweichenden Meinung Gehör zu verschaffen. Als ich ihn anrief, um ihn an die Tatsachen zu erinnern, mit denen er natürlich allzugut vertraut war, wollte er nicht mit mir sprechen. Wir haben nie mehr ein Wort miteinander gewechselt. Noch ein Jahr zuvor hatte er bei einem Festessen, das mir zu Ehren gegeben wurde, eine programmatische Rede gehalten und mich gedrängt, für ein wichtiges politisches Amt zu kandidieren.

Mein schwerer innerer Konflikt um Mrs. Oswalds Angebot erwies sich ein paar Wochen später als rein akademische Frage. Die Warren-Kommission weigerte sich, mich als Anwalt von Lee Harvey Oswald zu hören. Außerdem beschlossen die Ausschußmitglieder, unter Ausschluß der Öffentlichkeit zu tagen. Sie verhandelten hinter verschlossenen Türen; die Einzelheiten der Zusammenkünfte wurden als streng geheim eingestuft und die vor dem Ausschuß gemachten Zeugenaussagen unter Verschluß gehalten. Der Ausschuß beschloß, die Presse von allen Verhandlungen auszuschließen, die den Tod des Präsidenten betrafen, und diese Entscheidung wurde von den Medien widerspruchslos hingenommen.

In einem Interview, das die *New York Times* veröffentlichte, legte der Ermittlungsleiter der Warren-Kommission den Modus operandi der Untersuchung dar. Es sollten sechs Unterausschüsse, jeweils unter Leitung eines erfahrenen Juristen, gebildet werden. Die einzelnen Unterausschüsse würden sich jeweils mit folgenden Themen beschäftigen: Oswalds Werdegang, seiner Zeit in der Sowjetunion und bei der Marine, seinen Aktivitäten am 22. November, Jack

Rubys Werdegang, der Frage, wie es ihm gelungen war, unbemerkt in das Kellergeschoß vorzudringen, und zu guter Letzt mit den Aktivitäten des amerikanischen Geheimdienstes am 22. November. Als ich später als Zeuge vor die Kommission geladen wurde (nicht am Tatort gewesen zu sein, war offensichtlich eine Voraussetzung, die man als Zeuge erfüllen mußte), erklärte ich den Kommissionsmitgliedern, daß ich an ihrer Stelle einen siebten Unterausschuß gebildet hätte, der sich mit der Klärung des Mordes an Präsident Kennedy befassen sollte. Beweise zu dieser Sache konnten nur über den Unterausschuß, der sich mit Oswalds Tun und Lassen beschäftigte, zur Warren-Kommission vordringen. Das Fehlen eines siebten Unterausschusses bewies, daß sich die Behörden mit Leib und Seele einer vorgefaßten Meinung verschrieben hatten. Die wenigen Leitartikel, die überhaupt darauf eingingen, daß sich die Warren-Kommission darauf konzentrierte, Oswalds Alleinschuld zu beweisen, nahmen dies nur zum Anlaß, das geradlinige Vorgehen der Kommission zu loben.

Ich gründete in einem kleinen Büro in der unteren Fifth Avenue in New York City das Citizen's Committee of Inquiry. Eine Reihe junger Männer und Frauen arbeiteten ehrenamtlich mit. Gemeinsam organisierten wir Vorträge an Universitäten und juristischen Fakultäten und Rundfunk- und Fernsehauftritte bei einigen Lokalsendern. Schließlich mieteten wir ein Theater, in dem ich viele Monate lang jeden Abend eine Veranstaltung abhielt, die man schließlich nur noch »Die Rede« nannte – eine Abhandlung über die damals bekannten Tatsachen, die mit dem Tod Präsident Kennedys zusammenhingen. Diese alternative Methode, eine abweichende Meinung zu bekunden, wurde notwendig, weil sich sämtliche Rundfunk- und Fernsehanstalten weigerten, auch nur ein Wort zu senden, das nicht mit der offiziellen Darstellung übereinstimmte.

Wir sammelten Spenden, um die Kosten der freiwilligen Ermittler zu decken, die nach Dallas reisten, um die Fakten zu klären. Unser kleiner Zusammenschluß, der aus Studenten und vielen anderen engagierten Leuten bestand, bildete den siebten Unterausschuß, den einzurichten die Warren-Kommission versäumt hatte.

Während wir das Ziel verfolgten, die Wahrheit über den Tod unseres Präsidenten herauszufinden, bekamen wir auch weiterhin

Schwierigkeiten. In Dallas wurden unsere Ermittler schikaniert und inhaftiert. Es hatte fast den Anschein, als hätte die Polizei, schon während wir sie formulierten, Zugang zu unseren Plänen. Vierzehn Jahre später kamen wir durch das Freedom of Information Act, das Gesetz zur Wahrung des Rechts auf Auskunft, an Dokumente heran, die bewiesen, daß das FBI unser Telefon angezapft und Wanzen in unser Büro gesetzt hatte.

In den Monaten, die auf die Veröffentlichung des *Guardian*-Artikels folgten, hinderten mich die Bundesbehörden auf dem internationalen John-F.-Kennedy-Flughafen in New York solange an der Wiedereinreise in die USA, bis sie »telefonisch« das FBI, das Justizministerium und das Büro des US-Justizministers über meine Heimkehr informiert hatten. Scheinbar fürchteten sie, daß ich nun meine unliebsame Wahrheitssuche wiederaufnehmen würde.

Am unangenehmsten war jedoch, daß man den Versuch machte, mich aus der Anwaltskammer auszuschließen, um so unsere Nachforschungen zu vereiteln.

Die amerikanischen Bürger konnte ich nicht direkt ansprechen, da die Medien auf die offizielle Darstellung eingeschworen waren, also wich ich nach Europa aus und sprach in England, Irland, Schottland, Frankreich und Italien über den Fall. Am 9. April 1964 berichtete die Zeitung *Rome Daily American* unter der Überschrift »Lane verurteilt das Schweigen der Presse zum Fall Oswald« über meine Ausführungen.

Der Redakteur des *Richmond Times Dispatch* befand sich zufällig in Italien, als der Bericht erschien. Anscheinend betrachtete er den Artikel als persönlichen Affront und schickte ihn an einen einflußreichen Freund. Dieser Freund schrieb auf Briefpapier der amerikanischen Anwaltskammer an Lee Ranking, der der Warren-Kommission angehörte, legte den Artikel bei und schlug vor, etwas gegen mich zu unternehmen. In dem Brief, der mit »Lieber Lee« begann und nur mit »Lewis« unterzeichnet war, schrieb er: »Die Anwaltskammer sollte Mittel und Wege finden, Leute wie Lane zu disziplinieren, da er doch offensichtlich das Rechtssystem unseres Landes in Verruf bringt.«

Der fragliche »Lewis« war Lewis F. Powell jr., der damalige designierte Präsident der amerikanischen Anwaltskammer. Später wurde er in den Obersten Gerichtshof berufen. Die Geschichte mag entscheiden, wer von uns beiden die Anwaltschaft in Verruf brachte und wer den besten Traditionen der amerikanischen Anwaltskammer gedient hat.

Powells Vorschlag, in diesem Fall mit einem Schlag den ersten Zusatzartikel zur Verfassung außer Kraft und die Unabhängigkeit der Anwaltskammer aufs Spiel zu setzen, wurde von Rankin eifrig aufgegriffen und weiterverfolgt. Kurze Zeit später leitete die Anwaltskammer von New York City auf Betreiben von John G. Bonomi ein Verfahren gegen mich ein, wobei mir versuchte Ausübung der Redefreiheit zur Last gelegt wurde, zumindest würde ich es so formulieren. Natürlich wurde die Pseudoklage nie verhandelt, zumal sich ein berühmtes Mitglied der Anwaltskammer, der ehemalige stellvertretende Justizminister Edward Ennis, für mich stark machte. Die Anwaltskammer hat jedoch bis heute, siebenundzwanzig Jahre später, noch nicht den Anstand gehabt, mir mitzuteilen, daß sie die schikanöse Klage gegen mich endgültig zurückgezogen habe.

Die Warren-Kommission veröffentlichte ihren Bericht im September 1964 und stellte, wie zu erwarten war, fest, Oswald sei für das Attentat allein verantwortlich. Sobald die in sechsundzwanzig Bänden gesammelten Beweismittel freigegeben waren, auf denen das Urteil der Kommission beruhte, machte ich mich daran, den Bericht durchzuarbeiten. Meine Analyse und die Gespräche mit Zeugen, die ich geführt hatte, sind in meinem Buch *Mark Lane klagt an* festgehalten. Buchstäblich alle Verleger der Vereinigten Staaten lehnten es ab, das Buch herauszubringen. Erst nach Jahren erfuhren wir, wie CIA und FBI die Leute unter Druck gesetzt hatten, die erwogen, in dieser Sache eine abweichende Meinung zu veröffentlichen.

Ein britischer Verlag, mit Sitz in London, *The Bodley Head*, erklärte sich schließlich bereit, das Buch herauszubringen. Dann zogen *Holt, Rinehart und Winston* in den USA nach. Der Verlag erhielt vom FBI Anweisung, den Vertrag mit mir zu annullieren. Dem Mut des Herausgebers, Arthur A. Cohen, ist es zu verdanken, daß sich der Verlag weigerte und das Buch erscheinen konnte. Noch im selben Jahr stand es auf den Bestsellerlisten der Vereinigten Staaten ganz oben; im folgenden Jahr entwickelte sich auch die Taschenbuchausgabe zum Bestseller und war in vielen Ländern weltweit ein großer Erfolg.

Die Debatte war eröffnet. Die US-Regierung und ihr Geheimdienst waren nicht in der Lage gewesen, eine öffentliche Diskussion zu verhindern. Bald zeigten landesweite Meinungsumfragen, daß die überwältigende Mehrheit aller Amerikaner die Schlußfolgerungen des Warren-Berichts für falsch hielt. In gewissem Sinne war nun das erste und wesentliche Hindernis, das der Wahrheit im Wege stand, der Warren-Bericht, aus dem Weg geräumt. Nun blieb nur noch zu klären, wer den Präsidenten ermordet hatte.

Während der nächsten zehn Jahre wurden in dieser Hinsicht kaum Fortschritte erzielt. CBS, das hieß Walter Cronkite, bot vier Stunden bester Sendezeit auf, um den Warren-Bericht nachzubeten. Als der Bezirksstaatsanwalt von New Orleans, Jim Garrison, wegen Verschwörung zum Mord am Präsidenten Anklage gegen Clay Shaw erhob, bliesen die Medien erneut zum Angriff gegen die Kritiker der Warren-Kommission.

Shaw wurde freigesprochen, Garrison in Bausch und Bogen verdammt und die Klärung der Fakten vertagt. Später konnte ich Beweise sichern, die Garrison im Fall Shaw hätten helfen können, doch die Sache konnte natürlich nicht noch einmal verhandelt werden. Meine Nachforschungen bewiesen, daß Shaw, der Oswald gekannt hatte, CIA-Mitarbeiter gewesen war; diese Tatsache hatte Shaw bei der Gerichtsverhandlung erfolgreich geleugnet.

Der Vietnamkrieg, die Verbrechen der Regierung und nicht zuletzt der Watergate-Skandal, in den Präsident Nixon und seine Berater verwickelt waren, überzeugten das amerikanische Volk, daß man die allzu schlichten Erklärungen für die nationalen Tragödien der Vergangenheit hinterfragen sollte. Von Regierungsführern und Polizeisprechern geäußerte Behauptungen wurden nicht mehr als sakrosankt angesehen. Wenn ich nun bei Vorträgen Cronkites Beteuerungen zitierte, das amerikanische Volk müsse dem Warren-Bericht »Glauben schenken«, brachen die Zuhörer in Gelächter aus. Das Eis war gebrochen. Neue Informationen wurden zugänglich gemacht. Die einzige grundlegende Reform, die aus dem Watergate-Fiasko resultierte, war ein erweitertes Freedom of Information Act, das den Amerikanern erstmals erlaubte, einen Blick in die Archive der Geheimdienste zu tun.

Wenn uns der Kongreß gestattete, unser nationales Erbe unter die Lupe zu nehmen, so folgerte ich, würde er sich vielleicht auch mit dem Attentat auf den Präsidenten befassen.

Ich zog nach Washington, mietete ein Büro am Capitol Hill und gründete im Februar 1975 die Citizen's Commission on Inquiry (C.C.I.), eine Nachfolgeorganisation des ehemaligen Citizen's Committee. Den verschiedenen Gruppen schlossen sich viele Prominente an, zum Beispiel der zweifache Nobelpreisträger Dr. Linus Pauling und der ehemalige CIA-Beamte George O'Toole. Ich hielt im ganzen Land Vorträge an Universitäten und gründete in fast allen Staaten Ortsgruppen unseres Verbands – insgesamt 180 an der Zahl. Über hundert Kongreßmitglieder und viele hundert Kongreßmitarbeiter versorgte ich persönlich mit Informationen. Außerdem setzte ich einen Gesetzentwurf zur Bildung eines Ausschusses auf, der das Attentat auf Präsident Kennedy untersuchen sollte, traf mich mit Parteiführern aus dem Repräsentantenhaus und erarbeitete schließlich einen neuen Entwurf, der die Untersuchung der Attentate auf Kennedy und Dr. Martin Luther King vorsah.

Die beantragte Untersuchung sollte aus zwei Gründen erweitert werden – einmal aus Prinzip und zum zweiten aus pragmatischen Überlegungen. Der Tod Martin Luther Kings, der nicht weniger tragisch und ebenso undurchsichtig war wie die Ermordung Kennedys, erforderte ebenfalls gründlichere Nachforschungen. Die Stimmen der Kongreßmitglieder, die daran interessiert waren, den Mord an dem Bürgerrechtskämpfer aufzuklären, plus die Stimmen der Abgeordneten, die den Tod des Präsidenten klären wollten, würden vielleicht ausreichen, um die Bildung eines Ad-hoc-Ausschusses zu den beiden Attentaten zu erzwingen.

Die Kongreßabgeordneten Don Edwards aus Kalifornien und Henry B. Gonzalez aus Texas unterstützten uns von Anfang an. Gegen das Vorhaben stellten sich die Abgeordneten Thomas P. »Tip« O'Neill aus Massachussetts und seine Freunde, Richard Bolling aus Missouri, der einflußreichste Mann im Geschäftsordnungsausschuß, Phillip Burton aus Kalifornien und andere, die sich als »Kennedy-Demokraten« bezeichneten.

Im Lauf der Zeit überschwemmten die autonomen Ortsgruppen unseres C.C.I. ihre Abgeordneten mit einer Flut von Briefen. Die Bewegung griff wie ein Lauffeuer um sich. Eineinhalb Millionen Briefe, Telegramme und Petitionen erreichten den Kongreß. Die Kongreßmitglieder waren mit den Tatsachen vertraut; wir hatten sie über den Sachverhalt informiert und sie und ihre Mitarbeiter mit Material eingedeckt. Es war nicht mehr zu übersehen, daß die Wähler aufgeklärt und zum Handeln entschlossen waren.

Schließlich entschied sich der Kongreß für die Einrichtung der House Select Committee on Assassinations, eines parlamentarischen Sonderausschusses, der für die Klärung der Mordfrage im Falle Martin L. King und John F. Kennedy zuständig sein sollte.

Im Rückblick sind dieser Kampf und die konsequenten, beinahe verzweifelten Versuche Tip O'Neills, die Ermittlungen zu vereiteln, nicht uninteressant. Er hatte seinen Kollegen wiederholt nahegelegt, gegen den Antrag zu stimmen, und Bolling instruiert, den Antrag bereits im Geschäftsordnungsausschuß zu Fall zu bringen, damit der Kongreß gar nicht erst darüber abstimmen könne. Untermauert hatte er seine Direktiven, indem er den Abgeordneten persönlich versicherte, er *wisse*, daß der Warren-Bericht allumfassend sei und keine neuen Erkenntnisse vorlägen.

O'Neill informierte seine Kollegen, alle Schüsse seien aus dem Schulbuchlagerhaus gekommen, in dem sich Oswald befand; außerdem bekräftigte er die Folgerung der Warren-Kommission, es gäbe »keine glaubhaften Beweise« für das Gerücht, daß von einem Standort hinter dem Zaun auf dem Hügel die entscheidenden Schüsse abgegeben worden seien. Diese Behauptungen wiederholte O'Neill während der Jahre 1976 und 1977 mehrmals.

Nachdem er aus dem Kongreß ausgeschieden war, veröffentlichte er 1987 unter dem Titel *Man of the House* seine politischen Memoiren. In diesem Buch berichtet er über ein Ereignis aus dem Jahr 1968:

> »Ich habe nie zu den Leuten gehört, die den Bericht der Warren-Kommission über den Tod des Präsidenten in Zweifel zogen. Aber fünf Jahre nach Jacks [John F. Kennedys] Tod aß ich mit Kenny O'Donnel und ein paar anderen Leuten in Jimmy's Hafenrestau-

rant in Boston zu Abend, und wir kamen auf das Attentat zu sprechen.

Ich war überrascht, als ich O'Donnell sagen hörte, er sei sich sicher, zwei Schüsse gehört zu haben, die hinter dem Zaun abgegeben wurden.

›Das hast du aber der Warren-Kommission nicht erzählt‹, erwiderte ich.

›Du hast recht‹, sagte er. ›Ich habe vor dem FBI gesagt, was ich gehört habe, doch sie meinten, so könne es nicht gewesen sein und daß ich mir scheinbar etwas eingebildet hätte. Also sagte ich das aus, was sie hören wollten. Ich wollte einfach nicht noch mehr Leid und Unruhe in die Familie bringen.‹

›Das ist ja unglaublich‹, meinte ich. ›Das hätte ich nie im Leben gemacht. Ich hätte die Wahrheit gesagt.‹

›Mark, das mußt du verstehen. Die Familie – alle wollten mit der Sache abschließen.‹

Auch Dave Powers nahm an dem Essen teil, und er hatte die Schüsse ganz genauso in Erinnerung wie O'Donnell. Kenny O'Donnell ist nicht mehr am Leben, aber mit Dave Powers habe ich noch einmal gesprochen, während ich dieses Buch schrieb. Und wie man in der Nachrichtenbranche so sagt, er steht zu seiner Story.

Deshalb bin ich immer ein wenig skeptisch, wenn ich über Jacks Tod nachdenke. Früher habe ich die Leute, die die Ergebnisse der Warren-Kommission anzweifelten, immer für Spinner gehalten. Inzwischen bin ich mir da nicht mehr so sicher.

Doch ich möchte lieber von Jacks Leben erzählen. Er hatte tatsächlich diesen Charme, das Talent und das legendäre Charisma. Er hatte eine Ausstrahlung, die die Leute, die mit ihm zusammen waren, in Begeisterung versetzte. Er hat Amerikanern aus allen Schichten das Gefühl gegeben, daß sie gebraucht wurden, daß es in Amerika einen Platz für sie gab – unabhängig von Religion oder Rasse –, und das war völlig neu für uns. Und was vielleicht am allerwichtigsten war, als Jack Kennedy Präsident war, hatten die Leute Vertrauen in ihre Regierung. Ich hoffe auf den Tag, an dem das wieder wahr wird.«

Das Vertrauen des Volkes müssen sich die Regierenden verdienen, indem sie sich zur Wahrheit bekennen. Offensichtlich hatte O'Neill das bis heute nicht begriffen.

Hätten O'Donnell und Powers, die beiden wichtigsten Berater Präsident Kennedys, wahrheitsgemäß ausgesagt und hätte man dem FBI nachweisen können, daß sie versuchten, Zeugen zum Meineid anzustiften, dann hätte der Schaden, den der irreführende Warren-Bericht der Nation zufügte, noch abgewendet werden können. Wenn O'Donnell und Powers, zwei der mächtigsten Männer der Regierung, dem FBI auf den Leim gegangen sind und unter Eid eine Falschaussage über den Tod ihres Freundes gemacht haben, kann man sich vorstellen, wie sich die illegalen Machenschaften des FBI auf andere Zeugen ausgewirkt haben, die weniger prominent und angreifbarer waren.

O'Neills Buch wurde häufig besprochen, doch keine einzige Rezension, die ich las, erwähnte auch nur mit einem Wort seine Enthüllungen zu diesem Thema, obwohl sie zu den wenigen relevanten und berichtenswerten Aussagen des Buches gehören, das im übrigen eine Ansammlung banaler Anekdoten darstellt.

Die Führung des Repräsentantenhauses war immer noch entschlossen, eine ernsthafte Prüfung der Fakten zu verhindern, und entsandte daher in den Sonderausschuß Kongreßmitglieder, die nur schwachen Einfluß auf Kongreß und Nation ausüben würden. Zum Beispiel sollte Walter Fauntroy, der nicht stimmberechtigte »Delegierte« aus Washington, D.C., dem man allgemein nicht viel Einfluß auf seine Kollegen zutraute, die Ermittlungen zum King-Attentat leiten.

Dick Gregory, ein sehr talentierter Künstler, hatte seine erfolgreiche Karriere als Schauspieler und Komiker aufgegeben, um sich in der Menschenrechtsbewegung zu engagieren. Wir waren alte Freunde, und er hatte wesentlich zur Bildung des Kongreßausschusses beigetragen, indem er offene Fragen zu den Attentaten auf Kennedy und King ansprach. Eines Tages rief er mich an: »Doctor, du mußt Walter für heute abend einladen. Wir treffen uns um sechs Uhr bei dir, damit wir die Sache mal ins Rollen bringen.« Er war ebenso besorgt wie ich, weil der Sonderausschuß bisher noch nichts unternommen hatte, um die Ermittlungen zu organisieren.

An diesem Abend saß ich hinter meinem Schreibtisch im Arbeitszimmer bei mir zu Hause, während Gregory und Fauntroy auf dem Sofa Platz genommen hatten. Ich warf einen Blick aus dem Fenster und sah den Obersten Gerichtshof und dahinter das Dach des Kapitols. Und nun bahnte sich ein historischer Augenblick an, unmittelbar vor mir, auf dem Perserteppich meines Büros. Denn Gregory hatte Fauntroy an der Hand genommen, und beide ließen sich auf die Knie nieder. Fauntroy war geweihter Priester. Gregory sprach das Gebet vor:

»O Herr, dieser Mann [er verwies auf Fauntroy] ist der wichtigste Mann in Amerika. Nicht der wichtigste Schwarze, sondern der wichtigste Mann überhaupt. Er wird dieser Nation die Wahrheit über den Tod unseres geliebten Martin sagen. Er wird aufklären, wer ihn ermordet hat. Herr, gewähre ihm die Einsicht, die er braucht, um den Sachverhalt vollständig aufzuklären. Und Herr, gib ihm den Mut, dem Volk die Wahrheit zu sagen.«

Dann nahmen die beiden wieder auf dem Sofa Platz. Fauntroy ergriff das Wort:

»Dick, da gibt es ein Problem. Wir wissen, wer es getan hat.«

Gregory erwiderte: »Nun, das ist wunderbar. Dann ist doch alles kein Problem.«

Fauntroy erklärte: »Dick, wir wissen, daß das FBI Martin Luther King ermordet hat. Wir haben den Beweis. Aber Dick, das FBI hat seine Wanzen in meine Wohnung gesetzt, in mein Kongreßbüro, sogar in meine Kirche. Wir können sie nicht wegen Mordes anzeigen. Das wäre zu gefährlich.«

Gregory blieb hartnäckig und antwortete geduldig:

»Walter, was haben wir an Martin am meisten geschätzt? Er hat privat keinen anderen Standpunkt vertreten als vor der Öffentlichkeit. Er hat mit uns allen offen darüber gesprochen, was er dachte.«

Fauntroy erwiderte: »Ja, Dick, und sie haben ihn umgebracht. Zu diesem Opfer bin ich nicht bereit.«

Als der Abend zu Ende ging, besprachen Gregory und ich bei einer Tasse Tee, daß wir beide das Gefühl nicht los wurden, der Ermittlungsausschuß werde noch mit ernsten Problemen zu kämpfen haben.

Die Ausschußmitglieder gingen lustlos und unsystematisch an die Arbeit und hatten noch nicht einmal den ersten Schritt in Angriff genommen – der darin bestand, einen Ermittlungsleiter einzustellen, der die Nachforschungen organisierte. Als ich mit ihnen zusammentraf, um sie etwas anzutreiben, bot mir der damalige Ausschußvorsitzende die Position an. Ich lehnte mit der Begründung ab, man könne ja wohl kaum behaupten, daß ich neutral sei, und daher wäre die Untersuchung unter diesen Voraussetzungen zum Scheitern verurteilt, noch bevor sie mit ihrer Arbeit angefangen habe. Daraufhin bot er den Posten Bernard Fensterwald an, einem Anwalt aus Washington. Fensterwald überlegte sich die Sache, als sich, wie er mir später erzählte, ein CIA-Beamter an ihn wandte und drohte, der CIA werde ihm »seinen Kopf auf einem Tablett servieren«, wenn er das Angebot annehme, lehnte Fensterwald ab. Dann machte ich mich auf die Suche nach einem akzeptablen Ermittlungsleiter.

Richard Sprague, ein brillanter Jurist aus Philadelphia, war dort als Staatsanwalt tätig gewesen. In dieser Eigenschaft hatte er alle Beteiligten einer Verschwörung zwischen der Gewerkschaft und dem organisierten Verbrechen zur Ermordung der Familie Yablonski strafrechtlich verfolgt und überführt. Seine schonungslosen Ermittlungen hatten ihm den fast einhelligen Beifall der Medien des Landes eingebracht.

Ich traf mit Sprague zusammen; er zeigte sich interessiert. Ich besprach die Sache mit den Ausschußmitgliedern; auch sie waren interessiert. Später machte ich mit Sprague die Bahnfahrt von Philadelphia nach Washington und stellte ihn dem Ausschuß vor; noch am selben Tag beschlossen sie, ihn zu engagieren. Der Sonderausschuß zur Untersuchung der Attentate an King und Kennedy konnte nun seine Arbeit aufnehmen.

Im selben Zeitraum führte ich eine Reihe von Prozessen, um unter dem Freedom of Information Act Zugang zu den Dokumenten zu bekommen, die die Warren-Kommission und alle nachfolgenden Regierungen als streng geheim einstufen ließen und der Öffentlichkeit vorenthielten. Als wir unsere Verhandlung vor dem Bezirksgericht gewonnen hatten, wurden viele Unterlagen freigegeben; doch der Geheimdienst hatte in einigen Fällen erfolgreich mit der »nationalen Sicherheit« argumentiert, und die betreffenden Dokumente wurden uns vom Gericht weiter vorenthalten. Wir mußten mehrere Lastwagen mieten, um die Papierberge aus den Dienststellen der Bundespolizei in unser Büro am Kapitol zu bringen.

Aus dem ganzen Land reisten Gelehrte an, um die Unterlagen mit uns durchzuarbeiten. Sie verfielen in helle Aufregung, als FBI-Berichte und andere Dokumente den Beweis dafür lieferten, daß Oswald keinesfalls der alleinige Täter gewesen sein konnte. Doch an diesen Informationen war ich im Grunde nicht interessiert. Es war bereits seit einigen Jahren klar, daß der Warren-Bericht falsch war und seine Verfasser wenig Respekt vor der Wahrheit hatten. Weitere Beweise waren redundant und kaum aussagekräftiger als wissenschaftliche Forschungen, die wieder einmal bewiesen, daß die Erde rund ist.

Die einzig relevante Frage war meiner Meinung nach nicht, ob es eine Verschwörung zur Ermordung des Präsidenten gegeben, sondern wer daran teilgenommen hatte. Ich hoffte, daß wir noch auf Dokumente stoßen würden, die Sprague bei seinen Ermittlungen helfen konnten. Doch noch bevor wir alle entscheidenden Informationen gesammelt hatten, wurde Sprague seines Amtes enthoben.

FBI und CIA hatten klargestellt, daß sie selbst entscheiden würden, welche Dokumente sie für die Ermittlungen freigaben. Sie beschlossen außerdem, sich die Entscheidung darüber vorzubehalten, welche Personen Einsicht in Geheimdokumente bekommen sollten. Mit anderen Worten, CIA und FBI suchten nicht nur die Ermittler selbst aus, sondern bestimmten auch den Umfang der Ermittlungen. Damit war Sprague nicht einverstanden. Er erklärte mit Nachdruck, er sei verpflichtet, eine vollständige, ehrliche Untersuchung durchzuführen, sich am Beweismaterial zu orientieren, ganz gleich, wo es hinführte, und die Wahrheit an die Öffentlichkeit zu bringen, ganz gleich, wie sie aussah.

Bei seinem ersten öffentlichen Auftritt als Leiter der Ermittlungen zum Mord an Präsident John F. Kennedy und Dr. Martin Luther King kündigte Sprague an, er werde jeden wichtigen Zeugen vorladen und jedes relevante Dokument untersuchen. Ein Fernsehreporter von CBS erinnerte daran, daß Jacqueline Kennedy und John Connally Zeugen gewesen seien und daß Gerald Ford, der damalige US-Präsident, Mitglied der Warren-Kommission gewesen sei.

»Haben Sie vor, einen dieser Zeugen vorzuladen?« fragte man ihn. Sprague antwortete einfach: »Nicht einen, alle.« Ein anderer Reporter wollte wissen, wie Sprague auch nur hoffen könne, Geheimdokumente von FBI und CIA zu erhalten, wo doch der Sonderausschuß von Repräsentantenhaus und Senat dies nicht erreicht habe. Sprague erwiderte: »Der Form nach sind wir ein Kongreßausschuß, doch wesentlich ist, daß wir zwei Morde untersuchen. Dazu brauchen wir jedes relevante Dokument aus den FBI-Akten hier in Washington und aus den CIA-Tresoren in Langley, Virginia.«

Unmittelbar darauf begann der koordinierte Angriff der Geheimdienste gegen Sprague und den Ausschuß. Ben Franklin vom Washingtoner Büro der *New York Times* hatte in der Vergangenheit Spragues Fähigkeiten als Staatsanwalt hoch gelobt. Und als Sprague Ermittlungsleiter des Ausschusses wurde, lieferte Franklin einen fairen, zutreffenden Bericht aus Washington. Daraufhin wurde ihm die Aufgabe, über den Sonderausschuß zu berichten, sofort entzogen. Nun sollte David Burnham die Berichterstattung übernehmen. Er brachte eine Artikelserie, in der Lügen über Sprague verbreitet wurden. Die unglaubwürdigen Meldungen stammten aus den Archiven zweier Zeitungen aus Philadelphia.

Burnham hatte für die *New York Times* Berichte über Atomenergie verfaßt. Karen Silkwood, die sein Spezialgebiet kannte, hatte ein geheimes Treffen mit ihm vereinbart, um ihm Dokumente für die *New York Times* zu übergeben. Außer Silkwood und Burnham wußte praktisch niemand von der Reise. Doch zu der Begegnung kam es nie, denn sie wurde unterwegs ermordet, und ihre Dokumente verschwanden.

Da Burnham zum Angriff blies und dann noch Unterstützung von George Lardner von der *Washington Post* und Jeremiah O'Leary vom *Washington Star* bekam – beide alte Hasen mit guten Kontakten zu den Geheimdiensten –, war meiner Ansicht nach eine gezielte Rufmordkampagne gegen Sprague im Gange.

Ein Leitartikel der *New York Times* denunzierte Sprague und stellte in Frage, ob es sinnvoll sei, den Ausschuß wiedereinzusetzen, solange Sprague im Amt sei. Da der Sonderausschuß kein ständiger Ausschuß des Repräsentantenhauses war, mußte er praktisch nach jeder Wahl vom neu zusammengesetzten Kongreß bestätigt werden.

Sprague machte im Eiltempo weiter. Er kam schnell zu dem Schluß, daß er von CIA, FBI und Justizministerium keine zuverlässigen Fakten bekommen würde. Er beschloß, auf die Hilfe erfahrener Ankläger zurückzugreifen, die kein Empfehlungsschreiben der Bundespolizei mitbrachten. Er engagierte Robert Tannenbaum, einen begabten, neugierigen und erfahrenen Juristen aus dem Büro des New Yorker Staatsanwalts; Tannenbaum, der mit dem organisierten Verbrechen und kriminellen Verschwörungen bereits Erfahrungen gesammelt hatte, wurde mit den Ermittlungen zur Ermordung Präsident Kennedys betraut.

Sprague holte sich nochmals Verstärkung aus dem Büro des New Yorker Staatsanwalts. Er stellte Robert Lehner ein, einen fähigen, erfahrenen Ankläger. Lehner übernahm die Verantwortung für die Untersuchung des Mordes an Martin Luther King.

Donovan Gay wurde von Sprague beauftragt, die Ermittlungen für beide Attentate organisatorisch zu betreuen. Gay war ein engagierter Rechtsgelehrter. Nach kurzer Zeit hütete er die explosivsten Geheimnisse des Kapitols.

Sprague engagierte außerdem Gaeton Fonzi, einen hervorragenden Ermittler, der sich bereits seit Jahren mit dem umfangreichen, komplizierten Beweismaterial zum Kennedy-Attentat befaßte.

Nun waren also Tannenbaum und Lehner in dem Büro tätig, das Sprague leitete, während Fonzi in Florida und anderswo Beweise sicherte und Gay ein System entwarf, um das Material zu ordnen. Damit war im Januar 1977 erstmals eine ernsthafte Untersuchung beider Mordfälle auf Bundesebene in Gang gesetzt.

Die Geheimdienste konterten mit einem verzweifelten Versuch, Sprague seines Amtes zu entheben, bevor der 95. Kongreß über die Wiedereinsetzung des Ausschusses abstimmte.

Mittlerweile setzten die *New York Times*, die *Washington Post* und der *Washington Star* ihre Hetzkampagne fort. Harold E. Ford, ein afroamerikanischer Kongreßabgeordneter und Mitglied des Sonderausschusses, erhob den Vorwurf, der CIA habe »ehemalige Agenten engagiert, um Kongreßabgeordnete zu beeinflussen, gegen den Fortbestand des Sonderausschusses zu stimmen«.

Am Vorabend der Abstimmung erreichten die Bemühungen der Geheimdienstlobby und der Medien einen Höhepunkt. Die Mitglieder des Sonderausschusses waren nervös. Sprague und Tannenbaum wurden zu einer Dringlichkeitssitzung gerufen.

Später schilderte mir Tannenbaum die Sitzung. »Die Angriffe gegen Sprague gingen unvermindert weiter. Die Lage war äußerst angespannt. Der Einpeitscher des Repräsentantenhauses hatte gerade eine Auszählung der Abgeordneten durchgeführt. Den Mitgliedern des Sonderausschusses teilte man mit, es sei so viel Feindseligkeit gegen Sprague gesät worden, daß, sofern er im Amt bliebe, das Repräsentantenhaus für die Auflösung des Ausschusses stimmen werde.«

Zur gleichen Zeit nahm Fonzi in Florida Kontakt zu De Mohrenschildt auf. De Mohrenschildt war CIA-Agent und hatte Oswald von New Orleans nach Dallas gebracht und ihm den Job im Schulbuchlager beschafft.

Zuvor hatte das FBI gegen De Mohrenschildt ermittelt, weil er unter Verdacht stand, im Zweiten Weltkrieg für die Nazis spioniert zu haben. Seit dem Attentat war er nie ernsthaft verhört worden. Sprague, Tannenbaum und Fonzi waren überzeugt, daß er entscheidende Informationen liefern konnte.

Tannenbaum erzählte: »Das war ein Abend. Fonzi war unterwegs zu einer Verabredung mit De Mohrenschildt; De Mohrenschildt wurde tot aufgefunden. Man hatte ihm mit einer Schrotflinte den Kopf durchlöchert. Gleichzeitig informierte man Sprague, der ganze Ausschuß würde aufgelöst, wenn er bliebe.«

Am selben Tag, dem Vorabend der Abstimmung, rief mich die Abgeordnete Yvonne Burke an, die damals den Black Caucus leitete: »Mark, Sprague muß seinen Hut nehmen. Wir haben die Stimmen gezählt. Wenn er bleibt, gibt es keinen Ausschuß mehr. Verstehst du, was los ist?« Ich erwiderte, nein, ich verstünde nichts und sei dagegen, ihn zu feuern. Sie versuchte es nochmal. »Niemand hat sich so stark wie du dafür eingesetzt, daß dieser Ausschuß zustande gekommen ist – um die Wahrheit herauszufinden, die ganze Wahrheit über die Attentate. Gerade du mußt doch verstehen, was wir tun müssen. Niemand von uns will Sprague feuern. Aber wir haben keine andere Wahl wegen der Hetze in den Zeitungen. Kann ich sagen, daß du einverstanden bist?«

»Du kannst sagen«, erwiderte ich, »daß ich Dick Sprague vertraue, weil er ein Ehrenmann ist. Du kannst sagen, daß die Geheimdienste ihn aus demselben Grund feuern wollen. Und du kannst sagen, daß ich euch bitte, euch alle bitte, dem amerikanischen Volk, vom Plenarsaal aus, die Wahrheit zu sagen – daß der CIA und das FBI die Ermittlungen vereiteln wollen, weil sie fürchten, daß die Wahrheit zu ihnen hinführt. Und wenn wir verlieren, wenn wir niedergeschossen werden, dann sterben wir einen ehrenhaften Tod. Die Alternative ist, eine CIA-Mannschaft einzustellen, die die Ermittlungen stückchenweise einstellt.«

Sie seufzte und meinte: »Mark, du hast einfach keine Ahnung, wie das hier abläuft.«

Noch am selben Tag wurde Sprague gefeuert.

Am folgenden Tag berief Tannenbaum eine vertrauliche Besprechung mit seinen Kollegen ein und teilte ihnen mit, auch er werde bald zurücktreten.

Als wir später darüber sprachen, fragte ich ihn, warum er sein Amt niedergelegt hatte. Er erklärte: »Eigentlich wollte ich nicht zurücktreten. Ich hatte eine gute Position aufgegeben, um nach Washington zu gehen und die Ermordung Präsident Kennedys aufzuklären. Ich wußte, die kritische Frage, vor der wir in der Kennedy-Untersuchung standen, war die Beziehung zwischen Oswald und den Geheimdiensten. Das war die dringlichste Frage überhaupt. Mir ist klargeworden, daß die Geheimdienste mit dieser Information nicht herausrücken würden, und mir ist auch klargeworden, daß der Kongreß nicht willens war, sich auf einen Kampf mit FBI und CIA einzulassen, um an diese Information heranzukommen; also wußte ich, es war hoffnungslos.«

Ich fragte Tannenbaum, welche Informationen er von CIA und FBI erhalten hatte, und er berichtete: »Als ich mein Amt als Chefermittler für das Kennedy-Attentat aufgab, hatten wir von keinem der beiden Nachrichtendienste auch nur ein einziges Geheimdokument erhalten.« Natürlich hatte ich dem Sonderausschuß alle Dokumente zukommen lassen, die ich beschaffen konnte. Doch der Ausschuß hätte Zugriff auf die wichtigen Unterlagen nehmen können, die mir verweigert worden waren. Wäre der Ausschuß hartnäckig gewesen, hätte er sich alle relevanten Dokumente holen können, selbst wenn der CIA unter dem Vorwand der nationalen Sicherheit Einwände erhoben hätte.

Nachdem Sprague durch die Intrigen von CIA und FBI aus dem Amt entfernt war und Tannenbaum frustriert gekündigt hatte, wurde Robert G. Blakey zum neuen Ermittlungsleiter ernannt. Blakey kam aus dem Justizministerium und hatte interessante Beziehungen zum organisierten Verbrechen. 1975 verklagten Moe Dalitz und drei seiner Partner *Penthouse*, nachdem das Magazin behauptet hatte, Dalitz habe 57 Millionen Dollar aus dem Pensionsfonds der amerikanischen Lastwagenfahrer verwendet, um bei San Clemente, Kalifornien, einen Country Club zu eröffnen. *Penthouse* zufolge war Dalitz eine prominente Gestalt der Unterwelt und hatte »bei der Organisation des Verbrechens in diesem Lande eine tragende Rolle gespielt«.

Dalitz wandte sich an Blakey, und dieser gab eine eidliche Erklärung zugunsten des Kriminellen ab. Das organisierte Verbrechen und die Geheimdienste arbeiteten bei einer Verschwörung zur Ermordung von Fidel Castro partnerschaftlich zusammen. Später setzten sie gemeinsam die falsche Behauptung in die Welt, Fidel Castro habe Präsident Kennedy ermorden lassen. Und dennoch war der neue Ermittlungsleiter des Sonderausschusses bereit, sich für einen bekannten Gangster zu verbürgen.

Bei einer streng geheimen Besprechung in Washington, an der ich teilnahm, konzentrierte sich Blakey ausschließlich auf eine Theorie über das Attentat. Er versuchte beinahe verzweifelt, den Vorwurf zu stützen, daß Fidel Castro hinter der Ermordung Kennedys stünde.

Blakey gab jeden Versuch auf, eine ernsthafte Untersuchung durchzuführen. Von drei Informanten aus dem Sonderausschuß hörte ich, daß Blakey kein einziges Dokument vom FBI, CIA oder anderen Geheimdienstorganisationen eingefordert hatte, obwohl er durch Kongreßbeschluß dazu bevollmächtigt war.

Die verbliebenen ernsthaften Ermittler brachte er so gründlich in Verlegenheit, daß sie fast keine sinnvolle Arbeit mehr leisten konnten und an Rücktritt dachten. Ein Beispiel ist die Art und Weise, wie er mit Gaeton Fonzi umsprang. Fonzi grub ein Dokument aus, das ein so enormes Potential barg, das es von den wenigen, die um seine Existenz wußten, geheimnistuerisch als das »spanische Dokument« bezeichnet wurde. Fonzi übergab es Blakey persönlich unter dem Vorbehalt, er dürfe es nur einigen getreuen Ausschußmitgliedern zeigen, die es sehen müßten. Blakey war einverstanden. Anschließend fotokopierte er das Papier und übergab es dem CIA.

Bei der Einstellung neuer Mitarbeiter holte Blakey stets den Segen von FBI und CIA ein. Tannenbaum meinte dazu: »Wir hätten Ermittlungen über sie anstellen sollen, statt dessen stellten sie Ermittlungen über uns an.« Dann fügte er hinzu: »Das Ganze sieht aus wie ein Ausverkauf. Jetzt ist alles zu spät.«

Nachdem Tannenbaum gegangen war, ersetzte ihn Blakey durch einen Juristen aus dem Justizministerium. Der neue Mann war dem FBI und CIA genehm.

Donovan Gay, der bei beiden Untersuchungen die Akten verwaltete, sah sehr wohl, daß keine Geheimdokumente von CIA und FBI kamen. Als er das zur Sprache brachte, feuerte ihn Blakey. Gay hatte sechzehn Monate lang die Ermittlungen für beide Fälle organisiert. Blakey teilte Gay mit, daß ihn der CIA nicht haben wollte. »Für den CIA wäre es angenehmer, wenn Sie gingen«, sagte Blakey zu Gay, und dann entließ er ihn.

Nachdem Sprague, Tannenbaum und Gay gegangen waren und Fonzi kompromittiert war, verblieb von der ursprünglichen hochkarätigen Mannschaft nur noch Lehner.

Schließlich feuerte Blakey auch Lehner und erklärte nur, er wolle ihn durch einen Mitarbeiter aus dem Justizministerium ersetzen, der den Segen von FBI und CIA hatte.

Vier Mitglieder des Sonderausschusses waren zutiefst bestürzt, als Lehner vor den vollzählig versammelten Ausschuß trat und um seine Position kämpfte. Dennoch stimmte der Ausschuß für seine Entlassung. Die Mitglieder brachten nicht den nötigen Mut auf, um eine offene Konfrontation mit den Geheimdiensten durchzustehen.

Blakey verlangte von allen Mitarbeitern die Unterzeichnung einer Verschwiegenheitsverpflichtung. Selbst die Juristen, Ermittler und Forscher, die kündigten oder gefeuert wurden, mußten mit einer längeren Haftstrafe rechnen, wenn sie die Wahrheit über die Attentate auf King und Kennedy auspackten.

Dennoch haben mehrere ehemalige Mitarbeiter des Ausschusses, einschließlich Robert Tannenbaum, Robert Lehner, Richard Sprague und andere Juristen und Ermittler, die in diesem Buch dargestellten Fakten bestätigt.

Sprague erklärte mir, noch bevor der Sonderausschuß seinen Bericht veröffentlicht hatte, er sei überzeugt, »der Zweck der Medienkampagne gegen mich bestand darin, eine ernsthafte Untersuchung zu verhindern. Damit haben sie Erfolg gehabt. Jetzt haben sie erreicht, was sie wollen. Es wird keine Untersuchung geben.«

Der CIA hatte dem Sonderausschuß zur Untersuchung der Mordfrage praktisch die Hände gebunden. Der Ausschuß reinigte FBI und CIA von jedem Verdacht, *während er gleichzeitig einräumte, daß der Präsident einer Verschwörung zum Opfer gefallen war.*

Dennoch ging der Kampf weiter. Wir forderten zusätzliche Dokumente, und das Gericht gab sie frei. Uns wurden so viele Einzelheiten der Verschwörung zur Ermordung des Präsidenten bekannt, daß wir Klarheit darüber gewannen, daß der CIA Präsident Kennedy ermordet hatte. Unglücklicherweise hatten die neuen Leiter im Sonderausschuß, Männer wie Fauntroy, Angst vor der Wahrheit, und der neue Ermittlungsleiter und Personalchef, Blakey, hatte sich einer politischen Lösung verschrieben, die den unangenehmen Tatsachen aus dem Wege ging und seine Freunde beim CIA reinwusch.

Die wichtigsten Dokumente, die wir den Tresoren der Geheimdienste entreißen konnten, drehten sich um die Behauptung des CIA, Oswald sei in Mexico-City gewesen. Als wir die Papiere studierten, erfuhren wir Einzelheiten über den CIA-Plan, Oswald die Sache anzuhängen und die möglichen Ermittlungen zu kontrollieren und zu begrenzen. Die Dokumente erzählten eine Geschichte, die gleichzeitig faszinierend und beklemmend wirkte. Doch bis zum Fall Hunt, viele Jahre später, gab es für diese Beweismittel kein Forum. Zeitschriftenredakteure, Verleger und die Medien zeigten entweder kein Interesse oder bekamen es mit der Angst zu tun. Erst als Hunt seinen Verleumdungsprozeß anstrengte, konnte das angesammelte historische Beweismaterial nicht mehr ignoriert werden. Seine Zeit war nun gekommen.

Buch II: Mexico-City

Die Schuldvermutung

Man hatte Earl Warren zum Vorsitzenden des Sonderausschusses zur Untersuchung des Attentats an Präsident Kennedy auserwählt. Aus der Perspektive der Leute, denen an einer Vertuschung der Tatsachen gelegen war, war er gewiß der geeignete Mann, obwohl das damals nicht gleich ins Auge fiel. Rückblickend muß man sagen, daß sowohl die vielen Bewunderer der Warrenschen Rechtsprechung als auch diejenigen, die sie für nicht vertretbar hielten, zu einer ähnlichen Einschätzung bezüglich seines methodischen Vorgehens gelangten. Warren überlegte sich nämlich zuallererst, wie er seinem Land am besten dienen könne, und machte sich dann mit dieser Zielsetzung an die Arbeit. Ob es nun die *New York Times* und Martin Luther King bei einer Verleumdungsklage in Alabama waren, die vor Prozeßmißbrauch gewarnt werden mußten, oder ein Verdächtiger in einem Strafverfahren, der vor Übergriffen der Polizei geschützt werden sollte, der Oberste Richter entschied zuallererst, was das Beste für sein Land war, und trieb dann seine Leute dazu an, irgendeinen fragwürdigen Präzedenzfall auszugraben. Wenn Warren sich einmal zu einer bestimmten Taktik entschlossen hatte, war er halsstarrig darauf bedacht, sie in die Tat umzusetzen, und bestand darauf, daß er im Recht sei, und zwar selbst dann, wenn ihm zwingend logische Argumente für eine andere Sicht der Dinge unterbreitet wurden.

Warren wurde im Jahr 1891 geboren und wuchs in Bakersfield, Kalifornien, auf. In dieser ungewöhnlichen Kleinstadt lebten siebentausend Menschen; sie wies eine überdurchschnittlich hohe Kriminalitätsrate auf. Allein fünfhundert Einwohnerinnen von Bakersfield waren Prostituierte; überall gab es Spielhöllen und Kneipen, in denen sich Gesetzesbrecher und Cowboys zuhauf herumtrieben. Und das Städtchen war stolz auf seinen Rassismus. Die

Gegend, in der hauptsächlich Bordelle standen, hieß »Japsenviertel«, und den asiatischen Eisenbahnarbeitern war es untersagt, sich im Telefonbuch namentlich auflisten zu lassen: Adresse und Telefonnummer erhielten statt dessen einfach den Zusatz »Orientale«.

Sicher konnte Warren nichts für seine Herkunft. Aber sie blieb trotz seiner Reputation als führender Liberaler nicht ohne Einfluß auf ihn.

Zunächst stieg er zum Staatsanwalt in Alameda County auf. Der kalifornische Gouverneur Pat Brown nannte ihn einen »knallharten Ankläger« und bemerkte, Warren »nimmt die Leute wirklich ran«. Außerdem war der Kommissionsvorsitzende ein aktives Mitglied der Republikaner und hatte die Präsidentschaftskampagne von Herbert Hoover in Alameda County organisiert. Upton Sinclairs Reformprogramm bezeichnete er geringschätzig als »eine importierte Politikphilosophie«, die »halb sozialistisch und halb kommunistisch« sei.

Warren hatte vor Asiaten Angst und verabscheute sie zugleich. Deswegen unterstützte er die Entscheidung von Hiram Johnson, den Japanern den Kauf von Grundstücken in Kalifornien zu untersagen, und war jahrelang als aktives Mitglied der Native Sons of the Golden West tätig, einer Organisation, die den in den Vereinigten Staaten geborenen Kindern japanischer Herkunft die amerikanische Staatsbürgerschaft verweigern wollte.

Nachdem die USA in den Zweiten Weltkrieg eingetreten waren, gelang es mit Warrens Hilfe durchzusetzen, daß Japano-Amerikaner in Internierungslager gebracht wurden. Unmittelbar nach Pearl Harbor stellte Warren fest, daß »das Japaner-Problem in unserem Staat die Achillesferse der gesamten zivilen Verteidigungsanstrengungen sein könnte«. Carey McWilliams, der Herausgeber der *Nation* – der später aus seiner Publikation jegliche Kritik am Report der Warren-Kommission verbannen und seinen Glauben an die Integrität des Obersten Richters kundtun sollte – hatte schon in früheren Zeiten festgestellt, daß »Mr. Warren die treibende Kraft bei der Umsiedlung der an der Westküste lebenden Japaner während des Zweiten Weltkrieges war. Betroffen waren davon amerikanische Staatsbürger und Ausländer, Männer, Frauen und Kinder gleichermaßen.«

Zwei Monate nachdem die Vereinigten Staaten in den Krieg eingetreten waren, bat Warren darum, vor dem Kongreß der Vereinigten Staaten eine Stellungnahme zur Frage der Japano-Amerikaner abgeben zu dürfen; dabei sagte er:

»Wir glauben, daß wir im Umgang mit der kaukasischen Rasse Methoden haben, um ihre Loyalität zu prüfen. Doch wenn es um die Japaner geht, begeben wir uns auf ein ganz anderes Gebiet: Bei ihnen kann man sich keine vernünftige Meinung bilden.«

Im darauffolgenden Jahr bemerkte der damalige kalifornische Gouverneur Warren auf einer Konferenz mit anderen Gouverneuren:

»Wenn die Japse freigelassen werden, kann doch prinzipiell jeder Japse ein Saboteur sein.«

Aber noch Jahre später, als bereits viele US-Bürger eingesehen hatten, daß die Internierung Unschuldiger im Lager und die Konfiszierung von Häusern und persönlichem Eigentum eines der tragischsten Kapitel in der Justizgeschichte der Vereinigten Staaten darstellte, beharrte Warren darauf, daß er im Recht gewesen sei. »Ich glaube nicht, daß ich eine andere Wahl gehabt habe.«

Warren bewarb sich im Jahre 1948 zusammen mit Thomas Dewey, dem republikanischen Präsidentschaftskandidaten, um das Amt des Vizepräsidenten der Vereinigten Staaten; beide erlitten eine Niederlage.* 1952 unterstützte Warren auf einer Wahlversammlung der Republikaner eine Resolution von Herbert Brownell, der Eisenhowers Wahlkampf leitete. Die Resolution kam durch: Dwight D. Eisenhower schlug knapp Senator Robert Taft und wurde nominiert.

Für seine Hilfe bei der Wahl versprach Eisenhower Warren den ersten freiwerdenden Sitz im Obersten Gerichtshof und schlug vor, er könne als Sprungbrett für das Hohe Gericht in der Zwischenzeit den Posten des stellvertretenden Justizministers der Vereinigten Staaten übernehmen. Warren war einverstanden. Dann wurde Eisenhower zum Präsidenten gewählt. Fünf Tage nachdem Warren angekündigt hatte, daß er nicht mehr für eine weitere Amtszeit als

* Allen Dulles war in dieser Kampagne Redenschreiber für Dewey und Warren. Dafür hatte ihm Dewey versprochen, daß er zum Direktor des CIA ernannt werden würde. Als Eisenhower vier Jahre später zum Präsidenten gewählt wurde, erfüllte er dieses Versprechen.

Gouverneur von Kalifornien kandidieren werde, starb der Vorsitzende des Obersten Gerichtshofs, Fred Vinson. Eisenhower ließ Warren durch Brownell mitteilen, daß sich ihre Abmachung auf das Amt einen beisitzenden Richters am Obersten Gerichtshof bezog, nicht aber auf die Position des Vorsitzenden. Aber Warren gab nicht nach. Eine Abmachung sei eine Abmachung, und der nächste freie Posten sei nun einmal der des Vorsitzenden des Obersten Gerichts. Eisenhower wurde nervös, doch Warren blieb hartnäckig.

Brownell teilte Warren daraufhin mit, daß er das Amt des Vorsitzenden nur übernehmen könne, wenn er mit einer vorläufigen Ernennung einverstanden sei und sich binnen sieben Tagen an Ort und Stelle in Washington einfinden würde, sobald die neue Sitzungsperiode begänne. Im Weißen Haus hoffte man, daß Warren seine Amtsgeschäfte nicht innerhalb einer Woche aufgeben würde, nachdem er elf Jahre lang Gouverneur gewesen war. Doch Warren packte sofort seine Koffer.

Eine Woche nach dem Attentat auf Präsident Kennedy schickte der neue Amtsinhaber Lyndon B. Johnson seinen stellvertretenden Justizminister Archibald Cox und den Stellvertreter des Generalstaatsanwalts Nicholas Katzenbach zu Warren, um ihm die Leitung einer Kommission zur Untersuchung des Mordes an Kennedy anzutragen. Am selben Tag noch wurde Warren ins Weiße Haus gebeten. Johnson teilte ihm mit, es gäbe ausufernde Gerüchte, wonach das Land vor einer ernsten Krise stehe. Nur er, der Vorsitzende des Obersten Gerichts, mit seiner unanfechtbaren Integrität und Prinzipientreue in Sachen Recht und Gerechtigkeit, könne sowohl im Inland als auch im Ausland für Beruhigung sorgen.

Warren akzeptierte die Ernennung. Als er das Weiße Haus verließ, wischte er sich eine Träne aus dem Augenwinkel. Er hatte sich bereit erklärt, seine Integrität einer Sache zu opfern, die seiner Meinung nach dem nationalen Interesse diente. Und er hatte Johnson versprochen, die Gerüchte zu zerstreuen und keine juristischen Spitzfindigkeiten und hehren moralischen Prinzipien zuzulassen, die sich auf seine Verpflichtung negativ auswirken könnten.

Allerdings hatte er gezögert, als es um den Vorsitz des Sonderausschusses zur Untersuchung des Mordes an Präsident Kennedy ging.

Er verhielt sich wie Cäsar, der laut Shakespeares Antonius die Herrscherwürde dreimal zurückgewiesen hat, bevor er schließlich nachgab und einwilligte. Shakespeare-Experten werden vielleicht ausgiebig darüber diskutieren, ob Antonius' Zögern ernst gemeint war, aber Warrens ablehnende Haltung war unzweideutig. Er wußte, er würde die Integrität seines Amtes kompromittieren, das Verfassungsgebot der Gewaltenteilung verletzen und schwierige moralische, politische und ethische Fragen gegeneinander abwägen müssen.* Ein Ausschuß, der vom Chef der Exekutive eingesetzt wurde, dessen Vorsitz der Chef der Judikative innehatte und dessen Mehrheit aus Vertretern der Legislative bestand, war ein Alptraum und hätte unter anderen Umständen eine Verfassungskrise ausgelöst. Aber die Nation war so schockiert über den Tod ihres Präsidenten und den Mord an dem Tatverdächtigen, der sich in Polizeigewahrsam befunden hatte – die Ereignisse wurden ja ausführlich per Rundfunk und Fernsehen in die Wohnzimmer der Amerikaner übertragen –, daß jeder Hoffnungsfunke der Aufklärung akzeptabel erschien.

Wenn der CIA ein psychologisches Profil von Earl Warren erstellt und dem Weißen Haus zugänglich gemacht hätte, wäre notwendigerweise ans Licht gekommen, daß sich Warren auf politische Tauschgeschäfte einließ und bereit war, Unschuldige zu opfern, wenn er glaubte, dies sei im Sinne der Nation (das können Tausende von Japano-Amerikanern bestätigen). Und daß er dazu neigte, sein Verhalten mit auf den ersten Blick logischen Vernunftgründen zu verbrämen. Selbst dann, wenn er einen tragischen, schwerwiegenden Fehler begangen hatte, wagte er zu behaupten, er sei nicht im Unrecht gewesen.

Und tatsächlich verhielt sich Warren halsstarrig, als viele Jahre später Johnson, der die Kommission ins Leben gerufen hatte, und diverse Ausschußmitglieder sowie einige ihrer Rechtsberater Zweifel an der als unumstößliche Tatsache veröffentlichten Behauptung anmeldeten, Oswald habe allein gehandelt. »Wenn ich noch Staatsanwalt gewesen wäre«, kommentierte Warren, »und ich hätte den

* Alle vorgeschlagenen Ausschußmitglieder hatten zunächst Vorbehalte gegen ihre Ernennung, mit Ausnahme von Allen Dulles. Nur General Lauris Norstad, der Hauptbefehlshaber von SHAPE, konnte sich aus der Affäre ziehen.

Fall Oswald übernehmen müssen, hätte ich bei derselben Beweislage in zwei Tagen ein Geständnis erreicht und dann nie wieder etwas von der Sache gehört.«

Warren war nicht der einzige unter den Ausschußmitgliedern, der dazu neigte, Oswald – und nur Oswald – für den Schuldigen zu halten. Sowohl die Liberalen als auch die Konservativen meinten, dem Interesse des Landes sei am besten gedient, wenn man die volle Verantwortung dem Manne zuschob, der für das Verbrechen bereits hingerichtet worden war. Die Kommissionsmitglieder hatten genug Informationen über Lee Harvey Oswalds Lebenslauf und seine Reisen gesammelt, die den Schluß zuließen, es könnte sich dem Anschein nach um eine kommunistische Verschwörung gehandelt haben. Man hatte sie darüber informiert, daß Oswald zum Zweck der Kontaktaufnahme mit Russen und Kubanern in Mexico-City gewesen sei. Der Ausschuß behauptete, Lee Harvey Oswald sei in den Wochen vor dem Attentat nach Mexico-City gereist und habe dort Mitarbeiter der sowjetischen Botschaft getroffen. Außerdem habe Oswald in Mexiko Kontakt zur kubanischen Botschaft aufgenommen.

Die Konservativen waren in der Warren-Kommission in der Überzahl. Unter ihnen befand sich auch der zukünftige Präsident Gerald R. Ford.*

* Nachdem er bereits viele Jahre lang als Abgeordneter aus Michigan im Repräsentantenhaus gewesen war, hatte sich Ford nur mit einem legislativen Akt hervorgetan: Er hatte Earl Warren unter Amtsanklage gestellt. Als Mitglied der Warren-Kommission verriet er das Vertrauen, das in ihn gesetzt wurde, indem er dort als FBI-Agent tätig wurde.

Jahre nach der Veröffentlichung des Warren-Berichts, als die Kommission schon längst auseinandergegangen war, wurde der Freedom of Information Act verabschiedet. Dank der Unterstützung der amerikanischen Bürgerrechtsunion von Morton Halperin, dem früheren stellvertretenden Verteidigungsminister, und dem Center for National Security Studies konnte ich verschiedenes in die Wege leiten, um an die Dokumente der Geheimdienste heranzukommen.

Die bis dahin nicht zugänglichen FBI-Dokumente enthüllten eine intime Beziehung zwischen Ford und dem FBI. Die Dokumente beweisen, daß Ford als Mitglied der Warren-Kommission dem FBI streng geheime Informationen zukommen ließ.

Eine interne FBI-Notiz vom 17. Dezember 1963 schlüsselt die Informationen auf, die Ford an Cartha D. DeLoach, den damaligen Assistenten des FBI-Direktors, weitergab. Ford verschwieg den anderen sechs Mitgliedern der Warren-Kommission sein unmoralisches und illegales Vorgehen.

Der FBI-Mitarbeiter berichtete, daß sich Ford bereit fand, seine Kollegen in der Kommission fortgesetzt zu hintergehen. Cartha DeLoach bestätigte: »Ich durfte ihn jederzeit anrufen, wenn seine Hilfe gebraucht wurde.«

Die Konservativen glaubten, daß sich Oswald während seines Aufenthalts in Mexico-City einige Wochen vor dem Attentat mit den Russen getroffen hatte, um die Details des geplanten Mordes auszuarbeiten. Sie hielten es für erwiesen, daß es einen ständigen Kontakt zwischen Oswald und dem sowjetischen Geheimdienst gegeben hatte.

Während desselben Aufenthalts in Mexico-City hatte Oswald diesem Szenario zufolge auch eine Mission bei der kubanischen Botschaft ausgeführt, denn nach dem Mord von Dallas war angeblich eine Flucht nach Kuba geplant.

Doch auch die Liberalen waren in der Kommission vertreten. Von Warren angeführt, besetzten sie die Schlüsselpositionen der Rechtsberatung. J. Lee Rankin, der Ermittlungsleiter der Kommission, und Norman Redlich, der frühere Rechtsberater des linksgerichteten Emergency Civil Liberties Committee, waren die einflußreichsten der dort tätigen Juristen. Für die Behauptung, daß Redlich mehr als jeder andere Mitarbeiter in der Warren-Kommission seine Prinzipien verraten hatte, gibt es triftige Gründe.** Später wurde Redlich

Mit der Zustimmung Hoovers bekam Ford »eine FBI-Agenten-Aktenmappe mit Spezialschloß«, damit er streng geheime Warren-Kommission-Dokumente auf einen Skiurlaub mitnehmen konnte.

Aus seinem Ferienchalet teilte Ford den FBI-Beamten mit, bei welchen Kommissionsmitgliedern noch zusätzliche Anstrengungen unternommen werden mußten, um sie bezüglich der Sichtweise des FBI auf Linie zu bringen. DeLoach erfuhr so von den Zweifeln zweier Ausschußmitglieder, die nicht recht glauben konnten, daß man den Präsidenten von einem Fenster aus im fünften Stock des Schulbuchlages erschossen hatte. Ford prophezeite, die beiden Abweichler könnten auf FBI-Linie gebracht werden.

Ford teilte DeLoach auch mit, daß bei einem streng geheimen Treffen der Kommission am 16. Dezember 1963 der Ermittlungsleiter J. Lee Rankin ermächtigt worden war, sich zwei »sogenannte Fachleute« zu Hilfe zu nehmen. Vorgeschlagen wurden Francis W. H. Adams, ein ehemaliger Polizeikommissar aus New York, und Albert E. Jenner jr., ein Rechtsanwalt aus Chicago. Die Dokumente sagen aus, daß Ford sich nur an die Nachnamen der beiden Männer erinnern konnte. Das FBI veranlaßte daher eine Überprüfung zur Feststellung der Identität von »Adams« und »Jenner«. DeLoach, die Nummer drei des FBI gleich nach Hoover und seinem Freund Clyde Tolson, berichtete: »Ich teilte dem Kongreßabgeordneten Ford streng vertraulich mit, daß der Oberste Richter Warren einem gewissen Drew Pearson (einem führenden Kolumnisten) offenbar sehr nahestand und diesen Kontakt ganz augenscheinlich von Zeit zu Zeit nutzte, um seine Meinung an den Mann zu bringen, denn seine Artikel enthielten sehr viele unrichtige Meldungen.« (sic)

** Das erste Buch, das in den Vereinigten Staaten zur Frage des Attentates und der Arbeit der Warren-Kommission veröffentlicht wurde, war *Oswald: Assassin or Fall Guy*. Es stammte von Joachim Joesten und wurde 1964 von Marzani und Munsell verlegt. Ich hatte mich mit Carl Marzani getroffen, das Buch auf seinen Wunsch hin redigiert und verschiedene Vorschläge eingebracht. Es war sehr schnell erschienen, noch bevor das Beweismaterial der Warren-Kommission veröffentlicht worden war, und war deshalb notwendigerweise ein wenig fehlerhaft

Dekan der Juristischen Fakultät der New Yorker Universität. Rankin wurde Rechtsberater für die Stadt New York und Vorsitzender der Anwaltskammer. Er hat – allerdings ohne Erfolg – versucht, mich aus der Anwaltskammer auszuschließen; dabei genügte ihm meine Aussage, ich könnte die Schlußfolgerungen der Warren-Kommission nicht vertreten. Das sei nämlich gleichbedeutend, so argumentierte er, mit einer Kritik am Vorsitzenden des Obersten Gerichts. Das waren wirklich wilde Zeiten, vergleichbar mit den Hexenjagden der fünfziger Jahre; diejenigen, die sich um die Wahrheit über die Ermordung des Präsidenten bemühten, wurden hart angefaßt.

Die Liberalen zogen aus Oswalds Aufenthalt in Mexico-City andere Schlüsse, obwohl auch sie das Mexico-City-Komplott als Tatsache akzeptierten, ohne die Rolle des CIA dabei zu hinterfragen. Sie gingen zwar von derselben Beweislage aus, gelangten aber zu der Ansicht, Oswald habe alleine gehandelt. Hinter seiner Reise nach Mexico-City sei, so meinten sie, sein Wunsch gestanden, die Russen in den Mordplan einzuweihen und die Kubaner für seine Flucht zu benutzen, aber es gebe keinen Beweis dafür, daß ihm das gelungen sei. Sie zeigten sich empfänglicher für die Psychologie als ihre konservativen Mitstreiter und konzentrierten sich auf das Persönlichkeitsprofil, das der CIA erstellt hatte, in dem Oswald als größen-

und unvollständig. Es war der Warren-Kommission unangenehm, daß solche kritischen Stellungnahmen in Umlauf kamen. Der Ausschuß veranlaßte eine Überprüfung des Autors. Joesten war in Deutschland geboren und hatte sich sehr früh als freimütiger Kritiker Hitlers hervorgetan. Er verließ seine Heimat und reiste nach Skandinavien, um dort vor der Machtergreifung Hitlers zu warnen, die für die Juden und für andere Gruppen eine ernsthafte Bedrohung darstellte; er wies auch darauf hin, daß Hitler Pläne für Überfälle auf Nachbarstaaten schmiedete.

Das Nazi-Establishment schlug zurück. Joesten wurde die Staatsbürgerschaft entzogen und sein Eigentum beschlagnahmt. Er wurde als »politisch unzuverlässig« verdammt; man warf ihm vor, er sei Kommunist.

Schließlich landete Joesten in den Vereinigten Staaten. Das Attentat auf Präsident Kennedy war für ihn ein politischer Vorgang von allergrößter Bedeutung. Seine frühen Recherchen ließen ihn zu Recht zu dem Schluß kommen, daß die Warren-Kommission einen politisch gefärbten, mit der Wahrheit nicht übereinstimmenden Bericht herausgeben würde.

Nach der Veröffentlichung seines Buches holte die Kommission zum Gegenschlag aus. Norman Redlich bemühte sich um Zusammenarbeit mit dem CIA, um sich die Gestapoakte über Joesten zu verschaffen, die sich zu dieser Zeit im Gewahrsam des britischen Geheimdienstes befand. Der CIA erledigte den Auftrag der Warren-Kommission zuverlässig, und so konnte Redlich die besagte Akte, die den Vorwurf kommunistischer Subversion enthielt, studieren, analysieren und dann Earl Warren vorlegen. Mit dieser Akte überreichte Redlich auch einen herabsetzenden Bericht über Carl Marzani, der in den fünfziger Jahren ein Opfer der Hexenverfolgungen in den Vereinigten Staaten gewesen war.

wahnsinniger Einzelgänger beschrieben wurde. Oswald habe zwar davon geträumt, im Mittelpunkt der Auseinandersetzungen der Weltpolitik zu stehen, aber im Herzen immer gewußt, daß er allein stand, weswegen er die wichtigste Tat seines Lebens als Einzeltäter ausgeführt habe. Russen und Kubaner habe er nur deshalb im vorhinein auf seine Tat aufmerksam machen wollen, damit man ihn wenigstens von dieser Seite her als Held feiern würde.

Präsident Johnson, der die Kommissionsmitglieder ernannt hatte, war weder ein Liberaler noch ein Konservativer, sondern vielmehr ein Opportunist des alten Schlages, der sehr wohl wußte, wie er sich seine Optionen offenhalten konnte. Er nahm die für ihn charakteristische mittlere Position ein. In einem Interview mit Walter Cronkite im April 1975 sagte Johnson: »Ich kann nicht behaupten, daß ich internationale Verbindungen wirklich auszuschließen vermochte.« Als Cronkite ihn fragte, ob Kuba in das Attentat verwickelt sein könnte, erwiderte Johnson: »Oh, ich glaube, mit Verdächtigungen sollte man vorsichtig sein, denn es gibt keine überzeugenden Beweise dafür, daß Oswald im Auftrag einer ausländischen Regierung gehandelt hat.« Er fügte hinzu: »Aber er war ein ziemlich undurchsichtiger Bursche, *und er hatte Kontakte, die einer Überprüfung standhielten.* Inwieweit solche Kontakte einen Einfluß auf seine Handlungen hatten, wird meiner Meinung nach die Geschichte entscheiden müssen und nicht wir hier und heute.« Außerdem hatte Johnson 1973 in einem im Magazin *Atlantic* veröffentlichten Artikel zu Leo Janos gesagt: »Ich habe nie geglaubt, daß Oswald alleine gehandelt hat.«

Das waren einige Reaktionen auf die Beweislage, wie sie die Warren-Kommission erarbeitet hatte. Auf den folgenden Seiten werde ich nun die Beweisführung präsentieren. Mit der Wahrheit hat sie allerdings nicht sehr viel zu tun.

Zunächst sollte man sich darüber im klaren sein, daß fast alle Informationen über Oswalds angeblichen Besuch in Mexiko und seine dortige Kontaktaufnahme mit Sowjets und Kubanern vom CIA gefälscht worden sind. In seinem Bericht zitierte der Ausschuß den CIA als Hauptquelle für das Mexico-City-Komplott, wobei er es ablehnte, eine Bestätigung für die CIA-Version von unabhängiger Seite einzuholen. Nichtsdestoweniger gilt dieses vom CIA verbreitete und von der Warren-Kommission akzeptierte Szenario als der Weisheit letzter Schluß. Alle, die dem Warren-Bericht beipflichteten, bekannten sich dazu, einschließlich Journalisten und offizielle Untersuchungsausschüsse. Ein zentraler Punkt, auf den sich die Einzeltätertheorie stützt, ist allein die Anwesenheit von Lee Harvey Oswald in Mexico-City.

Kurz nach der Gründung der Kommission erhielt Earl Warren vom CIA die Information, daß Oswald vom 26. September bis zum 3. Oktober 1963 in Mexiko gewesen sei und die meiste Zeit davon in Mexico-City verbracht habe. Dem CIA zufolge hatte Oswald am 27. September die Kubanische Botschaft in Mexico-City und am 1. Oktober die sowjetische Botschaft aufgesucht. Der Beweis für Oswalds Aufenthalt in der Kubanischen Botschaft kam dem CIA zufolge von einer Señora Silvia Duran, einer mexikanischen Angestellten in der Kubanischen Botschaft. Den Beweis für seinen Aufenthalt in der Sowjetischen Botschaft verschaffte sich der CIA durch Beobachtungen seiner eigenen Agenten.

Am 10. Oktober 1963 sandte der CIA ein Fernschreiben an das Außenministerium, das FBI, die Einwanderungsbehörde und das Marineministerium mit dem Betreff: »Möglicher Aufenthalt der obengenannten Person [Lee Harvey Oswald] in Mexico-City«. Zwei Wochen später bat das Marineministerium den CIA, »dem Amt sobald wie möglich zwei Kopien der aktuellsten Fotografien der betreffenden Person zukommen zu lassen. Wir werden diese dann unserem Vertreter in Mexiko übergeben, damit er überprüfen kann, ob der Lee Oswald in Mexico-City mit der betreffenden Person auf dem Foto identisch ist.«

Das CIA-Memorandum vom 10. Oktober 1963 ist der erste bekannte Urkundenbeweis, den der CIA vorlegte, um Oswald die Schuld am Attentat in die Schuhe zu schieben.

Der CIA legte der Warren-Kommission eine von Señora Duran unterzeichnete Erklärung vor. Darin identifizierte sie Oswald als den Besucher, der die Kubanische Botschaft in Mexico-City aufgesucht hatte. Der Ausschuß schloß daraus in seinem Bericht: »Die bei weitem eindeutigste Bestätigung von Señora Durans Zeugenaussage stammt jedoch aus vertraulichen Quellen von äußerst hoher Verläßlichkeit, die den Vereinigten Staaten beziehungsweise Mexiko zugänglich sind. Die Identität dieser Quellen kann jedoch nicht aufgedeckt werden, um deren zukünftige Brauchbarkeit für die Vereinigten Staaten nicht zu gefährden.« Die Warren-Kommission war also mit Señora Durans Zeugenaussage und den sie stützenden Beweisen zufrieden. Die Bestätigung hatte die Kommission vom CIA über nachrichtendienstliche Quellen erhalten, die der Infiltration der kubanischen Regierung dienten.

Oswald war in der Kubanischen Botschaft in Mexico-City gewesen. Die Warren-Kommission und die zukünftigen Verteidiger der Schlußfolgerungen des Ausschusses hegten keinen Zweifel an dieser Tatsache.

Oswalds Besuch in der Sowjetischen Botschaft war demgegenüber nicht durch eine Zeugenaussage eines Sowjetbürgers bekräftigt worden, und das war auch gar nicht notwendig. Denn zu diesem Punkt hatte der CIA selbst die wichtigsten Beweise gesammelt. Er behauptete, unanfechtbare Urkundenbeweise dafür zu haben, daß Oswald die Sowjetische Botschaft in Mexico-City betreten hatte. Es handle sich dabei nicht etwa um auslegbare Andeutungen über eine Verwicklung seiner Person in den Vorgang, sondern um einen konkreten Beweis.

Dieser Beweis bestand aus zwei Teilen, die sich gegenseitig ergänzten. Der CIA unterhielt ein geheimes Versteck in der Nähe der Sowjetischen Botschaft mit Blick auf das besagte Gebäude, das mit einer hervorragenden fotografischen Ausrüstung ausgestattet war. Man konnte damit jeden Besucher der Botschaft deutlich auf Film bannen. Der CIA hatte Lee Harvey Oswald beim Hineingehen und später dann beim Herausgehen fotografiert.

Mit wem wollte Oswald in der Sowjetischen Botschaft Kontakt aufnehmen? Warren erhielt die Information, daß Oswald sich mit einem Mann namens Waleri W. Kostikow getroffen habe. Für diese Behauptung wurde ein Dokument, ein Memorandum mit der Bezeichnung CD928, beigebracht. Die Warren-Kommission veröffentlichte aber dieses Dokument in ihren 26 Bänden Beweismittel nicht. Das Memorandum bestätigte, was man Warren bereits mitgeteilt hatte: »Waleri Wladimirowitsch Kostikow, seit September 1961 offizieller Berater der Sowjetischen Botschaft in Mexico-City, ist auch als Stabsoffizier des KGB tätig. Er [Kostikow] steht in Verbindung mit der dreizehnten Abteilung, zu deren Aufgaben unter anderem Attentate und Sabotage gehören.«

Warren wurde darüber informiert, daß von den Russen in den Vereinigten Staaten ausgeführte Attentate von Kostikow geplant oder initiiert wurden. Die Frage Warrens, ob Oswald diesen Mann gekannt habe, bejahte der CIA. Tatsächlich habe Oswald ein kontinuierliches Verhältnis zu Kostikow gehabt, und es sei ihm sogar der Codename »Genosse Kostin« zugeteilt worden, den er benutzen sollte, wenn er nach Kostikow fragte.

CIA-Techniker hatten Telefongespräche Oswalds mit den Russen in der Sowjetischen Botschaft aufgezeichnet. Die aufgenommenen Gespräche hatten entscheidende Bedeutung. Zuerst stellte sich Oswald als »Lee Oswald« vor. Außerdem erkundigte er sich namentlich nach einem Angehörigen der Sowjetischen Botschaft und deutete damit an, daß er sich in einer wichtigen Mission an die Botschaft wandte; er wußte, nach wem er fragen mußte. Er wollte mit Kostikow sprechen oder wie sich Oswald ausdrückte: mit »Genosse Kostin«. Schließlich hatte der CIA auch noch die folgende Frage Oswalds an den sowjetischen Vertreter der Botschaft auf Band aufgenommen: »Gibt es irgendwelche Nachrichten für mich?« Dieser Satz erhärtete die Vermutung, daß Oswald kontinuierlichen Kontakt zum sowjetischen Geheimdienst haben mußte.

Die CIA-Beamten demonstrierten dann, wie ernst sie die ganze Sache nahmen. Sie brachten eine ganze Reihe von Telegrammen bei, die den Telegrammverkehr zwischen dem CIA-Hauptquartier in Langley, Virginia, und ihrem Büro in Mexico-City umfaßten. Die Dokumente enthüllten, daß Kostikow von CIA-Agenten überwacht wurde und daß sich CIA-Mitarbeiter wegen Kostikow mit dem Botschafter der Vereinigten Staaten in Mexiko getroffen hatten.

Nun tauchte die Frage auf: Planten die Sowjets die Beseitigung von John F. Kennedy? Der CIA hatte die eigene Beweiskette abgeschlossen: Oswald allein mußte all die Schüsse abgegeben haben, die an diesem Tag auf der Dealey Plaza zu hören gewesen waren. So weit so gut, aber wurde er von Mittätern ermutigt, planten die Russen das Attentat oder unterstützten sie es in irgendeiner Weise? Welche Rolle spielte Kostikow bei der Sache? Solcherlei Gedanken mußten Warren entsetzlich gequält haben, als ihm die Beweise vorgelegt wurden.

Oswald war in der Sowjetischen Botschaft gewesen, und seine verdeckt per Kamera und Band aufgenommenen Unterhaltungen verrieten anscheinend zweifelsfrei, daß er ständige Kontakte zu mindestens einem der Botschaftsangehörigen pflegte. Der CIA mag vielleicht nicht auf all diese alarmierenden Fragen eine Antwort gefunden haben, aber es gelang ihm zumindest, sie aufzuwerten.

Wenn die Mitglieder der Warren-Kommission nach zusätzlichen Beweisen verlangten, die durchsichtiger wirkten als die feierlichen Versicherungen des CIA, so war auch dafür gesorgt. Am 6. September 1964, drei Wochen bevor die Ausschußmitglieder ihren Bericht Präsident Johnson vorlegten, trat Marina Oswald, die Witwe des Tatverdächtigen, letztmalig als Zeugin auf. Sie war bereits am 3. Februar 1964 zu einer Zeugenaussage geladen worden und dabei an vier aufeinanderfolgenden Tagen vernommen worden. Auch danach war sie immer wieder vorgeladen worden. Bei ihrem letzten Auftritt als Zeugin lieferte sie den unwiderlegbaren Beweis für den Aufenthalt ihres toten Ehemannes in Mexiko. Sie hatte gerade zwei Wochen zuvor »den Kontrollabschnitt von diesem Fahrschein« gefunden. Sie meinte damit den Abschnitt einer datierten Busfahrkarte aus Mexico-City. Er sei unter »alten Zeitschriften, spanischsprachigen Zeitschriften« versteckt gewesen »und es war auch ein spanischsprachiges Fernsehprogramm dabeigelegen«.

Der Fund habe sie verblüfft, was sie sich folgendermaßen erklärte: »Wissen Sie, das war für mich zunächst nur so ein Stück Papier. Ich hatte keine Ahnung, daß es ein Busfahrschein aus Mexiko war.« Und wie das Glück so spielt, war sie just zu diesem Zeitpunkt nicht alleine gewesen. Eine bekannte Journalistin und langjährige Korrespondentin in der Sowjetunion namens Priscilla Johnson hielt sich bei ihr auf und begriff die Bedeutung des Fundes natürlich sofort. Mrs. Johnson klärte die junge Frau darüber auf, daß es sich um einen wichtigen Beleg handle und daß die Warren-Kommission genau nach einem solchen konkreten Beweis suche. Sofort wurde der Ausschuß informiert. Seine vielbeschäftigten Mitglieder, die gedacht hatten, die Zeugenvernehmung sei bereits abgeschlossen, mußten ihren ursprünglichen Zeitplan revidieren, damit sie erneut mit Marina Oswald zusammentreffen konnten. Dieser neu entdeckte Beweis würde jeden Zweifel an Oswalds Aufenthalt in Mexico-City ausräumen.

Das nochmalige Treffen mit Mrs. Oswald war bezeichnend für die enorme Bedeutung, die die Mitglieder dieser Entdeckung zumaßen. Zumal jedes Mitglied auch noch andere Verpflichtungen hatte: Der Vorsitzende Earl Warren war Oberster Richter der Vereinigten Staaten; Richard Russell und John Sherman Cooper waren beide einflußreiche Senatoren und Vorsitzende von wichtigen Ausschüssen; Gerald Ford und Hale Boggs gehörten zu den führenden Köpfen im Repräsentantenhaus.

Nur Allen Dulles war kein Parteigänger und auch nicht mit politischen Alltagsgeschäften eingedeckt. Von Präsident Kennedy war er entlassen worden, weil er ihn über gewisse CIA-Operationen falsch informiert hatte, zum Beispiel über die Ereignisse, die dem Fiasko in der Schweinebucht vorangingen, beziehungsweise damit zusammenhingen. Hierbei hatte auch E. Howard Hunt eine maßgebliche Rolle gespielt. Eben dieser Dulles war in den Ausschuß berufen worden, um dem neuen Präsidenten und dem amerikanischen Volk die Wahrheit über den Mord an John F. Kennedy zu sagen. Er hatte mehr Zeit für die Kommissionsarbeit zur Verfügung als jedes andere Mitglied. Und so wurde er zum aktivsten Vorkämpfer, er legte aber auch den größten Zynismus an den Tag und manipulierte rücksichtslos.

Die Kommission hatte nun eine sechsundzwanzigbändige Dokumentation von Zeugenaussagen und Beweisstücken zusammengestellt; wie der Ausschuß feststellte, war sie die Grundlage für die Schlußfolgerungen, die schließlich in einem einbändigen Bericht zusammengefaßt wurden. Am 27. September 1964 wurde dieser Bericht den Medien zur Beurteilung vorgelegt. Die Beweismaterialien, auf die er sich angeblich stützte, wurden aber erst am 23. November 1964 freigegeben. Doch obwohl die Schlußfolgerungen – begleitet von einer regierungsamtlichen Presseerklärung – ohne jede Beweisgrundlage veröffentlicht wurden, wurden sie fast überall in den Vereinigten Staaten wohlwollend aufgenommen und begeistert gefeiert. Walter Cronkite von CBS beispielsweise legte den Amerikanern dringend nahe, an den Bericht »fest zu glauben«, so als ob es sich um ein theologisches Dogma und nicht ein Regierungsdokument handelte.

Obwohl keinerlei Beweismaterialien zugänglich waren, schrieb die *New York Times* am 27. September 1964: »Die Kommission analysierte jedes Thema in erschöpfender Weise und zerlegte es in beinahe archäologische Einzelheiten ... Die Fakten, die minuziös gesammelt, von unabhängiger Seite überprüft und in überzeugender Weise präsentiert wurden, bieten keine Grundlage für irgendwelche Verschwörungstheorien, die wie Unkraut im In- und Ausland wuchern.«

Das war nun wirklich keine ernstzunehmende kritische Analyse, die die *New York Times* an diesem Tag publizierte.

In einer solchen Atmosphäre beendete die Kommission ihre Arbeit. Zumindest eine Frage hatte man anscheinend unstrittig geklärt: Lee Harvey Oswald war in Mexico-City gewesen.

Doch eine Überprüfung des noch folgenden Rattenschwanzes an Ausschußpapieren bringt es ans Tageslicht: Wenn Oswald noch gelebt hätte, wäre er nicht verurteilt worden. Sogar nach seinem Tod verweigerte man ihm eine angemessene Anhörung.

Die Presse tat ihren Teil, um die richtige Atmosphäre für eine Vorverurteilung zu erzeugen. Als Oswald zwei Tage nach seiner Verhaftung von Jack Ruby ermordet wurde, war er nur der Tat verdächtig; nicht mehr und nicht weniger. Bis dahin war kein einziger stichhaltiger Beweis gegen ihn vorgebracht worden, und man machte sich nicht die Mühe, der Öffentlichkeit *seine* Darstellung der Ereignisse zugänglich zu machen. Die Bundes- und Staatsbehörden dagegen setzten sich vorsätzlich und erfolgreich dafür ein, ihm keine Gelegenheit zu geben, sich mit einem Anwalt zu besprechen.

Wie schon zuvor erwähnt, war Oswald nur ein Tatverdächtiger, der jedesmal, wenn er von der Zelle in das Verhörzimmer geführt wurde, ausrief, er sei unschuldig, wolle mit einem Rechtsanwalt sprechen, sei ganz offensichtlich reingelegt worden und fühle sich als »Sündenbock«.

Anläßlich seiner Ermordung brachte die *New York Times* auf der Titelseite einen Bericht mit der Überschrift: »Bürger von Dallas erschießt den Mörder des Präsidenten im Gefängnisgang« (*New York Times*, 25. November 1963).

Welche Stimmungsmache kommt hier zum Vorschein! Oswald war sozusagen in der Redaktion der *New York Times* verurteilt worden. Jack Ruby dagegen, der schäbige Besitzer eines Striplokals und Polizeispitzel, der dem FBI als Informant diente, ein Mann, der im Jahre 1939 in Chicago eines Mordes für das organisierte Verbrechen verdächtigt worden war und das Gesetz seit seiner Ankunft in Dallas unzählige Male verletzt hatte, war nichts weiter als ein normaler »Bürger von Dallas«.

Nicht nur die Medien verweigerten Oswald den Beweis der Unschuld, die Warren-Kommission verfuhr genauso. Erst später, nach den Vorkommnissen im Rahmen des Watergate-Skandals, der sich nicht nur auf den Einbruch in die Büros der Demokratischen Partei – organisiert von Hunt, Liddy, Colson und anderen – beschränkte, gab es eine einzige konstruktive Reaktion auf all diese Vorgänge: Der Kongreß verabschiedete die Ergänzungen zum Freedom of Information Act, dem Gesetz zur Wahrung des Rechts auf Auskunft. Wie wir bereits gesehen haben, machte es dieses Gesetz möglich, an Kopien von Dokumenten heranzukommen, die bis dahin offiziell mit dem Schleier des Geheimnisses umgeben waren. Dokumente von Mitgliedern der Warren-Kommission und der Regierung Johnson lassen erkennen, wieviel die maßgeblichen Stellen in den Beweis investiert hatten, Oswald und kein anderer habe John F. Kennedy ermordet. Wenn wir die Dokumente prüfen und diskutieren, sollten wir dabei folgendes nicht vergessen: Ihre Autoren hatten sich in der Sicherheit gewiegt, daß man keine einzige Aktennotiz je einer gegnerischen Kritik aussetzen würde, die so manches in Frage stellen könnte.

Am 17. Februar 1964 schrieb Marvin Eisenberg, ein Rechtsanwalt der Warren-Kommission, ein internes Ausschußmemorandum mit dem Titel: »Erste Arbeitsstabskonferenz – 20. Januar 1964«, das nicht für die kritische Öffentlichkeit gedacht war. Die Konferenz und die dazugehörigen Dokumente waren mit einem »Top-Secret«-Vermerk versehen. Warren, der eben von Präsident Johnson neue Instruktionen erhalten hatte, gab darin für seinen juristischen Mitarbeiterstab Marschbefehle heraus und erklärte ihnen die Gründe für seine ungewöhnlichen Anweisungen.

In diesem Memorandum betonte Warren, daß Johnson wünsche,

die Kommission solle »Gerüchte« im Keim ersticken, die »in diesem unserem Lande und in Übersee zirkulieren«. Das Bedürfnis, diese »Gerüchte« auszuschalten, wurde also schon geäußert, bevor die Kommission Fakten für die Beweisaufnahme gesammelt hatte und bevor man den Wahrheitsgehalt der unliebsamen »Gerüchte« prüfen konnte.

Warren erklärte, »einige dieser Gerüchte« seien potentiell so explosiv, daß sie, »wenn man sie nicht unterdrücken würde, das Land in einen Krieg mit 40 Millionen Toten verwickeln könnten«. Natürlich hatten der Präsident und der Oberste Richter ganz besondere Hintergedanken, wenn sie tatsächlich fürchteten, daß das Land am Rande eines Nuklearkriegs stand.

Was sollte nun Warren nach Ansicht Johnsons unternehmen, und welche Verpflichtungen wollte Warren eingehen, um seine Nation vor der befürchteten verheerenden Katastrophe zu schützen?

Die Denkschrift gibt dazu die folgende Antwort: »Niemand kann seine Mithilfe verweigern, wenn es darum geht, eine solche Möglichkeit zu verhindern.« Johnson forderte Warren definitiv dazu auf, seine Überzeugungen und sein Gerechtigkeitsempfinden angesichts der nationalen Krise und des internationalen Notstandes zurückzustellen, und Warren erklärte, er habe ihm beigepflichtet. Laut Memorandum reagierte Warren folgendermaßen: »Der Präsident konnte ihn überzeugen, daß es sich hierbei um eine Situation handle, in der allgemeingültige Prinzipien der aktuellen Lage geopfert werden mußten.«

Wie sah die »aktuelle Lage« aus, die den Weltfrieden bedrohte?

Der Stellvertreter des Generalstaatsanwalts, Nicholas Katzenbach, wußte es. Am 25. November 1963, nur drei Tage nach dem Attentat, schickte er ein Schreiben an Bill Moyers, Johnsons Pressesprecher. Die Untersuchung hatte noch nicht begonnen, und trotzdem beharrte Katzenbach in seinem Schreiben darauf, daß sich die »Öffentlichkeit mit dem Einzeltäter Oswald abfinden sollte; es gibt keine Mittäter, die sich noch auf freiem Fuß befinden«. Er forderte zu unmittelbaren Bemühungen auf, den »Spekulationen über Oswalds Motive« sofort »den Boden zu entziehen«. Diese unglaubliche Unverschämtheit eines Mannes – der schon bald, nach dem Rücktritt von Robert Kennedy, das Justizministerium leiten sollte –, keine öffentliche Diskussion über die Motive des angeblichen Attentäters zulassen zu wollen, beweist nur die Verzweiflung, die bei den führenden Köpfen des Landes um sich griff. Welche Hintergedanken sie hatten, als sie den Amerikanern verbieten wollten, auch nur darüber nachzudenken, warum Oswald angeblich die Tat begangen hatte – und das in einer Zeit, in der ihnen kaum etwas anderes so wichtig erschien – ist selbst im nachhinein kaum nachzuvollziehen.

Katzenbach fuhr fort: »Wir brauchen etwas, um öffentliche Spekulationen beziehungsweise Kongreß-Anhörungen abzuwenden, die in die falsche Richtung führen.« Eine öffentliche Aufklärung des Falles war für Katzenbach genauso wie für Johnson und Warren ein Greuel. Aber was konnte eine solche unerwünschte Anhörung bedeuten, wenn nicht die Möglichkeit, alles ans Licht zu bringen?

Erst viele Jahre später erfuhren wir die Antwort auf diese Frage und konnten verstehen, was die Ersten der Nation so entsetzt und gelähmt und die Ermittlungen der Warren-Kommission zu einer Farce gemacht hatte.

Am 4. Dezember 1964 nahm ich in Südkalifornien an einer Diskussionsveranstaltung mit Joseph A. Ball teil, einem Rechtsanwalt, der dem Mitarbeiterstab der Warren-Kommission angehörte. Zu seiner Unterstützung hatte er zwei Juristen mitgebracht. Einer von ihnen war der allgemein respektierte und landesweit bekannte Liberale A. L. Wirin, der lange Zeit Vorsitzender der Amerikanischen Vereinigung zum Schutz der Grundrechte (AcLu) in Kalifornien war.

Wirin plädierte zunächst leidenschaftlich für die Anerkennung der Ergebnisse der Kommission. Er bat die Zuhörer im überfüllten Auditorium an der Beverly Hills High School – unter ihnen viele, die ihn schon seit Jahren bewunderten –, den Bericht zu akzeptieren. Wirin spürte mit einer gewissen Berechtigung, daß seine Botschaft nicht bei allen angekommen war. Deshalb richtete er seinen Blick direkt auf die Anwesenden und gab zu verstehen, daß er ihnen das notwendige Vertrauen entgegenbrachte – um etwas zu verraten, was nicht allgemein bekannt und noch nicht veröffentlicht worden sei. Mit erhobener Stimme sagte er in vollem Ernst:

»Ich danke Gott für Earl Warren. Er ersparte uns ein Pogrom und rettete damit unsere ganze Nation. Gott segne ihn dafür, daß er die *Alleinschuld* Oswalds nachgewiesen hat.«

Die Zuhörer schwiegen. Nur ich mußte eine Frage stellen: »Wenn aber Oswald unschuldig gewesen sein sollte, Mr. Wirin, würden Sie dann immer noch sagen: ›Ich danke Gott für Earl Warren‹? Würden Sie ihn dann immer noch dafür segnen, daß er ihn als alleinigen Täter bezeichnet hat?« Wirin antwortete nach kurzem Nachdenken: »Ja, ohne Frage.«

Er erklärte uns, daß sein Freund Earl Warren eine größere Verantwortung auf sich geladen hatte, als wir je erfahren würden, und deshalb würden wir es wohl nie richtig zu schätzen wissen, was er getan hatte. Der gute Ruf, ja sogar das Leben eines einzigen Mannes sei nichts im Vergleich zu dem enormen Einsatz, der auf dem Spiel gestanden sei. Ich bemerkte später in der Diskussion, daß es schon in der Vergangenheit durchaus Männer gegeben habe, die ihr Leben für die Nation aufs Spiel gesetzt haben und teilweise auch als Helden verehrt wurden, aber ihr Opfer sei im allgemeinen freiwillig gewesen, und dieser Unterschied sei nicht ganz bedeutungslos.

Was in den darauffolgenden Minuten gesagt wurde, war kaum noch zu verstehen, denn die Zuhörer waren nun aus ihrer Lethargie erwacht. Mit einem lang anhaltenden Chor von Buhrufen und Pfiffen bekundeten sie ihren Widerwillen gegen Wirin, der offenbar bereit war, einen Unschuldigen zu opfern.

Wirin bezog sich wie Katzenbach und Eisenberg nur indirekt auf Oswalds Aufenthalt in Mexico-City. Der CIA hatte beschlossen, daß Oswald alleine gehandelt und niemanden in seine Pläne eingeweiht habe. Angeblich hatte ihn auch niemand beauftragt. Warren wurde jedoch respektvoll zur Vorsicht gemahnt: Wenn die Amerikaner die Fakten kennenlernen würden, würden sie sicherlich angesichts der vorhandenen unsicheren Lage, unter dem Eindruck der Attentatstragödie und vor dem Hintergrund eines eskalierenden Kalten Krieges sofortige Schritte gegen die Sowjetunion und Kuba verlangen. Warren stimmte dem zu. Daher wies man ihn an, daß es unumgänglich sei, die Oswald-Kostikow-Connection zu verschweigen, da das Schicksal der ganzen Welt jetzt in seinen Händen liege.

Warren pflichtete dem bei. Er erklärte den Mitgliedern seines Mitarbeiterstabes, daß dies die Situation sei, in der seine allgemeingültigen Prinzipien der aktuellen Lage geopfert werden mußten. Denn sonst würde diese Angelegenheit »das Land in die Katastrophe führen«.

Einige Tage später wurde Warren von Reportern gefragt, wann die Fakten über das Attentat bekanntgemacht werden sollten. Warren zögerte, musterte die Journalisten eingehend und sagte dann: »Sie werden in Ihrem Leben möglicherweise nie die Wahrheit erfahren. Das meine ich ganz im Ernst.«

In Langley hatte man jetzt Grund zum Feiern. Warren war umgarnt und gewonnen worden. Er hatte sich damit einverstanden erklärt, Daten zurückzuhalten, Akten falsch zu interpretieren und dem amerikanischen Volk einen gefälschten Bericht zu präsentieren. Dadurch kompromittiert, würde er nie wieder ein Gegner sein, mit dem man sich auseinandersetzen mußte. Die Vertuschung war gelungen.

Langley hatte dieses Ziel mit Hilfe des CIA-Mannes in der Kommission erreicht. Auf einer Ausschußtagung am 9. Juli 1964 riet der frühere CIA-Direktor Allen Dulles seinen Kollegen, sie sollten sich keine Sorgen machen, daß man ihren endgültigen Bericht zu genau prüfen würde. »Wer liest den schon? Glauben Sie nur nicht, daß die Leute in unserem Land lesen. Vielleicht einige Professoren . . ., aber die breite Öffentlichkeit wird sich kaum mit dem Bericht beschäftigen.«

Die Fakten

Warren war ein echter Diener seines Staates. Er unterdrückte mit der schlimmsten aller Begründungen und dem besten aller Motive die entscheidende Wahrheit; er allein wollte wissen, was für uns richtig war. Auch rückblickend ist schwer zu sagen, was erbärmlicher war: sein Glaube, daß man dem amerikanischen Volk die Wahrheit nicht anvertrauen dürfe, oder sein rückhaltloses Vertrauen in den CIA.

Selbst wenn all das, was Warren vom CIA erfuhr, richtig gewesen wäre, war sein Verhalten, obwohl es von Präsident Johnson gebilligt, von Eisenberg erklärt und von Wirin entschuldigt worden war, in einer demokratischen Gesellschaft nicht tragbar. Warrens Hauptvergehen war jedoch nicht Korruption, sondern daß er unglaublich devot handelte.

Lee Harvey Oswald war möglicherweise nie in seinem Leben in Mexico-City gewesen. Er war dort auch nicht Señora Duran in der kubanischen Botschaft begegnet. Weder hatten er und Kostikow ein Komplott geschmiedet noch hatte er ihn »Genosse Kostin« genannt.

Im September 1963 legte der CIA, nachdem er einen Attentatsplan für Präsident Kennedy entworfen hatte, als Köder eine falsche Spur aus, die nach dem Mord in Dallas unerbittlich auf Lee Harvey Oswald hinwies. Es handelte sich dabei um einen brillanten Plan. Nicht nur, daß ein Unschuldiger in das Verbrechen verwickelt wurde und der CIA damit von jeder Verantwortung freigesprochen war, sondern die Aufmerksamkeit konnte auch auf jenen Oswald gelenkt werden, der angeblich Verbindungen zum FBI hatte. Diese FBI-Kontakte wiederum würden J. Edgar Hoover zur Untätigkeit verdammen, der sonst befürchten mußte, daß sein FBI in eine peinliche Lage geraten könnte.

Die FBI-Connection

Eine der ersten Fragen, mit denen sich die Warren-Kommission beschäftigte, war die Andeutung von Waggoner Carr, des Generalstaatsanwalts von Texas, Oswald sei ein FBI-Informant beziehungsweise ein FBI-Vertragsagent gewesen. Diese Information war nicht nur ein vages Gerücht. Der Staatsanwalt konnte auch nähere Angaben liefern. Carr zufolge lautete Oswalds FBI-Nummer, die ihm das FBI-Büro verliehen hatte, S-172 oder S-179. Oswald habe vom FBI zweihundert Dollar pro Monat bekommen und dafür nach FBI-Direktiven verschiedene Aufträge ausgeführt.

Angesichts der Aussage des höchsten Justizbeamten in Texas zeigte der Ausschuß Bestürzung. J. Lee Rankin, der Rechtsberater der Kommission, ließ sofort verlauten: »Wir haben es mit miesen Gerüchten zu tun, die der Arbeit des Ausschusses nicht förderlich sind.«

Seiner Meinung nach war das Belastungsmaterial, das Oswald mit dem FBI in Verbindung brachte, »sehr schädlich für den Ruf der

Geheimdienste, die in diese Sache verwickelt sind, und sollte, soweit es der Kommission möglich ist, vom Tisch gewischt werden«. Zum Zweck der Beseitigung dieses Verdachts entschied sich der Ausschuß dafür, von Hoover eine Bestätigung einzuholen, daß der mutmaßliche Attentäter nicht für das FBI gearbeitet habe.

Orest Pena war ein in New Orleans tätiger FBI-Informant, der aus seinem Heimatland Kuba emigriert war. Er betrieb im französischen Viertel von New Orleans eine Bar und ein von der Polizei geduldetes Bordell in einem Haus in der Decatur Street, das ihm gehörte. Pena beherbergte heimlich kubanische Rekruten des CIA, die in einem Camp in der Nähe des Lake Pontchartrain für eine Invasion auf Kuba trainieren sollten.*

Pena arbeitete während dieser Zeit auch eng mit dem FBI-Spezialagenten Warren deBrueys zusammen, dem er wichtige Berichte zukommen ließ. Später, als die örtliche Polizei das Abkommen mit Pena brach und ihn verhaftete, bat er mich, ihn zu verteidigen. In diesem Fall wollte er mir alles sagen, was er über Oswald wußte.

Pena versicherte mir, Oswald habe für das FBI gearbeitet und zeigte mir die Häuser in New Orleans, wo sich deBrueys und Oswald getroffen, die Cafeteria, wo sie miteinander gefrühstückt, und den Seiteneingang zum alten Postamt, wo sich die beiden Männer regelmäßig verabredet hatten. Außerdem habe der CIA diese Verbindung gekannt, fügte er hinzu; deBrueys habe Oswald Kontakte vermittelt, die Pena aufgrund seiner Tätigkeit für den Geheimdienst in Sachen Unterkünfte für kubanische Dissidenten als CIA-Kontakte klassifizieren konnte.

* Alle kubanischen Anti-Castro-Rebellen, die der CIA rekrutierte, wurden auf ihre politische Verläßlichkeit geprüft. Diejenigen, die den Test nicht bestanden, brachte man in ein Sondercamp am Lake Pontchartrain. Dort wurden sie von Marinesoldaten und anderen Leuten trainiert, die der CIA ausgewählt hatte. Viele dieser Kubaner waren Verbrecher, einige sogar Mörder. Für die Schweinebucht-Invasion wurden sie nicht eingesetzt. Der CIA benutzte sie später für verschiedene Projekte, unter anderem für das »Mongoose«-Programm. Sie waren auch mit Propagandaaktivitäten befaßt und klagten laut, wenn auch zu Unrecht, Kennedy sei für das Scheitern der Schweinebucht-Invasion verantwortlich. Als spanischsprachige Sprecher des CIA verurteilten sie Kennedy für seinen »Wankelmut« und seine Weigerung, »in letzter Minute« Luftunterstützung bereitzustellen. Aber es war die Nationale Sicherheitsdirektive 5412 vom 15. März 1954, die den Präsidenten hinderte, US-Truppen für die Invasion einzusetzen; er hatte diese Direktive nicht verletzen wollen und deshalb versichert, daß keine US-Streitkräfte am Angriff teilnehmen würden.

1975 gab der Spezialagent James Hosty in einer Zeugenaussage vor einem Unterausschuß des Repräsentantenhauses, der vom Republikaner Don Edwards geleitet wurde, zu, daß das FBI Oswald unmittelbar vor dem Kennedy-Attentat kontaktiert hatte. Drei Tage vor dem Attentat suchte Oswald das FBI-Büro in Dallas auf und hinterließ dort für seinen Kontaktmann, den Spezialagenten Hosty, eine Nachricht. Hosty verstaute sie zu Hause in seinem Werkzeugkasten, und dort blieb sie, bis Ruby, ein weiterer FBI-Informant, Oswald ermordete. Hosty sagte aus, daß er zwei Stunden nach Oswalds Tod von seinem Vorgesetzten, dem Spezialagenten Gordon Shanklin, aufgefordert worden war, die Nachricht zu vernichten. Er habe gehorcht, sie zerrissen und die Toilette hinuntergespült. Einem Bericht der *New York Times* zufolge, der annähernd zwölf Jahre nach diesem Vorfall erschien, hatte J. Edgar Hoover Shanklin aufgefordert, sich des Beweisstücks zu entledigen. Laut Hosty stand auf dem besagten Zettel: »Wenn Sie etwas über mich in Erfahrung bringen wollen, sprechen Sie mit mir persönlich. Wenn Sie nicht aufhören, meine Frau zu belästigen, werde ich geeignete Schritte unternehmen und dies den zuständigen Behörden melden.«

Weil Hosty kurz nach dem Attentat auf diesen Vorfall zu sprechen kam, wurde er von Hoover suspendiert und später auf einem weniger wichtigen Posten eingesetzt. In Oswalds Notizbuch, das die Behörden nach seinem Tod beschlagnahmten, tauchten Hostys Name, sein Autokennzeichen und seine Telefonnummer auf. Als das Buch der Warren-Kommission vorgelegt wurde, behielt das FBI eine Seite zurück, und zwar genau diejenige, die sich auf Hosty bezog.

Die Warren-Kommission schöpft Verdacht

Der CIA hatte seinen Mann mit Bedacht ausgewählt. Seine FBI-Verbindung war aktenkundig. Da Oswald in der Sowjetunion gelebt hatte und mit seiner russischen Frau in die Vereinigten Staaten zurückgekehrt war, konnte man eine Verbindung zum internationalen Kommunismus ebenfalls schnell unterstellen. Der CIA benutzte solche Fakten als Ausgangspunkt für eine selbstgestrickte Legende und plazierte seine Schachfigur Oswald zudem in die Kubanische und Sowjetische Botschaft von Mexico-City. Doch die CIA-Story hielt keiner intensiven Überprüfung stand; sie war frei erfunden, und einige Mitglieder der Warren-Kommission schöpften Verdacht, als sich der CIA weigerte, weitere Dokumente zur Erhärtung des Vorwurfs beizubringen.

Warren und seine Kollegen hätten eigentlich aufgrund der Beweismaterialien, die sie erhalten hatten, darauf aufmerksam werden müssen, daß man sie mit falschen Informationen fütterte. Dies alles war im Grunde nur mit einem gerüttelten Maß an Täuschung und Selbsttäuschung zu bewältigen, und es war für die Nation ein Unglück, daß die Experten auf beiden Seiten des Tisches davon nur so strotzten.

Senator John Sherman Cooper und Senator Richard Russell waren die beiden Mitglieder der Warren-Kommission, die ob der vagen und wenig überzeugenden Hinweise des CIA über Oswalds Ausflug nach Mexiko unruhig wurden. Sie veranlaßten Rankin, eine Ermittlung durchzuführen –, um wenigstens einige Fragen zu klären.

Am 12. März 1964 trafen sich J. Lee Rankin und andere Mitglieder des Mitarbeiterstabes mit Richard Helms, damals stellvertretender Direktor für Planung der Sektion DDP des CIA. Die DDP ist das amerikanische Gegenstück zu der entsprechenden KGB-Abteilung, die verdeckte Operationen, auch Attentate, plant und ausführt. Beim CIA, der bei den Insidern »die Firma« genannt wird, ist die DDP als »Abteilung für schmutzige Geschäfte« bekannt. Das Protokoll dieses Treffens wurde weder zum Zeitpunkt der Herausgabe des Warren-Berichts noch in den darauffolgenden Jahren bekannt; es enthüllt, daß Helms, den man später bei der Zeugenaussage vor dem Senat der Vereinigten Staaten des Meineids überführt hat, gegenüber Rankin erklärte, »dem Ausschuß« müsse »sein Wort genügen, daß Oswald kein Agent« des CIA gewesen sei.

Das CIA-Protokoll dieses Treffens bestätigt, daß unmittelbar nachdem Helms diese lockere Tonart angeschlagen hatte, »sich die Besprechung vorrangig den Lücken in der Untersuchung widmete, die Mr. Rankin und sein Arbeitsstab einer Prüfung unterzogen. Die genannten Männer stellten fest, daß *die bedeutsamste Lücke bei der mexikanischen Phase klaffte.*«

Der Ausschuß stellte sich auch die Frage, ob der CIA wirklich alle Dokumente an die Kommissionsmitglieder weitergeleitet hatte. Das Protokoll erwähnt, daß die Ausschußmitglieder »die zurechtgestutzten Auszüge in Frage stellten, die man ihnen präsentiert hatte, und sich fragten, ob es nicht mehr davon gäbe«. Helms gab zu, daß der CIA das Beweismaterial »gesäubert beziehungsweise zensiert hatte, bevor man es der Kommission des Präsidenten zur Einsicht vorgelegt hatte. Dem Protokoll zufolge »erklärte Mr. Helms, daß wir normalerweise keine Originalkopien unserer Mitteilungen herausgeben, da sie Codeworte und Digraphen enthalten, die für Nichteingeweihte unverständlich wären.«

Vier Monate, nachdem der CIA der Warren-Kommission versichert hatte, daß Oswald sowohl in der Sowjetischen als auch in der Kubanischen Botschaft in Mexico-City gewesen sei, weigerte sich der CIA immer noch, der Kommission das maßgebliche Beweismaterial vorzulegen.

Nun endlich wurden die Vertreter des Ausschusses mißtrauisch. Sie fragten, warum andere Regierungsbehörden nichts unternommen hätten, nachdem sie vom CIA die Information erhalten hatten, daß Oswald Kontakte zur Sowjetischen und Kubanischen Botschaft in Mexico-City gehabt habe. Aus dem Protokoll geht hervor, daß »Mr. Rankin und einige Mitglieder seines Arbeitsstabs *eindeutig der Meinung waren, daß es sich dabei um eine ganz wesentliche Frage handelte,* die einer sorgfältigen Überprüfung bedurfte. Offensichtlich glaubten sie, daß ein so interessantes Faktum über Oswald die Beteiligten hätte veranlassen müssen, besondere Maßnahmen hinsichtlich einer genaueren Überprüfung Lee Harvey Oswalds und seiner Aktivitäten einzuleiten.« Die Erwiderung des CIA wurde noch vor der Freigabe aus dem Protokoll gelöscht.

Der entsprechende Abschnitt endet daher wie folgt:

»Zum Abschluß seiner Bemerkungen zum Thema betonte Mr. Helms, daß die Information, die er an Mr. Rankin weitergegeben habe, äußerst sensibel sei (Stempel: ZENSIERT).«

Der CIA hatte sich geweigert, seine Telegramme, Botschaften und andere schriftliche Dokumente an die Warren-Kommission weiterzuleiten. Statt dessen bot er die erzwungene und präparierte Aussage von Silvia Duran als Beweis dafür an, daß Oswald die Kubanische Botschaft aufgesucht habe, und verwies auf Versicherungen gewisser namentlich nicht erwähnter CIA-Agenten, daß Oswald zudem in der sowjetischen Botschaft gewesen sei.

Die Duran-Telegramme enthielten keine Codewörter oder Digraphen, die die Ausschußmitglieder vor unlösbare Probleme hätten stellen können. Helms' Aussage gegenüber Rankin entbehrte jeder Grundlage. Rankin, Warren und die anderen Kollegen hätten sich leicht vergewissern können, wenn sie sich nur intensiv nach den Telegrammen erkundigt hätten; statt dessen schienen sie nur allzu gerne eine Erklärung zu akzeptieren, die bestenfalls zweifelhaften Charakter hatte.

Silvia Duran wird zum Schweigen gebracht

Der CIA hatte gute Gründe, Warren und seinen Kollegen die Telegramme nicht vorzulegen. Die Behauptung, Oswald sei in der Kubanischen Botschaft gewesen, basierte in erster Linie auf der Tatsache, daß Señora Silvia Duran, zur besagten Zeit Angehörige der Kubanischen Botschaft, eine Erklärung abgegeben hatte. Señora Duran war eine sechsundzwanzigjährige mexikanische Staatsbürgerin, der man im August 1963 eine Arbeit bei der Kubanischen Botschaft angeboten hatte, genau einen Monat, bevor Oswald angeblich dort aufgetaucht war. Sie war eine liebenswürdige, ehrliche, unerfahrene und etwas naive junge Frau, die aus einer Familie ohne gesellschaftliche und politische Beziehungen stammte. Ihre Vorgängerin in der Botschaft war bei einem Autounfall ums Leben gekommen. Die mexikanische Polizei hielt ihren Tod zwar für mysteriös, aber sorgfältige Ermittlungen hat es in diesem Fall nie gegeben.

Señora Duran war zu Oswalds Aufenthalt in der Kubanischen Botschaft befragt worden. Zunächst machte sie offenbar Aussagen, die den CIA nicht interessierten. Der Geheimdienst wies daraufhin seine Mitarbeiter in der Polizeibehörde von Mexiko-City an, sie zu verhaften. So notwendig die Festnahme von Señora Duran war, damit der CIA die Legende über Oswalds Aufenthalt in der Botschaft aufrechterhalten und sich weitestgehende Bewegungsfreiheit verschaffen konnte, weil die Verschleierungsstory damit perfektioniert wurde, so problematisch war sie natürlich auch. Der CIA-Chef sandte ein Telegramm an das CIA-Büro in Mexico-City:

»Festnahme von Silvia Duran ist äußerst wichtige Angelegenheit, kann Handlungsfreiheit der USA bezüglich der Frage der kubanischen Verantwortung ernsthaft beeinträchtigen.«

In diesem Telegramm wurden die mexikanischen Polizeikräfte angewiesen, Señora Duran in einem mexikanischen Gefängnis zum Schweigen zu bringen und zu isolieren. Die Polizei erhielt den Befehl, ihren mexikanischen Vorgesetzten die Information über die Verhaftung, die Rolle des CIA und die Tatsache, daß Silvia Duran aufgrund der Anweisung des CIA-Direktors in verschärfte Einzelhaft kam, zu verschweigen.

Dieses geradezu unglaubliche Telegramm deckt auf, in welchem Maße der CIA Kontrolle über mexikanische Polizeikräfte ausübte, die vielfach vom CIA ausgebildet und rekrutiert wurden, obwohl sie angeblich für den mexikanischen Staat arbeiteten. Die Bereitschaft des CIA, mexikanische Polizeibeamte anzuweisen, ihren Vorgesetzten gegenüber falsche Angaben zu machen und gewisse »Kreise in der mexikanischen Regierung« zu täuschen, deutet auf die Verzweiflung hin, mit der der CIA versuchte, Warren mit Beweismaterial für Oswalds angeblichen Auftritt in der Kubanischen Botschaft zu versorgen.

Das Telegramm des CIA-Chefs lautet wie folgt: »Unter voller Berücksichtigung mexikanischer Interessen ersuchen wir Sie sicherzustellen, daß ihre [Silvia Durans] Verhaftung absolut geheimgehalten wird, keinerlei Aussagen von ihrer Seite veröffentlicht werden oder an die Öffentlichkeit durchsickern, daß alle diesbezüglichen Informationen an uns telegrafiert werden und daß die Tatsache ihrer Verhaftung und Stellungnahmen von ihrer Seite nicht an linke oder unloyale Kreise der mexikanischen Regierung weiterverbreitet werden.« Sinnvollerweise sollte man hier ergänzen, daß sich die »Aussagen«, die den CIA so beunruhigten, auf Oswalds Auftritt – oder Nichtauftritt – in der Kubanischen Botschaft bezogen.

Als Silvia Duran schließlich nachgab und widerstrebend eine vom CIA vorgefertigte Erklärung unterzeichnete, in der sie Oswald als Besucher der Botschaft identifizierte, wurde sie wieder auf freien Fuß gesetzt. Allerdings war sie angewiesen worden, nicht über das Thema zu sprechen. Silvia Duran konnte nicht verstehen, warum sie von der mexikanischen Polizei auf so brutale und kriminelle Weise behandelt worden war, wußte aber nichts von der Rolle des CIA.

In ihrer Empörung begann sie kurz nach ihrer Entlassung aus dem Gefängnis über ihr Erlebnis zu sprechen, wodurch das Lügengebäude des CIA ins Wanken geriet. Aus Angst, die Wahrheit über die Rolle des Geheimdienstes und die erzwungene Erklärung könne ans Tageslicht kommen, war der CIA nun noch mehr daran interessiert, sie zum Schweigen zu bringen. Am 27. November 1963, kurz nach ihrer Freilassung, wies der CIA die mexikanischen Behörden an, sie erneut zu verhaften. In einem Telegramm, das mit »Dringlich!« gekennzeichnet war, ordnete der CIA an, »um nicht das geringste Mißverständnis zwischen uns aufkommen zu lassen, möchten wir sicherstellen, daß Silvia Duran keinen Hinweis darauf erhält, die Amerikaner hätten Interesse an ihrer erneuten Verhaftung. Mit anderen Worten: Wir wollen, daß *die mexikanischen Behörden die Verantwortung für die gesamte Affäre übernehmen.*« (Hervorhebung im Original.)

Sie wurde weder von der Warren-Kommission noch von irgendwelchen Mitarbeitern der Kommission jemals als Zeugin verhört. Kein Kommissionsmitglied, kein Rechtsanwalt oder Arbeitsstabsmitarbeiter hat je mit Silvia Duran persönlich gesprochen oder telefoniert, und keiner der Ausschußmitarbeiter nahm je brieflich Kontakt mit ihr auf.

Obwohl Warren und seine Ausschußkollegen keinen Kontakt mit Silvia Duran hatten, präsentierten sie recht selbstsicher die nach ihrer Auffassung entscheidenden Äußerungen zum Thema. Señora Durans Aussage ließ für sie keinen Zweifel offen, daß Oswald in der Kubanischen Botschaft gewesen war.

Die Kommission schlußfolgerte in ihrem Bericht: »Die bei weitem wichtigste Bestätigung in Señora Durans Zeugenaussage stammt jedoch aus vertraulichen Quellen von äußerst hoher Verläßlichkeit, die den Vereinigten Staaten beziehungsweise Mexiko zugänglich sind. Die Identität dieser Quellen kann jedoch nicht aufgedeckt werden, um deren zukünftige Brauchbarkeit für die Vereinigten Staaten nicht zu gefährden.«

Mit Ausnahme des vom CIA fabrizierten Sachverhalts gab es keinerlei Beweise, die einen Hinweis darauf gaben, daß Oswald in der Kubanischen Botschaft gewesen war. Daher ist die Story über den von Oswald geplanten Fluchtweg über Kuba in die Sowjetunion, die als »Beweis« dafür dienen mußte, daß Oswald Präsident Kennedy ermordet hatte, letztlich ausschließlich ein CIA-Machwerk.

Noch verworrener waren die Mexico-City-Geschichten des CIA, die sich um Oswalds Treffen mit Kostikow in der Sowjetischen Botschaft drehten; Kostikows Aufgabenbereich wurde dabei so beschrieben, wie ihn der CIA sah. Die Sowjetunion bestand darauf, Kostikow sei kein KGB-Offizier gewesen, und eine Spezialabteilung für Attentate und Terror habe weder in den Vereinigten Staaten noch sonstwo in der westlichen Welt je existiert. Solche Geheimdienstdementis sind allerdings mit Vorsicht zu genießen. Hätten die Russen es bestätigt, wenn Kostikow tatsächlich eine Abteilung für Attentate geleitet hätte?

Um Warren zu überzeugen, daß Oswald mit Kostikow zusammengetroffen war, mußte sich der CIA auf die internen Mechanismen verlassen. Der Geheimdienst konnte diesmal keine eingeschüchterte junge Frau, die man erst vor kurzem in der Botschaft eingestellt hatte, ausfindig machen, um sie von der Polizei von Mexico-City terrorisieren zu lassen. Also war der Geheimdienst darauf angewiesen, selbst eine Geschichte zu konstruieren, wozu er die eigenen Agenten und die neueste Technik zu Hilfe nahm.

Es mag erstaunen, wie es dem CIA gelang, sich ein Gebäude gegenüber der Sowjetischen Botschaft zu sichern, dort die fotografische Ausrüstung genau so zu plazieren, daß alle Ein- und Ausgänge der Sowjetischen und der Kubanischen Botschaft überwacht werden konnten und dann noch all diese Aktivitäten zu vertuschen, unter anderem auch das Kommen und Gehen der gesamten Agenten, Offiziere und Techniker. Auch leistete er offenbar Beachtliches bei der elektronischen Überwachung und Aufzeichnung der Telefongespräche, die in der Sowjetischen Botschaft geführt wurden. Doch läßt man einmal diese faszinierenden Einzelheiten beiseite, dienten als Beweis für Oswalds Botschaftsaufenthalt letztlich nur die Mitteilungen an Warren sowie ein Foto und eine Tonbandaufnahme. Die »Horrorgeschichten des Kalten Krieges« ließen Warren und seine Beamten und Anwälte aufhorchen und verliehen dem Ganzen einen Hauch von James Bond. Doch die Beweismittel, die weder Warren noch seine Kollegen weiter überprüfen oder gründlich untersuchen wollten, bestanden nach wie vor schlicht aus den beiden besagten Gegenständen.

Bei dem Mann auf dem Foto, der eine Botschaft in Mexico-City betritt – das, wie man es Warren versicherte, Oswalds landesverräterischen Akt nachweisen sollte –, handelte es sich nicht um Oswald.

Ein Irrtum von Oswalds Mutter Marguerite zwang die Warren-Kommission, das Foto genauer unter die Lupe zu nehmen. Nachdem der CIA den Mann fotografiert hatte, der nach Aussage des Geheimdienstes mit Oswald identisch war und gerade ein verdächtiges Botschaftsgebäude verließ (einmal unterstellte der CIA, daß es sich dabei um die Kubanische Botschaft handelte, und ein andermal wurde behauptet, daß es die Sowjetische Botschaft war), übergab der CIA das Bild einige Stunden vor dem Attentat am Morgen des 22. November 1963 dem FBI. Nach Angaben des CIA hatte man es am 22. September 1963 in Mexico-City aufgenommen. Am Tag nach dem Präsidentenmord erhielt Bardwell D. Odum, ein FBI-Agent, den Auftrag, das Foto von Oswald seiner Witwe Marina und seiner Mutter Marguerite zu zeigen.

Odum gab später eine schriftliche beeidigte Erklärung ab, in der er die Ereignisse wie folgt darstellte: »Am 23. November 1963, als ich offiziell in meiner Tätigkeit als Spezialagent des Federal Bureau of Investigation unterwegs war, erhielt ich das Foto einer unbekannten Person, das der CIA dem FBI übergeben hatte, und machte mich auf den Weg zum Executive Inn, einem Motel in Dallas, Texas, wo sich Marina Oswald aufhielt. Angesichts der Herkunft des Fotos und um jeden Hinweis auf den Ort der Aufnahme zu entfernen, schnitt ich den Hintergrund weg.«

Am Abend des 23. November zeigte Odum Marguerite Oswald das Foto. Zuerst meinte sie, sie könne den Mann auf dem Foto nicht identifizieren. Nach der Ermordung ihres Sohnes wurde Jack Rubys Bild überall in den Zeitungen und im Fernsehen an prominenter Stelle veröffentlicht. Oswalds Mutter meinte nun in dem Mann auf dem Bild Jack Ruby zu erkennen. Die Warren-Kommission war über diese sensationelle, jedoch irrige Aussage bestürzt. Warum war ein Tag vor Oswalds Ermordung ein Bild Rubys in die Hände des FBI gelangt, und warum hatte es das FBI schon vor dem Mord Oswalds zukünftiger Witwe und seiner Mutter zeigen können?

Sowohl Ruby als auch der Mann auf dem Foto waren von weißer

Hautfarbe und hatten Übergewicht. Doch die Ähnlichkeit der beiden war nicht gerade überwältigend. Mrs. Oswald hatte das fragliche Foto nicht mit einem Bild von Ruby vergleichen können. Erst einen Tag später und unter den denkbar entsetzlichsten Umständen sah sie entsprechende Aufnahmen: Ruby hatte gerade ihren Sohn umgebracht. Ihr Irrtum war verständlich, doch er erschreckte natürlich die Mitglieder der Warren-Kommission, die sich eifrig bemühten, zu große Diskrepanzen bei der Beweisführung zu übertünchen, und die über das Auftauchen neuer Schwierigkeiten, die einer Erklärung bedurften, nicht gerade erfreut waren.

Der Ausschuß wollte nun beweisen, daß der Mann auf dem Foto nicht Jack Ruby war und verlangte daher die Vorlage des Fotos. James Malley, ein FBI-Inspektor, unterzeichnete eine beeidigte Erklärung, in der festgestellt wurde, daß er sich einen Abzug des CIA-Fotos beschafft hatte, für das sich die Warren-Kommission interessierte. Seiner beeidigten Aussage zufolge weigerte sich der CIA, das Beweisstück der Warren-Kommission zu zeigen, solange nicht der »gesamte Hintergrund entfernt« war.

Malley sagte, daß das FBI das Foto dem Ausschuß zur Untersuchung des Attentats an Präsident Kennedy erst dann vorlegen würde, wenn es gemäß den CIA-Instruktionen geändert worden sei.

Die Warren-Kommission begnügte sich mit der Versicherung des CIA, Jack Ruby habe sich in der Zeit zwischen 1. Juli 1963 und 23. November 1963 in den Vereinigten Staaten aufgehalten. Sie akzeptierte eine beeidigte Erklärung eines CIA-Mitarbeiters, die lediglich besagte, daß das Bild »irgendwann in der Zeit zwischen dem 1. Juli 1963 und dem 23. November 1963 außerhalb des Festlandgebiets der Vereinigten Staaten« aufgenommen worden war. Das genügte dem Ausschuß. Es war also kein Bild von Jack Ruby, aber die Kommission versuchte nie, die Identität der aufgenommenen Person aufzudecken, und in einem Anfall klassischer selektiver Gruppenamnesie vergaß man ganz einfach den ursprünglichen Sinn und Zweck des Fotos – es sollte ja beweisen, daß Oswald in Mexico-City gewesen war. Noch wichtiger war die Tatsache, daß es auch kein Bild von Lee Harvey Oswald war. Wie wir noch sehen werden, waren sieben FBI-Agenten dieser Meinung. Der CIA hatte die Warren-Kommission belogen.

Der einzige verbliebene Beweis für Oswalds Aufenthalt in der Sowjetischen Botschaft war eine Tonbandaufnahme des CIA. Selbst wenn man die Darstellung des CIA für bare Münze nimmt, war damit Oswalds Anwesenheit dort nicht nachzuweisen – das Band bewies nur, daß er mit jemandem in der Botschaft telefoniert und gefragt hatte, ob es für ihn irgendwelche Nachrichten gäbe. Zudem hatte er sich nach dem »Genossen Kostin« erkundigt. Aber bei ihrer übereilten Beweisaufnahme waren Warren, Rankin, Redlich und alle anderen bereit, sich mit jedem Dokument zufriedenzugeben, das auch nur eine noch so lockere Verbindung zwischen Oswald und den Russen nachwies.

Der CIA fühlte sich verpflichtet zu beweisen, daß erstens irgend jemand mit der Sowjetischen Botschaft telefoniert, zweitens der CIA dieses Gespräch abgehört und drittens aufgenommen hatte und daß es sich viertens bei dem Anrufer um Lee Harvey Oswald handelte. Die ersten drei der vier Vorgaben waren nicht schwer zu erfüllen, da der CIA schon Wochen vor dem Attentat das Gespräch arrangiert und aufgenommen hatte. Oswald jedoch, der zu dieser Zeit ganz offensichtlich nicht in Mexico-City gewesen war, konnte das Telefongespräch nicht geführt haben. Das beste Beweisstück ist natürlich die Bandaufnahme selbst. Der CIA legte sie jedoch der Warren-Kommission niemals vor, und der Ausschuß gab sich damit zufrieden, daß der CIA für die Existenz des Bandes seine Hand ins Feuer legte.

Das Interessanteste unter den ehemals geheimen Dokumenten, die ich erst viele Jahre nach der Veröffentlichung des Warren-Berichts erhalten konnte, war die Fotokopie eines Briefes, den der damalige FBI-Direktor Hoover an James J. Rowley, den damaligen Leiter des United States Secret Service, geschickt hatte. Diesem Brief war ein fünfseitiges Dokument beigelegt, das Hoover mit »Die Ergebnisse unserer Untersuchung über das Attentat an Präsident John F. Kennedy und Hintergrundinformationen zu Lee Harvey Oswald« titulierte.

Diesen ersten umfassenden FBI-Bericht über das Attentat, der am Tag nach dem Mord fertiggestellt wurde, hat die Warren-Kommission nie erhalten. Bis zu dem Zeitpunkt, als ich mir dieses wichtige

Dokument beschaffen konnte, hatten es nur Angehörige von Spionage- und Polizeiorganisationen einsehen können.

Der FBI-Bericht enthüllt, daß der Chef des CIA, der Stellvertretende Planungsdirektor des CIA und der CIA-Verantwortliche für die gesamte westliche Welt miteinander konspiriert hatten, um die Warren-Kommission bezüglich Oswalds angeblichen Aufenthalts in der Sowjetischen Botschaft in die Irre zu führen. Er kommt zu dem Schluß, daß es keinerlei Beweise für Oswalds Botschaftsbesuch gibt.

Nach seiner Verhaftung am 22. November um 13.51 Uhr war Oswald zwischen 14.30 Uhr desselben Tages und dem 24. November, 11.00 Uhr vormittags, mehr als zwölf Stunden lang verhört worden. Kurz darauf wurde er im Polizei- und Gerichtsgebäude von Dallas in Gegenwart einer Armee von FBI-Agenten und örtlichen Polizeibeamten ermordet. Sieben FBI-Agenten hatten am Verhör Oswalds teilgenommen.

Einem FBI-Bericht vom 23. November 1963 zufolge bekamen die FBI-Agenten, die an Oswalds Vernehmung beteiligt waren, vom CIA den Hinweis, daß »eine Person, die sich als Lee Oswald zu erkennen gab, zur Sowjetischen Botschaft Kontakt aufgenommen und sich erkundigt hat, ob es eine Nachricht für sie gäbe«. Das war natürlich dieselbe Falschinformation, die der CIA später Warren zukommen ließ.

Der FBI-Bericht stellt fest, daß »sich Spezialagenten des FBI« ». . . eine Bandaufnahme mit seiner Stimme anhörten«. Der CIA hatte dem FBI eine Kopie des Bandes als Beweis für Oswalds Aufenthalt in der Sowjetischen Botschaft übergeben. Auf dem Band war die Stimme eines Mannes zu hören, der sich als Lee Oswald meldete und dann fragte, ob es irgendeine Nachricht für ihn gäbe.

Nachdem die FBI-Agenten Oswald zwei Tage lang vernommen hatten, ein CIA-Foto, das einen Mann, angeblich Oswald, vor der Sowjetischen Botschaft zeigte, geprüft und sich die Bandaufnahme angehört hatten, erstatteten sie der Zentrale Bericht. Das FBI faßte das Resultat in einem Satz zusammen: *»Die besagten Spezialagenten sind der Meinung, daß es sich bei der obenerwähnten Person NICHT um Lee Harvey Oswald handelt.«*

Man kann das Ausmaß der CIA-Fehltritte im Grunde nur verstehen, wenn man die Spuren der konspirativen Vertuschung bis zum Ursprung zurückverfolgt. Denn die CIA-Farce, die wohl auch die Beschäftigung eines Doubles für Oswald mit einschloß, begann bereits am 1. Oktober 1963. Ein Monat und 22 Tage *vor* der Ermordung Präsident Kennedys hatte der CIA Vorgänge in Bewegung gesetzt, die offenbar dazu dienten, den amerikanischen Behörden die Wahrheit über das Attentat vorzuenthalten – *ein Attentat, das noch gar nicht stattgefunden hatte.* Gut sieben Wochen *vor* der Ermordung Präsident Kennedys stellte der CIA eine interessante, aber falsche Verbindung zwischen Lee Harvey Oswald und einem Sowjetdiplomaten her, den der CIA später als KGB-Autorität für Attentate in den Vereinigten Staaten bezeichnete.

Das CIA-Personal hatte in Zusammenarbeit mit CIA-Leitern und Beamten, die in Mexico-City operierten, ein Lügenmärchen für Oswald konstruiert. Der CIA hatte eine Fährte gelegt, die sehr leicht nach der Ermordung des Präsidenten durch die Attentäter vom Dealy Plaza in Dallas nach Mexico-City zurückverfolgt werden konnte, womit für das Planungsstadium des Attentats Oswald und ein Sowjetagent ins Rampenlicht gerückt wurden. Eine vorherige Kenntnis des Attentats war notwendig für eine Aktivierung der vom CIA zusammengestellten, erfundenen Odyssee Oswalds nach Mexico-City, der dramatischen Folgerungen aus dem Oswald-Kostikow-Treffen, das in Wahrheit nie stattgefunden hat, und des ebenso erdichteten Oswald-Duran-Treffens. Übrig bleibt die erschreckende, jedoch wie ich meine unausweichliche Schlußfolgerung, daß der CIA die Ermordung des Präsidenten schon vor dem 1. Oktober 1963 geplant hatte und daß das Mexico-City-Szenario zur Abstützung dieser Verschwörung eingesetzt wurde.

Die Busfahrkarten

Nur ein Beweisstück blieb an diesem Punkt unerklärt, aber nicht unerklärlich. Wenn Oswald nicht die beiden Botschaften besucht hatte, bewies dann nicht der Fund von Marina Oswald – die spanischsprachige Zeitschrift und der Fahrkartenkontrollabschnitt eines Busses von Mexico-City –, daß er in Mexiko gewesen war?

Die feine Handschrift des CIA ist dabei wieder einmal unverkennbar; an praktisch all diesen Dokumenten klebt der Fingerabdruck des Geheimdienstes.

Als sich Earl Warren und seine Kollegen, die alle führende Persönlichkeiten der amerikanischen Politik und Industrie waren, und ihr vorzüglicher juristischer Mitarbeiterstab – hervorragende amerikanische Anwälte – anschickten, die vom CIA in die Welt gesetzte Oswald-Einzeltätertheorie endgültig abzusegnen, tauchte ein großes Problem bei der Öffentlichkeitsarbeit auf. Oswalds Witwe war Mutter zweier kleiner Kinder und eine attraktive, intelligente und sympathische junge Frau. Sie war sich sicher, daß ihr Mann unschuldig war, und zögerte nicht, mit dementsprechenden Schlußfolgerungen und Tatsachen an die Öffentlichkeit zu treten.

Unmittelbar nach dem Tod ihres Mannes wurde sie gesetzwidrig monatelang von der Polizei in Gewahrsam und Isolierhaft genommen. Die Verfechter bürgerlicher Freiheitsrechte im Ausschuß, angeführt von Warren, und die Rechtsanwälte, angeführt von Rankin, pflichteten solchen illegalen Akten bei und hießen sie sogar gut.

Marina war von FBI- und Geheimdienstagenten umgeben. Durch sie – und nur durch sie – konnte Marina die entscheidenden Informationen über das Attentat und die wirkliche Rolle ihres Mannes erfahren. Doch der Druck nutzte nichts: Sie blieb dabei, daß Lee unschuldig war; sie konnte das schnelle Anwachsen der Beweislast nicht begreifen, die ihr die Polizei präsentierte. Viele Jahre später traf ich mit Marina zusammen, und sie sagte mir, sie habe von meinen Bemühungen, die Wahrheit herauszubekommen, gehört und versucht, mich zu kontaktieren, weil sie mich zum Rechtsbeistand nehmen wollte. Aber ihre Bewacher hätten sie nicht telefonieren lassen, und die FBI-Agenten hatten sie mit falschen Informationen über mich versorgt: Ich würde planen, sie fertigzumachen, indem ich nicht nur Lee, sondern auch sie selbst als schuldig hinstellen wollte.

Marina war eine russische Staatsbürgerin, die in den Vereinigten Staaten lebte und ihre Bindungen zur Sowjetunion abgebrochen hatte. Sie war mittellos und mußte ihre Kinder versorgen. Die Polizei schickte Agenten zu ihr, die ihr mit einer möglichen Abschiebung in die Sowjetunion drohten, einem Land, in dem sie nicht willkommen gewesen wäre, und darauf hinwiesen, daß jedes in den Vereinigten Staaten geborene Kind ein Bürger dieses Landes sei. Das hieß also, daß sie bei einer Abschiebung ihre Kinder nicht hätte mitnehmen dürfen.

In einer autobiographischen Skizze erzählt Marina von den FBI-Agenten, »die mich jeden Tag belästigten«. Sie schrieb, daß das FBI »nicht damit rechnen sollte, daß ich bereit wäre, als Agentin für sie zu arbeiten, wenn ich in den Vereinigten Staaten bleiben wollte«.

Marina glaubte es nicht, als FBI-Agenten sie darüber informierten, daß Lee vom 26. September bis zum 3. Oktober 1963 in Mexiko gewesen war. Wie hätte das ohne ihr Wissen möglich sein sollen, fragte sie. Lee habe nie von einer Mexikoreise gesprochen und auch nie etwas nach Hause mitgebracht, was Rückschlüsse auf einen Aufenthalt dort zulassen würde. Sie sei während der fraglichen Zeit zumeist mit Lee zusammen gewesen; wie solle es ihm da möglich gewesen sein, nach Mexiko zu fahren? Die Agenten beharrten aber darauf, daß Marina im Unrecht sei, und drohten ihr mit Ausweisung, falls sie nicht zur Zusammenarbeit bereit wäre.

FBI-Agenten durchsuchten die Motelräume, in denen Marina und ihre Kinder festgehalten wurden. Sie berichteten, sie hätten jedes noch so kleine Stück Papier begutachtet – keine schwierige Aufgabe, da Marina nicht viel von zu Hause mitgebracht hatte; nur einige persönliche Dinge und Kleidung für die Kinder und sie selbst. Nichtsdestotrotz durchsuchte auch noch ein weiteres Agententeam die Zimmer. Und erneut konnte kein Beweismittel für den Aufenthalt Oswalds in Mexiko gefunden werden.

Als sich Rankin und einige Mitglieder seines Arbeitsstabes im März mit Richard Helms trafen, wunderte sich Rankin einem CIA-Protokoll zufolge, warum »man keine Aufzeichnung von Oswalds täglichen Aktivitäten in Mexico-City hatte und auch das Datum seiner Rückfahrt beziehungsweise sein Reisetransportmittel nicht kannte«. Der CIA hatte zwar behauptet, daß Oswald mit dem Bus nach Mexiko gefahren sei, aber nicht die entsprechenden Beweise beigebracht. Der Ausschuß mache sich Sorgen, sagte Rankin zu Helms, weil »die ursprüngliche Annahme, er [Oswald] sei mit dem Bus zurückgefahren, bis jetzt noch nicht bewiesen werden konnte«. Vom 12. März 1964 bis zum September 1964, als der Warren-Bericht entstand, war der CIA nicht in der Lage dazu, den unzuverlässigen

Beweis vorzulegen, an dem die Kommission so ernsthaft interessiert war – die Busfahrkarten.

Ein halbes Jahr nach diesem Treffen mit Helms wurden Mitglieder des Arbeitsstabes damit beauftragt, den Bericht zu schreiben. Doch weder Senator Cooper noch Senator Russell, die beide das Märztreffen mit Helms in die Wege geleitet hatten, zeigten sich zuversichtlich, was die Glaubwürdigkeit des Berichts betraf. Die unbeantwortete Frage stand immer noch auf der Tagesordnung. Angeblich war Oswald eine Woche lang in Mexiko gewesen; warum konnte seine Anwesenheit dann nur im Zusammenhang mit den ausländischen Botschaften nachgewiesen werden?

Ganz überraschend wurde eine außerordentliche Sitzung des Ausschusses einberufen. Im allerletzten Moment, einige Tage bevor der Bericht an die Presse gehen sollte, war man endlich auf die gewünschten Beweise gestoßen, nämlich die besagten Busfahrkarten.

Marina hatte ein spanischsprachiges Magazin durchgeblättert und die Fahrkartenabschnitte gefunden. Die Journalistin Priscilla Johnson hatte ihr sofort erklärt, worum es sich bei den Karten handelte, ihr die Bedeutung der Funde dargelegt und hinzugefügt, daß sofort eine Sondersitzung des Ausschusses einberufen werden müsse.

In dieser Sitzung zeigte Marina pflichtbewußt die Fahrkarten vor, und der CIA erfuhr so in den Augen der Kommissionsmehrheit eine ausreichende Rechtfertigung für seine Thesen. Da Warrens Meinung bereits feststand, Dulles für den CIA im Ausschuß tätig war und Ford für das FBI, mußte nicht allzuviel Beweismaterial vorgelegt werden.

Dennoch war Russell nicht überzeugt. Für ihn ergaben sich zu dem bemerkenswerten Auftauchen der Busfahrkarten noch weitere Fragen. Er wollte wissen, wie es möglich gewesen sei, daß man die Dokumente bei den sorgfältigen Durchsuchungen durch FBI-Agenten nicht viel früher gefunden hatte. Warum hatte Marina die Zeitschrift schon vor Monaten mit in die Motelzimmer gebracht? Warum kaufte Oswald spanischsprachige Zeitschriften, obwohl er nicht Spanisch konnte?

Warum hob jemand ein Magazin auf – und wenn es ein englischsprachiges gewesen wäre – das in der Hauptsache ein bereits monatealtes Fernsehprogramm enthielt? Bohrende Fragen gab es zur Genüge, aber die Antworten fehlten.

Für die Kommission war es offenbar abwegig, sich über den Leumund der Journalistin Gedanken zu machen, die genau in dem Moment anwesend war, als Marina die Fahrkarten fand. Logischerweise hätte die Journalistin Priscilla Johnson verdächtig erscheinen müssen, wenn man nach einer Erklärung für das plötzliche Auftauchen der Kontrollabschnitte suchte. Das Zimmer war zuvor immerhin sehr sorgfältig durchsucht worden, ohne daß man irgendwelche Fahrkarten entdeckt hatte, und erst unmittelbar nachdem sie die Szene betreten hatte, waren sie plötzlich da.

Es wäre nicht das erstemal gewesen, daß sie in dieser Angelegenheit die Aufmerksamkeit auf sich zog. Das FBI hatte in seinen früher streng geheimen Dokumenten festgehalten, daß nur zwei Personen des Attentats an Präsident Kennedy verdächtig sein konnten. Die eine hieß natürlich Lee Harvey Oswald, die andere – Priscilla Johnson. Wahrscheinlich konnte man das auf ihre denkwürdigen Kontakte mit Lee Oswald zurückführen. Vielleicht hatte das FBI beschlossen, sich diskret zurückzuziehen, als ihm zu Ohren kam, daß die Journalistin sehr enge Beziehungen zum CIA, zur US-Botschaft in Moskau und zum Außenministerium unterhielt.

Während Marina Oswald in Isolationshaft gehalten wurde, baten viele Reporter bei der Bundespolizei um Erlaubnis, sie interviewen zu dürfen. Die Bitten wurden jedoch routinemäßig abgewiesen. Nicht einmal die eigene Schwiegermutter durfte Marina besuchen. Ein Rechtsanwalt, der theoretisch die Interessen der Oswalds vertrat, wollte ebenfalls ein Gespräch mit ihr führen, um seinen Verpflichtungen als Rechtsbeistand Genüge zu tun. Der CIA und das FBI lehnten erneut mit der Begründung ab, er könne Beweismittel bei ihr einschmuggeln oder ihre Zeugenaussage mit seinen Fragen beeinflussen. Aus denselben Gründen hatte man zuvor den Journalisten Interviews verweigert. Und obwohl sie zuvor selbst als Tatverdächtige gegolten hatte, machte der CIA bei Priscilla Johnson eine Ausnahme.

Die Journalistin ließ öffentlich verlauten, daß sie nur Reporterin sei und weder zum Zeitpunkt des Besuchs bei Marina Oswald noch zuvor irgendwelche Verbindungen zu Regierungsstellen der Vereinigten Staaten gehabt habe. Bei dem Dokument Nummer 49 der Warren-Kommission handelt es sich um einen FBI-Bericht mit dem Datum vom 23. November 1963, das war ein Tag nach dem Attentat; darin beschäftigt sich die Kriminalbehörde mit Priscilla Johnson, und es wird auch das von Anfang an vorhandene Interesse des FBI an ihrer Person angesprochen. Die Journalistin Johnson wird hier als eine »Mitarbeiterin des Außenministeriums« bezeichnet. Als sie mit dem FBI-Bericht konfrontiert wurde, räumte sie ein, sie sei kurzfristig beim Außenministerium beschäftigt gewesen. Da das Außenministerium weder das KGB noch eine in den Vereinigten Staaten besonders verrufene Organisation ist, wäre es interessant zu wissen, warum Frau Johnson falsche Angaben über ihre Arbeit gemacht hatte. In diesem Zusammenhang drängt sich die Frage auf, ob ihr das Außenministerium generell für heimliche Aktionen Deckung gewährt hat.

Priscilla Johnson hatte Oswald 1959 in Moskau kurz nach seiner Ankunft dort kennengelernt. Als gleich nach Oswalds Ermordung drängende Fragen zum Attentat gestellt wurden – besonders bezüglich des Tatortes, dem Polizeigebäude von Dallas, und des Mörders, der ein alter Bekannter der Polizei und zudem noch FBI-Mitarbeiter war –, schrieb die Journalistin einen Artikel, der von der Zeitschrift *Harper's* veröffentlicht wurde. Rückblickend scheint es eine »Verhüllungsstory« gewesen zu sein. Darin heißt es:

»Auf den Rat eines amerikanischen Kollegen in Moskau hin machte ich ihn einige Stunden früher ausfindig. Beiläufig hatte mich mein Bekannter darauf aufmerksam gemacht, daß ein junger Mann namens Oswald in meinem Hotel, dem Metropol, abgestiegen sei.«

Mrs. Johnson versuchte die Leser zu überzeugen, daß ihr Treffen mit Oswald keine abgemachte Sache gewesen sein konnte – und eher beiläufig als geplant zustande gekommen war. Man sei nun einmal zufälligerweise im selben Hotel abgestiegen. Oswald hielt sich sehr wahrscheinlich deshalb in Moskau auf, weil er den Auftrag hatte, einen Überläufer zu mimen. Er war der erste frühere Marineinfanterist, der diesen Schritt tun wollte. Aber warum befand sich Priscilla Johnson in Moskau? Das CIA-Dokument 646-277, ein Memorandum für die Akten, war das Ergebnis einer CIA-Untersuchung zur Frage, warum der Name Priscilla Johnson in Oswalds persönlichem Notizbuch auftauchte. Als wir es endlich in Händen hielten, war es von Regierungszensoren fast bis zur Unkenntlichkeit verstümmelt worden. Doch noch immer sichtbar ist der Hinweis, daß Priscilla Johnson »während zweier längerer Aufenthalte in Rußland offensichtlich als Teilzeitangestellte in der US-Botschaft beschäftigt war«. »Teilzeit« ist ein Euphemismus, der vom CIA oft benutzt wurde, wenn von Vertragsagenten die Rede war. Die Feststellung, daß sie »in der US-Botschaft« und nicht »bei der US-Botschaft« beschäftigt war, ist ebenfalls aufschlußreich.

Um die spontane Natur ihres beinahe zufälligen Treffens mit Oswald zu unterstreichen, schrieb die Journalistin Johnson von dem »Bekannten«, der »beiläufig bemerkt« hatte, daß ein »junger Mann« im selben Hotel abgestiegen sei. Später sprach sie von ihrem Bekannten als »Kollegen«, und da sie in Amerika als Auslandskorrespondentin bekannt war, stellte sie bewußt die Vorstellung in den Raum, er sei ebenfalls Journalist.

Dieser Kollege mag zwar mit ihr zusammengearbeitet haben, wie sie andeutete, Journalist war er allerdings nicht. Er hieß Richard Snyder, und sein Deckberuf war Mitarbeiter der US-Botschaft in Moskau. Sein Auftrag zielte auf Lee Harvey Oswald. Und sein wirklicher Arbeitsplatz wurde in einem ehemals streng geheimen CIA-Dokument benannt. Er begann nämlich schon 1949 beim CIA als Agent »G-9« zu arbeiten. Die Telegramme über Oswald, die er von Moskau aus ans Außenministerium und seine Arbeitgeber im CIA-Hauptquartier bei Washington schickte, basierten auf Geheimdienstdaten, mit denen ihn Priscilla Johnson versorgte. Die Journalistin war vom CIA beauftragt worden, sich mit Oswald zu treffen und ihn zu interviewen. Für ein solches Gespräch gab es zwei mögliche, sich gegenseitig nicht ausschließende Gründe. Zum einen kam man damit an Informationen heran, mit denen das Außenministerium überzeugt werden konnte, daß Oswald nicht mehr loyal zu seinem Land stand. Zum anderen erhielt Priscilla Johnson so die Möglichkeit, unmittelbar nach Oswalds Tod zu verbreiten, er habe die Vereinigten Staaten gehaßt, zumal die Oswald in den Mund gelegten Zitate nicht mehr hinterfragt werden konnten.

Kurz nachdem Oswald ermordet worden war, schrieb die Journalistin: »Er [Oswald] war wütend auf alles Amerikanische und konnte sich kaum gedulden, endlich russischer Staatsbürger zu werden.« Ihre Veröffentlichungen wurden vom CIA benutzt, Oswald herabzuwürdigen und ihn als Verräter erscheinen zu lassen.

Priscilla Johnson war mit George McMillan verheiratet. Als die Beweise bezüglich der Ermordung von Dr. Martin Luther King jr. mit hoher Wahrscheinlichkeit auf eine Vertuschungsaktion der Geheimdienste hinwiesen und die Möglichkeit einer Mittäterschaft der Geheimdienste nicht auszuschließen war, zeigten sich CIA und FBI besorgt und versuchten, die Diskussion über das Thema zu unterdrücken. Fast alle Afroamerikaner in den Vereinigten Staaten, einschließlich Reverend Ralph Abernathy, Coretta Scott King, Andrew Young, Dick Gregory und Jesse Jackson, ließen ihre Zweifel öffentlich laut werden und spekulierten unverhohlen über die Verwicklung von FBI und CIA in das Verbrechen.

Aufgrund dessen schrieb George McMillan ein Buch, in dem er zu beweisen suchte, daß James Earl Ray der alleinige Attentäter von Dr. King gewesen sei und keine Geheimdienstverbindungen existierten. Dabei fütterte ihn das FBI ausschließlich mit vorfabrizierten Informationen, die er dann veröffentlichte.

Priscilla Johnson schloß, unterstützt von den Geheimdiensten, mit Marina Oswald einen Vertrag ab, um mit ihr ein Buch über ihre Erlebnisse zu schreiben. Marina, die auf das Geld angewiesen war, unterzeichnete den Vertrag, bekam etwas Geld und wartete zunächst monate- und schließlich jahrelang auf die Veröffentlichung des Buches. Während dieser Zeit untersagte ihr Priscilla Johnson, mit irgend jemandem über die Ereignisse zu sprechen. Nachdem das Buch endlich veröffentlicht worden war, sagte mir Marina, vieles darin sei falsch und Priscilla Johnson wisse das auch.

Mrs. Johnson behauptete weiterhin, sie sei eine unabhängige Journalistin und zur Regierung unterhalte sie keinerlei geheime Beziehungen. Die Bostoner Anwaltskanzlei Davidson and Shattuck, die sie vertrat, drohte einmal sogar mit einem Verfahren, wenn man eine Veröffentlichung, die ihr Dementi in Frage stellte, nicht zurückziehen würde. Die Kanzlei schrieb: »Was die Anspielungen betrifft, sie sei eine ›Undercover-Mitarbeiterin‹ der Regierung, gibt es nicht den geringsten vernünftigen Hinweis darauf, daß eine solche Vermutung gerechtfertigt wäre.« Ein Widerruf wurde nicht veröffentlicht, und Mrs. Johnson ging nicht vor Gericht.

1967 engagierte sich Mrs. Johnson ganz offen bei der erfolgreichsten öffentlichen Operation des CIA. Die Journalistin hatte Swetlana Allilujewa, Stalins Tochter, in Moskau interviewt. Der CIA plante nämlich insgeheim, Frau Allilujewa dazu zu bewegen, in die Vereinigten Staaten überzulaufen, und bot ihr viel Geld an, das sie zum Teil für die Rechte an einem Buch über ihre Lebensgeschichte erhalten sollte.

Im April desselben Jahres lief Swetlana Allilujewa in die Vereinigten Staaten über; der CIA hatte einen der größten Coups in seiner Geschichte gelandet.

Als Frau Allilujewa in den Vereinigten Staaten ankam, führte der CIA eine von ihm ausgearbeitete massive Public-Relations-Kampagne durch. Ausgehend von den Studios des Senders »Radio Freies Europa« in München – der sich als »privater Rundfunksender« bezeichnete, aber in Wirklichkeit ein verlängerter Arm des CIA war und ausschließlich von ihm finanziert wurde – gelangte die Nachricht von der emigrierten Stalintochter nach ganz Osteuropa. Die »Stimme Amerikas«, der Rundfunksender der United States Information Agency, verbreiteten die Geschichte der Ankunft von Swetlana Allilujewa in den Vereinigten Staaten über die ganze Welt, unter anderem auch in russischer Sprache in die Sowjetunion.

Höchstrangige CIA-Beamte beschäftigten sich mit den Sicherheitsbelangen und dem Bedürfnis, feindselige oder auch nur kritische Reporter von diesem außerordentlichen Fang fernzuhalten. Frau Allilujewa benötigte wie Marina Oswald – die bereits zu einer Fußnote in einem nicht mehr aktuellen Geschichtsbuch herabgestuft worden war – einen ständigen Begleiter, auf den sich der CIA absolut verlassen konnte. Zudem suchte man ein Haus, in dem sie unbehelligt wohnen konnte. Glücklicherweise drängte sich dem Geheimdienst eine ins Auge fallende Lösung auf.

Stalins Tochter wurde bei Priscilla Johnson untergebracht, die auch zu ihrer Begleiterin wurde. Die »konspirative Wohnung«, die der CIA gewählt hatte, gehörte den Eltern der Journalistin.

Es erhob sich die Frage der finanziellen Ausstattung von Frau Allilujewa. Evan Thomas, der Herausgeber eines Buches von William Manchester, in dem die Warren-Kommission verteidigt wurde und das bei Harper & Row erschien – das ist ein Verlag, den der CIA für zuverlässig und geeignet hielt –, entschied sich dafür, auch das Buch der Allilujewa herauszugeben. Er beauftragte Priscilla Johnson, das Werk für Harper & Row zu übersetzen.

Marina Oswald und Swetlana Allilujewa hatten eine fast einzigartige Erfahrung gemeinsam: Beide wurden umsorgt, geschützt und kontrolliert von Priscilla Johnson. Bei Lee Oswald und der Stalintochter war ebenfalls eine Gemeinsamkeit vorhanden: Beide waren, wenn auch zu unterschiedlichen Zeiten, von Mrs. Johnson in Moskau interviewt worden, bevor sie in die Vereinigten Staaten reisten. Welch unglaubliches Glück für den CIA, daß die Journalistin Johnson ausgerechnet zu dem Zeitpunkt anwesend war, als sich an jenem Septembertag im Jahre 1964 die spanischsprachige Zeitschrift und die inbrünstig ersehnten Busfahrkarten in Marinas Zimmer fanden.

Mit diesen auf wundersame Weise aufgetauchten Fahrkarten hatte der CIA praktisch die letzten Zweifler in der Kommission zum Schweigen gebracht, und der Bericht war nun zur Veröffentlichung bereit. Warren und seinen Kollegen zufolge hatte der Einzeltäter Oswald den Präsidenten ermordet. Oswald war laut Bericht sowohl in der Sowjetischen als auch in der Kubanischen Botschaft in Mexico-City gewesen, und Priscilla Johnson war nichts weiter als eine ganz normale Journalistin, nach dem Motto: »Ich bin frei wie ein Schmetterling.«

Die Kritiker werden zum Schweigen gebracht

Als ich mehr als ein Jahrzehnt nach dem Attentat einen Rechtsstreit gegen diverse Polizei- und Spionageorganisationen vor dem Bezirksgericht von Washington, D.C., gewonnen hatte, bekam ich dank einer Anweisung des Gerichts viele lang zurückgehaltene Dokumente wieder.

Darunter befand sich unter anderem ein streng geheimer CIA-Bericht, in dem zu lesen war, daß der CIA durch meine Infragestellung der Schlußfolgerungen des Warren-Berichts äußerst beunruhigt war. Umfragen hätten ergeben, daß fast die Hälfte der amerikanischen Bevölkerung meine Überzeugung teilte. Der Bericht stellt fest: »Glaubhafte Umfragen im Ausland würden wahrscheinlich ähnliche oder sogar noch negativere Ergebnisse zeitigen.« Dieser »Meinungstrend« sei, so fuhr der CIA fort, »eine besorgniserregende Angelegenheit« für »unsere Organisation«. Um diesen innerhalb der Vereinigten Staaten um sich greifenden Meinungstrend zu bekämpfen, schlug der CIA ganz spezielle Maßnahmen vor. Man sollte betonen, meinte der CIA, daß »die Mitglieder der Warren-Kommission natürlich wegen ihrer Integrität, Erfahrung und Prominenz ausgewählt worden waren. Sie repräsentierten beide Hauptströmungen der Politik; sie und ihr Mitarbeiterstab waren bewußt aus allen Bereichen des Landes rekrutiert worden. *»Wegen der Stellung der Kommissionsmitglieder werden Bemühungen, ihre Rechtschaffenheit und Weisheit in Zweifel zu ziehen, die gesamte Führungsschicht der amerikanischen Gesellschaft ins Zwielicht rücken.«* (Hervorhebung durch den Autor.)

Der Zweck des geheimen CIA-Dokuments war auch ohne scharfsinnige Analyse leicht zu erkennen. Im CIA-Bericht hieß es: »Das Ziel dieser Skizze ist es, Material zu sammeln, um den Behauptungen der Anhänger einer Verschwörungstheorie entgegenzuwirken und sie unglaubwürdig erscheinen zu lassen, damit solchen Auffassungen auch in anderen Ländern der Boden entzogen wird. Für Hintergrundinformationen wird in einem geheimen Abschnitt und in einer Anzahl nicht geheimer Anhänge gesorgt.« Der Ausschuß war so zusammengesetzt worden, daß man etwaigen Kritikern der Ergebnisse, die die bekannten Tatsachen gegen die falschen Schlußfolgerungen der Kommission setzten, letztlich subversive Absichten unterstellen konnte.

Wer waren nun diese Leute, die die Glaubwürdigkeit der Führungsschicht des Landes unterminieren wollten? Der CIA-Bericht listete Mark Lane, Joachim Joesten und auch einen französischen Schriftsteller namens Leo Sauvage auf. Die schärfste Kritik mußte ich mir gefallen lassen. Der CIA gab Anweisung, daß diese Angelegenheit mit »Verbindungsleuten und in Kontakten mit der gleichgesinnten Elite (besonders mit Politikern und Verlegern)« diskutiert werden sollte und man diese Personen darauf hinweisen mußte, »daß weitere Spekulationen nur der Opposition Vorteile in die Hände spielen würde«. Der CIA fuhr fort: »Betonen Sie überdies, daß ein Teil des Verschwörungsgeredes offenbar absichtlich von kommunistischen Propagandisten in die Welt gesetzt worden ist. Drängen Sie die Führungskräfte, ihren Einfluß zu nutzen, um unbegründeten und unverantwortlichen Spekulationen den Boden zu entziehen.«

Der CIA beschrieb die Mittel sehr genau, die angewandt werden mußten, um die Kritik am Bericht zu unterbinden:

»Verwenden Sie propagandistische Pluspunkte für die Antwort und widerlegen Sie die Angriffe der Kritiker. Rezensionen und Artikel zu aktuellen Themen sind hier besonders geeignet. Die nicht geheimen Anhänge dieser Anleitung halten nützliches Hintergrundmaterial für Überleitungen zu den Pluspunkten bereit. Unsere Propaganda muß so weit wie möglich darauf hinweisen, daß die Kritiker (I) Theorien unterstützen, die in der Zeit vor der Sicherung der Beweismittel aktuell waren, (II) politisch abhängig sind, (III) finanziell abhängig sind, (IV) hastige und ungenaue Nachforschungen betrieben haben beziehungsweise (V) ganz vernarrt in die eigenen Theorien sind. Bei der Auseinandersetzung mit der Kritik am Warren-Bericht kann es strategisch sinnvoll sein [Edward Jay], Epsteins Theorie gesondert anzugreifen und dabei den Artikel von Fletcher Knebel und den Ausschnitt aus dem *Spectator* im Anhang als Hintergrundinformation zu verwenden.« Laut CIA war mein Buch *Mark Lane klagt an* »als Ganzes sehr viel schwieriger zu widerlegen«. Das Geheimdienstdokument listete jedoch keinen einzigen Fehler im Text auf.

Für den Fall, daß die Buchrezensenten nicht den richtigen Ton treffen würden, bot der CIA für Kritiken eine besondere Sprachregelung an. »Rezensenten sollten ermutigt werden, ihrer Besprechung die Überlegung hinzuzufügen, daß sie den Warren-Bericht weit besser fänden als die Werke seiner Kritiker.«

Zu denen, die mein Buch *Mark Lane klagt an* und andere Bücher gemäß den vom CIA vorgeschlagenen Richtlinien kritisierten, gehörten die *New York Times*, die *Washington Post*, die *Los Angeles Times* und vor allem Walter Cronkite von CBS. Den Gleichschritt mit den geheimdienstlichen Bemühungen, das in der Verfassung garantierte Recht der freien Meinungsäußerung zu beseitigen, verweigerten unter anderem die *Houston Post*, Norman Mailer, der *Mark Lane klagt an* in den Vereinigten Staaten rezensierte (siehe Anhang Seite 451), und Len Deighton, der es in London besprach.

Angesichts des gesetzwidrigen Programms, das der CIA zur Verleumdung amerikanischer Staatsbürger und zur Entmutigung von Verlegern, die möglicherweise abweichende Meinungen zum Warren-Bericht veröffentlichen würden, ausgearbeitet hat, stellt sich die Frage nach der Motivation solcher Bemühungen. Beschäftigen wir uns noch einmal mit dem CIA-Entwurf: »Unsere Organisation ist *direkt* in die Sache verwickelt: Unter anderem haben wir Informationen zur Ermittlung beigetragen.« (Hervorhebung durch den Autor.) Richtig, der CIA war direkt in die Sache verwickelt und hat zu den Ermittlungen beigetragen. Was der CIA außerdem noch »direkt« zum Attentat beigetragen hat, wurde von den Autoren des CIA-Berichts nicht erwähnt.

Konzentrieren wir uns also zunächst einmal auf die Informationen des CIA. Der Hauptbeitrag bestand darin, Earl Warren die Mexico-City-Story vorgelegt zu haben. Dem CIA schien es die größten Kopfzerbrechen zu bereiten, daß dieses Konstrukt in Frage gestellt werden könnte. Es war das recht merkwürdige Verhalten des CIA in diesem Punkt, das mich zu einer intensiveren Beschäftigung mit diesem Thema motivierte.

Die erste Buchbesprechung von *Mark Lane klagt an* wurde in keiner Zeitung und keiner Zeitschrift gedruckt, zumindest nicht in der Form, in der sie ursprünglich geschrieben war. Mein Buch war Mitte August 1966 in Amerika erschienen. Noch bevor ich die Druckfahnen begutachten konnte, hatte der CIA bereits ein Exemplar des Buches in Händen. Am 2. August 1966 veröffentlichte der Geheimdienst ein Dokument unter dem Titel »Buchrezension – Mark Lane, *Rush to Judgment*«. Von der Existenz dieses Dokuments erfuhr ich erst fast ein Jahrzehnt später. Die Rezension konzentrierte sich auf Bemerkungen zum Thema Oswald in Mexico-City:

»Auf den Seiten 351 und 352 beschäftigt sich Lane mit dem Foto der unbekannten Person, das der CIA in Mexico-City aufgenommen hatte. Nach der Ermordung von Präsident Kennedy sei die Fotografie an das FBI weitergegeben worden. Dann habe das FBI das Foto Mrs. Marguerite Oswald gezeigt, die später behauptete, es sei ein

Foto von Jack Ruby. Die Beschäftigung mit diesem Vorfall, das Foto selbst und dazugehörige eidesstaatliche Aussagen sind sämtlich im Kommissionsbericht erwähnt (Band XI, S. 469; Band XVI, S. 638). Lane behauptet nun, daß man das Foto offenbar am 27. September 1963 vor der Kubanischen Botschaft in Mexico-City aufgenommen habe und daß es am Morgen des 22. November dem FBI übergeben worden sei.«

Die Betroffenheit über meine relativ sachliche Enthüllung überraschte mich damals ein wenig; ein Jahrzehnt nach dem Attentat wurde jedoch offensichtlich, daß das Konstrukt mit Oswald und den zwei Botschaften in Mexico-City, das der CIA so sorgfältig zusammengebastelt hatte, in sich zusammenfiel wie ein Kartenhaus. Das wesentliche Beweismaterial erwies sich samt und sonders als keineswegs stichhaltig. Es war der Beginn einer neuen Ära. Der Krieg in Vietnam und die Verbrechen, die von der Staatsgewalt, einschließlich Präsident Nixon, begangen worden waren, ließen das amerikanische Volk allmählich zu der Überzeugung gelangen, daß die allzu schlichten Begründungen nationaler Tragödien der Vergangenheit verdächtig waren. Die Äußerungen von führenden Regierungsmitgliedern oder Polizeibeamten waren jetzt nicht mehr sakrosankt.

Das Geständnis

Donald Freed, mit dem mich eine langjährige, tiefe Freundschaft verbindet, lebt als Drehbuchautor, Dramatiker und Schriftsteller in Los Angeles. Im Jahre 1977 hatte er die Idee, Vertreter des CIA einzuladen und sie vor den Augen der Öffentlichkeit mit sachkundigen Geheimdienstkritikern zu konfrontieren. Donald stand bei der School of Continuing Education an der University of California unter Vertrag. Dem Direktor dieser Bildungseinrichtung machte er den Vorschlag, eine Podiumsdiskussion zu veranstalten. Mich, Daniel Ellsberg und John Gerassi, einen ehemaligen Korrespondenten bei *New York Times* und *Newsweek*, kannte er persönlich. Ellsberg war Pentagonspezialist, Gerassi war Lateinamerika-Experte, und ich hatte mich mit dem Kennedy-Attentat und anderen Missetaten des CIA beschäftigt.

Freed schlug vor, die Universität solle mit William Colby, dem ehemaligen CIA-Direktor, Kontakt aufnehmen. Colby sicherte seine Teilnahme zu, verwies Freed an David Atlee Phillips und betonte, die Anfrage käme zufällig zu einem sehr günstigen Zeitpunkt. Phillips hatte einen Verband ehemaliger Nachrichtenoffiziere gegründet, der fünftausend Mitglieder zählte und für den er werben wollte. Sowohl Phillips als auch Ray Cline, ein ehemaliger stellvertretender Leiter des CIA, nahmen die Einladung an.

Im September 1977 bat Donald Freed zu einem noch nie dagewesenen Ereignis – der einzigen offenen und öffentlichen Debatte zwischen ehemaligen oder aktiven, hochrangigen CIA-Offizieren und denen, die Kritik an ihrem Vorgehen übten.

Zur ersten Debatte traten Cline und Gerassi an. Während der Diskussion um Lateinamerika wunderte sich Cline, wie jemand etwas daran auszusetzen haben könne, daß der CIA die Regierung der Dominikanischen Republik brutal ausgeschaltet habe, da sie, wie er behauptete, schließlich nur »ein lausiges, kleines Land ist und immer gewesen ist«. Nach der Debatte, als Cline im Begriff war, den Saal zu verlassen, fragte ich ihn, ob er wirklich glaube, daß sich Kultur, Geschichte und Volk der Dominikanischen Republik unter dem Begriff »lausiges, kleines Land« subsumieren ließen und ob seine Meinung zu diesem Thema die Entscheidung des CIA beeinflußt habe, die Demokratiebestrebungen des dominikanischen Volkes zunichte zu machen. Cline musterte mich. Dann lief er rot an und holte zu einer Antwort aus, hielt aber plötzlich wieder inne. Schließlich schrie er mich an, obwohl ich nur anderthalb Meter von ihm entfernt stand. »Ich weiß, wer Sie sind. Sie sind dieser Kennedy-Schriftsteller. Sie sind der Widerwärtigste von dem ganzen Pack. Ich werde – wir werden Sie schon noch kriegen.«

Da er es doch offensichtlich darauf angelegt hatte, fragte ich, ob er sein Vorhaben nicht gleich in die Tat umsetzen wolle. Der kleine, untersetzte Mann, der eher lächerlich als bedrohlich wirkte, machte tatsächlich einen Satz in meine Richtung. Sofort scharten sich seine Leibwächter um ihn, was den Eindruck erweckte, daß es ihnen weniger darum ging, ihn zu schützen, als andere vor seinen Wutanfällen zu bewahren.

Später am Tage traten David Atlee Phillips und ich an. Phillips war der erste Vertreter des amerikanischen Geheimdienstes, der mir je begegnet war, oder zumindest der erste, der mir offiziell als CIA-Offizier bekannt war. Als für die westliche Welt zuständiger CIA-Chef hatte er aktiv an den Versuchen des Geheimdienstes mitgewirkt, mich zu verleumden und mein Buch *Mark Lane klagt an* zu verhindern und zu diskreditieren. Die Organisation, die er nach seinem Ausscheiden aus dem CIA gegründet hatte, widmete sich vornehmlich der Aufgabe, sich der Kritik am Geheimdienst entgegenzustellen.

Wesentlich wichtiger war jedoch, daß er vor der Ermordung des Präsidenten eine zentrale Rolle bei der Schaffung des Mexico-City-Szenarios gespielt hatte, da er damals Leiter des dortigen Stützpunkts war. Die Mexico-City-Karte hätte nicht zur rechten Zeit ausgespielt werden können, wenn das Blatt nicht so geschickt gezinkt gewesen wäre. Phillips war der Spezialist, ein hochrangiger Geheimdienstoffizier, der perfekt getarnt von Mexico-City aus operierte. Die Idee war brillant, sie führte die Ermittler unausweichlich auf Oswalds Spur, jagte ihnen dann jedoch einen solchen Schrecken ein, daß sie es nicht wagten weiterzuforschen. Als sich das Rätsel entwirrte, kam jedoch zutage, daß die Durchführung Mängel aufwies.

Ich begann meine Konfrontation mit Phillips, indem ich berichtete, daß der CIA ein Bordell betrieben hatte – diese Geschichte war damals gerade bekanntgeworden. Das Programm lief unter dem Kodenamen »Midnight Climax«, das Bordell befand sich in einem konspirativen Treff des CIA, war mit Kameras und Tonbändern ausgestattet, und die CIA-Mitarbeiterinnen, das heißt die Prostituierten, verabreichten in aller Heimlichkeit Drogen an die eigenen Agenten sowie an Journalisten und Diplomaten. Auf Cline Bezug nehmend, erklärte ich nur, ich fände es doch etwas ärgerlich, vom Inhaber eines Freudenhauses als »widerwärtiger Mensch« bezeichnet zu werden.

Dann kam ich auf das eigentliche Thema zu sprechen: die Rolle, die der CIA beim Attentat auf Präsident Kennedy gespielt hatte.

Da ich nicht wußte, daß ich fast ein Jahrzehnt später Gelegenheit haben sollte, Phillips unter Eid zu vernehmen, ging ich davon aus, daß unsere Begegnung bei der Podiumsdiskussion meine einzige

Chance darstellte. Der CIA hatte eine Reihe von psychologischen Studien über mich anfertigen lassen, und ein offizielles Dokument, das »Psychologische Profil von Mark Lane«, war in Vorbereitung. Es sagte meine Reaktion auf unterschiedliche Reize voraus, zum Beispiel wie ich auf den absurden Vorwurf reagieren würde, ich hätte meine Ermittlungen zu dem Attentat allein deshalb durchgeführt, um mich finanziell zu bereichern. Daß sich Phillips auf die dort gegebenen Anregungen stützen würde, war mir klar.

Um mich auf die Diskussion vorzubereiten, griff ich auf meine eigenen begrenzten Möglichkeiten zurück und versuchte, Phillips und seine Geisteshaltung zu verstehen. Vor allem interessierte mich die Frage, wie er sich wohl verhalten würde, wenn er nach fünfundzwanzig Jahren Betrug und Heimlichtuerei in aller Öffentlichkeit Rede und Antwort stehen mußte. Ein paar Bekannte, die früher CIA-Offiziere oder FBI-Agenten gewesen waren, lieferten wertvolle Hinweise. Ein regelrechtes Kreuzverhör konnte ich mit Phillips nicht durchführen. Er hatte immer die Möglichkeit, meinen Fragen auszuweichen, indem er sich auf Geheimhaltungsverpflichtungen gegenüber dem Geheimdienst oder Bedenken hinsichtlich einer schwer definierbaren nationalen Sicherheit berief. Da er jedoch sicherlich darauf bedacht war, diesem öffentlichen Schlagabtausch eine gewisse Glaubwürdigkeit zu verleihen, würde er sich gezwungen sehen, zumindest einige Aussagen zu machen und ein paar schwierige Fragen zu beantworten. Um Erfolge zu erzielen, mußte ich also direkt vorgehen, eine unnachgiebige Haltung zeigen und höfliche Beschönigungen vermeiden.

In der Ankündigung zu der Diskussionsveranstaltung hieß es, man werde Gelegenheit haben, die unterschiedlichen Standpunkte der Verteidiger und der Kritiker des CIA zu hören. Diese Ankündigung formulierte ich in meinem Einleitungssatz um, indem ich Mr. Freed und den Vertretern der Universität von Südkalifornien dafür dankte, daß sie »die erste ernsthafte Konfrontation zwischen denen ermöglicht haben, die im Lauf der Jahre Opfer der Übergriffe der Nachrichtendienste geworden sind, und denen, die für diese Übergriffe verantwortlich sind«.

Phillips lächelte nun nicht mehr. Ich fuhr fort: »Dies ist nicht der letzte Schritt, dies ist kein Nürnberger Prozeß; vielleicht wird das noch kommen, wahrscheinlich ist es zwar nicht, doch immerhin ist der Dialog nun eröffnet.« Die Erwähnung von Nürnberg und der Hinweis auf das, was noch vor uns lag, brachte Phillips aus dem Gleichgewicht. Er wurde aschfahl. Es schien ihm wohl bewußt, was er im Lauf der Jahre getan hatte; er wußte nur nicht, wieviel ich schon in Erfahrung gebracht hatte.

Vor Beginn der Debatte hatte Phillips verkündet, er unterstütze meine Forderung nach einer umfassenden Untersuchung durch den Sonderausschuß des Kongresses, um die Wahrheit über das Attentat auf Präsident Kennedy aufzudecken und an die Öffentlichkeit zu bringen. Zu diesem Zeitpunkt hatte der CIA den Ausschuß bereits unter Kontrolle. Wenn er glaubte, daß dieses verspätete Bekenntnis die anstehenden Fragen lösen oder mildern werde, hatte er sich gründlich getäuscht. Ich fuhr fort: »Nun wird zur Sprache kommen, wie der CIA und Mr. Phillips dreizehn Jahre lang all jene Bürger dieses Landes verfolgt haben, die es gewagt haben zu sagen: ›Ich fordere eine Untersuchung des Attentats‹, wie versucht wurde, ihre Integrität in Frage zu stellen und ihren guten Ruf zu zerstören, bevor es, offensichtlich in diesen Tagen, offiziell erlaubt wurde, diese Position zu beziehen. Wir werden die geheimen Maßnahmen erörtern, die der CIA gegen jeden einzelnen Kritiker des Warren-Berichts ergriff, in der Zeit, als Mr. Phillips im amerikanischen Geheimdienst für Operationen in der westlichen Welt zuständig war.«

Ich verfolgte den, wie ich fürchtete, ziemlich durchsichtigen Plan, Phillips mit seiner Vergangenheit zu konfrontieren und ihn so zu bewegen, seine Bereitschaft zur Besserung zu demonstrieren, indem er öffentlich einige Wahrheiten beichtete. Also machte ich mich an die Arbeit. In einer Hand hielt ich ein kürzlich veröffentlichtes Buch von Phillips, in dem er auf der ersten Seite schrieb: »Nach meiner fünfundzwanzigjährigen Tätigkeit für den Nachrichtendienst war ich mit dem Verlauf meiner Karriere sehr zufrieden.« Er sprach also von einem Vierteljahrhundert beim CIA. In der anderen Hand hielt ich die aktuelle Ausgabe von *Who's Who in America* und erklärte, die biographischen Angaben in diesem Nachschlagewerk würden von den Betroffenen selbst geliefert. Laut *Who's Who in America* hatte Phillips nie für den CIA gearbeitet. »Wissen Sie, was er von 1958 bis 1961 in Havanna getan hat? Dies war der Zeitraum, in dem

Castro an die Macht kam und der CIA einen Zusammenschluß mit dem organisierten Verbrechen gründete, mit dem Ziel, ein Attentat auf Castro zu verüben. Phillips selbst erklärt in *Who's Who*, er sei ›Inhaber der Firma David A. Phillips, Public Relations, Havanna, Kuba‹ gewesen.

Das Publikum lachte, Phillips machte sich wütend einige Notizen.

Bevor ich Phillips neuestes Werk beiseite legte, erwähnte ich noch, daß er hier schrieb, Oswald habe einen Brief ans FBI geschickt, in dem stand, er werde »das FBI und die Polizeiverwaltung von Dallas in die Luft jagen«.

Die Mitteilung war an den FBI-Sonderagenten James Hosty adressiert. Als Hosty jedoch vor dem Kongreßausschuß erschien, dem die Überwachung des FBI oblag, bezeugte er, der Brief von Oswald habe in Wirklichkeit so gelautet:

»Wenn Sie etwas über mich in Erfahrung bringen wollen, sprechen Sie mit mir persönlich. Wenn Sie nicht aufhören, meine Frau zu belästigen, werde ich geeignete Schritte unternehmen und dies den zuständigen Behörden melden.«

Ich ließ durchblicken, daß Phillips viele Jahre lang an der Schaffung und Verbreitung eines Märchens mitgewirkt hatte. Teil dieses Märchens waren die Aussagen, die er 1964 in Mexico-City vor Ermittlern der Warren-Kommission gemacht hatte, wobei er behauptete, er habe gewußt, daß sich Oswald im Herbst 1963 in Mexico-City aufgehalten habe. Dieses Täuschungsmanöver wurde auch in Phillips' jüngst veröffentlichtem Buch fortgesetzt. Phillips blickte von seinen Aufzeichnungen auf, starrte mich an und machte sich wieder einige hastige Notizen.

Ich erklärte den Zuhörern, wie Warren und seine Kollegen, und mit ihnen die Nation, der vom CIA erlogenen Begegnung zwischen Oswald und Kostikow auf den Leim gingen. Ich appellierte an Phillips, nach langem Warten seinem Land doch noch einen echten Dienst zu erweisen, indem er den wahren Sachverhalt aufklärte. Phillips starrte mich an.

Vor kurzem habe Phillips vor dem Sonderausschuß zur Klärung der Mordfrage ausgesagt, fuhr ich fort. Er schien bestürzt, als ich hinzufügte: »Ich weiß, was er dort gesagt hat.« Phillips war zu einer

Geheimsitzung erschienen, nachdem ihn der Leiter der Ermittlungen, Richard Sprague, vorgeladen hatte. Nachdem Sprague durch geheime Machenschaften des CIA aus dem Amt entfernt war, hatte der neue Leiter Phillips versichert, er habe nichts zu befürchten. Dadurch gewann Phillips den Eindruck, seine Aussage sei geheim und werde nicht weitergegeben. Ich faßte den Inhalt seiner kürzlich geleisteten Aussage zusammen: »Phillips hat bezeugt, daß Tonbandaufnahmen gemacht wurden, als Oswald die Sowjetische Botschaft in Mexico-City besuchte. Er behauptete, der CIA habe die Aufnahmen nicht an die Warren-Kommission weiterleiten können, weil sie vor dem Attentat routinemäßig zerstört worden seien. Eine interne Vorschrift habe die Zerstörung der Bänder innerhalb einer Woche nach der Aufnahme verlangt, so erklärte er. Als er um Vorlage der Vorschrift gebeten wurde, sagte er, sie sei ebenfalls vernichtet worden. ›Wenn wir natürlich gewußt hätten, wie wichtig dieser Oswald noch werden sollte, hätten wir die Tonbänder wie unseren Augapfel gehütet‹, meinte er. Aber das alles hat sich Wochen vor dem Attentat abgespielt.«

Meine Zuhörer klärte ich nun auf: »Jede einzelne Behauptung, die Mr. Phillips gemacht hat, ist falsch. Tatsächlich hat der CIA die Aufnahmen nach dem Attentat in Kopie an das FBI weitergeleitet. Erst als das FBI berichtete, daß Oswalds Stimme auf dem Band nicht zu hören war, daß es sich vielmehr um die Stimme eines Betrügers handelte, haben Mr. Phillips und der CIA das Beweismaterial zerstört. Das war kein Routinevorgang; man sollte sie wegen Verdunkelung vor Gericht stellen oder zumindest als Komplizen, die im nachhinein die Mörder des Präsidenten deckten.«

Während ich sprach, starrte Phillips in die Luft. Ich schloß nun die Erörterung der Einzelheiten des Kennedy-Attentats ab und ging zu den CIA-Operationen in Vietnam über. »Das Phoenix-Programm wurde von der US-Regierung in die Wege geleitet, mit der Leitung betraute sie William Colby, der heute abend sprechen wird. Als Zeuge vor einem Ausschuß des Repräsentantenhauses gab er zu, daß sein Programm die Ermordung von zwanzigtausend Vietnamesen vorgesehen habe. Sein Kollege, der Informationsminister des Saigoner Regimes, erklärte jedoch mit Nachdruck, die Zahl vierzigtausend sei eher zutreffend.«

Dann wies ich darauf hin, daß Dr. Martin Luther King, kurz vor seinem Tode, unser Vorgehen in Vietnam mit den Ausschreitungen Hitlers im Zweiten Weltkrieg verglichen hatte. »Dr. King bezog sich dabei vor allem auf das Phoenix-Programm und die vom CIA gebilligte Folter und Verstümmelung vietnamesischer Zivilisten.« Hierzu zitierte ich das vor kurzem abgelegte Zeugnis des Vietnamveteranen Bart Osborne vor einem Kongreßausschuß. Er hatte erklärt, während der anderthalb Jahre, die er in Vietnam verbrachte, habe er viele Menschen gesehen, die von CIA-geschulten Vernehmungsbeamten verhört und gefoltert worden waren, und »keiner von ihnen hat das Verhör überlebt«.

Schließlich erwähnte ich, daß ich vor kurzem das Buch *Spandau* von Albert Speer, dem Architekten Hitlers, gelesen hatte. »Speer hatte sich während seiner zwanzigjährigen Haft ernsthaft damit auseinandergesetzt, was er und das Regime, dem er diente, in Europa angerichtet hatten.

Erst wenn der Zeitpunkt gekommen ist, an dem auch die Leiter unserer Geheimdienste, die vergleichbare Untaten begangen haben, begreifen, was sie getan haben, und wenn unser Staat geeignete Maßnahmen gegen sie ergreift, werden grundlegende Veränderungen im Establishment der Geheimdienste möglich.«

Die Jahre in Spandau seien in Speers Fall heilsam gewesen, erklärte ich weiter. »Doch die Männer, die von Langley über Saigon bis Mexico-City ihre Verbrechen begangen haben – diese CIA-Funktionäre sind immer noch auf freiem Fuß und verkehren in militärischen, industriellen und akademischen Kreisen als gern gesehene Gäste.«

Als ich vom Podium an meinen Platz zurückkehrte, kam ich an Phillips vorbei, der immer noch dasaß, den Kopf auf die Hände gestützt.

In einer Botschaft des CIA an seine wertvollen Mitarbeiter bei den Medien lieferte der Geheimdienst detaillierte Argumente, die gegen mich und andere Kritiker des Warren-Berichts vorzubringen seien. So wurde dort angedeutet, die Kritiker hätten »keine neuen Beweise und keine neuen Schuldigen beigebracht« und daß »eine großangelegte Verschwörung nicht zu verheimlichen gewesen wäre«.

Die Vorlage und Beibringung von Beweismaterial war offensichtlich die Domäne des CIA – ich hatte dies auch nie für meine Aufgabe gehalten. Und was den Schuldigen betrifft, den wir nicht herbeischaffen konnten, bin ich der Überzeugung, daß eine solche Verschwörung, in Anbetracht der unterschiedlichen beteiligten Charaktere, durchaus Schritt für Schritt aufgedeckt werden könnte, wenn die zurückgehaltenen Beweismittel ans Licht kämen.

Und so war es auch in diesem Fall.

Phillips erhob sich langsam, schritt zum Rednerpult und verharrte dort einen Augenblick schweigend. Er schob seine Aufzeichnungen beiseite, als wolle er demonstrieren, daß er sie nicht mehr brauchte.

»Ich glaube, mir wird nun klar, daß ich jetzt nicht mehr hundertprozentig glaubwürdig erscheine. Ich möchte Ihnen einige Begebenheiten erzählen, die ich erlebt habe und die vielleicht dazu beitragen, das Urteil zu revidieren, zu dem Sie und die amerikanische Öffentlichkeit über mich und den Nachrichtendienst CIA gelangt sind.«

Er wirkte erschüttert, seine Stimme stockte und seine Augen glänzten, als wären sie mit Tränen gefüllt. Ich schaute erst ihn an, dann das Publikum. Er spielte seine Rolle hervorragend; einige Zuhörer waren bereits überredet und gingen auf seine Bitte um Verständnis ein. Ich war überzeugt, es mit einem meisterhaften Schauspieler zu tun zu haben; schließlich war er früher einmal Schauspieler und Dramenautor gewesen, und ich war mir sicher, daß seine Ausführungen vollkommen unaufrichtig und nur auf Effekthascherei angelegt waren. Das war ein Irrtum.

Phillips kam nun auf den Sonderausschuß zur Untersuchung der Mordfrage zu sprechen: »Wie Sie sich erinnern werden, hat der Sonderausschuß zunächst seine Arbeit aufgenommen und sich dann selbst aufgelöst. Sie hatten da ein massives Problem. In letzter Zeit ist der Ausschuß jedoch, meiner Meinung nach, sehr verantwortungsvoll vorgegangen, und ich bin schon auf seinen Schlußbericht gespannt; dann werden wir alle endlich wissen, wovon wir reden. Doch nun habe ich erfahren, daß der Ausschuß Informationen an Mr. Lane weitergeleitet hat. Bisher hatte ich angenommen, daß die Ausschußmitglieder die Tatsachen sammeln und solange geheimhalten, bis sie sich ein Urteil bilden können.«

Anders als dem Publikum war mir bekannt, daß das »massive Problem«, mit dem der Ausschuß zu kämpfen hatte, ein Machwerk des CIA war.

Phillips schaute dann in meine Richtung und sprach mich an: »Was mein Buch und die Feststellung betrifft, Oswald habe gedroht, das FBI-Gebäude in die Luft zu jagen, bin ich für Ihre Klarstellung dankbar. Ich bin froh, daß das richtiggestellt wurde.«

Er blickte auf seine Aufzeichnungen und sagte dann:

»Nun zur Frage von Who's Who in Havanna . . . ich meine *Who's Who in America.* Ich habe mich 1958 vom Nachrichtendienst zurückgezogen. Ich habe mich tatsächlich zurückgezogen und bin nach Kuba gegangen, um ein Public-Relations-Unternehmen zu gründen, weil ich überzeugt war, daß Fidel Castro die Diktatur von Batista stürzen würde, und keine der dort ansässigen amerikanischen Firmen machte sich um die PR-Arbeit Gedanken. Also dachte ich, dort würde ich gebraucht. Und so zog ich mich zurück.« Damit erzielte er einen großen Lacherfolg.

»Wie Sie wissen, nahm ich meine Tätigkeit für den CIA kurze Zeit später wieder auf, weil es keine PR-Aufträge für mich gab. Dies führte zu den Widersprüchlichkeiten im *Who's Who in America* und in meinem Buch. Das ist eins der Probleme, mit denen ein Spion klarkommen muß: Man muß ein Doppelleben führen. Als ich mich bereiterklärte, Betreuer der Pfadfindergruppe meines Jungen zu werden, mußte ich ein Formular ausfüllen, da war auch eine Spalte »Beruf«. Was sollte ich da wohl hineinschreiben – vielleicht »Spion«? Sollte ich vielleicht an *Who's Who* schreiben, ›ich bin Geheimagent‹? Auch das gehört zu dem täglichen Dilemma, vor dem wir immer wieder stehen.«

Welchen Eindruck Phillips auf das Publikum machte, konnte ich beim besten Willen nicht einschätzen. Ich war mir nicht einmal meiner eigenen Empfindungen sicher. Scheinbar regten sich beim Rückblick auf das eigene Leben schmerzliche Gefühle in seiner Brust. Doch ich war zu lange von ihm und seinen Helfershelfern schikaniert worden, um noch objektiv, geschweige denn verständnisvoll zu urteilen.

Doch dann fand er zu sich selbst zurück. Er ging zum Angriff über und bediente sich dabei der Äußerungen Dritter; seine Attacke war relativ gemäßigt, doch unter den gegebenen Umständen hinreichend. Heimliche Gewohnheiten sind offenbar schwer abzulegen.

»Außerdem bin ich froh, daß Mr. Lane und ich nicht nur streiten, denn ich bin mit dem Nachtflug gekommen und habe nicht viel geschlafen, bin also etwas müde. Und ich weiß es zu schätzen, daß sich die persönlichen Angriffe einigermaßen in Grenzen halten. Da wir nun bei diesem Thema angelangt sind, möchte ich betonen, daß ich persönlich niemanden angreifen will. Doch als Entgegnung auf einige der hier gemachten Aussagen werde ich nur auf Material Bezug nehmen, das von anderen veröffentlicht wurde. Mr. Lane hat von einem langen Zeitraum gesprochen, in dem die Integrität bestimmter Leute in Zweifel gezogen wurde. Und nun zitiere ich aus der *Washington Post*, aus einem Artikel, den George Lardner jr. über Mr. Lane geschrieben hat; er zitiert dort George McMillan, den Autor eines Buches über die Ermordung Dr. Martin Luther Kings. Und des weiteren wird dort geschildert, welche Anschuldigungen Mr. Lane gegen Jeremiah O'Leary vom *Washington Star* und andere vorgebracht hat. Der Artikel zeigt, wie er das amerikanische Volk und den Kongreß in die Irre geführt hat. Mindestens einer dieser Herren, so läßt er durchblicken, sei ein Agent oder so etwas ähnliches, und der Autor bittet Mr. Lane, sich etwas klarer auszudrücken, damit er rechtliche Schritte einleiten könne.«

Nachdem er seinen Zweck erreicht hatte, blickte er in die Runde und spürte, wie ich meine, daß er den Kontakt zum Publikum verloren hatte. Einer der Zuhörer wurde ungeduldig. Er rief: »Mexico-City, Mr. Phillips. Sagen Sie die Wahrheit über Mexico-City!«

Phillips sah den Mann direkt an und begann:

»Mr. Lane hat gesagt, was in Mexico-City geschehen ist und daß die Darstellung des CIA falsch, falsch und nochmals falsch sei. An seinen Schlußfolgerungen ist etwas Wahres dran, doch zum größten Teil beruhen sie auf falschen Voraussetzungen. Nun bin ich heute nicht in der Lage, Ihnen die inneren Mechanismen des CIA-Stützpunkts in Mexico-City zu erklären. Ich darf auch nicht mit anderen über Einzelheiten meiner Zeugenaussage vor Mr. Sprague sprechen, das war eine Geheimsitzung; aber ich werde Ihnen eines sagen, wenn die Akten freigegeben werden, werden wir feststellen, daß niemals eine Fotografie von Lee Harvey Oswald in Mexico-City existiert hat. Es wird sich herausstellen, daß Lee Harvey Oswald nie dort gewesen ist, lassen Sie mich das kategorisch festhalten – nichts deutet darauf hin, daß er dort war, und vor allem gibt es keinen Beweis dafür. Zweitens existiert kein Hinweis darauf, daß Lee Harvey Oswald die Sowjetische Botschaft besucht hat.«

Ich war wie betäubt. Phillips hatte gestanden.

Seine Aussage vor der Warren-Kommission in Mexico-City war, wie er nun zugab, ebenso falsch wie seine vor kurzem geleistete Aussage vor dem Kongreßausschuß und seine Behauptungen in seinem neuerschienenen Buch. Ich schaute Donald Freed an. Hatte auch er gehört, was ich gehört zu haben meinte? Donald nickte; das Geständnis war ihm nicht entgangen. Der CIA war sich darüber im klaren, daß man nicht beweisen konnte, daß Oswald die Sowjetbotschaft besucht hatte; und dies bezeugte nun die Aussage eines Mannes, der zur fraglichen Zeit den CIA-Stützpunkt in Mexico-City geleitet hatte.

Ich nahm zu dem Reporter, der die Diskussion auf Band mitschnitt, Blickkontakt auf und bedeutete ihm, daß ich gerne eine Kopie des Tonbands hätte. Auch er nickte zustimmend.

Phillips begriff nun, daß er zuviel gesagt hatte. Er versuchte zu erklären, es sei schließlich möglich, daß Oswald ein Telefongespräch mit einem sowjetischen Nachrichtenoffizier geführt hatte.

»Wenn Sie irgendwo in der Welt eine sowjetische Botschaft anrufen, stehen die Chancen mindestens fünfzig zu fünfzig, daß ein Nachrichtenoffizier abnimmt. Also ich kann mich mit diesem Thema nicht wirklich auseinandersetzen, weil ich einfach nicht in der Lage bin, ins Detail zu gehen.«

Nachdem Phillips einen Teil der Wahrheit offenbart hatte, versuchte er seine Zuhörer davon zu überzeugen, daß ihre schlimmsten Befürchtungen und Vermutungen begründet seien.

»Doch eines sage ich Ihnen. Wenn es sich herausstellen sollte, daß Mr. Lane recht hat mit seinen Behauptungen über Mexico und den CIA, der vorsätzlich Falschinformationen über das alles verbreitet haben soll – wenn seine Darstellung in den Grundzügen richtig sein sollte, dann verspreche ich den hier Anwesenden, daß ich auf eigene Kosten wieder hierherkommen und in aller Öffentlichkeit die

Abschaffung des amerikanischen Nachrichtendienstes fordern werde. Mr. Lanes Aussagen haben mich doch etwas überrascht. Wenn es sich herausstellen sollte, daß der CIA als Institution für diese Dinge verantwortlich ist, die ihm zur Last gelegt werden, dann werde ich das tun. Wenn irgendein CIA- Mensch, den ich nicht kenne, etwas getan hat, wovon ich bislang noch nicht gehört habe, dann will ich nicht noch einmal hierherkommen müssen.«

Die Zuhörer hatten nun Gelegenheit, Fragen zu stellen. Abby Mann, der Drehbuchautor des amerikanischen Klassikers *Judgment at Nuremberg*, richtete eine Frage an Phillips: »Warum hat der CIA versucht, die Kritiker der Warren-Kommission mundtot zu machen? Warum befassen Sie sich nicht mit dieser Frage, statt von CIA-Mitarbeitern verfaßte Zeitungsartikel vorzulesen? Finden Sie das nicht unfair?«

Phillips schaute Mann an. Plötzlich gewann man den Eindruck, daß er ihn erkannte. Er antwortete bedächtig und wiederholte erst einmal Manns Frage:

»Finden Sie das nicht unfair? Ich war fünfundzwanzig Jahre lang Nachrichtenoffizier, und in vielen Situationen war es unumgänglich, Maßnahmen zu ergreifen, die man als ›schmutzige Tricks‹ – als unfair – bezeichnen könnte. Niemand arbeitet ein Vierteljahrhundert lang im Nachrichtendienst und hält sich die ganze Zeit an Pfadfinderregeln; das gibt es einfach nicht.

Natürlich sind da verschiedene Dinge, die ich bedauere, ich bedauere zum Beispiel die Versuche, Mr. Lane zu ruinieren. Es gibt eine ganze Reihe von Vergehen, für die Nachrichtenoffiziere ins Gefängnis gehen sollten, weil sie das Gesetz verletzen. Natürlich habe auch ich da einiges zu bedauern.«

Die nächste Frage war an mich gerichtet. Ein Student wollte wissen, wie ich von der Zeugenaussage Phillips' gehört hätte, obwohl sie geheim war. »Benutzen Sie nicht dieselben Methoden wie der CIA?« fragte er eindringlich.

Ich erwiderte, Dick Sprague sei der Rechtsbeistand des Ausschusses gewesen. Nachdem Phillips ausgesagt hatte, sprach er mit der Presse. Monate später, nachdem er seines Amtes enthoben war, fragte ich Sprague, ob es einen Hinderungsgrund gebe, mit mir über Phillips Aussage zu reden. Er erklärte, es stehe ihm frei, die Sache mit mir zu besprechen; er sei nie gebeten worden, ein Dokument zu unterschreiben, das seine Redefreiheit eingeschränkt hätte. Phillips hatte in aller Deutlichkeit gesagt, daß der CIA die Tonbandaufnahmen ungefähr eine Woche nach Oswalds angeblichem Besuch in Mexico-City, in den letzten September- und ersten Oktobertagen, vernichtet habe.

Ich betonte, daß dies die einzige Information war, die ich je vom Sonderausschuß erhalten hatte. In jeder anderen Hinsicht war meine Beziehung zum Ausschuß eine einseitige Angelegenheit; ich lieferte Dokumente, Informationen und Analysen für den Ausschuß, und ich hatte mehrfach Gelegenheit, für die Mitglieder und ihren Rechtsbeistand einen Sachverhalt zu klären.

Ein Student fragte Phillips, ob er die Pläne persönlich gebilligt habe, die darauf abzielten »Mr. Lane zugrunde zu richten, die Veröffentlichung seiner Ansichten zu verhindern und unser Recht, einen anderen Standpunkt zu hören, zu beschneiden«?

Phillips erklärte: »Ich war in Caracas in Venezuela, als sie dort ankam, die Depesche, von der Mr. Lane sprach. Natürlich hatte ich keine Möglichkeit, sie aufzuhalten. Ob ich sie aufgehalten hätte, wenn ich CIA-Chef gewesen wäre – und das wäre die einzige Möglichkeit gewesen, sie aufzuhalten, da sie in alle Welt ging. Tja, wahrscheinlich hätte ich sie doch losgeschickt. Der Grund dafür war, daß Mr. Lane unsere Institution unter Beschuß nahm. Und damals wie heute hat es einige Leute gegeben, die überzeugt waren, daß nicht alle seine Behauptungen zutreffend sind. Auch das gehört zu den Dingen, die im Lauf der Jahre passiert sind und die ich bedauere.«

Ich dankte Phillips für seine Offenheit. Nun hatte ich zum erstenmal einen Beweis dafür in der Hand, daß die CIA-Depesche tatsächlich im Umlauf gewesen war. Außerdem erklärte ich, daß ich nun die Möglichkeit erwägen wollte, rechtliche Schritte gegen den CIA einzuleiten.

Am Ende der Debatte warb Phillips beim Publikum um Verständnis dafür, wie schwierig es sei, im Dienste der Nation ein Doppelleben zu führen. Er erklärte:

»Sie geben eine Abendgesellschaft. Vier Spione sind zu Gast, und niemand weiß, daß Sie ein Spion sind. Worüber können Sie sich unterhalten? Über nichts. So eine Abendgesellschaft habe ich in

Erinnerung. Eine Frau fragte mich, was ich denn den ganzen Tag so täte, und ich mußte antworten: ›Immer nur nur Akten bearbeiten.‹ Da lernt man lügen. Sie müssen lügen, um zu überleben und überhaupt arbeiten zu können. Fünfundzwanzig Jahre lang habe ich in der Unterwelt gelebt. Ich habe versucht, die Frage zu beantworten, ob ich dieses Dokument in Caracas gesehen hätte. Ich habe versucht, mich zu ändern. Hätte ich etwas vorsichtiger sein sollen? Hätte ich nicht die Wahrheit sagen sollen?«

Nachdem das Publikum den Saal verlassen hatte, wurde Colby, der während der Diskussion nicht anwesend gewesen war, von einigen Reportern umzingelt. Sie stellten ihm mehrere Fragen über Oswald, die Unbedenklichkeitsbescheinigung, die ihm hochrangige Offiziere beim Marinekorps in Japan ausgestellt hatten, und die Russischkurse, die er bei der Marine hatte nehmen müssen. Colby wischte das alles vom Tisch. Er sagte nur: »Alles, was ich über Lee Harvey Oswald weiß, ist, daß er die Sowjetische Botschaft in Mexico-City besucht hat. Zu diesem Thema können Sie David Phillips befragen, er ist der Experte. Ich danke Ihnen, meine Herren.«

Am selben Abend flog ich nach Washington zurück, weil ich eine Besprechung mit dem Sonderausschuß zur Untersuchung der Mordfrage hatte. Freed dagegen war als Gastgeber gezwungen, Phillips, Cline und Colby zum Abendessen auszuführen. Die vier Männer saßen an einem normalen Tisch für vier Personen. »Dennoch«, so erinnerte sich Freed, »war es so, als wäre Phillips hundert Meter weit weg gesessen. Weder Cline noch Colby sprachen ein Wort mit ihm. Er saß zwar mit uns, war aber alleine, isoliert und vergrämt. Die anderen schauten ihn nicht an, sprachen nicht mit ihm. Sie waren fuchsteufelswild, so als hätte er ein geheiligtes Geheimnis verraten.«

Freed erinnert sich auch, was als höfliche Konversation durchgeht, wenn Männer wie Colby und Cline zusammenkommen. »Es war grotesk«, erzählte Freed, »denn sie entschieden sich für das Thema: Wann ist es erlaubt, einen Staatschef zu ermorden?« Colby vertrat einen, wie er sagte, theologisch und philosophisch fundierten Ansatz. Die katholische Kirche, so meinte er, habe schon lange Zeit mit dieser Frage gerungen und sei zu einem vernünftigen Ergebnis gelangt. ›Es ist erlaubt‹, so erklärte er, ›einen Tyrannen zu ermorden.‹ Offensichtlich hatte er sich lange und gründlich mit dem Thema beschäftigt, denn er war zu der Einstellung gelangt, daß es ein Fehler gewesen wäre, Adolf Hitler vor dem Jahre 1937 zu ermorden, nach diesem Zeitpunkt wäre es jedoch völlig in Ordnung gewesen. Dagegen vertrat Cline »einen liberaleren Standpunkt«. Er meinte, die Geschichte der katholischen Kirche sei zwar interessant, aber völlig irrelevant. Brutal formuliert war der Kern von Clines Aussage, es sei legitim, jederzeit jedermann zu ermorden, wenn es einem im Augenblick gerade sinnvoll erscheine, oder, wie Cline zu sagen beliebte, wenn es notwendig sei und dem, was er für das nationale Interesse hielt, diene.

Jahre später trug sich Freed mit Plänen zu einem Buch über den ehemaligen chilenischen Botschafter Orlando Letelier, der in Washington ermordet worden war. Da Freed über Phillips' Rolle in Lateinamerika informiert war und ihn kennengelernt, bewirtet und mit ihm gegessen hatte, rief er Phillips an und bat ihn um nähere Auskünfte. Phillips erklärte, er habe zu der Angelegenheit nichts zu sagen. Dann fragte er Freed, ob er den Artikel von Fred Landis kenne, der in der Zeitschrift *Inquiry* erschienen sei. Freed verneinte, woraufhin Phillips einen vehementen Angriff gegen den Artikel vom Stapel ließ. Er sei »niederträchtig«, »gemein und verleumderisch«. Es handle sich nicht nur um »die übelste Schmähschrift, die jemals [gegen Phillips] losgelassen« worden sei, sondern habe ihn tatsächlich »ruiniert«. Die Verbalattacke ging noch weiter. Natürlich konnte Freed den Artikel, der sich mit dem Letelier-Mord befaßte, anschließend ausfindig machen und benutzte ihn als Grundlage für sein Buch *Death in Washington*.

Noch heute rätselt Donald Freed über Phillips' merkwürdiges Verhalten. »War das die Rückkehr zum Tatort à la Dostojewski? Ist er Alkoholiker geworden, weil er, anders als Colby, nicht bei der Kirche Zuflucht suchen konnte, um seine Sünden zu beichten und Vergebung zu finden? Oder ist bei ihm der kategorische Imperativ durchgebrochen? Welche Beweggründe Phillips hatte, weiß ich nicht, jedenfalls hat er mich selbst auf seine Spur geführt.«

Phillips hat anschließend mit Unterstützung seines Verbands ehemaliger Nachrichtenoffiziere eine Reihe von Schritten unternommen, teilweise auch auf gerichtlichem Wege, die darauf abzielten, Kritik am CIA und seinen führenden Köpfen zu verhindern. Zu seinen ersten Maßnahmen gehörte eine Verleumdungsklage gegen Donald Freed wegen dessen Buch über Phillips und die Ereignisse, die zum Tod von Letelier führten.

Der 220-Millionen-Dollar-Prozeß entbehrte meiner Meinung nach jeder rechtlichen Grundlage. Doch der Prozeß erwachte zu neuem Leben, als er seinen Weg in den Gerichtssaal von Thomas Penfield Jackson fand, der mehrere Watergate-Verbrecher verteidigt hatte, einschließlich Nixons »Committee to Re-Elect the President« (CREEP), und seinen eigenen Kanzleipartner, der gleichfalls angeklagt und verurteilt worden war.

Das Verfahren wurde schließlich gegen Zahlung von einem Dollar eingestellt.

Das Interessanteste an dem Prozeß war jedoch nicht, was verhandelt, sondern was nicht verhandelt wurde. Denn was noch stärker wog als Phillips' Maßnahmen gegen Chile, die ihm Freed zur Last legte, waren die Vorwürfe, die er im Zusammenhang mit der Ermordung Präsident Kennedys gegen den CIA-Mann erhob.

Freed hatte unzweideutig festgestellt, Phillips habe einen Meineid geleistet, um zu verhindern, daß die tatsächlichen Begleitumstände des Attentats bekannt würden. Und Phillips hatte sich entschieden, die Verleumdungsklage nicht auf diese Behauptung zu gründen. Obwohl sich seine Organisation der Aufgabe verschrieben hatte, die Kritiker des CIA mundtot zu machen, war er nicht bereit, die Rolle des Geheimdienstes bei der Ermordung des Präsidenten im Rahmen eines Schwurgerichtsverfahrens zu erörtern. Glücklicherweise war E. Howard Hunt in diesem Punkt weniger zurückhaltend.

Buch III: Das Motiv

»Warum hat der CIA den Präsidenten ermordet?«

Als mehr und mehr widersprüchliche Informationen über die Umstände von John F. Kennedys Tod bekannt wurden, änderte sich auch die Einstellung der Amerikaner. Die Versicherungen der politischen Führung, *ein* Attentäter trage die alleinige Schuld, wurde zu Anfang kritiklos hingenommen; doch diese Haltung wich einem gesunden Skeptizismus, der eine Prüfung des Tatbestands forderte. Schließlich war den meisten klar, daß die Wahrheit verschleiert – und wesentliches Beweismaterial unterdrückt worden war.

Landesweite Umfragen durch führende Meinungsforschungsinstitute, ergänzt durch zahlreiche Umfragen ebenjener Zeitungen, die die offizielle Wahrheit geleugnet hatten, bestätigten diesen Wandel. Bei den Vorträgen, die ich hielt, konnte ich persönlich beobachten, wie das schwindende Vertrauen in die politische Führung im Lauf der Zeit eine Lawine von Zweifeln und Verdächtigungen auslöste. Zu Anfang bekam ich am häufigsten die Frage zu hören: »Wie können Sie nur die Integrität eines Mannes wie Earl Warren anzweifeln?« Später hieß es: »Was können wir tun, um die Wahrheit zu erfahren?« Und schließlich: »Warum hat der CIA den Präsidenten ermordet?« Wenn ich heute meinem Publikum sage, vor zwanzig Jahren hätten die Leute sich vor allem gefragt, *wie* wir Warrens Integrität nur anzweifeln könnten, ernte ich schallendes Gelächter. Die Zeiten haben sich geändert. Die Amerikaner sind inzwischen wach geworden.

Die Frage nach dem Motiv ist nicht leicht zu beantworten, weil dabei psychologische Aspekte im Mittelpunkt stehen. In unserem Fall ist es erforderlich, eine Reihe möglicherweise unlogischer, wechselnder und sogar widersprüchlicher Ziele zu verstehen, die von bestimmten Leuten verfolgt wurden.

Vor allem deshalb, weil sich das Motiv häufig nicht mit völliger

Sicherheit feststellen läßt, stellt es auch kein Faktum dar, das erwiesen sein muß, um einen Angeklagten zu überführen. Jedes Gesetz, das vom US-Kongreß oder der Legislative eines Bundesstaates erlassen wird und das eine kriminelle Handlung sanktioniert, nennt aber präzise die Elemente, die ein bestimmtes Verbrechen kennzeichnen. Wenn ein Angeklagter nicht jede einzelne dieser zwingenden Voraussetzungen erfüllt, dann wird der Staat oder die Bundesregierung die Sache nicht strafrechtlich verfolgen können.

Beispielsweise wird in vielen Rechtssystemen Raub folgendermaßen definiert:

1. Der Verbrecher nimmt Geld, persönliche Besitztümer oder andere Wertgegenstände an sich,
2. die im Besitz eines anderen sind,
3. direkt von dessen Person oder unmittelbarer Umgebung,
4. gegen dessen Willen,
5. durch Ausüben von Gewalt oder Gebrauch von Waffen.

Schwerer Raub, für den höhere Strafen verhängt werden, setzt alle sechs Elemente voraus. Neben den fünf obengenannten Faktoren muß der Täter eine gefährliche Waffe benutzen oder das Opfer während des Raubes körperlich verletzen. Wenn eines der Elemente fehlt, zum Beispiel die Anwesenheit eines Opfers, wird dem Angeklagten vielleicht ein anderes Verbrechen angelastet, etwa Einbruchdiebstahl, bei dem ebenfalls eine Reihe spezifischer Voraussetzungen erfüllt sein müssen.

Das Motiv stellt aber – wie schon gesagt – bei einem Kriminalfall kein Faktum dar, das zur Überführung des Täters notwendig wäre.

Tatsache ist jedoch, daß es Richtern, Geschworenen und allen Leuten, die darüber nachdenken, wichtig ist, die möglichen Motive zu beleuchten, damit sie die Umstände der Tat besser verstehen und sich eine günstigere Ausgangsposition für die Beurteilung der Fakten schaffen können. Rein vom Gesetz her ist weder das Vorhandensein noch das Fehlen eines Motivs ein Grund, jemanden zu verurteilen oder freizusprechen – vorausgesetzt es besteht Einigkeit darüber, daß die Faktoren, durch die das Verbrechen definiert wird, nachgewiesen oder widerlegt wurden.

Wir müssen also davon ausgehen, daß die Suche nach dem Motiv, sofern kein umfassendes Geständnis vorliegt, ein spekulatives Unterfangen bleibt. Im Bewußtsein dieser Tatsache lassen wir uns nun auf die Frage ein, warum der CIA den Präsidenten ermorden wollte. Unglücklicherweise sind die üblichen Methoden zur Klärung dieser Frage hier nicht anwendbar. Die meisten Verbrechen, die aufgeklärt werden – und diese machen einen vergleichsweise geringen Prozentsatz aller verübten Straftaten aus – werden durch einfache Polizeimethoden gelöst. Im Falle einer Verschwörung nimmt sich die Polizei einen Verdächtigen vor, packt ihn am Kragen und erklärt die Vorteile, die ihm winken, wenn er gesteht und seine Verbündeten preisgibt, sowie die spürbaren Nachteile, die ihn erwarten, während seine Kollegen straffrei ausgehen, sofern er nicht kooperationsbereit ist. In einem Fall wie dem unseren, in dem die Regierung oder eine ihrer mächtigen Unterabteilungen gleichzeitig als Täter und als offizieller Ermittler in Erscheinung tritt, stehen solche Mittel der Wahrheitsfindung nicht zur Verfügung. Politische Interessen sind allem übergeordnet: Die Leute, die Bescheid wissen, erhalten sogar die Anweisung zu schweigen – angefangen mit den Zeugen an der Dealey Plaza bis zu Señora Duran in Mexico-City.

Das Motiv ist zwar kein Definitionselement eines Verbrechens, doch ein mit dem Motiv zusammenhängender Faktor kann Grundlage der Verteidigung sein. »Notwehr« ist reine Verteidigung, das heißt, ein Mensch, der in echter Notwehr handelt, kann niemals strafrechtlich verurteilt, ja nicht einmal zivilrechtlich für Schäden haftbar gemacht werden.

Jeder ist berechtigt, sich mit Gewalt gegen einen Angreifer zu wenden, wenn er Gründe hat zu glauben, daß ein solches Vorgehen notwendig ist, um sich selbst oder einen anderen gegen die unmittelbar drohende Gewaltanwendung zu verteidigen. Der Angegriffene darf sogar mit todbringender Gewalt gegen einen todbringenden Angriff vorgehen; das Gesetz spricht hier von einem Verteidigungsfall mit schwerer Körperverletzung oder Tod. Ausschlaggebend ist hier nicht der tatsächliche Sachverhalt, sondern was der Angegriffene zum Tatzeitpunkt vermutete und ob diese Vermutung vernünftig begründet war.

Wenn die CIA-Funktionäre glaubten, daß es zu ihrer eigenen Verteidigung und der Verteidigung ihrer Nation notwendig war, Präsident Kennedy zu beseitigen, dann durften sie aus dieser Sicht der Dinge zum Zwecke der Notwehr todbringende Gewalt einsetzen. Relevant ist also nicht, was Kennedy tatsächlich gegenüber dem CIA und der Nation zu tun oder zu lassen im Begriff war, sondern wie die Geheimdienstleute die Bedrohung empfanden.

John F. Kennedy hatte klargestellt, daß er vorhabe, den CIA zu zerstören. Die *New York Times* berichtete am 25. April 1966 unter der Überschrift »Verbitterung«: »Als ihm [Kennedy] das Ausmaß der Schweinebucht-Katastrophe klar wurde, sagte er zu einem hohen Regierungsbeamten, daß er den ›CIA in tausend Stücke zerschlagen und in alle Winde verstreuen‹ wolle.« Offensichtlich war das kein gemäßigter Reformvorschlag, keine Äußerung, die auf eine Neuordnung des Nachrichtendienstes abzielte. Scheinbar verfolgte er das Ziel, den Geheimdienst völlig auszuschalten.

Die Feindseligkeit zwischen Kennedy und dem CIA erreichte einen Punkt, von dem es kein Zurück mehr gab, als die Schweinebucht-Operation fehlschlug. Kennedy sagte öffentlich, daß sich keine Abteilung der US-Streitkräfte an einer Invasion in Kuba beteiligen würde. Und der CIA hörte wohl die Worte, wollte sie jedoch lieber so verstehen, daß mit dieser Aussage nur die Öffentlichkeit abgespeist werden sollte.

Der CIA meinte, der Präsident habe im Hinblick auf die Schweinebucht-Affäre nur insofern Festigkeit gezeigt, als er infolge der gescheiterten Invasion Strafmaßnahmen gegen den Geheimdienst und seine führenden Köpfe einleitete.

Die Angst, die die Aktivisten der CIA-Führung befiel, läßt sich nur ermessen, wenn man nachliest, wie sie mit eigenen Worten ihre Reaktion auf Kennedy und seine Politik schildern. Diese Männer waren eingefleischte Lügner. Wie man andere irreführt und die eigenen Gefühle verschleiert, hatten sie von Grund auf gelernt, damit es ihnen nicht etwa zum Nachteil gereiche, wenn sie unter fairen Voraussetzungen ins Spiel gingen. Doch über zehn Jahre danach konnten sie nichts mehr verbergen. Die eigenen Aufzeichnungen aus jener Zeit belegen, wie tief ihr Gefühl und wie stark ihr Engagement war.

Phillips schilderte in einem Buch, das 1977 erschien, seine Reaktion auf die gescheiterte Invasion, für die er in erster Linie Kennedy verantwortlich machte:

»Ich ging nach Hause. Ich schälte meine Socken von den Füßen wie schmutzige Hautfetzen – mir wurde klar, daß ich sie seit einer Woche nicht gewechselt hatte. Helen [Phillips' Frau] versuchte mich zum Essen zu bewegen, doch ich konnte nichts zu mir nehmen. Ich nahm ein Bad, dann fiel ich ins Bett und schlief ein paar Stunden lang. Als ich aufwachte, versuchte ich wieder zu essen, brachte aber nichts hinunter. Draußen herrschte wunderbares Frühlingswetter. Ich nahm ein Kofferradio mit hinaus in den Garten hinter dem Haus und hörte die düsteren Nachrichten über Kuba, während ich auf dem Boden saß, den Rücken gegen einen Baumstamm gelehnt.

Helen kam aus dem Haus und gab mir einen Martini, einen großen. Ich war halbwegs betrunken, als das Glas leer war. Dann holte ich mir aus dem Haus die Ginflasche, den Wermut und das Eis und setzte mich wieder mit dem Rücken gegen den Baum. Wenn ich aufschaute, sah ich den klaren, blauen Himmel durch das Laub. Plötzlich drehte sich mein Magen um. Mir war schlecht. Ich fing an zu kotzen.

Dann weinte ich.

Helen kam aus dem Haus und bat mich inständig, hereinzukommen.

›Scher dich zum Teufel‹, schluchzte ich.

Es wurde dunkel. Helen kam mit einer Decke wieder, die sie mir um die Schultern legte.

Ich weinte zwei Stunden lang. Mir war wieder schlecht, dann war ich wieder betrunken. Immerzu kamen mir andere Tränen in den Sinn, das war anderswo gewesen, die Tränen eines Obersten in St. Cyr, den ich zum Weinen gebracht hatte.

›Verdammte Scheiße!‹«

Zwölf Jahre nach der mißlungenen Invasion Kubas schrieb E. Howard Hunt:

»Kein Ereignis seit dem Sieg des Kommunismus in China 1949 hatte so tiefgreifende Auswirkungen auf die Vereinigten Staaten und ihre Verbündeten wie die Niederlage der in den USA ausgebildeten kubanischen Invasionsbrigade in der Schweinebucht im April 1961.

Diese Demütigung provozierte die Berliner Mauer, die Kubakrise, den Guerillakampf in ganz Südamerika und Afrika und unsere Intervention in der Dominikanischen Republik. Durch Castros Triumph öffnete sich eine bodenlose Büchse der Pandora, und die entstandenen Schwierigkeiten betrafen nicht nur die Vereinigten Staaten, sondern auch die meisten ihrer Verbündeten in der freien Welt.

Diese blutigen Ereignisse hätten nie stattgefunden, wenn Castro gestürzt worden wäre. Statt eine feste Haltung einzunehmen, setzte unsere Regierung eine grundlegend falsche Entscheidung auf die andere und ließ zu, daß die Brigade 2506 in den Tod lief. Die Regierung Kennedy lieferte Castro jeden Vorwand, den er brauchte, um die Insel José Marti noch entschiedener einzunehmen, und dann zog sie sich schamerfüllt zurück und hoffte, die Kubafrage werde sich einfach in nichts auflösen.«

Hunt kam zu dem Schluß, Kennedy habe die»›kubanischen Patrioten« vorsätzlich verraten und zugelassen, daß sie getötet oder gefangen genommen wurden, »während die Schiffe und Flugzeugträger der US-Marine vor der Küste lagen« und keine Hilfe boten, als sie so verzweifelt gebraucht wurde.

Nachdem er die Verantwortung für Castros Sieg und alle umwälzenden historischen Ereignisse, die auf Kennedys Verrat folgten, diesem klar zugewiesen hatte, beschrieb Hunt seine eigene unmittelbare Reaktion auf den gescheiterten Angriff:

»Die Invasion war vorbei.

Bevor er an diesem Nachmittag wieder aufs Wasser ging, schickte San Roman eine letzte bittere Botschaft: Ich habe nichts, womit ich kämpfen könnte. Ich nehme Zuflucht in den Wäldern. Ich kann nicht auf euch warten.

Wir weinten schweigend. Nie zuvor hatte ich so viele Männer weinen sehen, wie in diesem Raum. Ich war mir sicher, daß Artime und alle anderen tot waren, und machte mir Vorwürfe, weil ich bei dem Verrat, dem sie zum Opfer fielen, mitgemacht hatte.

Ich hörte, wie Cabells Name im Raum die Runde machte, bei fast jeder Nennung von einem Fluch gefolgt.

Unsere Benommenheit währte, bis wir erfuhren, daß das Weiße Haus Sondereinheiten losgeschickt hatte, um Verwundete und Versprengte aufzusammeln, Männer, die in Booten oder auf Rettungsflößen dahintrieben, Verletzte, die sich an Wrackteile klammerten.

Ein Aufklärungsjet meldete, im Wasser seien einige Überlebende zu sehen. Doch über dem Landekopf kreisten nur die Geier.

Inzwischen befanden sich sechs CIA-Funktionäre in einer konspirativen Wohnung einige Kilometer von Washington entfernt. Bender rief an, ihm versagte die Stimme, er bat um Anweisungen. Ich sagte ihm, er solle sich an Bissells Büro wenden, und daß ein Zusammentreffen der sechs Kubaner mit dem Präsidenten in die Wege geleitet werde.

Jemand erinnerte an Nino Diaz und seine Meuterer. Sein Schiff war in die US-Marinebasis auf der Insel Vieques eingelaufen, wo sie auf bewaffnete Marinesoldaten treffen würden. Wir wollten weitere Schwierigkeiten mit Señor Diaz vermeiden.

In Bissells Büro berichtete Bender eine herzzerreißende Geschichte von den sechs Exilfunktionären. Fast alle hatten Söhne, Brüder oder Neffen bei der Brigade. Ich dachte an Tony, Miro und Dr. Maceo, und die Tränen liefen mir über das Gesicht. Ruhig sagte Bissell zu mir: ›Werden Sie sie ins Weiße Haus begleiten?‹

›Ich kann ihnen nicht in die Augen schauen‹, gestand ich. ›Sie haben mir vertraut, und ich kann ihnen nicht in die Augen schauen.‹

Also kehrte Bender zurück und begleitete sie zum Treffen mit Präsident Kennedy.

Knight und ich machten noch einmal Gebrauch von einem Kriegskommuniqué – unserem sechsten und letzten. Es leugnete, daß es eine Invasion gegeben habe und spielte den Angriff herunter, es habe sich nur um einen Versuch gehandelt, die Guerillas im Escambray mit Nachschub zu versorgen. Wir stellten die

Sache so dar, als habe die Landetruppe ihre Kameraden erreicht – während sie tatsächlich schon tot oder in Gefangenschaft waren oder sich durch die Zapata-Sümpfe kämpften.

Ich hatte genug von all den Lügen und Täuschungsmanövern, mehr als genug von politischen Kompromissen und militärischen Niederlagen. Als Lem Jones die letzte Fassung der offiziellen Mitteilung niedergeschrieben hatte, ging ich nach Hause.«

In den Monaten, die auf die Invasion in der Schweinebucht folgten, herrschte ein merkwürdiger Waffenstillstand zwischen dem CIA und dem Präsidenten.

Der CIA hatte ein groteskes Anti-Castro-Programm entworfen namens »Operation Mongoose«. Man plante, Castro zu vergiften, ihn mit einer muschelförmigen Bombe in die Luft zu jagen, die der CIA in seiner Nähe meinte deponieren zu können. »Mongoose« sah auch kleinere terroristische Überfälle auf Kuba vor.

Von Anfang an hatte Kennedy darauf bestanden, daß die »Operation Mongoose« im stillen ablaufen und geheimgehalten werden sollte. Kennedy hatte sich öffentlich gegen Attentate ausgesprochen. Jedoch hatten er und der Justizminister privat klargestellt, daß Castro ein Hindernis darstelle, das, wie der CIA folgerte, das Weiße Haus gerne beseitigt sähe. Kennedy sah »Mongoose« als Mittel, die virulentesten kubanischen Aktivisten zu erfassen, zu beobachten und zu kontrollieren.

Das Problem bei diesem Modell war, daß Generalmajor Edward G. Lansdale, der CIA-Verbindungsmann zu Verteidigungsminister Robert S. McNamara, mit dem Projekt betraut wurde und die Operation unter seiner Leitung in einen Kleinkrieg gegen Kuba ausartete.* Lansdale war zudem Urheber eines zerstörerischen Planes in Vietnam. Seine Strategie führte zur Inhaftierung von Millionen vietnamesischer Bauern und Arbeiter.

Im Oktober 1961 beschloß der CIA, zehn Kommandoeinheiten nach Kuba zu entsenden, um dort Sabotageakte zu verüben. Als

* Die »Operation Mongoose« war ein größeres Projekt mit einem Jahresbudget von 50 Millionen Dollar. Lansdale betrachtete seine Armee, die aus kubanischen Kadern bestand, als verlorenen Haufen, den man notfalls dem Feind opfern konnte.

Robert Kennedy von dem Vorhaben erfuhr, waren drei Einheiten bereits unterwegs, angeblich mit seiner Erlaubnis. Später erinnerte er sich, er sei »wütend gewesen«. Das Weiße Haus reagierte sofort und entschlossen. Am 30. Oktober wurden alle »Sabotageakte und militanten Operationen während der Verhandlungen mit den Sowjets« untersagt, und kurze Zeit später wurde die »Operation Mongoose« eingestellt.

Für die CIA-Aktivisten war die Entspannung wieder einmal ein Hindernis, das den Maßnahmen, die sie für wesentlich hielten, im Wege stand. Entgegen den Anweisungen aus dem Weißen Haus verfolgte der CIA seine Militäroperationen gegen Kuba und seine Mordpläne gegen Castro weiter. Robert Kennedy versuchte, diese Tätigkeiten zu überwachen, doch seine Aufmerksamkeit war in Anspruch genommen von seinen innenpolitischen Pflichten, den anhaltenden Rassenkonflikten in den Vereinigten Staaten und anderen Themen, die klar in seinen Zuständigkeitsbereich als Justizminister fielen. Er schickte Lansdale nach Florida, um den CIA davon zu überzeugen, daß der Beschluß, den Krieg gegen Kuba zu beenden, durchaus ernst gemeint war.

Die vom CIA geförderten Militäraktionen gingen weiter und hatten FBI-Razzien gegen die Trainingskorps der Exilkubaner in Südflorida und am Pontchartrainsee in Louisiana zur Folge. FBI-Agenten, die absolut in den Zuständigkeitsbereich des Justiziministers fielen und theoretisch seiner Kontrolle unterstanden, gerieten in bewaffnete Auseinandersetzungen mit den Schützlingen des CIA.

Die beiden gegnerischen Parteien, der CIA und das Weiße Haus, warteten auf die Gunst der Stunde; beide waren überzeugt, daß sich bald eine endgültige Lösung ergeben werde. Der Präsident meinte, die Wahl im Jahre 1964 werde die Sache entscheiden. Nach seiner Wiederwahl, die ihm hoffentlich ein wesentlich tragfähigeres Mandat sichern würde, als ihm die Wähler 1960 zugestanden hatten, würde es Kennedy freistehen, den Rücktritt von J. Edgar Hoover zu verlangen und einen neuen internationalen Nachrichtendienst aufzubauen. Diese Tatsache war 1963 im CIA allgemein bekannt, und was dies bedeutete, konnte man sich dort leicht ausmalen.

David Atlee Phillips, der diesen Zeitraum in seinem Buch *The Night Watch* darstellt, schildert, wie die »wenigen im CIA-Hauptquartier verbliebenen Offiziere . . . die Gänge auf und ab wanderten, wie Besucher an einer Grabstätte«. Phillips rundet die Szene ab: »Die Mittagessen, nach zu vielen Martinis im Napoleon's, währten zu lange.« Die CIA-Offiziere hatten, Phillips zufolge, damals den Eindruck: »Der Geheimdienst ist am Ende.« Und das schien auch zuzutreffen.

L. Fletcher Prouty ist ein Colonel a. D. der US-Luftwaffe, der über dreißig Jahre lang eng mit dem Nachrichtendienst zusammengearbeitet hat. Nachdem er im Zweiten Weltkrieg als Pilot im Einsatz gewesen war, stieg Colonel Prouty in der Befehlshierarchie des Verteidigungsministeriums bis zu einer Position auf, in der alle Fäden der Militäraktivitäten des CIA bei ihm zusammenliefen.

Von 1955 bis 1963 diente Colonel Prouty als Leiter des Sondereinsatzkommandos für den Chef des Generalstabs; in einer ähnlichen Funktion war er für die Spezialabteilung des Verteidigungsministeriums tätig und leitete das Sondereinsatzbüro der US-Luftwaffe. All diese Positionen erfüllten die Funktion, die Geheimoperationen des CIA militärisch zu unterstützen.

Heute liefert Prouty die Bestätigung dafür, daß Kennedy beschlossen hatte, den CIA zu demontieren. Er erklärt, der erste Schritt sei gewesen, »Dulles, Cabell und Bissell loszuwerden«. Allen Dulles war der Chef des CIA, Charles Cabell sein Stellvertreter (sein Bruder war Bürgermeister von Dallas), und Richard Bisell war der stellvertretende Leiter für den Bereich Planung – der Geheimdienstabteilung »Schmutzige Geschäfte«. Prouty stellt fest, es sei bekannt und offiziell gewesen, daß die »Auflösung des CIA für 1964, nach der absehbaren Wiederwahl Kennedys, geplant gewesen war«.

Kennedy feuerte Dulles, Cabell und Bissel tatsächlich. E. Howard Hunt schreibt in seinem Buch *Give Us This Day*, Kennedy habe versucht, die »New Frontier reinzuwaschen, indem er den CIA mit Schuldvorwürfen überhäufte«. Diese Schuld, schreibt Hunt mit einem leisen Anflug von Poesie, war »überflüssige Scheiße«. Während dieser Zeit, als Kennedy und seine loyale Presse tagtäglich falsche Anschuldigungen erhoben, so behauptet Hunt, »durften die Geheimdienstmitarbeiter natürlich nicht einmal die himmelschreiendsten Lügen richtigstellen«. Dulles und Bissell, so Hunt weiter, waren »Sündenböcke, die für die Schuld der Regierung büßen mußten«. Dulles war, nach Hunts Einschätzung, »ein hervorragender Mann, dessen langjährige Laufbahn im Dienst der Regierung ungerechterweise von Männern zerstört wurde, denen es nur darum ging, ihr eigenes Image aufrechtzuerhalten«.

Der sowjetische Staatschef Nikita Chruschtschow habe sich, Hunt zufolge, entschlossen, die Berliner Mauer zu errichten, weil er wußte, Kennedy werde, aufgrund seiner »Schwäche an der Schweinebucht«, keinen »sinnvollen Widerstand« leisten. Hunt kam zu dem Schluß, Kennedy habe »jedes ernsthafte Interesse am Sturz Castros« verloren; tatsächlich hatte er Chruschtschow sogar versprochen, er werde »niemals in Kuba einmarschieren«.

Die Gentlemen im CIA-Hauptquartier mußten mitansehen, wie sie allmählich die Kontrolle über die amerikanische Außenpolitik verloren und das gewählte Staatsoberhaupt die Macht übernahm. Diese Vorstellung schien ihnen schon alarmierend genug, doch sie sahen darin nur den Vorboten wesentlich schlimmerer Ereignisse.

Hunt fing die Stimmung seiner CIA-Kollegen zur damaligen Zeit ein: »Wenn es nach der Philosophie der Regierung gegangen wäre, wären Armut und Unwissenheit die wahren Feinde gewesen; wer die internationale kommunistische Verschwörung auch nur erwähnte, wurde lauthals verlacht. In Washington sprach man nur noch von Entspannung und einem positiven Ansatz zur Milderung der internationalen Spannungen, sehr zur Verwunderung all jener unter uns, die sich noch an Budapest, die Berliner Mauer und das Schicksal der Brigade 2506 [an der Schweinebucht] erinnerten.«

Beim CIA galt »Entspannung« als bedrohlicher Gedanke und Kennedy als der Feind, der den Geheimdienst gedemütigt hatte und sogar seine Existenzberechtigung in Frage stellte. Kennedy mag zwar geplant haben, den Geheimdienst nach der nächsten Präsidentschaftswahl zu eliminieren, wie Prouty meint, doch er war nicht gewillt, solange zu warten, um ihn mundtot zu machen.

Er handelte sofort, um den Geheimdienst daran zu hindern, seine Regierung weiterhin unter Druck zu setzen und den Weltfrieden zu bedrohen. Arthur M. Schlesinger jr. zufolge *(Robert Kennedy and His Times)*, hatte Kennedy zu ihm gesagt: »Bobby ins Justizministerium zu setzen, war ein Fehler. Er ist dort am falschen Platz ... Bobby müßte eigentlich zum CIA.« Der Präsident bekannte, es »ist ganz schön übel, wenn man auf diese Weise etwas dazulernen muß, doch eines habe ich aus der Sache [in der Schweinebucht] gelernt – und zwar, daß wir mit dem CIA fertig werden müssen.«

Und er wurde mit dem CIA fertig, indem er ein Drei-Punkte-Dringlichkeitsprogramm in Kraft setzte, das den Geheimdienst unter Kontrolle halten sollte. Er feuerte die mächtigsten CIA-Männer, die sich am meisten hatten zu Schulden kommen lassen; er ernannte eine Kommission auf höchster Ebene, die Arbeitsgruppe Kuba, die die Missetaten des Geheimdienstes untersuchen sollte, um zu entscheiden, welche kurzfristigen Maßnahmen erforderlich waren. Und in der Zwischenzeit reduzierte er die Befugnisse und den Zuständigkeitsbereich des Geheimdienstes ganz erheblich, und mit den National Security Action Memoranda (NSAM) wurde seine künftige Tätigkeit klar und stark begrenzt.

Der Arbeitsgruppe Kuba gehörten an: der ehemalige Stabschef der US-Armee, General Maxwell Taylor, der damalige Justizminister Robert F. Kennedy, der damalige Chef des CIA, Allen Dulles und der Marinechef Admiral Arleigh Burke. Der Ermittlungsausschuß, die sogenannte »Grüne Kommission«, übte auf die Moral der CIA-Führer entschiedenen Einfluß aus. Hunt erinnert sich an diese Zeit: »Als Angehöriger von Dulles' Mitarbeiterstab nahm ich im Speisesaal des Direktors mein Mittagessen ein und konnte beobachten, wie er von den Sitzungen der Grünen Kommission jedesmal ein wenig mitgenommener und grauer wiederkehrte.« Hunt empörte sich darüber, daß die Untersuchung von Kennedys Leuten durchgeführt wurde, jenen, die zuließen, daß eine Insel, knapp hundertzwanzig Kilometer vor unserer Küste, im Einflußbereich einer kommunistischen Diktatur verblieb.«

Phillips schrieb, er sei ins Pentagon geschickt, worden, »um von General Maxwell Taylor verhört zu werden«, und Taylor habe »langsam den Kopf geschüttelt«, als Phillips seine Version der Ereignisse vorbrachte. »Robert Kennedy erforschte mit aufgekrempelten Hemdsärmeln die inneren Mechanismen des Nachrichtendienstes«, klagte Phillips. Vielen CIA-Führungsoffizieren war klar, daß die glücklichen Tage der Vergangenheit angehörten, schloß Phillips.

Kennedy versuchte den Geheimdienst zu kontrollieren, indem er dessen künftigen Handlungsspielraum durch die Denkschriften der Nationalen Sicherheitsbehörde Nr. 55, 56 und 57 ganz erheblich einschränkte. Die Dokumente unterbanden, theoretisch, daß der CIA weiter eigenmächtig Kriege führen konnte. Dem CIA war nicht gestattet, Operationen einzuleiten, die mehr Feuerkraft erforderten, als durch Handfeuerwaffen erzeugt werden konnte.*

Was damit beabsichtigt war, war klar; und ebenso klar war die Reaktion des CIA. Die Militärbasen, die der CIA in Südflorida unterhielt, wurden nicht geschlossen. Der CIA sorgte weiterhin für die Organisation, Finanzierung und Ausrüstung von Exilkubanern, die während des gesamten Zeitraums militärische Überfälle auf Kuba durchführten. Diese Überfälle wurden noch lange Zeit nach der Ermordung John Kennedys weiterverfolgt; in ihrer Gesamtheit stellten sie einen Verstoß gegen den neuformulierten Auftrag des CIA dar.

Robert Kennedy lehnte die Bitte seines Bruders, die Leitung des CIA zu übernehmen, aus politischen Gründen ab. Er erklärte, die Ernennung könne kein Erfolg werden, da er »Demokrat und sein Bruder« sei (Schlesinger, 1978). Statt dessen wurde der Republikaner John McCone eingesetzt. Nach den Wahlen im Jahre 1964 würden politische Erwägungen gewiß in den Hintergrund treten. Schlesinger zufolge wurde Robert Kennedy in der Zwischenzeit inoffiziell mit der Aufgabe betraut, den CIA zu beobachten.

Der CIA hatte andere Pläne. John Kennedy würde die Wahl im Jahre 1964 nicht mehr erleben. Er würde noch 1963 einem Attentat zum Opfer fallen, und das würde in einer Weise vor sich gehen, die weder das Image noch die Macht des Geheimdienstes beeinträchtigen sollte.

* Die drei NSAM gehörten zu den wichtigsten Dokumenten der tausend Tage der Regierung Kennedy. Sie beruhten auf dem Bericht der Arbeitsgruppe Kuba, den Kennedy am 13. Juni 1961 von General Taylor erhielt. Man hatte Taylor gebeten, einen geeigneten Kurs vorzuschlagen, um künftige CIA-Fiaskos zu verhindern. Prouty wurde damit betraut, die Dokumente an den Vorsitzenden des Generalstabs und andere hochrangige Offiziere der US-Armee zu übergeben und sie über deren Bedeutung zu informieren. Im August 1991 berichtete er mir: »In meiner gesamten Laufbahn hatte ich mit keiner Angelegenheit zu tun, die soviel Erregung hervorrief. Die Denkschrift Nr. 55 der Nationalen Sicherheitsbehörde nahm dem CIA die Möglichkeit, seine Geheimoperationen durchzuführen, von denen er nicht lassen wollte, nur kleinere Aktionen waren noch erlaubt. Das Papier war höchst brisant. Der Militär-Industrie-Komplex war nicht erfreut.«

Beim CIA wurde jeder Schritt Kennedys genauestens untersucht und bewertet. Anhand seines psychologischen Profils, von CIA-Experten erstellt, sagte man sein künftiges Verhalten voraus. Nach Meinung der CIA-Leute waren ihre Spekulationen über künftige Ereignisse wissenschaftlich begründet, ungeachtet dessen, daß sie sich bei zahlreichen anderen Angelegenheiten gründlich verrechnet hatten.

Vom Standpunkt der CIA-Führung stellte eine mögliche gründliche Untersuchung der geheimnisumwitterten Geschichte des Geheimdienstes ein nicht tragbares Risiko dar – zumal sie für einen Präsidenten, der die Eliminierung des CIA rechtfertigen wollte, unabdingbar war.

Die Entfernung Hoovers aus seinem Amt nach den Wahlen im Jahre 1964 war, sofern Kennedy siegen würde, eine ausgemachte Sache. Die Kennedys hätten dann freie Hand gehabt, das Justizministerium ohne Einmischung des Fußvolks und der Ermittler Hoovers zu leiten. Das Heer der FBI-Agenten wäre dann, zum erstenmal in der Geschichte Amerikas, dem Justizminister und dem Präsidenten und nicht Hoover rechenschaftspflichtig gewesen. Hoover, der fast ein halbes Jahrhundert lang Chef der Geheimpolizei gewesen war, hielt sich inzwischen für das eigentliche Staatsoberhaupt. Die amerikanischen Präsidenten betrachtete er als Durchreisende, die während seiner Amtszeit kurzfristig in Erscheinung traten, um bald wieder vergessen zu werden. An Hoovers Büros adressierte Memoranden trugen den Vermerk »S.O.G.«. Diese von Hoover geschaffene Bezeichnung war eine Abkürzung für »Seat of Government«.

Wäre Hoover seines Amtes enthoben worden, hätten dem Präsidenten 1964 alle Möglichkeiten offengestanden. Mit dem Bündnis zwischen FBI und CIA, das ihre Missetaten vor öffentlichen Nachforschungen und strafrechtlicher Verfolgung schützte, wäre es vermutlich aus gewesen.

Um den CIA in einen neuen Nachrichtendienst umzuwandeln, der dem Präsidenten rechenschaftspflichtig und der Leitung Robert Kennedys unterstellt gewesen wäre, wäre höchstwahrscheinlich eine Erklärung fällig gewesen, die eine solch drastische Umwälzung gerechtfertigt hätte. Zwar hätten die CIA-Bosse wohl kaum Schauprozesse im sowjetischen Stil fürchten müssen, doch eine öffentliche

Abrechnung mit Übergriffen, einhergehend mit einer gründlichen Untersuchung eines Potentials, das damals nur den CIA-Führungsoffizieren völlig klar war, lieferte genügend Stoff für Alpträume. Ein starker, ehrgeiziger Präsident, der entschlossen war, die Zügel im Staate selbst in die Hand zu nehmen, hätte mehr zunichte gemacht als nur ein paar Karrieren.

Für den CIA waren die Risiken klar, und sie waren zu bedrohlich, um die Entscheidung dem normalen Gang der Dinge zu überlassen. Den Politikern brachten die CIA-Offiziere kaum verhüllte Verachtung entgegen. Nicht selten erschienen die Agenten im Kapitol vor Kongreßausschüssen und blendeten die Abgeordneten und ihre Mitarbeiter durch Taschenspielertricks. Zu Hause in Langley lachten sie sich ins Fäustchen, weil alles so einfach gewesen war. Kompromisse, die den totalen Einsatz im Krieg gegen den Kommunismus verhinderten, betrachteten sie als bürokratischen Nonsens. Sie, die Offiziere des CIA, setzten tagtäglich ihr Leben, oder zumindest das ihrer amerikanischen und ausländischen Agenten, aufs Spiel, während der Präsident und seine Berater, von den Dinnerpartys im Weißen Haus kommend, im Gesellschaftsanzug an Sicherheitsbesprechungen teilnahmen, Wenn Hoover *meinte*, er befände sich im Zentrum der Macht, so *wußten* die CIA-Führungsoffiziere, daß tatsächlich sie sich dort befanden.

Neunzehnhundertvierundsechzig würde in der Innen- und Außenpolitik der Vereinigten Staaten den großen Wandel bringen, sofern der CIA nicht intervenierte. Den CIA-Funktionären drohte eine miese Zukunft, die Zerschlagung ihrer Organisation und die strafrechtliche Verfolgung einiger ihrer Leute. Sie waren wie keine zweite Organisation in der Lage, Attentate auf höchster Ebene zu organisieren, ernsthafte Nachforschungen zu behindern und die Medien zu beeinflussen. Sie hielten die Augen offen und schmiedeten ihre Pläne. Und fast alle Beobachtungen, die sie machten, bestätigten, daß Handlungsbedarf bestand.

Im Oktober 1963 bestand Kennedy darauf, eintausend US-Soldaten, die man euphemistisch als Berater ausgab, sofort aus Vietnam zurückzuziehen. Kenneth O'Donald zufolge hat Kennedy geplant, nach den Wahlen im Jahre 1964 alle Amerikaner aus Vietnam zurückzuholen (O'Donnell und Powers, *Johnny, We Hardly Knew*

Ye). Arthur Schlesinger jr. hat ebenfalls festgestellt, daß Kennedy im Begriff war, dem US-Abenteuer in Vietnam ein Ende zu setzen: »Er war ein umsichtiger Staatsmann und zeigte keinerlei Neigung, in eine verlorene Sache noch viel zu investieren. Kennzeichnend für seine gesamte Amtszeit war gerade seine Fähigkeit, eine Eskalation *abzuweisen* – so wie in Laos, bei der Schweinebucht, der Berliner Mauer, der Kubakrise.«

Schlesinger genießt zwar einen Ruf als angesehener Historiker und O'Donnell gilt als seriöser Politiker, doch beide waren Berater von Kennedy. Folglich sollte man ihre Analyse dessen, wie der Präsident, den sie bewunderten, gehandelt haben könnte, genau untersuchen und mit einer gewissen Vorsicht übernehmen – zumal man in jüngerer Zeit zu Einsichten gelangt ist, die zeigen, daß das Abenteuer Vietnam eine noch größere Katastrophe war, als man glaubte. Meiner Ansicht nach wird ihre Einschätzung jedoch von den Beweismitteln gestützt. Colonel Prouty berichtete, daß Kennedy beschlossen habe, das gesamte Militärpersonal aus Vietnam zurückzuziehen. »JFK hatte vor, die Friedensfrage in den Mittelpunkt des Wahlkampfes von 1964 zu stellen«, erklärte er mir. Prouty zufolge hat Kennedy Generalmajor Victor H. Krulak befohlen, nach Vietnam zu gehen, »sich über den Stand der Dinge« zu informieren und zu entscheiden, »wem wir die Sache in die Hand geben, wenn wir gehen«. Krulak kam, aufgrund seiner Nachforschungen, zu dem Ergebnis, daß General Duong Van Minh, der im Volk als der Große Minh bekannt war, der richtige Mann sei.

Im September 1963 informierte Krulak Robert Kennedy, daß der unbeliebte Führer des Saigoner Regimes, Ngo Dinh Diem, aus Vietnam ausgeflogen werden sollte. Es wurde der Vorschlag gemacht, der Papst solle Kardinal Diem, den Bruder Ngo Dinh Diems, zu sich rufen und versuchen, die friedliche Machtübergabe zu erleichtern. Kennedy entsandte General Maxwell Taylor und Verteidigungsminister Robert McNamara nach Vietnam, um einen Bericht vorzubereiten, der den Rückzug des gesamten amerikanischen Militärpersonals rechtfertigte. Der Präsident meinte, ihr Reisebericht werde der Entscheidung, die amerikanische Beteiligung an den Feindseligkeiten zu beenden, »etwas mehr Nachdruck verleihen«. Während die beiden

Abgesandten in Vietnam weilten, bereiteten Prouty und Krulak den Reisebericht vor, den Taylor und McNamara unterzeichnen sollten, da dessen Inhalt und Folgerungen von vornherein feststanden.

Den Reisebericht schickte Prouty an ein feines Lederwarengeschäft in Georgetown, wo das fertige Dokument eine Hülle erhielt. Es enthielt Karten und Fotos und bot eine ausführliche politische und militärische Analyse. Die Unterlagen wurden nach Hawaii geschickt und an Taylor und McNamara weitergereicht, die sich gerade auf der Rückreise nach Washington befanden. Die Abgesandten landeten auf der Andrews Air Force Basis unweit des Kapitols; den Reisebericht hatten sie im Flugzeug gelesen und unterzeichnet. Er wurde Präsident Kennedy übergeben, der ihn akzeptierte und am 2. Oktober 1963 die Denkschrift Nr. 263 der Nationalen Sicherheitsbehörde (NSAM) vorbereitete. Dieses Memorandum, dem Teile des Reiseberichts als Quelle zugrunde lagen, enthielt den Plan für den Rückzug der Vereinigten Staaten aus Vietnam.

»Kennedy diktierte die aussagekräftigen Passagen des 263«, erzählte mir Prouty. »Er begnügte sich nicht damit, das gesamte US-Militärpersonal zurückzuziehen, er wollte alle Amerikaner nach Hause holen.« Damit meinte er, so Prouty weiter, »alle CIA-Offiziere und Agenten«. Prouty berichtete, daß die dortigen CIA-Leute in einer verzweifelten Lage waren. »Sie waren seit 1945 dort gewesen. Sie waren wütend und enttäuscht.«

Heute beurteilt Prouty die Bedeutung der Denkschrift Nr. 263 und des Reiseberichts so:

»Als Kennedy das Memorandum unterzeichnete, gab er damit den Befehl, der den sofortigen Rückzug von eintausend Mann und die Heimkehr aller Amerikaner unmittelbar nach der nächsten Präsidentschaftswahl einleitete, er gab den Startschuß für den Wahlkampf von 1964 und unterschrieb, natürlich unwissentlich, das eigene Todesurteil.«

Prouty erinnert sich, welche Erregung nach dem Erlaß der Denkschrift am 2. Oktober 1963 in Militärkreisen herrschte. »*Stars and Stripes* brachte Schlagzeilen wie ›Präsident befiehlt Rückzug aller Amerikaner bis 1965‹. Im Pentagon war man außer sich vor Zorn. Auf den Fluren des Verteidigungsministeriums wurde der Name JFK verflucht.«

Prouty, der zuvor öfter mit der Aufgabe betraut worden war, für die Sicherheit des Präsidenten zu sorgen, begegnete auf einem dieser Flure General Lansdale. »Er sagte zu mir: ›Fletch, ich habe eine gute Nachricht für dich. Du darfst zum Südpol reisen.‹« Am 10. November 1963 reiste Colonel Prouty zum Südpol ab. Folglich war der Mann, der Präsident Kennedy in Militär- und Sicherheitsfragen die beste Rückendeckung gab und der Mitverfasser des Reiseberichts war, auf dem die Denkschrift Nr. 263 beruhte, am 22. November 1963 nicht in Dallas.

Als ich im Juni 1991 mit Prouty am Kapitel zu Mittag aß, zeigte er mir ein Foto, das am Tag des Attentats in Dallas aufgenommen worden war. Es zeigte einen Mann, der gerade seitlich von der Kamera fortging, deshalb war nur eine Ansicht von rechts hinten zu erkennen. »Ich habe nicht den geringsten Zweifel«, erklärte Prouty, »daß dieser Mann Ed Lansdale ist.« Als Prouty die Fotografie damals sah, wußte er, warum er im November 1963 außer Landes geschickt worden war.

Es ist nicht völlig auszuschließen, daß Beweismittel gefunden werden, die zeigen, daß Kennedy die amerikanische Präsenz in Südostasien nach den Wahlen von 1964 möglicherweise nicht zurückgezogen hätte. Man kann tatsächlich den Standpunkt vertreten – berücksichtigt man das gesamte bekannte Tatsachenmaterial, das teilweise aus Militär- und Geheimdienstquellen im nachhinein erschlossen wurde –, daß er sich entweder noch nicht endgültig entschlossen hatte oder aus politischen Gründen widersprüchliche Signale gab. So oder so, seine öffentliche Stellungnahme zu der Frage alarmierte die Leiter der »Kennedy Watch« (der CIA-Abteilung zur Überwachung Kennedys); und dem Geheimdienst war daran gelegen, daß der Krieg weiterging und weiter eskalierte – Entwicklungen, die fast unmittelbar nach Kennedys Tod eintraten.

Kennedy hatte außerdem ein Programm eingeleitet, das die CIA-Beamten glauben ließ, ihr Lieblingstraum von einem freien Kuba – das heißt einem Kuba ohne Fidel Castro – werde nie in Erfüllung gehen.

Im Sommer 1963 erwog die Regierung Kennedy, ein Abkommen mit Fidel Castro zu schließen. Kennedy fand es absurd, Studenten zu belangen, die von den USA aus nach Kuba reisten, was gesetzlich verboten war. Er sagte zu Schlesinger und Richard Goodwin, es sei doch völlig in Ordnung, nach Kuba zu fahren – wenn er selbst ein Student wäre, würde er auch dorthin fahren wollen.

Schlesinger zufolge erklärte Robert Kennedy kaum ein Jahr später, daß die Regierung stets ein Abkommen mit Fidel Castro für möglich gehalten und diskutiert hatte.

Der Winter der Verwirrung war vorüber. Der Kalte Krieg trat in den Hintergrund. Kennedy hatte ein Teststoppabkommen mit den Russen ausgehandelt und dann das amerikanische Volk davon überzeugt, daß dieser Schritt richtig war. Als der Sommer zu Ende ging, konnte er durchsetzen, daß das Abkommen vom Senat ratifiziert wurde.

Kennedy erkannte, daß Castro daran interessiert war, die Möglichkeit einer Wiederannäherung an die Vereinigten Staaten auszuloten. Robert Kennedy erklärte später, daß »Castro vorsichtig seine Fühler ausstreckte« und »wir im Laufe der Zeit darauf eingingen«.

Der Präsident betraute William Attwood, den US-Botschafter in Guinea und ehemaligen Redakteur der Zeitschrift *Look*, mit der Aufgabe, die Verhandlungen mit Castro zu führen. Im September traf der kubanische Botschafter bei den Vereinten Nationen, Carlos Lechuga, mit Attwood zusammen und diskutierte die Möglichkeit von Gesprächen über die Verbesserung der Beziehungen zwischen beiden Ländern.

Am 18. September lieferte Attwood sein »Memorandum über Kuba« beim Außenministerium ab. Es besagte zur Sache:

»Neutrale Diplomaten und andere Leute, mit denen ich bei der UNO und in Guinea gesprochen habe, haben Anlaß zu der Vermutung gegeben, daß Castro über seine gegenwärtige Abhängigkeit vom Sowjetmachtbereich nicht glücklich ist; daß ihm die Rolle eines Satellitenstaates nicht behagt; daß ihm das Handelsembargo schadet – obwohl es seine Stellung nicht wirklich gefährdet; und daß er gerne in irgendeiner Form offiziellen Kontakt zu den Vereinigten Staaten aufnehmen und sich um die Normalisierung der Beziehungen zu uns bemühen würde – obwohl dies vom harten Kern seines kommunistischen Gefolges, zum Beispiel von Che Guevara, nicht gern gesehen wird.

Dies alles mag zutreffen oder nicht. Doch es hat den Anschein, daß wir etwas zu gewinnen und nichts zu verlieren hätten, wenn wir herausfänden, ob Castro tatsächlich gesprächsbereit ist und zu welchen Konzessionen er bereit wäre ...«

Der Staatssekretär im Außenministerium, Averell Harriman, Robert Kennedy und Präsident Kennedys Sonderberater für nationale Sicherheit, McGeorge Bundy, waren an den Gesprächen über den Plan beteiligt, Attwood als inoffiziellen Abgesandten zu Castro zu schicken. Bundy sagte zu Attwood, der Präsident ziehe es vor, ›auf eine Öffnung gegenüber Kuba zu drängen‹. Deren Zweck sei, Castro aus dem ›sowjetischen Block‹ herauszuholen, vielleicht die Schweinebucht-Invasion vergessen zu machen und eventuell zu normalen Beziehungen zurückzukehren«.

Wie Robert Kennedy berichtete *(RFK and His Times)*, erstattete Attwood Lechuga Bericht; Präsident Kennedy gab das Signal weiterzumachen, und Attwood sollte im Dezember 1963 oder im Januar 1964 mit Castro zusammentreffen und verhandeln; Ziel sei es gewesen, so der Justizminister, eine Normalisierung der Beziehungen beider Länder anzustreben.

Präsident Kennedy war nicht gewillt, die diplomatischen Verhandlungen abzuwarten und nahm deshalb die Dienste des französischen Journalisten Jean Daniel in Anspruch, der für *L'Express* arbeitete und mit Attwood befreundet war. Als Kennedy hörte, Daniel wolle nach Havanna aufbrechen, um Castro zu interviewen, lud er ihn ins Weiße Haus ein.

Kennedy versicherte Daniel, er habe sich über Kuba ausgiebig Gedanken gemacht. Er übernahm die Verantwortung für die schlechte Behandlung, die Kuba durch die Vereinigten Staaten widerfahren sei, und gab zu, daß die »wirtschaftliche Kolonialisierung, Demütigung und Ausbeutung«, von der Kuba betroffen war, zumindest teilweise auf die Politik der Vereinigten Staaten während des Batista-Regimes zurückzuführen sei. Der Präsident, der sich über den Journalisten an Castro wandte, sagte im einzelnen:

»... Ich werde noch weiter gehen: Bis zu einem gewissen Grade ist es so, als sei Batista eine Inkarnation einer Reihe von Sünden, die die Vereinigten Staaten begangen haben. Nun müssen wir für diese Sünden bezahlen. Was das Batista-Regime betrifft, bin ich mit den kubanischen Revolutionären einer Meinung. Das ist vollkommen klar.«

Er führte weiter aus: »Mit der Proklamation, die Fidel Castro in Sierra Maestra gemacht hat, war ich einverstanden.« Dann wandte er sich dem anstehenden Problem zu: »Die Vereinigten Staaten können, ungeachtet der Monroe-Doktrin, in dieser Hemisphäre durchaus mit einem Staat koexistieren, der ein anderes Wirtschaftssystem annimmt. Probleme entstehen lediglich durch die unterwürfige Beziehung zur Sowjetunion.« Kennedy beendete das Gespräch, indem er Daniel bat, ihn nach seiner Rückkehr aus Havanna wieder zu besuchen, und meinte: »Es interessiert mich, wie Castro reagiert.«

Während Daniel in Havanna weilte, erklärte Kennedy am 18. November 1963 vor den Inter-American Press Associates in Miami klar und unzweideutig, daß die Vereinigten Staaten »keiner Nation vorschreiben, wie sie ihr Wirtschaftsleben zu organisieren habe. Jeder Nation steht es frei, ihre wirtschaftlichen Institutionen gemäß den nationalen Erfordernissen und nach eigenem Gutdünken zu gestalten.« Sobald Kuba seine eigene Souveränität wiederherstelle und seine subversiven Anstrengungen außerhalb der eigenen Grenzen einstelle, sei »alles möglich« und »wir werden die Hand ausstrecken und unsere Freundschaft und Hilfe anbieten«.

Am folgenden Tag teilte Bundy Attwood mit, der Präsident wolle ihn unmittelbar nach der Besprechung zwischen Attwood und Lechuga sehen.

Am Abend trafen Castro und Daniel in Havanna zusammen. Sie unterhielten sich sechs Stunden lang. Daniel berichtete, Castro habe Kennedys Worten »mit verzehrendem, leidenschaftlichem Interesse« gelauscht. Dreimal bat Castro Daniel zu wiederholen, was Kennedy über Batista und die Verantwortung der Vereinigten Staaten in dieser Sache gesagt hatte.

Selbstverständlich war Castro mit den Auswirkungen der Sünden der Vereinigten Staaten für die kubanische Wirtschaft und das kubanische Volk mindestens ebenso vertraut wie Kennedy. Ebendiese geschichtliche Entwicklung hatte zur kubanischen Revolution geführt. Die USA hatten Kuba schon vor Anbruch des zwanzigsten Jahrhunderts beherrscht, das Land nach dem spanisch-amerikanischen Krieg vier Jahre lang besetzt und die Marine erst dann zurückgezogen, nachdem die US-Militärs durchgesetzt hatten, daß die kubanische Verfassung durch das Platt-Amendment ergänzt wurde, das eine Rückkehr der US-Marine, beinahe nach eigenem Ermessen, zuließ.

Bevor Castro seinen Aufstand organisierte, war ein Großteil Kubas in der Hand von US-Konzernen, einschließlich gut neunzig Prozent der Bodenschätze und fast der Hälfte des Hauptprodukts der Landwirtschaft, Zucker. Farbige Einwohner und die Bewohner ländlicher Gegenden litten an Unterernährung. Fulgencio Batista ging weiterhin finanzielle Abmachungen ein, von denen United Fruit und andere amerikanische Gesellschaften profitierten, während das kubanische Volk eindeutig den Schaden trug.

Batista, der zunächst in Havanna, dann in Florida und später wieder in Havanna residierte, wurde als Gegenleistung für seine Dienste Multimillionär.

Als Kennedy, durch den Vermittler Daniel, anscheinend eine gewisse Verantwortung für den Verlauf der Geschichte auf sich nahm, hielt Castro inne, dachte nach und sagte dann: »Ich glaube, Kennedy ist aufrichtig. Ich glaube auch, daß heute ein Ausdruck von Aufrichtigkeit politische Konsequenzen haben könnte.«

Er fügte hinzu, er werde kein Ultimatum von den Vereinigten Staaten akzeptieren. Über Kennedy sagte Castro: »Es besteht immer noch die Möglichkeit, daß er in den Augen der Geschichte der größte Präsident der Vereinigten Staaten sein wird, ein Mann, der begreifen könnte, daß eine Koexistenz zwischen Kapitalisten und Sozialisten möglich ist.«

Er drängte Daniel, »Friedensbotschafter« zu werden. Castro fügte hinzu: »Sie können ihm sagen, daß ich bereit bin, öffentlich zu erklären, Goldwater sei mein Freund, wenn das Kennedys Wahlsieg garantiert.«

Das Interview ging in den frühen Morgenstunden des 20. November 1963 zu Ende.

Am 22. November 1963, zwei Tage nach dem Gespräch über Frieden und Koexistenz, trafen sich Castro und Daniel zum Mittagessen in Castros Strandhaus. Dort hörten sie, daß Kennedy ermordet worden war. Castro wiederholte immer wieder: *»Es una mala noticia«* –

das ist eine schlechte Nachricht. Zu Daniel sagte er: »Ihre Friedensmission ist vorüber.«

Über den neuen Präsidenten, Lyndon B. Johnson, fragte Castro Daniel nur eines:

»Wieviel Macht hat er über den CIA?«

Etwa gleichzeitig stellte der gramgebeugte Robert Kennedy dem CIA-Chef McCone eine einzige Frage. »Hat der CIA meinen Bruder ermordet?«

Robert Kennedy, der für den Präsidenten die Aufsicht über den CIA führte, wußte mehr über die Möglichkeiten, Fähigkeiten und Neigungen des CIA als jeder andere US-Bürger, mit Ausnahme der hochrangigen Geheimdienstleute selbst. McCone verneinte, und der Justizminister wollte ihm Glauben schenken. Dennoch ist McCones Antwort, angesichts der Beweislage, nicht glaubwürdig. Möglich ist jedoch, daß er selbst damals glaubte, die Wahrheit zu sagen.*

Der neue Präsident machte damit als erstes die Eskalation des Vietnamkriegs möglich. Jahre später, nachdem die Zahl der US-Soldaten von 16 500 zur Zeit des Attentats auf über 500 000 gestiegen war und nachdem gut 50 000 Amerikaner und über eine Million Vietnamesen, Laoten und Kambodschaner den Tod gefunden hatten, endete der Krieg schließlich mit der militärischen Niederlage der Vereinigten Staaten. Johnson gab außerdem Anweisung, alle Bemühungen um eine Wiederannäherung an Castro einzustellen. Im März 1964 unterzeichnete Johnson die Denkschrift Nr. 288 der Nationalen Sicherheitsbehörde, die Kennedys Plan widerrief, die Kriegsteilnahme der US-Streitkräfte noch im selben Jahr zu beenden. In den darauffolgenden Monaten erhöhte Johnson die amerikanische Militärpräsenz von knapp 20 000 Mann auf etwa eine Viertelmillion. Diese Regelung aus dem Jahr 1963 ist noch heute in Kraft.

Der CIA war verschont geblieben und sollte bald wieder zu Kräften kommen. Es dauerte nicht lange, bis die Echos der »Operation

* Gerade vier Tage nach dem Tod Präsident Kennedys unterzeichnete Lyndon B. Johnson die Denkschrift Nr 273 der Nationalen Sicherheitsbehörde, mit der die Politik des Rückzugs aus Vietnam eine Umkehr erfuhr und die die Eskalation des Konflikts einleitete. Der CIA hatte die Oberhand gewonnen. Aus dem Engagement in Südostasien wurde ein massiver Bodenkrieg.

Mongoose«, mit neuen Kodenamen, erschallten. Der CIA rekrutierte die fanatischen Überlebenden der Brigade, die in Kuba eingefallen war. Die Kommandounternehmen gegen Kuba wurden wiederaufgenommen.

Buch IV: Die Entdeckung

Haviv Schieber

Sie sollten Ben Hechts *Perfidy* lesen, ein wichtiges, provokatives Buch, aber da es seit seinem Erscheinen im Jahre 1961 in Amerika nicht wieder aufgelegt worden ist, werden Sie es wohl nur über eine Bibliothek bekommen. Hecht, der vor allem als Drehbuchautor von Hollywood-Klassikern wie *The Front Page* bekannt ist, legte mit diesem Buch einen Tatsachenbericht über ein Gerichtsverfahren in Israel vor, das damals den neugegründeten Staat bis in die Grundfesten erschütterte.

Malchiel Greenwald, ein verarmter europäischer Jude, emigrierte nach Israel und verwendete seine mageren Ersparnisse, um schreiben zu können und Artikel zu veröffentlichen, in denen er seine kritische politische Meinung mit Entschiedenheit vertrat.

In einem dieser Artikel, der als »Flugblatt Nr. 51« in die israelische Rechtsgeschichte eingegangen ist, erklärte er, Dr. Rudolf Kastner, ein damals hochangesehener israelischer Politiker, sei ein Verräter, der mit den deutschen Nazis, unter anderem Adolf Eichmann, kooperiert und an der Deportation ungarischer Juden mitgewirkt habe.

Greenwald wurde vom Staat Israel das schwere Verbrechen der Veröffentlichung einer Schmähschrift zur Last gelegt; schließlich wurde Anklage erhoben. Bevor man offizielle Maßnahmen gegen Kastner ergreifen konnte, der den Staat in Verlegenheit gebracht hatte, wurde der gute Doktor vor seiner Wohnung in der Emmanuelstraße 6 in Tel Aviv niedergeschossen. Der Täter war Zeev Eckstein, der noch wenige Monate vor dem Mord als bezahlter Geheimagent für den Mossad, den isrealischen Nachrichtendienst, tätig gewesen war.

Wenn Sie *Perfidy* gelesen hätten, würden Sie Haviv Schieber sofort als den geistigen und politischen Zwillingsbruder von Malchiel Greenwald, der Hauptfigur in Hechts Buch, erkennen. Sie hatten sogar äußerlich eine gewisse Ähnlichkeit.

Haviv verließ Israel, zog in die Vereinigten Staaten und empörte sich über die Repressionen, die man Palästinensern und palästinenserfreundlichen Juden auferlegte; schließlich begann er, ähnlich wie Greenwald, Flugblätter zu veröffentlichen.

Bis zu seinem Tode im Jahre 1988 verfocht Haviv, er war polnischer Jude und Mitbegründer des Staates Israel, einen anderen Weg zum Frieden im Nahen Osten. Er gründete das Holy Land State Committee und wirkte darauf hin, daß Juden und Palästinenser gemeinsam einen säkularen, demokratischen Staat gründen sollten, der die Gebiete des heutigen Israel, des Westjordanlands und des Gazastreifens umfaßt.

Im Jahre 1980 lernte ich Haviv Schieber auf einer Menschenrechtskonferenz in Washington kennen. Wir waren weder politisch noch von unserer Lebensanschauung her einer Meinung. Unsere Weltbilder hätten nicht unterschiedlicher sein können. Doch er beeindruckte mich als Zeuge wichtiger zeitgeschichtlicher Ereignisse, und außerdem vertrat er seinen utopischen Entwurf für den Nahen Osten mit soviel Optimismus und Zielstrebigkeit, daß er mich einfach für sich einnahm. Seinen Lebensunterhalt verdiente er sich recht und schlecht, indem er sich als Fachmann für Elektroinstallationen, Reparatur- und Malerarbeiten ausgab. Fragwürdig an seinem Geschäft war jedoch nicht nur die Qualität der Dienstleistungen, man mußte auch anzweifeln, ob es sich überhaupt um reparierende Arbeiten handelte.

Eines Tages kam er zum Frühstück in mein Haus in Capitol Hill. Erstaunlicherweise hatte unsere Freundschaft inzwischen seinen Versuch überstanden, das Erdgeschoß dieses Gebäudes teilweise umzubauen und zu renovieren.

Ohne Ankündigung oder Einleitung platzte Haviv heraus: »Eine böse Sache ist das mit Carter. Mit ihm ist es aus.«

Havivs Verstand arbeitete mit rasanter Geschwindigkeit, und wer nicht genau hinhörte und nicht auf seine Gedankengänge eingestimmt war, konnte leicht der Unaufmerksamkeit überführt werden. Neue Bekannte hatten meist auch Schwierigkeiten mit Havivs Englisch. Er sprach mehrere Sprachen, teilweise gleichzeitig, und sein Englisch war von einem unverwechselbaren polnisch-jiddisch-mitteleuropäisch-nahöstlichen Akzent geprägt. Einmal gestand er mir, daß er Englisch noch am besten beherrschte.

»Wer ist Carter?«, wollte ich wissen.

»Was, du kennst Carter nicht, den Herausgeber von *Spotlight* bei Liberty Lobby?« wunderte er sich.

Ich räumte ein, daß ich von *Spotlight* und Liberty Lobby gehört hatte. »Ist das nicht eine extremistische, antisemitische Gruppierung?« fragte ich.

Haviv seufzte tief und sagte: »Nicht du auch noch, Mark. Wer die Politik von Israel kritisiert und Arafat zu Wort kommen läßt, ist nicht automatisch anti-semitisch. Arafat ist selbst ein Semit.«

Dann erzählte er mir von dem Exklusivinterview mit Yassir Arafat, das *Spotlight* gebracht hatte, als sich praktisch alle anderen überregionalen Zeitungen weigerten, seine Äußerungen in den USA zu verbreiten.

Als ich bemerkte, daß wir vom Thema abschweiften, was bei Gesprächen mit meinem Gast eigentlich immer der Fall war, fragte ich noch einmal, wer Carter sei und warum es mit ihm aus wäre.

Haviv korrigierte meine Aussprache: »Nicht Carter, Carto – *Carto*. Hunt zwingt ihn, seinen Laden dichtzumachen.« Greenwalds Anwalt, so wie ihn Hecht dargestellt hat, sah sich vor ganz ähnliche Schwierigkeiten gestellt, als er den Sachverhalt feststellen wollte, wie ich sie im Gespräch mit meinem Freund Haviv erlebte.

Bevor das Frühstück zu Ende ging, konnte ich jedoch in Erfahrung bringen, daß E. Howard Hunt, der als Watergate-Verschwörer verurteilte Funktionär der Central Intelligence Agency, einen Prozeß gegen Victor Marchetti, einen ehemaligen hochrangigen CIA-Beamten, und Liberty Lobby, Inc., den Herausgeber von *Spotlight*, angestrengt hatte, und zwar wegen eines Artikels über die Ermordung Präsident Kennedys, den Marchetti geschrieben und *Spotlight* veröffentlicht hatte.

Hunt gewann den Prozeß, und für den Verlust seines guten Namens wurde er mit bald einer dreiviertel Million Dollar entschädigt, eine phantastische Summe, vor allem wenn man bedachte, welchen Ruf Mr. Hunt in Amerika genoß.

Haviv erklärte mir, Mr. Carto, der Vorsitzende von Liberty Lobby und *Spotlight*, hätte schlicht und einfach nicht das Geld, um die Strafe zu bezahlen, und bräuchte einen guten Anwalt, der den Fall prüfen und ihm helfen müsse.

Haviv hatte eine neue, wenn auch nicht so langwierige Mission gefunden. Er ließ sich auf einen kleinen Kreuzzug ein. Ich sollte die Beklagten, Marchetti und die Zeitung, vertreten; wir würden gewinnen und so die Wahrheit über den Tod von Präsident Kennedy aufdecken; und eine überregionale Zeitung, die in der Nahostfrage eine abweichende Meinung veröffentlichte, würde überleben.

Schließlich konnte sich Haviv mit seiner Hartnäckigkeit durchsetzen. Carto und ich verabredeten uns an einem Nachmittag im Liberty-Lobby-Büro, das von mir aus zu Fuß leicht zu erreichen war.

Haviv erlebte es nicht mehr, daß sich seine großartige Utopie einer friedlichen Lösung für den Nahostkonflikt verwirklicht hätte. Sein bescheidenerer Traum, der Wahrheit im Fall Kennedy näher zu kommen und ein Organ des politischen Dissens zu erhalten, realisierte sich jedoch aufgrund seines Eingreifens in mein und Willis Cartos Leben. Ebenso wie es eines Malchiel Greenwald und eines Rufmordprozesses bedurfte, um in Israel die Wahrheit über Dr. Rudolf Kastner zu enthüllen, bedurfte es eines Haviv Schieber und eines Rufmordprozesses, um in den Vereinigten Staaten die Wahrheit über E. Howard Hunt und das Attentat auf Präsident Kennedy herauszufinden.

Willis Carto

Carto empfing mich in einem winzigen Büro, das kaum die Dimensionen mancher Wandschränke in Capitol Hill besaß und sich in einem Komplex zweier stattlicher Gebäude befand. Das eine Haus beherbergte die Redaktion und die Herstellungsabteilung für *Spotlight*, das andere die Büroräume von Liberty Lobby.

Wir sprachen ausschließlich über den Fall Hunt, während ich zu verbergen versuchte, daß ich über Carto und seine Überzeugungen nur allzugern mehr erfahren hätte.

Was mich erstaunte, war die schlichte Ausstattung seines Büros. Es befand sich gegenüber der Kongreßbibliothek und bot einen Blick auf das Bürogebäude des Repräsentantenhauses. Der Oberste Gerichtshof der Vereinigten Staaten und das Kapitol waren nicht weit. Wir befanden uns in einer Stadt, wo die Statussymbole schon lange Konjunktur hatten – Limousinen, feudale Teppiche, Anwälte, die fünfhundert Dollar pro Stunde berechneten, und die kleinen Abgeordneten, die schon einen Stab von Sekretärinnen und Empfangsdamen um sich sammelten –, und da saß Carto hinter einem schäbigen Schreibtisch in einem Büro, dessen Wände nur ein gerahmter Druck von George Washington und eine Uhr schmückten.

Er sah fit und gepflegt aus und trug einen Anzug, der offensichtlich von der Stange kam.

Er erklärte mir, er habe sich nie mit den näheren Umständen des Attentats auf Präsident Kennedy befaßt, bis Victor Marchetti im Sommer 1978 auf ihn zukam und ihm einen Artikel anbot. »Über die Kontroverse um den Warren-Bericht hatten wir noch nie ein Wort veröffentlicht«, sagte er. »Doch dann kam Victor mit diesem Bericht.«

»Sie kannten Marchetti?« fragte ich.

»Gewiß. Ich wußte, daß er aufgrund seiner Tätigkeit für den CIA ein Geheimdienstexperte war. Und als er mich anrief und mir mitteilte, er habe einen interessanten Artikel über das Attentat geschrieben, der auf Informationen beruhte, die er ausgegraben hatte, während der Kongreßausschuß seine Arbeit aufnahm, wollte ich mir die Sache ansehen.«

Cartos Interesse an Marchetti wurde geweckt, als der ehemalige CIA-Offizier sein Buch *The CIA and the Cult of Intelligence* (deutsch: *CIA*) veröffentlichte. Damals fiel das Buch aufgrund der Hartnäckigkeit des CIA und der Komplizenschaft der Rechtsprechung noch vor der Veröffentlichung der Zensur zum Opfer; und als es auf den Markt kam, waren Leerseiten dort, wo vorher wichtige Fakten und Analysen zu finden waren. Das Vorgehen des Gerichts war in der Geschichte der Vereinigten Staaten ohne Beispiel und spiegelte den wachsenden Einfluß der mächtigen Polizei- und Spionageorganisationen wider, und zwar in einem Land, dessen Fundament die verfassungsmäßigen Grundrechte, wie das der freien Meinungsäußerung bildeten.

Der Kongreßausschuß, von dem Carto sprach, war der vom Repräsentantenhaus eingesetzte Sonderausschuß, der sich mit den Attentaten auf Präsident Kennedy und Martin Luther King befaßte. Der Hunt-Prozeß beruhte auf einem Artikel, den Marchetti verfaßt hatte, als der Ausschuß seine Arbeit aufnahm. Daher ist eine umfassende Beurteilung des Kontexts und der zeitgeschichtlichen Umstände nur möglich, wenn man die Bildung und Umgestaltung des Sonderausschusses durchschaut. Diese Vorgänge habe ich persönlich miterlebt und die relevanten Fakten in Buch I beschrieben.

Carto war als überzeugter Verfechter der Verfassung über die an Marchettis Werk geübte Zensur einerseits entsetzt, andererseits war seine Neugier geweckt. »Sie haben Teile davon unterschlagen«, erklärte er, »damit war klar, daß der CIA sich für die Korrektheit des Wortlauts des abgedruckten Textes verbürgte. Gegen reine Phantasie hätten sie ja nichts einwenden können; sie hätten vor Gericht wohl kaum beschwören können, die nationale Sicherheit sei bedroht, wenn ein unwahrer Textabschnitt an die Öffentlichkeit gelangen würde.«

Dieser springende Punkt bei der Zensur war nicht unerheblich, und offensichtlich war er Cartos Aufmerksamkeit nicht entgangen. Daher war es gerade das vorsätzliche Handeln des CIA, durch das Marchettis Recht auf freie Meinungsäußerung beschnitten wurde, das Carto davon überzeugte, daß Marchettis Buch eine wahre Fundgrube historisch belangvoller, glaubwürdiger noch unentdeckter Tatsachen darstellen mußte.

Später, als meine Frau und ich uns mit Victor Marchetti und seiner Familie angefreundet hatten, konnte ich meine Neugier nicht mehr zügeln und fragte ihn, welche Enthüllungen der Zensur zum Opfer gefallen waren. Es stellte sich jedoch wie sooft heraus, daß man wohl kaum behaupten konnte, irgendeine davon habe die nationale Sicherheit gefährdet – selbst dann nicht, wenn man die absurdesten geistigen Verrenkungen anstellte. Ein Merkmal hatten jedoch alle gemeinsam. Wenn sie an die Öffentlichkeit gelangten, wäre die Sache für verschiedene Figuren in der CIA-Führung recht peinlich geworden. J. Edgar Hoover hatte für das FBI einen Slogan geprägt, den die jüngere Schwesterorganisation CIA, die mit dem FBI eine inzestuöse Haß-Liebe verband, später übernahm. Der Slogan, an den sich Hoover und seine Untergebenen hielten, war: »Bloß nicht das Büro bloßstellen.« Für Büro lese man die Bürokraten (des Federal Bureau of Investigation).

Ein Beispiel für das aus Marchettis Buch getilgte Material möge genügen. Der CIA war über seinen wahllosen Umgang mit öffentlichen Mitteln niemandem Rechenschaft schuldig und konnte sich daher die Mitarbeit herausragender Wissenschaftler sichern. So betraute der Nachrichtendienst eine Gruppe von wahren Genies mit der Aufgabe, die Abhörtechnik bei Cocktail-Partys zu verbessern. Die normale Tonbandaufnahme war praktisch unbrauchbar, da Hintergrundgemurmel, Gläserklirren und andere Geräusche störten, die für die Abhörexperten unwichtig waren.

Die gutbezahlten Experten sahen sich vor eine interessante Herausforderung gestellt. Sie kamen auf die »geniale« Idee, einer Katze alles nötige technische Gerät einzupflanzen.

Die Katze pirschte sich an die Diplomaten heran, die Abhörexperten mit ihren Kopfhörern waren auf dem Posten. Die Wissenschaftler waren selbst anwesend, um zu sehen, welche Wunder sie bewirkt hatten. Mit starr erhobenem Schwanz schlich das Tier durch den Raum, zeigte jedoch immer noch kein Interesse an den Gesprächen der Gäste. Es blickte sehnsüchtig auf die großzügig mit Kaviar dekorierten Cocktailhappen, konnte sich von den delikaten Fischperlen kaum losreißen, und wurde plötzlich von einem Geräusch hinter der Fußbodenleiste abgelenkt, das die lauschenden Wissenschaftler nach eingehender Analyse einer Maus zuschrieben.

Das Experiment war fehlgeschlagen. Die Katze war, anders als die Tierquäler, nicht an Spionage interessiert. Solche simplen tierischen Triebe hatten sie nicht einkalkuliert.

Eine Woche später kamen die führenden Köpfe der Wissenschaft zusammen, um das jüngst entstandene Problem zu analysieren. Währenddessen entwischte die Katze aus ihrem Gefängnis, überquerte, auf der Suche nach einer Gefährtin, leichtsinnigerweise die Straße und wurde von einem Lastwagen mit achtzehn Rädern totgefahren.

Daraufhin beerdigte der CIA im wahrsten Sinne des Wortes das Projekt. Daß die Veröffentlichung der Episode die Sicherheit der Nation gefährdet hätte, ist schwer vorstellbar. Sie hätte im Gegenteil positive Folgen zeitigen können, denn vermutlich wären die Gegenspieler des CIA in aller Welt durch Lachkrämpfe vorübergehend außer Gefecht gesetzt worden. Doch wäre es falsch anzunehmen, durch das Experiment sei nichts erreicht worden oder die unbekannte Katze habe ihr Leben und ihre körperliche Unversehrtheit umsonst verwirkt. Denn man teilte in der Folge einer befreundeten Nation mit, ihr Botschaftsgebäude beherberge wahrscheinlich einige Mäuse; eine vom Botschafter angeordnete Untersuchung ergab, daß die Einschätzung des Nachrichtendienstes korrekt war, und man rief sofort einen Kammerjäger.

Was Carto an Marchetti auffiel, war seine rasche Auffassungsgabe, sein hervorragendes Gedächtnis und seine analytische Begabung. Angesichts der tiefempfundenen, wenn auch feindseligen Bekräftigung des CIA kam Carto zu dem Schluß, daß Marchetti als Autor des angebotenen Artikels eine zuverlässige Quelle darstelle. Carto, der Schatzmeister von Liberty Lobby, Inc., die *Spotlight* herausgab, übernahm viele Pflichten, die einem Zeitungsherausgeber obliegen. Er traf sich mit Marchetti und dem *Spotlight*-Redakteur und sah den Artikel mit den beiden durch. Nachdem er sich überzeugt hatte, daß der Artikel auf Tatsachen beruhte und Marchetti den Text wahrheitsgetreu verfaßt und in gutem Glauben vorgelegt hatte, stimmte er seiner Veröffentlichung zu.

Carto war ein Verleger, der eine wichtige Story auf den ersten Blick erkannte. Außerdem war er mit der Gesetzgebung bezüglich Ehrverletzung hinreichend vertraut und wußte, daß der gute Glaube, mit dem er sich auf Marchetti verließ, der kein *Spotlight*-Mitarbeiter war, die Veröffentlichung des Artikels gegen Verleumdungsklagen absicherte, soweit die Zeitung betroffen war, denn Hunt stand zweifellos im Rampenlicht der Öffentlichkeit. Was Carto nicht wissen konnte, war, daß der Vorbehalt gegen Liberty Lobby, ein neuer, beängstigender »Rechtsgrundsatz«, rasch Fuß faßte. Es dauerte nicht mehr lange, und die hohen Gerichte beschlossen, Leute abzuweisen, mit deren politischer Grundeinstellung sie nicht übereinstimmten.

Cartos persönliche Überzeugungen haben mit dem Thema dieses Buches nur am Rande zu tun. Doch da ich diese Frage nun einmal angeschnitten habe, scheint es nur recht und billig, sie ein für allemal zu klären. Seit meinem ersten Gespräch mit Willis Carto vor sechs Jahren habe ich Liberty Lobby in drei wichtigen politischen Prozessen vertreten. Neben dem Fall Hunt habe ich vor dem Obersten Gerichtshof der Vereinigten Staaten ein Verfahren gegen Jack Anderson* und für die im ersten Verfassungszusatz garantierten Grundrechte ausgefochten; und vor dem Bezirksgericht von Columbia gewann ich einen Prozeß gegen den arroganten, aufgeblasenen William F. Buckley.

Ich habe immer wieder die Behauptung gehört, Carto sei ein Antisemit und unterstütze die Faschisten. Die Gerichte erklärten dazu feierlich, diese Äußerung sei sooft wiederholt worden, daß jede weitere Aussage dieses Inhalts entweder nicht mehr beleidigend wirken könne oder wahr sein müsse – gemäß der Theorie: Kein Rauch ohne Feuer. Doch im Fall Anderson habe ich auch die beredte Erwiderung von Richter Scalia gehört, der damals am Berufungsgericht des Distrikts Columbia war und heute am Obersten Gerichtshof der Vereinigten Staaten tätig ist:

»Wir sind nicht bereit, beim Gesetz über Verleumdung den Grundsatz anzuwenden, daß 10 000 Wiederholungen so gut wie die Wahrheit seien. Unserer Meinung nach spricht nichts für die Regel, daß eine bewußte, bösartige Verleumdung straffrei bleiben sollte, wenn dieselbe Unwahrheit bereits vorher behauptet wurde.«

An dieser Stelle will ich einmal juristische Überlegungen und auf Präzedenzfällen beruhende Argumente außer acht lassen und nur von eigenen Beobachtungen berichten. Carto hinterfragt die Machtstrukturen, er leugnet, daß Finanzinstitute, die nicht vom Volk gewählt wurden, das Recht besitzen, den Staat zu lenken, ganz gleich welche religiöse oder politische Zugehörigkeit sie aufweisen. Von Natur aus ein nicht gerade scheues Wesen, sagt er seine Meinung freiheraus und nennt die Dinge beim Namen. Wir hatten des öfteren Gelegenheit, abends bei einem Glas guten Bourbon, die Kapricen der Weltpolitik zu erörtern und unsere Weltanschauungen

* Der Fall Anderson wurde beigelegt, indem sich Jack Anderson bereit erklärte, eine Geldspende zu bezahlen und eine Entschuldigung abzugeben.

auszutauschen. In all den Jahren habe ich niemals ein antisemitisches Wort von ihm vernommen. Und ich meine, daß ich aufgrund meines lebenslangen Engagements gegen jede Form von Rassismus hinreichend sensibilisiert bin, um eine solche Beleidigung, und sei sie auch nur latent, zu erkennen.

Nun vergleiche man einmal Carto mit dem »ehrenwerten« Herrn William F. Buckley. Als der Fall Buckley am Bezirksgericht verhandelt wurde, kam zutage, daß sich Buckley gegen das Wahlrecht der Afroamerikaner in den Vereinigten Staaten stark gemacht hatte, und zwar mit der Begründung, sie seien in bestimmten Gegenden den weißen Wählern zahlenmäßig überlegen, und die weißen Wähler gehörten, wie er sich ausdrückte, der höherstehenden, der Herrenrasse an. Dann leistete er sich die Geschmacklosigkeit, beweisen zu wollen, daß er nichts gegen Schwarze und andere Minderheiten habe, indem er in seiner Aussage aufwendige Partys erwähnte, zu denen er Ronald Reagan und andere Stars eingeladen habe, auch einen gewissen Lewis Strauss. »Und der ist Jude«, erklärte Buckley den Geschworenen. Das Wort Jude sprach er so langgezogen, als hätte es sechs Silben statt zwei. Ich habe schon immer den Verdacht gehegt, daß jeder, der das Wort länger als über drei Silben ausdehnt, ein Antisemit ist.

Hätte Carto das, was Buckley hinausschrie, auch nur geflüstert, hätten wir es in der *New York Times* nachlesen können. Buckleys Exzesse ließ die Presse jedoch weitgehend unerwähnt; sie berichtete nicht einmal seine Behauptung, Präsident Eisenhower sei wissentlich an der internationalen kommunistischen Verschwörung beteiligt gewesen, Reverend Adam Clayton Powell sei ein »Nigger«, Eleanor Roosevelt sei mindestens irrational, wenn nicht verrückt, und den Schwarzen in Südafrika stehe das Wahlrecht genausowenig zu wie den Afroamerikanern. Buckleys Amerika, wie er es im Zeugenstand präsentierte, konnte einem Angst einjagen. Als ich dies anhand seiner eigenen Worte bekanntmachte, erschien zu Buckleys Verteidigung ein Artikel im *Wall Street Journal*, den sein Anwalt J. Daniel Mahoney arrangiert und seine Freundin Suzanne Garment veröffentlicht hatte.

Die braven, angepaßten Medien sehen über Buckleys bizarre Vorstellungen und extremen Formulierungen hinweg, denn er vertritt für jedermann offensichtlich die Grundsätze des Establishments und rühmt sich noch seiner Zugehörigkeit zur herrschenden Elite. Außerdem war er ein gerne gesehenes Mitglied der Intelligence Community. David Phillips hat in seinen Memoiren enthüllt, daß er als Leiter des CIA-Büros in Mexico-City Anfang der fünfziger Jahre »unter anderem mit einem amerikanischen Profi-Agenten namens William F. Buckley zu tun hatte«. Seither hat sich Buckley bemüht, als unabhängiger Bilderstürmer statt als Ideologe vom Dienst durchzugehen, indem er vor der Öffentlichkeit sowenig Energie als möglich darauf verwendet, die Erinnerung an seine Tage beim CIA zu wecken. Seine Biographie in *Who's Who in America,* an deren Abfassung er mitgewirkt hat, läßt die Tatsache, daß er überhaupt für den CIA tätig war, sogar völlig unerwähnt.* Und genau Mitte der fünfziger Jahre brachte Buckley seine Zeitschrift heraus, entweder während er noch für den CIA tätig war oder, wie er vermutlich behaupten würde, wenn man ihn in die Enge drängte, kurz nachdem er den Geheimdienst verlassen hatte.

1964 fand er jedoch als renommierter Vordeuter der aktiven Rechten Unterstützung. Und gerade diese Gruppe, so hatte der CIA Johnson und Warren gewarnt, hätte die USA in einen katastrophalen Krieg treiben können, wenn sie das Beweismaterial, das Oswald mit der Sowjetunion in Verbindung brachte, falsch interpretierte.

Während Warren privat von der Notwendigkeit sprach, die Beweise zurückzuhalten, gab Buckley, der als Warrens ideologischer Feind für das Impeachment gegen den Obersten Richter eintrat, dieselbe Story direkt vom CIA an seine Leser weiter.

Am 7. April 1964 verfaßte Buckley einen Leitartikel mit der Überschrift »Warrens Geheimnis«. Er fragte: »Was hatte Mr. Warren im Sinn, als er vor einem Monat die volltönenden Worte äußerte, daß wir unser Leben lang bestimmte Dinge nicht wissen werden, die die Warren-Kommission über das Attentat in Erfahrung brachte?« Buckley beantwortete die Frage so: Ein Freund beim CIA habe ihm gesagt, Oswald sei ein russischer Agent gewesen, habe aber wahrscheinlich nicht den Auftrag gehabt, Kennedy zu ermorden, und Warren wisse dies, wolle es aber nicht an die Öffentlichkeit dringen

* *Who's Who in America,* 39. Auflage, 1976; *Who' Who in America,* 44. Auflage, 1986.

lassen, damit ... – der neue, liberale Buckley hatte sich anwerben lassen und unterstützte die Bemühungen des Geheimdienstes, den Warren-Bericht zu verifizieren, der demnächst veröffentlicht werden sollte.

Vor Gericht sollten wir uns erst später mit Buckley auseinandersetzen – bei unserem ersten Treffen informierte mich Carto über die Fakten, die mit dem Prozeß zusammenhingen, den Hunt angestrengt und gewonnen hatte; er erklärte mir, die Geschworenen hätten Hunt die Summe von 650 000 Dollar zu Lasten von Liberty Lobby zugesprochen; mit Kosten und Zinsen belaufe sich die Rechnung inzwischen auf eine dreiviertel Million Dollar. Schließlich bat er mich, den Fall zu übernehmen, falls der schwebenden Berufung von Liberty Lobby vor dem Berufungsgericht stattgegeben werde.

Ich erklärte mich bereit, Marchettis Artikel zu lesen und das Prozeßprotokoll durchzusehen. Außerdem verschwieg ich nicht, daß mir die beim Prozeß vorgebrachte Verteidigung, das Fehlen böswilliger Absicht, schon Schwierigkeiten bereitete und daß sich, meiner Erfahrung nach zu urteilen, Geschworene mit dieser Theorie schwertaten. Wenn ich den Fall übernehmen sollte, wollte ich die Verteidigung auf der Richtigkeit der zentralen Aussagen aufbauen, der CIA habe Präsident Kennedey ermordet und E. Howard Hunt habe bei diesem Vorhaben mitgewirkt. Ein solches Verfahren durchzuziehen, erklärte ich, würde Zeit und Geld kosten, da es unter den gegebenen Umständen ratsam wäre, eidliche Aussagen von verschiedenen potentiellen Zeugen zu hören, einschließlich ehemaliger Leiter und Führungsoffiziere des CIA sowie ihrer Mitarbeiter. Angesichts dieser Perspektive schien Carto beinahe freudig erregt. Wie er beobachtete, war es nicht ausgeschlossen, daß der Verlauf des Verfahrens und seine Vorbereitung unser Verständnis von einem wichtigen Ereignis unserer Geschichte entscheidend beeinflussen würde. Carto versicherte mir, daß ich bei der Entscheidung, wen ich wann vorladen und welche Fragen ich stellen würde, völlig freie Hand haben sollte.

Ich versprach ihm, alle relevanten Unterlagen zu lesen und mit Victor Marchetti zu sprechen.

Victor Marchetti

Victor Marchetti war offensichtlich der maßgebliche Zeuge; beim ersten Verfahren hatte er die Aussage verweigert, und daraufhin war sein Verleger dazu verurteilt worden, 650 000 Dollar an Mr. Hunt zu bezahlen.

Wie bei einem Drama versucht das Publikum auch bei einer Gerichtsverhandlung, eine Lösung für die vorgelegten Fragen zu finden. Wenn das Gericht die Geschworenen auffordert, dieses außer acht zu lassen, jenes aus dem Gedächtnis zu tilgen oder nicht zu berücksichtigen, weil es nicht in ihren Zuständigkeitsbereich falle, so wird leicht aus jeder Verhandlung ein Präzedenzfall, und formal gelangt man zu den gewünschten Ordnungsprinzipien, was von den Berufungsgerichten, die das Protokoll später vielleicht prüfen, gerne gesehen wird. Doch bei den Geschworenen löst das Gericht durch eine solche formalistische Vorgehensweise eher Enttäuschung und Ratlosigkeit aus, denn ihr Wunsch, das aufzudecken, was noch im dunkeln liegt, bleibt unbefriedigt. Unklar ist ihnen auch, warum Anwälte und Richter meinen, sich Allwissenheit anmaßen zu können und gemeinschaftlich darauf hinwirken, daß viele Ecken und Winkel des Falles unerforscht bleiben. Ich meine, daß das Vertrauensverhältnis zwischen dem Anwalt und den Geschworenen zerstört wird, wenn zu beobachten ist, daß der Verteidiger relevante und vor allem interessante Beweismittel zurückhalten will. Sofern der Fall dadurch nicht in seinen Grundlagen gefährdet wird, ist die völlige Offenlegung vorzunehmen. Geschworene schätzen Offenheit; und trotz gegenteiliger Anweisungen durch das Gericht, werden sie oft die Partei und deren Anwalt bestrafen, die das nicht begreifen.

Noch bevor ich mit Marchetti zusammentraf, wußte ich, daß er bei der Verhandlung aussagen mußte. Die unverrückbaren Grundsätze des Theaters verlangten sein Erscheinen.

Soviel war klar, wenn wir unserer Sache Geltung verschaffen wollten, mußte der ehemalige CIA-Offizier als energischer, kenntnisreicher Zeuge auftreten, dem die Geschworenen Glauben schenken würden, und er mußte sich als Autor präsentieren, auf den sich Carto vernünftigerweise hatte verlassen können.

Ich hatte viele Jahre lang den Mord an Präsident Kennedy untersucht und war den Hinweisen nachgegangen, die unerbittlich auf die Spur des CIA führten, und während dieser Zeit hatte ich noch nie Gelegenheit gehabt, einen hochrangigen CIA-Vertreter zu befragen. (Da ich David Phillips im Rahmen einer Podiumsdiskussion begegnet war, hatte ich ihn leider nicht richtig ins Kreuzverhör nehmen können.) Erst nachdem unter dem ergänzten Freedom of Information Act infolge des Watergate-Fiaskos Dokumente freigegeben wurden, kam mir allmählich zu Bewußtsein, in welchem Maße der CIA mein Leben beeinflußt hatte.

Zum Beispiel hatte ich einmal in Buffalo, New York, eine gutbesuchte Pressekonferenz gegeben, bei der es um meine Nachforschungen zur Ermordung des Präsidenten ging. Mehrere angebliche Zeitungsreporter, Fototgrafen, Fernsehleute und Rundfunkjournalisten waren anwesend. Doch anschließend gelangte kein einziges Wort davon über die Medien an die Öffentlichkeit. Später, nachdem bisher geheimgehaltene Dokumente zugänglich wurden, erfuhr ich, daß sämtliche Journalisten Polizeiagenten oder Spione gewesen waren. Vertreten waren FBI-Leute, die sich als Journalisten ausgaben, CIA-Agenten, die schlau genug waren, Videokameras mit dem Signum des lokalen Fernsehsenders mitzubringen, und Spione der örtlichen Polizeibehörden als Rundfunkjournalisten getarnt.

Ich begegnete Marchetti am 12. Mai 1984 im Büro von Fleming Lee, dem Syndikus von Liberty Lobby. Nach dem Watergate-Skandal hatten jene, die auf eine transparentere Politik und eine offene Gesellschaft hofften, Marchetti als einen kleinen Helden gefeiert. Gemeinsam mit John Marks hatte er ein Buch über den CIA verfaßt, dem Marchetti vierzehn Jahre lang angehört hatte; daraufhin erwirkte die Regierung eine gerichtliche Verfügung gegen die Veröffentlichung bestimmter Enthüllungen. Mehr noch als durch den Inhalt des Buches rückte Marchetti durch den Wirbel, den die Regierung veranstaltete, in den Mittelpunkt der Aufmerksamkeit; er verdiente sich den Respekt jener Leute, die zwar nicht verstanden, warum er dem CIA so lange die Treue gehalten hatte, während sich der Geheimdienst die abscheulichsten Verbrechen zuschulden kommen ließ, die aber nichtsdestoweniger zu schätzen wußten, daß er sich offensichtlich gebessert hatte und bereitwillig einige Geheimnisse preisgab.

Auch der *Spotlight*-Artikel, der die Grundlage von Hunts Klage darstellte, enthielt solche Geheimnisse:

CIA muß Hunts Beteiligung am Kennedy-Mord einräumen
The Spotlight, 14. August 1978
(Victor Marchetti war fast zwanzig Jahre lang für den US-amerikanischen Nachrichtendienst tätig, vierzehn Jahre davon war er beim CIA, die letzten drei Jahre gehörte er zum Mitarbeiterstab von Richard Helms. Er ist der Autor von *The CIA and the Cult of Intelligence* [deutsch: *CIA*] und *The Rope Dancer*.)

Von Victor Marchetti

Vor wenigen Monaten fand im CIA-Hauptquartier in Langley, Virginia, eine Besprechung statt. In der Nobelherberge der amerikanischen Superspione mit Blick auf den Potomac River kamen mehrere hochrangige Geheimagenten und einige ehemalige Spitzenvertreter des Nachrichtendienstes zusammen.

Thema der Debatte war: Was soll angesichts der jüngsten Enthüllungen unternommen werden, die Lee Harvey Oswald, dem der Mord an Präsident Kennedy zur Last gelegt wird, mit dem Spionagespiel zwischen den USA und der UdSSR in Verbindung bringen? (*Spotlight*, 8. Mai 1978.) Man traf eine Entscheidung und legte die Vorgehensweise fest. Sie zielte darauf ab, bei der Öffentlichkeit einerseits Interesse und andererseits Verwirrung auszulösen, indem man einen geschickten »Limited Hangout« inszenierte, sobald der Sonderausschuß zur Untersuchung der Mordfrage noch im selben Monat mit seinen öffentlichen Anhörungen beginne.

Als »Limited Hangout« bezeichnet man im Spionagejargon einen beliebten, häufig verwendeten Trick der Geheimdienstprofis. Wenn der Schleier des Geheimnisses reißt und eine ihrer verlogenen Geschichten zur Desinformation der Öffentlichkeit nicht länger aufrechtzuerhalten ist, wird so – manchmal sogar unaufgefordert –, ein Teil der Wahrheit gesagt. Und dabei versucht man aber, die maßgeblichen Fakten, die Schaden anrichten würden, zurückzuhalten. Denn die Öffentlichkeit ist für Ehrlichkeit so dankbar, daß sie gar nicht auf die Idee kommt, der Sache noch weiter nachzugehen.

Vermutlich werden wir nie klären können, wer hinter der Ermordung von JFK steckte – oder warum er ermordet wurde. Denn da gibt es zu viele einflußreiche Kräfte, die in die Verschwörung verwickelt sind und noch heute, fünfzehn Jahre nach dem Attentat, Interesse an der Verschleierung der Wahrheit haben.

Aber in den kommenden zwei Monaten werden wir, informierten Kreisen beim CIA und im Sonderausschuß zufolge, wesentlich mehr über dieses Verbrechen erfahren. Die neuen sensationellen Enthüllungen werden jedoch nur oberflächlich bleiben. Man wird erstmals die Identität einiger kleiner Ganoven preisgeben, die mit der Verschwörung und ihrer späteren Vertuschung zu tun hatten – die dürfen sich in den Fernseh-Live-Sendungen in die Schußlinie bringen. Die meisten von den anderen, die man noch verpfeifen könnte, sind bereits tot.

Doch wieder einmal werden die gutgläubigen US-Bürger von der Regierung und ihren Verbündeten durch die angepaßten Medien hinters Licht geführt werden. Tatsächlich tischt man uns nur eine neue, wenn auch glaubwürdig klingende Vertuschung auf, die der CIA mit Beihilfe des FBI und dem Segen der Regierung Carter konzipiert hat.

Ein klassisches Beispiel eines »Limited Hangout« ist die Art und Weise, wie der CIA die Ermittlungen des Church-Ausschusses vor zwei Jahren beeinflußt und manipuliert hat. Der Ausschuß brachte über die Ermordung ausländischer Politiker, über Drogenhandel und die Durchdringung der Medien genau soviel in Erfahrung, wie dem CIA genehm war. Und genau das will der CIA auch beim HSCA im Hinblick auf die Ermordung JFKs erreichen.

Sie werden Hunt hängen

Der wichtigste Akteur, der durch die neuen Ermittlungen entlarvt werden wird, ist E. Howard Hunt, der sich bereits im Watergate-Skandal einen Namen gemacht hat. Seine Glückssträhne ist zu Ende, und der CIA hat beschlossen, ihn zu opfern, um seine geheimen Machenschaften abzuschotten. Der Geheimdienst ist erbost, weil Hunt seine Arbeitgeber in aller Öffentlichkeit in den Nixon-Schlamassel hineingezogen und nach seiner Inhaftierung erpreßt hat.

Außerdem ist Hunt schon verwundet – er bietet sich als Zielscheibe an, wie man in Spionagekreisen sagt. Sein guter Ruf und seine Integrität sind zerstört. Der Tod seiner Frau Dorothy bei einem mysteriösen Flugzeugunglück in Chicago hat bei vielen Leuten Beunruhigung ausgelöst, zumal es in informierten Kreisen Gerüchte gab, sie wolle ihn verlassen und sich vielleicht sogar gegen ihn stellen.

Darüber hinaus ist bekannt, daß Hunt JFK haßte und ihn für die Schweinebucht-Katastrophe verantwortlich machte. Zudem ist in den vergangenen Monaten sein Alibi für den Tag des Attentats in die Brüche gegangen.

Bei der öffentlichen Anhörung wird der CIA »zugeben«, daß Hunt in die Verschwörung zur Ermordung Kennedys verwickelt war. Der CIA wird vielleicht sogar so weit gehen und zugeben, daß drei Schützen auf Kennedy gefeuert haben. Das FBI hat zwar öffentlich immer die Schlußfolgerung der Warren-Kommission gestützt, die an die Alleinschuld eines Täters glaubte, doch inoffiziell war man sich dort stets darüber im klaren, daß drei Schützen am Werk waren. Daß in die Verschwörung wesentlich mehr Leute verwickelt waren als nur diejenigen, die die Todesschüsse auf Kennedy abgegeben haben, werden nun vielleicht beide Organisationen einräumen.

Als Penner verkleidet

A.J. Weberman und Michael Canfield haben in ihrem Buch *Coup d'Etat in America* Bilder von drei angeblichen Pennern veröffentlicht, die unmittelbar nach der Ermordung Präsident Kennedys auf der Dealey Plaza festnommen wurden, aber seltsamerweise wieder freikamen, ohne daß sich die Polizei von Dallas irgendwelche Aufzeichnungen über die Festnahme gemacht hätte. Einen der Landstreicher identifizieren die Autoren als Hunt, einen anderen als Frank Sturgis, der lange Zeit als Agent für Hunt tätig war.

Hunt hat sofort auf Schadensersatz in Millionenhöhe geklagt

und behauptet, er könne beweisen, an diesem Tag in Washington, D.C., gewesen zu sein – er habe Dienst beim CIA gehabt. Es stellte sich jedoch heraus, daß dies nicht zutraf. Also behauptete er, er habe frei gehabt und verschiedene Einkäufe erledigt, unter anderem habe er in einem chinesischen Lebensmittelgeschäft eingekauft.

Weberman und Canfield haben das neue Alibi untersucht und herausgefunden, daß das Geschäft, in dem Hunt eingekauft haben wollte, nie existiert hat. An diesem Punkt bot Hunt an, das Verfahren gegen eine symbolische Zahlung von einem Dollar einzustellen. Doch die Autoren waren entschlossen, ihre Sache durchzufechten und griffen Hunts Alibi solange an, bis es völlig zusammenbrach.

Nun hat sich der CIA angeschickt, Hunt zu verpfeifen und ihn mit dem Kennedy-Attentat in Verbindung zu bringen. Dem Sonderausschuß wurde vor einigen Wochen unverhofft ein internes CIA-Memorandum zugespielt, das sich zufällig in den alten Geheimdienstakten fand. Es stammt aus dem Jahr 1966 und besagt im wesentlichen: Eines Tages werden wir erklären müssen, warum sich Hunt am 22. November 1963 in Dallas aufhielt – dem Tag, als der Präsident ermordet wurde. Hunt wird es vor den Fernsehkameras bei den Sonderausschuß-Anhörungen schwerfallen, dieses Memo und andere Dinge zu erklären.

Hunts Ruf als fanatischer Antikommunist wird ebenso gegen ihn sprechen wie seine langjährigen, engen Beziehungen zu kubanischen Castro-Gegnern, seine Neigung zu schmutzigen Tricks und seine Gaunereien als Mitglied von Nixons Abhörtrupp. E. Howard Hunt wird mit der Verschwörung in Verbindung gebracht werden, und er wird es nicht wagen, frei heraus zu reden – das wird der CIA zu verhindern wissen. Neben Hunt und Sturgis steht wohl die Enttarnung von Gerry Patrick Hemming an, ein Bulle von einem Mann – zwei Meter groß und zwei Zentner schwer. Wie Sturgis hat Hemming früher für Castro als CIA-Doppelagent gearbeitet und unternahm dann gemeinsam mit kubanischen Castro-Gegnern verschiedene Versuche, den kommunistischen Diktator zu beseitigen. Doch es gibt zwei Faktoren in Hemmings Vergangenheit, die sich der CIA zunutze machen kann, um ihn mit dem Kennedy-Mord in Verbindung zu bringen und das HSCA entsprechend zu manipulieren.

Erstens hat Castros ehemalige Geliebte, Marita Lorenz (inzwischen selbst Castro-Gegnerin), Hemming, Oswald und andere als Angehörige des Geheimkommandos identifiziert, das den Auftrag hatte, Präsident Kennedy zu ermorden. Und zweitens war Hemming Oswalds Marine-Sergeant, als er in der U-2-Basis des CIA in Atsugi, Japan, stationiert war – wo Oswald vermutlich von den Sowjets als Agent angeworben oder vom CIA als Doppelagent ausgebildet wurde.

Angesichts seiner kubanischen Karriere und seiner Verbindung zu Oswald wird es Hemming auf alle Fälle schwerfallen, die Aussage von Lorenz zu leugnen, insbesondere da dem Todeskommando angeblich auch noch Hunt und Sturgis angehörten.

Wer sonst noch als Teilnehmer der Verschwörung und/oder Vertuschung entlarvt wird, bleibt abzuwarten. Doch ein beunruhigendes Muster kristallisiert sich bereits heraus. Alle hier auftretenden Schurken sind früher schon einmal auf die ein oder andere Weise in Ungnade gefallen. Sie alle haben den Ruf, politisch rechtsaußen zu stehen. Oder zumindest werden sie nach der Anhörung diesen Ruf haben.

Daß einige von ihnen Kontakte zum organisierten Verbrechen pflegen, wird sich langfristig als nebensächlich erweisen. Diejenigen, die nachweislich Verbindungen zu CIA oder FBI unterhalten, wird man als Abtrünnige hinstellen, die ohne Zustimmung und Wissen ihrer Vorgesetzten auf eigene Faust gehandelt hätten.

Schuld haben die Präsidenten früherer Zeiten

Die Vertuschung der Tat wird man hingegen früheren Präsidenten in die Schuhe schieben, die entweder inzwischen gestorben oder in Ungnade gefallen sind. So würde Carter als Wahrheitssucher dastehen, und CIA und FBI bräuchten sich keine Blöße zu geben.

Auch der Zeitplan der Anhörung gibt Aufschluß darüber, was wir erwarten können – und warum. Der Ausschuß hat seine öffentlichen, im Fernsehen übertragenen Sitzungen so anberaumt, daß sie beginnen, nachdem die Sitzungsperiode des Kongresses anläßlich desWahlkampfs endet. Der erste Tagesordnungspunkt wird die Anhörung zum Attentat auf Martin Luther King sein – hier treten James Earl Ray und seine Familie als Starzeugen auf. Dann beginnen nach einer kurzen Pause die Anhörungen zu JFK.

Der Ausschuß hat vor, seine Arbeit bis Anfang Oktober, genau einen Monat vor der Wahl, abzuschließen; ein perfekter Zeitplan, um aus der Publicity um die Anhörungen Kapital zu schlagen. Ein perfekter Zeitplan, auch, weil er den Carter-Anhängern ermöglicht, die amerikanische Öffentlichkeit Inflation, Steuern, Außenpolitik und andere groben Schnitzer des Weißen Hauses vergessen zu lassen, um darauf hinzuwirken, daß sie einen Kongreß wählt, der dem Präsidenten stärker verpflichtet und ergeben ist.«

Marchetti bot mir ein widersprüchliches Bild. Er wirkte freundlich, hatte eine Glatze und einen gewaltigen Bauch, und schien bereit, ja geradezu bemüht, die anstehende Angelegenheit auf die leichte Schulter zu nehmen. Er verhielt sich heimlichtuerisch und ausweichend; es war klar, daß er mir das, was er wußte, bei unserer ersten Begegnung noch nicht verraten würde.

Ich fragte, ob ich unser Gespräch auf Tonband aufnehmen dürfte, um mir die Mühe und uns beiden die Zeit zu sparen, die es kosten würde, wenn ich mir Notizen machte. Diese Entscheidung erwies sich als unvernünftig, denn sobald das Gerät eingeschaltet war, wurde er noch vorsichtiger.

Marchetti zeigte sich in unserem langen Gespräch als Mann, der sich immer noch den Prinzipien des CIA verpflichtet fühlte. Er hatte dem Geheimdienst zwar den Rücken gekehrt, war ihm aber immer noch verbunden. Daß sein Artikel absolut wahrheitsgetreu war, dessen war er sich sicher, obwohl keine seiner dort gegebenen Vorhersagen eingetreten war. Und er bestand hartnäckig darauf, dem Anwalt, der seine Position verteidigen sollte, keine seiner Quellen preiszugeben. Marchettis internalisierte Widersprüche machten aus einem schwierigen Fall eine beinahe unlösbare Aufgabe.

Marchetti zeigte mir mehrere Seiten mit Notizen, die er sich gemacht hatte, während der Artikel in Vorbereitung war. Hier wurde mehrfach auf »J.A.« und »B.C.« Bezug genommen. Aus dem Kontext zu schließen, in dem die Initialen immer wieder auftauchten, schien B.C. die wichtigste und vielleicht einzige Quelle Marchettis zu sein. Er erklärte dazu: »Ich weiß, wer B.C. ist, aber ich werde es Ihnen diesmal noch nicht sagen.«

Ich fragte Marchetti, ob mit J.A. James Angleton gemeint sei, ein geheimnisumwitterter ehemaliger CIA-Funktionär, der erheblichen Einfluß ausgeübt hat. Er erwiderte: »Das will ich weder leugnen noch bestätigen. Schreiben Sie das so in Ihr Protokoll.« Allmählich beneidete ich den Anwalt, der es nur mit Malchiel Greenwald zu tun hatte.

Ein Verfahren, bei dem der Beklagte bereits zur Zahlung von 650 000 Dollar verurteilt worden war, sollte nun durch die Aussage eines Autors gerettet werden, der im Gespräch mit dem Anwalt der *beklagten Partei* Behauptungen weder leugnen noch bestätigen wollte. Zumindest, dachte ich, kann es nicht noch schlimmer werden. Da täuschte ich mich.

Wie seine Aufzeichnungen zeigten, gehörte auch ein gewisser A.J. zu Marchettis Informanten. In diesem Fall ließen die Initialen kaum einen Zweifel; eine andere Quelle war offensichtlich A.J. Weberman gewesen, der nicht ganz ernstzunehmende »Müllologe«, der sich auf einem relativ begrenzten Gebiet hervorgetan hatte, indem er die Abfallhaufen verschiedener Berühmtheiten durchsortierte und auf seinen Pressekonferenzen allen Interessierten seine Schätze unterbreitete.

Weberman war Mitverfasser eines recht kuriosen Buches über den Kennedy-Mord; hier wurde behauptet, auf einer kurz nach dem Attentat aufgenommenen Fotografie seien Hunt und andere CIA-Agenten zu sehen, wie sie gerade den Grashügel verließen. Aus dieser Richtung waren Schüsse gekommen, unter anderem der Schuß, der Präsident Kennedys Kopf zerschmetterte; das belegten die Nachforschungen verschiedener ernsthafter Kritiker des Warren-Berichts bereits zehn Jahre, bevor Webermans Buch erschien. Ich hatte mir das fragliche Foto kurz nach dem Attentat beschafft. Hunt war darauf nicht zu erkennen. Warum, so fragte ich mich, hatte Weberman vesucht, seriöse Beweise für eine Verschwörung zur Ermordung des Präsidenten ins Zwielicht zu rücken – Beweise, die im Laufe von Jahren gewissenhaft erarbeitet worden waren – indem er unglaubwürdige und offensichtlich unrichtige Behauptungen damit verknüpfte? Der Prozeß, den Hunt gegen Weberman anstrengte, ist als *Hunt gegen Third Press* bekannt und fand 1978 statt. Hunt benannte Marchetti als seinen Zeugen, der für ihn unter Eid aussagen sollte. Marchetti zufolge erteilte ihm der CIA die Anweisung, sich obstruktiv zu verhalten, das heißt, er sollte behaupten, er könne die relevanten Fragen nicht beantworten. Der CIA, so Marchetti, hatte versprochen, ihn »zu decken und zu unterstützen«, sofern er sich weigere, Beweise gegen Weberman zu liefern. Der CIA und Marchetti bemühten sich also gemeinschaftlich darum, Webermans Standpunkt zu bekräftigen.

Die US-amerikanischen Spionageorganisationen bezeichnen sich selbst gerne als die »Intelligence Community«, obwohl keines der beiden Attribute den Kern der Sache trifft; ein sinnfälliger Vergleich scheint dagegen der mit dem Spiegellabyrinth. Nur wenn man diesen Gedanken im Hinterkopf behält, kann man anfangen zu begreifen, warum der CIA darauf bedacht war, Weberman zu helfen, der in aller Öffentlichkeit behauptete, ein CIA-Beamter habe den Präsidenten ermordet. Standen innerhalb des Geheimdienstes verschiedene Interessen im Konflikt? Oder versuchte der CIA, den Schaden zu begrenzen? Hatte sich, nachdem es mißlungen war, die Kritiker des Warren-Berichts mundtot zu machen, der CIA entschlossen, deren Beweise ins Zwielicht zu rücken, indem der Geheimdienst zuließ, daß Weberman unzutreffende und leicht widerlegbare Behauptungen damit verknüpfte?

So oder so gab die Entdeckung, daß Weberman ein Informant Marchettis gewesen war, Anlaß zur Sorge.

Marchetti war also nicht bereit, alle seine Quellen preiszugeben, und wollte die wahren Gründe, warum er sich auf sie berief, nicht mit mir erörtern; daraufhin fragte ich, was er unternommen habe, um seine Aussagen zu erhärten. Er entspannte sich sofort, ja er wurde sogar gesprächig. Der Sonderausschuß des Kongresses zur Untersuchung der Mordfrage habe, so versicherte mir Marchetti, die ganze Geschichte bekräftigt.

Marchetti hatte einen Mitarbeiter des Sonderausschusses angerufen und ihm mitgeteilt, er habe von einem Memorandum gehört, das Hunt mit dem Attentat in Verbindung bringe. Marchetti zufolge hatte er dem Ausschußmitarbeiter auch gesagt, daß »A.J. auf einen Stoß Bibeln schwört, daß die Sache stimmt«. Daraufhin hatten Ausschuß-Vertreter Marchetti zu Hause besucht und befragt. Dazu sagte er: »Im Ausschuß saßen einige Leute, die meinten, ich arbeite für den CIA und hätte es darauf abgesehen, dem Ausschuß zu nahe zu treten. Ihre Hauptsorge war scheinbar, daß mich der CIA benutzen könnte, um den Ausschuß zu beeinflussen.«

»Wodurch haben die Ausschußvertreter die Richtigkeit der Geschichte bestätigt?« wollte ich wissen. »Mit ihrem Verhalten, sie haben mich zu Hause besucht, um mich auszufragen«, erwiderte Marchetti. »Wodurch noch?« Marchetti überlegte und sagte dann: »Tja, sie waren sehr nervös, sie wollten meine Aussagen nicht bestätigen, aber auch nicht leugnen.« Da Marchetti der maßgebliche Zeuge war, stand unsere Verteidigung scheinbar auf gefährlich schwachen Beinen.

Marchetti stellte außerdem klar, daß er sich vorbehalte, beim Prozeß nicht auszusagen, sofern es seinen Interessen schaden könnte. Er wollte die Sache mit Carto besprechen.

Ich las das Protokoll der ersten Verhandlung, sah die Akten der damals schwebenden Berufung durch und studierte die eidlichen Aussagen zum Fall; dann traf ich mich mit Carto. Noch vor unserer Besprechung hörte ich weitere unangenehme Neuigkeiten: Marchetti litt schon seit längerem an schwerem Alkoholismus.*

Ich erklärte Carto, wie wichtig Marchettis Teilnahme an der Verhandlung sei. Carto war derselben Meinung, sah jedoch unsere Erfolgsaussichten angesichts der Launenhaftigkeit Marchettis nicht gerade optimistisch. Außerdem stellte ich klar, daß Marchetti als Zeuge keine große Hilfe darstellte, solange er nicht bereit war, seine Quellen zunächst mir anzuvertrauen und sie später auch bei der Verhandlung offenzulegen.

Wir kamen überein, daß ich mit Marchetti sprechen würde; ich wollte versuchen, sein Vertrauen zu gewinnen, und erst nach der Entscheidung des Berufungsgerichts der Vereinigten Staaten beschließen, ob ich den Fall übernehmen würde. Dieses Vorgehen

* Nach dem zweiten Prozeß hat Marchetti seine Abhängigkeit in den Griff bekommen; er selbst und andere haben mir versichert, daß er nun keinen Alkohol mehr trinkt.

erlaubte mir, mit der Vorbereitung auf den möglichen Prozeß zu beginnen, während es mir erspart blieb, eine traumatische Entscheidung zu treffen, die sich im nachhinein vielleicht als rein hypothetisch erweisen würde. Denn wenn das Berufungsgericht das Urteil für rechtsgültig erklärte, würde es kein neues Verfahren geben.

Wir konzentrierten uns auf den veröffentlichten Artikel, der die Grundlage des Prozesses bildete, und Marchetti erklärte zu guter Letzt unzweideutig, daß seine Informanten A.J. Weberman und William R. Corson gewesen waren. Corson, den Marchetti als Bill Corson kannte, war in Marchettis Aufzeichnungen »B.C.« genannt worden. Außerdem erfuhr ich, daß »A.J.« tatsächlich für James Angleton stand, dieser jedoch nur eine indirekte Quelle darstellte.

Nach einiger Zeit versicherte mir Marchetti, daß ihm Corson von dem angeblichen Memorandum erzählt hatte; es war von Helms und Angleton unterzeichnet und brachte Hunt mit dem Attentat in Verbindung.

»Er hat Ihnen von dem Memo *erzählt*?« fragte ich ungläubig. Marchetti bestätigte nun meinen Verdacht und meine tiefsitzende Furcht, daß er das Dokument nie mit eigenen Augen gesehen hatte; seine Existenz und sein Inhalt waren ihm lediglich vom Hörensagen bekannt. Ich fragte Marchetti, ob er sich vorstellen könne, was Corson wohl sagen würde, wenn ich ihm von der Behauptung erzählte, er habe ihn, Marchetti, über das Memorandum informiert. Marchetti zündete sich eine Zigarette an, lehnte sich zurück und lächelte. Schließlich riet er mir davon ab, diese Frage zu stellen.

Als wir soweit waren, schilderte ich in groben Zügen die wesentlichen Elemente der Verteidigung, die ich ins Auge faßte. »Victor, ich sehe keine Möglichkeit, diese Sache ohne Ihre Zeugenaussage erfolgreich zu vertreten. Wenn Sie als Zeuge erscheinen, müssen wir Hunts Anwälte jetzt darüber in Kenntnis setzen. Man wird zweifellos eine eidliche Erklärung von Ihnen verlangen – und zwar noch vor der Verhandlung. Wenn es soweit kommt, müssen Sie Ihre Quellen wahrheitsgemäß offenlegen. Es gibt keine Rechtsgrundlage, die erlauben würde, sie dann noch zu verschweigen. Wenn Sie sich bei der eidlichen Erklärung jedoch weigern, alles offenzulegen, ist die Verteidigung meiner Meinung nach zum Scheitern verurteilt.« Was ich nicht sagte, aber dachte, war, daß der Fall selbst dann schwer zu verteidigen sein würde, wenn Marchetti zwar aussagte, aber Corson nicht bereit sein sollte, Marchettis Erinnerung an die Ereignisse zu bestätigen, die der Veröffentlichung des Artikels unmittelbar vorausgingen.

Marchetti zuckte mit den Achseln und sagte dann: »In Ordnung, ich sage aus.« Nun machte ich Marchetti klar, daß Hunts Anwälte, sobald er Corson als Quelle angab, zweifellos versuchen würden, eine eidliche Erklärung von Corson zu bekommen. Ich fragte Marchetti, was Corson seiner Meinung nach unter Eid aussagen würde. Er überlegte eine Weile und erklärte dann: »Vielleicht behauptet er, er könnte sich nicht erinnern. Ich bezweifle, daß er meine Aussage bestätigen wird; dafür war er zu lange beim Geheimdienst.«

Corson war tatsächlich beinahe sein Leben lang für den Geheimdienst tätig gewesen. Er hatte an der American University einen Doktortitel im Fach Volkswirtschaft erworben. Er war ein Colonel a.D. des Marineinfanteriekorps und hatte eine leitende Position in einer gemeinschaftlichen Kommission des Verteidigungsministeriums und der Central Intelligence Agency bekleidet, die sich mit der Aufdeckung und Bekämpfung von politisch motivierten Terroranschlägen beschäftigte. Sein Buch *Army of Ignorance*, das 1977 in Amerika erschien, schildert die Entstehung des amerikanischen Geheimdienstimperiums und gilt inzwischen als Klassiker auf diesem Gebiet. Während seiner fünfundzwanzigjährigen Dienstzeit im Marineinfanteriekorps arbeitete er eng und auf höchster Ebene mit dem CIA zusammen. Er vertrat das Verteidigungsministerium in gemeinsamen Kommissionen mit dem CIA und dem Außenministerium, die sich mit dem Chinaprojekt beschäftigten, und in der Interagency Kommission, die im Fernen Osten operierte. Als unser Prozeß näherrückte, war er bei der Zeitschrift *Penthouse* beschäftigt; angeblich war er dort als Redakteur für Bundespolitik und für Washington, D.C., zuständig. In Wahrheit war er der ständige Vertreter des Nachrichtendienstes bei der Zeitschrift. Corson unterhielt aus beruflichen und persönlichen Gründen enge Beziehungen zu CIA-Leuten und Mitarbeitern des britischen Geheimdienstes. Bei zahlreichen Gelegenheiten diente er als anonymer Informant. Denen, die von seiner Großzügigkeit profitierten, war selten klar, in wessen Auftrag er die Informationen lieferte. Den Informationsempfängern zufolge waren in den meisten Fällen zwei Tatsachen von Bedeutung: Die Informationen waren stets richtig, und Corson lieferte sie offensichtlich nicht ohne besonderen Grund. Das Motiv festzustellen war zwar schwierig, doch daß eines existierte, war klar.

Corson bewegte sich in dieser Welt wie ein Fisch im Wasser und genoß einen hervorragenden Ruf. Wenn er es regelrecht leugnen sollte, das fragliche Memorandum zu kennen, das nur er und nicht Marchetti gesehen hatte, wäre dies ein vernichtender Schlag für die Verteidigung in der Verleumdungsklage.

Nachdem ich mich über Corsons eindrucksvollen Werdegang informiert hatte, traf ich noch mehrmals mit Carto und Marchetti zusammen. Carto berichtete mir, daß Hunt, über seinen Anwalt, einen Widerruf und eine Entschuldigung für die Veröffentlichung des Artikels verlangt hatte, woraufhin er sich mit Marchetti traf, um eine Antwort zu formulieren. Bei dieser Gelegenheit versprach Marchetti Carto, seine Quellen nachzuprüfen.

In der Folge versicherte Marchetti Carto, seine Quellen seien zuverlässig, und er sprach sich gegen einen Widerruf aus. Wie die Aufzeichnungen verrieten, hatte Hunt, durch seinen Anwalt, einen Widerruf gefordert und gedroht, eine Verleumdungsklage anzustrengen, und daraufhin »treffen sich am 24. August V.M. und B.C., der sagt, er habe die Angelegnheit mit J.A. besprochen, der auch anonym bleiben muß«. Folglich weigerte sich Carto, den Artikel zurückzuziehen, und der Prozeß wurde eingeleitet. Ich fragte Marchetti, was er unternommen habe, um die Zuverlässigkeit seiner ursprünglichen Informationen zu prüfen. »Ich sprach noch einmal mit Corson. Er versicherte mir, daß das, was er mir über das Memorandum erzählt hatte, der Wahrheit entsprach. Er war sich ganz sicher. Außerdem wollte er nicht, daß ich ihn als Informanten angab. Er hat zwar nicht gesagt: ›Wenn Sie mich jemals zitieren, werde ich die Sache leugnen.‹ Aber im großen und ganzen gewann ich den Eindruck, daß er das nicht wollte.«

Marchetti hatte die Bestätigung durch Corson nicht auf Band aufgezeichnet. Ich konnte nur hoffen, daß Corson Marchettis Darstellung öffentlich bekräftigen oder zumindest nicht schlichtweg widerlegen würde.

Ich besprach mit Marchetti die Umstände der Begegnung mit Corson, bei der er von der Existenz des Memorandums erfahren hatte, und dabei lieferte er mir Einzelheiten, die das Ereignis glaubwürdig erscheinen ließen. Sie hatten sich im Hay Adams in Washington zum Mittagessen getroffen. Corson war darauf erpicht, den britischen Spionagefall zu besprechen, in den die sowjetischen »Maulwürfe« Philby, Burgess und McLean verwickelt waren. Corson war mit einem britischen Autor in Kontakt gekommen, der bald mit der Behauptung an die Öffentlichkeit treten sollte, es habe noch einen vierten Mann gegeben. Bei dem gemeinsamen Essen äußerte Marchetti Skepsis: Nach so langer Zeit sei es unwahrscheinlich, daß noch ein vierter Mann im Spiel wäre. Marchetti zufolge erwiderte Corson darauf, daß Beweismittel eine Art hätten, an die Oberfläche zu gelangen, auch wenn ein Fall scheinbar längst abgeschlossen ist. Und an diesem Punkt, so Marchetti, habe ihm Corson von dem Memorandum erzählt.

Ich frage Marchetti, warum Corson sich ihm anvertraut habe. Das wisse er nicht, erwiderte er darauf. Trotz der immer noch offenen Fragen – Warum hatte Marchetti das zweite, bekräftigende Gespräch nicht aufgezeichnet? Warum hatte er nicht darauf bestanden, das Memorandum zu sehen, bevor er sich für dessen Echtheit verbürgte? – und trotz der Tatsache, daß keine der Prophezeiungen, die Marchetti in dem Artikel so klar dargelegt hatte, auch nur im entferntesten eingetreten war, trotz alledem glaubte ich Marchettis Darstellung der Ereignisse, solange sie nicht von Corson schlichtweg geleugnet wurde.

Mehrere Wochen später bat mich Carto um ein Gespräch. Als wir uns trafen, war er in Hochstimmung. Das Berufungsgericht hatte den Spruch aus dem ersten Verfahren aufgehoben. Mit der Begründung, der Richter habe die Geschworenen falsch unterrichtet, verwies das Berufungsgericht den Fall an das US-Bezirksgericht zur Verhandlung zurück.

Als bei der ersten Verhandlung die Rechtsbelehrung der Geschworenen stattfand, erteilte Hunts Anwalt, Ellis Rubin, eine offenkundig falsche Belehrung hinsichtlich einer Voraussetzung für den Tatbestand der Verleumdung; damit führte er das Gericht in die Irre, und der Anwalt von Liberty Lobby erhob keinen Einspruch. Der Richter berief sich dann auf die von Hunts Anwalt vorgegebene

Definition von Verleumdung und erteilte den Geschworenen offenkundig unrichtige Belehrungen.

Carto war nicht bereit, noch einmal mit diesem Anwalt in die Verhandlung zu gehen; denn er hatte vor den Geschworenen nicht nur den Fall verloren, sondern auch demonstriert, daß er mit der einschlägigen Gesetzgebung nicht vertraut war, und Belehrungen hilflos hingenommen, die ein Rechtsexperte als falsch und für seinen Klienten nachteilig hätte erkennen müssen.

Nun da feststand, daß es eine zweite Verhandlung geben würde, bat mich Carto erneut, die Verteidigung zu übernehmen. Natürlich hatte ich seit einiger Zeit damit gerechnet, daß diese Anfrage auf mich zukommen könnte. Was ich bisher geleistet hatte, um die näheren Umstände der Ermordung des Präsidenten zu untersuchen und bekanntzumachen, war noch nie der Feuerprobe einer Gerichtsverhandlung unterzogen worden. Die von mir entdeckten Beweismittel hatten sich noch nie im Kreuzverhör bewähren müssen. Einerseits war ich auf eine solche Prüfung äußerst gespannt, andererseits zögerte ich, mich auf einen so zweifelhaften Fall einzulassen – einen Fall, den ich mir in keiner Weise ausgesucht hatte und der überdies auf zwei unberechenbaren Faktoren beruhte: Marchettis nicht in Erfüllung gegangenen Prophezeiungen und Corsons ungewisser Reaktion auf seine Nennung als Informant.

Jim Garrison kam mir in den Sinn und der Prozeß, den er 1967 gegen Clay Shaw geführt hatte. Wie bereits geschildert, erhob Garrison als Staatsanwalt von New Orleans Anklage gegen Shaw wegen Teilnahme an der Verschwörung zur Ermordung Präsident Kennedys. Jim und ich waren gute Freunde geworden, und ich versuchte, ihn bei dem Fall zu unterstützen. Gegen ihn standen die regionalen und überregionalen Medien, der Generalstaatsanwalt der Vereinigten Staaten sowie FBI und CIA. Selbst wenn die Beweise stichhaltig gewesen und gut vorgebracht worden wären, hätte Jim unter allen Umständen Schwierigkeiten bekommen. Doch der Fall war durch ganz bestimmte, ihm innewohnende Probleme gekennzeichnet, und die Darlegung des Beweismaterials war alles andere als angemessen. Jim litt unter geradezu lähmenden Rückenschmerzen, was ihn daran hinderte, die Ausarbeitung des Beweismaterials genau zu überwachen; außerdem konnte er wegen seines Leidens nicht regelmäßig zu den Verhandlungen erscheinen, und seine Assistenten waren, mit Ausnahme des jungen Staatsanwalts Andrew Sciambria, der Komplexität des Beweismaterials nicht gewachsen. Und darüber hinaus hielt der CIA wichtige, vielleicht entscheidende Beweise zurück, die zeigten, daß Shaw für den Geheimdienst gearbeitet hatte.

Die Folge war, daß Shaw freigesprochen wurde, und damit einher ging eine Flut von Schlagzeilen, Leitartikeln, Kommentaren und Fernsehberichten, die samt und sonders dem einzigen Prinzip huldigten, der Warren-Bericht und jede seiner Folgerungen seien wieder einmal bestätigt worden, diesmal durch ein Schwurgericht. Die Arbeit der vielen Experten, Ermittler und Autoren, die gemeinsam die recht heterogene Schar der Kritiker des Warren-Berichts bildeten, war zunichte gemacht, und die Bemühungen um die Aufklärung des Falls wurden um vielleicht zehn Jahre zurückgeworfen.

Meine Sorge war, daß ein weiterer erfolgloser Versuch, auf gerichtlichem Wege an den Folgerungen des Berichts zu rütteln, als Bestätigung des Spruchs der Warren-Kommission gedeutet werden könnte, ganz gleich wie unbillig eine solche Auslegung wäre.

Hunt gegen Liberty Lobby war immerhin schon einmal vor einem Schwurgericht gescheitert, und das einzige überzeugende Argument, den Fall zu übernehmen, bestand darin, daß sich hier die Möglichkeit bot, die Verdächtigen zur Beantwortung von Fragen zu zwingen, denen sie zwei Jahrzehnte lang ausgewichen waren.

Unter den gegebenen Umständen hätte ich wohl keinen Prozeß gegen Hunt angestrengt, selbst wenn sich die Möglichkeit dazu geboten hätte. Doch der Fall war bereits vorhanden und sollte demnächst verhandelt werden. Anders als Jim Garrison mußte ich mir nicht erst überlegen, ob es sinnvoll wäre, einen Prozeß einzuleiten, und die Folgen einer Niederlage erwägen. Der Fall Hunt kam unausweichlich zur Verhandlung. Aller Wahrscheinlichkeit nach würde Hunt den Sieg davontragen, ganz gleich wer Liberty Lobby verteidigte. Für mich stellte sich letztendlich nur die Frage, ob ich meine Kenntnis der maßgeblichen Ereignisse nutzen sollte, um an bisher unbekannte Informationen heranzukommen.

Ich besprach meine Überlegungen mit Carto und erklärte mich bereit, den Fall zu übernehmen.

Er lächelte und meinte: »Gut, offensichtlich werden wir alle etwas aus dieser Sache lernen. Haben wir eigentlich eine Chance zu gewinnen?«

Hunt wurde von einer großen Anwaltsfirma vertreten, Ober, Kaler, Grimes und Shriver, die Büros in Washington, D.C., und Baltimore, Maryland, unterhielt. William Snyder, Kevin Dunne und Daniel Dutcher waren als Mitarbeiter dieser Anwaltsfirma mit den Voruntersuchungen betraut. Die Rechtshelferin Brent Whitmore wurde meine Assistentin. Sie erledigte juristische Recherchen, Ablage und Schreibarbeiten für Liberty Lobby und bewährte sich, während der Prozeß näherrückte, als hervorragende Mitarbeiterin. Der Syndikus von Liberty Lobby, Fleming Lee, hatte am ersten Prozeß teilgenommen, jedoch keinen nennenswerten Beitrag geleistet. Bei der Vorbereitung des zweiten Verfahrens übernahm er eine ähnliche Rolle. Ich informierte Snyder, daß Marchetti im Prozeß als Zeuge auftreten und seine Quellen offenlegen werde. Außerdem teilte ich ihm mit, daß bezüglich des Memorandums William Corson der Hauptinformant gewesen war. Dann ließ ich Corson, der in Washington, D.C., arbeitete und in Potomac, Maryland, wohnte, eine Vorladung zur Einvernahme zustellen. Am 15. Mai 1984 erschien Corson in meinem Büro am Capitol Hill, direkt gegenüber dem Obersten Gerichtshof der Vereinigten Staaten.

Er lehnte es ab, Fragen zu seiner Geheimdiensttätigkeit für das Marineinfanteriekorps zu beantworten, und erklärte, diese Informationen seien geheim. Dagegen räumte er ein, daß er seit vielen Jahren eine enge, kontinuierliche Beziehung zum CIA unterhalten hatte und immer noch Kontakte zu Nachrichtenoffizieren pflegte, mit denen er zusammengearbeitet hatte; auch mit anderen CIA-Beamten habe er zu tun gehabt. Er gab zu, Marchetti zu kennen und erinnerte sich, mit ihm gesprochen zu haben, nachdem *Penthouse* einen Artikel von Marchetti veröffentlicht hatte.

Es war klar, daß Corson die Beziehung zwischen den beiden Männern etwas anders sah als Marchetti. »Ich habe Victor seit mindestens fünf bis sechs Jahren nicht mehr gesehen. Möglich ist, daß wir während dieser Zeit miteinander telefoniert haben, aber ich glaube nicht, daß wir uns in den letzten fünf bis sechs Jahren getroffen haben.«

Corson stimmte zu, es sei wahrscheinlich, daß er Marchetti ab und zu in seinem Büro empfangen und anschließend mit ihm im

Hay Adams zu Mittag gegessen habe. »Ich würde sagen, das haben wir wahrscheinlich getan, weil ich in der Regel dort zu Mittag esse, wenn ich Besprechungen mit Autoren habe.« Corson war offensichtlich darauf bedacht, keine konkreten Informationen zu liefern. Seine Antworten waren durchsetzt mit Wendungen wie »wahrscheinlich«, »ich glaube« und »ich erinnere mich nicht«. Auch sehr präzise Fragen beantwortete er mit allgemeinen Floskeln. »Haben Sie irgendwelche Angelegenheiten, die den CIA angehen, mit Mr. Marchetti erörtert?« war die Antwort wert: »Da das mein Gebiet ist und ich dieses Thema in meinem letzten Buch behandelt habe, ist es nicht unwahrscheinlich, daß wir davon gesprochen haben.«

Hatte Corson die Sache mit dem vierten Mann in der britischen Spionageorganisation mit Victor Marchetti besprochen? Corson erinnerte sich nicht, war aber im allgemeinen mit der Angelegenheit vertraut und könnte sie mit Victor oder anderen Leuten besprochen haben.

Mir war klar, daß Corson keine präzise Antwort liefern würde, die als Basis für Marchettis Darstellung des entscheidenden Gesprächs dienen konnte. Corson war zwar ein gelassener, ja geradezu beredter Zeuge, doch mit jeder Antwort auf relativ unschuldige Fragen erzeugte er große Verwirrung und zeigte damit einmal mehr, daß er nicht bereit war, Marchettis Bericht zu bestätigen. Meiner Ansicht nach war es nun an der Zeit, die zentrale Frage zu riskieren. Ich hoffte, Corson würde vage, zweideutige Antworten bereithalten. Dies würde Marchettis Darstellung zwar nicht erhärten, aber wenigstens auch nicht in Frage stellen.

F.: »Erinnern Sie sich, daß Mr. Marchetti zu Ihnen gekommen ist und Sie gefragt hat, ob Ihnen etwas über die Tatsache bekannt sei, daß der Sonderausschuß des Kongresses zur Untersuchung der Mordfrage Ermittlungen darüber anstellte, daß E. Howard Hunt jr. möglicherweise mit der Ermordung John Kennedys in Verbindung zu bringen ist?«

A.: »An diese Frage erinnere ich mich nicht.«

F.: »Sie erinnern sich nicht daran, daß er diese Frage gestellt hätte?«

A.: »Nein.«

F.: »Erinnern Sie sich, ob Sie ihm Informationen zu diesem Thema geliefert haben?«

A.: »Nein.«

F.: »Erinnern Sie sich, daß Sie Mr. Marchetti von der Existenz eines CIA-Memorandums erzählt haben, demzufolge Hunt am 22. November 1963 in Dallas gewesen ist?«

A.: »Nein, in keiner Weise.«

F.: »Sie erinnern sich nicht, dieses Thema mit Mr. Marchetti erörtert zu haben?«

A.: »Nein.«

F.: »Erinnern Sie sich, ob Sie Mr. Marchetti erzählt haben, der CIA plane eine Art ›Limited Hangout‹* mit dem Sonderausschuß, um den Schaden zu begrenzen, den dieses Memo dem Geheimdienst, dem CIA, zufügen könnte?«

A.: »Nein.«

Ich blieb hartnäckig.

F.: »Wußten Sie, daß Mr. Marchetti einen Artikel über den Sonderausschuß und E. Howard Hunt schrieb?«

A.: »Nein.«

F.: »Sie wußten nicht, daß er etwas in *Spotlight* veröffentlicht hatte?«

A.: »Nein. *Spotlight* lese ich nicht.«

F.: »Und Sie haben bisher noch nichts davon gehört, daß ein solcher Artikel erschienen ist?«

A.: »Wenn Sie sagen, daß er erschienen ist, dann weiß ich es nun.«

F.: »Ich frage Sie nur.«

A.: »Nein. Von einem solchen Artikel ist mir nichts bekannt. Ich wußte nicht, daß er für *Spotlight* gearbeitet hat und daß er gelegentlich dafür schrieb.«

F.: »Erinnern Sie sich, ob Mr. Marchetti Sie angerufen und Ihnen erzählt hat, er habe einen Artikel über den Sonderausschuß und E. Howard Hunt verfaßt und Mr. Hunt beklage sich nun, der Artikel sei verleumderisch, und deshalb wolle

* Marchetti definierte einen »Limited Hangout« als unvollständiges, unschädliches, irrelevantes Zugeständnis, das der CIA benutzt, um die Aufmerksamkeit von der zentralen Frage abzulenken.

er die Sache noch einmal nachprüfen, mit Ihnen, da Sie Informationen über die Existenz des bereits erwähnten Memos hatten?«

A.: »Nein, daran erinnere ich mich nicht.«

F.: »Dann erinnern Sie sich sicher auch nicht daran, daß Sie Mr. Marchetti versichert haben, die ursprüngliche Geschichte sei zutreffend und ein solches Memo sei vorhanden?«

A.: »Nein. Da bin ich mir ganz sicher, weil mir ein solches Memo nicht bekannt ist.«

F.: »Wollen Sie damit nun sagen, daß Sie nie eine derartige Besprechung mit Mr. Marchetti hatten, daß Sie nie solche Gespräche geführt haben, auf die ich Bezug genommen habe, seit wir über das Kennedy-Attentat und den Sonderausschuß des Kongresses sprechen, oder können Sie sich einfach nicht daran erinnern?«

A.: »Ich erinnere mich nicht daran.«

Als Snyder Corson verhörte, antwortete der Zeuge etwas entschiedener.

F.: »Haben Sie je mündlich oder schriftlich geäußert oder glauben Sie jetzt, daß der CIA im allgemeinen oder Mr. Hunt als CIA-Agent im besonderen als Drahtzieher für den Tod von Präsident Kennedy verantwortlich ist?«

A.: »Nein, keineswegs. Ich glaube nicht, daß diese Behauptung haltbar ist, und ich bin sogar überzeugt, um meine Antwort durch eine Schlußfolgerung zu begründen, wenn es diesbezügliche Beweise gegeben hätte, dann hätten die Senatoren Hart und Schweiker sie entweder ans Licht gebracht oder genügend Anhaltspunkte gesammelt, denen man nachgehen könnte.«

F.: »Und ich glaube, Sie haben bereits gesagt, daß das Thema bei den Besprechungen, die Sie mit Mr. Marchetti hatten, nie zur Sprache kam?«

A.: »Meines Wissens nicht. Wir haben über vieles gesprochen, aber ich erinnere mich nicht, daß mir dieses Thema wichtig gewesen wäre.«

Mit Snyders letzter Frage fiel das aufschlußreichste Argument.

F.: »Sie sagten, Sie haben dieses angebliche Memo weder mit Victor Marchetti noch mit anderen CIA-Leuten diskutiert. Haben Sie vor der heutigen Vernehmung jemals von der Existenz eines solchen Memorandums gehört?«

A.: »Nein, ich habe nie davon gehört.«

Corson hatte nun Marchettis Behauptung, er habe die Information über das Memorandum von Corson bezogen, direkt widerlegt. Offenbar hatte einer der beiden Männer gelogen. Der Fall schien gefährdeter denn je. Als ich jedoch am Abend die Aufzeichnungen durcharbeitete, die ich zu Corsons eidlicher Erklärung gemacht hatte, gewann ich den Eindruck, daß Marchetti glaubwürdiger war. Corson war ein brillanter Zeuge gewesen, aber vielleicht eine Spur zu brillant.

Später lud Snyder Marchetti zur Vernehmung im Büro der Anwaltsfirma in Washington vor. Hunt wohnte der Zeugenaussage bei, denn als Kläger war er dazu berechtigt.

Ich hatte bereits beobachtet, daß Marchettis Temperament oft mit ihm durchging, wenn man ihn durch Fragen unter Druck setzte. Also ermahnte ich ihn, ruhig zu bleiben, sich kooperativ zu zeigen und höflich und überlegt zu antworten. Wenige Minuten nach Beginn der Vernehmung war diese Bitte jedoch bereits vergessen. Als Snyder eine durchaus vertretbar Frage stellte, erwiderte Marchetti: »Darauf bekommen Sie keine Antwort. Die Frage ist einfach dumm.« Bei der nächsten Frage, an der es im Grunde auch nichts auszusetzen gab, wurde Marchetti zornig und drohte, den Raum zu verlassen und der Vernehmung damit ein Ende zu setzen. Dann fing Marchetti an, Snyder mit sarkastischen Bemerkungen ins Wort zu fallen. Als er gebeten wurde, Beweise für eine in dem Artikel aufgestellte Behauptung zu liefern, erwiderte er, dazu sei er nicht in der Lage, weil »mich das JFK-Attentat so sehr nun auch nicht interessiert«. Snyder versuchte hartnäckig, eine Antwort auf die Frage zu bekommen. Ich beobachtete, daß er dieselbe Frage mehrmals stellte. Snyder bemerkte: »Nun, wir haben immer noch keine klare Antwort erhalten.« Marchetti schaltete sich wieder ein und sagte zu Snyder: »Wenn Sie aufhören, so ein Theater zu machen, bekommen Sie eine klare Antwort.«

Während einer Pause bat ich Marchetti inständig, mit einer anderen Einstellung an die Sache heranzugehen. Er sperrte sich gegen den Rat und meinte, er mache seine Sache sehr gut. Darauf erwiderte ich, die Geschworenen würden keinen günstigen Eindruck von ihm gewinnen, wenn er mit dem gegnerischen Anwalt so umspringe. Marchetti entgegnete, vor Gericht, in Anwesenheit von Geschworenen, würde er sich bei der Vernehmung anders verhalten.

Ob er diesen Plan würde durchführen können, schien mir ungewiß. Ich machte ihm klar, daß ihm Snyder vor Gericht das Protokoll der eidlichen Aussage entgegenhalten könnte, das er gerade erstellte. Marchetti antwortete nicht, und die Vernehmung wurde in diesem Augenblick fortgesetzt. Ich bemerkte, daß der Zeuge dem Anwalt nun etwas weniger feindselig begegnete.

Doch bald schon dachte ich geradezu wehmütig an meine Gelassenheit im ersten Teil der Vernehmung zurück, als ich mir noch nicht über den Inhalt, sondern nur über schlechte Formen den Kopf zerbrechen mußte. Seit mir Marchetti anvertraut hatte, wer sein Informant bezüglich des Memorandums gewesen war, hatte er sich absolut widerspruchsfrei geäußert. Seine Quelle war Corson. A.J. Weberman wußte von dem Memo und hatte noch einige Einzelheiten über andere Behauptungen geliefert, die in Marchettis Artikel einflossen, aber Corson hatte Marchetti von der Existenz des Memos erzählt und diese Tatsache später durch Rücksprache mit James Angleton für Marchetti bestätigen lassen.

Der Artikel begann mit der Behauptung, im CIA-Hauptquartier in Langley, Virginia, sei eine Besprechung auf höchster Ebene einberufen worden, um die Verwicklungen zu diskutieren, die sich durch neu entdecktes Beweismaterial ergaben, das den CIA mit der Ermordung Präsident Kennedys in Verbindung brachte. Der Artikel stellte fest, daß soeben ein »internes CIA-Memorandum« aus dem Jahre 1966 aufgetaucht war, das besagte, Hunt habe sich zur Zeit des Attentats in Dallas aufgehalten. Als Snyder fragte, aus welcher Quelle diese Information stamme, erwiderte Marchetti: »William Corson. C-O-R-S-O-N.« Snyder fragte den Zeugen, ob Corson die Quelle für den gesamten Absatz darstelle, was Marchetti bejahte. Dann stellte Marchetti klar, Corson sei sein einziger Informant, mit

Ausnahme der Behauptungen, die er im Laufe der Jahre von Kritikern des Warren-Berichts gehört hatte, stammten alle von ihm. Während der nächsten Minuten benannte Marchetti immer wieder Corson als ausschließliche Quelle. Snyder stellte nun weitere Fragen, die darauf abzielten zu zeigen, daß sich Marchetti nicht in gutem Glauben auf Corson hätte verlassen dürfen.

F.: »Halten Sie es für plausibel, daß ein Mann wie Mr. Corson in Dinge eingeweiht war, die Sie für ein intimes Geheimnis der Central Intelligence Agency hielten?«
A.: »Ja.«
F.: »Warum?«
A.: »Weil er ein guter Freund von Jim Angleton war.«

[James Jesus Angleton war bei der Veröffentlichung von Marchettis Artikel verstorben.] Er kennt und kannte damals die meisten höheren Offiziere beim CIA und beim Geheimdienst des Pentagon. Im Laufe der Jahre hatte er mich mit vielen höchst zuverlässigen Informationen über andere Themen versorgt. Er wußte hervorragend Bescheid. Nur ein Beispiel: Er hat mir vom vierten Mann im Fall Philby erzählt und mich mit einem britischen Autor bekannt gemacht, der an der Sache arbeitete, und ich hielt ihn in dieser Sache erst für unglaubwürdig. Später stellte sich heraus, daß seine Darstellung vollkommen zutreffend war.

Snyder setzte seine Bemühungen, Marchettis Quellen auf den Grund zu gehen, fort.

F.: »In Ordnung. Sie stellen hier folgende Behauptung auf: ›Der Geheimdienst ist erbost, weil Hunt seine Arbeitgeber in aller Öffentlichkeit in den Nixon-Schlamassel hineingezogen und nach seiner Inhaftierung erpreßt hat.‹ Aus welcher Quelle haben Sie diese Aussage?«
A.: »Corson, verschiedene andere – und verschiedene CIA-Kontakte. Verschiedene Reporter aus der Stadt, die – die sich mit CIA-Angelegenheiten beschäftigt haben.«
F.: »Haben Sie versucht, mit Richard Helms über Themen des Artikels zu sprechen, bevor Sie ihn geschrieben haben?«

A.: »Nein, das habe ich nicht getan.«
F.: »Haben Sie versucht, mit Mr. Hunt zu sprechen, bevor Sie ihn geschrieben haben?«
A.: »Nein.«
F.: »Haben Sie versucht, mit James J. Angleton zu sprechen?«
A.: »Nein.«
F.: »Ray Rocca, R-O-C-C-A?«
A.: »Nein, habe ich nicht.«

In seinem Artikel hatte Marchetti Spekulationen wiederholt, Hunt sei möglicherweise in den Tod seiner eigenen Frau verwickelt gewesen. Mit dem Vorfall hatte ich mich oberflächlich beschäftigt, als er sich ereignete, da auch ich von den Gerüchten gehört hatte. Beweise für diese Verdächtigungen sind mir nie untergekommen. Snyder stellte nun einige Fragen zu dieser Behauptung.

F.: »Auf Seite 4 Ihres Artikels schreiben Sie in bezug auf Mr. Hunt: ›Der Tod seiner Frau Dorothy bei einem mysteriösen Flugzeugunglück in Chicago hat bei vielen Leuten Beunruhigung ausgelöst, zumal es in informierten Kreisen Gerüchte gab, sie wolle ihn verlassen und sich vielleicht sogar gegen ihn stellen.‹ Wen beunruhigt der Tod von Mrs. Hunt? Sie schreiben, er beunruhige ›viele Leute‹«?
A.: »Das soll einfach heißen: die allgemeine Öffentlichkeit.«
F.: »Und aus welchem Grund?«
A.: »Seltsam. Es war ein sehr merkwürdiges Flugzeugunglück. Es gab sehr viele Theorien darüber, was da wohl passiert sein könnte.«
F.: »Vertreten Sie die Theorie, daß er das Flugzeug in die Luft gesprengt hat?«
A.: »Nein.«
F.: »Welche Theorie vertreten Sie? Wie kommt es zu einem Absturz? Wie hätte es Mr. Hunt anstellen sollen, das Flugzeug zum Absturz zu bringen?«
A.: »Ich habe nicht gesagt, daß er es zum Absturz gebracht hat.«
F.: »Was sagen Sie dann?«

A.: »Lesen Sie es. Was hören Sie da heraus?«
F.: »Daß er das Flugzeug zum Absturz gebracht hat.«
A.: »Na, dann sind Sie ein Idiot.«
F.: »Danke. Wer sind die ›informierten Kreise‹, die behaupten, daß sie ihn verlassen wollte?«
A.: »Einige hochangesehene Journalisten aus Washington.«
F.: »Welche?«
A.: »Ich werde keine Namen nennen.«

Marchetti begann allmählich, den Namen A.J. Weberman in seine Antworten einfließen zu lassen. Er bezeugte, er habe mit Weberman gesprochen, bevor er seinen Artikel schrieb. Er sagte, Weberman sei die Quelle für die Behauptung, Hunt habe verschiedene Alibis angeboten, um zu beweisen, daß er nicht in Dallas gewesen sei, und das gegenwärtige Alibi sei ›in die Brüche gegangen‹.

Dann kehrte Snyder zur Frage des Memorandums zurück.

F.: »Haben Sie das Memorandum jemals gesehen?«
A.: »Nein.«
F.: »Hat Corson Ihnen das Memorandum jemals gezeigt?«
A.: »Das hat er nicht.«
F.: »Hat Weberman Ihnen erzählt, daß er von einem Memo wußte?«
A.: »Ja, das hat er getan.«

Snyder schien das weniger zu erstaunen als mich. Plötzlich war Weberman zur Quelle für das Memorandum geworden.

Marchetti erklärte daraufhin, daß er durch A.J. Weberman zum erstenmal von der Existenz des Memo gehört habe und Corson »das Gefühl hatte, daß A.J.s Information korrekt war«. Marchetti erklärte, er habe bei Corson Bestätigung gesucht, als er die Informationen nachprüfte, nachdem der Artikel erschienen war und Hunt einen Widerruf gefordert hatte. Corson nahm, auf Marchettis Ersuchen, Kontakt mit James Angleton auf, und Angleton teilte Corson mit, er habe das Memorandum geschrieben. Zumindest sagte Marchetti das aus. Des weiteren führte er aus, Corson habe ihm gesagt, daß Angleton »sehr beunruhigt darüber schien, daß der Ausschuß [der Sonderausschuß des Kongresses zu Untersuchung der Mordfrage] das Memo hatte«.

Die Erklärung, die da ans Licht kam, war interessant. Weberman war Marchettis einzige ursprüngliche Quelle für die Geschichte mit dem Memorandum. Als Hunt mit einem Prozeß drohte, bat Marchetti Corson, die Sache zu prüfen. Corson sprach mit Angleton, dem angeblichen Autor des Memorandums, und dieser bescheinigte im Gespräch mit Corson dessen Echtheit. Die Geschichte hatte nur zwei Haken. Sie widersprach Marchettis früheren Erklärungen, unter anderem denen, die er Carto, mir und unter Eid als Zeuge abgegeben hatte. Und darüber hinaus hatte Corson, der maßgebliche Mittelsmann, bezeugt, die Geschichte sei nicht wahr.

Ich war seit fünfunddreißig Jahren als Anwalt tätig und konnte mich schwerlich erinnern, daß ich mich in der Vergangenheit einmal so hilflos gefühlt hatte, wenn ich persönlich miterleben mußte, daß ein Fall in ähnlicher Weise in die Binsen ging. Ich schenkte mir eine Tasse Kaffee ein, nippte daran und suchte Trost in dem Gedanken, daß es nun, da wir den absoluten Tiefpunkt der Vernehmung erreicht hatten, zumindest nicht noch schlimmer kommen konnte. Es kam aber noch schlimmer.

Snyder wollte wissen, ob Marchetti Weberman jemals gefragt habe, wie er auf das Memorandum gestoßen sei. Marchetti erklärte, Weberman habe ihm zunächst mitgeteilt, ein gewisser Fonzi, der dem Mitarbeiterstab des Sonderausschusses angehörte, sei die Quelle. Später meinte Weberman, Fonzi sei nicht seine Quelle gewesen; er habe die Sache durch einen gewissen Ed Lopez erfahren. Weberman zufolge hatte Lopez »das Memorandum mit eigenen Augen gesehen«. Jedoch erklärte Weberman später, so Marchetti, daß Lopez »nun leugnet«, das Memo je gesehen zu haben. Marchetti erklärte dann, Lopez sei als Ermittler für den Kongreßausschuß tätig gewesen, und gab zu, daß er weder mit Fonzi noch mit Lopez persönlich gesprochen hatte.

Schon in den Wochen vor der Vernehmung Marchettis hatte sich deutlich gezeigt, daß es unmöglich war, beim Aufbau der Verteidigung gegen die Verleumdungsklage ausschließlich auf die Zeugenaussage von Victor Marchetti zu vertrauen. Dieser Umstand war um so bedauerlicher, wenn man bedenkt, daß er Verfasser eines Artikels war, der auf einem Memorandum beruhte, das niemand je zu Gesicht bekommen hatte – zumindest war niemand bereit, dies unter Eid zu bezeugen. Marchetti zufolge könnte Corson es gesehen haben. Diese Behauptung wurde von Corson kategorisch bestritten. Weberman meinte, Lopez habe erklärt, es gesehen zu haben. Lopez leugnete, daß er es gesehen hatte, und bestritt außerdem, je behauptet zu haben, er habe es gesehen.

Marchettis Artikel intrinsisch zu verteidigen war unmöglich. Sofern ich keine Beweismittel herbeischaffen konnte, die Marchetti, als er seinen Artikel schrieb, nicht bekannt gewesen waren, würde die Verteidigung völlig in sich zusammenbrechen.

Ich begann Zweifel zu hegen, ob meine Entscheidung, die Zeitung zu vertreten, richtig gewesen war. Bevor ich den Konferenzraum verließ, sammelte ich meine Papiere ein und verstaute sie in meinem Aktenkoffer. Ich blickte auf und sah, wie mich Hunt anstarrte. Zum erstenmal an diesem Tag lächelte er. Er wirkte zuversichtlich. In diesem Augenblick faßte ich den Vorsatz: Wenn er etwas damit zu tun hat, dann werde ich es beweisen. Snyder und ich schüttelten uns zum Abschied die Hände. Scheinbar glaubte er, den Sieg schon in der Tasche zu haben, der Kampf sei vorbei. Er fragte mich, ob ich bereit sei, den Fall gegen Zahlung von einer dreiviertel Million Dollar niederzulegen. »Das war die erste Runde«, erwiderte ich.

Das Plädoyer

Bei meiner ganz subjektiven Analyse der Aussichten eines Rechtsstreits gelangt jeder Fall schließlich an den Wendepunkt, oder, bildlich gesprochen, an die Hauptwasserscheide. Das ist der Augenblick, in dem mir klar wird, daß die Beweise rasch und vielleicht unwiderruflich in die eine oder andere Richtung fließen. Dann stellen sich noch vor der Hauptverhandlung vorsichtige Vorfreude oder Niedergeschlagenheit ein. Nach Marchettis Einvernahme war im Fall Hunt dieser Augenblick erreicht. Nun war es an der Zeit, die düsteren Aussichten beiseite zu lassen und sich darauf zu konzentrieren, was möglich, ja erforderlich war, um das Verfahren für meinen Klienten zu gewinnen. Nun war das Stadium erreicht, in dem Vernunft und Erfahrung geboten, ein Plädoyer für die Geschworenen vorzubereiten.

Ich möchte damit weder andeuten, daß alle Anwälte so an das Beweismaterial herangehen, noch, daß sie es tun sollten. Tatsächlich ist mir kein anderer Anwalt bekannt, der exakt genauso vorgeht wie ich. Ich bin inzwischen über vierzig Jahre als Prozeßanwalt tätig und heute, da ich diese Worte niederschreibe, weiß ich nur, daß sich diese Methode für mich bewährt hat.

Im Plädoyer ordnet der Anwalt das Beweismaterial, das im Prozeß beigebracht wurde, einschließlich der Zeugenaussagen, der Protokolle der Einvernahmen, die vor dem Prozeß erfolgten, und der sonstigen Urkundenbeweise. Er wählt die Beweismittel aus, die den Standpunkt seines Klienten unterstützen, und versucht sie, neben dem problematischeren Beweismaterial, für die Geschworenen so darzulegen und zu analysieren, daß sie in einen für die Sache des Klienten günstigen Kontext gestellt werden.

Manche Anwälte machen es sich zur Gewohnheit, ungünstiges Beweismaterial außer acht zu lassen. Ich meine dagegen, daß es notwendig ist, sich auch auf diese Aussagen und Beweise zu konzentrieren und sie aus der Perspektive meines Klienten zu analysieren. Natürlich ist es wichtig, den Geschworenen im Plädoyer jedes Element der Verteidigung darzulegen. Der Prozeß selbst führt die Einzelheiten des Falles vor und reißt sie teilweise auch aus dem Zusammenhang; doch im Plädoyer bietet sich dem Anwalt die Möglichkeit und die letzte Chance, das Mosaik vor den Augen der Geschworenen zusammenzusetzen, in der glühenden Hoffnung, daß sie, ebenso wie er, das vollständige, ganze Bild erkennen.

Als Verteidiger fällt es mir zu Beginn eines Zivil- oder Strafprozesses schwer, mir das vollständige Puzzle im Geiste zurechtzulegen. Im Anfangsstadium gibt es noch zu viele Variablen, die den Fall so abstrakt erscheinen lassen, daß kein klares Gesamtbild entsteht. Doch irgendwann ist dann der Augenblick gekommen, in dem mir klar wird, daß ich nicht zusehen darf, wie der Fall ein Eigenleben entwickelt – daß ich ihn analysieren, und wenn nötig, entschlossen handeln muß, um das Ruder herumzureißen. Als ich über Marchettis Einvernahme nachdachte, bereitete ich im Geiste ein mögliches Plädoyer vor, mit dem wir die Oberhand gewinnen konnten.

Nach mehreren Besprechungen mit Marchetti, lange bevor seine eidliche Aussage zu Protokoll genommen wurde, schien es mir unumgänglich, Beweismittel aus anderen Quellen zu beschaffen, die die Behauptungen aus seinem Artikel stützten. Nicht untermauert werden konnten natürlich seine Voraussagen, der CIA werde Hunt wegen Mordes an Kennedy »hängen« oder der CIA werde Hunt »opfern« und zugeben, daß er in die Verschwörung zur Ermordung des Präsidenten verwickelt gewesen sei. All diese Ereignisse hätten, Marchetti zufolge, bei den Sitzungen des Sonderausschusses zur Untersuchung der Mordfrage stattfinden sollen. Dieser Ausschuß existierte aber schon längst nicht mehr, und es war nichts vorgefallen, was auch nur entfernte Ähnlichkeit mit Marchettis Szenario gehabt hätte.

Das Plädoyer, das ich mir zurechtlegte, ging von der Voraussetzung aus, daß Marchetti, abgesehen von den Prophezeiungen, die Wahrheit sagte und korrekt widergab, was er gehört hatte. Corson war seine einzige zuverlässige Quelle. Unglücklicherweise trat Corson erst nach der Tat – also nachdem der Artikel erschienen war – als Quelle auf. Dafür würde ich eine Erklärung finden. A.J. Weberman, ein fragwürdiger und etwas hysterischer Informant, konnte meiner Ansicht nach den Geschworenen nicht als verläßliche Quelle präsentiert werden. Er verlor noch zusätzlich an Glaubwürdigkeit, da er Marchetti unterschiedliche, um nicht zu sagen widersprüchliche Schilderungen gegeben hatte. Nein, auf Weberman war kein Verlaß; wir würden uns an Corson halten, obwohl er leugnete, daß die Informationen von ihm stammten, und obwohl Marchetti nun behauptete, Corson habe lediglich die Bestätigung geliefert.

Wenn die Geschichte mit dem Memorandum der Wahrheit entsprach, dann gab es auch jemanden, der es gesehen hatte. Und wenn Corson mit Marchetti darüber gesprochen hatte, hatte er vielleicht auch anderen davon erzählt.

So bleibt festzuhalten, meine Damen und Herren Geschworenen, daß zwar Victor Marchetti das Memorandum nicht gesehen hat, daß es jedoch einer anderen verantwortungsbewußten Person bekannt war, die wir in dieser Sache als Zeugen vorgestellt haben. Großartig. Nun mußte ich vor der Verhandlung nur noch den passenden Zeugen auftreiben.

Mr. Hunt hat ausgesagt, er sei am 22. November 1963 nicht in Dallas gewesen und der Artikel habe ihn durch die Behauptung, er sei dort gewesen, verleumdet. Wir haben Beweise geliefert, die zeigen, daß er an diesem Tag in Dallas war und daß er im Laufe der Jahre vor verschiedenen Gremien immer wieder Meineide geleistet hat – auch hier vor Ihnen, in diesem Zeugenstand – als er leugnete, dort gewesen zu sein. Wieder zwei Kernsätze. Nur der Beweis fehlte noch.

Somit hatte ich die zwei wesentlichen Elemente des Plädoyers, das ich halten wollte. Und ich hatte immerhin mehrere Monate Zeit, um Beweise zu sammeln, auch wenn die fraglichen Ereignisse nun schon zwanzig Jahre zurücklagen.

Die Sache war nicht so hoffnungslos, wie sie Ihnen, den Lesern und Leserinnen, nun erscheinen mag. Denn ich hatte einen Anhaltspunkt über den ich bisher noch mit niemandem, auch nicht mit Ihnen, gesprochen hatte. Ich hatte vor Jahren Marita Lorenz kennengelernt. Damals nahm ich ein langes Interview mit ihr auf Band auf. Diese Aufnahme wäre im Rahmen des Hunt-Prozesses als Beweismittel jedoch nicht zulässig gewesen, und zwar aus gutem Grunde. Marita Lorenz hatte sich keinem Kreuzverhör durch Hunts Anwalt unterzogen. Wenn ich sie allerdings ausfindig machen und bewegen konnte, ihre Angst zu überwinden, von CIA-Agenten ermordet zu werden, würde ihre Aussage vielleicht die endgültige Klärung bringen.

Kurz vor seiner eidlichen Aussage fragte ich Marchetti, ob er jemals gehört habe, daß Corson mit anderen über das Memo gesprochen hatte. Er verneinte. Dann fragte ich, ob ihm bekannt sei, daß an anderer Stelle ein Artikel erschienen wäre, der mit dem seinen vergleichbar war. Auch davon wußte er nichts.

Ich erstellte im stillen eine Liste von Corsons Kontakten und erkundigte mich vorsichtig, ob er mit seinen Bekannten über das Kennedy-Attentat oder die Arbeit des Sonderausschusses gesprochen hatte. Ein oder zwei wollten sich gar nicht äußern; die übrigen konnten sich an ein solches Gespräch nicht erinnern.

Ein Helfer prüfte die Archive der großen Zeitungen, konnte jedoch keinen Artikel aufspüren, der mit Marchettis Aufsatz vergleichbar gewesen wäre.

Nachdem ich die verfügbaren traditionellen Hilfsmittel beinahe erschöpft hatte, wandte ich mich an eine private Institution, die vor Jahren entstanden war. Nach dem Attentat hatte ich eine Organisation mit Sitz in New York gegründet, das Citizen's Committee of Inquiry. Seit seiner Gründung bot dieser alternative Untersuchungsausschuß den Menschen ein Forum, die daran interessiert waren, die Hintergründe der Ermordung des Präsidenten aufzuklären. Offensichtlich mußten außerordentliche Anstrengungen unternommen werden, um den Bemühungen von Polizei und Geheimdiensten zu begegnen, die versuchten, eine geschönte Lösung des Mordfalls zu verkaufen und ernsthafte Nachforschungen zu vereiteln. Hier fanden sich Angehörige der verschiedensten Berufe zusammen, zum Beispiel Studenten, Professoren, Wissenschaftler, Schriftsteller, aber auch Hausfrauen, Schüler, Fotografen, Tänzer und politisch Engagierte, und tauschten Informationen aus. Sie alle waren als Kritiker des Warren-Berichts bekannt. Unter den vielen hundert kritischen Büchern und Artikeln, die in den Jahren seit der Ermordung Kennedys zu diesem Thema erschienen sind, dürften wohl nur wenige sein, die nicht auf das Bürgerkomitee und die von ihm geleistete Grundlagenarbeit zurückzuführen sind.

Und nun wandte ich mich an die Mitglieder dieser Gruppe und ihre Nachfolger, die zweite und dritte Generation – die in den siebziger Jahren Citizen's Commission of Inquiry gegründet hatten. Eine junge Frau, die damals in Dallas lebte, erinnerte sich, daß Stansfield Turner, der damalige CIA-Chef, im Jahre 1978 die Stadt besucht hatte; und bei diesem Besuch hatte man ihn nach einem Artikel gefragt, der in »irgendeiner kleinen Zeitung an der Ostküste« erschienen war. Der Originalartikel nahm Bezug auf ein Memorandum, das besagt, Hunt sei am 22. November 1963 in Dallas gewesen. Turner, der vor einer Versammlung der Kriegsveteranen sprach, zeigte sich überrascht, als nach dem Kennedy-Attentat gefragt wurde.

Wir konnten feststellen, daß die Veteranentagung in Dallas im August 1978 stattgefunden hatte. Eine Prüfung der Akten der Associated Press in Dallas ergab, daß AP damals eine Agenturmeldung herausgegeben hatte. Möglicherweise war der Bericht nicht in die Zeitungen gelangt. AP zufolge hatte Turner behauptet, der CIA hätte ein solches Memo nicht ausfindig machen können. Er räumte jedoch ein, es sei »immer möglich«, daß ein solches Memorandum in den zwölf Jahren seit 1966 aus den Akten verschwunden sei, bevor Turner 1978 die Suche nach dem Memo anordnete. Ich ließ mir sofort eine Kopie des Berichts aus Dallas kommen und las ihn mit nicht geringem Interesse. Die an Turner gerichtete Frage beruhte nicht auf dem *Spotlight*–Artikel aus der Feder Victor Marchettis. Offensichtlich war das *Sunday News Journal*, das bei Gannett in Wilmington, Delaware, erschien, die »kleine Ostküsten-Zeitung«, die den Reporter aus Dallas veranlaßte, nach dem CIA-Memorandum zu fragen.

Die betreffende Ausgabe, datiert vom 20. August 1978, war rasch gefunden. Der Bericht stammte von Joe Trento und Jacquie Powers, die damals als Korrespondenten beim *Wilmington News Journal* beschäftigt waren. Ich fand heraus, daß Trento inzwischen als Fernsehjournalist beim Cable News Network in Washington tätig war. Sein Name stand auf der Liste der Leute, die beruflich Kontakt mit William Corson pflegten. Möglicherweise hatte also noch ein anderer Journalist durch Corson von der Existenz des CIA-Memorandums erfahren. Marchettis Darstellung der Ereignisse wurde dadurch erheblich aufgewertet. Trento und Powers hatten folgenden Bericht für das *Sunday News Journal verfaßt:*

> *War Howard Hunt in Dallas als JFK starb?*
> *Sunday News Journal*, 20. August 1978
> Von Joe Trento und Jacquie Powers
> WASHINGTON – Ein geheimes CIA-Memorandum besagt, daß sich E. Howard Hunt am Tag der Ermordung Präsident John F. Kennedys in Dallas aufhielt und daß führende CIA-Beamte planten, Hunts Anwesenheit dort zu vertuschen.
>
> In CIA-Kreisen wird vermutet, daß Hunt von seinen Vorgesetzten beauftragt wurde, die Ermordung von Lee Harvey Oswald zu arrangieren.
>
> Außerdem war in Erfahrung zu bringen, daß Hunt, der 1974 als Watergate-Verschwörer verurteilt wurde, in den Wochen vor dem Attentat den CIA-Stützpunkt in Mexico-City geleitet hat. Dem offiziellen Bericht der Warren-Kommission zufolge hielt sich Oswald in Mexico-City auf und traf dort, unmittelbar bevor er

nach Dallas abreiste, mit zwei sowjetischen KGB-Agenten zusammen.

Das Geheimmemorandum aus dem Jahre 1966 befindet sich nun im Besitz des Attentatsausschusses des Kongresses, es besagt, daß sich Hunt am 22. November 1963 in Dallas aufhielt.

Das Memorandum war mit den Initialen des ehemaligen CIA-Direktors Richard M. Helms und des ehemaligen Chefs der Spionageabwehr James J. Angelton unterzeichnet, wie uns die Ermittler mitteilten, die das *Sunday News Journal* mit Informationen versorgten.

Quellen zufolge, die dem Sonderausschuß zur Untersuchung der Mordfrage nahestehen, besagt das Dokument:

- Drei Jahre nach der Ermordung Kennedys und kurz nachdem Helms und Angelton zu ihrer höchsten Position im CIA aufrückten, verständigten sich beide über die Tatsache, daß sich Hunt am Tag des Attentats in Dallas aufhielt und seine Anwesenheit dort geheimzuhalten sei.
- Helms und Angelton waren überzeugt, der Ruf des CIA werde Schaden nehmen, wenn durchsickern sollte, daß Hunt sich am fraglichen Tag in Dallas befand.
- Helms und Angleton meinten, daß eine Cover Story »in Erwägung zu ziehen«, sei, die Hunt ein Alibi für den Tag des Attentats verschaffen sollte.

Hunt, der am Freitag in seinem Haus in Miami, Florida, ankam, leugnete, am 22. November 1963 in Dallas gewesen zu sein; außerdem behauptete er, er sei seit 1961 nicht mehr in Mexico-City gewesen.

Hunt sagte, er habe sich am Tag des Kennedy-Attentats in Washington aufgehalten. »Ich habe viele Zeugen. Ich hatte mir an dem Tag nachmittags freigenommen, war einkaufen und habe mit meiner Frau in einem China-Restaurant in der Innenstadt zu Abend gegessen.«

Hunt erklärte weiter, es gebe keinen Grund, warum ein solches Memo existieren sollte, und er habe nie von der Existenz des Memos gehört.

CIA-Informanten, die den Attentatsausschuß mit Material

über Hunts angebliche Anwesenheit in Dallas vorsorgt haben, gaben zu verstehen, bei Hunts Geschichte über den Einkaufsbummel in der Washingtoner Innenstadt handle es sich um eine »Cover Story«, eine »Verhüllungsgeschichte«, die aufgrund des Memorandums erdacht worden sei. Die Informanten versicherten uns, sämtliche Zeugen Hunts seien vom CIA arrangiert und seine Frau könne nicht befragt werden, weil sie bei einem Flugzeugunglück ums Leben gekommen ist.

Der Attentatsausschuß wird im kommenden Herbst die Anhörungen über den Kennedy-Mord eröffnen.

Dawn Miller, die Sprecherin des Ausschusses, erklärte, sie werde »zum Bericht über ein Memo keinen Kommentar [abgeben]. Wir werden im September ausführliche Anhörungen durchführen. Aufgrund der Ausschußvorschriften darf ich mich dazu nicht weiter äußern.«

Informanten aus dem Umkreis des Sonderausschusses haben gegenüber dem *Sunday News Journal* geäußert, daß sowohl Helms als auch Angelton von Ermittlern des Ausschusses vernommen wurden, das Memo sei dabei jedoch nicht zur Sprache gekommen. Helms habe vor dem Ausschuß erklärt, er sei nicht in der Lage, auf detaillierte Fragen über die Beteiligung des CIA einzugehen, weil er sich »keine Daten merken« könne.

Helms schlechtes Gedächtnis, was das Engagement von ITT in Chile betrifft, hat dazu geführt, daß er im vergangenen Jahr in zwei Punkten für schuldig befunden wurde, dem Kongreß Informationen vorenthalten zu haben; die Anklage hatte zunächst auf Meineid gelautet und war dann durch Einfluß von Präsident Carter abgemildert worden.

Helms gab dazu keinen Kommentar ab. Eine Sekretärin erklärte, er sei auf Reisen und nicht zu erreichen.

Als Angleton von Ausschußmitarbeitern verhört wurde, verhielt er sich »ausweichend«, so ein Informant, der bei der Vernehmung anwesend war. Auch Angleton war nicht zu erreichen, als wir einen Kommentar einholen wollten.

Auf die Frage, warum ein möglicherweise gefährlicher Vertuschungsplan zu Papier gebracht wurde, erklärte ein hochrangiger CIA-Experte: »Das Memo ist eine höchst merkwürdige Angelegenheit. Es erweckt beinahe den Eindruck, als habe Angleton den frischgebackenen Chef Helms darüber in Kenntnis gesetzt, daß da eine Leiche im Keller wartete, um die man sich kümmern mußte, und das war Helms Antwort darauf.«

Ein Ausschußinformant meinte, das Memo »zeigt, daß die Verwicklung des CIA in den Fall Kennedy bis in die CIA-Hierarchie hineinreichen könnte. Wir versuchen zwar, unsere Phantasie zu zügeln, aber bei dem bloßen Gedanken daran wird einem schwindlig.«

Im Rahmen seines Budgets von fünf Millionen Dollar, das zur Untersuchung der Attentate auf Kennedy und Martin Luther King zur Verfügung steht, hat der Ausschuß eine Tontechnikfirma in Cambridge, Massachusetts, damit beauftragt, Tonbandaufnahmen zu prüfen, auf denen die Schüsse auf Kennedys Wagenkolonne festgehalten sind.

Die Firma hat dem Expertenstab des Ausschusses neue Beweise geliefert, die zeigen, daß auf Kennedys Wagen vier, und nicht drei Schüsse abgefeuert wurden. Nach Meinung von Fachleuten ist damit ausgeschlossen, daß Oswald allein gehandelt hat.

»In Verbindung mit dem Memo, das vertuschen sollte, daß Hunt am fraglichen Tag in Dallas war, lassen unsere bisherigen Erkenntnisse die Darstellung des Warren-Berichts höchst fragwürdig erscheinen«, erklärt ein Angehöriger des Sonderausschusses. Helms und Angleton stehen derzeit im Mittelpunkt einer internen CIA-Untersuchung, und ein neu eingesetzter Geheimdienstausschuß des Senats befaßt sich mit der Frage, ob der sowjetische KGB einen Maulwurf oder hochrangigen Doppelagenten in die CIA eingeschleust hat.

Cleveland Cram, der ehemalige Chef des CIA-Stützpunkts in Ottawa, Kanada, wurde aus dem Ruhestand zurückgerufen, um zu untersuchen, welche Rolle Helms und Angleton in dieser Sache spielten. »Bei seiner Maulwurf-Untersuchung stieß Cram auf das Hunt-Memo«, vermutet ein Ermittler.

Die Maulwurf-Untersuchung ist im Geheimdienst »noch vordringlicher geworden, seit das Memo entdeckt wurde«, berichtet ein Informant, der mit den internen Ermittlungen zu tun hat.

Herbert E. Hetu, CIA-Leiter für öffentliche Angelegenheiten, erklärte gegenüber dem *Sunday News Journal*: »Ich habe Gerüchte über ein solches Memo gehört, konnte ihnen jedoch nicht auf den Grund gehen. Ich habe Rücksprache mit unserem Verbindungsmann beim Attentatsausschuß genommen, doch er wußte nichts von der Sache.«

Die Möglichkeit, daß ein Maulwurf oder Doppelagent im Zusammenhang mit Oswald in den CIA eingedrungen sein könnte, wurde zum erstenmal in Edward J. Epsteins Buch *Legend – The Secret World of Lee Harvey Oswald* ans Licht gebracht.

Die Kontakte Oswalds zum US-amerikanischen, sowjetischen und kubanischen Geheimdienst sind in diesem Buch ausführlich dargestellt. Epsteins Herausgeber im Verlag Readers Digest, wo das Buch erschienen ist, erklärt, daß Angleton die wichtigste Quelle für den Autor gewesen ist.

Im Jahre 1964 teilte ein sowjetischer Überläufer, Juri Nosenko, dem CIA mit, daß Oswald beim Kennedy-Attentat nicht als russischer Agent gehandelt habe. Daraufhin, so Epstein, sei innerhalb des Geheimdienstes ein mehrere Jahre währender Kampf um die Frage entbrannt, ob Nosenko die Wahrheit sagte oder nicht.

Die Auseinandersetzung endete 1976, als Nosenko, als echter Überläufer anerkannt, auf die Gehaltsliste des CIA gesetzt wurde und eine neue Identität erhielt.

Epsteins Buch zufolge setzte sich Angleton dafür ein, Nosenko nicht anzuerkennen, weil er den Russen für einen Doppelagenten hielt.

Hunts Gastspiel in Dallas und in Mexico-City zur Zeit des Mordes bekräftigt eine Theorie, die von einigen internen CIA-Ermittlern vertreten wird. Sie sind überzeugt, daß Oswald für den US-Nachrichtendienst gearbeitet hat, daß er beauftragt war, den KGB zu infiltrieren, und daß er aus diesem Grund in Rußland gelebt hatte. Außerdem meinen sie, Oswald habe sich als so instabil erwiesen, daß er »vom KGB zum Dreifachagenten abgerichtet und mit der Dallas-Aufgabe betraut wurde«.

Dieselben Ermittler vermuten, Hunt habe sich am Tag des Mordes in Dallas befunden, weil er der Anweisung eines hochrangigen CIA-Beamten folgte, der in Wahrheit ein KGB-Maulwurf war. Angeblich war Hunt der Meinung, er sollte Oswalds Ermordung arrangieren, weil dieser Verrat begangen habe. Tatsächlich aber mußte Oswald sterben, damit er nicht mehr aussagen und preisgeben konnte, daß ihn die Russen beauftragt hatten, Kennedy zu ermorden, mutmaßen unsere CIA-Informanten.

Die größte Sorge bereitet den CIA-Ermittlern die Frage, ob etwa Helms oder Angleton selbst dieser Maulwurf sein könnte.

Während Hunt im Dezember 1975 wegen seiner Rolle in der Watergate-Affäre inhaftiert war, schilderte er in einem Interview mit der *New York Times* zum erstenmal die Existenz einer kleinen CIA-Terror-Truppe. Dieses Mordkommando, das angeblich Colonel Boris Pash unterstand, hatte den Auftrag, mutmaßliche Doppelagenten und verdächtige kleine Beamte zu beseitigen.

Andere CIA-Mitglieder behaupten, Pashs Mordkommando habe zu Angletons Abteilung gehört.

Daß Hunt eine Vorliebe für denkwürdige Komplotte zeigt, ist allgemein bekannt. Angeblich hat er immer wieder Intrigen ausgeheckt – von Watergate bis zu einem geplanten Anschlag auf den Kolumnisten Jack Anderson. Daneben hat Hunt fünfundvierzig Spionageromane verfaßt.

Informierte Kreise beim CIA und beim Sonderausschuß haben außerdem zu verstehen gegeben, daß Angleton während der Ermittlungen der Warren-Kommission zum Kennedy-Attentat regelmäßig mit einem Kommissionsmitglied zusammentraf – dem verstorbenen Allen Dulles, der damals Leiter des CIA und Angletons Vorgesetzter war.

Dulles informierte Angleton wöchentlich über den Fortgang der Ermittlungen, woraufhin Angleton Raymond Rocca, seinen engsten Berater und den offiziellen Verbindungsmann des CIA zur Warren-Kommission, in Kenntnis setzte.

Rocca, der inzwischen im Ruhestand ist, war nicht zu sprechen, als wir seine Stellungnahme einholen wollten. Seine geschiedene Frau, die ebenfalls für Angleton gearbeitet hat, ist nun für Cleveland Cram im Maulwurf-Untersuchungsteam des CIA tätig.

Der Bericht unterschied sich in mehrfacher Hinsicht von dem *Spotlight*-Artikel. Einmal wurden hier keine Voraussagen festgelegt. Offensichtlich stützten sich die Verfasser nicht auf A.J. Weberman als Quelle. Und zudem er bot eine erhellende und relevante historische Perspektive. Da Trento mit Hunt Kontakt aufgenommen hatte, bevor er den Artikel schrieb, war hier ein interessantes Zitat von Hunt nachzulesen, in dem er zur Frage, wo er am 22. November 1963 gewesen sei, Stellung nahm. Am wichtigsten war meiner Ansicht nach jedoch, daß der Artikel unmißverständlich feststellte, daß ein CIA-Memorandum aus dem Jahre 1966 existierte, demzufolge Hunt am 22. November 1963 in Dallas war.

Ich traf mich mit Marchetti, um zu klären, ob er und Trento das fragliche Thema miteinander erörtert hatten. Er zeigte sich erstaunt, daß ein Bericht existierte, der Ähnlichkeit mit seinem Artikel aufwies, und erklärte, er habe zwar inzwischen, das war Mitte 1984, von Trento gehört, doch im Jahre 1978, als die beiden Artikel erschienen, hatten sie sich weder gekannt, noch waren sie sich je begegnet. Wie mir Marchetti versicherte, hatten sie die Veröffentlichung der Artikel nicht koordiniert. Daß es sich um einen bloßen Zufall handelte, war unwahrscheinlich. Das Memorandum war bereits zwölf Jahre alt, als innerhalb einer Woche die beiden ersten und einzigen Berichte erschienen, in denen es erwähnt wurde. Beide Autoren kannten Corson und hatten unabhängig voneinander Geheimdienstthemen mit ihm diskutiert, bevor sie ihre Artikel über das CIA-Memorandum schrieben. Ich glaubte beiden, Marchetti und Trento; sie hatten die Veröffentlichung ihrer Artikel nicht abgesprochen. Doch ich vermutete, daß ein anderer die Sache koordiniert hatte. Mein Verdacht viel auf Corson.

Ich versuchte, mit Trento zu sprechen. Corson hatte bereits ausgesagt, daß er nichts über das Helms-Angleton-Memorandum wisse. Ihn zu fragen, ob er Trento darüber informiert hatte, schien mir sinnlos. Falls Corson sowohl Marchetti als auch Trento mit Informationen versorgt hatte, war er offenbar nicht bereit, die Verantwortung dafür zu übernehmen. Seine Neigung, die eigene Rolle in der Angelegenheit zu vertuschen, war interessant. Und da er einmal ausgesagt hatte, er sei nicht die Quelle gewesen, war es nur logisch anzunehmen, daß er seine Entscheidung, einen Teil der Wahrheit zu verschweigen, nur noch bekräftigen würde. Denn hätte er nun neue, widersprüchliche Angaben geliefert, wäre er Gefahr gelaufen, sich strafbar zu machen.

Trento war offensichtlich der richtige Mann für uns, wenn da nicht ein Hindernis gewesen wäre. Er zeigte nämlich nicht die geringste Bereitschaft, seine Erkenntnisse mit mir zu teilen; ja, er wollte mich nicht einmal sehen. Durch gemeinsame Bekannte erfuhr ich, daß Trento Liberty Lobby verabscheute und sich geschworen hatte, uns in keiner Weise zu unterstützen.

Zwar hegte er weder gegen mich noch gegen Victor Marchetti feindselige Gefühle; und mit Marchetti hatte er schon Informationen über andere Themen ausgetauscht, an denen beide Männer arbeiteten. Doch vor ein paar Jahren hatte Trento für die Zeitschrift *True* einen abfälligen Artikel über Liberty Lobby und Carto verfaßt, und dieser Artikel diente als Grundlage eines Verleumdungsprozesses gegen *True*. Trento hatte den Bericht noch gut in Erinnerung. Der Prozeß trug wenig dazu bei, seine starken negativen Gefühle gegen meinen jetzigen Mandanten zu besänftigen; und alle Anstrengungen, die ich unternahm, um die Feindseligkeit gegen Carto zu mildern, blieben erfolglos.

Meine oberflächlichen Erkundigungen über Trentos Laufbahn als Rechercheur und Journalist führten zu der Einschätzung, es mit einem wahrheitsliebenden, sachkundigen Autor zu tun zu haben. Ich war überzeugt, daß er unter Eid die Wahrheit sagen würde, obwohl ich bezweifelte, daß er seine Quellen preisgeben würde, sofern er nicht durch gerichtliche Verfügung dazu gezwungen wäre.

In Anbetracht der Umstände war klar, was ich zu tun hatte. Ich beschloß, ihn zu einer Einvernahme vorzuladen.

Eidliche Aussagen*

Bis zu einem gewissen Grade ist eine Verhandlung vor einem US-amerikanischen Gericht mit der Uraufführung eines gut einstudierten Stückes zu vergleichen. Ein Zuschauer, der hin und wieder eine Verhandlung besucht, läßt sich möglicherweise durch die vermeintlich hellseherischen Fähigkeiten der Rechtsanwälte blenden, die die Antworten auf ihre Fragen von vornherein zu kennen scheinen. Doch die Anwälte, die durch sie vertretenen Parteien und teilweise auch die Zeugen haben die Szene meist schon einmal geprobt, denn sie haben im Zuge der Ermittlungen den Prozeß vorbereitet.

Die Prozeßvorbereitung besteht aus drei Elementen: den schriftlichen Beweisfragen, dem Ersuchen um Vorlage von Beweismitteln und den eidlichen Aussagen.* Lange bevor der Prozeß beginnt, werden schriftliche Beweisfragen ausgetauscht, auf die die Parteien Antworten liefern müssen, welche die Grundlage der Klage beziehungsweise der Verteidigung darstellen. Es ist jedoch bisher noch nicht gelungen, dieses Verfahren so zu regeln, daß es nicht durch erfindungsreiche Anwälte unterlaufen oder zunichte gemacht werden könnte. Selbst das Ersuchen um Vorlage von Beweismitteln kann durch Verzögerungstaktiken und Hinhaltegefechte zur Farce werden. Doch ungeachtet der ständigen Mißachtung durch die Advokaten wurden umfassende, gut fundierte Ermittlungsmethoden entwickelt, die auch von den Richtern akzeptiert werden; denn gerade die Richter sind froh, wenn die Grundlagenarbeit bereits geleistet ist, bevor sie sich selbst in die Auseinandersetzung einschalten.

Für Kläger und Beklagte in Zivilsachen gelten die Regeln der Bundeszivilprozeßordnung. Diese Fälle werden vor den Bezirksgerichten der Vereinigten Staaten verhandelt. Die Bezirksgerichte sind zahlreich und über das ganze Land verstreut. Die unterlegene Partei kann vor dem Berufungsgericht der Vereinigten Staaten Revision einlegen. Die Zahl der Berufungsgerichte ist geringer, da sie Beru-

* Bei dieser eidlichen mündlichen Zeugenaussage, die z. B. auf Grund von Rechtshilfeersuchen vor einem besonders beauftragten Richter abgegeben wird (es kann sich auch um eine schriftliche eidliche Erklärung handeln), wird ein Beweisaufnahmeprotokoll der Zeugenaussagen ausgefertigt.
Dieses Verfahren wird im Text der Kürze halber künftig auch durch den Begriff «Einvernahme« resp. »einvernehmen« wiedergegeben.

fungen aus einer ganzen Reihe von Bezirksgerichten bearbeiten. Gegebenenfalls kann der Oberste Gerichtshof Revisionen prüfen, die von einem Berufungsgericht abgelehnt wurden. Es gibt nur einen Obersten Gerichtshof.

Die Möglichkeit, vor dem Prozeß Einvernahmen aufzunehmen, die zwischen 1938 und 1970 durch die Vorschriften 26 bis 37 geschaffen wurde, stellt vielleicht die wichtigste Innovation der Bundeszivilprozeßordnung dar. Der Oberste Gerichtshof hat zur Rechtfertigung des damals neu geschaffenen Verfahrens erklärt, es diene dazu »den Prozeß nicht in ein Blindekuhspiel ausarten zu lassen, sondern vielmehr dafür zu sorgen, daß eine faire Auseinandersetzung stattfindet, bei der die wesentlichen Fragen und Tatsachen soweit als möglich offengelegt werden«.

Die Vernehmung vor dem eigentlichen Prozeß, von der hier die Rede ist, erfolgt unter Eid; vernommen wird ein Zeuge oder eine Prozeßpartei, wobei Fragen des Anwalts einer Partei zu beantworten sind. Während bei der obligatorischen Vernehmung im Prozeß geographische Erwägungen zu berücksichtigen sind, die möglicherweise verhindern, daß ein Zeuge von einer Partei zur Verhandlung vorgeladen werden kann, gelten solche Erwägungen bei eidlichen Aussagen vor dem Prozeß nicht.

Die großen Anwaltsfirmen und ihre einflußreichen Klienten favorisieren ausnahmslos die Vernehmung vor dem Prozeß. Für die Anwaltsfirmen sind die Ermittlungen ein lukratives Geschäft, denn sie berechnen stattliche Summen für die Teilnahme an den vorbereitenden Vernehmungen, die sie selbst durchführen oder in Begleitung der Zeugen besuchen. Eine Anwaltsfirma kann bis zu drei Anwälte zu einer sechsstündigen Sitzung entsenden. Wenn die Firma ihren Klienten ein Stundenhonorar von 250 Dollar pro Anwalt in Rechnung stellt – was noch verhältnismäßig niedrig angesetzt ist –, steht der Klient bereits mit 4500 Dollar in der Kreide. Zweifellos besprechen die Juristen den Fall auch beim Mittagessen, wodurch sich die Rechnung um weitere 1500 Dollar erhöht; hinzu kommen noch die nicht unerheblichen Kosten für die Mahlzeit. Da ein einziger Zeuge mehrere Tage lang vernommen werden kann, und da in manchen Fällen viele Zeugen zur Einvernahme vor dem Prozeß vorgeladen werden müssen, entstehen einem Klienten unter Umständen nur zur Vorbereitung der eigentlichen Verhandlung Kosten, die in die Zehntausende, wenn nicht Hunderttausende gehen. Die Anwälte von zahlungskräftigen Klienten setzen sich deshalb ganz besonders für dieses Verfahren ein. Und Unternehmen benutzen dieses Mittel zur Abschreckung, um mittellose Kläger davon abzuhalten, den Rechtsweg zu beschreiten.

Frauen, die auf gerichtlichem Wege etwa gegen sexuelle Belästigung durch Führungskräfte großer Firmen vorgehen wollen, oder Angehörige von Minderheiten, die diskriminierende Praktiken mächtiger Arbeitgeber anklagen, und andere, die mit vergleichbaren Fällen zu tun haben, sind durch diese Verfahrensordnung eindeutig im Nachteil; denn sie gibt den Reichen eine Waffe gegen jeden in die Hand, der sich hohe Anwaltskosten nicht leisten kann.

Die hohen Gerichte und die Autoren führender juristischer Fachzeitschriften behaupten jedoch weiterhin, dieses Ermittlungsverfahren fördere die »gerechte, schnelle und kostengünstige Entscheidung« von Prozessen, wie sie die Zivilprozeßordnung vorschreibt.

Die Vernehmung vor dem Prozeß ist jedoch tatsächlich aus verschiedenen Gründen sinnvoll; sie kann sogar unter gewissen Umständen ausschlaggebend sein. Nehmen wir zum Beispiel einmal an, daß am US-Bezirksgericht in Sioux Falls, South Dakota, ein Prozeß angestrengt wird, weil ein Bundesgesetz betroffen ist und die Parteien dort wohnen. Ein unwilliger Zeuge, der eine wesentliche, wenn nicht entscheidende Aussage zu leisten hätte, ist mittlerweile in die South Bronx von New York City gezogen. Gäbe es nun nicht die Möglichkeit der Einvernahme, und wäre der Zeuge nicht bereit, an einem Wintertag nach South Dakota zurückzukehren, dann sähe sich die Partei, die die Aussage des abwesenden Zeugen vorbringen möchte, außerstande, den Geschworenen dieses Beweismittel vorzulegen. Wenn der Zeuge nicht in dem Bezirk wohnt, in dem das Verfahren stattfindet, oder im Umkreis von hundertdreißig Kilometern vom Gerichtsort, in diesem Fall Sioux Falls, so reicht die Vorladung zur Verhandlung nicht aus, um seine Teilnahme am Prozeß zu erzwingen.

Allerdings haben beide Parteien die Möglichkeit, den Zeugen in eine Kanzlei zur Einvernahme zu laden. Die Kanzlei wird von der Partei, die die Vernehmung durchführen will, ausgewählt, und wenn sie sich nicht weit vom Wohnort des Zeugen befindet, ist die georgraphische Frage gelöst. Die Vorladung, die der Zeuge erhält, ist durchsetzbar. Deshalb ist die Teilnahme auch für den unwilligen Zeugen obligatorisch.

Im Falle von Joseph Trento arbeitete der unwillige Zeuge in Washington, D.C. Der Prozeß sollte in Miami stattfinden. Und Trento konnte nicht gezwungen werden, zur Aussage nach Florida zu reisen. Eine ordnungsgemäß durchgeführte Vernehmung konnte jedoch im Protokoll festgehalten und später vor den Geschworenen am Bezirksgericht von Miami verlesen und als Beweis vorgelegt werden.

Damit die Einvernahme vor Gericht zugelassen wurde, war es wesentlich, die andere Partei, also Hunt und seinen Rechtsbeistand, rechtzeitig zu informieren und ihr Gelegenheit zu geben, in ebenso vollem Umfang daran teilzunehmen, als würde der Zeuge vor Gericht aussagen. Hunts Anwälte waren berechtigt, Trento ins Kreuzverhör zu nehmen, nachdem ich meine Frage gestellt hatte. Der Zeuge war zur Teilnahme verpflichtet und mußte einen Eid ablegen. Sein Nichterscheinen konnte eine Vorladung wegen Nichtachtung des Gerichts bewirken und Geld-, ja sogar Haftstrafen nach sich ziehen. Und sofern er nicht wahrheitsgemäß aussagte, war eine Anklage durch die Staatsanwaltschaft wegen Meineids oder geringerer verwandter Vergehen zu befürchten.

Diese Form der eidlichen Vernehmung unterscheidet sich in mehrfacher Hinsicht von der Aussage vor Gericht. An erster Stelle sind hier der Spielraum der zulässigen Fragen und die Folgen der Zeugnisverweigerung zu nennen. Im Prozeß gelten strenge Beweisregeln, die strikt durchgesetzt werden können. Zum Beispiel sind irrelevante Informationen nicht zulässig. Bei der prozeßvorbereitenden Vernehmung gelten jedoch völlig andere Maßstäbe.

Die Bundeszivilprozeßordnung, die bei Prozessen an Bundesgerichten Anwendung findet, verfolgt, im Gegensatz zu den Vorschriften, die an Gerichten der Einzelstaaten gelten,* drei Ziele:

* Viele Bundesstaaten haben inzwischen die Vorschriften des Bundes zu den prozeßvorbereitenden Ermittlungen im wesentlichen übernommen. Doch die verschiedenen Staaten haben die Prozeßordnung des Bundes fast ausnahmslos abgeändert und einen großzügigeren Rahmen für die Ermittlungen gesteckt.

1. Die Themen einzugrenzen, so daß die Prozeßparteien nur Beweismittel vorbringen dürfen, die strittige und relevante Fragen betreffen. Dahinter steht der Gedanke, daß der prozeßvorbereitende Austausch die irrelevanten Fragen beseitigt und klärt, auf welchen Gebieten im Grunde keine Uneinigkeit besteht.
2. Beweismaterial zu beschaffen, das beim Prozeß verwendet wird.
3. Allen Parteien die Möglichkeit zu bieten, Zeugenaussagen zu hören, die im Prozeß geleistet, und Urkundenbeweise zu erhalten, die beim Prozeß vorgelegt werden dürfen.

Das Wort, auf das es hier ankommt, ist *dürfen*. Beim Prozeß sind nur relevante Informationen erwünscht und zulässig. Der Spielraum für die Ermittlungen ist dagegen sehr weit, beinahe unbegrenzt, und die Restriktionen, denen sie unterliegen, beziehen sich nicht in erster Linie auf das Sammeln von Informationen, sondern auf deren Verwendung im Prozeß. Vor Gericht gilt die Norm, daß Beweismittel nur dann zugelassen werden, wenn sie für den Gegenstand der Verhandlung relevant sind. Während der prozeßvorbereitenden Vernehmung sind jedoch alle Fragen erlaubt, deren Beantwortung zu relevanten Informationen hinführen könnte. Dies ist gewiß keine rein akademische Unterscheidung. In der Praxis wird ein Großteil des im Zuge der Ermittlungen gesammelten Beweismaterials beim Prozeß selbst nicht zugelassen.

Eine zweite Unterscheidung zwischen der Beibringung von Beweisen vor Gericht und der vorprozeßlichen Vernehmung ist die Unmittelbarkeit der richterlichen Entscheidung hinsichtlich der Verpflichtung des Zeugen, eine Frage zu beantworten. Vor Gericht wird in den meisten Fällen der Gerechtigkeit im Schnellverfahren Genüge getan. Wenn sich ein Zeuge weigert, eine zweckdienliche Frage zu beantworten, trifft der Richter eine Entscheidung; entweder wird verfügt, daß der Zeuge antworten muß, oder das Gericht läßt sich überzeugen, daß er aus guten Gründen nicht zu antworten braucht. Bei der prozeßvorbereitenden Vernehmung riskiert ein Zeuge wesentlich weniger, wenn er die Antwort verweigert. Frage und Weigerung können vom Gerichtsstenographen beglaubigt werden, und eine Partei kann daraufhin Rechtsmittel einlegen und eine gerichtliche Verfügung beantragen. Dieses Verfahren ist umständlich, teuer und langwierig. Deshalb wird dieser Weg selten beschritten, wenn die potentielle Antwort auf die Frage nicht maßgeblich zur Lösung eines Problems im Verfahren beiträgt und wenn der Antragsteller sich einer günstigen Entscheidung nicht relativ sicher ist.

Vor 1938 gab es in den Vereinigten Staaaten buchstäblich keine prozeßvorbereitenden Ermittlungen, wie wir sie heute kennen. Einvernahmen waren zwar im beschränkten Rahmen vorgesehen, sie dienten jedoch nur zur Sicherung und nicht zur Aufdeckung von Beweismitteln. Die Vernehmung eines Zeugen, der den Prozeß vermutlich nicht mehr erleben wird, ist ein Beispiel dafür. Modifikationen wurden in den Jahren 1948, 1949, 1963 und 1966 vorgenommen, doch Spielraum und Mechanismen der vorprozeßlichen Ermittlungen sind erst seit 1967 grundlegend umgestaltet worden. Die heute gültigen, neuen Vorschriften wurden am 30. März 1970 vom Obersten Gerichtshof in Kraft gesetzt.

Die Erfinder der Vorschriften »hegten verschiedene utopische Hoffnungen hinsichtlich der Vorteile der prozeßvorbereitenden Ermittlungen«.* Sie stellten sich einen ungehinderten Austausch von Beweismitteln vor, der dazu führen sollte, daß die Prozeßführung mehr auf Tatsachen denn auf Vermutungen beruhe, die Schlichtung beschleunigt werde, weniger Fälle vor Gericht kämen und die Verfahren, bei denen es nicht zum Vergleich kommt, abgekürzt würden. Die Rechtsgelehrten versäumten es dabei, die ureigensten Interessen der Anwälte zu berücksichtigen, die die neuen Vorschriften in ihrem Sinne und zugunsten ihrer Klienten benutzten, um nicht zu sagen, manipulierten.

Die durch eidliche Aussagen entdeckten Beweismittel zogen naturgemäß Ermittlungen nach sich, die darauf abzielten, weitere Beweismittel aus neuentdeckten Quellen zu beschaffen, und im Verhandlungsgrundsatz wurden die Informationen häufig ein wichtiger Faktor, der die Anwälte beider Parteien siegessicher stimmte. Die Anwaltsfirmen florierten, und die Gerichtssäle verkamen zu Schlachtfeldern für die Reichen, während die Zahl der Prozesse keineswegs sank. Alles in allem wird man auch schwerlich nachweisen können, daß die Verfahren heute geordneter und fairer ablaufen –

* Glaser, *Pretrial Discovery and the Adversary System*, 1968.

kürzer sind sie mit Sicherheit nicht geworden. Die Rechtsanwälte haben gut verdient, den Mittellosen wurde der Rechtsweg verschlossen, und den streitenden Parteien stehen mehr Informationen zur Verfügung.

Im Fall *Hunt* machte ich mir die Vorschriften zu den prozeßvorbereitenden Ermittlungen zunutze, um die Aussage Trentos zu erzwingen.

Joseph Trento

Ich kontaktierte Joseph Trento im Büro des Cable News Network in Washington, D.C.

Wenn nicht Marchetti selbst Trentos Quelle war, dann lieferte der *News-Journal*-Artikel eine mehr als ausreichende Bestätigung für Marchettis Aussage. Marchetti versicherte mir, er sei nicht Trentos Quelle gewesen, aber sein eigener Informant, William Corson, könne durchaus auch Trento mit Hinweisen versorgt haben. Ausschlaggebend war, inwieweit sich Trento daran erinnerte. Doch Trento wollte wegen seiner Antipathie gegen Liberty Lobby nicht mit mir sprechen.

Ich ließ ihm eine Vorladung *duces tecum* (eine Aufforderung, bestimmte Dokumente oder Beweismittel mitzubringen) zustellen, und am 28. Juni 1984, beinahe sechs Jahre, nachdem er den Artikel für das *News Journal* geschrieben hatte, erschien Trento in meiner Kanzlei zur Einvernahme. Er wurde von einem Rechtsbeistand vertreten, einer von fünf Anwälten, die an der Sitzung teilnahmen. Zu Beginn schien Trento gewillt, Wort zu halten und mich in keiner Weise zu unterstützen.

F.: »Wir verhandeln eine Klage, die E. Howard Hunt gegen Liberty Lobby am Bezirksgericht Südflorida angestrengt hat. Wir vernehmen Sie heute zu Fragen, die damit in Zusammenhang stehen. Haben Sie irgendwelche Dokumente mitgebracht?«

A.: »Nein, ich habe keine Unterlagen dazu. Ich habe diesen Artikel vor sechs Jahren geschrieben und bin inzwischen nicht mehr für das *Sunday News Journal* tätig. Meine Akten vernichte ich in der Regel nach etwa einem Jahr.«

F.: »Haben Sie den Artikel mitgebracht?«

A.: »Nein. Ich habe den Artikel nicht mehr gesehen, seit ich ihn geschrieben habe.«

Trento bestätigte zwar, daß er den Artikel verfaßt hatte, hütete sich jedoch, freiwillig Informationen darüber abzugeben,wie er das bewerkstelligt hatte. Ich gab ihm eine Kopie seiner Arbeit.

F.: »Wenn Sie sich bitte das Dokument eins, vier ansehen wollen, werde ich Ihnen einige Fragen dazu stellen.«

A.: »In Ordnung.«

F.: »Im ersten Absatz des Artikels heißt es: ›Ein geheimes CIA-Memorandum besagt, daß sich E. Howard Hunt am Tag der Ermordung Präsident J.F. Kennedys in Dallas aufhielt und daß führende CIA-Beamte planten, Hunts Anwesenheit dort zu vertuschen.‹ Ist das richtig?«

A.: »Das ist richtig.«

F.: »Können Sie mir sagen, worauf diese Behauptung beruht?«

A.: »Auf Quellen innerhalb und außerhalb des Geheimdienstes.«

F.: »Wenn Sie vom Geheimdienst sprechen, meinen Sie den Central Intelligence Agency?«

A.: »Richtig.«

F.: »Würden Sie uns sagen, welche CIA-Mitglieder Ihnen diese Information gegeben haben?«

A.: »Nein, das möchte ich nicht.«

F.: »Aus welchem Grund wollen Sie uns das nicht sagen?«

A.: »Ich habe mit meinen Informanten die Vereinbarung getroffen, ihre Identität geheimzuhalten.«

F.: »Würden Sie uns sagen, welche Leute außerhalb des CIA Ihnen diese Information gegeben haben?«

A.: »Das kann ich auch nicht.«

F.: »Aus welchem Grund?«

A.: »Derselbe Grund, um ihre Person zu schützen.«

F.: »Können Sie uns sagen, auf wie viele CIA-Mitarbeiter Sie sich hinsichtlich der Informationen im ersten Absatz stützten?«

A.: »Nein.«
F.: »Und warum nicht?«
A.: »Weil ich das Gefühl habe, die vertrauliche Übereinkunft, die ich mit ihnen getroffen habe, diese Vertraulichkeit würde gefährdet, wenn ich Zahlen nenne oder Zahlen erwähne.«
F.: »Würden Sie uns sagen, auf wie viele Leute außerhalb des CIA Sie sich hinsichtlich der Informationen im ersten Absatz stützten?«
A.: »Nein.«
F.: «Aus demselben Grund?«
A.: »Aus demselben Grund.«
F.: »Ich werde Sie immer wieder nach Ihren Quellen fragen, und immer wenn Sie ablehnen, gehe ich davon aus – mal sehen, ob wir eine Vereinbarung treffen können, damit Sie sich nicht ständig wiederholen und jedesmal mit Ihrem Rechtsanwalt Rücksprache nehmen müssen –, also immer wenn Sie ablehnen, tun Sie das aus den eben erwähnten Gründen«?«
A.: »Zum Schutz meiner Informanten, das ist richtig.«
F.: »Und zwar im Hinblick auf Namen, Stellung und Anzahl Ihrer Informanten?«
A.: »Und im Hinblick auf jede andere Information, die zu ihrer Identifikation führen könnte.«

Mir wurde klar, daß ich es hier mit einem Zeugen zu tun hatte, der gleichzeitig klug und wahrheitsliebend war. Wenn er schon seine Quellen nicht preisgab, vielleicht würde er wenigstens Marchetti als Quelle ausschließen. Und außerdem dachte ich, da der Artikel natürlich nicht unter Eid geschrieben war, würde es mir vielleicht gelingen, Trento auf die Richtigkeit seiner Angaben schwören zu lassen. Und ich hoffte, Trento werde sich hinreißen lassen, ein wenig von seiner starren Haltung abzurücken und über seine Quellen zumindest das eine zu verraten, daß sie seiner Meinung nach zuverlässig waren. Mit diesen begrenzten Zielen vor Augen setzte ich die Vernehmung fort. Zwei Stunden später hatte ich mehr erreicht, als ich zu hoffen wagte, und war zufrieden.

Ich ging mit Trento jeden relevanten Absatz seines langen, ausführlichen Artikels durch, und er erklärte unter Eid, daß jeder einzelne Abschnitt seinesWissens wahr sei.

Ich fragte ihn, ob er Hunt interviewt habe, bevor er den Bericht schrieb. Er bejahte. Dann wollte ich wissen, ob Hunt etwas über seinen Verbleib am 22. November 1963 geäußert habe. Trento zufolge hatte Hunt erklärt, daß »er am Tage der Ermordung Kennedys in Washington war«. Außerdem hatte Hunt gesagt: »Ich habe viele Zeugen. Ich hatte mir an dem Tag nachmittags freigenommen, war einkaufen und habe mit meiner Frau in einem China-Restaurant in der Innenstadt zu Abend gegessen.«

Dann fragte ich, ob Trento Hunt gebeten hatte, einige seiner »vielen Zeugen« zu nennen. Trento hatte zwar darum gebeten, aber Hunt weigerte sich, auch nur einen einzigen Namen preiszugeben.

Trento sagte weiter, daß er eine Person interviewt hatte, die mit dem Sonderausschuß zur Untersuchung der Mordfrage in Verbindung stand, und diese Quelle habe bestätigt, daß sich das von Helms und Angleton unterzeichnete CIA-Memorandum im Besitz des Sonderausschusss befand. Trento zufolge hatte der Informant gesagt: »In Verbindung mit dem Memo, das vertuschen sollte, daß Hunt am fraglichen Tag in Dallas war, lassen unsere bisherigen Erkenntnisse die Darstellung des Warren-Berichts höchst fragwürdig erscheinen.« Als Antwort auf eine weitere Frage bestätigte Trento, daß Hunt von der Existenz einer kleinen CIA-Terror-Truppe berichtet hatte, das Colonel Boris Pash unterstand. Zu den Aufgaben des Teams gehörte die »Beseitigung« mutmaßlicher Doppelagenten und verdächtiger Beamter. Trento hatte auch in Erfahrung gebracht, daß »Pashs Mordkommando zu Angletons Abteilung gehörte«. Trento weigerte sich zwar, die Quelle zu nennen, aus der diese Information stammte, gab jedoch zu verstehen, daß seine Informanten zur fraglichen Zeit und teilweise noch heute für den CIA tätig waren.

Angleton, der offensichtlich ein Mordkommando geleitet hatte und später seinen Posten als Chef der Spionageabwehr verlor, weil er sich Dinge leistete, die selbst im Kontext der CIA-Machenschaften ungeheuerlich schienen, dieser Angleton war, so Trento, durch das

Ermittlungsteam des Kongresses einer eingehenden Prüfung unterzogen worden. Trento bezeugte, daß sowohl Quellen beim CIA als auch beim Sonderausschuß bestätigt hatten, daß Angleton regelmäßig mit Allen Dulles zusammengetroffen war, während die Warren-Kommission das Attentat auf Präsident Kennedy untersuchte. Kennedys Nachfolger Lyndon Johnson hatte Dulles in die Warren-Kommission berufen. Dulles wurde deren aktivstes Mitglied und bestimmte maßgeblich die Haltung der Kommission gegenüber allen Angelegenheiten. Die Mitglieder der Warren-Kommission waren also Dulles hörig und ließen sich von ihm durch das Spionagelabyrinth leiten, wobei er das Tempo und den Modus operandi vorgab; und währenddessen traf Dulles ständig mit Angleton zusammen, der im Begriff war, weitere Attentate zu planen. Da konnte nun wirklich keiner behaupten, die Kommission habe sich nicht von bekannten Experten auf dem Gebiet beraten lassen.

Dann wandte ich mich der Frage zu, welche Beziehung Trento zu Corson unterhalten habe. Trento, der nach wie vor fest entschlossen war, keinerlei Informationen über seine möglichen Quellen preiszugeben, war auf der Hut. Als Corsons Name fiel, schien er besorgt. Er wollte wissen, ob sich meine Fragen auf den von ihm verfaßten Artikel bezögen. Ich versicherte ihm, meine Fragen seien einfach, ohne komplizierte Bezüge und verdienten direkte Antworten. Er nickte, und ich fragte: »Kennen Sie einen Mann namens William Corson?« Er erwiderte: »Ich kenne ihn.« Dann erkundigte ich mich, ob er James Jesus Angleton kenne. Auch diese Frage bejahte er.

Ich wußte, daß Trento seinen Artikel im August 1978 verfaßt hatte, etwa um dieselbe Zeit, als Marchetti den seinen schrieb. Also fragte ich Trento, ob er Corson im August 1978 gesehen habe, und er erklärte, er sei mit Corson um diese Zeit zusammengetroffen.

Nun las Trento aus einer Einvernahme vor, die Angleton vor fünf Jahren gemacht hatte, als Hunt im Fall *Third Press* eine Verleumdungsklage gegen A.J. Weberman und andere angestrengt hatte. Die Beklagten luden Angleton am 17. Mai 1979 zur Vernehmung. Ich wußte, daß wir im Begriff waren, zum maßgeblichen Beweis im Hinblick auf Trentos Quelle vorzustoßen, und ich vermutete, daß Trento sich dagegen sträuben würde. Ich verlas für das Protokoll den Abschnitt aus Angletons Zeugenaussage, der für unser Thema relevant war. Die beiden Anwälte Hunts erhoben keine Einwände, was mich wirklich überraschte, da auf diese Weise die Geschworenen im Fall Hunt durch die Prüfung von Trentos Vernehmung Einblick in die wichtige Zeugenaussage Angletons bekommen würden. Angleton war zur Vernehmung in Begleitung von John Seibert gekommen, einem Anwalt aus dem Justizministerium, der sowohl Angleton als auch den »U.S. Central Intelligence Agency« vertrat. Auf die Frage, ob er mit Trento über das CIA-Memorandum gesprochen habe, dessen Autor er sein sollte, erwiderte Angleton:

A.: »Nach der Veröffentlichung erhielt ich im Büro einen Anruf von Trento. Er sagte, er riefe vom Büro eines gewissen William Corson an, *Penthouse*-Mitarbeiter, Colonel der Marine a.D. –«

F.: »Ja.«

A.: »– und er, ich glaube, seine erste Frage war: ›Haben Sie von Howard Hunt gehört?‹ Und ich sagte: ›Nein.‹ Und seine nächste Frage, es war eine ganze Reihe abgehackter Fragen, und ich erklärte ihm, daß mein Mittagessen kalt wurde, und ich war im Army-Navy-Club –«

F: »In Ordnung.«

A.: »– und damit war das Gespräch vorbei.«

Nachdem sie die Verlesung von Angletons Aussage gehört hatten, schauten sich Trento und sein Anwalt an. Trento konnte kaum erwidern: »Ich erinnere mich nicht daran«, da begann sein Anwalt schon, streng auf ihn einzureden, was auch zu Protokoll genommen wurde: »Sie dürfen das nicht beantworten.« Und: »Antworten Sie nicht darauf.«

Von Trento, dem unwilligen Zeugen, erfuhr ich mehr, als ich vor Beginn der Vernehmung gehofft hatte. Ich stellte den Zeugen nun Hunts Anwälten zur Verfügung.

Snyder hatte sich während Trentos Aussage ausgiebig Notizen gemacht. Als er mit dem Kreuzverhör begann, griff er auf seine Aufzeichnungen zurück. Es stellte sich bald heraus, daß er versuchte, die Wirkung von Trentos Aussage etwas abzuschwächen, indem er durchblicken ließ, Trento habe kaum Informationen aus erster Hand besessen und nur wiederholt, was er von anderen erfuhr. Und diese anderen waren letztendlich ungenannte Quellen, die sich ebensogut irren konnten. Snyder legte Trento nahe, er könne sich schließlich nicht dafür verbürgen, daß andere die Wahrheit sagten. Trento stimmte tendenziell zu.

Anwälte, die Zeugen befragen, sollten sich von zwei Grundsätzen leiten lassen. Erstens: Wenn möglich, befrage den Zeugen eingehend, noch bevor das offizielle Verhör stattfindet. Zweitens: Stelle keine wichtige oder zentrale Frage, wenn du dir nicht sicher bist, welche Antwort du darauf bekommst. Jede dieser Regeln kann man natürlich außer acht lassen, wenn die faktische Situation nach eingehender Prüfung darauf schließen läßt, daß ein anderes, weniger orthodoxes Vorgehen besser wäre. Allerdings sollte man diese Grundsätze keinesfalls aus Bequemlichkeit oder Leichtsinn in den Wind schlagen.

Vor der Vernehmung konnte ich nicht mit Trento sprechen, da er mein Ansinnen mehrmals ablehnte. Warum Hunts Rechtsbeistand es versäumte, Trento zu befragen, habe ich nie verstanden. Wegen der spürbaren Feindschaft, die Trento gegen Liberty Lobby und Mr. Carto hegte, hatte ich meine Ansprüche heruntergeschraubt und war mit recht bescheidenen Zielvorstellungen in die Vernehmung gegangen. Natürlich hätte ich gerne gewußt, was Trento im einzelnen über das CIA-Memorandum erfahren hatte, aber ich fürchtete, daß jeder Vorstoß auf dieses trügerische Gelände die wichtigen Ziele gefährden konnte, die durch die Vernehmung bereits erreicht waren. Schließlich unterdrückte ich meine Neugier im Interesse meines Klienten. Unzufrieden beendete ich mein Verhör und übergab den Zeugen an den Rechtsbeistand von Mr. Hunt.

Snyder kam aber überstürzt auf das Thema zu sprechen, das ich vorsichtig gemieden hatte. Durch seinen sarkastischen Tonfall gab er klar zu verstehen, Trento habe, ebenso wie Marchetti, einen Artikel geschrieben, der auf einem Dokument beruhte, das er nie gesehen habe. Er hatte es darauf angelegt, Trentos Leumund als seriöser Journalist in Zweifel zu ziehen. Zunächst fragte er nach dem »angeblichen Memo«.

F.: »Haben Sie je das angebliche Memo aus dem Jahre 1966 gesehen, das mit den Initialen von Angleton und Helms unterschrieben sein sollte und besagte: ›Wir werden eine Erklärung dafür finden müssen, daß Hunt in Dallas war‹?«

Trento blickte Snyder direkt an und beantwortete die Frage ohne Umschweife, aber bedächtig. »Ja«, sagte er.

Erstauntes Schweigen war die Folge. Snyder warf den Kopf zurück, als habe man ihm einen nassen Fisch ins Gesicht geschleudert. Er war nicht in der Lage, die nächste Frage zu formulieren. Das »angebliche Memo« hatte gerade ein Eigenleben gewonnen. Es war echt. Es existierte. Ein glaubwürdiger Journalist hatte es gesehen. Die Zweifel an Marchettis Zuverlässigkeit, die Hunts Rechtsbeistand sorgfältig aufgebaut hatte, traten plötzlich in den Hintergrund. Snyder hatte sein eigenes Anliegen ernsthaft in Gefahr gebracht. Eine bedrückende, wenn auch erwartungsvolle Stille erfüllte den Raum. Snyder kramte in seinen Unterlagen. Trentos Anwalt starrte in die Luft. Trento selbst blickte unverwandt auf Snyder. Ich fragte mich, von wem die Regel stammte: »Stelle keine Frage, wenn du die Antwort nicht kennst« und ob der Urheber seine Erkenntnis ebenso teuer bezahlt hatte wie Snyder.

Schließlich versuchte Snyder den Schaden wiedergutzumachen, indem er detaillierte Fragen über das Dokument stellte.

F.: »Sie haben das Memo gesehen. Wie hat es ausgesehen?«
A.: »Es sah wie ein maschinengeschriebenes Memo auf einem weißen Blatt Papier aus.«
F.: »Welches Format?«
A.: »Standard. Ich schätze achteinhalb mal elf Zoll. Ich habe es nicht nachgemessen. Ich hatte kein Lineal dabei.«
F.: »Was war auf dem Blatt zu sehen?»
A.: »Maschinenschrift.«
F.: »Wie viele Absätze, Sätze oder Zeilen?«
A.: »Daran erinnere ich mich nicht. Es ist lange her.«
F.: »In Ihrem Artikel schreiben Sie, wenn ich mich recht erinnere, daß Angleton und Helms es mit ihren Initialen unterzeichnet haben?«

A.: »Das ist richtig.«

F.: »Wo befanden sich die Initialen? Sie hatten keinen besonderen Grund zu der Annahme, es sei entweder echt oder gefälscht, nicht wahr?«

A.: »Ich vertraue meinem Informanten. Ich habe die Initialen beider Männer von Zeit zu Zeit auf anderen Dokumenten gesehen. Es war mit anderen Dokumenten, die ich kenne, vergleichbar. Aber Ihre Frage möchte ich verneinen. Der CIA beschäftigt die besten Fälscher der Welt; und ich bin kein Urkundenexperte.«

F.: »Wie viele Zeilen hatte es, soweit Sie sich erinnern?«

A.: »Es waren mehrere Absätze, aber wie viele Zeilen es hatte, kann ich Ihnen nicht sagen. Es ist schließlich sechs Jahre her. Ich durfte mir keine Abschrift machen.«

F.: »Haben Sie erfahren, wo sich das Original befand?«

A.: »Nein.«

F.: »Haben Sie danach gefragt?«

A.: »Das habe ich.«

F.: »Und hat man Ihnen gesagt, daß es existiert oder nicht existiert?«

A.: »Das hat man mir nicht gesagt. Das stand nicht zur Debatte.«

F.: »Welche Frage haben Sie dann über den Verbleib oder die Existenz des Originalmemorandums gestellt?«

A.: »Ich habe gefragt, ob sich eine Abschrift des Memorandums im CIA-Hauptquartier bei den Akten befindet, aber mein Informant wollte es mir nicht sagen.«

Bei der abermaligen Vernehmung meines Zeugen brachte ich in Erfahrung, daß Trento seit zehn Jahren Journalist war, daß er sich auf den Minenfeldern des Geheimdienstes in Washington gut zurechtfand und bereits mehrmals gebeten worden war, ein Urteil über die Zuverlässigkeit seiner Zeugen abzugeben. Dann fragte ich:

F.: »Kamen Ihre Informanten vom Sonderausschuß zur Untersuchung der Mordfrage oder vom CIA?«

A.: »Ich werde die Zugehörigkeit meiner Informanten nicht preisgeben.«

F.: »Hatten Sie das Gefühl, daß Ihre Informanten hinlänglich zuverlässig waren, so daß Sie die Behauptung vertreten konnten, die Sie in Ihrem Artikel aufgestellt haben?«

A.: »Ja.«

Trento hatte die Einschränkung hingenommen, die Snyder seinen Aussagen auferlegt hatte, und bezeugt, er könne auf den Wahrheitsgehalt der Behauptungen anderer keinen Eid ablegen. Ich ging dieser Frage weiter nach.

F.: »Auf Fragen von Mr. Snyder haben Sie, wie ich meine, ausgesagt, daß die Absätze richtig und zutreffend seien, aber in dem Sinne, daß sie zutreffend wiedergegeben seien. Ist das richtig?«

A.: »Das ist richtig. Der Artikel gibt das, was ich erfahren habe, zutreffend wieder.«

F.: »Aber ich habe auch gefragt, ob Sie zu Ihrem Bericht standen.«

A.: »Ich bin so zu der Information gestanden, wie sie war – wie ein Journalist zu jedweder Sache stehen kann, die er nicht aus erster Hand weiß.«

F.: »Deshalb frage ich Sie nicht, ob Sie auf die Richtigkeit von Aussagen anderer schwören können. Natürlich können Sie das nicht. Das kann ich verstehen. Aber wenn ein CIA-Mitarbeiter der Überzeugung wäre, der Mond bestehe aus Holländer Käse, dann würden Sie wohl kaum eine Titelgeschichte für das *Sunday New Journal* schreiben und behaupten, der Mond bestehe aus Holländer Käse.«

A.: »Das ist richtig.«

F.: »Also müssen Sie Ihr Urteilsvermögen gebrauchen, um zu entscheiden, ob die Information glaubwürdig ist?«

A.: »Ja.«

Ich fragte Trento nach den Kriterien, die er anlege, um zu entscheiden, ob eine Story zur Veröffentlichung tauge. Ich fragte ihn, ob er glaube, »daß die Quellen, auf die er sich berief, hinlänglich zuverlässig waren« und eine solide Grundlage für den Artikel lieferten. Er stimmte zu. Dann fragte ich ihn, welche allgemeinen Normen er sich gesetzt habe, um sich ein Urteil über die Zuverlässigkeit einer

Quelle zu bilden. Die Frage war allgemein; sie hatte keine direkte Beziehung zur anhängigen Sache.

Er hielt einen Moment inne und beschloß dann zu antworten. Er entgegnete: »Bisherige Beziehungen, gewonnene Erkenntnisse beziehungsweise Zuverlässigkeit der Erkenntnisse und Zugang zu der Information, so gut ich das beurteilen kann«. Dann ging ich vom allgemeinen Bereich seiner Normen zur anstehenden Frage über und hoffte, daß er sich angesichts der gerade gegebenen Auskunft verpflichtet fühlen würde, mir zu antworten: »Haben Sie diese drei Normen auf die Quellen angewandt, von denen die einzelnen Behauptungen Ihres Artikels stammen?« Ohne zu zögern antwortete er: »Ja.« Trento weigerte sich, irgendwelche Informationen über seine Quellen preiszugeben, und sei es die Zahl der Informanten, auf die er sich berief, oder ihre Stellung im Nachrichtendienst. Ja, er weigerte sich sogar, Fragen zu beantworten, die darauf zielten, Personen, zum Beispiel Marchetti, als Quellen auszuschließen, indem er, vielleicht spaßeshalber, aber absolut beharrlich erklärte, er könne durch Ausschlußverfahren zuviel enthüllen. Also näherte ich mich dieser wichtigen Frage von einer anderen Richtung.

F.: »Kennen Sie Victor Marchetti?«
A.: »Ich kenne Victor.«
F.: »Kannten Sie ihn auch schon im August 1978?«
A.: »'78, nein.«
F.: »Sie haben ihn damals noch nicht gekannt?«
A.: »Nein, nicht im August '78.«
F.: »Sie haben ihn später kennengelernt?«
A.: »Ja, ich habe ihn in Paul Youngs Restaurant kennengelernt – damals gehörte es Paul Young – bei einer Diskussionsveranstaltung zum Fall Paisley, und das war einige Zeit nach Paisleys Verschwinden; er verschwand im September – Paisley verschwand im September '78. Es muß also irgendwann in den darauffolgenden Monaten gewesen sein.«
F.: »Demnach kann man davon ausgehen, daß Ihre Informationen nicht von Mr. Marchetti stammten?«
A.: »Über meinen Informanten werde ich keine Aussagen machen.«

F.: »Nun, Sie haben ihn im August 1978 noch nicht gekannt; ist das richtig?«

A.: »Das ist richtig. Ziehen Sie Ihre eigenen Schlüsse.«

Ich beendete die Vernehmung, indem ich erkundete, welche Einstellung er heute zu dem Artikel hatte, den er vor Jahren verfaßt hatte.

F.: »Haben Sie diesen Bericht jemals widerrufen?«

A.: »Das haben wir nicht getan.«

F.: »Haben Sie je ein einziges Wort aus dem Bericht zurückgenommen?«

A.: »Nein.«

F.: »Warum nicht?«

A.: »Weil wir überzeugt waren, daß der Bericht der Wahrheit entspricht. Wir stehen zu dem Artikel.«

F.: »Glauben Sie auch heute noch, daß der Bericht wahr ist?«

A.: »Ja.«

F.: »Hat Mr. Hunt jemals eine Klage gegen Ihre Zeitung angestrengt, weil sie den Bericht veröffentlicht hat?«

A.: »Nein.«

F.: »Daran würden Sie sich gewiß erinnern?«

A.: »Daran würde ich mich erinnern, ja.«

Jede einzelne Antwort, die Trento gab, erhärtete die These, daß das CIA-Memorandum existierte. Trentos Aussage, der als widerwilliger, feindseliger Zeuge vor allem darauf bedacht war, seine Informanten zu schützen, hatte im Fall Hunt nichtsdestoweniger den vernichtendsten Schlag gebracht. Als ich die Sitzung verließ, hielt ich Trento für den wichtigsten Zeugen des Falles. Doch das war, bevor ich Marita Lorenz zur eidlichen Vernehmung vorlud.

Die erste Verhandlung

Im Anschluß an Trentos Enthüllungen schien es ratsam, Hunt zu vernehmen. Hunt hatte bei verschiedenen Anlässen ausgesagt, und seine Äußerungen wirkten vielversprechend. Im Fall *Vereinigte Staaten gegen John Mitchell et al.*, besser bekannt als Watergate-

Prozeß, hatte er vor Richter John J. Sirica ausgesagt. Hunts Verhör in dieser Sache erfolgte interessanterweise am Freitag, dem 22. November 1974, auf den Tag genau elf Jahre nach der Ermordung Präsident Kennedys. Um Unterstützung durch das Weiße Haus zu erlangen, vielleicht auch zu erzwingen, schickte Hunt, der damit rechnen mußte, im Zusammenhang mit Watergate strafrechtlich belangt zu werden, eine Botschaft an Präsident Nixon. Darin gab er zu verstehen, Nixon solle sich darüber im klaren sein, daß Hunt in viele Geheimnisse eingeweiht sei. Im Watergate-Prozeß kam diese schriftliche Mitteilung ans Licht. Hunt bestätigte, daß sein Brief folgende Botschaft enthielt: »Die Watergate-Abhöraffäre ist nur eine von einer ganzen Reihe krimineller Verschwörungen, an denen einer oder mehrere der Angeklagten auf Geheiß hochrangiger Regierungsvertreter mitgewirkt haben. Diese bisher unaufgedeckten Verbrechen sind nachweisbar.«

Dazu paßt Angletons merkwürdige Äußerung gegenüber der *New York Times* an Heiligabend 1974; dabei ging es ebenfalls um Geheimnisse, die er kannte und enthüllen könnte, falls man ihn nicht angemessen behandelte: »Ein Haus hat viele Zimmer, und während dieser Krisenzeit [den sechziger Jahren] ist so manches vorgefallen. Ich weiß nicht, wer John umgebracht hat.« Als er während seiner Vernehmung gefragt wurde, was er mit dieser Aussage gemeint habe, erbot er sich: »Nichts Bestimmtes, ›John‹ bezieht sich nicht auf John F. Kennedy.« Danach hatte niemand gefragt.

Um mich auf die Vernehmung Hunts vorzubereiten, vertiefte ich mich in das Protokoll der ersten Verhandlung des Falls *Hunt gegen Liberty Lobby* sowie in die Akten von Hunts zahlreichen Auftritten als Zeuge vor anderen Gerichten. Ohne Einblick in die Vorgeschichte wird es Ihnen, den Leserinnen und Lesern, vermutlich schwerfallen, Hunts Aussage im richtigen Licht zu sehen. Deshalb untersuchen wir nun die wichtigsten Ereignisse der ersten Verhandlung.

Sie fand am United States Courthouse in Miami unter Vorsitz von Richter James W. Kehoe statt. Sie begann am Dienstag, dem 15. Dezember 1981 und wurde am Donnerstag derselben Woche abgeschlossen.

Bei der ersten Verhandlung wurden die Interessen von Liberty Lobby durch Miles A. McGrane vertreten, einen in Florida ansässigen Anwalt, der mit den näheren Umständen von Präsident Kennedys Tod weder vertraut war noch sich dafür interessierte. Außerdem unterrichtete McGrane an der juristischen Fakultät der Universität von Miami. Der Anwalt versuchte, ohne Rücksprache mit seinem Klienten, den Fall zu vereinfachen, indem er eine Parteienübereinkunft mit Ellis Rubin, dem damaligen Anwalt Hunts, traf. Dieser erklärte sich damit einverstanden, daß Hunt am 22. November 1963 nicht in Dallas gewesen sei, und er bedauerte aufrichtig, daß der Artikel möglicherweise suggeriere, Hunt wäre an diesem Tag in schlimme Vorhaben verwickelt gewesen. Hunt und sein Anwalt akzeptierten die Übereinkunft, und der Richter las sie den Geschworenen vor.

Eine Parteienübereinkunft ist eine Abmachung zwischen den Anwälten der gegnerischen Parteien, die festlegt, daß bestimmte Behauptungen von allen Seiten als wahr bestätigt werden und sich so abgespielt haben, wie sie in der Deklaration beschrieben sind. Die Übereinkunft muß dann vor den Geschworenen verlesen und von ihnen als unstrittig hingenommen werden. Die Parteien brauchen keine Beweise für oder gegen den vereinbarten Sachverhalt zu liefern, und in den meisten Fällen dürfen sie es nicht einmal. Dadurch soll unter anderem Zeit gespart werden. Und dieses Ziel wäre schwerlich zu erreichen, wenn die Übereinkunft durch zusätzliche Beweise untermauert werden müßte. Das Fortbestehen der Parteiübereinkunft aus dem ersten Prozeß *Hunt gegen Liberty Lobby* entwickelte sich zu einem zentralen Problem, bis schließlich die Frage der Gültigkeit dieser Übereinkunft geklärt werden konnte. Deshalb zunächst ein Wort über den Wert solcher Vereinbarungen. Im allgemeinen ist eine Übereinkunft für beide Parteien bindend, solange die Sache anhängig ist; das heißt, wenn eine Sache in der Folge erneut verhandelt werden muß, wird sie denselben Übereinkünften unterworfen, die beim ersten Prozeß in Kraft waren, und keine der beiden Parteien hat das Recht, sie zu widerrufen. Das Gesetz ist von Natur aus konservativ und hält den Präzedenzfall in Ehren. Im Fall *Hunt gegen Liberty Lobby* nahm der Anwalt des Beklagten, McGrane, in seiner einleitenden Erklärung vor den

Geschworenen zum erstenmal Bezug auf die Übereinkunft. Er hätte seine wirkliche Meinung nicht klarer zum Ausdruck bringen können:

»Wir werden nicht versuchen, den Beweis dafür anzutreten, daß Mr. Hunt in die Ermordung Kennedys verwickelt war.

Ich will offen zu Ihnen sprechen, und nach meiner Kenntnis des Falles hege ich keinerlei Zweifel daran, daß er nichts damit zu tun hat. Auch die Angehörigen von Liberty Lobby haben daran keinerlei Zweifel.«

Nachdem er den Geschworenen gegenüber dieses weitreichende Zugeständnis gemacht und damit die Verteidigung seiner Sache zumindest teilweise untergraben hatte, versuchte er eine formelle Übereinkunft mit seinem Prozeßgegner zu treffen. Er wandte sich an das Gericht.

»Hohes Gericht, in aller Kürze, ich wollte mit Mr. Rubin sprechen und versuchen, eine Parteienübereinkunft zu schließen, damit wir nicht Sachverhalte beweisen müssen, die meiner Meinung nach nicht zur Debatte stehen. Ich habe Mr. Rubin zu verstehen gegeben, daß ich keinen Zweifel daran hege, daß Mr. Hunt zur Zeit des Attentats nicht in Dallas war, und ich meine, daß wir auf einen Zeugen verzichten können, der bereits vor dem Prozeß vernommen wurde.«

Rubin, der zuvor erklärt hatte, die Verhandlung werde mindestens eine Woche dauern, sagte nur: »Ich rechne damit, daß der Prozeß nicht mehr als zwei Tage in Anspruch nimmt.«

Später bot Rubin Beweise an, die zeigen sollten, daß Hunt am Tag des Attentats nicht in Dallas gewesen sei, und McGrane erklärte daraufhin:

»Euer Ehren, ich glaube, wir haben einen gemeinsamen Standpunkt, den wir in der gesamten Verhandlung vertreten haben. Mr. Rubin versucht zu beweisen, daß Mr. Hunt zur fraglichen Zeit nicht in Dallas, Texas, war. Ich habe in meinen Eröffnungsausführungen auch klar ausgeführt, daß ich der Meinung bin, daß er wahrscheinlich nicht dort gewesen ist. Wir werden nicht zu beweisen versuchen, daß er in Dallas war.«

Rubin erwiderte:

»Die Beklagten erheben Einspruch. Wir halten es für wichtig zu beweisen, daß Howard Hunt am Tag der Ermordung Kennedys nicht in Dallas war. Dieser Parteienübereinkunft möchte ich nicht zustimmen. Und ich habe ihr auch nie zugestimmt.«

Rubin hatte durchaus das Recht auf seiner Seite, indem er Beweise vorlegte, daß er keine Parteienübereinkunft eingegangen war. McGranes Zugeständnis vor den Geschworenen stellte noch keine Übereinkunft dar, obwohl er sich später in diesem Sinne darauf bezog.

Es gibt durchaus vernünftige taktische Gründe, eine angebotene Übereinkunft abzulehnen. Obwohl die Abmachung theoretisch volle Beweiskraft hat, wird sie unter Umständen wesentlich weniger Aufsehen erregen als die Vorführung von Zeugen oder Beweismitteln, die denselben Sachverhalt demonstrieren. Daher wirkt die Übereinkunft auf die Geschworenen möglicherweise nicht so beeindruckend. Die Abwägung dieses Gesichtspunkts gegen den Vorteil einer Übereinkunft, nämlich daß sie unangefochten bleibt, erfordert viel Umsicht und ein gutes Urteilsvermögen auf seiten des Anwalts.

McGrane hatte seinen Stellungsvorteil bei diesem Schlagabtausch geopfert, indem er den Geschworenen sein Zugeständnis anbot, ohne zuvor eine Vereinbarung mit Rubin auszuhandeln.

Rubin versuchte ganz richtig, aus beiden Möglichkeiten, die der Fehler seines Gegners bot, das Beste herauszuholen: nämlich einerseits das Eingeständnis des Beklagten, daß Hunt nicht in Dallas gewesen sei, und andererseits die Chance, Beweismittel vorzubringen, die dieses Zugeständnis stützten. Als der Richter jedoch Rubin einen Augenblick später fragte, ob er die von McGrane angebotene Übereinkunft annehme, erwiderte Rubin unerklärlicherweise: »Wenn sie das tun wollen, nehme ich das Angebot an.« Nach Rücksprache mit den Anwälten erklärte Richter Kehoe: »Ich werde die Parteienübereinkunft den Geschworenen bekanntgeben.« Kurz darauf wandte sich der Richter an die Geschworenen:

»Ich glaube, meine Damen und Herren, daß ich einen Punkt erklären sollte, weil er Beweismittel betrifft, die zugelassen wurden und nun nicht mehr zulässig sind. Aber zum Zwecke dieser Verhandlung haben die Beklagten zugegeben und eingeräumt, daß der Kläger in dieser Sache am Tage der Ermordung Präsident Kennedys, also am 22. November 1963, nicht in Dallas, Texas, war.«

Fast unmittelbar nachdem die Übereinkunft ins Protokoll aufgenommen wurde, ließ Rubin sie wieder außer acht und fragte Hunt, wo er sich am 22. November aufgehalten habe. Obwohl dem Einspruch McGranes stattgegeben wurde, kehrte Rubin immer wieder zu diesem Thema zurück, wobei er gegen die Übereinkunft verstieß. McGrane versäumte es, Einspruch zu erheben, als sich Rubin auf Hunts neuestes Alibi konzentrierte. Dieses Verhalten Rubins sollte seinen Klienten später in ernste, kritische Schwierigkeiten stürzen. Rubin ging so weit, daß er einmal versuchte, Beweisdokumente einzubringen, die zeigen sollten, daß sich Hunt am 22. in Washington befunden habe, was eine krasse Verletzung der Übereinkunft bedeutete. Das Gericht entschied streng: »Nicht zulässig. Aufgrund der Parteienübereinkunft ist das nicht mehr relevant.«

Vor Beginn der ersten Verhandlung führten die Parteien nur sehr wenige Vernehmungen durch. McGrane lud Hunt im Zuge der Prozeßvorbereitung zur Vernehmung, bei der Hunt zugab, Frank Sturgis für den Einbruch in den Watergate-Komplex angeworben zu haben. Er enthüllte außerdem, G. Gordon Liddy habe ihn nach den Watergate-Verhaftungen angerufen und ihm mitgeteilt, daß »seine Vorgesetzten vorschlugen, ich solle den Rest des Sommers bei meiner Frau und meinen beiden Kindern in Europa verbringen«. Hunt bezeugte, er sei sofort »nach Hause gegangen und habe meine Sachen gepackt«. Währenddessen seien »zwei Herren an meiner Tür erschienen, die sich als FBI-Agenten vorstellten und mit mir sprechen wollten«. Hunt erklärte, er habe sich geweigert, mit den Agenten zu reden. Es sei ihm von einem »ehemaligen FBI-Agenten« und von Liddy »geraten« worden, sich »keinesfalls mit Behörden einzulassen«. Später, als er gerade im Begriff war, außer Landes zu fliegen, rief ihn Liddy noch einmal an und nahm den Vorschlag, nach Europa zu reisen, zurück.

Hunt gab zu, daß seine Frau und sein Anwalt seit Mitte September 1978 beträchtliche Geldbeträge »aus unbekannten Quellen« erhalten hatten. Es handelte sich um Bargeld. Die Zahlungen setzten unmittelbar nach dem Watergate-Einbruch ein und hörten »kurz nach den November-Wahlen im Jahre 1972« wieder auf. Hunt hat zwar, wie er sagte, möglicherweise nicht gewußt, wer sein Wohltäter war, doch zwei Jahre später konnte er den Absender fest stellen, als er vor den Folgen warnte, die es haben würde, wenn man die finanziellen Hilfeleistungen einstellte.

Wie wir gesehen haben, hatte Hunt dem Weißen Haus gedroht, über jene anderen »kriminellen Verschwörungen« zu sprechen. Bei seiner Vernehmung behauptete er, er habe die Regierung »fast ununterbrochen über einen Zeitraum von mehreren Jahren« mit Informationen über die Rolle versorgt, die er selbst und andere »höhere Tiere« im Watergate-Skandal spielten. Hunt geriet in Zorn, als angedeutet wurde, er habe etwas mit dem Tod seiner Frau Dorothy zu tun, die im Dezember 1972 bei einem Flugzeugunglück in Chicago starb. Die Gerüchte gingen ursprünglich auf Sherman Skolnik zurück, einen in Chicago ansässigen Ermittler. Skolnik behauptete, Hunts Frau sei im Begriff gewesen, ihn zu verlassen und habe einen hohen Geldbetrag mitgenommen. Bei seiner Vernehmung bezeichnete Hunt Skolnik als »verkrüppelten Paranoiker, der infolge des Flugzeugabsturzes in Chicago noch einmal ein neues Leben anfängt und sich demzufolge noch weiter für meine Angelegenheiten interessiert«. Hunt bestätigte allerdings einige Mutmaßungen Skolniks. Er gab zu, daß seine Frau mit einer ansehnlichen Summe »von unserem Geld« gegangen war, das sie mit ihrer Familie anlegen wollte. In der Vergangenheit habe ich beobachtet, daß Skolnik gelegentlich zu Übertreibungen neigt. Ich bin nie auf Beweise gestoßen, die Hunt mit dem Flugzeugunglück in Verbindung brachten. Ich war sogar überrascht, als ich durch das Vernehmungsprotokoll erfuhr, daß Skolnik den Bargeldbetrag, den Dorothy Hunt zum Zeitpunkt ihres Todes bei sich hatte, korrekt angab. McGrane fragte Hunt, welche finanziellen Einbußen er aufgrund des *Spotlight*-Artikels erlitten habe. Hunt sagte dazu: »Ganz allgemein hat mein Literaturagent, mein damaliger Literaturagent, zu verstehen gegeben, daß die Verbindung Kennedy-Hunt in den Augen aller New Yorker Agenten ein unüberwindliches Hindernis darstellte. Und dies gilt mit Gewißheit für die Nebenrechte, die das eigentliche Geld bringen.

Die Liberalen sind noch bereit, über Watergate hinwegzusehen. Sie sind jedoch nicht bereit, ein Risiko mit jemandem einzugehen, der in den Medien in aller Öffentlichkeit und Ausführlichkeit mit dem Kennedy-Mord in Verbindung gebracht wird.«

Hunt erklärte außerdem, daß er im Prozeß Richard Helms, James Angleton und David Phillips sowie den Personalchef der Central Intelligence Agency als seine Zeugen zu benennen gedenke, um nachzuweisen, daß er sich am 22. November 1963 in Washington, D.C., und in CIA-Einrichtungen aufgehalten habe.

Der vielleicht ergreifendste Augenblick in Hunts Vernehmung kam, als er das Trauma schilderte, das er erlitt, als seine Kinder den *Spotlight*-Artikel lasen. Seine damals bereits erwachsenen Kinder suchten ihn auf, nachdem Marchettis Artikel im Jahre 1978 erschienen war. Sie konfrontierten ihn mit der Frage, ob er am 22. November 1963 in Dallas gewesen sei und ob er mit der Ermordung von Präsident Kennedy zu tun habe. Ob der *Spotlight*-Bericht wahr sei, wollten sie wissen. War er an dem Tag in Dallas gewesen? Hunt sprach von »Spannungen« in den »familiären Konflikten«, die auftraten, als er zu beweisen suchte, daß seine Ankläger unrecht hätten. Er wußte nicht, wie er seiner Frau seine Unschuld beweisen sollte. Seine Frau war »über das Erscheinen des Berichts schokkiert«. Als ihn Frau und Kinder zur Rede stellten, fühlte er sich machtlos und verletzt. Er bezeugte: »Wenn man von den erwachsenen Kindern, von der eigenen Frau ausgefragt wird: Ist da etwas Wahres dran? Warum behaupten sie das? Wie kann das jemand drucken, wenn es nicht stimmt?‹ Das hat mich psychisch schwer belastet, das würde jeden Menschen schwer belasten.«

Hunt brachte das Thema auch in der Verhandlung selbst zur Sprache, denn er berichtete den Geschworenen, er habe den Artikel mit Frau und Kindern besprochen und ihnen versichert, er sei an diesem Tag nicht in Dallas gewesen, und wenn man ihn wegen Mordes an Kennedy anklage, werde er »die Wahrheit sagen und die ganze Sache aufklären«.

Hunt sagte bei der ersten Verhandlung außerdem, daß er infolge der Veröffentlichung des Berichts schwere »Einkommenseinbußen« erlitten habe. Noch weit folgenreicher war das »Mißtrauen, das sich unmittelbar nach Erscheinen des Artikels in meiner Familie breitmachte«. Die Zweifel, die seine erwachsenen Kinder offenbar auch dann noch hegten, nachdem er beteuert hatte, er sei am fraglichen Tag nicht in Dallas gewesen, waren, so Hunt, »sehr schwer zu ersticken«.

Die Geschworenen reagierten, wie hätte es anders sein sollen, verständnisvoll. Die Zeitung hatte durch ihren Rechtsbeistand zugegeben, daß der Bericht nicht der Wahrheit entsprach, und Hunt hatte recht ausführlich geschildert, wie er aufgrund der falschen Darstellung das Vertrauen seiner Kinder verloren habe.

Als Hintergrundinformation für die Geschworenen führte Hunt aus, er sei als »politischer Berater« des CIA für die Schweinebucht-Invasion tätig gewesen, habe den Watergate-Einbruch organisiert, aber nur, weil er »für den Präsidenten arbeitete und lediglich Befehle ausführte«, und daß er einen Prozeß gegen A.J. Weberman angestrengt habe. Dieser Prozeß (der Fall *Third Press*) war in der Schwebe, und er versicherte, er werde ihn sehr energisch verfolgen.

Zum angeblichen CIA-Memorandum behauptete Rubin in seinem Eröffnungsantrag: »Niemand hat es je gesehen.«

Hunt bezeugte, daß er vor einigen Jahren Leiter des CIA-Stützpunkts in Mexico-City gewesen war. Er berichtete von finanziellen Schwierigkeiten, wie seine Kinder bei einem Autounfall verletzt wurden, und wie er einen Posten bei einer Public-Relations-Firma in Washington übernommen hatte.

Die Firma, Robert E. Mullen and Company, vertrat HEW, das Büro zur Rehabilitierung von Behinderten, die mormonische Kirche und die Howard Hughes Tool Company. Hunt war dort, wie er den Geschworenen berichtete, als Vorstandsmitglied tätig.

McGranes Kreuzverhör fiel bemerkenswert mager aus. Die Vernehmung umfaßt 137 Seiten des Prozeßprotokolls; für das Kreuzverhör waren nur sechs Seiten, das heißt kaum zehn Minuten erforderlich.

Auf Nachfragen des Anwalts der Verteidigung gab Hunt zu, daß er und Liddy den Einbruch in die Praxis von Daniel Ellsbergs Psychiater organisiert hatten. Fragen zu anderen kriminellen Handlungen wollte er nicht beantworten; er erklärte dazu lediglich: »Ich bin nicht bereit, in diesem Zusammenhang über andere Straftaten zu sprechen.« McGrane hätte nun Einspruch erheben können, statt dessen ließ er das Thema fallen.

Hunt gestand außerdem, daß er in der Vergangenheit Meineide geleistet hatte. So hatte er während der Anklageerhebung im

Watergate-Skandal gelogen, doch auch hier lag die eigentliche Verantwortung anderswo. Denn er verfolgte die »Absicht, die Leute zu decken, die für das gesamte Watergate-Fiasko verantwortlich waren«. Zusammenfassend meinte er, es sei »eine falsche Einschätzung der Lage gewesen«.

McGrane wollte nun wissen, ob Hunt von *Spotlight* eingeladen worden sei, in die Redaktion zu kommen, eine Erklärung abzugeben und sich interviewen zu lassen, damit ein anderer Bericht erscheinen könne, der Hunts Perspektive wiedergab. Hunt erwiderte, dies sei der Fall gewesen, er habe das jedoch abgelehnt, »weil es in der Einladung hieß, ich könnte *meine* Sicht der Dinge darstellen. Aber es gibt nur eine Wahrheit, nämlich meine.«

Bei der abermaligen Vernehmung Hunts führte Rubin seinen Klienten schamlos auf eine vorbereitete Erklärung hin: »Sie sagen, Sie wollten das Interview, zu dem Sie gebeten wurden, nicht geben. Ist der Grund dafür in dem Ruf von Liberty Lobby und *Spotlight* zu suchen, das heißt, Sie wollten mit dieser Zeitung nichts zu tun haben?«

Hunt erwiderte pflichtgetreu: »Ja.« McGrane hatte gegen die Suggestivfrage nichts einzuwenden.

Rubin zitierte anschließend die Aussage des Zeugen Walter Kuzmuk, der Hunts Nachbar und Kollege beim CIA war. Er hatte ihn vor nur acht Tagen vernommen und den Entschluß gefaßt, den Geschworenen die Aussage vorzulesen, statt Kuzmuk zu bitten, von Maryland nach Florida zu kommen. Rubin konnte Kuzmuk zwar nicht zwingen, an der Verhandlung teilzunehmen, aber da er Hunt wohlgesonnen war, wäre er wahrscheinlich bereit gewesen, persönlich auszusagen, wenn man ihn geladen hätte. Ein Anwalt kann sich aus verschiedenen taktischen Gründen dafür entscheiden, ein Vernehmungsprotokoll zu verlesen, statt den Zeugen persönlich zu befragen.

Das Protokoll selbst gibt meist keinen Aufschluß über die Grundlage für diesen Entschluß, und auch in diesem Fall fehlt ein solcher Hinweis. Möglich ist, daß Kuzmuk nicht reisen wollte, daß er krank war, daß ihm der Termin, für den die Vernehmung anberaumt war, nicht paßte, oder, was am wahrscheinlichsten ist, daß Rubin mit Kuzmuks Antworten bei der ersten Vernehmung zufrieden war und die Aussage beim Kreuzverhör nicht ernsthaft angefochten werden konnte.

Die Aussage Kuzmuks wurde vor den Geschworenen verlesen. Die Vernehmung war am 7. Dezember 1981 erfolgt. Kuzmuk erklärte, er sei seit fast siebenundzwanzig Jahren beim CIA beschäftigt. Als er in Washington, D.C., mit Hunt zusammenarbeitete, habe er ihn »täglich gesehen«. Die beiden Männer lebten in einem Vorort in Maryland nur »vier oder fünf Häuser voneinander entfernt«. Sie und ihre Familien hatten sich auch privat angefreundet.

Für einen Zeugen, der lediglich aussagen sollte, daß er Hunt am 22. September in Washington, D.C., gesehen hatte, drückte sich Kuzmuk nicht gerade präzise aus.

F.: »Kehren wir noch einmal zum November 1963 zurück. Ist in diesem Monat etwas Ungewöhnliches vorgefallen, was Ihnen besonders lebendig in Erinnerung ist?«

A.: »Allerdings, ja.«

F.: »Um was handelt es sich?«

A.: »Es ist der Mord an Präsident Kennedy.«

F.: »Erinnern Sie sich noch an das genaue Datum?«

A.: »Leider nein, aber es war etwas mit zwanzig – der 21. oder –«

F.: »Wenn ich sage, der 22. November, hilft das Ihrem Gedächtnis auf die Sprünge?«

A.: »Ich dachte an den 21., aber der 22. ist auch gut.«
Nachdem die Frage des Datums halbwegs geklärt war, wurde Kuzmuk zu der Aussage hingeführt, die er zu leisten hatte.

F.: »Ist Ihnen dieser Tag in Erinnerung geblieben, das heißt, wissen Sie noch, was Sie an diesem Tag getan haben? Die meisten Leute wissen das noch.«

A.: »Richtig, natürlich. Ich ging morgens ins Büro, und dann kam die Mittagszeit, und wie immer gingen wir zu mehreren essen, und zwar bei Duke Ziebert's, das war gleich um die Ecke, nicht weit vom Büro, dort aß ich mit mehreren Kollegen. Als wir wieder herauskamen, dürfte es eins oder halb zwei gewesen sein, und Duke Ziebert's ist, glaube ich, in der

L-Streeet – ja das war in der L-Street, gleich um die Ecke. Und auf dem Weg zurück ins Büro gingen wir die Connecticut Avenue hinauf – auf der anderen Straßenseite ist das Mayflower, deshalb erinnere ich mich noch genau an den Ort – und da sah ich einen Wagen vorbeifahren und bemerkte Howard und Betty – nein, nicht Betty –«

F.: »Dorothy«

A.: »Dorothy, und ich winkte ihnen zu«.

F.: »Was für ein Auto war das?«

A.: »Ein Chevrolet, würde ich sagen.«

Kuzmuk erklärte, er sei am Nachmittag zur Arbeit beim CIA zurückgekehrt, er und seine Kollegen seien noch »einige Zeit« im Büro geblieben, nachdem sie gehört hatten, der Präsident sei erschossen worden. Er und Hunt hatten eine Fahrgemeinschaft und fuhren regelmäßig »fast – tja, fast jeden Tag [miteinander], es sei denn er oder ich waren aus irgendeinem Grund gerade nicht in der Stadt«.

Kuzmuk bezeugte, er habe bis 1976 oder 1977 für sich behalten, daß er Hunt am 22. November 1963 in Washington gesehen hatte; dann habe er sich veranlaßt gesehen, an Rubin zu schreiben und sich als Zeuge zu erbieten.

Eine Woche zuvor hatte Fleming Lee Kuzmuk für Liberty Lobby ins Kreuzverhör genommen. Nachdem Rubin sein Protokoll vor den Geschworenen verlesen hatte, bot der Richter Fleming Lee die Möglichkeit, seine Vernehmung des Zeugen zu verlesen. Wieviel dabei herausgekommen war, zeigt sich am deutlichsten an der Erklärung, die Lee vor Gericht und vor den Geschworenen abgab. Er verzichtete darauf, die Geschworenen mit seinem Protokoll vertraut zu machen und erklärte: »Euer Ehren, ich glaube nicht, daß es viel Sinn hätte, das zu verlesen.«

Kurz nach der Eröffnung der Verhandlung war der Fall auch schon wieder abgeschlossen. Es folgten nur noch die Plädoyers der Anwälte und die Rechtsbelehrung, die der Richter den Geschworenen erteilte.

McGrane hatte angesichts der Aktenlage wenig zu erörtern; er versicherte den Geschworenen lediglich, Liberty Lobby habe auf einen Autor vertraut, der im Hinblick auf CIA-Aktivitäten beeindruckende Referenzen mitbrachte, die Vereinigung habe keine böswillige Absicht verfolgt, und schließlich habe man Hunt auch Gelegenheit gegeben, einen etwaigen nachteiligen Eindruck zu korrigieren, den der Bericht unbeabsichtigt erweckt haben könnte.

Rubin hatte etwas mehr Material zur Verfügung. E. Howard Hunt war eine Marionette. Er führte Präsident Nixons Befehle aus und wanderte dafür ins Gefängnis. Er war so patriotisch und unterstützte den Präsidenten mit soviel Engagement, daß er sogar seine eigenen hohen moralischen und ethischen Normen verletzte und vor einer Grand Jury einen Meineid leistete. Und, man höre und staune, er war dafür auch noch kritisiert worden.

Er ist ein guter Familienvater; und seine Seelenqual erreichte ihren Höhepunkt, als sich seine eigenen Kinder gegen ihn stellten und ihm vorwarfen, er habe den Präsidenten ermordet. Wie sollte er je wieder ihr Vertrauen gewinnen? Wie sollte er je die Verdächtigungen wieder ausräumen, die der falsche Artikel hervorrief? Mit welcher Summe ließ es sich aufwiegen, wenn man die Liebe und Achtung der eigenen Kinder verlor?

Die Antwort auf diese Frage hieß offenbar 650 000 Dollar. Doch bevor der Fall der Jury zur Beratung vorgelegt werden konnte, mußte der Richter den Geschworenen die Rechtsbelehrung erteilen.

Der Richter beraumte eine nichtöffentliche Sitzung mit den Anwälten an, um die von ihnen vorgeschlagene Rechtsbelehrung zu besprechen. Richter sind nicht gerade begeistert, wenn ihnen ein Berufungsgericht einen Fehler nachweist und die Sache aus diesem Grunde noch einmal verhandelt werden muß. Berufungsgerichte neigen dazu, die Rechtsbelehrung des Richters an die Geschworenen ganz besonders sorgfältig zu prüfen. Ich habe zwar zuweilen festgestellt, daß Teile der Belehrung so abgehoben gehalten sind, daß die Geschworenen nicht unerhebliche Verständnisschwierigkeiten haben, doch die Gerichte behandeln die Angelegenheit mit gebührendem Ernst.

Richter fordern die gegnerischen Anwälte normalerweise auf, mehrere Tage vor dem letzten Verhandlungstag ihre Vorschläge für die Rechtsbelehrung schriftlich einzureichen. Wenn die Beweisaufnahme zu Ende ist und beide Parteien den Beweisvortrag abgeschlossen haben, bereitet das Gericht eine Konferenz vor, bei der der Richter die vorgeschlagenen Lösungen erörtert und entscheidet, welche Belehrung er erteilen wird. Nicht selten erklärt er auch, warum er eine vorgeschlagene Instruktion abgelehnt hat. Die Anwälte können dann ihre Einwände aktenkundig machen. Wenn das Gericht den Geschworenen eine unrichtige Belehrung erteilt oder die korrekte Belehrung verwirft und der Rechtsanwalt rechtzeitig Einspruch erhebt, kann das Berufungsgericht entscheiden, daß ein vernachlässigbarer Fehler vorliegt.

Im ersten Verfahren *Hunt gegen Libery Lobby* präsentierte Rubin eine offenkundig falsche Belehrung im Hinblick auf das Verleumdungsgesetz. Warum er das tat, ist mir nicht ganz klar; die einzigen Erklärungen, die ich mir vorstellen kann, sind Unwissenheit oder der vorsätzliche Versuch, das Gericht irrezuführen und dadurch einen Vorteil für seinen Klienten und sich selbst herauszuschlagen. In meiner langjährigen Praxis habe ich nie versucht, einen Richter irrezuführen, und die Richter, vor denen ich aufgetreten bin, dürften derselben Meinung sein. Zunächst einmal gehört es sich einfach nicht. Und außerdem schwindet der Wert des momentanen Vorteils, der angebliche Wert des Täuschungsmanövers, im Lauf der Zeit. Für den Richter ist es wichtig zu wissen, daß die Argumente, die der Anwalt für seinen Klienten vorbringt, selbst wenn sie letztendlich vom Gericht verworfen werden, aufrichtig dargeboten wurden. Richter haben meist ein Gespür dafür, welche Anwälte ihre Prozesse seriös führen und welche unverfroren die gewagtesten Argumente vortragen.

McGrane hatte gegen Rubins Vorschlag nichts einzuwenden, obwohl er kaum Bezug zu den geltenden Gesetzen hatte. Der Richter freute sich, daß die Parteien hinsichtlich der zentralen Rechtsbelehrung für den Fall einer Meinung waren, und verlas sie in völlig unveränderter Form vor den Geschworenen. Kurz gesagt hieß es darin, daß die Geschworenen bei der Entscheidung, ob Liberty Lobby Hunt verleumdet habe oder nicht, den Maßstab dessen anlegen sollten, »was ein verantwortungsbewußter Herausgeber« drucken darf. Da Rubin eingeräumt hatte, daß Hunt ein Mann des öffentlichen Lebens war, galt die Norm der tatsächlichen böswilligen Absicht, wie sie vom Obersten Gerichtshof der Vereinigten Staaten im Fall *New York Times gegen Sullivan* bereits gute fünfzehn Jahre vor dem Fall Hunt begründet wurde.

Anhand der Rechtsbelehrung entschieden die Geschworenen zugunsten Hunts und sprachen ihm einen Schadensersatz von 100 000 Dollar sowie eine zusätzliche Buße von 550 000 Dollar zu. Um nur ein Beispiel für die Berichterstattung der Medien zu nennen – die *Washington Post* widmete Hunts Sieg einen ausführlichen Bericht.

Liberty Lobby nahm einen anderen Anwalt und legte beim Berufungsgericht der Vereinigten Staaten in Atlanta, Georgia, Revision ein.

Das dreiköpfige Richtergremium befand, daß die Rechtsbelehrung falsch war und mit dem Gesetzestext wenig zu tun hatte. Doch der Rechtsbeistand von Liberty Lobby hatte nicht rechtzeitig Einspruch erhoben, sondern hatte der unrichtigen Belehrung sogar zugestimmt.

Doch in diesem Falle lag ein offenkundiger Formfehler vor. Das heißt, wenn ein schrecklicher Fehler begangen wurde, der so schwerwiegend ist, daß für eine Partei ein fairer Prozeß nicht mehr gewährleistet ist, kann ein umstoßbarer Verfahrensfehler festgestellt werden, *selbst wenn der Einspruch nicht rechtzeitig erfolgte.*

In diesem seltenen Fall wurde entschieden, daß die Rubin-Belehrung, die das Gericht vor den Geschworenen verlesen hatte, so fehlerhaft war, daß ein offenkundiger Formfehler vorlag, und folglich hob das Gericht das Urteil auf und verwies den Fall an das US-Bezirksgericht und Richter Kehoe zur erneuten Verhandlung zurück.

Rubins Übereifer kostete seinen Klienten ein kleines Vermögen. Da sich Hunt bereit erklärt hatte, seinem Anwalt vierzig Prozent der Schadensersatzsumme abzutreten, kam der Fehler auch Rubin teuer zu stehen. Hunt feuerte Rubin. Ein weiteres Argument, das dagegen spricht, das Gericht irrezuführen, ist, daß es meist nicht gelingt.

Es dauerte nicht lange, bis Hunt und Liberty Lobby sich je einen neuen Rechtsbeistand genommen hatten, die Voruntersuchung im Gange war und Hunt seine erste umfassende Vernehmung in dieser Sache gewärtigen mußte.

Einige Zeit bevor Hunt seine eidliche Aussage für den zweiten Liberty-Lobby-Prozeß leistete, entspann sich ein ernster Streit zwischen den gegnerischen Parteien. Bei einem Telefongespräch informierte ich den Anwalt der Gegenseite, daß ich beabsichtigte, Beweise dafür zu erbringen, daß sich Hunt zur Zeit des Attentats in Dallas aufgehalten hatte und sein Arbeitgeber, die Central Intelligence Agency, in den Mord verwickelt war. Nach anfänglichem Schweigen brach ein Sturm der Entrüstung los.

Snyder wandte wütend ein, die Übereinkunft, die beide Parteien beim ersten Prozeß getroffen hatten, sei unwiderruflich und im gesamten Verfahren rechtsverbindlich. Daß dies im allgemeinen der Fall sei, räumte ich ein. Eine Ausnahme trete jedoch ein, wenn der Gültigkeitsdauer der Parteienübereinkunft prozeßimmanent Grenzen gesetzt seien. Ich erinnerte Snyder daran, daß der Richter den Geschworenen die Übereinkunft eindeutig mit den Worten »zum Zwecke dieser Verhandlung« bekanntgegeben hatte. Snyder erkundigte sich nun, welchen Standpunkt ich vertreten würde, wenn der Richter gesagt hätte: »in dieser *Sache*« statt »in dieser Verhandlung«. Darauf erwiderte ich, die Übereinkunft sei dennoch nichtig, weil Rubin als Vertreter Hunts die Bestimmungen der Parteienübereinkunft häufiger verletzt als beachtet hatte. Snyder wollte wissen, was das mit dem Fall zu tun hatte. Wenn eine Partei ein Abkommen verletze, erklärte ich nun, könne er doch schwerlich darauf bestehen, daß sich die andere Partei an die Bestimmungen zu halten habe. Snyder wurde langsam etwas ruhiger. Schließlich fragte er, ob ich an einem Vergleich interessiert sei. Inzwischen sei eine Summe von gut einer dreiviertel Million Dollar fällig, rechnete man Kosten und Zinsen vom Tag der Urteilsverkündung hinzu, und zudem erhofften sie sich in der zweiten Verhandlung einen noch höheren Schadensersatz. Ich entgegnete, mein Klient wünsche keinen Vergleich, aber ich würde ihn gerne über ein Angebot informieren. Snyder erklärte, er sei bereit, die Sache für 650 000 Dollar beizulegen. Es sei unwahrscheinlich, daß mein Klient das Angebot in Betracht ziehen würde, meinte ich, aber ich würde Mr. Carto davon in Kenntnis setzen. Nun wurde mein Gesprächspartner von neuem wütend und erklärte, aufgrund der Parteienübereinkunft wäre ich auf jeden Fall außerstande, den Sachverhalt des Kennedy-Attentats vor dem Schwurgericht zu erörtern. »Der Richter«, so meinte er, »wird nicht zulassen, daß Sie einen solchen Zirkus in seinem Verhandlungssaal veranstalten.« Das sei schade, erwiderte ich, denn ich hätte bereits einige Tanzbären und Clowns engagiert und sogar mit einer Seiltänzerin Kontakt aufgenommen. Snyder legte auf.

Daraufhin stellte er zwei Anträge. Der eine zielte darauf ab, mich als Verteidiger in dieser Sache vor Richter Kehoe nicht zuzulassen, da ich, so Snyder, plante, im Gerichtssaal einen Zirkus zu veranstalten. Der Antrag enthielt eine Reihe persönlicher, verleumderischer Angriffe gegen mich, die aus Zeitungsartikeln, die aus der Feder meiner Kritiker stammten, zusammengetragen waren. Snyder würzte die ursprünglichen Äußerungen sogar noch mit eigenen Gemeinheiten. Während meiner langjährigen Tätigkeit als Anwalt ist mir niemals, weder vor noch nach dem Fall Hunt, ein Antrag untergekommen, der auch nur entfernte Ähnlichkeit mit diesem unflätigen Machwerk hatte.

Außerdem reichte er einen »Dringlichkeitsantrag« ein, mit dem er eine sofortige richterliche Entscheidung darüber verlangte, daß die Parteienübereinkunft aus dem ersten Verfahren immer noch verbindlich sei. Er hoffte damit, alle Zeugenaussagen unterbinden zu können, die bewiesen, daß der Bericht der Wahrheit entsprach.

Richter Kehoe war ein vielbeschäftigter Mann. Sein Gericht befand sich in der Drogenhauptstadt der Vereinigten Staaten. Die Folge war, daß er den ganzen Tag, die ganze Woche, Monat für Monat Drogenprozesse zu führen hatte. Kriminalfälle genießen nach Wortlaut und Praxis des Gesetzes Vorrang vor Zivilsachen. Deshalb fand er über ein Jahr lang keine Zeit, den Dringlichkeitsantrag zu beantworten.

Um den »Zirkusantrag« machte er allerdings nicht viel Aufhebens. Noch bevor ich meinen Widerspruch gegen den Antrag einsenden konnte, schickte er Snyders Schriftsatz mit dem Vermerk ABGELEHNT an alle Anwälte, die mit der Sache beschäftigt waren.

Solange die Ermittlungen zum Sachverhalt im Hinblick auf das Attentat nicht durch gerichtlichen Beschluß unterbunden waren, stand es mir frei, Hunt und andere zu dem Thema zu befragen.

Am 11. Juli 1984 traf ich Hunt in der Washingtoner Kanzlei seiner Anwaltsfirma. Außerdem waren Snyder, Brent Whitmore und Fleming Lee anwesend. Ich war entschlossen, Hunt und Snyder freundlich zu begegnen, und legte Whitmore und Lee nahe, gleichfalls Zurückhaltung walten zu lassen. Ich hatte Hunts Aussage im Prozeß des ehemaligen Generalstaatsanwalts John Mitchell gelesen und mich mit seinen eidlichen Aussagen in verschiedenen anderen Fällen und dem Protokoll der ersten Verhandlung vertraut gemacht. Deshalb war es möglich, sich auf das eine Ziel zu konzentrieren, das meiner Meinung nach den Fall entscheiden konnte.

Die Vernehmung begann um fünf nach zehn und war zwei Stunden und zehn Minuten später abgeschlossen. Die gesamte Vernehmung war sehr aufschlußreich für mich; jedoch war nur eine Frage wirklich wichtig. Hätte ich mich allerdings auf dies eine Gebiet konzentriert und alle anderen außer acht gelassen, so hätten Hunt und Snyder meine Strategie durchschaut und vielleicht Schritte unternommen, um den entscheidenden Schlag abzuschwächen, der an diesem Vormittag gegen ihre Sache geführt wurde, dessen Tragweite ihnen jedoch erst bei der Verhandlung selbst bewußt werden sollte.

Hunt erklärte, er habe sich bei den Ermittlungen zum Kennedy-Attentat, die von der Rockefeller-Kommission durchgeführt wurden, voll und ganz kooperativ gezeigt. Er habe ihnen gesagt, daß er am 22. November 1963 in Washington, D.C., gewesen sei, und nicht in Dallas. Außerdem habe er nichts dagegen einzuwenden gehabt, daß die Rockefeller-Kommission die CIA-Akten prüfte, die über seinen Verbleib am 22. November Aufschluß gaben. Er bezeugte, die Kommissionsmitglieder hätten seine Aussage gelten lassen, weil »sie nicht in der Lage waren, glaubwürdige Beweise vorzulegen, die meine Behauptung in Zweifel gestellt hätten«. Tatsächlich hatte jedoch die Rockefeller-Kommission auf Seite 255 ihres Berichts festgestellt: »Es kann nicht mit Sicherheit geklärt werden, wo sich Hunt und Sturgis am Tag des Attentats aufhielten.« Diese Aussage las ich dem Zeugen vor. Hunt erläuterte dazu: »Ich weiß nicht, ob sie sich wirklich bemüht haben. Ich kann nur sagen, daß sie nicht genug nachgebohrt haben; sie haben es versäumt, den richtigen Leuten die richtigen Fragen zu stellen.«

Hunt leugnete sogar, mit Joseph Trento gesprochen zu haben, räumte jedoch ein, daß er wahrscheinlich »anderen Reportern« erzählt hatte, es gebe »viele Zeugen«, die ihn am 22. November in Washington gesehen hatten.

Mit Reportern habe er gesprochen, als »Mr. Rubin eine Pressekonferenz einberief, um bekanntzugeben, daß ich Liberty Lobby verklagen wollte«. Als er gebeten wurde, die Namen seiner zahlreichen Zeugen zu nennen, erwähnte er »Mary Traynor, eine Hausangestellte«, die, wie er sagte, inzwischen verstorben war. Seine Frau Dorothy, eine weitere Zeugin, war natürlich ebenfalls tot.

Fünf lebende Zeugen fielen ihm ein. Zwei hatten für den CIA gearbeitet und drei waren seine Kinder, die er namentlich nannte und beschrieb: Howard St. John Hunt, Kevan Totterdale (»Sie ist Mitglied der kalifornischen Anwaltskammer«) und Lisa Hunt Kyle (»Meine Tochter, die verheiratet ist«). Zur Zeit des Attentats, so Hunt, war Howard St. John etwa neun Jahre alt, Kevan ungefähr dreizehn und Lisa fünfzehn. Wie er bezeugte, hatte er seine Kinder abgeholt, und anschließend war die ganze Familie »für den Rest des Nachmittags wie festgenagelt vor Radio und Fernseher gesessen«. Er ergänzte, nachdem »die Familie im Anschluß an die Meldung der tragischen Ereignisse wieder versammelt war, sind wir zu Hause geblieben und haben ziemlich viel ferngesehen«. Er erinnerte sich, daß außer seiner verstorbenen Frau und seinen drei Kindern auch noch die inzwischen verstorbene Tante seiner Frau dagewesen sei.

Hunt schilderte noch einmal die Szene: »Sobald die Familie wieder versammelt war, blieben wir alle im Haus. Wir hatten dort ein großes Wohnzimmer – im Erdgeschoß –, und dort haben wir uns aufgehalten und wie Tausende, wie Millionen anderer Amerikaner ferngesehen, bis die Trauerfeier vorüber war, das war, glaube ich, am Montag, und dann erst kehrten alle wieder ins Leben zurück.«

Hunt war der Meinung, seine Familie habe vom Freitag, an dem Kennedy starb, bis mindestens Montag das Haus nicht verlassen. »Ich erinnere mich nicht, daß ich aus dem Haus gegangen wäre«, sagte er. »Es gab eigentlich keinen Grund dafür. Wenn Sie an die Ereignisse zurückdenken, war doch die ganze Nation vor Trauer wie gelähmt. Die Leute harrten in ihrem Schmerz vor den Fernsehgeräten aus.«

Später gab Hunt zu verstehen, daß er möglicherweise nicht einmal am Montag aus dem Haus gegangen sei, weil wegen der »Trauerfeier« an diesem Tag »die Regierungsbüros, glaube ich, geschlossen waren«.

Neben seinen Kindern, die 44 oder gar 72 Stunden lang mit ihm ans Haus gefesselt waren und zumeist vor dem Radio oder Fernseher saßen, und den drei inzwischen verstorbenen Zeugen erwähnte Hunt noch einmal die beiden CIA-Angehörigen, die beim Prozeß aussagen würden, die CIA-Beamten Walter Kuzmuk und Connie Mazerov, seine ehemalige Sekretärin beim CIA. Seine drei inzwischen erwachsenen Kinder und den CIA-Personalchef eingerechnet, der anhand von Hunts Anwesenheitsbericht belegen konnte, daß er am 22. November in Washington gewesen war, hatte Hunt eine eindrucksvolle Liste potentieller Zeugen zusammengestellt.

Hunt erinnerte sich zwar, daß er am Morgen des 22. November mit Kuzmuk zusammen war, »wahrscheinlich fuhr ich an diesem Tag mit Mr. Kuzmuk von Maryland in die Stadt und sah ihn auch am Nachmittag desselben Tages noch einmal . . . vielleicht gegen zwölf Uhr dreißig oder ein Uhr«, doch seine Erinnerung war offenbar selektiv. In Sumner, Maryland, lebte er in unmittelbarer Nachbarschaft der Kuzmuks, und im CIA-Gebäude in Washington arbeitete er Tür an Tür mit seinem Kollegen. Dennoch erinnerte er sich nicht, Kuzmuk am 22. November nach ein Uhr mittags oder auch am 23., 24., 25. oder 27. November gesehen zu haben.

Ich erkundigte mich nun nach den CIA-Akten:

F.: »Werden oder wurden bei der Central Intelligency Agency, während Sie dort beschäftigt waren, Akten geführt, die zeigen, wo Sie sich an einem bestimmten Tag während Ihrer Tätigkeit für den Nachrichtendienst aufhielten?«

A.: »Vermutlich ja, wir hatten da einen Lohnbuchhalter.«

Später lieferte Hund auf eine ähnliche Frage eine andere, geradezu widersprüchliche Antwort:

F.: »Erinnern Sie sich, ob es einen Anwesenheitsbericht gegeben hat, den der CIA Ihrem Rechtsbeistand vorgelegt hat und der zeigte, wo Sie sich CIA-Unterlagen zufolge am 22. November 1963 aufhielten?«

A.: »Nein, Sir, das glaube ich nicht. Ich meine, daß es üblich war, so etwas nach drei bis fünf Jahren zu zerstören, derartige Unterlagen wurden einfach beseitigt.«

Da Rubin angekündigt hatte, er werde für Hunt das *Sunday News Journal* wegen Verleumdung verklagen, fragte ich Hunt, warum er den Prozeß doch nicht angestrengt hatte. Hunt erwiderte, er wollte sich »dieser Ankündigung nicht anschließen«, und sagte weiter: »Sie müssen verstehen, daß Mr. Rubin ein Mensch ist, der sich sehr schnell für etwas begeistern kann . . . Etwas erregt seine Aufmerksamkeit, und schon trommelt er die Presse zusammen und gibt eine Erklärung ab, doch dann verliert er sehr schnell wieder das Interesse an der Sache.«

Dann behauptete Hunt, der *News-Journal*-Artikel »beruhte auf dem *Spotlight*-Bericht von Marchetti«. Und ich verbrachte die nächste Viertelstunde damit, die beiden Artikel, Absatz für Absatz, miteinander zu vergleichen. Hunt räumte ein, daß der *News-Journal*-Bericht nicht wenige Detailinformationen enthielt, die in Marchettis Darstellung fehlten.

Als er beim ersten Prozeß aussagte, hatte Hunt die damals anhängige Klage gegen A.J. Weberman erwähnt, eine Sache, die er energisch zu verfolgen gedachte. Lange bevor die Vernehmung begann, war die Klage durch den Kläger freiwillig zurückgezogen worden. Nun wollte ich wissen, warum Hunt die Sache buchstäblich am Vorabend der Verhandlung eingestellt hatte. Seine Antwort lautete:

»Als ich bei Mr. Rubin anfragen wollte, in welchem Gericht und in welchem Raum des Gerichts ich am nächsten Morgen zur Verhandlung erscheinen sollte, erfuhr ich von seinen Kanzleiangestellten, daß es keinen Prozeß geben würde, er habe die Sache beigelegt und außerdem sei er unterwegs. Er hatte kurz vorher einen saudi-arabischen Scheich oder Prinzen namens Al Fasi als Klienten angenommen und trieb sich im ganzen Land mit ihm herum. Soweit ich weiß, war Mr. Rubin nicht einmal am Vorabend der Verhandlung in der Stadt.

Auf jeden Fall nahm ich an, daß Mr. Rubin meine Bedingungen für die Beilegung der Sache durchgesetzt hatte und daß ich demnächst von Mr. Weberman einen Scheck über 5000 Dollar erhalten würde. Wie ich am folgenden Tag erfuhr, hatte Mr. Rubin den gegnerischen Anwälten, die zum Prozeß nach Miami angereist waren, mitgeteilt, daß – wie sagt man doch gleich –, daß es sich ausgleicht, keiner würde keinem etwas berechnen, und sie würden die Sache fallen lassen. Das geschah, wie ich leider anmerken muß, ohne meine Einwilligung.«

F.: »Also wurde die Sache in Ihrem Namen beigelegt, und Sie haben keinen Pfennig dafür bekommen; ist das richtig?«

A.: »Das ist richtig.«

F.: »Und die Beklagten in dieser Sache haben keine Entschuldigung und keinen Widerruf abgegeben?«

A.: »Nein.«

Das von Hunt geschilderte Szenario war so merkwürdig, daß ich ihn fragte, ob ich der Sache mit Rubin weiter nachgehen dürfe. Das war nur möglich, wenn Hunt die Schweigepflicht seines Anwalts aufhob, damit ich Rubin zur Vernehmung laden konnte. Hunt erklärte, dazu sei er nicht bereit.

F.: »Auf die Frage, warum der Fall Weberman ohne jegliche Zahlung, ohne Widerruf eingestellt wurde, müssen wir uns also mit Ihrer Aussage begnügen, daß Mr. Rubin dies ohne Ihre Zustimmung veranlaßt hat, und Sie erlauben uns nicht, Mr. Rubin selbst zu befragen?«

A.: »Das ist richtig.«

Hunt wurde am 7. Mai 1980 im *Miami Herald* zitiert, als er auf einer Pressekonferenz mit Rubin verkündete, er habe *Spotlight* und Marchetti, den er als »CIA-Abtrünnigen« bezeichnete, auf einen Schadensersatz von 3,5 Millionen Dollar verklagt.

Bei dieser Konferenz erklärte er, es sei »inzwischen ein Glaubenssatz geworden, daß ich in das Kennedy-Attentat verwickelt war«. Dafür machte er »Attentatsfanatiker, Nixon-Hasser und andere« verantwortlich, die sich, wie er sagte, »eine Verschwörung ausgedacht und mich mitten hineinplaziert haben«. Bei der Vernehmung bekräftigte er diese Aussage und erklärte, darin kämen seine Gefühle gut zum Ausdruck. Als ich fragte, wen er im einzelnen damit gemeint habe, nannte er die Namen Dick Gregory, Weberman und Webermans Koautor Canfield.

Nun faßte ich Trentos Aussage zusammen, der erklärt hatte, das CIA-Memorandum gesehen zu haben, und fragte Hunt, ob auch Trento ein »Befürworter krimineller Methoden« sei, was er bejahte. Weiter sagte er, der ehemalige CIA-Direktor Richard Helms habe schon früher »Schwierigkeiten« mit Artikeln aus Trentos Feder gehabt. Hunt erklärte, ein Mensch, der kein »Attentatsfanatiker« sei, wäre nicht fähig, einen solchen Artikel zu schreiben, weil er »vor Frust und bloßen Mutmaßungen nur so strotzt«.

Obwohl Trento bezeugt hatte, daß er den *Spotlight*-Artikel nicht kannte, als er seinen Bericht schrieb; daß er, anders als Marchetti, das CIA-Memorandum mit eigenen Augen gesehen hatte und mit Marchetti damals noch nicht bekannt war – eine Aussage, die von Marchetti bestätigt wurde – trotz alledem beharrte Hunt darauf, daß Trentos Bericht auf dem *Spotlight*-Artikel beruhe. Hunt war bereit, die Aussagen von Trento und Marchetti außer acht zu lassen und sich auf eine vage Äußerung von Helms zu berufen, der »Schwierigkeiten« mit Trentos Arbeit hatte, denn Helms sei schließlich ein »unbescholtener Mann«. Als ich Hunt fragte, ob er wisse, daß Helms wegen Falschaussage unter Eid verurteilt worden war, meinte er, davon sei ihm nichts bekannt.

Hunt gab zu, gemeinsam mit Gordon Liddy ein Komplott geschmiedet zu haben, um Jack Anderson zu ermorden; außerdem habe er eine Vereinbarung mit einem Dr. Gunn getroffen, der Erfahrung damit hatte, »wie man ausländische Politiker oder Agenten durch den Gebrauch von Drogen diskreditiert«. Gunn war Hunt zufolge damals für den CIA tätig.

Hunt bestritt zwar Liddys Aussage, der von einem Plan, die Brookings Institution in Brand zu setzen, gesprochen hatte, räumte jedoch ein, daß der Nixon-Berater Charles Colson, »einmal zu mir gesagt hat, daß in der Brookings Institution* ein Dokument vorbereitet wurde«, und dieses Dokument sei für die »Regierung« oder »Mr. Colson selbst« von »Interesse«. Colson sagte, »sie würden die Dokumente gerne einmal sehen oder aus dem Tresor stehlen«. Und Hunt führte weiter aus: »Ich glaube, Mr. Colson

* Eine 1927 von Brookings, Kaufmann, Fakrikant und Philanthrop, in Washington gegründete gemeinnützige Einrichtung für Forschung und Lehre auf dem Gebiet der Gesellschaftswissenschaften mit den Schwerpunkten Volkswirtschaft und Außenpolitik.

war sich bewußt, daß ein Einbruch im Bereich des Möglichen lag«.

Marita Lorenz, eine ehemalige Vertragsagentin des CIA, hatte mir vor Jahren berichtet, daß Hunt den Decknamen Eduardo benutzte, wenn er mit den Männern zu tun hatte, die er als »kubanische Mitarbeiter« bezeichnete. Hunt erklärte, er habe mit Liddy über die »kubanischen Mitarbeiter« gesprochen. Nun wollte ich wissen, ob er einen Decknamen gehabt hatte, mit dem ihn die kubanischen Mitarbeiter ansprachen. Darauf erwiderte er: »Bei Watergate nicht, nein.« Nach einer kurzen Pause fuhr er fort: »Bei der Operation in der Schweinebucht war ich bei den Kubanern als Eduardo bekannt.«

Als wir den Konferenzraum verließen, fingen Brent Whitmore und Fleming Lee an, die Vernehmung mit mir zu diskutieren. Im Fahrstuhl bemerkte Lee nachsichtig, er habe vermutet, daß ich etwas mehr aus Hunts widersprüchlichen Aussagen machen würde. »Ich dachte, angesichts der Aktenlage hätten Sie ihm etwas entschiedener entgegentreten können«, meinte Lee. »Sie hätten noch mehr herausholen können.« Darauf erwiderte ich nichts.

Brent hatte vor der Vernehmung gründliche Arbeit geleistet; sie hatte die zahlreichen, widersprüchlichen Erklärungen gesammelt und verglichen, die Hunt vor verschiedenen Gremien abgegeben hatte, teilweise vor Gericht und unter Eid und teilweise bei weniger förmlichen Auftritten vor FBI-Agenten oder vor den Medien. Mit ihren hervorragenden Recherchen hatte ich mich vor der Vernehmung mehrere Tage lang beschäftigt und die Sache mit Lee durchgesprochen.

Wir verließen den Fahrstuhl und machten uns auf die Suche nach einem Taxi. »Es war noch nicht das richtige Publikum«, erwiderte ich schließlich auf Lees unausgesprochene Frage. Was ich damit meinte, wollte er wissen. »Die Geschworenen waren nicht dabei«, sagte ich.

David Atlee Phillips

Sieben Jahre nach meiner Diskussion mit David Atlee Phillips an der Universität von Südkalifornien legte E. Howard Hunt eine Zeugenvorschlagsliste für die Verhandlung der Liberty Lobby vor. Einer der Namen darauf war David Atlee Phillips. Wohl schienen mir einzelne der von Hunt aufgebotenen Zeugen unsichere Kantonisten zu sein, doch sah es ganz so aus, als müsse Phillips unter Eid vernommen und seine Aussage schriftlich festgehalten werden.

Sofern er dabei lediglich wiederholte, was er während der Diskussion gesagt hatte, war ich sicher, daß Hunt von ihm nicht erwarten würde, in der Verhandlung auszusagen, denn in dem Fall wäre seine Aussage der Sache der Verteidigung unendlich dienlich gewesen. Ich fragte mich, ob Hunts Anwälten bekannt war, was Phillips früher gesagt hatte, oder auch nur, daß er zu den Teilnehmern an der Diskussionsrunde gehört hatte. Daß sich Phillips weigern würde, bei einer Verhandlung über Angelegenheiten auszusagen, zu denen er sich aus freien Stücken im Rahmen einer öffentlichen Veranstaltung geäußert hatte, bei der Medienvertreter zugegen waren, konnte ich mir nicht vorstellen. Wieder einmal verblüffte er mich und zeigte, wie unterentwickelt meine Vorstellungskraft war.

Ich wartete in meinem Büro auf Mr. Phillips und seinen Rechtsvertreter. Das vierstöckige Gebäude, in dem ich meine Wohnung und meine Kanzleiräume habe, liegt auf dem Washingtoner Kapitolshügel unmittelbar gegenüber dem Obersten Gerichtshof der Vereinigten Staaten und dem diesen umgebenden Park an der Second Street, Northeast. Zu bestimmten Stunden des Tages darf dort kein Fahrzeug abgestellt werden, und tüchtige und von den Behörden in ihrem Tun nachhaltig unterstützte Wächter achten auf die Einhaltung des gut sichtbar gekennzeichneten Parkverbots.

Wie ich von meinem Zimmer aus sehen konnte, traf an jenem Nachmittag als erster ein hochgewachsener, gelassen wirkender Herr ein, der aussah wie ein Hochschullehrer. Es handelte sich um Richard D. Sullivan, den zweiten Rechtsbeistand des CIA. Nach allem, was man über den CIA wußte, konnte er ohne weiteres auch Dozent sein.

Auf meine Frage, ob er Mr. Phillips vertreten werde, antwortete er in unüberhörbarem Bostoner Akzent: »Nein. Mr. Phillips wird von einem Angehörigen der Anwaltskammer des Bezirks der Hauptstadt Washington vertreten; ich glaube, es handelt sich um den Präsidenten der hiesigen Anwaltsvereinigung, Mr. Bierbower.«

Sodann fragte ich hoffnungsvoll und nicht ohne Herzlichkeit, wenn auch mit etwas Besorgnis in der Stimme: »Und was hat Sie in dem Fall hierher geführt?«

Mr. Sullivan gab zur Antwort: »Ich vertrete den CIA« und fügte nach einer Pause hinzu ». . . sowie die Vereinigten Staaten von Amerika«.

Ich gab zur Antwort: »Tatsächlich? Bedeutet das nicht einen Interessenkonflikt?«

Lachend sagte er: »Man hatte mir zwar gesagt, daß Sie gut seien . . . aber das ist wirklich gelungen.« Zugleich schrieb er etwas in sein in Englischleder gebundenes Notizbuch.

Dann sagte er, sich einer ernsthafteren, wenn auch nicht weniger verwirrenden Frage zuwendend, eifrig: »Mr. James Smith wird hier sein. Er arbeitet nicht für den Nachrichtendienst.«

Dann fügte er hinzu, wobei er mich mit aufrichtig wirkendem Gesichtsausdruck ansah: »In Wirklichkeit heißt er nicht Smith, und er arbeitet für den CIA.«

Ich fragte ihn, ob er je die Fernsehserie »M·A·S·H« gesehen habe, in der das Militär veralbert wird. Er erklärte, er sei sogar ein Fan dieser Serie und platzte einen Augenblick später lachend heraus: »Ach ja, ich weiß: ›Ich bin Colonel Flagg von irgendeiner Einheit, aber ich heiße nicht Flagg, und ich arbeite für den CIA‹. Ja, ja, das ist gut.« Ich erwartete, daß er wieder etwas in sein Notizbuch schreiben würde, aber diesmal enttäuschte er mich.

Ich sagte dem Anwalt des CIA, gewiß sei ihm bekannt, daß im Protokoll einer Einvernahme jeder festgehalten werde, der in ihrem Verlauf aussagt. Er wollte wissen, ob ich gegen Mr. Smith' Anwesenheit Einwände erhöbe. Das, regte ich an, könnten wir vor aller Ohren miteinander besprechen, wenn die Urkundsbeamtin des Gerichts dabei sei. Als er fragte, warum, sagte ich, ich hätte die Absicht, vielleicht eines Tages ein komisches Musical über die Einvernahme zu schreiben, und ich wolle, daß das Libretto möglichst echt wirke.

Er belohnte mich sowohl mit einem gewaltigen Gelächter wie einem hinreichend langen Eintrag in sein Notizbuch.

Schon bald traf Phillips mit seinem Anwalt, James Bierbower, ein, einem bekannten und anerkannten Mitglied der Anwaltskammer des District of Columbia. Ihnen folgten Hunts Anwälte, Bill Snyder und Kevin Dunne. Gerade hatte die Urkundsbeamtin des Gerichts, Rebekah J. Johnson, ihre Gerätschaften bereit gemacht, als ein untersetzter Mann in einem zerdrückten braunen Anzug das Büro betrat, den Mr. Sullivan mir als Mr. Smith vorstellte.

Die Formalien wurden erledigt.

»Mr. Phillips, mein Name ist Mark Lane. Ich bin einer der Anwälte des Beklagten in diesem Verfahren, das von Mr. Hunt wegen eines in *Spotlight* veröffentlichten Artikels angestrengt wurde, einer von Liberty Lobby herausgegebenen Publikation. Wir sind hier und heute zu einer Einvernahme zusammengekommen, in deren Verlauf ich Ihnen einige Fragen stellen werde, und ich denke, es wäre gut, wenn sich alle Beteiligten einander erst einmal vorstellten.«

Ich stellte mich vor und nannte außer meinem Namen auch meine Anschrift und Telefonnummer.

Snyder, Dunne und Bierbower taten es mir nach. Dann war Sullivan an der Reihe. Er sagte: »Ich heiße Richard D. Sullivan. Ich bin Rechtsvertreter der Central Intelligence Agency in Washington, D.C. 20505* und vertrete die Vereinigten Staaten. Mich unterstützt James Smith, ein Vertreter der bei der Central Intelligence Agency für Operationen zuständigen Leitungsgruppe. James Smith ist nicht der wirkliche Name meines Kollegen, aber wir haben uns alle damit einverstanden erklärt, daß er hier unter diesem Namen auftritt.«

Ich fragte: »Mr. Smith, könnten Sie uns wohl sagen, ob Sie Rechtsanwalt sind?«

Er antwortete: »Nein, das bin ich nicht.«

Ich versuchte, die Schwierigkeit zu erläutern: »Läßt sich feststellen, wer Sie sind, bevor wir weitermachen? Wie Sie vermutlich wissen, geben sich bei der Niederschrift von Einvernahmen wie auch bei anderen Angelegenheiten, die mit einem förmlichen Verfahren in Verbindung stehen, üblicherweise alle daran Beteiligten zu erken-

* Der CIA mit Sitz außerhalb des Bezirks der amerikanischen Hauptstadt, District of Columbia, in Langley im Bundesstaat Virginia gehört zu den wenigen im Einzugsbereich der Hauptstadt Ansässigen, von denen statt einer Anschrift lediglich eine Postleitzahl bekannt ist.

nen, und zwar nicht mit einem falschen, sondern ihrem wahren Namen. Sehen Sie eine Möglichkeit, uns entweder zur Niederschrift oder vertraulich mitzuteilen, wer Sie sind?«

Smith schwieg. Er sah Sullivan an. Sullivan sagte: »Ich bin nicht sicher, Mr. Lane, daß Mr. Smith im Wortsinne an der Niederschrift von Einvernahmen beteiligt ist, aber unter Umständen gibt es eine Möglichkeit – ich weiß nicht, vielleicht künftig, diese Angaben klarzustellen. Heute allerdings kann Mr. Smith' wahrer Name nicht preisgegeben werden.«

Da Mr. Smith, wie sich sein Rechtsvertreter ausdrückte, unter Umständen an dem Verfahren nicht »beteiligt« war, erkundigte ich mich nach dessen Absichten. Erneut kam die Antwort von Sullivan: »Mr. Smith hat im Zusammenhang mit der Niederschrift der Einvernahme ausschließlich die Funktion, daß er mich jeweils wissen lassen wird, ob Angelegenheiten, die in die Niederschrift aufgenommen werden sollen, gegebenenfalls dem Vorbehalt des Staatsgeheimnisses unterliegen. Eine andere Aufgabe hat er in diesem Zusammenhang nicht.«

Höchstwahrscheinlich hätten wir uns vor Gericht durchsetzen können, wenn wir uns geweigert hätten, das Verfahren in Gang zu setzen, solange ein Unbekannter mit am Tisch saß. Doch hätte das Formulieren und Vorbringen der dazu erforderlichen Anträge Monate gedauert, so daß wir letzten Endes nur einen Pyrrhussieg errungen hätten. Also beschloß ich fortzufahren, obwohl der nicht identifizierte Mr. Smith unter uns weilte.

Gerade in jenem Augenblick sah ich von meinem Schreibtisch auf, und mein Blick fiel durch das Fenster auf die Straße. Vor dem Haus stand eine überlange schwarze Luxuslimousine, ein eindeutiger Verstoß gegen das absolute Halteverbot. Der Fahrer saß in aller Seelenruhe am Steuer und spielte an den Knöpfen des Radios herum.

Phillips sagte aus, daß er Hunt im Laufe des Jahres 1954 kennengelernt hatte. »Ich befand mich damals im Zusammenhang mit der CIA-Operation, die später unter dem Namen *Operation Guatemala* bekannt wurde, in Florida.«

Aufgefordert, über Hunts Rolle bei jener Unternehmung auszusagen, gab Phillips zur Antwort: »Es handelte sich um einen Geheimauftrag.« Er war nicht bereit, weitere Einzelheiten darüber von sich zu geben. Dann fragte ich: »Hatten Sie Gelegenheit, vor einiger Zeit bei einer Diskussionsrunde an der Universität von Südkalifornien mit mir zu sprechen?«

Er erwiderte: »Ja.«

Smith, Sullivan und Phillips berieten miteinander.

Mit einem Mal wirkte Smith lebhaft. Antworten auf Fragen über das, was Phillips bei der Diskussion gesagt hatte, seien bei der Abfassung des Einvernahmeprotokolls nicht zugelassen, hieß es. Vor den Ohren seiner wachsamen Kollegen würde Phillips sicherlich keine »Staatsgeheimnisse« preisgeben. Ich probierte es trotzdem. »Erinnern Sie sich, daß ich Ihnen bei jener Diskussion ein Dokument des CIA gezeigt habe, bei dem es sich im wesentlichen um einen Plan handelte, meinen Ruf und meine Glaubwürdigkeit zugrunde zu richten und zu verhindern, daß meine Bücher und meine Ansichten über den Mord an John F. Kennedy bekannt würden?«

Phillips beriet sich mit seinen Kollegen. Statt die Antwort zu verweigern, entschied er sich zum Meineid.

»Nein, ich kann mich nicht erinnern, ein Dokument gesehen zu haben, das sich so beschreiben ließe.«

Ich ließ nicht locker: »Erinnern Sie sich, daß Sie gesagt haben, Sie hätten das Dokument, das ich Ihnen zeigte, erhalten, als Sie in Caracas für den CIA tätig waren?«

Diesmal entschloß sich Phillips nach erneuter Beratung mit seinen Kollegen, eine wahrheitswidrige Antwort zu geben und sich zugleich auf den Vorbehalt des Staatsgeheimnisses zu berufen.

»Damit wir in der Sache vorankommen, möchte ich gern sagen, mir war bewußt, und das habe ich auch gesagt, daß der Nachrichtendienst seinen Leuten im Ausland mitgeteilt hat, Sie hätten verschiedenes über den Kennedy-Mord geschrieben, was nicht den Tatsachen entspreche. Für den Fall, daß jemand Fragen stellte, habe ich erklärt, daß Nachstehendes die wahren Tatsachen sind. Ich erinnere mich an ein Dokument dieses Inhalts, habe mich aber nicht gründlich mit der seit 1977 angefallenen Gesetzgebungsmaterie beschäftigt. Da ich nicht in die Lage kommen möchte, einen Vertrauensbruch zu begehen, bin ich erst dann bereit, über interne Dokumente zu reden – selbst wenn ich das früher möglicherweise getan haben sollte –, wenn ich sicher bin, dazu ermächtigt zu sein.«

Es sah ganz so aus, als habe Phillips tatsächlich Angst. Es war klar, daß über den von uns im Verlauf der Diskussion behandelten Plan zum Projekt Mexiko-City keine wahrheitsgemäße Aussage zu erwarten war. Ich wandte mich anderen Dingen zu, die mit der Angelegenheit zusammenhingen.

Ich fragte Phillips, ob er Hunt in Mexiko-City gesehen habe. Während sich die CIA-Vertreter um den Tisch drängten, gab Phillips zur Antwort: »Ja.« Damit hatte er auf das Recht verzichtet, Fragen über diesen Komplex zurückzuweisen. Dann wollte ich wissen, wann er Hunt in Mexiko-City gesehen habe. Er gab zur Antwort: »Irgendwann zwischen September 1961 und März 1965.« Diese Aussage verwunderte mich. Da die anderen Anwälte nicht zu ahnen schienen, in welche Richtung die Dinge trieben, fuhr ich fort: »Haben Sie Mr. Hunt vor dem 22. November 1963 irgendwo in Mexiko gesehen?«

Phillips sagte, das sei der Fall, und er fügte hinzu: »Ich habe ihn davor wohl zwei- oder dreimal gesehen.«

Mir war klar geworden, daß Phillips bei der Verhandlung nicht als Zeuge für Hunt benannt würde. Im Verlauf des März 1974 hatte Hunt der Rockefeller-Kommission eine schriftliche eidesstattliche Erklärung zugeleitet und am 3. November 1978 vor dem Sonderausschuß zur Untersuchung der Mordfrage ausgesagt. Bei jener Gelegenheit bekräftigte er die eidesstattlich abgegebene Versicherung und erklärte, sie entspreche der Wahrheit, lediglich der Name des chinesischen Lebensmittelladens, in dem er am 22. November 1963 Einkäufe getätigt haben wollte, stimme nicht. Bei seiner Aussage vor zwei Ausschüssen hatte Hunt unter Eid erklärt: »Ich habe mich 1963 nicht in Mexiko aufgehalten. Zwischen 1961 und 1970 war ich überhaupt nicht in Mexiko und bin seit einem privaten Wochenendaufenthalt in Acapulco im Juli 1970 auch nicht dorthin gereist.

Phillips hatte den CIA-Stützpunkt in Mexiko-City geleitet. Unterlagen jenes Nachrichtendienstes über seine Tätigkeit, Kontakte und Zusammenkünfte standen nicht zur Verfügung. Hunt hatte ausgesagt, er besitze »keine Tagebücher oder andere Unterlagen über die Zeit vor 1969«, da er diese Dokumente »vernichtet« habe. Wir mußten uns also auf die beeidigten Aussagen der beiden

Männer darüber stützen, ob sie einander in Mexiko-City begegnet waren. Ganz offensichtlich hatte sich zumindest einer von ihnen eines Meineides schuldig gemacht.

Ich nahm mir die Liste von Hunts Zeugen vor und strich den Namen David Atlee Phillips durch.

Dann fragte ich Phillips, ob Mitarbeiter des CIA gehalten seien, die Wahrheit zu sagen, wenn sie Aussagen machen. Ich wollte eine allgemeine Erklärung haben, die sich unter Umständen als nützlich erweisen konnte, wenn Hunt bei der Verhandlung in den Zeugenstand trat. Möglicherweise hatte ich meine Frage zu unvermittelt formuliert.

»Mr. Phillips, ist es nicht so, daß Sie im letzten Vierteljahrhundert mehr oder weniger als Spion tätig waren, und daß Spione unaufrichtig sind?«

Phillips sagte, er beantrage die Aufnahme seines entschiedenen Protests gegen diese Unterstellung ins Protokoll. Er führte aus, nicht die Unterstellung, er könne lügen, habe ihn aufgebracht, sondern die Annahme, er sei Spion gewesen. »Das bin ich nicht«, sagte er, »ein Spion ist ein Ausländer oder jemand, der sein Land für Geld oder aus anderen verdammenswerten Gründen verrät. Ich war Nachrichtenoffizier.« Voll Nachdruck ließ er wissen, er spioniere nicht, sondern bezahle Spione. Als ich der Frage mit etwas mehr Takt weiter nachging, räumte Phillips ein, es sei »für Menschen, die mit Geheimoperationen zu tun haben, von Zeit zu Zeit unumgänglich, ein doppeltes Spiel zu treiben«.

Als ich den Zeugen fragte, ob Hunt verpflichtet sein könne, als Ergebnis eines geheimen CIA-Gelöbnisses, von dem keiner der am Tisch anwesenden Zivilisten etwas erfahren dürfe, bei der Verhandlung einen Meineid zu leisten, erhob Sullivan Einspruch und sagte ganz ernsthaft: »Gemäß Paragraph 403 (D) des Nationalen Sicherheitsgesetzes von 1947 ist der Leiter des Zentralen Nachrichtendienstes verpflichtet, Nachrichtenquellen und im Nachrichtendienst verwendete Verfahren vor unzulässiger Bekanntgabe zu schützen. Daher ist es durchaus möglich, daß zu einer solchen Ausflucht gegriffen wird, und insoweit sich die Sache auf diesen Punkt bezieht, weise ich die Frage zurück. Allerdings trage ich keine Bedenken, daß der Zeuge die Frage beantwortet, sofern Ihnen bekannt sein sollte, daß Mr. Hunt außerhalb seines beruflichen Lebens ein Doppelspiel treibt.« Ich fragte den Anwalt des CIA, ob auch seiner Ansicht nach die Lüge ein vom CIA sowie dessen Mitarbeitern und Agenten möglicherweise so regelmäßig angewendetes Kommunikationsmittel sei, daß Phillips über diese Praxis nichts aussagen dürfe, weil man sie als geheime »CIA-Methode« betrachten könne. Sullivan sagte, er stehe zu seiner zuvor gegebenen Antwort, und fügte hinzu: »Wir sind gern bereit, diesen Punkt vor Gericht klären zu lassen.«

Schließlich stellte ich Phillips ganz unumwunden eine Frage, in der Hoffnung, er werde zur Verteidigung seines Kollegen Hunt und des Nachrichtendienstes, dem beide angehörten, eine Aussage machen: »Sofern Mr. Hunt an einem Vorhaben beteiligt war, John F. Kennedy im Auftrag des CIA zu ermorden, und sofern man ihm vor und nach jenem Zeitpunkt gesagt hätte, er solle die Unwahrheit sagen, wenn man ihn nach seiner Beteiligung frage – würde Mr. Hunt in dem Fall Ihrer Ansicht nach lügen?«

Statt die Frage klar zu verneinen, erklärte Phillips ganz ruhig, er ziehe es vor, sie nicht zu beantworten. Anschließend bot er eine Erklärung an, die meiner Ansicht nach lediglich weitere Fragen nach sich zog: »Angesichts der Richtung, in welche die Frage zielt, möchte ich sie bei allem Respekt nicht beantworten. Ich sehe nicht, wie ich eine zur Aufnahme ins Protokoll geeignete zutreffende Definition ethischer und moralischer Fragen liefern könnte, was Sie aber allem Anschein nach von mir erwarten. Ich betrachte mich nicht als fachkundig.«

Gerade, als wir im Begriff standen, die Einvernahme abzuschließen, erfuhr ich, daß die Diskussion Gegenstand einer Besprechung zwischen Phillips und seinen Anwälten gewesen war. Fragen im Zusammenhang mit einem solchen Gespräch dürfen zum Schutz berechtigter Interessen ohne Genehmigung des Mandanten nicht gestellt werden. Da Phillips ganz augenscheinlich nicht im entferntesten kooperationswillig war, bat ich ihn nicht, auf sein Schutzprivileg in diesem Zusammenhang zu verzichten. Statt dessen fragte ich ihn, ob er über einen Mitschnitt unseres Gesprächs verfüge. Er sagte, das sei der Fall. Ich fragte: »Wann haben Sie den zum letzten Mal gehört?« Er antwortete: »Vor etwa drei Jahren. Ich habe ihn mir auf Anraten meines Anwalts beschafft.«

Als ich die abschließenden Worte: »Ich habe keine weiteren Fragen« sagte, gab Bierbower zurück: »Wir verzichten auf eine Bestätigung.« Mit dieser Erklärung signalisierte er der Urkundsbeamtin des Gerichts, daß ihre Aufzeichnungen vollständig seien und Phillips keine Gelegenheit haben wolle, das Manuskript zu lesen und an seinen Antworten etwas zu ändern. Sullivan war beunruhigt und sagte rasch: »Uns wäre es lieber, Sie täten das nicht.« Washingtons Erster Anwalt reagierte unverzüglich. Er wandte sich an die Urkundsbeamtin und forderte sie auf: »Verwerten Sie das nicht.« Sofern bis zum Schluß noch Zweifel daran bestanden hatten, wer Phillips wirklich vertrat, waren sie jetzt beseitigt.

Während sich die Anwälte geruhsam ihren rituellen Verrichtungen hingaben, Papiere einsammelten, ihre teuren Füllhalter zuschraubten, Visitenkarten austauschten und witzige Bemerkungen machten, verließ James Smith wortlos den Raum, stürmte zu der wartenden Luxuslimousine, nahm auf dem Rücksitz Platz und wurde eilends davongefahren.

Ich sagte zu Sullivan, daß ich angenommen hatte, der Wagen stehe für ihn dort. Bescheiden merkte er an, sein etwas älteres Modell parke in der Nähe, »gleich um die Ecke«. Mit einem Anflug verständlichen Stolzes fügte er hinzu: »Vor einem Hydranten.«

Walter Kuzmuk

Ein Juraprofessor hat einmal angemerkt, nicht im rechtsstaatlichen Verfahren sei der Motor zu sehen, der eine Gerichtsverhandlung vorantreibt, sondern im Kreuzverhör.

Der Hauptvernehmung eines Staatsanwalts standzuhalten ist keine Kunst. Was dazu nötig ist, beherrscht man um so besser, je länger man es einstudiert hat, so daß theoretisch ein gut abgerichteter Papagei einen glänzenden Zeugen bei einer solchen Hauptvernehmung abgeben könnte.

Im Kreuzverhör liegen die Dinge anders. Hier wird unter Umständen eine andere Welt offengelegt, die vor Beginn des Kreuzverhörs kaum sichtbar war. Wie das erste Morgenlicht kann es außer Einzelheiten der Landschaft ganze Bergketten enthüllen, die im Verlauf der Hauptvernehmung nur als schwache Umrisse erkennbar waren. Ein geradezu klassisches Beispiel dafür liefert der Fall des Walter Kuzmuk.

Kuzmuk war ein CIA-Angestellter, der mit Hunt zusammengearbeitet hatte. Die bei der ersten Verhandlung eingesetzten Geschworenen mochten der Ansicht gewesen sein, er habe mit seiner Aussage die Frage, wo sich Hunt am 22. November 1963 aufgehalten hatte, hinreichend beantwortet: Ein erfahrener hochrangiger CIA-Mitarbeiter wollte ihn just zu dem Zeitpunkt in Washington gesehen haben, da in Dallas im fernen Texas der Präsident erschossen wurde. Kuzmuks Aussage nach war Hunt am frühen Nachmittag des 22. November mit seiner Frau an einem Restaurant in der Innenstadt von Washington vorübergefahren, aus dem er selbst gerade kam.

Den Geschworenen war keine Wahl geblieben, als die Aussage so hinzunehmen, wie sie gemacht wurde, da niemand sie der Feuerprobe des Kreuzverhörs unterzog. Bei meiner wiederholten Lektüre von Kuzmuks kurzer Aussage interessierte mich mehr als das, was er gesagt hatte, das, was er nicht gesagt hatte. Meine Aufgabe war es, zu einer vorläufigen Einschätzung von Kuzmuks Glaubwürdigkeit zu gelangen, bevor ich ihn befragte. Man hatte Trento mitgeteilt, der CIA werde für Hunts sämtliche Alibizeugen sorgen, wie aus der Aktennotiz von 1966 hervorging, und er hatte das auch geschrieben. Meine nicht besonders intensiven Kontakte zu jenem Nachrichtendienst ließen mich wissen, man verfolge dort mit zunehmender Besorgnis meine Bemühungen, den in *Spotlight* erschienenen Artikel zu verteidigen (stützte er sich doch auf die Wahrheit), und ließ mich wissen, wahrscheinlich werde man sich entschließen, als Zeugen für Hunt statt aktiver CIA-Mitarbeiter solche zu benennen, die früher für den Nachrichtendienst tätig waren. So konnte der CIA, falls die Sache für Hunt ungünstig ausging, erklären, die Organisation sei am Verfahren nicht aktiv beteiligt gewesen. Zusätzlich, hieß es, wolle der CIA seine »positiven Kontakte« zu den Medien nachhaltig pflegen, um einerseits herabsetzende Äußerungen über meinen Mandanten und mich selbst in Umlauf zu setzen und andererseits zu erreichen, daß über den Fall möglichst nicht berichtet wurde – es sei denn, daß Hunt obsiegte.

Handelte es sich bei Kuzmuk um einen vom CIA präparierten

Zeugen? Daß er Kuzmuk am 22. November gesehen hatte, war Hunt erst eingefallen, nachdem ein Kongreß-Ausschuß erklärt hatte, ihm fehle jedes Wissen darüber, wo sich Hunt aufgehalten habe, und Kuzmuk ihm einen Brief schickte, in dem er ihn daran »erinnerte«, daß sie einander an jenem Tag gesehen hatten. Ich kam zu dem Ergebnis, daß Kuzmuk ihn am 22. November höchstwahrscheinlich nicht gesehen hatte. Er arbeitete täglich mit Hunt in derselben Behörde zusammen, in Büroräumen, die nur wenige Meter voneinander entfernt lagen, sie fuhren nahezu allmorgendlich gemeinsam zur Arbeit und nahezu allabendlich wieder gemeinsam zurück. Sie wohnten ziemlich nahe beieinander und kamen regelmäßig abends privat zusammen. Dennoch hatte Kuzmuk zu keinem Zeitpunkt behauptet, Hunt an den entscheidenden Tagen im Amt oder daheim gesehen zu haben. Seine Aussage, er habe ihn an jenem Tag gesehen, tauchte erst viele Jahre später auf, und zwar gerade zu einer Zeit, als Hunt auf einen Zeugen angewiesen war. Kuzmuk konnte sich auf Unwissenheit berufen und tat das auch; daß Hunt einen Zeugen brauchte, der für ihn aussagte, sagte er, habe er erst erfahren, als er 1976 oder 1977 in einer in Miami erschienenen Zeitung von Beschuldigungen gegen jenen gelesen habe. Nun hatten aber schon seit vielen Jahren verschiedene Regierungsstellen, Ämter und Reporter Hunt darüber befragt, wo er sich am 22. November 1963 aufgehalten habe. Ausgerechnet sein Arbeitskollege und Beinahe-Nachbar, ein Mann, mit dem er seit über dreißig Jahren eng befreundet war, sollte nichts von der Sache gehört haben, wo sogar flüchtige Zeitungsleser in der Lage waren zu erkennen, daß Hunt schon lange vor 1976 einen Alibizeugen brauchen konnte?

Auch für den Fall, daß Kuzmuk nichts wußte, ließ sich das von Hunt sicherlich nicht sagen. Wie sich aus der Aussage ergab, war er ebenfalls ein Zeuge; er sagte, er habe gesehen, wie Kuzmuk ihm zuwinkte, und er habe zurückgewinkt. Warum hatte er, der zwischen 1964 und 1976 einen Alibizeugen brauchte, seinen guten Bekannten Kuzmuk nicht gebeten, diesen Umstand auszusprechen?

Dann war da noch die Geschichte selbst. Wieso behauptete Kuzmuk, er habe Hunt zufällig aus einer gewissen Entfernung gesehen, nicht aber im Amt oder zuhause, wo er regelmäßig mit ihm zusammentraf? Vielleicht deshalb, weil für den Fall, daß sie einander in der Dienststelle begegnet sein wollten, andere, die sie identifizieren mußten, ebenfalls hätten anwesend sein müssen. Man durfte annehmen, daß es sich zuhause ebenso verhielt. Wurde aber die Geschichte vom zufälligen Zusammentreffen nach dem Tode von Hunts Ehefrau Dorothy aufgetischt, bedurfte es lediglich der Aussage der Hauptbeteiligten.

Mit der Aussage, Hunt in der Dienststelle gesehen zu haben oder an jenem Tag mit ihm zur Arbeit gefahren zu sein, hätte sich Kuzmuk der Gefahr ausgesetzt, wegen falscher eidlicher Aussage unter Anklage gestellt zu werden, sofern spätere Umstände schlüssig nachgewiesen hätten, daß sich Hunt in Dallas und nicht wie behauptet in Washington aufgehalten hatte. Immerhin hatte er zu guter Letzt seine Beteiligung am Einbruch in Watergate* zugegeben und anschließend für die Regierung und gegen alle anderen ausgesagt. Mit seiner Aussage, er habe Hunt in gewisser Entfernung vorüberfahren sehen, hielt sich Kuzmuk das Hintertürchen offen, später einzuräumen, daß er sich möglicherweise geirrt habe und der Mann, der in einem Chevrolet vorüberfuhr, Hunt lediglich ähnlich gesehen habe. Die zweifelhafte Geschichte, die sich Kuzmuk unter Eid vorzutragen bereitfand, hatte den Vorzug, daß die Möglichkeit der späteren Rücknahme seiner Aussage bereits eingebaut war.

Ich war für Walter Kuzmuks Einvernahme bereit.

Er hatte die Mitschrift seiner 1981 gemachten Aussage entgegengenommen, gelesen, ihre Richtigkeit bestätigt und sie unterschrieben. Ihm war bekannt, daß er seine Aussage unter Eid gemacht hatte und man sie vor einem Schwurgericht verlesen würde.

Kuzmuk bestätigte, daß sich das Dienstzimmer, das ihm im Gebäude des CIA im November 1963 zur Verfügung stand, lediglich »zwei Türen« von dem Hunts entfernt befunden habe. Er räumte ein, daß er mittwochs und freitags regelmäßig mit Hunt und ande-

* Dabei ging es um den Einbruch ins Hauptquartier des nationalen Ausschusses der Demokratischen Partei. Es war schwierig genug, die Öffentlichkeit davon zu überzeugen, die fünf Männer, zu denen der für das Komitee zur Wiederwahl des Präsidenten (CREEP) zuständige Sicherheitschef gehörte, hätten nichts damit zu tun gehabt. Nachdem es gelungen war, die Spuren der Einbrecher zu CREEP zurückzuverfolgen, hätte man etwas noch Unglaublicheres behaupten müssen – daß nämlich CREEP den Einbrechern hunderttausend Dollar (oder gar noch mehr) gegeben habe, ohne zu wissen, wofür. Das eigentlich Verblüffende an der Episode ist, daß es CREEP gelang, seine Schutzbehauptungen so lange aufrechtzuerhalten.

ren CIA-Mitarbeitern um »07.00 Uhr« an Besprechungen teilgenommen hatte. Weder konnte er sich erinnern, Hunt am Mittwoch, dem 20. November 1963, noch am Freitag, dem 22. November 1963, bei diesen regelmäßig stattfindenden Besprechungen gesehen zu haben.

Obwohl er zuvor ausgesagt hatte, er und Hunt seien nahezu allmorgendlich gemeinsam zum Dienst gefahren, wobei sie sich mit dem Auto abwechselten, vermochte er nicht zu sagen, daß er Hunt an einem der Tage der Woche zwischen Montag, dem 18. und Freitag, dem 22. November, gesehen hatte, mit Ausnahme des Zeitpunkts, da Hunt an dem Restaurant vorübergefahren war, das Kuzmuk nach dem Mittagessen verließ. Schließlich bestätigte er, daß er am 22. November nicht gemeinsam mit Hunt zur Arbeit gefahren war.

Im Zusammenhang mit seiner Aussage räumte er ein, Hunt zwischen dem 18. November 1963 und Dezember 1963 nicht gesehen zu haben, mit Ausnahme des bewußten Augenblicks, da er ihn im Auto hatte vorüberfahren sehen. Dessenungeachtet konnte er das Fahrzeug, in dem Hunt gesessen hatte, nicht beschreiben, obwohl er früher ausgesagt hatte, er sei häufig in dessen Wagen mitgefahren.

Aus dem Zeugen, den der Kläger ursprünglich aufgeboten hatte, um zweifelsfrei zu beweisen, daß sich Hunt am 22. November nicht in Dallas aufgehalten hatte, war einer geworden, der zwar auf privater und dienstlicher Ebene sowie bei den Fahrten zwischen Wohnung und Arbeitsplatz ständig mit Hunt zusammen war, dennoch aber für nahezu die gesamte zweite Hälfte des November 1963 keine Aussagen über dessen Aufenthalt machen konnte.

Mr. Snyder bemühte sich, von der Angelegenheit zu retten, was zu retten war, und entlockte Kuzmuk die Aussage, Hunt sei nie und nimmer zu gesetzwidrigen Handlungen fähig.

Diese nicht zur Sache gehörende Frage gab mir die Möglichkeit, den Zeugen erneut zu befragen. Ich wollte wissen, ob er erfahren habe, daß man Hunt nicht nur für schuldig befunden hatte, sich an einer Verabredung mit dem Ziel gesetzwidriger Handlungen beteiligt zu haben, sondern auch, diese gesetzwidrigen Handlungen begangen zu haben. Er räumte ein, daß er darüber etwas gehört habe.

Die Aussage schloß mit Fragen, in denen es um Kuzmuks Bereitschaft ging, falsche eidliche Aussagen zu machen.

F.: »Haben Sie in den nahezu fünfundzwanzig Jahren Ihrer Tätigkeit für den CIA je zu dessen Vorteil eine Aussage gemacht, die nicht der Wahrheit entsprach?«

A.: »Nein, ich würde keine solche Aussage in der einen oder anderen Richtung machen, solange man mir mein Gehalt zahlt.«

F.: »Sie würden nie eine Aussage in der einen oder anderen Richtung machen?«

A.: »Für oder gegen. Wenn es mir dort nicht paßte, würde ich da mein Gehalt nicht verdienen, sondern kündigen. Wollten Sie das wissen?«

F.: »Nein, ich frage Sie nicht, ob es Ihnen beim CIA gefällt. Ich frage Sie, ob Sie je Äußerungen gemacht haben – «

A.: »Abträgliche?«

F.: »Nein, keine abträglichen. Eine Aussage, während Sie für den CIA gearbeitet haben, die nicht der Wahrheit entsprach? Haben Sie je die Unwahrheit gesagt, jemanden gedeckt oder jemandem etwas gesagt, das nicht der Wahrheit entsprach, weil Sie damit diesem Nachrichtendienst beistehen konnten?«

A.: »Ich verstehe nicht, in welchem Zusammenhang diese Frage steht.«

F.: »Ich denke, sie hat eine zentrale Bedeutung für Ihre Aussage, und wenn Sie sie nicht beantworten, werden wir das Gericht bitten, Sie zur Antwort aufzufordern. Falls Sie die Antwort zu verweigern wünschen, können Sie das jetzt tun. Ich wüßte dann nur gern Ihre Gründe dafür.«

A.: »Nun, mein Freund, meiner Ansicht nach müßte der Leiter unserer Abteilung diese Frage beantworten.«

F.: »Der ist aber nicht anwesend und steht auch nicht unter Eid. Also stelle jetzt ich diese Frage.«

A.: »Ich weiß.«

F.: »Hören Sie, Mr. Kuzmuk. Haben Sie in den fünfundzwanzig Jahren Ihrer Tätigkeit für den CIA je eine Aussage zu dessen Vorteil gemacht, die nicht der Wahrheit entsprach? Sie können mit ja oder nein antworten oder die Antwort verweigern.«

A.: »Ich werde nicht antworten, weil ich der Ansicht bin, daß diese Frage den Leiter der Abteilung angeht, und ich nichts dazu sagen kann.«

Ich hatte das Gericht nicht gebeten, Kuzmuk aufzufordern, die Frage zu beantworten.

Bevor ich einen Antrag vorbereiten konnte, Kuzmuk zu zwingen, die Fragen im Zusammenhang mit der Untersuchung zu beantworten und dem Gericht die Antworten vorzulegen, erklärte Snyder, er werde Kuzmuk als Zeugen zurückziehen. Damit kamen, sah man einmal von Hunt selbst ab, als Zeugen für den Kläger ausschließlich dessen drei Kinder in Frage sowie David Phillips, Connie Mazerov und der Leiter der Registratur beim CIA.

Angenommen, Kuzmuk hatte Hunt zwischen Mitte November und Anfang Dezember 1963 nicht gesehen – wo hatte sich dieser aufgehalten? Wie konnte Kuzmuk dessen Abwesenheit bei den regelmäßig stattfindenden Besprechungen von CIA-Mitarbeitern im Washingtoner Büro des CIA erklären?

Ich erwog, Kuzmuk als Zeugen der Verteidigung zu benennen. Mit Ausnahme von Dorothy Hunt war er der einzige, der Hunt täglich gesehen hatte, und im Unterschied zu Mrs. Hunt nicht nur zu Hause, sondern auch in jener Dienststelle. Doch unterließ ich das, denn ich hielt Kuzmuk nicht für einen aufrichtigen Zeugen. Da er ein offenkundig feindlicher Zeuge war, wäre mir auch dann, wenn ich ihn als meinen eigenen Zeugen benannt hätte, gestattet worden, ihn in das Kreuzverhör zu nehmen, statt ihn nur einfach zu befragen.

Diese Unterscheidung ist durchaus von Bedeutung. Gewöhnlich ist ein Anwalt nicht berechtigt, seinem eigenen Zeugen Suggestivfragen zu stellen, noch darf er ihm in seinen Aussagen enthaltene Widersprüche vorhalten. Diese Mittel sind ausschließlich einem Kreuzverhör vorbehalten. Ich war sicher, daß ich in der Lage gewesen wäre, die Niederschrift der von mir geführten Einvernahme zu verwenden, oder Kuzmuk, sofern er dazu bereit war, bei der Verhandlung persönlich als Zeugen zu präsentieren, dem ich nach Belieben Fragen stellen konnte.

Weder veranlaßten mich ethische Erwägungen dazu, auf seine Aussage über seine enge Beziehung zu Hunt im allgemeinen oder dessen mysteriöses Verschwinden während der entscheidenden Tage zu verzichten, noch hatte ich Bedenken, nachdenkliche Geschworene könnten Kuzmuk angesichts seines zum Scheitern verurteilten Versuchs, sondierenden Fragen auszuweichen, die Behauptung abnehmen, er habe Hunt durch eine Straße Washingtons fahren sehen.

Zum einen schenkte ich Kuzmuk einfach keinen Glauben, und zum anderen fürchtete ich, das Vertrauen zu verspielen, das mir die Geschworenen entgegenbrachten, wenn ich diesen zwielichtigen Zeugen aufbot.

G. Gordon Liddy

Als G. Gordon Liddy im Jahre 1984 eines schönen Juninachmittags in meiner Kanzlei erschien, war das in mancherlei Hinsicht etwas Besonderes. Ihn begleitete kein Schwarm ihm vom CIA oder der Regierung der Vereinigten Staaten zur Verfügung gestellter Anwälte, die man aus den Reihen der hoch angesehenen Anwaltsvereinigung am Ort ausgewählt hatte. Liddy kam allein.

Er war bereit, alle meine Fragen zu beantworten.

Sein Syndikus, Fleming Lee, ein Anwalt, der zwar noch nie selbständig einen Fall verhandelt, wohl aber mehrere Kriminalromane verfaßt hatte, zu denen auch solche in der Ellery-Queen-Reihe gehörten, zeigte großes Interesse an diesem unter Eid aussagenden Zeugen. Liddy faszinierte ihn, er hatte dessen Bücher gelesen und wollte wissen, ob er dem Aussagenden einige Fragen stellen dürfe. Die Bitte gewährte ich Lee.

Da Liddy für Hunt weder besondere Bewunderung noch Achtung empfand, mußten seine Aussagen sorgfältig bewertet werden. Bei einer Aussage, die er etwa vier Jahre zuvor in einem anderen Fall gemacht hatte, wurde er gefragt, ob ihm irgendeine Regierungsstelle der Vereinigten Staaten den Auftrag erteilt habe, Hunt zu ermorden. Er erwiderte, es sei eine Zeit gekommen, »da ich den Eindruck hatte, mit einer solchen Anweisung rechnen zu müssen«. Er fuhr dann aus eigenem Antrieb fort und sagte: »Was Hunt betraf, hatte ich die Anweisung, einen solchen Auftrag, sofern ich ihn bekäme, unverzüglich auszuführen.«

An jenem Nachmittag trug Liddy einen eleganten blauen Blazer, auf dem ein auffällig großes metallenes Abzeichen prangte. Nach dessen Bedeutung befragt, erklärte er, es weise auf seine Mitgliedschaft in einer Elite-Organisation früherer Nachrichtendienst-Mitarbeiter hin. Liddy erklärte, er sei Büroleiter in »J. Edgar Hoovers Untersuchungsabteilung [gewesen], stellvertretender Bezirksstaatsanwalt in Dutchess County im Staate New York, Vorsitzender der Organisation für Richard Nixons Präsidentschaftswahlkampf in jenem Bezirk, und nach dessen Wahl Sonderbeauftragter des Finanzministers in Fragen des organisierten Verbrechens«. Später habe man ihn, wie er erklärte, zum Berater des Finanzministeriums zur Durchsetzung von Gesetzen ernannt, danach habe er dem Beraterstab des Präsidenten angehört. Im Dezember 1971 sei er bevollmächtigter Beauftragter des Komitees zur Wiederwahl des Präsidenten (CREEP) und anschließend bevollmächtigter Beauftragter des Finanzausschusses zur Wiederwahl des Präsidenten gewesen.

Ebenso lang und bemerkenswert wie diese Liste war sein Vorstrafenregister. Er erklärte, er habe wegen »Anzapfen von Fernmeldeleitungen, Einbruch und dergleichen« vor Gericht gestanden, »und ich glaube, man hatte mir schließlich acht oder neun Vergehen angehängt, für die man mir einundzwanzigeinhalb Jahre Gefängnis aufgebrummt hat«. Nachdem man seine Strafe umgewandelt hatte, war er im September 1977 aus dem Strafvollzug entlassen worden.

Liddy hatte einer Gruppe angehört, die später als »die Klempner« bekannt wurde. Diese besondere Ermittlungseinheit des Weißen Hauses bestand aus speziell für ihre Aufgabe abgeordneten Männern, wobei jeder Beteiligte, unter anderem John Mitchell, Henry Kissinger, John Ehrlichman und Charles Colson, seinen eigenen Vertreter benannte. Liddy hatte den Justizminister Mitchell, und Hunt hatte Colson vertreten.

Bei einigen Projekten für Nixons Regierung hatte Liddy mit Hunt zusammengearbeitet. Zu jener Zeit hatte Hunt erklärt, er sei CIA-Mitarbeiter im Ruhestand. Liddy sagte, Hunt habe eine aktive Beziehung zum CIA gehabt und sich mittels seiner Kontakte zum Nachrichtendienst eine Fotoausrüstung sowie Hilfsmaterial beschafft – beispielsweise Vorrichtungen, mit deren Hilfe man seine Stimme verstellen oder seinen Gang ändern kann. Außerdem hätten während jener Zeit CIA-Mitarbeiter Hunt in der Handhabung solcher Geräte und Apparate geschult.

Liddy sagte aus, Hunt habe ihn bei CIA-Mitarbeitern eingeführt, die ihm gleichfalls solche oben beschriebenen Geräte und Apparate sowie eine Fotoausrüstung zur Verfügung gestellt hätten, außerdem habe er ihn mit einer anderen Person in Verbindung gebracht, »die mir vom CIA erstellte Karikaturen lieferte, politische Karikaturen, die Senator [Edward] Kennedy angriffen und die verwendet werden sollten, falls sich Senator Kennedy zu jener Zeit um das Präsidentenamt der Vereinigten Staaten bewarb«. Durch Hunts Vermittlung, sagte er, sei er in den Besitz jener Karikaturen gelangt.

Es war vorgesehen, dieses Programm, mit dem man politische Gegner in Mißkredit bringen wollte, im Rahmen der Operation Gemstone durchzuführen, eine, wie Liddy darlegte, »im Präsidentschaftswahlkampf 1972 gegen die Demokratische Partei und ihre Kandidaten gerichtete politische Nachrichten- und Störungsoperation«. Er erklärte, daß er gemeinsam mit Hunt eine Anzahl von Konzepten entwickelt habe, »die man wohl gesetzwidrig nennen könnte«.

Wie er sagte, hatten sie geplant, beim Parteikongreß der Demokraten in Miami »die Klimaanlage im Kongreßzentrum zu sabotieren«. Auch hatten die beiden einen Angriff auf Senator Ed Muskies Ehefrau geplant. Liddy hatte angenommen, Muskie, ein potentieller Kandidat, werde sich bei der Abwehr dieses Angriffs auf seine Frau zu unbeherrschten Reaktionen hinreißen lassen und damit beim Wähler den Eindruck von Schwäche hervorrufen. Die Rechnung ging auf; jener Zwischenfall trug zu Muskies Entschluß bei, aus dem Rennen um die Präsidentschaft auszuscheiden.

Außerdem hatten Hunt und Liddy letzterem zufolge geplant, die Funkverbindung zum Wahlkampf-Flugzeug der Demokraten abzuhören.

Liddy sagte aus, das Weiße Haus habe mehrere Pläne gebilligt, die dann durchgeführt wurden. Dazu gehörten »Einbrüche« wie auch das »Anzapfen von Leitungen oder das Abhören von Gesprächen mit Hilfe von Zimmermikrophonen«. Überdies hatten sie Spione in die Büros der Demokratischen Partei geschmuggelt. Liddy erklärte, Hunt sei die treibende Kraft bei diesen Operationen gewesen: »Mr. Hunt zahlte ihm [dem Agenten] seinen Lohn und übergab dann mir das Ergebnis.« Also stand fest, daß Hunt bei von seinen Vorgesetzten gebilligten gesetzwidrigen Aktivitäten als Zahlmeister fungiert hatte. Möglicherweise würde diese Aussage zu einem späteren Zeitpunkt in der Verhandlung ein lautes Echo im Gerichtssaal finden.

Darüber hinaus entwickelten die beiden Männer den Plan, sich Angaben über das zu beschaffen, was die Delegierten der Demokratischen Partei in ihrem Kongreßzentrum zu besprechen hatten – zusätzlich zu den Klagen über die große Hitze.

Allerdings entdeckten sie dabei, daß sie grundlegend abweichende Positionen vertraten, was die Verwirklichung dieses Vorhabens betraf. Zwar waren sie übereinstimmend der Ansicht, es sei angebracht, »ein paar erstklassig aussehende Prostituierte zu besorgen« und sie »raffiniert herauszuputzen«. Mit ihrer Hilfe wollte man Angehörige der mittleren Führungsebene der Demokraten »ins Bett kriegen, damit die dann vertrauliche Aussagen über die Politik der Partei von sich gaben«, doch vermochten sie keine Einigkeit bei ihren divergierenden Ansichten zu der Frage zu erzielen, was unter einer attraktiven Frau zu verstehen ist. Liddy klagte, wohl habe »Hunt versucht, die richtigen Prostituierten zu kriegen«, habe aber »zu den ganz dunklen kubanischen Schönheiten geneigt«, die Liddy aber »nicht besonders zugesagt« hätten, denn ihm liege »der blonde Typ mehr«. Außerdem konnten laut Liddys Aussage »die Kubanerinnen, mit denen er da anrückte, kein Englisch«.

Die Situation schien ihnen ausweglos, bis sie schließlich »einen Kompromiß schlossen und Mr. Frank Sturgis die Aufgabe übertrugen. Der schleppte zwei wunderschöne Frauen vom angelsächsischen Typus an, beides Lehrerinnen.« Allem Anschein nach sicherte das Auftreten eines dritten Beschaffers den Bestand der Republik, zumindest in Hunts und Liddys Augen.

Ich fragte Liddy, ob er je mit Hunt über die eher unappetitlichen Seiten ihres abnormen Verhaltens gesprochen und es ihnen keine Sorgen bereitet habe, daß sie damit in den demokratischen Prozeß eingriffen und das Recht der amerikanischen Bevölkerung beschnitten, Entscheidungen zu treffen, ohne daß von der Regierung bezahlte Agenten diese im verborgenen manipulierten?

Bereitwillig gab Liddy zur Antwort: »Nein. Ich war der Ansicht, und ich glaube, auch er, daß wir versucht haben, an Informationen über andere Kandidaten zu kommen, und zwar keine falschen, sondern zutreffende Informationen, und dann dem amerikanischen Wähler zu zeigen, was für Leute das waren, damit er eine informierte Entscheidung treffen konnte. Ein Beispiel: Wir kannten Senator Muskies Schwäche, die darin bestand, daß er seine Gefühle nicht immer beherrschen konnte und sich möglicherweise nicht immer in der Hand hatte. Unserer Überzeugung nach würde es für die Vereinigten Staaten von Amerika eine Katastrophe bedeuten, wenn Muskie vor Breschnjew die Herrschaft über sich verlor. Da war es schon besser, daß er das auf dem Schnee von New Hampshire tat, und wir haben dafür gesorgt, daß es so kam. Schließlich hatten wir Erfolg, und Muskie war aus dem Rennen. Ich finde, daß so was den demokratischen Prozeß nicht beeinträchtigt; eher ist es ein Vorteil. Ich bin davon überzeugt, daß Mr. Hunt meine Auffassung teilte.«

Eine der sonderbarsten von Hunt und Liddy geplanten Aktionen, die auf einen Vorschlag Colsons zurückging, war ein ausgeklügelter Plan, sich Zutritt zur Brookings Institution zu verschaffen. Liddy beschrieb das beabsichtigte Vorgehen wie folgt: »Zu einer bestimmten Zeit im Sommer 1982 kam Mr. Hunt auf mich zu und sagte, sein Vorgesetzter, Mr. Colson, sei besorgt, weil er nicht wisse, was für Unterlagen sich im Besitz der Brookings Institution befinden könnten. Um an die ranzukommen, hat er ein besonderes Unternehmen vorgeschlagen. Wir haben uns hingesetzt und uns überlegt, wie wir dabei vorgehen könnten. Unser Plan sah so aus, daß wir auf dem Markt verfügbare gebrauchte Feuerlöschfahrzeuge kaufen, sie in den Farben der Feuerwehr von Washington spritzen und mit ihrem Wappen versehen lassen wollten. Dann wollten wir unsere kubanischen Hilfstruppen in Feuerwehruniformen stecken und anordnen, daß sie sich für den Augenblick bereithielten, da jemand in dem Institut Feuer legte – zum Beispiel, wenn sich keine Menschenseele auf dem Gelände aufhielt, damit niemand zu Schaden kam. Als erste Löschfahrzeuge wären natürlich unsere zur Stelle gewesen. Unsere Leute wären ins Gebäude eingedrungen und hätten unter dem Vorwand, das Feuer zu löschen, alles mitnehmen können, was Mr. Colson haben wollte.

Dieser Plan hat sich allerdings zerschlagen, weil Mr. Hunts Vorgesetzte nicht bereit waren, das Geld für die Löschfahrzeuge zur Verfügung zu stellen. Sie hielten die Ausgabe für unverhältnismäßig hoch.«

Liddys Hinweis auf »unsere kubanischen Hilfstruppen« hatte mich hellhörig gemacht, und so fragte ich ihn, was er damit meine. Er erläuterte: »Mr. Hunt hatte mir anvertraut, er habe bei dem inzwischen als ›Unternehmen Schweinebucht‹ bekannten Versuch, Castro zu stürzen, der ja gescheitert ist, eine bedeutende Rolle gespielt. Er hat mir gesagt, daß es in Miami noch immer ziemlich viele vom CIA gut ausgebildete, sehr pro-amerikanisch und ausgesprochen gegen Castro eingestellte Kubaner gebe und er gute Beziehungen zu ihnen habe. Seiner festen Überzeugung nach waren sie bereit, für Sondereinsätze im Rahmen der Gruppe, der Mr. Hunt und ich angehörten, tätig zu werden, ja sie brannten geradezu darauf. Zum erstenmal haben wir sie für einen solchen Zweck im Zusammenhang mit der Operation Fielding [Einbruch in das Büro von Daniel Ellsbergs Psychiater] angeheuert, und da haben wir sie unsere kubanischen Hilfstruppen genannt.«

Lee fragte Liddy, ob Hunt Kontakt zu Personen gehabt habe, die der Szene des organisierten Verbrechens angehörten. Dazu sagte Liddy: »Aufgrund dessen, was mir Mr. Hunt gesagt hat, würde ich das bejahen. In Miami hat eine Sitzung stattgefunden, an der ich teilnahm und bei der wir darauf aus waren, Leute für geheime Operationen im Zusammenhang mit einem Plan anzuwerben, dem wir den Decknamen Gemstone gegeben hatten. Dabei ging es um das Zusammentragen politischer Nachrichten und eine geheime Operation, deren Ziel es war, den Präsidentschaftswahlkampf 1972 der

Demokraten so nachhaltig wie nur möglich zu stören. Bei der Sitzung in Miami bin ich mit einer ganzen Reihe von Leuten kubanischer Abstammung zusammengetroffen.«

Liddy erklärte, daß ihm Hunt die kubanischen Hilfstruppen bereits vorgestellt hatte, und erläuterte: »Wir haben uns mit denen unterhalten und dabei gemerkt, daß sich ein paar Leute für das Unternehmen eigneten und andere nicht. Zu denen, die wir anzuwerben beschlossen, haben ein paar gehört, wie mir Mr. Hunt später mitteilte, die mit dem organisierten Verbrechen zu tun gehabt und auch schon Menschen getötet hatten. Ich glaube, er hat von zweiundzwanzig Männern gesprochen, wenn man zwei mitzählt, die an einem Eisenträger in einer Autowerkstatt erhängt worden waren. Mr. Hunt hat mir das nicht einfach so mitgeteilt, sondern er wollte mir damit klarmachen, daß wir es mit Leuten zu tun hatten, die ihr Handwerk verstanden.«

Da sich später ein Schwurgericht ein Urteil über all diese Aussagen bilden mußte, um festzustellen, ob Hunt seiner Wesensart nach imstande war, den Mord am Präsidenten zu planen, fragten wir den Zeugen, ob seines Wissens Hunt je den Mord an einem Amerikaner in Friedenszeiten geplant habe. Liddy erklärte, er sei in Hay Adams Hotel in Washington mit Hunt und einem »Mr. Gunn« vom CIA zum Mittagessen zusammengetroffen, um gemeinsam über die Ermordung Jack Andersons zu beraten. Liddys Aussage zufolge »unterhielten wir uns mit Dr. Gunn über das ›Aspirin-Roulette‹. Dabei nimmt man eine einzelne Tablette mit einem tödlich wirkenden Gift, mischt sie unter die anderen in einem gewöhnlichen Röhrchen mit Kopfschmerztabletten und legt das Röhrchen in den Arzneimittelschrank des Betreffenden. Eines Tages nimmt er die Tablette, und damit ist der Fall erledigt.«

Liddy sagte, er habe den Eindruck gehabt, daß Hunt diese Vorgehensweise kannte, denn »er hat den Begriff ›Aspirin-Roulette‹ dafür benutzt«.

Anschließend, fuhr Liddy fort, erwogen er und Hunt ein anderes Verfahren, um Mr. Anderson aus dem Weg zu schaffen: »Wir unterhielten uns über Dr. Gunns Vorschlag. Der sah so aus, daß wir Mr. Andersons Wagen mit einem Auto rammen sollten, wenn er sich in einer Kurve im Kreisverkehr in der Nähe von Chevy Chase* befand. Allem Anschein ist dem CIA eine Methode bekannt, bei der man ein Auto mit genau der richtigen Geschwindigkeit in einem bestimmten Winkel rammen muß, so daß es umstürzt und ausbrennt. Dabei kommt dann der Insasse ums Leben.«

Doch entschied man sich letztlich sowohl gegen das Gift wie auch gegen das Automobil. Liddy erklärte: »Schließlich hab' ich ein vom FBI ausgetüfteltes Verfahren benutzt. Das sieht so aus: Sagen wir mal die Leute vom FBI wollen in eine Botschaft einsteigen, um da den Panzerschrank zu öffnen und Dokumente rauszuholen, steht jeder, der da rein will, unter ständiger Überwachung. Davor, daß jemand zu früh zurückkommt, schützt man die Leute im Inneren des Gebäudes, indem man den Betreffenden zum Schein überfällt, ihm die Uhr oder die Brieftasche fortnimmt und so weiter. Damit wäre der Mann dann außer Gefecht gesetzt; umbringen würde man ihn nicht. Ich habe dann für diesen Fall vorgeschlagen, daß wir ihn einfach umbringen sollten. Beide haben sich meiner Ansicht angeschlossen und erklärt, so müßte man das machen. Die Aufgabe sollte den kubanischen Hilfstruppen übertragen werden. Dann war das Mittagessen zu Ende. Mr. Hunt hat dann noch gesagt: ›Falls meine Vorgesetzten finden, daß das für die kubanischen Hilfstruppen zu kniffelig ist, wer macht das dann?‹ Ich habe gesagt, dann mache ich es, weil ich das wahrscheinlich am besten kann.«

Da aber weder Colson noch Nixon die empfohlene Handlungsweise billigte, blieb der Plan unausgeführt. Nachdem feststand, daß Hunt bereit war, eine ganze Reihe gesetzwidriger Taten vorzuschlagen oder dabei mitzuwirken, wollte ich hören, was Liddy von Hunts Wahrheitsliebe hielt. Sofern jener im Auftrag und zum Nutzen seiner Vorgesetzten ein schwerwiegendes Verbrechen begangen hätte, würde er anschließend im Zusammenhang damit die Wahrheit sagen? Da mir dieser Punkt in der vorliegenden Angelegenheit von besonderer Bedeutung zu sein schien, fragte ich Liddy, ob er je mit Hunt über die Notwendigkeit gesprochen habe, die Unwahrheit zu sagen. Liddy gab zur Antwort: »Wir beide dachten an Winston Churchills Satz, der gesagt hat: ›In Krisenzeiten, Kriegszeiten oder

* Einst ein Dorf im Nordwesten Washingtons auf dem Gebiet des Staates Maryland, heute Vorort der Stadt.

dergleichen ist die Wahrheit ein so wertvolles Gut, daß man sie mit einer Leibwache von Lügen umgeben muß.‹ Jedesmal, wenn man einen falschen Namen benutzt oder angibt, ist das eine Lüge. Ja, wir haben die ganze Zeit über solche Sachen gesprochen.«

Anschließend stellte ich Liddy eine hypothetische Frage. »Wenn Sie den Plan ausgeführt hätten, Jack Anderson zu töten und es Ihnen aus irgendeinem Grund möglich wäre, sich der Gerechtigkeit zu entziehen, und wenn Mr. Hunt vor einem Kongreßausschuß aussagen müßte und geschworen hätte, die Wahrheit zu sagen, und man ihn fragte: ›Sind Sie mit G. Gordon Liddy zusammengetroffen, und haben Sie mit ihm den Mord an Jack Anderson geplant?‹ – was würde er dann Ihrer Vermutung nach sagen?«

Er antwortete: »Ich hätte erwartet, daß Hunt nein sagte.«

Ich verfolgte die Sache weiter: »Heißt das, er würde sagen, daß er nicht an einem solchen Plan beteiligt war, auch wenn er bei seiner Aussage unter Eid stünde?«

Liddy erklärte, warum man annehmen müsse, daß sich Hunt zu einem Meineid bereitfinden würde. »Ja, das hätte ich von ihm erwartet, aus Treue zu mir und zum Nachrichtendienst.« Liddy setzte seine Aussage fort und erklärte, zwar habe er keinen Kontakt mehr zu Hunt, ihn aber seiner Erinnerung nach zuletzt gesehen, als beide zur Unterstützung eines ehemaligen CIA-Mitarbeiters, William F. Buckley, demonstriert hatten, der den Jahrestag seiner Fernsehsendung im New Yorker Yachtklub feierte.

Stansfield Turner

Stansfield Turner, einst nicht nur Leiter des CIA, sondern auch Admiral – am liebsten läßt er sich mit diesem Rang anreden –, machte als einziger Zeuge ohne Umschweife klar, daß Bill Snyder, Hunts erster Anwalt, Marchettis Artikel für eine Fälschung halte. Er erklärte sich unter der Bedingung zur Aussage bereit, daß die Einvernahme in seinem Hause stattfinde.

Als ich mit Brent Whitmore nach McLean im Staate Virginia fuhr, einen vornehmen Vorort Washingtons, hielten wir Ausschau nach Snyders kleinem Sportflitzer mit dem eindrucksvollen Kennzeichen FUN CAR, weil wir dann sicher sein durften, das richtige Haus gefunden zu haben. Statt seiner sahen wir eine schwere Limousine mit dem Kennzeichen BIG CAR, offensichtlich sein Erstwagen.

Obwohl Turner seit über drei Jahren im CIA abgelöst war, vertraten ihn mit Lee Strickland und Page Moffett zwei Anwälte, die nicht bereit waren, eine Telefonnummer oder eine andere Anschrift anzugeben als »Assistant General Counsel, Central Intelligence Agency, Washington, D. C. 20505«.

Wir trafen in einem Raum zusammen, den man in früheren Zeiten als Salon bezeichnet hätte. Turner saß, von seinen beiden Anwälten eingerahmt, auf einem Sofa und zitterte fast vor Erregung, etwa wie ein großer Hund, den das Jagdfieber gepackt hat.

Turner war von Jimmy Carter ernannt worden, mit dem zusammen er die Marine-Akademie der Vereinigten Staaten besucht hatte, und er fungierte von März 1977 bis Januar 1981 als Leiter des CIA. Marchettis Artikel enthielt eine Fülle von Hinweisen auf Pläne und Entscheidungen des CIA, die ebenso mit jenem Zeitraum wie mit Hunt in Verbindung standen.

Sofern der Mann, der während des genannten Zeitraums an der Spitze jenes Nachrichtendienstes gestanden hatte, bestritt, etwas von jenen Ereignissen, Zusammenkünften, Angelegenheiten und Entscheidungen mit Bezug auf Hunt zu wissen, welche zu jener Zeit den CIA angeblich in den Grundfesten erschütterten, würde das für die Glaubwürdigkeit von Marchettis Artikel einen schweren, wenn nicht sogar tödlichen Schlag bedeuten.

Turner ließ uns nicht lange im Ungewissen. Die Frage, ob er den fraglichen Artikel gelesen habe, bejahte er. Snyder erklärte, er beabsichtige den Text mit Turner »Absatz für Absatz« durchzugehen, so daß dieser jede einzelne Behauptung als falsch kennzeichnen könne. Turner schlug vor: »Ich würde gern vorab etwas sagen, was das Verfahren abkürzen könnte. Ich kann mich nicht erinnern, während meiner vier Jahre als Leiter des CIA dort jemals über E. Howard Hunt gesprochen zu haben. Sollte mich meine Erinnerung trügen, kann es sich höchstens um einen flüchtigen Hinweis auf Hunt gehandelt haben. Mit noch größerem Nachdruck kann ich sagen, daß ich sicher bin, während jener vier Jahre nie ein Gespräch geführt zu haben, bei dem es um E. Howard Hunt ging, und ich auch über ihn keine Entscheidungen getroffen habe. Ich möchte einfach klarmachen, daß ich in amtlicher Eigenschaft keinerlei Beziehung zu Mr. Hunt hatte.«

Es wäre nicht unangebracht gewesen, wenn Snyder in jenem Augenblick erklärt hätte, daß er keine weiteren Fragen habe. Wenn ein Leiter des CIA unter Eid ausgesagt hatte, daß E. Howard Hunts fragwürdige Aktionen seines Wissens nie Gegenstand einer Besprechung waren – was sollte man dann mit einem Artikel anfangen, der bis in die letzten Einzelheiten hinein CIA-Sitzungen unter Beteiligung hochrangiger Mitarbeiter darstellte, die alle mit dieser schmerzlichen Frage zu tun hatten?

Daß Anwälte an Rechtsfragen im allgemeinen nicht ökonomisch herangehen, hängt mit ihrer Ausbildung, ihrem Temperament sowie ihrer Mißachtung finanziellen Erwägungen zusammen. So brachte Snyder die nächste Stunde damit zu, daß er systematisch jeden einzelnen diesbezüglichen Satz von Marchettis Artikel vorlas und Turner fragte, ob das darin Gesagte der Wahrheit entspreche oder nicht.

Turner hatte nie etwas von einer Zusammenkunft im CIA gehört, bei der es um Hunt gegangen war. »Nach meinem besten Wissen«, sagte er, habe es keinen auf den CIA zurückgehenden Vertuschungsversuch des Mordes an Kennedy gegeben. Die von Marchetti behauptete Entscheidung, Hunt müsse »geopfert« werden, war seines Wissens nie getroffen worden; der CIA habe seines Wissens nichts unternommen, um Hunt als Sündenbock hinzustellen. Der CIA habe, soweit ihm bekannt sei, nichts mit dem Mord an Präsident Kennedy zu tun; und er habe nie etwas von der »angeblichen vertraulichen CIA-Aktennotiz« gehört, auf die sich Marchettis Bericht stützte.

Ein vernünftiger Geschworener, der Marchettis Artikel gelesen und Turners Aussage gehört hatte, wäre, nachdem die Unterhaltung zwischen jenem und Snyder am späten Nachmittag beendet war, unweigerlich zu einer von drei Schlußfolgerungen gekommen: Entweder mußte der Artikel eine Fälschung sein, Turner hatte unter Eid eine wahrheitswidrige Aussage gemacht, oder er war über wichtige Ereignisse, von denen er hätte informiert sein müssen, erstaunlich unwissend.

Vom Standpunkt meines Mandanten aus war die erste Möglichkeit unvorstellbar. Die zweite hätte sich nur schwer belegen lassen, und so schien die dritte am meisten zu versprechen – nicht nur war Turner ein Außenseiter, er war auch erst später zu der »verschworenen Gemeinschaft« des Nachrichtendienstes gestoßen und gehörte der verschworenen Gemeinschaft um Hunt nicht an. Ich begann mit Fragen, die es mir gestatten sollten auszuloten, wie weit Turner über entscheidende Aspekte dieses Falles informiert war.

F.: »Kennen Sie jede Aktennotiz und jedes Dokument, welches der CIA dem Sonderausschuß des Kongresses zur Untersuchung der Mordfrage zugeleitet hat?«
A.: »Nein.«
F.: »Hat dieser Ausschuß vom CIA Aktennotizen bekommen, über die Ihnen nichts Genaueres bekannt ist?«
A.: »Das weiß ich nicht.«
F.: »Wissen Sie, wo sich E. Howard Hunt jr. am 22. November 1963 aufhielt?«
A.: »Nein.«

Da Turner bereits ausgesagt hatte, der CIA habe seines Wissens nie versucht, der Warren-Kommission Tatsachen vorzuenthalten, wollte ich dahinterkommen, wieviel er wirklich über diese Kommission wußte. Als erstes fragte ich ihn, ob er der Ansicht zustimme, daß man sie »als Kommission des Präsidenten zur Untersuchung des Mordes an Präsident Kennedy bezeichnete, daß Lyndon Johnson sie einberufen hat und daß ihr sieben Mitglieder angehörten. Ist das richtig?«

Er gab zur Antwort: »Ich weiß nicht.«

Da Allen Dulles, der frühere Chef des CIA, nicht einfach ein beliebiges Mitglied der Warren-Kommission, sondern das aktivste gewesen war, ging ich auf Umwegen an die Sache heran.

F.: »Gehörte der Kommission jemand an, der mit dem CIA in Verbindung stand?«
A.: »Ich weiß nicht.«
F.: »Gehörte der Kommission jemand an, der früher mit dem CIA in Verbindung gestanden hatte?«

A.: »Ich weiß nicht.«
F.: »Ist Ihnen der Name Allen Dulles bekannt?«
A.: »Ja.«
F.: »Wer war Allen Dulles?«
A.: »Ein früherer Leiter des CIA.«
F.: »Wissen Sie, daß Allen Dulles nicht nur der Warren-Kommission angehörte, sondern auch ihr aktivstes Mitglied war?«
A.: »Nein.«

In dem Augenblick kam ein Mitarbeiter Turners herein, flüsterte ihm etwas zu, und beide verließen ohne nähere Erklärung den Raum. Einige Minuten später kehrte Turner zurück und hielt ein schnurloses Telefon ans Ohr. Diese Geräte mit ihren langen Antennen waren 1984 weit weniger verbreitet als ihre technischen Nachkommen heute. Turner hielt das Telefon während des größten Teils der Befragung ans Ohr gepreßt. Zuerst vermutete ich, jemand leiste ihm Schützenhilfe, aber die Art seiner Antworten zeigte mir bald, daß diese Annahme nicht stimmen konnte.

Ich fragte Turner, ob der CIA seines Wissens im Verlauf seiner Geschichte gegen Gesetze der Vereinigten Staaten verstoßen habe. Jeder, der Tageszeitungen auch nur flüchtig liest, hätte diese Frage ebenso bejahen können wie jemand, der gelegentlich Nachrichtensendungen im Fernsehen verfolgt. Dazu mußte man kein eifriger Leser der verschiedenen von Kongreßausschüssen herausgegebenen Berichte sein, in denen seitenweise die Übergriffe des CIA aufgezählt werden.

Turner gab zur Antwort: »Ja, ich glaube, möglicherweise. Ich würde sagen, mit Bezug auf die Frage, ob gegen das Gesetz verstoßen wurde oder nicht, gibt es eine schmale Grenzlinie.«

F.: »Wissen Sie, ob der CIA je an einem Plan beteiligt war, irgendwelche seiner fragwürdigen Praktiken zu vertuschen?«
A.: »Nein.«
F.: »Sie wissen es also nicht?«
A.: »Nein.«

Vielleicht war Turner imstande, Angaben über Vorgehensweisen des CIA zu machen, die sich während seiner Amtsführung auswirkten. Ich fragte ihn, ob man beim Nachrichtendienst, während er seiner Leitung unterstand, Anwesenheitslisten über die Mitarbeiter geführt habe. Er gab zur Antwort: »Ich weiß nicht.« Auf meine Frage, ob man beim CIA Urlaubslisten für die Mitarbeiter geführt habe, gab er die Antwort, er wisse nichts darüber. Ich fragte, ob man beim CIA Unterlagen geführt habe, in denen festgehalten wurde, wann Mitarbeiter wegen Krankheit nicht zum Dienst gekommen waren. Er nahm an, daß es unter Umständen solche Listen gab, konnte es aber nicht mit Bestimmtheit sagen.

Dann kamen wir von den allgemeinen zu den speziellen Fragen.

F.: »Sie sagten, Mr. Hunt habe für den CIA gearbeitet. Ist das richtig?«
A.: »Soweit ich weiß, ja.«
F.: »In welcher Eigenschaft?«
A.: »Soweit ich weiß, war er Mitarbeiter der Leitstelle für Operationen.«
F.: »Werden Unterlagen geführt, aus denen hervorgeht, wo sich Mitarbeiter in der Leitstelle für Operationen an einem bestimmten Tag jeweils aufhalten?«
A.: »Davon weiß ich nichts.«
F.: »Sie wissen es nicht?«
A.: »Nein.«

Turner sagte aus, er könne sich nicht erinnern, daß während seiner Zeit als Leiter des CIA Mitarbeiter des Nachrichtendienstes Tarn- oder Decknamen benutzt hätten. Er wußte nicht einmal, ob vor seiner Zeit als Leiter Mitarbeiter je Tarn- oder Decknamen verwendet hatten, räumte allerdings ein, »man liest davon in der Zeitung«. Ich fragte ihn, ob er die CIA-Akten für den Zeitraum, der vor seiner Amtsführung lag, durchgesehen habe. Das bestätigte er. Auf die Frage, ob er je auf einen Hinweis gestoßen sei, daß beim CIA Beschäftigte je einen Tarn- oder Decknamen verwendet hätten, gab er zur Antwort: »Nicht soweit mir bekannt ist.«

Immer mehr verstärkte sich mein Eindruck, daß es sich bei Turner nicht um einen besonders glaubwürdigen Zeugen handelte. Die beiden CIA-Anwälte, die während Turners Einvernahme unruhig hin und her gerutscht waren, standen mit einem Mal auf, entschuldigten sich und suchten zu einer Unterredung mit dem Zeugen einen anderen Raum auf.

Mehrere Minuten später kehrten sie zurück, und Turner erklärte, er habe sich entschlossen, seine Aussagen zu »erweitern«. Das tat er, indem er seine frühere Aussage verwarf und erklärte, verschiedene Mitarbeiter des CIA hätten Tarnnamen verwendet und unzutreffende Aussagen gemacht.

Während Turner bei der Hauptvernehmung erklärt hatte, ihm seien keine Bemühungen des CIA bekannt, der Warren-Kommission Tatsachen vorzuenthalten, räumte er im Kreuzverhör ein, er wisse nahezu nichts über den Gegenstand. Ich fragte ihn: »Wenn Sie nicht einmal wußten, daß der frühere Leiter des CIA zu den sieben Mitgliedern der Warren-Kommission gehörte, können Sie sich nicht besonders gründlich mit der Beziehung zwischen dem CIA und der Warren-Kommission beschäftigt haben. Trifft das zu?«

Er antwortete: »Das trifft zu. Ich habe mich nicht gründlich damit beschäftigt.«

Nachdem ich Turners dürftiges Wissen über die Bemühungen der Warren-Kommission zutage gefördert hatte, wollte ich gern etwas darüber erfahren, was er unternommen hatte, um festzustellen, wo sich Hunt am 22. November 1963 aufgehalten hatte.

Ich fragte, ob er die CIA-Akten persönlich durchforstet habe, um das zu ermitteln. Das verneinte er. Ich fragte, ob er je veranlaßt habe, daß ein Dritter die CIA-Unterlagen durcharbeitete, um eine Antwort auf die Frage zu finden, wo sich Hunt am 22. November 1963 aufgehalten hatte. Er sagte, das sei nicht der Fall. Ich fragte, ob er in den Akten des CIA je selbst nach der fraglichen Aktennotiz über Angleton/Helms gesucht habe. Seine Antwort war nein. Darüber hinaus erklärte er, nie jemanden mit der Suche nach diesen Dokumenten beauftragt zu haben, es habe aber auch niemand je verlangt, daß er nach Dokumenten im Zusammenhang mit Hunt suchen lasse.

Am 21. August 1978 berichtete die Nachrichtenagentur Associated Press, Turner habe auf die Frage nach der Aktennotiz über Angleton/Helms erklärt: »Wir haben danach gesucht. Es gibt keine Aktennotiz.« Der Nachrichtenagentur zufolge fügte er hinzu, es sei »durchaus möglich«, daß man sie aus den Unterlagen herausgenommen habe. Als man Turner danach befragt hatte, hielt er sich in Dallas auf, wie Associated Press mitteilte.

Da Turner jetzt unter Eid ausgesagt hatte, er habe weder nach der Aktennotiz gesucht noch eine solche Suche veranlaßt, war die zuvor und angeblich zum entsprechenden Zeitpunkt gemachte Aussage von Bedeutung. Ich fragte, ob er wisse, wo er sich am 21. August 1978 aufgehalten habe. Er vermutete, daß er sich zu jener Zeit in Dallas befunden habe, »um die Anwaltskammer aufzusuchen«. Ich wies darauf hin, daß es in dem AP-Bericht heiße, er habe sich in Dallas aufgehalten, um vor dem Kongreß der Veteranen von Kriegen auf ausländischem Boden einen Vortrag zu halten. Er gab zur Antwort: »Das habe ich verwechselt. Ich hatte gedacht, es war die American Legion*. Es können aber ebensogut die Veteranen aus den Kriegen auf ausländischem Boden gewesen sein. Jedenfalls haben die dem CIA eine Auszeichnung verliehen, die ich entgegengenommen habe. Eine Rede habe ich nicht gehalten. Ich habe einfach die Auszeichnung für den CIA entgegengenommen.«

Ich fragte ihn, ob er sich entsinnen könne, einem Vertreter der Nachrichtenagentur gesagt zu haben, daß »wir« – damit war der CIA gemeint – nach der Aktennotiz gesucht hatten. Das verneinte er, fügte aber hinzu, es sei durchaus möglich, daß er diese Aussage gemacht habe. Hatte er dem Agenturvertreter auch gesagt, es bestehe die Möglichkeit, daß man diese Aktennotiz aus allen Unterlagen des CIA entfernt habe? Er konnte sich nicht erinnern, das gesagt zu haben, räumte aber ein, es sei durchaus vorstellbar, daß er auch das gesagt habe.

Kurz vor Ende der Einvernahme wandte sich Turner an mich. Obwohl er als Zeuge für Hunt benannt worden war, seit Monaten mit Snyder über seine geplante Aussage gesprochen und mich gerade zum erstenmal und weniger als eineinhalb Stunden lang gesehen hatte, sagte er: »Mr. Lane, das ist eine Zumutung. Man

* Dieser größte Verband amerikanischer Veteranen beider Weltkriege sowie des Korea- und Vietnamkriegs ist mit mehr als zwei Millionen Mitgliedern eine einflußreiche Interessengruppe, die u. a. politische Ziele verfolgt.

hätte mich gar nicht benennen dürfen. Ich bin nicht mehr Beamter.«

Als wir Turners Haus verließen, war ich zuversichtlich, daß seine Aussage die Geschworenen nicht von der Richtigkeit der Behauptung überzeugen würde, Marchettis Artikel sei eine Fälschung. Meiner Einschätzung nach hatte er einen geradezu unbegreiflichen Mangel an Vertrautheit mit entscheidenden Ereignissen an den Tag gelegt.

Erklären ließ sich Turner Aussage erst, wenn man ihn selbst in den Gesamtzusammenhang mit einbezog. Der von einem Präsidenten, der selbst als Außenseiter gelten konnte, eingesetzte Außenseiter gehörte nicht zum Netz des Nachrichtendienstes, das aus lauter alten Kameraden bestand; jene hatten ihn von allen entscheidenden Aktionen und sogar vom Entscheidungsprozeß ausgeschlossen, der zu diesen Aktionen führte. Über den Mord an Kennedy schien er wenig zu wissen, und er erweckte auch nicht den Eindruck, besonders daran interessiert zu sein. Wem daran gelegen war, die Rolle zu vertuschen, die der Nachrichtendienst in diesem Mordfall gespielt hatte, brauchte sich gar nicht die Mühe zu machen, Stansfield Turner, der sich alldessen, was um ihn herum vorging, nicht bewußt gewesen zu sein schien, in seine Erwägungen einzubeziehen. Wieviel innerhalb des CIA durchsickerte, ohne daß Turner davon wußte, dürfte deutlicher werden, wenn wir mehr über die mutmaßlichen Bemühungen der Kampagne erfahren würden, mit der Reagan und Bush die Befreiung der amerikanischen Geiseln im Iran verzögerten.

Richard Helms

Für mich war wichtig, daß ich den Versuch unternahm zu verstehen, wie man beim CIA die Beweislage sah und wie man dort an den Fall heranging. Gestützt auf die Reaktion einstiger CIA-Mitarbeiter, die ausgesagt hatten, auf Äußerungen der Anwälte des Klägers, auf die von Anwälten des CIA eingenommene Haltung sowie auf Einwände, die sie vorbrachten, kam ich zu dem Ergebnis, daß man beim CIA den Fall zu jener Zeit am liebsten weggezaubert hätte.

Da das kaum vorstellbar schien, wollte der Nachrichtendienst erreichen, daß das zweite Verfahren dem ersten so ähnlich war wie möglich und man die Frage nach dem Mord sowie dem oder den dafür Verantwortlichen aus dem Verfahren heraushielt. Snyder und Dunne zeigten sich in dieser Beziehung sehr zuversichtlich, und es kam mir ganz so vor, als habe man dem CIA zu verstehen gegeben, in die Prozeßakten würden keine Beweismittel über das aufgenommen, was im November 1963 in Dallas vorgefallen war.

Noch war ungeklärt, ob bei der Verhandlung Angaben über Hunts Aufenthalt zugelassen würden oder nicht, was mir die Möglichkeit gab, bei den Einvernahmen Fragen danach zu stellen. Obwohl Snyder und seine Kollegen nach wie vor hofften, der Richter werde die Verfügung aufrechterhalten, im Verfahren dürfe nichts ausgesagt werden, was mit Hunts Tätigkeit am 22. November im Zusammenhang stand, bemühten sie sich zu beweisen, daß Hunt nicht am Kennedy-Mord beteiligt war, indem sie Aussagen früherer hochrangiger Mitarbeiter des CIA beibrachten.

Zwar hatten Hunts Anwälte Turners Aussage voll Hoffnung, ja geradezu mit Zuversicht entgegengesehen, aber zugleich klugerweise den Entschluß gefaßt, sich nicht ausschließlich auf das zu verlassen, was er aussagen würde. Also hatten sie von langer Hand alle Vorkehrungen dafür getroffen, daß Richard M. Helms unter Eid befragt wurde, als Turners Einvernahme gerade achtundvierzig Stunden zurücklag. Was bei dieser Einvernahme herausgekommen war, ließ die Aussage Helms' für den Fall des Klägers als bedeutsam erscheinen.

Zweifellos hätten es Hunts Anwälte von Anfang an lieber gesehen, daß Turner und Helms vor dem Schwurgericht erschienen, als daß ihre bei der Vernehmung protokollierten Aussagen in der Verhandlung verlesen würden. Doch die Anwesenheit zweier früherer Leiter des CIA in Miami hätte die Aufmerksamkeit der Medien auf das Verfahren gelenkt, ein Umstand, den der Nachrichtendienst eifrigst zu vermeiden trachtete.

Angesichts dessen, daß sich in diesem Fall die Interessen Hunts und des CIA nicht deckten, sah sich Snyder veranlaßt, Angaben durch die Einvernahme wichtiger Zeugen zu erlangen, die sich beharrlich gegen ein Erscheinen vor Gericht sträubten und in keiner Weise bereit waren, vor irgendeiner Art von Öffentlichkeit Erklärungen abzugeben. Zwar konnten sie sich der Pflicht zur Aussage nicht entziehen, machten aber weidlich Gebrauch von der Möglichkeit, ihre Äußerungen zweideutig zu halten. Im Falle Helms trat nahezu jedesmal eine schwammige Formulierung an die Stelle der erwarteten genauen Auskunft.

An einem Freitag nachmittag im Juni 1984 traf ich Helms in der elegant eingerichteten Anwaltskanzlei in der Stadtmitte von Washington, wo seine Einvernahme stattfinden sollte. Wenn man einmal davon absah, daß weder ein dicker roter Teppich ausgerollt wurde noch Trommelwirbel ertönte, trat er auf wie eine königliche Hoheit. Ihm vorauf schritt das allgegenwärtige Duo Moffett und Strickland, die von jemandem begleitet wurden, der als »John Smith« vorgestellt wurde. Vermutlich gehörte er zur Familie des geheimnisvollen James Smith, der als »Berater und Zensor« David Phillips' gedient hatte. Moffett bemühte sich zu erklären: »Hier ist ein Herr vom Nachrichtendienst, dessen Identität entsprechend den gesetzlichen Vorgaben nicht preisgegeben werden darf und der sich ausschließlich wegen einer komplexen Angelegenheit hier befindet. Sein Name John Smith ist erkennbar fiktiv. Ihm obliegt es, uns immer dann zu beraten, wenn sich eine Frage auf geheime Informationen bezieht, und er tritt ausschließlich in dieser Eigenschaft auf. Nichts von dem, was er sagt, ist für das Protokoll bestimmt. Ich wünsche, daß jedem diese Bedingung klar ist.«

Selbstverständlich hatte der am Verfahren nicht beteiligte Mr. Smith kein Recht, bei der Einvernahme zugegen zu sein. Darauf machte ich aufmerksam und sagte: »Ich erhebe gegen die Anwesenheit von Mr. John Smith Einspruch, solange er nicht bereit ist, uns seinen wahren Namen zu sagen. Hier geht es nicht um eine öffentliche Veranstaltung in einem Amüsierzentrum, sondern um ein förmliches Verfahren. Im schriftlichen Protokoll der Einvernahme müssen den Richtlinien gemäß alle Anwesenden mit ihrem wahren Namen vermerkt sein. Ich dringe also darauf, daß sich Mr. Smith zu erkennen gibt oder den Raum verläßt.«

Moffett wies in seiner Entgegnung auf Fragen der nationalen Sicherheit hin. Ich antwortete ihm: »Sofern Mr. Smith einen Grund für den Eindruck sieht, es gefährde die Sicherheit unseres Volkes, wenn wir erfahren, wer er wirklich ist, sollte man meiner

Ansicht nach die Sicherheit des Volkes dadurch gewährleisten, daß Mr. Smith den Raum jetzt verläßt statt preiszugeben, wer er ist. Ich vertrete die Auffassung, daß er bei diesem Verfahren nicht anwesend sein darf, solange er dazu nicht bereit ist.«

Ich brannte ebensosehr wie Hunts Anwälte darauf, Helms zu befragen, auch wenn ich mich über die Vollständigkeit und Wahrheit der Antworten auf meine Fragen keinen Illusionen hingab. Ich vermutete, daß ich Antworten bekommen würde, die durch ihre bloße Absicht, etwas zu verdecken, enthüllend wirkten. Bei der Abwägung der Frage, ob es besser sei, mit der Prozedur fortzufahren oder – angesichts der offenkundigen mangelnden Bereitschaft des CIA, sich den gesetzlichen Vorschriften zu unterwerfen – das Verfahren platzen zu lassen, versteifte ich mich nicht weiter auf die Forderung, daß Mr. Smith den Raum zu verlassen habe. Die Einvernahme begann.

Snyder, Moffett und Strickland – und vermutlich auch Smith, wenn er ihm verschwörerisch etwas zuflüsterte – redeten Helms grundsätzlich als Mr. Ambassador (also Botschafter), Ambassador Helms oder dann und wann noch feierlicher als »Mr. Ambassador, Sir« an. Es machte einen beträchtlichen Teil der einleitenden Prozedur vor der Einvernahme aus, daß Snyder die Rolle eines Hofschmeichlers spielte. Er strich Helms um den Bart, was sich dieser nicht nur gern gefallen ließ, sondern offenbar geradezu genoß. Der Anwalt begann: »Ich verlese jetzt aus einer Ihnen vom Präsidenten der Vereinigten Staaten vor wenigen Monaten ausgesprochenen und im Nachrichtenblatt der Central Intelligence Retirees Association [Pensionärsvereinigung des CIA] veröffentlichten lobenden Erwähnung und werde das genannte Dokument als Beweismittel Nummer eins des Klägers vorlegen. Diesem Nachrichtenblatt zufolge, das zum Teil als Beweismittel Nummer eins des Klägers vorgelegt wurde, hat Ihnen der Präsident vor kurzem die Nationale Sicherheitsmedaille verliehen. Ist das richtig?«

A.: »Das ist richtig.«

F.: »Wissen Sie, wann das war?«

A.: »Im Oktober vorigen Jahres, also 1983. Hinweise darauf finden sich auch in den Meldungen der Nachrichtenagenturen und in der *New York Times*. Es sind aber nicht die einzigen.«

F.: »Handelt es sich dabei um die höchste Auszeichnung, die das Land für eine Tätigkeit auf dem Gebiet der nationalen Sicherheit zu vergeben hat?«

A.: »Ich glaube ja.«

F.: »Wurden Ihnen in früheren Jahren weitere Belobigungen für dem CIA geleistete Dienste ausgesprochen?«

A.: »Ich bekam die Medaille für besondere Verdienste auf dem Gebiet der Nachrichtendienste, als ich im Februar 1973 aus dem Nachrichtendienst ausschied.«

F.: »Bekamen Sie nicht auch die William-J.-Donovan-Auszeichnung?«

A.: »Doch. Das war im vorigen Jahr, im Mai 1983.«

Immer wenn eine der Auszeichnungen genannt wurde, nickten die im Raum anwesenden Anwälte und Mitarbeiter des CIA wissend und zustimmend. In jener Zeit, in der wir in tiefen Ledersesseln um einen auf Hochglanz polierten Konferenztisch herumsaßen, waren Nixon und Helms noch ehrenhafte Männer und der CIA eine angesehene Einrichtung. Diese Einschätzung dauert in der Vorstellung von Mitarbeitern, Befürwortern und Apologeten des CIA auch jetzt noch an und wird das auch in der vorhersehbaren Zukunft tun. Die Stürme der Wirklichkeit schienen jener Geisteshaltung nichts anhaben zu können. Helms war ein überführter Straftäter, der vor einem Ausschuß des amerikanischen Senats falsche eidliche Aussagen gemacht hatte und dafür rechtskräftig verurteilt worden war. Richard Nixon war der einzige Präsident des Landes, der sich je gezwungen gesehen hatte zurückzutreten, um einem Amtsenthebungsverfahren zuvorzukommen. Der CIA hatte sich als internationale Mörder-GmbH erwiesen, die Morde an solchen Staatsmännern geplant und durchgeführt hatte, deren politische Haltung sich von jener unterschied, welche die Führer des CIA vertraten. Auch für das Phoenix-Programm in Südostasien war er verantwortlich gewesen, den größten Massenmord in der Geschichte der Vereinigten Staaten. Im Zusammenhang mit dieser Aktion des CIA hatte man Tausende von Dorfältesten, Spitzenpolitikern und führenden Köpfen von Frauenorganisationen als Opfer ausersehen und hingemetzelt.

Ohne zu zögern bestätigte Helms, daß es CIA-intern eine Feier zur Verleihung der Auszeichnung gegeben hatte, doch blieben die Einzelheiten des Rituals ein eifersüchtig gehütetes Geheimnis. Einige Jahre zuvor hatte mich ein recht hochrangiger CIA-Mitarbeiter unmittelbar nach der Cocktailstunde mit einer oder zwei Anekdoten traktiert.

Feiern des CIA im Zusammenhang mit Auszeichnungen sind eine äußerst vielschichtige Angelegenheit, ein Widerspruch in sich. Das kann auch eigentlich gar nicht anders sein. Gewöhnlich werden solche Auszeichnungen für die Erledigung geheimer Aufgaben verliehen, die keinesfalls zur Kenntnis der Öffentlichkeit gelangen dürfen. Der eigentliche Sinn einer Auszeichnung aber ist es, sie offen tragen zu können, damit jeder sie sieht und sich dazu äußern kann. Einen anderen Zweck verfolgt sie nicht. Beim CIA bemüht man sich, diese beiden einander ausschließenden Vorstellungen mit Hilfe einer neuartigen Abstraktion zu vereinen – es ist ein sozusagen unsichtbarer Orden.

Aufs gewissenhafteste wird für die feierliche Verleihung mit Festmahl eine Lokalität ausersehen. Unabdingbare Voraussetzung ist das Vorhandensein mehrerer Aus- und Eingänge, von denen einige für Außenstehende nicht einsehbar sein dürfen. Zu der Lokalität, auf welche die Wahl fällt, haben weder Medienvertreter noch andere Neugierige Zutritt. Wer für eine solche Feier als Gast in Frage kommen will, muß einen keimfreien Hintergrund nachweisen. Steht nach gründlichem Sieben die Liste schließlich fest, enthält sie nur noch Namen, deren Träger einer intensiven Sicherheitsprüfung unterzogen wurden.

Im passend erscheinenden Augenblick unterbricht man das Auftragen der Speisen, und ein hochrangiger Vertreter des CIA, häufig jemand, der seinen Schreibtisch in Langley nie verlassen hat, hält eine Rede über den Heldenmut des Ehrengastes. Nach den üblichen Worten über Ehre und Vaterlandsliebe wird die Auszeichnung aus ihrer Schatulle geholt und dem Empfänger ausgehändigt.

An dieser Stelle macht das geradezu besessene Bestreben des CIA, alles geheimzuhalten, den gewohnten Schlenker ins Aberwitzige.

Kaum hat sich der Empfänger im Glanz des Beifalls gesonnt, gibt er seine Auszeichnung, die er kurz betasten durfte, betrübt seinem Wohltäter zurück, auf daß dieser sie erneut in die Schatulle lege, wo sie in alle Ewigkeit bleiben wird. Bedenkt man, daß die Angehörigen der ersten Generation von CIA-Leuten samt und sonders aus den amerikanischen Elite-Universitäten mit ihren verschworenen Verbindungen stammen, braucht man sich nicht zu wundern, daß dem Ganzen ein deutlicher Geruch nach Bruderschaft oder Geheimgesellschaft anhaftet.

Bei dem von Hunts Anwalt als Beweis Nummer zwei vorgelegten Dokument handelte es sich um einen Brief, den Helms am 6. Mai 1970 an Hunt geschrieben hatte, weil dieser den Dienst im CIA quittierte. Darin hatte er Hunt gelobt und erklärt, es bestehe »aller Anlaß, mit Ihren Leistungen zufrieden und stolz auf Sie zu sein«. Damit wurde ein ehemaliger Sträfling aufgefordert, über die Rechtschaffenheit eines anderen auszusagen.

Nachdem das einleitende Geplänkel vorüber war, wandte sich Snyder der eigentlichen Frage zu, um die es in dem Fall ging, und fragte Helms, ob der CIA »in irgendeiner Weise mit den Machenschaften um die Ermordung Präsident John Kennedys zu tun habe«. Ich denke, jeder von uns rechnete mit einer rückhaltlosen Verneinung und der Erklärung, der bloße Gedanke sei absurd und keiner ernsthaften Erwägung würdig.

Helms ließ eine Pause eintreten, dachte über die Frage nach, sah zu Mr. Smith hin und erklärte dann, der CIA habe, »soweit mir bekannt ist«, den Präsidenten nicht getötet.

Snyder fragte auch, ob der CIA »Versuche unternommen« habe, »die wahre Identität von Präsident Kennedys Mördern zu vertuschen«. Helms überlegte und sagte dann langsam, als wäge er jedes Wort ab, daß der Nachrichtendienst, »soweit mir bekannt ist«, keinen Versuch unternommen habe, die Tatsachen zu vertuschen.

Verfasser der Aktennotiz, um die sich der Fall zum Teil drehte, waren angeblich Angleton und Helms. Snyder fragte Helms, ob es »Grund zu der Annahme [gebe], daß Mr. Angleton den Mord an Kennedy entweder eingefädelt, die Vertuschungsaktion in Gang gesetzt« habe oder »auf eigene Faust Informationen zurückhält, das heißt, ohne daß Sie als Leiter des Nachrichtendienstes oder sein unmittelbarer Vorgesetzter davon wissen?« Zwei der drei ihm gestellten grundlegenden und wichtigen Fragen beschloß Helms zu beantworten. Zu der Frage, ob Angleton die Tatsachen vertuscht haben könnte, schwieg er. Seine Antwort begann er so: »Nun, Sir, die Frage erscheint mir so spekulativ, daß ich gar nicht weiß, was ich darauf sagen soll.« Dann fügte er hinzu: »Ich halte es nicht für wahrscheinlich, daß Mr. Angleton (a) den Wunsch hatte, Präsident Kennedy zu ermorden oder (b) auf eigene Faust vorgegangen wäre und so etwas getan hätte, ohne daß jemand davon wußte.« Als Antwort auf diese Frage war der frühere Leiter lediglich bereit zu erklären, daß er es nicht für *wahrscheinlich* halte. Entschiedene Verneinungen gab es an jenem Tag nicht.

Dann wandte sich Snyder der Frage der von Helms und Angleton angeblich unterschriebenen Aktennotiz zu, in der es um die Rolle ging, die am 22. November 1963 Hunt in Dallas gespielt hatte. Zweifellos durfte er eine unmißverständliche Angabe erwarten, aus der hervorging, daß der Zeuge ein solches Dokument weder je gesehen noch unterschrieben hatte. Snyder fragte Helms klar und deutlich: »Soweit ich sehe, behauptet Mr. Marchetti, daß es eine entweder von Ihnen an Mr. Angleton oder von Mr. Angleton an Sie gerichtete Aktennotiz gab, die entweder einer von Ihnen beiden oder beide unterschrieben oder abgezeichnet haben und in der es hieß: ›Eines Tages werden wir nicht umhin können zu erklären, was Hunt am 22. November 1963 in Dallas zu suchen hatte.‹ Haben Sie je eine solche Aktennotiz gesehen oder von ihr gehört?«

Helms ließ eine Pause eintreten und sah seufzend von Smith zu seinen beiden Anwälten hinüber. Dann antwortete er: »Soweit mir bekannt ist, nein.«

Snyder, der von Helms eine genauere Antwort haben wollte, damit deutlich wurde, daß der CIA, zumindest nach Aussage von dessen früherem Leiter, mit der ganzen Angelegenheit nichts zu tun habe, erklärte, ein Kongreß-Ausschuß sei zu dem Ergebnis gekommen, daß den CIA keine Schuld treffe. »Ich frage Sie jetzt: Ist Ihres Wissens diese Schlußfolgerung richtig, derzufolge den Nachrichtendienst im Zusammenhang mit der Vorbereitung des Mordes oder dessen Vertuschung keine Schuld trifft?«

A.: »Mit Bezug auf den Mord an Präsident Kennedy?«
F.: »Ganz genau.«
A.: »Das könnte sich so verhalten.«

Ich konnte nachvollziehen, in was für einer kniffligen Lage sich Snyder befand. Sofern der einstige Leiter des CIA nicht imstande war zu bestätigen, daß er sicher war, der CIA habe mit der Ermordung des Präsidenten nichts zu tun, sein früherer Mitarbeiter Angleton sei kein Mörder, und er, Helms, habe die Aktennotiz mit Sicherheit nicht unterschrieben, wäre die Aussage des Zeugen für Hunt lediglich von zweifelhaftem Wert. Es war wohl auf seine Enttäuschung darüber zurückzuführen, daß Snyder etwas von seiner Gelassenheit einbüßte. Da er seine Verärgerung nicht an seinem Zeugen oder dem Anwalt auslassen konnte, versuchte er, die Wut, die er Marchetti und dem Artikel gegenüber empfand, auch in seinem Zeugen zu schüren. Er schnaubte Helms an: »Hier geht es um einen ganz und gar idiotischen Artikel.« Als ich zu verstehen gab, daß diese Frage die Geschworenen entscheiden würden, antwortete er: »Ich bleibe bei meiner Ansicht, daß sich der Artikel nahezu von A bis Z auf vom Verfasser frei erfundene Angaben stützt.« Auch seinen Zeugen ließ Snyder wissen: »Ich glaube nicht, daß er auch nur eine Spur von Wahrheit enthält.«

Nach dieser Einleitung fragte er Helms, ob die im Artikel aufgestellte Behauptung, der CIA habe beschlossen, Hunt als Sündenbock hinzustellen, wahrheitswidrig sei. »Haben Sie je von irgendwelchen früheren oder gegenwärtigen Mitarbeitern gehört, der Nachrichtendienst habe Hunt zu opfern beschlossen, um seine eigenen Interessen zu wahren?«

Helms antwortete: »Ich erinnere mich nicht.«

Snyder teilte Helms mit, im verbleibenden Teil des Artikels werde eine Theorie vertreten, derzufolge Frank Sturgis zu den Mördern Präsident Kennedys gehöre. Dann fragte er Helms, ob Sturgis je für den CIA gearbeitet habe, »vorausgesetzt, Sie dürfen darüber Auskünfte erteilen«. Dieser Vorbehalt lieferte mir einen Hinweis darauf, daß sich Snyder und Helms zuvor noch nicht über diese Frage besprochen hatten. Es war klar, daß das Zögern des CIA, Helms als Zeugen bei einer Vernehmung auftreten zu lassen, Snyders Möglichkeiten, die Vernehmung vorzubereiten, stark eingeschränkt hatte. Unter diesen Umständen wartete ich mit großer Spannung auf die Antwort. Helms machte Ausflüchte. »Von Sturgis habe ich gehört.« Snyder war nicht bereit, diese unbefriedigende Antwort hinzunehmen und stellte die Frage erneut.

»Wissen Sie, ob Sturgis je vom Nachrichtendienst beschäftigt wurde?« Helms machte eine Pause, sah dann Snyder an und sagte: »Soweit mir erinnerlich ist, hat Sturgis in Einzelfällen Aufträge für den Nachrichtendienst ausgeführt. Er gehörte ihm nicht als ständiger Mitarbeiter an.«

Snyder war wie vor den Kopf geschlagen. Er wechselte rasch das Thema und stellte eine Frage, die nicht so recht zur Sache zu gehören schien. »Wissen Sie von einer Verschwörung oder einem Versuch, Lyndon B. Johnson oder Richard Nixon den Mord an Kennedy anzuhängen?«

Ich erhob keine Einwände, da ich den Eindruck hatte, es gehe Snyder in erster Linie darum, sich von der Antwort auf die Frage nach Sturgis zu distanzieren. Jetzt, vermutete ich, würde Helms endlich klipp und klar die Vorstellung bestreiten, im CIA habe eine Verschwörung bestanden, deren Ziel es war, einen Präsidenten zu Unrecht des Mordes zu bezichtigen.

Helms antwortete lediglich, er könne sich an einen solchen Plan nicht erinnern.

Trotz, vielleicht auch wegen dieser unerwarteten Antwort ließ Snyder nicht locker: »Sofern es eine solche Verschwörung gegeben hätte, wären Sie dann als stellvertretender Chef oder als Chef der Central Intelligence in der Lage gewesen, davon zu erfahren?«

Helms tat wenig, um seinem Anwalt zu helfen. Er sagte, die Frage sei spekulativ, und »ich weiß nicht, wie ich darauf antworten soll«. Als Snyder nachstieß und eine weitere Frage in diesem Zusammenhang stellte, erklärte Helms, er könne darauf nicht »mit Sicherheit« antworten, doch sofern der CIA geplant hätte, dafür zu sorgen, daß ein Präsident wegen Mordes an einem Vorgänger vor Gericht gestellt werde, sei er »relativ sicher«, daß er davon erfahren hätte, »immer vorausgesetzt, es hätte sich dabei um ein Vorgehen des Nachrichtendienstes gehandelt«. Als Snyder seine Fragenliste abgehakt hatte, nahm ich Helms ins Kreuzverhör. Auf meine Frage nach

Sturgis erwiderte er, es habe sich bei jenem um einen von Fall zu Fall tätigen Mitarbeiter des CIA gehandelt. Er habe für den Nachrichtendienst Aktionen in Florida ausgeführt, »die mit Kuba zu tun hatten«. Da Hunt diese Operation vom CIA aus geleitet hatte, war durch Helms' Aussage eine mögliche Verbindung zwischen den beiden Männern deutlich geworden, die dem Fall des Klägers beträchtlich schaden konnte. Ich hielt Helms eine Aussage vor, die er im Mai 1979 bei einer Vernehmung im Zusammenhang mit einem anderen Fall gemacht hatte. Damals hatte er auf die Frage nach Sturgis geantwortet: »Wer ist Mr. Sturgis?« Als ich wissen wollte, ob er Sturgis vor 1979 gekannt habe, räumte er nicht nur das ein, sondern auch, daß er ihn zuvor gekannt habe. Seine frühere Aussage versuchte er mit der Erklärung ungültig zu machen: »Ich muß offenbar ganz vergessen haben, wer das war.« Ich fragte Helms, ob er je, über Dritte, bei einer Operation als Leiter fungiert habe, an der Sturgis mitgewirkt habe. Er erklärte, das könne er nicht mit Sicherheit sagen, da Sturgis »ausführendes Organ bei etwas gewesen sein konnte, womit ich einen anderen beauftragt hatte«.

Im März 1967 verfügte Jim Garrison, Bezirksstaatsanwalt von New Orleans, die Festnahme Clay Shaws wegen des Verdachts, an der Verschwörung zur Ermordung John F. Kennedys mitgewirkt zu haben. Garrison behauptete, Shaw habe für den CIA gearbeitet.

Vom CIA kam keine Bestätigung dafür, daß zwischen ihm und Shaw eine wie auch immer geartete Beziehung bestehe. Shaw bestritt, je mit dem CIA in Verbindung gestanden zu haben, und Garrison sah sich außerstande, Material zu entdecken, das eine Verbindung zwischen Shaw und dem Nachrichtendienst belegte. Später erklärte Garrison, angesichts solcher Umstände könne er »dies mögliche Motiv nicht einmal bei der Verhandlung vorbringen«.*

Zwei Jahre später befand ein Schwurgericht in den frühen Morgenstunden des 1. März 1969 Shaw nach einem langen Verfahren, bei dem die Fetzen geflogen waren, für nicht schuldig. Ich hielt mich zu jener Zeit in New Orleans auf und traf mit Garrison und seinen Mitarbeitern zusammen. Als ich erfuhr, daß die Gesetze des Staates

* *Wer erschoß John F. Kennedy? Auf der Spur der Mörder von Dallas*, Bergisch Gladbach 1992

Louisiana es nicht untersagten, Mitglieder eines Schwurgerichts nach Abschluß eines Verfahren zu befragen, stellte ich einigen derer, die im Shaw-Prozeß als Geschworene fungiert hatten, eine Anzahl Fragen. Alle waren übereinstimmend der Ansicht, die Anklage habe zwingend nachgewiesen, daß die Ermordung Kennedys mit einer Verschwörung zusammenhänge. Außerdem erklärte mir jeder von ihnen, daß im Verfahren nichts vorgelegt worden war, das Aufschluß darüber gab, daß Shaw jener Verschwörung hätte angehören sollen. Einer von ihnen formulierte das so: »Garrison hatte in der Presse und im Fernsehen erklärt, Shaw gehöre zum CIA, hat aber im Verfahren keine Beweise dafür vorgelegt. Zum Teufel, wir konnten doch keinen Menschen aufgrund von Pressekonferenzen schuldig sprechen.«

In einem Buch über das Verfahren schrieb Garrison später: »Zwar akzeptierte das Schwurgericht meine Aussage, daß es sich um eine Verschwörung handelte, wußte aber zu jener Zeit nichts über Shaws Rolle als geheimer CIA-Mitarbeiter. Da die Geschworenen über seine Gründe im unklaren waren, erklärten sie ihn für nicht schuldig – sicherlich wäre es in unserem Fall gegen Shaw nützlich gewesen, wenn die Möglichkeit bestanden hätte, ihn eindeutig mit dem CIA in Verbindung zu bringen.«**

Daß dem CIA darum zu tun war, nachträglich seine Verbindung zu Shaw zu kappen, als sich zeigte, daß es zu dem Verfahren kommen würde, ist wahrscheinlich. In einem 1975 in der Zeitschrift *True* erschienenen Artikel schilderte Victor Marchetti, welche Stimmung beim CIA zur Zeit der Verhandlung herrschte: »Unter anderem habe ich regelmäßig an den vormittäglichen Konferenzen teilgenommen, die der Chef, seinerzeit Richard Helms, einberief. Bei jener für neun Uhr angesetzten Mitarbeiterbesprechung waren ein rundes Dutzend seiner Hauptabteilungsleiter sowie drei oder vier weitere Mitarbeiter da – die Stellvertreter der drei Spitzenleute im Nachrichtendienst sowie der Pressesprecher. Ich protokollierte jeweils den Verlauf dieser Besprechungen.«

Marchetti legte dar, daß das Verfahren gegen Shaw zur Zeit, da es stattfand, Thema einer dieser CIA-Besprechungen war und erklärte

** Ebd.

dazu: »Ich erinnere mich, daß der Leiter im Verlauf des Verfahrens gegen Clay Shaw verschiedentlich Fragen gestellt hat wie beispielsweise ›Werden die von uns im nötigen Umfang unterstützt?‹«

Marchetti erklärte, da die Anwesenden ihre Abneigung gegenüber Garrison ausgedrückt hatten, nehme er an, daß damit eine Unterstützung für Shaws Verteidigung gemeint gewesen sei. Als sich Helms bei den Besprechungen nach dem Thema erkundigte, zerfiel das Gespräch in Einzelsätze wie beispielsweise: »Läuft da unten alles, wie es soll?« oder »Schön, sprechen Sie mich doch nach der Sitzung mal darauf an.« Später erfuhr Marchetti, wie er sagte, daß man Shaw mit dem CIA in Verbindung gebracht habe und der Nachrichtendienst befürchte, Garrison könne die Bedeutung dieser Beziehung »falsch einschätzen«.

Als ich Richard Helms gegenübersaß, nahm ich an, er sei sich der Bedeutung der Aussage, die Garrison 1969 nicht zur Verfügung stand, ebenso bewußt wie ich. Ich fragte: »Ist Ihnen der Name Clay Shaw bekannt?«

Die Reaktion hätte nicht dramatischer ausfallen können, wenn ich eine entsicherte Handgranate über die polierte Fläche des Besprechungstisches zu Helms hinübergerollt hätte. Die Anwälte des CIA erstarrten und steckten dann rasch die Köpfe zusammen. Snyder sprach mit seinem Sozius. Helms sah mich ebenso unverwandt an wie ich ihn. Schließlich sagte er mit leiser Stimme: »Clay Shaw?« Er schien verwirrt. Ich reagierte nicht, denn obwohl Helms das im Frageton gesagt hatte, war es keine wirkliche Frage. Die hektischen Beratungen um ihn herum nahmen ihren Fortgang. Helms sah mich weiterhin an und sagte schließlich: »Können Sie mir etwas mehr sagen, damit ich weiß, wer Clay Shaw war?«

Da Shaw am 14. August 1974 verstorben war, war es durchaus angebracht, von ihm in der Vergangenheit zu sprechen, auch wenn ich das nicht getan hatte. Sofern sich Helms aber an nichts im Zusammenhang mit Shaw erinnern konnte, woher wußte er dann, daß dieser nicht mehr lebte? Ich ging der Sache nicht weiter auf den Grund und sagte statt dessen: »Ja, das kann ich. Clay Shaw ist der Mann, über den Sie bei Ihrer Einvernahme am 17. Mai 1979 in Alexandria, Virginia, im Fall des E. Howard Hunt jr. gegen Alan J. Weberman und andere eine Aussage machten. In deren Verlauf erklärten Sie seinerzeit über Clay Shaw – ich lese Ihre Antwort vor: ›Das einzige, was ich mit Bezug auf Clay Shaw und den Nachrichtendienst weiß, ist, daß er meiner Erinnerung nach als Geschäftsmann eine Weile zu den für Privatpersonen zuständigen Teilzeit-Kontaktleuten gehörte. Das sind Leute, die Kontakte zu Geschäftsleuten, Professoren und so weiter aufrechterhielten, also zu Personen, die Auslandsreisen machten.‹«

»Wissen Sie noch, daß Sie diese Aussage am 17. Mai 1979 unter Eid gemacht haben?«

Helms schien verblüfft, daß er fünf Jahre zuvor Shaw als Kontaktmann des CIA identifiziert haben sollte, räumte dann aber ein: »Wenn hier steht, daß ich diese Aussage unter Eid gemacht habe, dann wird sie wohl stimmen.« Er erklärte, seine damalige Aussage sei nicht imstande, sein Gedächtnis auch nur »im geringsten« aufzufrischen und fügte hinzu: »Sie besagt lediglich, daß ich vermutlich von ihm gehört habe.« Er nahm an, die Aussage gemacht und von Shaw gehört zu haben? Ich bemühte mich, von ihm eine etwas klarere Antwort zu bekommen: »Nun, sofern Sie damals die Wahrheit gesagt haben, geht aus der Antwort hervor, daß Ihnen bewußt war, daß er für den CIA arbeitete. Stimmt das nicht?«

Auf diese Frage gab Helms keine Antwort. Sein Rechtsbeistand vom CIA platzte wütend heraus und erklärte laut: »Mr. Lane, unterlassen Sie bitte solche Anspielungen.« Später wandte er sich auch an die Urkundsbeamtin des Gerichts und erklärte mit etwas gedämpftem Zorn: »Ich beantrage ins Protokoll aufzunehmen, daß wir die letzte Äußerung als Beleidigung betrachten, und das ist eine.« Ich habe nie verstanden, was der Anwalt mit »das ist eine« meinte. Auch habe ich nie erfahren, worüber er sich aufregte, es sei denn darüber, daß ich Fragen auf einem Gebiet stellte, das er gemieden wissen wollte.

Währenddessen nahm Helms ein Blatt Papier zur Hand. Soweit ich erkennen konnte, war es, abgesehen von Kopien der lobenden Erwähnung und anderer Auszeichnungen für hervorragende Verdienste um das Volk, das einzige Dokument, das er bei sich hatte. Ich fragte ihn, ob Shaw Kontaktmann des CIA gewesen sei. Helms begann das Blatt zu betrachten. Ich fragte ihn, wobei ich auf das Dokument wies, das er las: »Haben Sie die Aussage da vor sich?«

Er sagte, das sei der Fall. Dann las er laut aus seiner 1979 gemachten eidlichen Aussage über Shaw vor, bei der er beschworen hatte, jener sei Kontaktmann bei der für Privatpersonen zuständigen Abteilung des CIA gewesen.

Ich war baff. Da hatte mir Helms noch vor wenigen Minuten unter Eid gesagt, er sei auf meine Hilfe angewiesen, um sich zu erinnern, wer Shaw war, während er zugleich eine Kopie des Blattes bei sich hatte, das seine 1979 gemachte Aussage enthielt. Ich fragte ihn: »Woher haben Sie das Dokument, von dem Sie gerade abgelesen haben?« Er fragte lediglich: »Wie bitte?« Ich wiederholte die Frage. Helms schwieg. Für ihn warf sich Strickland, einer seiner beiden CIA-Anwälte, in die Bresche und sagte: »Sein Rechtsbeistand hat es dem Botschafter zum Durchlesen zur Verfügung gestellt.«

Da meiner Ansicht nach keine Zweifel mehr bestanden, was die Glaubwürdigkeit des Zeugen anging, steuerte ich einen anderen Punkt an, der allerdings damit zusammenhing. Ich fragte Helms, ob ihm der Name Jim Garrison bekannt sei. Ich war sicher, daß mich keine Antwort überraschen könnte, die Helms geben würde. Seine Worte zeigten mir, daß ich mich irrte. Er fragte mich: »Ist das der Garrison, der mal Bürgermeister von New Orleans war?«

Ich erläuterte ihm die Fakten und fragte ihn dann, ob er wisse, daß Shaw in New Orleans als Beklagter in einem Verfahren vor Gericht gestanden habe, bei welchem ihm der Bezirksstaatsanwalt Garrison eine Beteiligung an der Verschwörung zur Ermordung Präsident Kennedys zur Last gelegt hatte. Die Antwort darauf war unverfälschter Helms, wie ich allmählich begriff.

»Jetzt, wo Sie eine Verbindung zwischen Clay Shaw und Jim Garrison herstellen, fällt mir tatsächlich ein, daß es eine ganze Menge – es hat vor vielen Jahren Zeitungsberichte über irgendwelche Anschuldigungen gegeben. Die allerdings, die Sie da ansprechen, ist mir nicht erinnerlich.«

Ich fragte Helms, ob er sich entsinnen könne, daß Shaw zu jener Zeit in aller Öffentlichkeit erklärt hatte, zwischen ihm und dem CIA habe nie eine Beziehung bestanden. Helms antwortete: »Nun, das ist damals möglicherweise in der Öffentlichkeit breit ausgewalzt worden, aber ich erinnere mich nicht daran.« Zuvor hatte er ausgesagt, er befürworte es keinesfalls, wenn man befugten Stellen Informationen vorenthielte, die sich auf den Mord an Präsident Kennedy bezogen. Ich fragte ihn, ob er die Bezirksstaatsanwaltschaft in New Orleans davon unterrichtet habe, daß zwischen Shaw und dem CIA eine Beziehung bestanden hatte. Er sagte: »Ich kann mich nicht erinnern.« Außerdem wollte ich von ihm wissen, ob der CIA irgend etwas unternommen habe, um Shaw bei seinem Gerichtsverfahren zu unterstützen. Er sagte, er könne sich daran nicht erinnern. Und wie sah es mit einer Unterstützung von Shaws Anwalt durch den CIA aus? Helms sagte aus, darüber wisse er nichts.

Ich fragte den Zeugen nach einer der Warren-Kommission übergebenen Erklärung des CIA, in der es um den Hinweis ging, daß sich Oswald in Mexiko-City aufgehalten habe: »Hat der CIA Earl Warren, den Vorsitzenden des Ausschusses zur Untersuchung des Mordes an Präsident Kennedy, davon in Kenntnis gesetzt, daß sich Oswald vom 26. September bis 3. Oktober 1963 in Mexiko aufhielt und den größten Teil dieser Zeit in Mexiko-City verbrachte?«

Zwar hatte ich mich nach Oswald erkundigt, Helms allerdings schien sich hauptsächlich auf Hunt zu konzentrieren, denn er gab zur Antwort: »Nun, ich weiß nicht. Sie haben da ein paar Daten, an die ich mich aber nicht erinnern kann. Was ich noch weiß ist, daß ich Angaben vorgelegt habe, aus denen hervorging, daß sich Hunt vor dem Attentat in Mexiko-City aufgehalten hatte.«

Anschließend erteilte der Anwalt des CIA jedesmal, wenn ich mich danach erkundigte, welche Rolle der CIA bei der Legende spiele, derzufolge sich Oswald in Mexiko-City aufgehalten habe, Helms die Anweisung, keine Antwort zu geben, da eine solche »zur Offenlegung geheimer Informationen führen« könne.

Alles, was Helms preisgeben durfte, waren Tatsachen im Zusammenhang mit allgemeinen Aufgaben, die er für die Warren-Kommission ausgeführt hatte. Er erklärte: »Meine Rolle verlangte damals, Hinweisen nachzugehen, die von der Warren-Kommission kamen oder mich mit Gebieten oder Fragen zu beschäftigen, die sich auf Länder außerhalb der Vereinigten Staaten bezogen und diese Nachfragen so gut wie möglich zu bearbeiten, damit wir der Kommission diesbezüglich Auskünfte erteilen konnten. So war die Beziehung beschaffen, die zwischen mir und der Kommission bestand.«

Ich stellte eine Frage zu der Aktennotiz, die Marchettis Quellen und Trento zufolge angeblich der Zeuge und Angleton unterzeichnet hatten. Helms unterbrach mich, um selbst eine Frage zu stellen. Er sagte: »Ich würde gern etwas fragen, wenn ich darf. Hat der Sonderausschuß zur Untersuchung der Mordfrage die Aktennotiz je vorgelegt?« Er sagte das mit offenkundiger Aufrichtigkeit.

Schwierige Frage. Sofern Helms wußte, daß es nie eine solche Aktennotiz gegeben hatte und er nie irgendein Dokument unterschrieben hatte, in dem die Behauptung enthalten war, Hunt könne in den Mord an Kennedy verwickelt gewesen sein, warum fragte er mich dann nach der Vorlage der Aktennotiz? Natürlich hatte Helms die Existenz der Aktennotiz nicht bestritten, sondern lediglich ausgesagt, daß er sich nicht erinnern könne, sie gesehen zu haben.

War Helms an einer Reihe von Telefonaten mit Hunt beteiligt gewesen? Er sagte, das sei möglich, er könne sich aber nicht erinnern.

Ich fragte ihn, ob er Aufzeichnungen von seinen Telefongesprächen mache. Er erklärte, das habe er getan, könne diese aber gegenwärtig nicht vorlegen. Anschließend sagte er, er habe die Bänder »vernichtet«, unter ihnen seien auch solche mit Aufnahmen von Gesprächen mit Hunt gewesen, sofern er über solche verfügt habe.

Zwei frühere Leiter des CIA, einer davon Unterzeichner einer Aktennotiz, von der Hunt behauptete, sie existiere nicht, hatten auf E. Howard Hunts Aufforderung hin ausgesagt. Meiner Ansicht nach hatte weder Admiral Turner noch Botschafter Helms einen einzigen Satz von sich gegeben, der dem Kläger zum Trost gereichen konnte.

Buch V: Es geht ums Ganze

Verleumdung

Bevor man sich in einem Fall von Verleumdung* den Einzelheiten zuwendet, mag es nützlich sein, die Grundlagen des darauf anwendbaren Rechts näher in Augenschein zu nehmen. Eine objektive Analyse des Gesetzes ist schwerlich zu erlangen, doch spricht sich die Mehrzahl der Fachleute, die sich in juristischen Zeitschriften zu dieser Frage äußern, für die Abschaffung des Verleumdungs-Paragraphen oder zumindest für eine so drastische Einschränkung des Verfahrens aus, daß die Erfolgsaussichten potentieller Kläger gegen Null gehen würden. Die Literatur zu diesem Thema, in der sich eine Fülle von Stellungnahmen von Fachleuten und Befürwortern findet, enthält neben einer Vielzahl allem Anschein nach voneinander abweichender Perspektiven Hinweise auf die Rechtsgeschichte, Äußerungen von Richtern und natürlich – das wichtigste – Entscheidungen des Obersten Gerichtshofes der Vereinigten Staaten in dieser Frage.

Bemerkenswert ist allerdings, daß die mächtigen Anwaltsfirmen mit ihren Filialen in vielen Städten, die sie eine wie die andere getreulich auf ihren edlen Stahlstich-Briefbögen aufführen, und die immer wieder als Rechtsvertreter von Mediengiganten wie der *Los Angeles Times*, der Rundfunk- und Fernsehgesellschaften CBS und NBC sowie deren Mutterfirma *General Electric* auftreten, sobald sie als Zeuge vor den Rechtsausschuß des Kongresses für die Amerikanische Vereinigung zum Schutz der Grundrechte (ACLU) berufen werden, stets denselben Standpunkt einnehmen. Ihnen allen miteinander ist der Verleumdungs-Paragraph ein Greuel. Die ACLU beruft sich auf den Ersten Zusatzartikel der Verfassung**, und

* Hier als Oberbegriff für üble Nachrede, Verleumdung, Beleidigung und Diffamierung verwendet, da das englische ›defamation‹ speziell in seiner juristischen Bedeutung all das abdeckt.

** Dies runde Dutzend Zusatzartikel ist jedem Amerikaner aus der Schulzeit bekannt. Der Erste Zusatzartikel gewährleistet unter anderem das Recht auf freie Rede sowie das Recht auf freie Meinungsäußerung in der Presse.

jeder, der seinen üppigen Lebensunterhalt aus der Vermarktung von Sport, Unterhaltung und Nachrichten bestreitet, versteckt sich dahinter. Nachdem ich jetzt also meine eigene distanzierte Position aufgezeigt habe, können wir uns der Frage der Ehrverletzung zuwenden. Zuerst einmal die *Gesetzeslage*.

Mir ist eine lange zurückliegende Gemeinschaftskunde-Stunde erinnerlich, in der uns der Lehrer erklärte, wie allmählich ein Gesetz heranreift. Sollte dem Leser ein ähnliches pädagogisches Erlebnis zuteil geworden sein, könnte es sich als nützlich erweisen, wenn er es aus seinem Bewußtsein verbannte.

Während meiner Tätigkeit als Angehöriger der gesetzgebenden Versammlung des Staates New York, und bevor ich als rechte Hand eines Kongreßabgeordneten der Vereinigten Staaten tätig wurde, erlebte ich tatsächlich mit, wie Gesetze entstehen. Schon längst hatte ich den Verdacht gehabt, daß mein Gemeinschaftskundelehrer die Dinge falsch gesehen hatte.

In einer kapitalistischen Gesellschaft steckt hinter den Erlassen von Gesetzen größtenteils die Absicht, den Interessen der jeweils mächtigsten Klasse zu dienen. So kommt es, daß die auf der Ebene von Städten, Einzelstaaten und des Bundes erlassenen Verordnungen und Gesetze im allgemeinen die Interessen der Wirtschaft begünstigen und fördern. Wird beispielsweise in einem landwirtschaftlich geprägten Gebiet auf der Straße eine Kuh von einem Autofahrer angefahren, ist es durchaus möglich, daß das Gesetz die Schuld beim Fahrer sieht. Nach langem und gründlichem Studium von Gesetzeskommentaren wird man zu dem Ergebnis kommen, daß die Kuh letzten Endes mit normaler Geschwindigkeit vor sich hin trottete, während das von einem denkenden Menschen gelenkte Kraftfahrzeug, das mit einem Vielfachen dieser Geschwindigkeit dahinschoß, die Fahrt hätte verlangsamen, ausweichen oder anhalten müssen. Es sieht so aus, als wäre vom Standpunkt der Kuh aus gegen diese Logik, die möglicherweise Tausende von Seiten der Rechtsgeschichte füllt, nichts einzuwenden.

In einer eher städtisch geprägten Umgebung, einem auf Industrie gestützten Gemeinwesen, wo Geschäftsleute, die es stets eilig haben, von einem Ort zum anderen fahren müssen, um ihren wichtigen Aufgaben nachzukommen, gilt derselbe Autofahrer, der dasselbe allgegenwärtige Rindvieh anfährt, als Opfer von dessen mangelnder Auffassungsgabe und Einsicht. Das Urteil ergeht zugunsten des Autofahrers.

In der Metamorphose, welche das gegen Ehrverletzung gerichtete Gesetz in den Vereinigten Staaten durchgemacht hat, erkennt man einen Mikrokosmos der Entwicklung unseres Volkes – von den Zeiten voll frühen revolutionären Schwungs und Eifers, der Monarchie und Tyrannei entgegenzutreten und sie anzuprangern, hin zu kriecherischer Unterwerfung unter Geschäftsinteressen selbst da, wo sich diese nicht mit den Interessen der Gesamtheit der Nation dekken.

In England sah man es im 18. Jahrhundert als geltendes Recht an, daß sich niemand, dem Verleumdung vorgeworfen wurde, damit herausreden konnte, er könne die Wahrheit der Aussage beweisen. Wer wegen Verleumdung vor Gericht stand, hatte nicht einmal das Recht, Beweise für die Richtigkeit seiner Aussagen anzubieten. Lord Mansfield, ein großer Rechtsdenker jener Zeit, formulierte den Grundsatz: »Je größer die Wahrheit, desto größter die Verleumdung.« Seine Äußerung stützte sich auf die Auffassung, die Allgemeinheit werde eher einer Veröffentlichung Glauben schenken, die der Wahrheit entsprach als einer falschen Anschuldigung, die gerade deshalb schwer zu beweisen war, weil sie auf Unwahrheit gründete. Zwar wirkt der dahinterstehende Gedanke recht logisch, doch bedeutet die Schlußfolgerung, die man daraus zog, einen offenkundigen und möglicherweise endgültigen Schlag gegen das Recht der freien Rede und der freien Recherche. Der Dichter Robert Burns, ein Befürworter der freien Meinungsäußerung, machte den aufgeblasenen Lord in seinem Gedicht »Die Rüge« unsterblich:

> Weißt du nicht, was der alte Mansfield sagt,
> Dessen Wort wie das der Bibel ist?
> Eine je wahrere Aussage jemand wagt,
> Desto mehr verleumdet sie?

Zwar können wir Mansfield nicht so recht als Vorreiter dessen ansehen, was wir heute als die Rechte des Ersten Zusatzartikels kennen, doch betrat er mit seiner Haltung keineswegs Neuland. Zu Anfang des 17. Jahrhunderts hatte die als Willkürgericht bekannte Sternkammer in London im Fall von *De Libellis Famosis* rundheraus erklärt: »Es ist unerheblich, ob eine Verleumdung auf Wahrheit beruht oder nicht.« Dieser Grundsatz fand auch in Englands dreizehn nordamerikanischen Kolonien Anwendung, und selbst nachdem sich diese 1776 erfolgreich gegen das Mutterland erhoben hatten, galt jener Grundsatz in mehreren der inzwischen unabhängigen Staaten weiter.

Zum Musterprozeß, in dessen Verlauf dieser Grundsatz in Frage gestellt wurde, kam es in New York im August 1735. Andrew Hamilton vertrat Peter Zenger vor Gericht, der seit November 1733 das *Weekly Journal* herausgab und auf dessen Seiten er William Cosby, den in New York amtierenden Gouverneur der Kolonie, heftig kritisierte. Dieser ließ Zenger festnehmen und wegen der Veröffentlichung hochverräterischer Schriften unter Anklage stellen – hatte er doch Äußerungen gedruckt, die Cosby als für die englische Krone beleidigend ansah.

Nahezu ein Jahr lang brachte Zenger in einer Gefängniszelle zu, bis sein Fall endlich verhandelt wurde. Da er auch in der Haft die Veröffentlichung des *Weekly Journal* nicht unterließ, rückten nach wie vor die rotröckigen Soldaten Ihrer Majestät aus den Kasernen aus, um das Blatt zu verbrennen.

Bei der Verhandlung teilte der Gerichtspräsident de Lancey den Geschworenen mit, angesichts der schwerwiegenden Anklage gegen Zenger sei es unerheblich, daß er möglicherweise die Wahrheit geschrieben hatte. Wie wir gesehen haben, war diese in den Augen der Krone gefahrenträchtiger und daher folgenschwerer als eine bloße falsche Behauptung. Hamilton aber sah die Dinge anders. Es dürfte schwerfallen, ein mehr zu Herzen gehendes und beredteres Plädoyer für Wahrheit und Freiheit zu finden als das in Hamiltons Ansprache an die Geschworenen. Ihm wurde ein so reicher Lohn wie keinem Anwalt in einem Strafverfahren seither.

Die Laienrichter begriffen sein Plädoyer für das Recht, die Wahrheit zu sagen, und entschieden, wobei sie sich auf ihre Hoffnungen und Träume stützten und keine Rücksicht auf ihre Befürchtungen und Zweifel nahmen, daß Zenger im Sinne der

Anklage nicht schuldig sei. Trotz des vom Gericht ergangenen sowie vom Gesetz verfügten Verbots begründeten sie in Englands amerikanischen Kolonien die Presse- und Meinungsfreiheit. Zenger publizierte weiter.

Hamiltons Argument, man müsse den Menschen das Recht zugestehen, die Wahrheit zu sagen und zu veröffentlichen, erwies sich als so machtvoll und alldurchdringend, daß es in den Kolonien wie auch im englischen Mutterland nachgedruckt wurde und weite Verbreitung fand.

Später, am 15. Dezember 1791, führten Hamiltons Worte zur Verkündung des Ersten Zusatzartikels als Bestandteil der Grundrechte der neuen Nation. Rechtsgelehrte stimmen in der Ansicht überein, daß dieser Erste Zusatzartikel mit dem Ziel verfaßt wurde, auf alle Zeiten mit der Behauptung Schluß zu machen, jemand gefährde mit seinen Äußerungen den Bestand des Staates. Damit müßte in den Vereinigten Staaten auf alle Zeiten eine weitere Verfolgung wegen Kritik an der Regierung unmöglich sein. Im Verlauf der vier Monate, die man brauchte, den Verfassungsentwurf auszuarbeiten, äußerte sich manch einer besorgt darüber, daß dem Staat nicht genug Rechte blieben. Andere befürchteten, die Formulierung bestimmter Grundrechte könne sich als nachteilig erweisen, ließe sich doch das versehentliche Übergehen irgendeines Rechtes später als Beweis dafür deuten, daß die Gründerväter der Nation die Aufnahme eines solchen Rechts in den Gesetzeskatalog nicht wünschten. Thomas Jefferson und andere stellten sich auf die Seite Patrick Henrys, der die Abgeordneten des Staates Virginia drängte, die Verfassung erst zu ratifizieren, nachdem alle Grundrechte in sie aufgenommen waren, und so wurden die vorgeschlagenen ersten zwölf Zusatzartikel gründlich geprüft. Zehn befand man für wert, aufgenommen zu werden; von ihnen ist der Erste der wichtigste. James Madison entwarf ihn als eine Verpflichtung, die vorsah, daß den Menschen

> »nicht das Recht genommen oder beschnitten werden darf zu sagen, zu schreiben oder zu veröffentlichen, was sie denken; und die Pressefreihiet soll als eins der großen Bollwerke der Freiheit unverletzlich sein«.

Dieser Zusatzartikel gewann nachstehende endgültige Gestalt:

> Der Kongreß soll kein Gesetz erlassen, das eine Einrichtung einer Religion zum Gegenstand hat oder deren freie Ausübung beschränkt, oder eines, das Rede- und Pressefreiheit oder das Recht des Volkes verkürzt, sich friedlich zu versammeln und an die Regierung eine Petition zur Abstellung von Mißständen zu richten.

Endlich schien der Fall beigelegt zu sein.

Doch auch internationale Ereignisse wirkten sich im Land selbst aus. So verärgerte ein mit Großbritannien getroffenes Abkommen Frankreich, das sich damals im Krieg befand, mit dem Ergebnis, daß die Franzosen amerikanische Schiffe beschlagnahmten. Daraufhin beschlossen die Föderalisten das »Ausländer- und Staatsgefährdungsgesetz« mit folgendem Wortlaut:

> Jeder, der unzutreffende, böswillige oder Ärgernis erregende Erklärungen oder Schriften, die sich gegen die Vereinigten Staaten, eines der beiden Häuser ihres Kongresses oder den Präsidenten der Vereinigten Staaten richten, mit der Absicht verfaßt, druckt, äußert oder veröffentlicht, die bezeichnete Regierung, eines der beiden Häuser des Kongresses der Vereinigten Staaten oder den Präsidenten der Vereinigten Staaten zu verleumden oder zu diffamieren oder . . . die rechtschaffenen Bürger der Vereinigten Staaten gegen diese aufzubringen . . . oder wer, sei es wissentlich oder unwissentlich, veranlaßt oder dazu beiträgt, daß solche unzutreffenden, böswilligen oder Ärgernis erregenden Erklärungen oder Schriften verfaßt, gedruckt, geäußert oder veröffentlicht werden, wird mit einer Geldstrafe bis zu zweitausend Dollar sowie mit Gefängnis bis zu zwei Jahren bestraft.

Die Befürworter dieses Gesetzes waren der Ansicht, man könne es gegen Anhänger der Franzosen in den Vereinigten Staaten anwenden. Thomas Jefferson und die Mitglieder seiner Partei sahen sich angesichts der in diesem Gesetz vorgesehenen weitreichenden Vollmachten gezwungen, eine allgemein gefaßte Theorie des Rechts auf freie Meinungsäußerung zu formulieren, die dafür sorgte, daß der Begriff »aufrührerische Schmähschrift« im Ansatz zurückgewiesen wurde. Zwar verstieß das »Ausländer- und Staatsgefährdungsgesetz« offenkundig gegen den Ersten Zusatzartikel zur Verfassung, doch ließen sich willfährige Rechtsgelehrte finden – sie gab es damals wie heute –, denen es keine Schwierigkeiten bereitete, das eine mit dem anderen zur Deckung zu bringen.

Zehn Personen wurden nach diesem Gesetz verurteilt. Als Thomas Jefferson zum Präsidenten gewählt wurde, begnadigte er diejenigen von ihnen, die nach wie vor in Haft waren, und der Kongreß beschloß zu einem späteren Zeitpunkt, die gezahlten Geldstrafen zurückzuerstatten. Da der Oberste Gerichtshof zu keiner Zeit über die Verfassungsmäßigkeit des Gesetzes verhandelte, wurde das Problem nie theoretisch geklärt.

So, wie der Fall Zenger die Debatte eingeleitet hatte, so schien ein weiterer in New York anhängiger Fall sie zu beenden. Diesmal ging es um Harry Croswell, Herausgeber einer Zeitung mit dem Titel *The Wasp*. Man stellte ihn 1804 mit der Behauptung, er habe sich in ehrverletzender Weise über Jefferson, Washington und andere geäußert, wegen »vorsätzlicher Staatsgefährdung« unter Anklage. Croswell bemühte sich, den Beweis dafür anzutreten, daß sich seine Anschuldigungen auf Tatsachen stützten.

Altüberkommene und in Ehren gehaltene Vorstellungen haben ein zähes Leben, und so hielt der Oberste Richter am Staatsgericht dieser Einlassung nachstehende Erklärung entgegen: «*Die Wahrheit* kann für die Gesellschaft ebenso gefährlich sein wie Unwahrheit«, denn sie könne eine Regierung zugrunde richten. Daher bestätigte er das vom Richter der Vorinstanz ergangene Urteil, in dem es geheißen hatte, es sei unerheblich, ob die gedruckte Äußerung der Wahrheit entspreche oder nicht. Als der Beklagte Berufung einlegte, übernahm Alexander Hamilton seine Verteidigung. Sein beredtes Plädoyer, mit dem er dazu aufforderte, die Unverletzlichkeit der Wahrheit zu achten, erinnert an die flammende Ansprache, welche sein Namensvetter Andrew Hamilton siebzig Jahre zuvor gehalten hatte. Darin argumentierte er, die Freiheit der Presse bestehe darin, »mit guten Gründen und zum Erreichen rechtmäßiger Ziele *die Wahrheit* ungestraft zu veröffentlichen, ob sie sich nun auf Menschen oder auf Handlungen bezieht«. Darüber hinaus erklärte er, über die Frage, ob es um Wahrheit oder böswilligen Vorsatz gehe, habe ein Schwurgericht zu befinden, nicht aber ein Richter. Ein solcher, befürchtete er, werde sich davon beeinflussen lassen, daß er der Regierung Treue zu schulden glaube.

Zwar wurde Croswell letzten Endes verurteilt und eine Anordnung, das Verfahren wieder aufzurollen, nicht ausgeführt (wahrscheinlich, weil Hamilton schon bald nach dieser Verhandlung in einem Duell mit Aaron Burr ums Leben kam), doch wurden Hamiltons nicht voneinander lösbaren Vorstellungen – nämlich daß die Wahrheit der Prüfstein zu sein hat, wenn es um Verleumdung geht, und daß die diesbezüglichen Entscheidungen von einem Schwurgericht und nicht von einem Richter zu fällen sind – , zur Grundlage des in den Vereinigten Staaten in Fällen von Verleumdung anzuwendenden Rechts.

Nach einem langen und schwierigen Weg hatte man im ersten Viertel des 19. Jahrhunderts Wahrheit und Geschworenensystem als Grundwerte eingesetzt, und so besaß man ein auf Vernunft gegründetes unparteiisches Prinzip zur Überprüfung von Verleumdungen. Jetzt war es möglich, Wahlbeamte, Regierungseinrichtungen, große finanzielle Beteiligungen und alles andere zu kontrollieren und in Frage zu stellen, ja man konnte sich sogar in negativer Weise über sie äußern, solange die Behauptungen der Wahrheit entsprachen. Wer die Wahrheit sagte, war vor einer Verfolgung sicher und brauchte nicht zu befürchten, daß gegen ihn eingeleitete Gerichtsverfahren Erfolg hatten. Die Frage war ganz einfach zu entscheiden: Hatte die beklagte Partei die Wahrheit geschrieben oder gesagt? Auf ebenso einfache Weise ließ sich feststellen, ob eine Anschuldigung der Wahrheit entsprach: Ein Schwurgericht hörte sich die vorgebrachten Tatsachen an und entschied anhand ihrer. Diese Maßstäbe wurden an nachfolgende Generationen weitergegeben und dienten der Nation mit Ehren mehr als ein Jahrhundert lang.

Im Verlauf des letzten Vierteljahrhunderts hat man in Fällen von Verleumdung nur noch selten Schwurgerichtsverhandlungen erlebt, ja, sie sind nahezu ausgestorben, und es ist erneut dahin gekommen, daß man die Frage, ob Äußerungen der Wahrheit entsprechen oder nicht, als unerheblich behandelt werden. So nachhaltig haben auf diesem Gebiet die Gerichte die Gesetzgebung beeinflußt, daß der Bürger seines Rechts, die Wahrheit zu sagen und zu schreiben sowie des damit zusammenhängenden Anspruchs verlustig ging, ausschließlich dulden zu müssen, daß die Wahrheit über ihn geschrieben und gesagt wird. Das oberste Gericht der Vereinigten Staaten ist zu den einst von der englischen Krone bevorzugten und den Kolonien aufgezwungenen Vorstellungen zurückgekehrt. Die Entscheidung liegt beim Einzelrichter, nicht bei den Geschworenen, und die Frage nach dem Wahrheitsgehalt der Äußerungen ist belanglos.

Eine kürzlich in einer juristischen Zeitschrift erschienene Untersuchung zeigt, daß Richter in fünfundsiebzig Prozent aller Fälle das Verfahren einstellten, wenn Medienvertreter wegen Verleumdung beklagt wurden. Sofern aber ein Richter ein Verfahren eröffnete, wurden die beklagten Medienvertreter in fünfundachtzig Prozent aller Fälle verurteilt. Hier läßt sich mühelos erkennen, auf welche Weise das Vorgehen eines Richters, der sich der Machtstruktur verpflichtet fühlt, von dem der Geschworenen abweicht, denen eine solche Bindung fremd ist. Obwohl jene in der vergleichsweise geringen Zahl von Fällen, die man ihnen zur Verhandlung übergab, dem Kläger recht gaben, fällten die Richter dennoch in zwanzig Prozent der Fälle ein Urteil zugunsten der Medienkonzerne. Das bedeutet, der Richter hat in Mißachtung der Entscheidung, zu der die Geschworenen gelangt waren, ein Urteil für den Beklagten gefällt – und damit das vor dem Schwurgericht stattgefundene Verfahren außer Kraft gesetzt.

In praktisch allen Fällen, in denen Beklagte aus den Reihen der Medien schuldig befunden wurden, wurde Berufung eingelegt. Eine bemerkenswerte und möglicherweise einzigartige Ausnahme bildete der Prozeß Handelman gegen die Zeitschrift *Hustler,* in welchem auf eine symbolische Geldstrafe von einem Dollar erkannt wurde. In zwei Dritteln der vor sie gelangenden Fälle haben höherinstanzliche Gerichte für den beklagten Medienvertreter und gegen den Kläger entschieden, häufig nach Jahren des Prozessierens, das den Kläger Zehn-, wenn nicht Hunderttausende von Dollar gekostet hat. In lediglich sechs Prozent aller Fälle, in denen jemand wegen Verleumdung gegen Unternehmen aus der Medienbranche vor Gericht zieht, kann der Kläger zumindest mit einer geringen Entschädigung rechnen. Nahezu in all diesen Fällen werden nur unerhebliche Beträge zuerkannt, und verschiedentlich haben Gerichte einer höheren Instanz diese noch weiter vermindert.

Fallengelassen wurde das Prinzip, daß die Wahrheit der entscheidende Maßstab zu sein hat, erstmals mit dem Fall *New York Times gegen Sullivan.* Darüber hinaus läutete er die Ära der Bundesbeteiligung an der Gesetzgebung in Fragen der Verleumdung ein. Es gibt in Amerika einen alten Juristenspruch: »Unbillige Entscheidungen führen zu schlechten Gesetzen«. Ein besseres Beispiel als der Fall der *New York Times* läßt sich wohl dafür nicht finden. Bis 1964 hatten in Fragen der Gesetzgebung zur Verleumdung nahezu zweihundert Jahre lang die Bundesstaaten allein entschieden, wobei die Voraussetzung galt, daß unwahre und ehrverletzende Äußerungen nicht den Schutz des Ersten Zusatzartikels der Verfassung genossen. Wie wir gesehen haben, war bei diesem Zusatzartikel sowie dem aus der Zeit davor und der danach berichteten Fall der gemeinsame Nenner das Bestreben, dafür zu sorgen, daß Äußerungen, die der Wahrheit entsprechen, in keiner Weise eingeschränkt werden dürfen.

In den sechziger Jahren machten die Vereinigten Staaten eine Zeit des Wandels durch, in der die Meinungen hart aufeinanderprallten. Bürgerrechts-Demonstrationen, viele von ihnen unter Anführung Dr. Martin Luther Kings, fanden im ganzen Süden statt. Am 29. März 1960 erschien in der *New York Times* eine von vierundsechzig Prominenten unterzeichnete ganzseitige Anzeige, in der Klage gegen die Hüter der Rassentrennung in Montgomery, Alabama, geführt wurde, unter ihnen auch die Polizei. Da einzelne der in der Anzeige gemachten Anschuldigungen nicht der Wahrheit entsprachen, strengte L. B. Sullivan, einer der drei Polizeikommissare von Montgomery, einen Prozeß gegen die *New York Times* und andere an, die mit der Anzeige zu tun hatten. Er begründete seine Klage damit, daß ihn über die Polizei der Stadt gemachte unzutreffende Äußerungen in seiner Ehre verletzten, denn er als Kommissar sei für sie verantwortlich. Da er in der Anzeige nicht namentlich genannt worden war, schien sein Fall wenig aussichtsreich.

Die Mehrzahl der weißen Bewohner Montgomerys gehörte weder zu den Anhängern Dr. Kings und dessen Bewegung noch empfand sie besondere Sympathie für die große Zeitung aus dem Osten des Landes. Ein repräsentativ zusammengesetztes Schwurgericht sprach Sullivan eine halbe Million Dollar Schadenersatz zu, und das oberste Gericht des Staates Alabama, dessen Ansichten sich nicht grundlegend von denen der Bewohner Montgomerys unterschieden, bestätigte sowohl das Urteil wie auch die Höhe des Betrages. Zwar konnte sich die *Times* die halbe Million Dollar leisten, wenn sie auch nicht gerade beglückt darüber war, soviel Geld aufbringen zu müssen, doch als existenzbedrohend mußte angesehen werden, daß nunmehr nicht nur die beiden Kollegen des Polizeikommissars von Montgomery und der Gouverneur des Staates Alabama Klage erhoben, mit der sie eine Schadenersatzforderung von zweieinhalb Millionen Dollar verbanden –, es war auch mit einer unübersehbaren Zahl weiterer solcher Klagen zu rechnen.

Der Fall Sullivan, bei dem es um eine Zivilklage zwischen zwei privaten Parteien ging, die keinerlei bundesrechtliche Frage berührte, gelangte 1964 zur Verhandlung vor dem Obersten Gerichtshof der Vereinigten Staaten. Bis dahin hatten einer Intervention des Bundes, wenn es um den Verleumdungsparagraphen ging, Herkommen und Präzedenzfälle entgegengestanden. Allerdings war zu bedenken, daß ein größeres Wirtschaftsunternehmen unter Umständen in seiner Existenz gefährdet war.

Mit einer einstimmig getroffenen Entscheidung wies das Oberste Bundesgericht Sullivans Versuch zurück, mit der Begründung von der *Times* zu kassieren, sie habe unzutreffende Äußerungen über ihn veröffentlicht.

Damit hatte das Gericht erstmals den Ersten Zusatzartikel als Zuflucht für jene geöffnet, die unzutreffende Aussagen machten. Zum einen von dem Wunsch beseelt, die *Times* zu retten, und zum anderen im Bewußtsein der Notwendigkeit, wenigstens ein Lippenbekenntnis zu früheren Entscheidungen abzulegen, trat es mit einer neuen Formel an die Öffentlichkeit. Jetzt hieß es, nur bei erkennbar böswilligem Vorsatz könnten im Dienst der Allgemeinheit Tätige eine Klage mit Aussicht auf Erfolg vorbringen. Doch so, wie das Gericht diesen *erkennbar böswilligen Vorsatz* definierte, dürfte sich der Nachweis kaum führen lassen. Unter diesen Umständen hätten lediglich solche im Dienst an der Allgemeinheit tätigen Menschen damit rechnen können, daß man ihrer Klage stattgab, die den Nachweis zu führen vermochten, daß die unzutreffende Äußerung wissentlich gemacht wurde oder daß man die Prüfung der Frage, ob die Äußerung unzutreffend war oder nicht, fahrlässig unterlassen hatte.

Im Laufe der Zeit weiteten die Gerichte den Schutz aus, den sie Verbreitern von Unwahrheiten angedeihen ließen und erweiterten den Kreis der im Dienst an der Allgemeinheit tätigen Menschen. Nunmehr gehörte ihm jede beliebige »Person des öffentlichen Lebens« an. Damit aber waren, wie sich bald herausstellte, im großen und ganzen gewöhnliche Menschen gemeint, welche sich zu Fragen äußerten, die möglicherweise umstritten waren. All das geschah unter dem Deckmantel der angeblichen Notwendigkeit, die Möglichkeiten der etablierten Medien zu verbessern, in öffentlichen Angelegenheiten ungehindert Nachforschungen durchzuführen, ohne daß sie befürchten mußten, jene, deren Existenz sie dabei zerstörten, könnten sie daran hindern, indem sie sie vor Gericht brachten. Sogar die Amerikanische Vereinigung zum Schutz der Grundrechte (ACLU) hat diese befremdliche Vorstellung auf ihre Fahnen geschrieben, da sie fürchtet, die Presse werde ohne dieses Recht geknebelt, da dann unabhängige Journalisten zu übermäßiger Vorsicht genötigt wären. Damit aber, wird argumentiert, blieben der Öffentlichkeit Tatsachen vorenthalten.

In jüngerer Zeit gemachte Enthüllungen, die nur möglich waren, weil es dieses Gesetz zur Wahrung des Rechts auf Auskunft (Freedom of Information Act) gibt, haben gezeigt, auf welche Weise in den Vereinigten Staaten Nachrichtendienste (allen voran, aber keineswegs allein, der CIA und das FBI) etablierte Medien, die nur allzu gern zur Mitwirkung bereit waren – unter ihnen ironischerweise die *New York Times* –, dazu benutzt haben, unzutreffende und verleumderische Berichte über Menschen in Umlauf zu setzen, die sie in Mißkredit zu bringen wünschten. In allen Fällen handelte es sich bei den Menschen, gegen die sich die Aktivitäten richteten, um solche, die sich bemühten, Angelegenheiten von öffentlichem Interesse aufzudecken, von denen die Regierung wünschte, daß sie unentdeckt blieben. Erkennen Opfer einer solchen Kampagne die Zusammenhänge, und versuchen sie mit Hilfe des rechtmäßigen Prozesses eine Verleumdungsklage zu führen, um ihre Rehabilitierung und Ersatz des erlittenen Schadens zu erreichen, müssen sie entdecken, daß man im Namen der freien und unbehinderten Recherche die Möglichkeit einer solchen Klage so gut wie abgeschafft hat. Sie bekommen keine Gelegenheit, ihren Namen reinzuwaschen, und die Gerichte weisen in der Mehrzahl der Fälle solche Bemühungen zurück. Sollte jemand versuchen, einen Ausgleich für das zu erlangen, was man ihm genommen hat, läuft er Gefahr, noch weit größeren finanziellen Schaden zu erleiden.

Inzwischen ziehen Juristen, ob Mitarbeiter in Anwaltskanzleien oder juristische Vertreter im Mediengeschäft tätiger Großkonzerne, wie die Haie ihre Kreise, um die letzten Spuren dessen aufzuspüren und zu tilgen, was den von ihren Auftraggebern verleumdeten Menschen vom früheren Verfahrensrecht geblieben ist. Übertreibe ich da?

Sehen wir uns den Fall *Herbert gegen Lando* an. Colonel Anthony Herbert, der in Vietnam Zeuge von Kriegsverbrechen und Greueltaten geworden war, berichtete diese Ausschreitungen den zuständigen Stellen. Daraufhin wurde er nicht nur seiner Aufgaben in Vietnam enthoben, die Militärbehörden der Vereinigten Staaten bescheinigten ihm auch in seinem Dienstzeugnis Unfähigkeit. Der Mediengigant CBS war seinerzeit wegen seiner beständigen Berichterstattung durch Walter Cronkite ein nachdrücklicher Befürworter des Krieges, den er in unzutreffender, irreführender und unmenschlicher Weise schilderte. Mit Stentorstimme wurden stolz Verlustziffern des Feindes verlesen, bis sich später herausstellte, daß es sich dabei um getötete Zivilisten handelte: vorwiegend Frauen, Kinder und alte Leute.

Es paßte CBS nicht, daß sich Colonel Herbert ungünstig über den zugegebenermaßen kleinen und schmutzigen – aber zu jener Zeit einzigen – Krieg äußerte. In der Sendung »Sechzig Minuten« ritt der Sender unter dem Titel »Wie sich Colonel Herbert verkaufte« eine Attacke gegen diesen. Barry Lando produzierte die Sendung, und Mike Wallace trug die Schmähreden vor. Anschließend veröffentlichte Lando in der Zeitschrift *Atlantic Monthly* einen Artikel, der sich auf eigens für diese Sendung zusammengetragene Informationen stützte.

Herbert reichte gegen Lando, Wallace, CBS und *Atlantic Monthly* Klage wegen Verleumdung und Schädigung seines Persönlichkeitsrechts ein. Dazu erklärte er, in der Sendung wie im Artikel habe man ihn »böswillig als Lügner hingestellt, als jemanden, der in Vietnam Brutalitäten und Greueltaten begangen hat, sowie als Opportunisten, der darauf aus ist, mit Hilfe der Kriegsverbrechensfrage sein eigenes Versagen beim Militär zu verdecken, das ihm attestiert wurde«.

Da er im Sinne der Gesetzgebung zu Fragen der Verleumdung als Person des öffentlichen Lebens galt, mußte er den Denkprozeß der Beklagten nachvollziehen, wenn er nachweisen wollte, daß sie bewußt die Unwahrheit gesagt oder in fahrlässiger Weise die Wahrheit mißachtet hatten. Zur Erfüllung der neuentwickelten Maßstäbe genügte der Beweis nicht, daß die Aussagen unzutreffend, ja, geradezu ungeheuerlich, waren und Herbert finanziellen wie auch psychischen Schaden zugefügt hatten. Sein Anwalt stellte Lando eine Reihe von Fragen, die sich auf seine Absicht und Schlußfolgerungen bei der Produktion der wahrheitswidrigen und verleumderischen Sendung bezogen. Lando weigerte sich, sie zu beantworten. Seine Taktik sah so aus: Herbert sollte als Gestalt des öffentlichen Lebens hingestellt werden, womit er gezwungen war, Landos Denkprozeß zu erkunden. Anschließend würde Lando die Antwort auf Fragen im Zusammenhang mit diesem Denkprozeß verweigern.

Schäumend vor Wut reagierten die Medien auf eine mit sechs zu drei Stimmen gefällte Entscheidung des Obersten Bundesgerichts der Vereinigten Staaten, in der es hieß, es sei zwingend erforderlich, daß Lando die wenigen Fragen beantworte. Ein Beispiel für die Empörung der Medien ist der heißblütige Leitartikel in der *Los Angeles Times,* der den Obersten Gerichtshof unter der Überschrift »Blut auf dem Ersten Zusatzartikel« schmähte.

In den Vorstandsetagen der Medienkonzerne, die darüber befinden, was Amerikaner über die Welt und ihre Mitbürger sehen und hören sollen, ist die Zeit der Schurken angebrochen. Die von den Gerichten offensichtlich nicht bedachte negative Auswirkung wird an all jenen deutlich, die eine abweichende Meinung vertreten, die Stimme des Protests erheben, unzuträgliche Zustände ans Tageslicht fördern und Fragen im Zusammenhang mit Angelegenheiten stellen wollten, von denen die Regierung nicht wünschte, daß sie bekannt wurden. Wie in längst vergangenen Zeiten mußten und müssen diese Menschen das auf eigene Gefahr tun. Doch jetzt wissen sie zum erstenmal, daß sie mit großer Wahrscheinlichkeit nie Gelegenheit haben werden, vor einem Gericht ihr Recht zu bekommen, wenn es ein Teil der Medien, der entweder auf eigene Faust oder für eine Regierungsstelle tätig wird, für richtig hält, unzutreffende und verleumderische Äußerungen über sie zu verbreiten.

Die Gerichte sind vor der Macht jener in die Knie gegangen, die Zeitungen, Fernseh- und die Rundfunksender beherrschen, und sie haben aus dem Ersten Zusatzartikel, einst ein sicherer Hafen für den, der die Wahrheit sagte, ein Schlupfloch für den Lügner gemacht. Der Fall *Hunt gegen Liberty Lobby* ist ein Anachronismus, ein Dinosaurier, der sich in eine andere Zeit verirrt hat. Als ich mich mit ihm zu beschäftigen begann, war klar, daß es sich bei Hunt um eine Gestalt des öffentlichen Lebens handelte, ja, sogar um einen ehemaligen hochrangigen Mitarbeiter des CIA. Allerdings stützte ich meinen Versuch, die Klage abweisen zu lassen, nicht ausschließlich auf die Frage erkennbaren böswilligen Vorsatzes. Ebenso wie mein Mandant war ich bereit, den Fall unvoreingenommenen Geschworenen vorzulegen, die den Wahrheitsgehalt der Behauptungen prüfen sollten. Dieses Verfahren müßte meiner Überzeugung nach in allen so gelagerten Fällen Anwendung finden.

Jedem, der in einem Zivil- oder Strafverfahren vor Gericht steht, billigt das Gesetz zu seiner Verteidigung voneinander abweichende Vorgehensweisen zu – er darf sich sogar in Widersprüche verwikkeln. So kann ein wegen Körperverletzung Angeklagter sowohl Material vorlegen, aus dem hervorgeht, daß er sich zu dem Zeitpunkt, da die Tat in San Diego begangen wurde, in Chicago aufhielt, wie auch, daß er in Notwehr gehandelt habe.

Natürlich besteht die Gefahr, daß ein Angeklagter mit solcher Taktik bei den Geschworenen seine Glaubwürdigkeit verspielt. Manche Anwälte haben es sich zur Gewohnheit gemacht, mit widersprüchlichen und ungereimten Aussagen vor die Geschworenen zu treten, in der Hoffnung, daß diese wenigstens eine davon akzeptieren. Von einem solchen Vorgehen halte ich nichts. Meiner festen Überzeugung nach ist es für den Anwalt von entscheidender Bedeutung, eine Beziehung zu den Geschworenen aufzubauen und jede zumutbare Anstrengung zu unternehmen, um die zwangsläufig einseitige Beziehung nicht unnötig zu belasten. Die Geschworenen hören zu, beobachten und nehmen lediglich über ihre Körpersprache am Verfahren teil: hier ein zustimmendes oder bekräftigendes Nikken, da ein ungläubiger oder geringschätziger Blick oder gelegentlich ein Auflachen, das sich häufig nicht recht deuten läßt. Wer für ein und denselben Tatbestand unterschiedliche Erklärungen vorträgt, mag damit unter Umständen ein günstiges Ergebnis erzielen, das sonst nicht eingetreten wäre. Doch ist der Nachteil in meinen Augen unendlich groß: Der Anwalt hat den Geschworenen zu verstehen gegeben, daß er nicht weiß, was wirklich vorgefallen ist, und daß es ihre Aufgabe ist, das herauszubekommen.

Im Falle Hunt wäre es verantwortungslos gewesen, eine zur Verteidigung meines Mandanten mögliche Vorgehensweise auszulassen. Dazu gehörte auch der Nachweis, daß kein erkennbarer böswilliger Vorsatz vorlag. Immerhin ging es um die Frage, wie solche Fälle künftig gehandhabt werden sollten. Das beruhte meiner Überzeugung nach auf meiner Fähigkeit nachzuweisen, daß der Artikel nicht nur der Wahrheit entsprach, sondern sogar – außer, was die in ihm enthaltenen Voraussagen betraf, die ohnehin keinen Klagegrund bilden konnten – untertrieben hatte. In erster Linie sollte zur Verteidigung die Wahrheit herangezogen werden. Sobald der Fall dem Schwurgericht vorgelegt wurde, hinge dessen Entscheidung davon ab, ob es mir gelang nachzuweisen, daß der CIA mit Hilfe Hunts – unter anderem – Präsident Kennedy hatte ermorden lassen. Äußerungen von Geschworenen im Anschluß an ihren einstimmig gefundenen Spruch zeigten, daß sie über die Frage entschieden hatten, ob die Anschuldigungen der Wahrheit entsprachen, nicht aber darüber, ob dabei ein erkennbar böswilliger Vorsatz im Spiel war. Da nun beide Parteien entschlossen waren, Material vorzulegen, bei dem erstmals in einem Rechtsstreit die Behauptung geprüft werden sollte, der CIA habe den Präsidenten ermorden lassen, kam es zu etwas ganz Seltenem, nämlich einem altmodischen Prozeß wegen Verleumdung.

Im sächsischen und altenglischen Recht hat man im Verlauf seiner Entwicklung aus den frühesten Anfängen dem Verfahren, das zur Ermittlung der Wahrheit diente, gewisse Verfeinerungen angedeihen lassen. Seine älteste Form, das *judicium Dei* – Gottesurteil – gründete auf der Annahme, zu gegebener Zeit werde das Eingreifen übernatürlicher Kräfte Schuldlose beziehungsweise Menschen, welche die Wahrheit gesprochen hatten, vor leiblichem Schaden bewahren. Der gelehrte Wahrer des Rechts, der einst beim einfachen Volk ebenso hohes Ansehen genoß wie heute seine Nachfolger in den schwarzen Roben, saß einem Verfahren vor, von dem man hoffte, es werde Gottes Aufmerksamkeit – möglichst im passenden Augenblick – auf sich lenken.

Natürlich brachte die Klassenstruktur der Gesellschaft unterschiedliche Prozeduren für die herrschende Elite und das gemeine Volk. In dieser Hinsicht hat sich im Lauf der Jahrhunderte kaum etwas geändert. Ein unbeteiligter Beobachter allerdings dürfte zwischen den beiden Prozeduren lediglich einen geringfügigen Unterschied bemerkt haben. Herren und Damen sowie Mitglieder ihres Gefolges, kurz, jeder, der einen gewissen Rang bekleidete, wurden einer Feuerprobe unterzogen. Dabei mußte der Tatverdächtige ein rotglühendes Stück Eisen in die Hand nehmen, das je nach Gutdünken des hochmögenden Richters ein, zwei oder drei Pfund wog. Wer als unschuldig gelten wollte, durfte sich dabei nicht verbrennen. Bei einer Variante dieser Vorgehensweise ließ man Beschuldigte barfuß mit verbundenen Augen über neun rotglühende Pflugscharen gehen, die in ungleichmäßigen Abständen der Länge nach hintereinander aufgereiht waren.

Jenen, die weder der begüterten Schicht angehörten noch über politische Verbindungen verfügten, war die Wasserprobe vorbehalten. Vermutlich handhabte man zur Zeit der Frühjahrsbestellung der Äcker die Maßstäbe so flexibel, daß den Anforderungen einer aufblühenden landwirtschaftlichen Wirtschaftsordnung Genüge geleistet wurde. Beschuldigte mußten entweder den Arm bis zum Ellbogen in kochendes Wasser tauchen, wobei sie sich nicht verbrühen durften, oder man warf sie in einen Teich oder Fluß. Wer auf den

Grund sank, dessen Unschuld galt als erwiesen, und er wurde – vermutlich postum – freigesprochen. Wer an der Wasseroberfläche blieb, ohne dazu mit Bewegungen beizutragen, die man als beabsichtigt (oder nicht) ansehen konnte, hatte sich als schuldig erwiesen.

Zum neuzeitlichen Verfahren* gehört üblicherweise eine Verhandlung vor einem Schwurgericht. Es setzt sich aus Geschworenen zusammen, ehrenamtlich tätigen Laienrichtern, die der gleichen Gesellschaftsschicht angehören wie der Beschuldigte oder Angeklagte. Auch dieses Verfahren ist nicht frei von Schwierigkeiten. Selten ist der Tatverdächtige, ob in einem Zivil- oder Strafprozeß, begeistert von alldem, was da zur Sprache kommt. Obwohl die Kläger im Zivilprozeß und die Ankläger im Strafprozeß selbst dafür gesorgt haben, daß die Dinge dahin trieben, wo sie jetzt sind, werden auch sie angesichts des ungewissen Ausgangs von Zweifeln beschlichen. Alle Beteiligten: die Parteien, ihre Anhänger und ihre Anwälte, sehen dem Tag der Verhandlung mit mehr als nur ein wenig Besorgnis entgegen. Ist er gekommen, setzen die Anwälte ihr dem ersten Prozeßtag würdiges Gesicht auf. Immerhin sind sie die einzigen Repräsentanten der zerstrittenen Kräfte, die für ihr Auftreten bezahlt werden, also Profis. Sie kennen das alles schon.

Das Schauspiel beginnt, bevor die Richter eintreffen.

Es war ein Januartag in Miami, als die Beteiligten sahen, mit welchem Aufgebot sich der jeweilige Gegner dem für die Verhandlung vorgesehenen Raum näherte.

E. Howard Hunt jr. wurde von seiner derzeitigen Frau und zwei anderen Personen flankiert, die niemand vorstellte oder bekannt machte. Sie folgten Hunts beiden Anwälten, William Snyder und Kevin Dunne, die von einem Mitarbeiter aus ihrer Kanzlei begleitet wurden.

Die Kleidung aller entsprach dem Anlaß, doch war die Hunts eine Spur zurückhaltender als die seiner Parteigänger, abgetragener, ohne im entferntesten bewußt gewählt zu wirken. Die Aussage hieß: ›Ich bin kein reicher Mann; ich könnte ein Urteil in meinem Sinne und eine ordentliche finanzielle Entschädigung gut brauchen‹.

* In Ländern, die das englische Rechtssystem übernommen haben.

Halt bot der Hunt-Phalanx nur die elektronische Kontrollschleuse in der Vorhalle des Gerichts, in der alle Taschen zu leeren waren: Kleingeld, Schlüssel usw. Sogar Gürtel mit Metallschnallen mußte ablegen, wer Zutritt erlangen wollte. Immerhin befanden wir uns im Gerichtsgebäude der Drogenhauptstadt des Landes.

Die Gegenseite näherte sich der Schleuse aus zwei verschiedenen Richtungen. Brent Whitmore, unsere Anwaltsgehilfin, Willis Carto, der Vertreter der beklagten Vereinigung Liberty Lobby, Victor Marchetti und ich betraten den Vorraum durch einen Eingang, während der Hauptanwalt des Unternehmens, Fleming Lee, mit seiner Frau von einem anderen Eingang her etwas später eintraf, weil er schon zur Frühstückszeit einen Termin hatte wahrnehmen müssen. Auch auf unserer Seite waren alle dem Anlaß entsprechend in dunkle Anzüge und Kostüme gekleidet, die Männer trugen dezente Krawatten. Der Kläger und sein Gefolge hatten den Aufzug erreicht, als wir uns aller Metallgegenstände zu entledigen begannen.

Einige Minuten später kam es zur ersten Begegnung. Als wir den modernen Gerichtssaal betraten, gebeugt von der Last der schweren Ledertaschen mit den papierenen Waffen, mit denen wir bald ins Gefecht ziehen würden, grüßten die Anwälte einander mit geheuchelter Wärme und Freundlichkeit, wobei sie siegesgewisse Mienen aufsetzten. Auch wenn sich die Angehörigen beider Gruppen bemühten, Zuversicht und Gelassenheit auszustrahlen, konnte keiner dem anderen etwas vormachen. Es galt einfach gewisse altüberlieferte Rituale einzuhalten; das unterscheidet uns Profis von unseren Mandanten, die nicht zu verbergen vermögen, daß sie einen Zustand nicht mehr zu steigernder Beklemmung und Sorge erreicht haben.

Die einzelnen Mitglieder der Gruppen wurden vorgestellt. Hunt nickte, seine Frau sah beiseite, Carto nickte zurück. Brent bot, wie auch alle Anwälte, den anderen die Hand. Marchetti sah sich so gründlich im Saal um, als suche er nach Kameras oder versteckten Abhöreinrichtungen.

In einen Gerichtssaal verwandelte sich der Raum, als der Justizwachtmeister mit einem halb gebrüllten Hinweis darauf aufmerksam machte, daß der Richter sogleich eintreten werde, wobei alle

Anwesenden aufzustehen hätten. Wir taten es. Er kam. Dann war es soweit.

Richter James W. Kehoe war ganz geschäftsmäßig. Er gab sich nicht die geringste Mühe zu verbergen, daß er keineswegs gern da war und von den Parteien die Bereitschaft voraussetzte, sich viele Stunden mit der Sache zu beschäftigen, damit man sie in angemessener Zeit zu Ende bringen konnte. Zwar war es ihm mehr als recht, in seinem Gerichtssaal den Vorsitz zu führen; doch war er keineswegs glücklich darüber, daß er *diesen* Fall erneut verhandeln mußte. Später legte er bei einer Beratung am Richtertisch einem der Anwälte dar: »Einen Fall noch einmal verhandeln ist für mich so, als ginge ich ins Kino, um mir einen Film noch einmal anzusehen – und zwar einen, den ich schon beim erstenmal nicht sehen wollte.«

Der Anwalt verstand. Unnötige Verzögerungen waren zu vermeiden. Trotz der Besorgnis, die ich an jenem ersten Tag empfand, es könne zu einem abgekürzten Verfahren kommen, muß ich rückblikkend sagen, daß Richter Kehoe nicht nur die Materie beherrschte, sondern auch unparteiisch und geduldig war. Obwohl vor Berufungsinstanzen Einspruch einlegende Parteien stets daran erinnert werden, daß sie keinen Anspruch auf ein vollkommenes Verfahren erheben können, sondern lediglich ein gerechtes Verfahren erwarten dürfen, lieferte er nicht nur die verlangte adäquate Verhandlung, sondern eine, die nach den Erfahrungen meiner vierzigjährigen Berufspraxis einer vollkommenen Verhandlung so nahe wie nur möglich kam. Es ist das höchste Lob, das ich einem Richter aussprechen kann – ganz davon abgesehen, daß er sich in Fragen des Rechts an keiner Stelle in gröblicher Weise irrte –, daß ich nicht einmal nach dem Verfahren imstande war zu entscheiden, welcher Seite seine Sympathie gegolten hatte.

Während die Geschworenen über die Tatsachen befinden, wendet der Richter das Recht an. Auch wenn die Trennlinie nicht schärfer gezogen werden könnte, gelangt auch ein Richter, da selbst er ein Mensch ist, zu gewissen Schlußfolgerungen. Es ist wichtig, daß er diese Einschätzung des Falles nicht auf die Geschworenen überträgt. Meist vermag der Anwalt einer Partei ohne weiteres erkennen, welcher Seite das Gericht zuneigt, und in vielen Fällen ist der Richter auch durchaus bereit, den Geschworenen auf die eine oder andere unauffällige Weise zu signalisieren, wo seine Sympathien liegen.

Als der Fall Hunt abgeschlossen war und wir uns zum letztenmal von Richter Kehoe verabschiedeten, war ich nach wie vor nicht imstande zu sagen, welcher Seite des von ihm verhandelten Falles er zuneigte. Ein großes Lob gebührt ihm darum.

Als erstes stand für das Gericht die bei der ersten Verhandlung für den Fall, daß der Richter gegen uns entschied, getroffene Parteienübereinkunft auf der Tagesordnung. Ich hatte eine Rückzugsposition vorbereitet, die sich als nützlich erweisen konnte. Dennoch könnte sich der Beschluß des Richters als bahnbrechend herausstellen und bestimmte möglicherweise darüber, ob es wirklich ein Verfahren gab, in dem der Fall verhandelt wurde, wie er es verdiente, oder lediglich eine Neuauflage der ersten Verhandlung.

Bei jener hatte der für Liberty Lobby tätige Anwalt erklärt, daß sich Hunt am 22. November 1963 nicht in Dallas aufgehalten habe, und das hatte das Gericht den Geschworenen vorgetragen. Hunt vertrat die Ansicht, die mit der Hinnahme dieser Aussage erreichte Position müsse auch in späteren Verfahren akzeptiert werden, und daher seien die Beklagten verpflichtet, sie im vorliegenden Verfahren gelten zu lassen. Schon viele Monate zuvor hatte ich dem Anwalt des Klägers einen Brief geschickt und darin erklärt, daß diese Position nicht mehr zu halten sei und wir uns bei der Verhandlung in erster Linie auf die Rolle konzentrieren würden, die Hunt bei der Ermordung des Präsidenten gespielt hatte. Dazu aber gehöre auch die Frage seiner Anwesenheit in Dallas zur betreffenden Zeit. Snyder und Dunne hatten Anträge eingebracht, mit denen sie verhindern wollten, daß die Beklagten im zweiten Verfahren eine andere Linie der Verteidigung verfolgten als jene, mit der sie im ersten Verfahren gescheitert waren.

Ich konnte ihren Standpunkt verstehen. Sie hofften, das erste Verfahren sei lediglich eine Generalprobe für das gegenwärtige gewesen und sie könnten diesmal einen noch größeren Erfolg verbuchen. Meine Absicht war es, einem neutralen Schwurgericht mit hinreichender Klarheit nachzuweisen, daß der CIA Präsident Kennedy ermordet hatte.

Im Bewußtsein, daß auf dem Terminkalender des Richters noch

eine ganze Reihe von Fällen wartete, wiesen Hunts Anwälte nicht nur nachdrücklich darauf hin, daß das Gesetz ihre Position stütze, sondern auch darauf, welche entsetzlichen praktischen Folgen es hätte, wenn man uns gestatte, den Fall so verhandeln zu lassen, wie wir uns das vorstellten. Sofern man die Frage zuließe, inwieweit der CIA an der Ermordung Kennedys beteiligt war, würde sich das Verfahren lange hinziehen sowie unüberschaubar und zeitraubend werden. Der Richter erwog, was man ihm vorgetragen hatte.

Ein beständiger Streitpunkt zwischen Anwälten und Richtern ist das Tempo, in dem das Verfahren abzulaufen hat. Viele vor Gericht plädierende Anwälte bringen kein Verständnis für die Theorie auf, daß Menschen meist nur mit taktvoller Vorgehensweise zu überzeugen sind; sie neigen dazu, die Fälle schwungvoll durchzuziehen. Geschworene werden öfter durch ein Übermaß an Beweismitteln verwirrt als durch das Fehlen erforderlicher Angaben verunsichert. Stets bemühe ich mich, das Gericht von Anfang an, im allgemeinen in Beantwortung von Fragen zur geschätzten Länge des Verfahrens, mit meiner Vorstellung von einem Prozeß vertraut zu machen.

Eine Kardinalsünde begeht, wer die Geschworenen langweilt; diesen Fauxpas verzeihen sie einem plädierenden Anwalt nicht, können sich aber ausschließlich an dessen Mandanten schadlos halten. Meiner Ansicht nach hängt das Ganze wirklich mit der Achtung vor dem Gegenüber zusammen. Lediglich ein Anwalt, der so unsicher ist, daß er befürchtet, die Geschworenen seien außerstande zu begreifen, worum es geht und seine Sehweise des Falles zu erfassen, wird einen bereits hinreichend erläuterten Tatbestand noch einmal vortragen und breit auswalzen. Wer Geschworene nicht als leere Schiefertafeln mit Namen darauf behandelt, sondern als verständige und interessierte Menschen, wird immer wieder erleben, daß sie entsprechend reagieren.

Da Richter Kehoe nicht annahm, daß ich die Absicht hatte, den Fall zu verschleppen, verlor Hunts Hinweis, das Verfahren könne sich zu lange hinziehen, viel von seiner Bedrohlichkeit.

Hunts Antrag, man möge meinen Mandanten daran hindern, die beim ersten Verfahren getroffene Parteiübereinkunft rückgängig zu machen, war seit 1984 anhängig. Eingereicht worden war er sozusagen erst am Vorabend des für das zweite Verfahren ursprünglich angesetzten Termins. Sieben Monate später entschied das Gericht in mündlicher Verhandlung darüber. Die lange Verzögerung hing damit zusammen, daß ich mich unmittelbar vor jenem Termin einem größeren Eingriff unterziehen mußte. Am 12. Juli 1984 operierte mich Dr. Benjamin Aaron am offenen Herzen und setzte einen fünffachen Bypass ein. Dieser geschickte Chirurg hatte Präsident Reagan damit das Leben gerettet, als er die vom Attentäter John Hinckley auf ihn abgefeuerte Kugel herausholte. Das von meinem Krankenhausaufenthalt in Kenntnis gesetzte Gericht setzte den Fall sogleich vom Terminplan ab. Zwei Monate später teilte ich dem Gericht mit, daß ich verhandlungsbereit sei.

Am Eröffnungstag der Verhandlung erwog Richter Kehoe die Frage, ob die Parteienübereinkunft bestehenbleiben sollte oder nicht. Die Anwälte des Klägers brachten vier grundlegende Argumente vor:

1. Die bloße Tatsache, daß ein Fall erneut verhandelt werden soll, ist kein zureichender Grund, einem Prozeßbeteiligten zu gestatten, daß er von einer im ersten Verfahren getroffenen Parteienübereinkunft abweicht. Hunts Anwälte zitierten ein juristisches Standardwerk *(American Law Reports)*, das die vor Gerichten der Vereinigten Staaten hauptsächlich geltenden allgemeinen Grundsätze zusammenfaßt: »Sofern eine Parteienübereinkunft erkennbar und ausdrücklich für den Zweck getroffen wurde, die Gegenpartei der Notwendigkeit des Faktenbeweises zu entheben, oder damit vom Anwalt eingeräumte Tatsachen ins Protokoll aufgenommen werden, kann eine solche Parteienübereinkunft oder Einräumung – vorausgesetzt, sie ist nicht ihrem Wesen nach auf einen bestimmten Anlaß oder einen zeitlich befristeten Gegenstand beschränkt – bei einer späteren Verhandlung desselben Gegenstandes in die Beweisführung eingebracht und als Beweismittel für die zugelassenen Tatsachen vorgelegt werden, es sei denn, das Gericht gestattet nach einem ordnungsgemäß gestellten Antrag ihre Zurücknahme.«

2. Es hieß, der Antrag der Kläger, die Parteienübereinkunft zurückzunehmen, sei »nicht rechtzeitig« gestellt worden. Hier zitierten Hunts Anwälte verschiedene Fälle, in denen entschieden worden

war, »sobald ein Prozeß in das Hauptverfahren einmündet, sind an jeden, der eine Parteienübereinkunft zu modifizieren oder zurückzunehmen wünscht, zwangsläufig klare Anforderungen zu stellen, damit nicht das Verfahren als solches gefährdet wird. Daher gilt, ›äußert eine Partei erst nach Beginn der Verhandlung den Wunsch, von einer Parteiübereinkunft entbunden zu werden, schließt die Tatsache, daß das Verfahren begonnen hat, eine solche Entscheidung zwar nicht aus, ist aber mit heranzuziehen‹.«

3. Weder der Wortlaut der Parteienübereinkunft noch die ursprüngliche Absicht der Parteien läßt einen Grund dafür erkennen, daß die im ersten Verfahren getroffene Parteienübereinkunft nicht auch im neuen Verfahren maßgeblich sein sollte.

4. Ein neuer Anwalt ist an eine von seinem Vorgänger gebilligte Parteienübereinkunft gebunden.

Ich erkannte das Zitat aus *American Law Reports* und die von jener Zeitschrift angeführten Fälle als sachlich zutreffend an, in denen es hieß, eine Parteienübereinkunft habe in einem späteren Verfahren als bindend zu gelten, »vorausgesetzt, daß sie nicht ihrem Wesen nach auf einen bestimmten Anlaß . . . beschränkt ist«, erklärte aber, hier sei die Einschränkung offenkundig. Beim ersten Verfahren hatte der Richter den Geschworenen die Parteienübereinkunft vorgetragen und dazu gesagt: »Ausschließlich für *Zwecke dieses Verfahrens* [Hervorhebung durch den Verfasser] haben die Beklagten anerkannt und eingeräumt, daß sich der in diesem Fall auftretende Kläger am Tag der Ermordung Präsident Kennedys, das heißt am 22. November 1963, nicht in Dallas im Staate Texas aufhielt.«

Problematischer war es, der Behauptung zu begegnen, ich hätte zu lange gewartet, um diese Parteienübereinkunft jetzt noch zurückziehen zu können. Schon bald, nachdem sie getroffen worden war, hatte ich mich bewußt entschieden zu warten, bis ich einen Antrag einreichte, um sie aufheben zu lassen. Wäre früh ein ablehnender Bescheid ergangen, hätte mich dieser gehindert, das Material zusammenzutragen und die Einvernahmen durchzuführen, die ich im Verfahren zu verwenden hoffte. Außerdem hatte ich überlegt, daß keine Notwendigkeit bestand, etwas zu unternehmen, sofern meine Einschätzung der Rechtslage zutraf. Meiner Ansicht nach war die bewußte Parteienübereinkunft schon dem äußeren Anschein nach selbstbeschränkend, und so erlosch ihre Gültigkeit mit dem Ende des ersten Verfahrens. Um meine Prozeßgegner nicht in unangemessener Weise in Bedrängnis zu bringen, hatte ich ihnen schon früh mitgeteilt, daß diese Übereinkunft meiner Ansicht nach nicht mehr gültig sei. Sofern meine Position fest gegründet war, gab es keinen Anlaß, das Gericht mit einer reinen juristischen Debattierübung zu behelligen, und daher fühlten sich Hunts Anwälte verpflichtet, einen Antrag einzubringen. Sofern dieser zur unrechten Zeit kam, konnte die Verantwortung für dic Verzögerung meinem Mandanten zugeschoben werden.

Ich stimmte zu, daß eine von Liberty Lobby gebilligte frühere und fortdauernde Parteienübereinkunft für spätere Anwälte selbst dann bindend sei, wenn es unklug gewesen sein sollte, sie einzugehen.

Zu den Schwächen in Hunts Antrag gehörte meiner Ansicht nach, daß er sich auf Entscheidungen höherinstanzlicher Gerichte in anderen Gerichtsbezirken berief. Gemäß ihrer geographischen Gegebenheiten sind die Vereinigten Staaten in verschiedene Gerichtsbezirke unterteilt. Maßgeblich für die Gerichte im südlichen Bezirk Florida sind die Entscheidungen des in Atlanta ansässigen Appellationsgerichts für den Elften Gerichtsbezirk.

Ehemals war dafür der Fünfte Bezirk mit Sitz in New Orleans zuständig gewesen, doch er war zu groß geworden und mit einer unmöglich zu bewältigenden Zahl von Fällen belastet. Daher schuf man den Elften Bezirk neu und schlug ihm Florida zu. Verständlicherweise reagieren die Richter an Bezirksgerichten besonders stark auf Entscheidungen des für die Kontrolle ihrer Urteile zuständigen Appellationsgerichts. Aus diesem Grund unterstrich ich die jüngsten relevanten Entscheidungen des Elften Bezirks und bezog mich für frühe Präzedenzfälle auf dessen Vorgänger, den Fünften Bezirk.

Der Richter entschied nicht sogleich. Nachdem er beide Seiten angehört hatte, und bevor das Gericht zu einem Ergebnis gekommen war, fragte mich Carto, ob man uns wohl verbieten werde,

Beweismittel für Hunts Beteiligung am Mord vorzulegen. Ich war zwar äußerst auf die bevorstehende Entscheidung gespannt, aber unabhängig von ihr bereit, mein Hauptverteidigungsargument nämlich Hunts Beteiligung am Kennedymord – auch dann weiter heranzuziehen, wenn sie gegen uns ausfallen sollte. Ich teilte Carto mit, die Parteienübereinkunft könne uns, sofern man zuließe, daß sie das Verfahren beherrschte, lediglich daran hindern, Beweise dafür vorzulegen, daß sich Hunt am 22. November 1963 in Dallas aufgehalten hatte. Alle anderen Beweismittel, mit deren Hilfe sich Hunts Beteiligung an dem Verbrechen nachweisen ließ, dürften davon nicht betroffen sein. Das war ohnehin der nächste Beweispunkt, den ich vorzulegen bereit war. Es erwies sich als unnötig. Das Gericht entschied, schon ihre sprachliche Form beschränke die Parteienübereinkunft auf das erste Verfahren, und ich sei daher nicht verpflichtet gewesen, die Sache zur Kenntnis des Gerichts zu bringen, indem ich einen Antrag stellte.

Verschiedene andere minder bedeutende Anträge aus der Zeit vor der Verfahrenseröffnung wurden hin und her geschoben und über sie entschieden. In allen Fällen erwies sich Richter Kehoe, ganz gleich, ob wir mit unserem Standpunkt durchdrangen oder unterlagen, als scharfsinniger Ehrenmann, dem ausschließlich daran lag, dem Recht zur Geltung zu verhelfen.

Da die Parteien auf die Mitwirkung eines Schwurgerichts nicht verzichtet hatten, womit ausgeschlossen war, daß ein Einzelrichter das Urteil fällte, mußten nunmehr die Geschworenen ausgewählt werden. Ich hatte gründlich darüber nachgedacht, welche Argumente für, und welche gegen ein Verfahren vor einem Einzelrichter sprachen. Durch die zahlreichen im Verlauf der letzten Jahre gegen meinen Mandanten von allen Seiten in den Medien geführten Angriffe, bei denen man unterstellt hatte, bei Liberty Lobby handele es sich um ein rassistisch und antisemitisch eingestellte Vereinigung, war ein Klima entstanden, das einem gerechten Verfahren alles andere als zuträglich war.

Theoretisch kann sich ein Richter im Unterschied zu Geschworenen über ein Meer von Vorurteilen erheben und eine von keinerlei Leidenschaft getrübte sachbezogene Entscheidung treffen. Gegen diese Annahme spricht jedoch zweierlei. Zum einen bin ich durchaus Richtern begegnet, die so voreingenommen waren, daß sie als Geschworene nicht wählbar wären. Gleichwohl kann niemand sie daran hindern, einem Verfahren vorzusitzen. Außerdem bin ich davon überzeugt, daß das demokratische Wesen des Geschworenensystems es verdient, gestützt und bewahrt zu werden. Kein einziges Mal habe ich bisher auf das Recht einer Verhandlung vor dem Schwurgericht verzichtet. Zwar habe ich in mehreren Fällen diese Möglichkeit ernstlich erwogen, mich aber immer dagegen entschieden.

Die Leute, aus deren Reihen die Geschworenen ausgewählt werden sollten, mindestens zur Hälfte Frauen, kamen herein und füllten den Gerichtssaal. Sie erweckten in jeder Beziehung den Eindruck, daß sie einen wirklichen Querschnitt durch die Bevölkerung bildeten. Einige waren noch so jung, daß sie wohl gerade zum erstenmal wählen durften, andere waren gewiß seit einem Jahrzehnt oder länger in Rente. Der Gruppe gehörten Schwarze aus den Gettos von Miami an, kürzlich ins Land gekommene kubanische Einwanderer, weiße Amerikaner, Arbeitslose, Mitglieder reicher Familien und Führungskräfte von Unternehmen. Außerdem gab es mehrere, die früher in New York oder den Staaten im nördlichen Teil der Ostküste gelebt hatten – im allgemeinen ältere Männer und Frauen, die sich in Miami oder in der Nähe niedergelassen hatten, um ihren Lebensabend in einem milderen Klima zu verbringen.

Da ich Wert auf unvoreingenommene und faire Geschworene legte, stellte ich den Kandidaten beim *voire dire** Fragen, mit deren Hilfe ich feststellen wollte, ob sie bewußt oder unbewußt dem Bericht der Warren-Kommission oder irgendeiner anderen offiziellen Regierungsverlautbarung auf dem Gebiet, um das es ging, zuneigten.

Auch bemühte ich mich zu erkennen, ob jemand meinem Mandanten gegenüber eine offene oder versteckte Feindseligkeit an den Tag legte. Das festzustellen ist sehr schwierig, da ich nicht wußte, ob die Kandidaten mit der Politik von Liberty Lobby vertraut waren

* Dieser Ausdruck aus dem älteren Französisch bedeutet wörtlich ›die Wahrheit sagen‹; das so bezeichnete Verfahren ist eine vorläufige Befragung von Geschworenen oder Zeugen, die ermöglichen soll zu erkennen, ob es Gründe für einen Ablehnungsantrag oder Einwände dagegen gibt.

oder ob der Richter bereit war, in der Verhandlung die Vorlage von Material zuzulassen, das die politische Position meines Mandanten klarmachen würde.

Ich stellte Fragen, von denen ich hoffte, daß sie nichts über meine Befürchtungen verrieten. Ein Beispiel: »Sind Sie der Ansicht, daß Sie, sofern Sie in diesem Verfahren als Geschworener mitwirken, alle Erwägungen unberücksichtigt lassen werden, die nichts mit dem Verfahren zu tun haben, wie beispielsweise die Tatsache, daß der Kläger E. Howard Hunt wegen schwerer Vergehen verurteilt wurde, oder daß der Beklagte Liberty Lobby als nationale Interessengruppe unter Umständen politische Standpunkte vertritt, die möglicherweise von Ihren eigenen abweichen?«

Bevor das Verfahren eröffnet wurde, fragte ich Carto, welche Art von Geschworenen ihm am liebsten wäre. Er überraschte mich mit der Antwort: »Ich hätte gern Schwarze und Juden dabei.« Nach den Gründen befragt, sagte er: »Ich habe es satt, immer wieder als Rassist und Antisemit hingestellt zu werden. Ich möchte, daß die Tatsachen ans Tageslicht kommen, so daß ein Schwurgericht eine Entscheidung über die Sache fällen kann.« Ich gab zu bedenken, daß man diese Fragen vielleicht besser für eine andere Gelegenheit aufspare, denn was wir uns für diesen Prozeß vorgenommen hatten, nämlich der Nachweis, daß Hunt und der CIA für Präsident Kennedys Ermordung verantwortlich waren, sei schon komplex genug.

Später gewann die Frage von Rassismus und Antisemitismus in einem Fall, den ich schon früher erwähnt habe, Bedeutung. Dabei trafen Liberty Lobby und William F. Buckley jr. als Gegner vor dem Gericht des Bezirks Columbia, der für das Gebiet der Hauptstadt Washington zuständig ist, in einem Verfahren wegen Ehrverletzung als Prozeßgegner aufeinander. Die Geschworenen in jenem Verfahren, bei dem Liberty Lobby obsiegte, waren ausschließlich Schwarze.

Das für den Fall Hunt zusammengestellte Schwurgericht war deutlich repräsentativer für die gesamte Nation. Ein im Ruhestand lebender ehemaliger New Yorker namens Goldstein teilte dem Gericht mit, sein Sohn sei Lehrer an einer höheren Schule in Brooklyn. Als er auf meine Frage nach dem Namen jener Schule »Erasmus

Hall« erwiderte, wich ich in gespieltem Entsetzen zurück und teilte ihm mit, ich sei Absolvent der James-Madison-High-School in Brooklyn. Dann fragte ich ihn, ob er das meinen Mandanten entgelten lassen würde. Er lachte. Den anderen Anwesenden erklärten wir, daß die beiden Schulen Erzrivalen seien oder das zumindest vor einem halben Jahrhundert waren.

Am Ende des Auswahlverfahrens befanden sich unter den von uns vorgeschlagenen Geschworenen Schwarze, Kubaner, Juden, Südstaatler, Reiche und Arme, Männer und Frauen. Die beiden Anwälte Hunts beschäftigten sich ziemlich lange mit der Liste und stellten sondierende Fragen.

Schließlich bekräftigten beide Seiten ihr Einverständnis mit den vorgeschlagenen Laienrichtern. Beide Parteien erklärten sich davon überzeugt, daß sie es mit unvoreingenommenen, vernünftigen und aufgeschlossenen Bürgern zu tun haben würden. Der Richter vereidigte die ausgewählten Geschworenen, erteilte ihnen die vorgeschriebene einführende Rechtsbelehrung, und das Verfahren begann.

Die Anwälte beider Seiten gaben eine einleitende Erklärung ab. Im wesentlichen sagte Snyder, Hunt habe sich am 22. November 1963 in Washington aufgehalten, er sei ein vaterlandsliebender und gesetzestreuer Bürger, der seinem Land redlich gedient habe, auch wenn er nicht immer gut beraten gewesen sei, und nichts von dem, was Marchetti in seinem Artikel über ihn geschrieben hatte, entspreche der Wahrheit. Er erklärte, sogar über Hunts Stellung im CIA habe Marchetti die Unwahrheit gesagt, sei dieser doch kaum mehr als ein Laufbursche gewesen, jemand, der Botendienste leistet und dem Vorgesetzten die Aktentasche trägt. Ich erwiderte darauf, daß die in dem Artikel als Tatsachen bezeichneten Angaben auf Wahrheit beruhten, und daß wir Zeugen aufbieten würden, welche die ernsthaftesten der darin enthaltenen Anschuldigungen bestätigen würden.

Als erster Zeuge wurde E. Howard Hunt aufgerufen. Seine Aussage konnte sich für alle Punkte des Verfahrens als ungünstig erweisen. Sofern ihm die Geschworenen Glauben schenkten, würden sie alle gegen ihn veröffentlichten Behauptungen für unwahr erklären. Er gab sich frei und offen, ganz wie jemand, der zu Recht empört ist, weil so schwerwiegende und falsche Anschuldigungen gegen ihn veröffentlicht wurden. Ich sah ihn mir genau an; mit der Art seines Auftretens traf er die Rolle genau. Wäre ich ein Filmregisseur auf der Suche nach einem Darsteller für einen in seinen Rechten gekränkten Staatsdiener gewesen – ich hätte den Mann auf der Stelle engagiert. Er machte einen aufrichtigen Eindruck, war aber eine Spur zu kampflustig, um liebenswürdig zu wirken.

Geschickt und umsichtig führte Snyder seinen Zeugen durch die ersten Runden seiner Hauptvernehmung. Offenkundig war ihm darum zu tun, die Aura zu entmystifizieren, die Hunt umgab, und den Geschworenen zu zeigen, daß es sich bei diesem Mann, den seine eigene Regierung als Verbrecher brandmarkte, in Wahrheit um einen anständigen, tapferen Amerikaner mit patriotischer Gesinnung handelte, der seinem Volk unter großen Gefahren für Leib und Leben gedient hatte. Immerhin, erklärte er, sei Hunt ein Kriegsheld und ein Mann, der sich auch in anderer Weise um die Allgemeinheit verdient gemacht habe. Es sah ganz so aus, als werde dieser Bemühung des Anwalts der Erfolg nicht versagt bleiben. Aufmerksam sah ich während Hunts Aussage die Geschworenen an.

Sie schienen von der zurückhaltenden Art, mit der er berichtete, was er in den Jahren vor seiner Zugehörigkeit zum CIA getan hatte, beeindruckt, ja, sogar gerührt. Seinen Eintritt in jenen Nachrichtendienst stellte er mit ganz einfachen Worten geradezu großartig dar. Die Geschworenen bewunderten ihn. Ich bewunderte die von Snyder aufgebaute klassische Vernehmungstaktik. Er hatte mit den Fragen begonnen:

F.: »Wann sind Sie zur Welt gekommen, Mr. Hunt?«
A.: »Am 9. Oktober 1918.«
F.: »Und wo?«
A.: »In Hamburg, im Staat New York.«
F.: »Könnten Sie uns kurz Ihren Werdegang beschreiben?«
A.: »Ich habe im Westen des Staates New York die Schule besucht, wo mein Vater im Winter seine Anwaltspraxis betrieb. Einige Winter lang bin ich in Hollywood, Fort Lauderdale und Miami Beach zur Schule gegangen. Aber im all-

gemeinen war ich den größten Teil des Schuljahres im Norden. Ich habe die höhere Schule 1936 abgeschlossen und hatte das Glück, ein Teilstipendium für die Brown University in Providence im Staate Rhode Island zu bekommen.«

F.: »Haben Sie Ihr Studium dort abgeschlossen?«

A.: »Ja. 1940.«

F.: »Was waren Ihre Hauptfächer?«

A.: »Mein Examenshauptfach war englische Literatur.«

F.: »Haben Sie irgendwelche Auszeichnungen empfangen?«

A.: »Ja. Ich war Mitglied in Phi Beta Kappa.«*

F.: »Schön. Was geschah nach Ihrem Examen an der Brown University?«

A.: »Sechs Wochen darauf trat ich zur Ausbildung als Offiziersanwärter bei der Marine ein. Nach einigen Seereisen wurde ich Fähnrich zur See und bekam im Mai 1941 mein Offizierspatent.«

F.: »Waren Sie auch im Krieg bei der Marine aktiv?«

A.: »Ja. Ich war Artillerieoffizier auf einem Zerstörer auf der Nordatlantikroute, wo wir Geleitzüge nach Island und in die Sowjetunion schützten. Bis Pearl Harbor gehörte ich zur Atlantikflotte. Anschließend wurde ich auf See verwundet, bin ins Lazarett gekommen und wurde im August 1942 aus medizinischen Gründen ehrenvoll entlassen.«

F.: »Haben Sie den Krieg sozusagen auf anderer Ebene fortgeführt?«

A.: »Ja – zuerst war ich im Südpazifik Kriegsberichterstatter für die Zeitschrift *Life*, für die ich über Guadalcanal und die Kämpfe um Neuguinea berichtet habe. Ich bin an Malaria erkrankt, mußte in die Vereinigten Staaten zurückkehren, bin wieder gesund geworden und im Herbst 1944 als einfacher Soldat bei den Heeresfliegern eingetreten. Ja, ich glaube, es war 1944.«

F.: »Wo waren Sie damals stationiert?«

A.: »Ich war – meine Grundausbildung habe ich in Fort Lee im

* Der älteste universitäre Zusammenschluß in Amerika, dem anzugehören als hohe Ehre gilt. Sein Name geht auf die Anfangsbuchstaben seines griechischen Mottos zurück, das übersetzt lautet: »Die Liebe zur Wissenschaft möge dein Leben leiten.«

Staat New Jersey bekommen, dann habe ich mich für die Ausbildung als Offiziersanwärter qualifiziert und wurde hierher nach Miami versetzt. Ich habe diese Ausbildung durchlaufen und bin im Frühjahr 1944 zum Leutnant bei den Heeresfliegern ernannt worden.«

F.: »Haben Sie dort gleichfalls aktiv gedient?«

A.: »Ja. Ich bin die Treppe hinaufgefallen – man hat mich auf die Nachrichtendienstschule der Heeresflieger in Orlando geschickt, wo ich nach einer Weile Ausbilder wurde. Weil ich damals viele Freunde und Klassenkameraden verlor, wollte ich wieder ins Ausland. Das ist mir über die Einheit Officers Strategy Service gelungen, die eine Rekrutierungsgruppe an meinen Heeresfliegerstützpunkt in Orlando geschickt hatte.«

F.: »Handelt es sich dabei um die in der Öffentlichkeit als OSS bekannte Einheit?«

A.: »Ja, um genau die.«

F.: »Sie sind also der OSS beigetreten?«

A.: »Ja.«

F.: »Wie sah die Art Ihrer Tätigkeit dort aus?«

A.: »Nun, nach der Ausbildung hat man mich nach Fernost geschickt, in den chinesischen Kommandobereich. Da habe ich zeitweise hinter den japanischen Linien gearbeitet. Wir haben japanische Kommunikationslinien zerstört, Fahrzeuge sabotiert, Treibstofflager in die Luft gejagt und dergleichen. Außerdem haben wir amerikanische Piloten in Sicherheit gebracht, die in dem Gebiet runter mußten.«

F.: »Sie sprechen von Nachrichtendienst. Könnten Sie den Geschworenen diesen geheimnisvollen Begriff näher erläutern? Worauf beziehen Sie sich, wenn Sie den Begriff nachrichtendienstliche Tätigkeit benutzen?«

A.: »Nun, eigentlich geht es dabei um das Sammeln von Informationen. Ob das offen oder verdeckt geschieht, hängt von zweierlei ab: einmal davon, welche Geheimhaltungsstufe ihre ursprünglichen Besitzer diesen Informationen zubilligen, und zum anderen von den Mitteln, mit denen sie oder unsere Regierung sie ›verdeckt‹ beschaffen.«

F.: »Was meinen Sie mit dem Wort ›verdeckt‹?«

A.: »Nun – nicht offen, getarnt.«

F.: »Was bedeutet das?«

A.: »Daß unsere Regierung nicht damit in Verbindung gebracht zu werden wünscht. Sie möchte sich nicht dazu bekennen.«

F.: »Solche Unternehmen finden also nicht unter den Augen der Öffentlichkeit statt?«

A.: »So ist es. Nicht unter den Augen der Öffentlichkeit.«

F.: »Wann haben Sie aufgehört, in China für OSS hinter den japanischen Linien zu arbeiten?«

A.: »Ich bin bis zum Bombenabwurf im August 1945 dort gewesen.«

F.: »Sie sprechen vom Abwurf der Atombombe?«

A.: »Ja.«

F.: »– über Japan?«

A.: »Nach – unmittelbar nach Japans Kapitulation habe ich meine Leute über die Berge zurückgebracht, dann hat man uns wieder in die Vereinigten Staaten gebracht.«

F.: »Was meinen Sie mit ›über die Berge‹?«

A.: »Über den Himalaya, das Gebirge zwischen China und Indien. Wir sind dahin geflogen und mit einem Transportschiff der Armee nach Amerika zurückgekehrt. Hier sind wir am Erntedankfest 1945 im Hafen von Hoboken wieder eingetroffen.«

F.: »Sind Sie damals aus dem Militär ausgeschieden?«

A.: »Ja. Ich wurde im Range eines Oberleutnants ehrenvoll demobilisiert und –«

F.: »Also entlassen?«

A.: »– ja, entlassen. Dann konnte ich darangehen und das Studienjahr für kreatives Schreiben nutzen, das mir die Guggenheim-Stiftung bewilligt hatte.«

F.: »Was haben Sie getan?«

A.: »Ich bin nach Mexiko gegangen und habe an einem Buch gearbeitet, das ich zu schreiben hoffte, als ich mich bei der Guggenheim-Stiftung beworben hatte.«

F.: »Haben Sie es veröffentlicht?«

A.: »Ja.«

F.: »Welchen Titel trägt es?«

A.: »Es heißt *Stranger in Town* und ist in Amerika im Verlag Random House erschienen.«

F.: »Und dann sind Sie nach Kalifornien gegangen?«

A.: »Ja. Am Ende des Studienjahres bin ich über Kalifornien in die Vereinigten Staaten zurückgekehrt und habe mich eine Weile im Haus eines Offizierskameraden vom OSS aufgehalten. Er war damals als Drehbuchautor tätig, und ich habe ihm bei seiner Arbeit geholfen. Ich war auf diese Weise eine Weile mit ihm zusammen im Drehbuchgeschäft tätig. Als dann an der Ostküste das Fernsehen allmählich an Bedeutung zunahm und an der Westküste ganze Scharen von Drehbuchautoren arbeitslos auf der Straße lagen, bin ich in den Osten zurückgekehrt und habe eine Ausstellung im Rahmen der Umsetzung des Marshallplans bekommen.«

F.: »Worum handelte es sich beim Marshallplan?«

A.: »Das war das von General George C. Marshall entwickelte und vom damaligen Präsidenten Truman gebilligte Projekt, die Wirtschaft in den europäischen Ländern wieder anzukurbeln, die wegen des Kriegs teilweise oder vollständig darniederlag, um auf diese Weise einer Bedrohung durch die Sowjetunion entgegenzuwirken.«

F.: »Handelte es sich dabei um eine humanitäre Geste?«

A.: »Durchaus.«

F.: »Wo befanden Sie sich zu jener Zeit?«

A.: »Ich war Averell Harrimans Pressebeauftragter in Paris.«

F.: »Welche Aufgabe erfüllte Harriman im Rahmen des Marshallplans?«

A.: »Er war dessen Sonderbeauftragter in Europa und hat dort die Operationen des Marshallplans geleitet.«

F.: »Wurde Ihnen dann zu einer bestimmten Zeit nahegelegt, in den neugegründeten zentralen Nachrichtendienst CIA einzutreten?«

A.: »Ja. Das war im Herbst von – gegen Ende 1948. Damals hat mich ein gewisser Frank Wizner angesprochen.«

F.: »Existierte der CIA zu jener Zeit bereits?«

A.: »Präsident Truman hat 1947 die gesetzliche Grundlage dafür unterzeichnet, daß er ins Leben gerufen werden konnte. Der Nachrichtendienst war noch im Wiederaufbau, oder besser gesagt, im Aufbau begriffen. Man hat damals, also 1949, Leute eingestellt.«

F.: »Mr. Hunt, ich habe den Geschworenen erklärt, daß Sie von 1949 bis 1970 für diesen Nachrichtendienst tätig waren. Vielleicht sollten Sie über die Anfangsjahre jener Tätigkeit von 1949 bis zur Kuba-Krise berichten.«

A.: »1949 war ich im Hauptquartier. 1950 bin ich nach –«

F.: »Entschuldigung. Wo befindet sich das Hauptquartier?«

A.: »Im Bezirk der Hauptstadt Washington.«

F.: »In Ordnung.«

A.: »Ich bin dann also 1950 in die Hauptstadt von Mexiko gegangen, also Mexiko-City, als Stationschef.«

F.: »Welche Aufgaben hatte ein Stationschef?«

A.: »Er hat die Arbeit seiner Gruppe koordiniert, damals.«

F.: »Wäre es angemessen zu sagen, daß das FBI zu jener Zeit für die Sicherheit – das heißt für die nationale Sicherheit innerhalb der Grenzen der Vereinigten Staaten – und der CIA für Aufgaben zuständig wurde, die außerhalb der Vereinigten Staaten lagen?«

A.: »Das ist richtig. Stimmt genau.«

MR. LANE: »Ich erhebe Einspruch. Das ist eine Suggestivfrage. Eine ganze Anzahl der Fragen war dieser Art. Ich habe bisher keinen Einspruch erhoben, tue es aber jetzt. Ich bitte Mr. Snyder, dem Zeugen keine Suggestivfragen zu stellen.«

GERICHT: »Dem Einspruch wird stattgegeben. Bitte stellen Sie dem Zeugen in entscheidenden Punkten keine Suggestivfragen.«

Die Entscheidung des Richters war einwandfrei. Eine Suggestivfrage gibt dem Zeugen die Richtung vor, in der die Antwort erwünscht ist oder legt ihm Worte in den Mund. Suggestivfragen sind bei einer Hauptvernehmung nicht zulässig, wohl aber im Kreuzverhör. Es gehört zu den ungeschriebenen Anstandsregeln im Umgang von Anwälten untereinander, daß sie während der einleitenden Phase keinen Einspruch gegen Suggestivfragen erheben, doch sollte man auf diesen Umstand hinweisen, wenn es an die Substanz des Verfahrens geht.

Snyder hatte bereits belegt, daß Hunt kaum als Gewaltverbrecher anzusehen war. Der Mann hatte ein Stipendium bekommen, war Mitglied der angesehenen Phi Beta Kappa geworden, die Guggenheim-Stiftung hatte ihm ein Studienjahr gewährt, er war zielstrebig und mutig und überdies als Autor ausgewiesen, von dem bereits ein Buch erschienen war.

Seine Tätigkeit für den CIA schien sich in ganz natürlicher Weise aus seiner dem Vaterland gegenüber empfundenen Pflicht ergeben zu haben. Hunt hatte ausgesagt, daß ihn der CIA 1950 nach Mexiko-City entsandt hatte. Später bekam er einen anderen Auftrag. Dazu sagte er: »Man hat mich dem sogenannten Guatemala-Projekt zugeteilt. Dabei ist es um den Sturz der marxistischen Diktatur in Guatemala gegangen. Ich war bei jener Operation Leiter der psychologischen Kriegsführung.«

F.: »Was gehörte zu Ihren Aufgaben?«

A.: »Nun, in erster Linie Operationen, bei denen die Bevölkerung des Landes beeinflußt werden sollte. Dabei habe ich mit einem gewissen Dave Phillips zusammengearbeitet, dessen Name vielleicht später noch auftaucht. Wir haben Informationsschriften und Handzettel verfaßt, Flugblätter über dem Gebiet abgeworfen und mit gewissen offiziellen Vertretern der katholischen Kirche zusammengewirkt, um den Bewohnern Guatemalas das wahre Gesicht des Kommunismus zu zeigen, damit sie eine auf Informationen gestützte Entscheidung treffen konnten, wenn der Tag dafür kam.«

F.: »Und kam er?«

A.: »Ja.«

F.: »Wann war das?«

A.: »Ich glaube, im Juni. Juni 1954, wenn ich mich nicht irre. Es war eine nahezu unblutige Revolte. Man hat die Kommunisten gestürzt, an ihre Stelle ist einstweilen eine Diktatur getreten, die später nach einer demokratischen Wahl abgelöst wurde.«

Auch wenn Hunts leichthin gemachte Beschreibung des gewalttätigen Sturzes einer demokratisch gewählten Regierung durch den CIA von den Tatsachen abwich, schienen die Geschworenen beeindruckt zu sein.

Als er später eine Frage über seine Familie beantwortete, fügte er ungefragt die Angabe bei, er habe die »Marquise De Courtier« geheiratet, die sich damals »vom Marquis De Courtier scheiden ließ«. Die Geschworenen schienen weder vom Prahlen mit dem Adelsprädikat seiner Frau noch von der Art besonders angetan, wie sie es erworben hatte, und sie zeigten sich eher unangenehm berührt.

In Einzelheiten beschrieb Hunt dann seine führende Rolle beim Landeunternehmen in der Schweinebucht, mit dessen Hilfe die kubanische Regierung gestürzt werden sollte. Nach dem Ergebnis der Invasion befragt, gab er deutlich zu erkennen, daß er aufgebracht war, und sein Zorn richtete sich offenkundig gegen Präsident Kennedy, weil jener nicht zur Verfügung gestellt hatte, was Hunt und seine Kollegen als hinreichende Luftunterstützung ansahen. Er sagte: »Als Ergebnis landeten die Invasionskräfte an einer Stelle, wo ihre Angehörigen entweder getötet oder gefangengenommen wurden. Die Landungs- und Hilfsfahrzeuge wurden versenkt oder verstreut. Es war ein Fiasko.«

F.: »Was geschah mit denen, die in Gefangenschaft gerieten?«

A.: »Manche von ihnen sind auf dem Weg nach Havanna umgekommen. Man hat sie auf Lastwagen mit Stahlaufbauten nach Havanna transportiert, und in denen sind sie an Hitze und Erschöpfung gestorben. Wer überlebte, wurde öffentlich vor Gericht gestellt. Es war ein Schauprozeß, wie er für die kommunistische Welt so kennzeichnend ist. Dann hat man sie eingekerkert, und sie mußten ein Jahr, eineinhalb Jahre, zwei Jahre im Gefängnis verbringen.«

F.: »Was geschah mit Manuel Artime?«

A.: »Er hat zu denen gehört, die Glück hatten. Mit seinem unbändigen Überlebenswillen hat er die entsetzliche Zeit überstanden. Er hat Fliegen, Kakerlaken und dergleichen gegessen, um genug Eiweiß zum Überleben zu bekommen.«

Als Hunt später nach seinem ersten Zusammentreffen mit Allen Dulles gefragt wurde, damals Leiter des CIA, schien er außerstande, die Feindseligkeit zu verbergen, welche er gegenüber dem Mann empfand, der Dulles »ohne Umschweife entlassen hatte«. Damit war natürlich Präsident Kennedy gemeint. Hunt fügte hinzu, man habe Dulles nach dem Fehlschlag des Unternehmens in der Schweinebucht, ebenso wie andere Angehörige des CIA, »den Wölfen zum Fraß« vorgeworfen.

Dann wandte sich das Verfahren der Angelegenheit zu, um die es ging. Auf die Frage seines Anwalts, wo er sich am 22. November 1963 aufgehalten habe, erklärte Hunt, er sei in Washington gewesen. Befragt, was er an jenem Tag getan habe, sagte er aus: »Am Vormittag jenes Tages bin ich wie gewohnt zum Dienst gegangen. Zu Mittag ist meine Frau mit unserem damals zwei Monate alten Kind von unserem Haus in einem in Maryland gelegenen Vorort gekommen und hat mich nach der Arbeit abgeholt. Weil wir an dem Abend chinesisch essen wollten, sind wir die H-Straße – die liegt zwischen der Achten und Neunten Straße – entlanggefahren. Da sind die meisten chinesischen Restaurants. Ich habe mit dem Kind im Wagen gewartet, während meine Frau in verschiedene chinesische Lebensmittelläden gegangen ist und eingekauft hat, was wir so brauchten. Das war gegen Mittag. Die genaue Zeit könnte ich nicht sagen. Jedenfalls habe ich im Wagen gesessen, als die erste Kurzmeldung im Radio kam, daß man Kennedy umgebracht hatte. Als meine Frau ein paar Minuten später zurückkam, hab ich ihr das gesagt.

Wie wir uns in den Verkehr einreihten, habe ich im Autoradio gehört, daß Regierungsangestellte nicht in ihre Büros zurückzukehren brauchten, da die Verwaltung für den Rest des Nachmittags schließen würde. Also sind wir ein Stück über die Connecticut Avenue gefahren. Da haben wir Walt Kuzmuk gesehen, einen Kollegen.

Dann sind wir rüber zur Wisconsin Avenue gefahren und haben da meine jüngere Tochter Kevan an der Sidwell-Friends-Schule abgeholt. Es hat sie nicht überrascht, weil in ihrer Klasse ein paar Kinder von Robert Kennedy waren, und die waren gleich von Geheimdienstmitarbeitern abgeholt worden, auch die Kinder des Justizministers.

Als wir zu Hause angekommen waren, wir wohnen unmittelbar hinter der Grenze des Hauptstadtbezirks, haben wir gesehen, daß meine ältere Tochter schon da war. Sie war mit dem Schulbus von ihrer Schule gekommen, einer kirchlichen Mädchenschule, die von Ursulinerinnen geleitet wird. Mein Sohn, der damals neun oder zehn Jahre alt war, St. John, war die zwei oder drei Straßen von der Brookmont-Grundschule zu Fuß gegangen. So war um zwei oder drei Uhr – spätestens drei – die ganze Familie im Hause versammelt.

Wir haben wie gebannt vor den Fernsehapparaten gesessen und uns die Berichte über dieses entsetzliche Ereignis angesehen. Die Beschreibungen des Vorfalls, die Berichte der Reporter vom Ort und alle möglichen Spekulationen. Ich weiß noch, daß es an einer Stelle hieß, vielleicht gäbe es eine Invasion, die Russen kämen oder Angehörige der extremen Rechten hatten das getan, und so weiter.

Es war ein furchtbarer Tag für die ganze amerikanische Nation, und wir haben, wie vermutlich viele andere Familien, das ganze Wochenende vor den Fernsehern gesessen, bis das Volk nach den Beisetzungsfeierlichkeiten am Montag erneut zu atmen begann, und wir auch.«

Die Geschworenen sahen Hunt aufmerksam an, als er diesen Bericht vortrug, als wollten sie unbedingt dahinterkommen, ob er die Wahrheit sagte. Er sprach fest und ohne zu zögern. Sein Vortrag war gut einstudiert, das mußte der Neid ihm lassen. Mit dieser Anmerkung will ich nichts unterstellen oder andeuten. Der Anwalt hat die Pflicht, vor der Verhandlung mit dem Zeugen die erwartete Aussage durchzugehen und sich auf deren sachdienliche Aspekte zu konzentrieren, bis die Aussage »steht«, so daß sie bei den Geschworenen die erwünschte Wirkung hervorruft.

Während Hunt den Augenblick beschrieb, in dem seine Familie

wieder frei atmen konnte, stieß Snyder einen unüberhörbaren Seufzer der Erleichterung aus. Er tauschte Blicke mit Dunne. Hunts Auftritt als Zeuge war glänzend verlaufen. Ich beobachtete die Szene aufmerksam, im Bewußtsein, daß wir höchstwahrscheinlich soeben unseren Prozeß gewonnen hatten.

In meiner einleitenden Erklärung hatte ich darauf verwiesen, daß Hunt nach seiner Festnahme im Zusammenhang mit der Watergate-Affäre unter Eid eine wahrheitswidrige Aussage gemacht hatte. Ich hatte die Geschworenen ermahnt, das nicht zu vergessen, denn er habe auch in diesem Fall unter Eid ausgesagt, daß er schon früher genau denselben Eid geleistet und dann eine Reihe unwahrer Aussagen gemacht hatte. Auch auf Hunts offenkundige Bemühung, vom Weißen Haus Geldbeträge als Belohnung für sein Schweigen zu fordern, hatte ich hingewiesen. Snyder versuchte den Schaden, der seinem Mandanten seiner Ansicht nach möglicherweise damit drohte, abzuwenden, indem er Hunt recht geschickt und auf Umwegen nach der Sache befragte:

F.: »Wir haben in der einleitenden Erklärung des gegnerischen Anwalts dies und jenes über Ihre wiederholten Lügen gehört. Ich möchte, daß Sie uns zuerst eines sagen: Was wird herkömmlicherweise von einem CIA-Mitarbeiter erwartet, der auf ausländischem Territorium in Gefangenschaft gerät?«

A.: »Nun, er muß solange den Mund halten, bis die für ihn Zuständigen eine Gelegenheit haben zu entkommen oder sich in Sicherheit zu bringen. Das ist üblich, und zwar im Krieg wie im Frieden. Ich habe meinen Vorgesetzten im Weißen Haus gegenüber eine besondere Verantwortung empfunden, wie auch für die vier Männer aus Miami, die ich angeworben hatte.«

F.: »Ist es in Ihrem Nachrichtendienst üblich, die Angehörigen in Gefangenschaft geratener Mitarbeiter zu unterstützen, wird den Angehörigen juristische Hilfe zuteil?«

A.: »Aber ja. Es gibt viele Beispiele dafür – die haben wir alle in unseren Unterlagen. Beispielsweise wird für den Unterhalt der Familie von Gary Powers gesorgt.«

F.: »Wer war Gary Powers?«
A.: »Der Pilot der U-2 –*
MR. LANE: »Euer Ehren, ich erhebe Einspruch gegen jede Behandlung der Frage, was in einem fremden Land geschieht. Wir befinden uns in Washington [wo die falsche eidliche Aussage gemacht worden war]. Das gehört zum Gebiet der Vereinigten Staaten. Die Behandlung des gesamten Gegenstandes ist völlig unerheblich.«
GERICHT: »Dem Einspruch wird stattgegeben.«

Dann fragte Snyder zur Sache.

F.: »Mr. Hunt, worüber sollten Sie aussagen, und mit Bezug worauf haben Sie die Unwahrheit gesagt?«
A.: »Im Jahre 1973 mußte ich, nachdem ich mich schuldig bekannt hatte, vor einer Vielzahl von Untersuchungsbehörden aussagen: dem Senat, dem Abgeordnetenhaus, dem speziell für den Fall Watergate eingestellten Staatsanwalt, dem Staatsanwalt der Bundesregierung, dem Bezirksanwalt von Los Angeles County und so weiter. Im großen und ganzen war es so, daß ich überhaupt nichts von einer Beteiligung höherer Stellen wußte. Ich wollte erreichen – diesen Leuten eine Gelegenheit geben, wenigstens die Legislaturperiode zu überstehen, damit Mr. Nixon wiedergewählt werden konnte.«

* Francis Gary Powers, Pilot der bei einer geheimen Mission über der Sowjetunion abgeschossenen Aufklärungsmaschine U-2, laut offizieller Lesart der Vereinigten Staaten ein verirrtes Wetterbeobachtungs-Flugzeug. Nachdem man ihn im Februar 1962 gegen den russischen Spion Oberst Rudolph Abel ausgetauscht hatte, trat unter dem Vorsitz von Richter E. Barrett Prettyman eine Dreier-Arbeitsgruppe zusammen, die eine Anklage gegen Powers vorbereiten sollte. Der Vorwurf lautete, Powers hätte, bevor er das Flugzeug mit dem Fallschirm verließ, die Automatik einschalten müssen, welche die Maschine zerstören sollte, außerdem habe er den Russen mehr als erforderlich gesagt. Immer wieder wurde behauptet, Powers habe befürchtet, der Mechanismus werde nicht nur die U-2 zerstören, sondern ihn zugleich töten (so war es einigen nationalchinesischen Piloten ergangen, die von Taiwan aus mit solchen Flugzeugen Erkundungsflüge über dem chinesischen Festland unternommen hatten). Übrigens hatte Powers in einer hohlen Dollarmünze Gift mitgeführt (dessen Entwicklung drei Millionen Dollar gekostet haben soll), um sich erforderlichenfalls das Leben nehmen zu können. Einige Angehörige des CIA vertraten die Auffassung, Powers habe damit, daß er es nicht benutzte, gegen ein ungeschriebenes Gesetz verstoßen.

Hunts Erklärung, er habe einen Meineid geleistet, um zu verhindern, daß das amerikanische Volk die Wahrheit über Nixons Rolle im Watergate-Skandal erfuhr, wurde meinem Eindruck nach von den Geschworenen nicht günstig aufgenommen. Möglicherweise hatte er aus der Anzahl der ihm verfügbaren Erklärungen die für ihn am wenigsten nachteilige verwendet. Meiner Ansicht nach aber entsprach sie nicht der Wahrheit. Alles schien mir darauf hinzudeuten, daß Hunt aus finanziellen Gründen meineidig geworden war.

Snyder ging der Sache weiter auf den Grund. Hunt sagte aus, daß nach Nixons Wiederwahl die Zahlungen, die er und die anderen Verurteilten aus dem Weißen Haus bekamen, versiegten. Dann stellte sein Anwalt eine Frage, die mich überraschte, denn ich hätte sie nach den Regeln des Verfahrens nicht stellen dürfen:

F.: »Hat man Ihnen je vorgeworfen, den Präsidenten zu erpressen?«

A.: »Ja. Ich glaube, John Dean hat das einmal gesagt. Mr. Dean war noch ziemlich jung und unerfahren, und wie ihm der Etat für den Unterhalt der Angehörigen der Watergate-Verschwörer auf den Tisch gekommen ist, hat er den genommen und zu Mr. Nixon gesagt, wenn ich mich richtig erinnere: ›Die wollen von uns eine Million Dollar erpressen‹ – und alles nur, weil er die Regeln der Geheimhaltung nicht kannte und mit großen Zahlen nicht vertraut war. Dabei konnte von Erpressung überhaupt keine Rede sein. Es ist einfach darum gegangen, daß ein Etatposten für Familienunterhalt vorgesehen war, ein Posten, von dem Mr. Dean möglicherweise nichts wußte.«

Weder war John Dean, zu jener Zeit Rechtsberater des Präsidenten der Vereinigten Staaten, unerfahren, noch waren ihm Etats unvertraut, in denen es um große Beträge ging.

Hunt sagte aus, man habe ihn zu einer Gefängnisstrafe bis zu fünfunddreißig Jahren verurteilt. Als sich Nixon weigerte, weitere Zahlungen an Hunt zu leisten, obwohl dieser versucht hatte, den Präsidenten dazu zu veranlassen – andernfalls, hatte er erklärt, werde er Aussagen machen, die Nixon belasteten –, beschloß Hunt, die

Staatsanwaltschaft bei der Vorbereitung einer »Anklage gegen die obersten Berater des Präsidenten« zu unterstützen, wie er es formulierte. Nachdem Hunt gegen die Männer des Präsidenten ausgesagt hatte, wurde seine Gefängnisstrafe seiner Aussage nach auf »zweieinhalb bis acht Jahre« ermäßigt.

Bei seinem Auftritt im Zeugenstand hatte Hunt den Eindruck zu erwecken versucht, als habe er Präsident Kennedy bewundert, dessen Besorgnisse geteilt, und als wäre er nie darauf verfallen, ihm leiblichen oder sonstigen Schaden zuzufügen. Seiner Aussage nach schätzte er Kennedy und empfand etwas für ihn. Das Ansinnen, er könne sich mit anderen zu dessen Ermordung verschworen haben, wies er als lächerlich zurück.

Als die Hauptvernehmung vorüber war, schüttelten Dunne, Snyder und Hunt einander die Hand. Sie schienen alle miteinander der Meinung zu sein, der Kläger habe einen großartigen Zeugen abgegeben und einen vorteilhaften Eindruck auf die Geschworenen gemacht. Lee und Whitmore, die beiden anderen Mitglieder meiner Gruppe, schlossen sich dieser Einschätzung an. Einig waren wir uns darüber, daß die einzige erkennbare schwache Stelle in Hunts Aussage der Ausdruck von Wut gewesen sei, der zu erkennen war, als man die Behandlung seiner CIA-Kollegen durch Präsident Kennedy angesprochen hatte. Das ließ Ausmaß wie Echtheit seiner erklärten Bewunderung für den ermordeten Präsidenten zweifelhaft erscheinen.

Das Kreuzverhör verhält sich zur Hauptvernehmung wie die Nacht zum Tag, und diese Feuerprobe stand dem Zeugen Hunt noch bevor. Das Rüstzeug, das ein Zeuge braucht, um in der Hauptvernehmung zu überzeugen, läßt sich nicht annähernd mit der Gewieftheit vergleichen, die jemand braucht, der im Kreuzverhör bestehen will. Ein gut vorbereiteter Schauspieler mag als erstklassiger Redner auftreten, wenn ihn ein ihm freundlich gesinnter Anwalt vorführt. Ein einstudiertes herzliches Lächeln im rechten Augenblick, Tränen, die an geeigneter Stelle in die Augen steigen, ein fester Blick zur Geschworenenbank, um eine wichtige Antwort zu unterstreichen, all das läßt sich lernen und durch Üben meistern. Man denke nur daran, wie glänzend Ronald Reagan als Zeuge war. Kaum könnte man sich vorstellen, daß jemand besser imstande wäre, die

Geschworenen auf seine Seite zu bringen. Doch müßte der frühere Präsident einem geschickten Anwalt Rede und Antwort stehen, der die Tatsachen einer komplexen Situation überblickt und bereit ist, scharfe und bohrende Fragen zu stellen, könnte man sich nur schwer einen verletzlicheren Zeugen vorstellen.

Ganze Handbücher sind über die Kunst des Kreuzverhörs geschrieben worden; das vorliegende ist keins von ihnen. Hier mag ein Satz zu diesem Thema genügen. Zwar ist es für den Anwalt nützlich, während des Prozesses rasch zu denken; doch selbst jemand, dessen Fähigkeiten, Fragen zu stellen, nur mittelmäßig entwickelt sind, kann brillant auftreten, wenn er hinreichend präpariert ist. Weitgehend dank der vielen von Brent Whitmore geleisteten Stunden gründlicher Vorarbeit waren wir vorbereitet. Während ich die Unterlagen durchging, kam ich zu dem Ergebnis, es müsse möglich sein zu zeigen, daß nahezu jede wichtige Aussage, die Hunt während seiner Hauptvernehmung gemacht hatte, entweder fragwürdig oder falsch war.

Auf die anwesenden Zuhörer, unter ihnen auch einige Pressevertreter, hatte Hunt den Eindruck eines glaubwürdigen Zeugen gemacht. Wer aufmerksamer hinsah, hätte möglicherweise seinen Hang erkannt, in kritischen Augenblicken auf eine andere Ebene auszuweichen. So hatte er versucht, seine eigenen Bemühungen, Gelder vom Weißen Haus zu erpressen, damit zu verbergen, daß er John Dean, einen erfahrenen und mit Kniffen wohlvertrauten jungen Juristen, der Ahnungslosigkeit beschuldigte. Seinen geradezu pathologischen Haß auf John Kennedy versuchte er mit nichtssagenden und alltäglichen Aussagen zu überspielen, die sich nicht ohne weiteres widerlegen ließen. In ihnen erklärte er, welch hohe Achtung er für den Präsidenten und das Amt hege – ein Amt, das zu untergraben und zu unterhöhlen ihm nie im Traum einfallen würde – und erklärte, der junge Präsident habe gewisse bewundernswerte Züge besessen, ganz ähnlich seinen eigenen.

Ich wandte mich erneut Hunt zu und machte mich ans Werk. Sofern die Geschworenen dem Beklagten abnahmen, daß er dem Präsidenten positiv gegenübergestanden und ihnen im Verlauf seiner Aussage durchgehend die Wahrheit gesagt hatte, würde er obsiegen. Ich wollte diese Gebiete näher erkunden.

Hunt hatte in der mit seinen Anwälten ausgearbeiteten Klageschrift – dem Dokument, das zum Prozeß geführt hatte – wie auch in seiner Aussage beteuert, die im fraglichen Artikel gemachten Anschuldigungen seien unwahr und ehrverletzend. Anstoß genommen hatte er insbesondere an der Behauptung, er habe die Regierung Nixon zu erpressen versucht. Hatte John Dean zur Bezeichnung von Hunts Tun das zutreffende Verb verwendet?

Ich wußte, daß Hunt Gelder von CREEP verlangt hatte, dem Komitee zur Wiederwahl des Präsidenten. Auf meine Frage, ob er mit irgendeinem Mitglied jener Organisation gesprochen habe, erklärte er, er sei »mit Mr. O'Brian zusammengetroffen, der dem Ausschuß zur Wiederwahl des Präsidenten angehörte. Er hat zu seinen Rechtsberatern gehört.« Ich fragte Hunt, ob er verlangt habe, daß ihm O'Brian größere Beträge zur Verfügung stelle. Er gab zur Antwort: »Ja.« Er erklärte, er könne sich nicht erinnern, wieviel Geld er bei jener Gelegenheit von CREEP verlangt hatte. Ich fragte Hunt, ob er dem Sinne nach dem Anwalt von CREEP gesagt habe: »Ich will das Geld. Wenn ich es nicht kriege, geb' ich bestimmte peinliche Tatsachen weiter.« Er räumte ein, diese Aussage gemacht zu haben und erklärte außerdem, daß er bei seiner Vernehmung vor einem Schwurgericht des Bundes über jene Begegnung mit O'Brian eine falsche eidliche Aussage gemacht hatte, indem er bestritt, daß diese stattgefunden habe. Das Beweismaterial zeigte, daß Hunt von Nixons Wiederwahlausschuß verlangt hatte, ihm erst fünfzig-, dann sechzig- und zum Schluß zweiundsiebzigtausend Dollar zu zahlen. Sofern man ihm die geforderten Beträge nicht zur Verfügung stelle, hatte Hunt gedroht, werde er aufdecken, in welchen Fällen das Weiße Haus in schwerwiegende gesetzwidrige Machenschaften verwickelt war.

Ich zeigte Hunt ein Dokument, das er geschrieben hatte, als er versuchte, vom Weißen Haus Geld zu erpressen, und befragte ihn dazu.

F.: »Erinnern Sie sich, daß Sie irgendwann Dokumente verfaßt haben, in denen es hieß: ›Die Anbringung von Abhöreinrichtungen in Watergate ist nur eine von einer ganzen Anzahl äußerst gesetzwidriger Verabredungen, deren sich einer oder mehrere der Beklagten im Auftrag hoher Beamter des Weißen Hauses schuldig gemacht haben. Diese bisher nicht enthüllten Straftaten lassen sich beweisen.‹ Erinnern Sie sich, das geschrieben zu haben?«

A.: »Ich habe eine Erinnerung daran. Ich glaube, ich habe das möglicherweise als Anmahnung an Mr. Colson geschickt.«

F.: »Wissen Sie noch, wann Sie das an Mr. Colson schickten?«

A.: »Nach dem Tod meiner Frau – wahrscheinlich, bevor ich ins Gefängnis mußte.«

F.: »Stand das im Zusammenhang mit einer Geldforderung Ihrerseits?«

A.: »Ja, gewiß.«

F.: »Wollten Sie auf diese Weise dem Weißen Haus mitteilen, daß Sie im Besitz von Informationen über äußerst gesetzwidrige Verabredungen waren, deren sich einer oder mehrere der im Zusammenhang mit Watergate Beklagten im Auftrag hoher Beamter des Weißen Hauses schuldig gemacht hatten, daß sich diese bisher nicht enthüllten Straftaten beweisen ließen, und daß man besser daran täte, Ihnen die verlangten Beträge auszuzahlen?«

A.: »Sie wurden bewiesen.«

F.: »Wollten Sie sagen, daß sie bewiesen werden konnten; daß Sie über die Informationen verfügten; daß diese bisher nicht bekanntgeworden waren und man besser daran tue, Ihnen die geforderten Beträge zu zahlen?«

A.: »Ja, ich wollte, daß sie ihre Zusagen einhielten. Es war mein letzter Versuch zu erreichen, daß meine Familie zusammenblieb, bevor ich ins Gefängnis mußte.«

F.: »Ist das Erpressung?«

A.: »Nein.«

Hunt bestritt, daß er sich der Erpressung schuldig gemacht habe, und da seine Tat zweifelsfrei bewiesen war, schien lediglich die Frage offenzubleiben, wie sie zu bezeichnen war.

F.: »Was ist Erpressung?«

A.: »So, wie ich das Wort verstehe, ist es der Versuch, mit ungesetzlichen Mitteln etwas zu bekommen, das einem nicht zusteht. Das ist der dafür gängige Begriff. All diese genannten Beträge waren am Anfang des Unternehmens Watergate zugesagt worden, die Haupttäter waren der Strafe entgangen – wir waren diejenigen, die man gefaßt hat und die ins Gefängnis mußten.«

F.: »Sind Sie Jurist?«

A.: »Nein.«

F.: »Würden Sie einräumen, daß Erpressung, die Sie im übrigen einwandfrei beschrieben haben, von den in diesem Lande gültigen Gesetzen als Versuch definiert ist, etwas mit Hilfe rechtswidriger Verfahren zu bekommen, ganz gleich, ob es einem zusteht oder nicht?«

A.: »Von dieser Definition höre ich zum erstenmal.«

F.: »Haben Sie je eine juristisches Buch gelesen, in welchem der Begriff Erpressung definiert wird?«

A.: »Ich hab' es in einem allgemeinen Wörterbuch nachgesehen, ja. Im Großen Webster.«

F.: »Aber nicht in einem juristischen Wörterbuch?«

A.: »Dazu habe ich keinen Zugang. Ich hab' es im Webster gelesen.«

GERICHT: Ich muß noch auf einen anderen Punkt zurückkommen.

[Verhandlungspause]

[Die Geschworenen verlassen den Saal]

[Die Geschworenen betreten den Saal erneut]

MR. LANE:

F.: »Während der Verhandlungspause habe ich die Bibliothek im ersten Stock hier im Gebäude aufgesucht und dort die ungekürzte Fassung von *Webster's Third International Dictionary* mit 2662 Seiten aus dem Regal genommen. Vielleicht ist es das Werk, auf das Sie sich beziehen. Ich habe die Seite 806 fotokopiert, wo der Begriff Erpressung definiert ist. Ich glaube, Sie sagten, daß Sie sie in jenem Werk gelesen hatten. Es handelt sich um das als Beweis vorgelegte Dokument Nummer acht des Beklagten. Ich frage Sie, ob Sie das lesen und uns sagen können, ob es sich um das handelt, was Sie im Webster gelesen haben? [Pause] Haben Sie die Definition des Begriffs ›Erpressung, erpressen‹ gelesen?«

A.: »Ich fange gerade mit ›erpressen‹ an.«

F.: »Sagen Sie Bescheid, wenn Sie fertig sind.«

A.: »Ja. [Längere Pause] Ich bin soweit.«

F.: »Haben Sie diese Definition gelesen?«

A.: »Nein, das kann nicht sein, denn der entscheidende Ausdruck, an den ich mich erinnere, war, daß es sich um etwas handelt, das einem nicht zusteht. Das steht hier nicht.«

F.: »Es steht nicht da?«

A.: »Nein, es steht hier nicht.«

Das von Henry Campbell Black, M. A., herausgegebene und bei West Publishing Co. verlegte Rechtswörterbuch enthält den Standardtext. Es definiert Erpressung wie folgt: »Erpressung, die in Bereicherungsabsicht durch Nötigung erfolgende Schädigung fremden Vermögens. Eine Erpressung begeht, wer einen anderen rechtswidrig mit Gewalt oder durch Drohung mit einem empfindlichen Übel zu einer Handlung, Duldung oder Unterlassung [nötigt] und dadurch dem Vermögen des Genötigten Nachteile zufügt, um sich oder einen Dritten zu bereichern. Der entsprechende Paragraph im Strafgesetzbuch lautet:

(1) Der Erpressung macht sich schuldig, wer einen anderen rechtswidrig mit Gewalt oder durch Drohung mit einem empfindlichen Übel zu einer Handlung, Duldung oder Unterlassung nötigt und dadurch dem Vermögen des Genötigten oder eines anderen Nachteile zufügt, um sich oder einen Dritten zu bereichern.

(2) Rechtswidrig ist die Tat, wenn die Anwendung der Gewalt oder die Androhung des Übels zu dem angestrebten Zweck als verwerflich anzusehen ist.

(3) Der Versuch ist strafbar . . .

Der maßgeblichen Definition nach hatte sich Hunt wiederholt der Erpressung schuldig gemacht. Strafrechtlich wurde er dafür nicht zur Rechenschaft gezogen, zweifellos, weil die Bundesbehörden zögerten, etwas zu unternehmen, aus Furcht, die von der Regierung ins Werk gesetzten, äußerst gesetzwidrigen Verabschiedungen, auf die Hunt immer wieder verwiesen hatte, könnten ans Tageslicht kommen.

Verblüfft fragte ich mich, wie Hunts Anwälte darauf verfallen waren, von Kränkung und Ehrverletzung zu sprechen, wenn es sich bei ihrem Mandanten um einen notorischen Erpresser handelte und in einer Veröffentlichung darauf hingewiesen wurde, daß er sich der Erpressung schuldig gemacht hatte.

Ich bat Hunt, uns über die gesetzwidrigen Verabredungen zu berichten, die so schwerwiegend waren, daß er angenommen hatte, das Weiße Haus werden sein Schweigen mit in die Hunderttausende gehenden Dollarbeträgen erkaufen. Er antwortete: »Ich bin nicht ganz sicher, woran ich damals dachte. Ich habe kurz vor Antritt meiner Gefängnisstrafe gestanden und war zu jener Zeit sehr aufgewühlt.«

Die Geschworenen sahen erstaunt zu ihm hin. Er hatte sein gesamtes Verhalten für die auf den Einbruch im Hotel Watergate folgende Zeit auf die Angabe gestützt, er halte den Beweis für die vom Weißen Haus in Auftrag gegebenen, äußerst gesetzwidrigen Verabredungen in Händen. Immer wieder war er über Nixons Rechtsberater Charles Colson oder über Mitglieder von CREEP an den Präsidenten herangetreten und hatte diesen aufgefordert, ihm weitere Beträge auszahlen zu lassen, widrigenfalls er die Folgen von Hunts Enthüllungen tragen müsse. Er hatte mit wünschenswerter Klarheit zu erkennen gegeben, daß er das Beweismaterial in einem sicheren Versteck untergebracht hatte – ja, daß er in der Lage sei, der Regierung einen schweren, möglicherweise gar tödlichen, Schlag zu versetzen. Nach seiner Wiederwahl war Nixon nicht mehr bereit, Hunts Erpressungen länger nachzugeben und ließ es darauf ankommen. Hunt schreckte vor der letzten Konsequenz zurück, zweifellos nachdem er überlegt hatte, welche nicht unbeträchtliche Gefahr es für ihn selbst bedeutete, öffentlich zu bekennen, daß er nicht nur die Schuld an den Verbrechen trug, die man ihm bereits zur Last legte, sondern obendrein auf höchster Ebene als Erpresser aufgetreten war.

Hunt mußte erkennen, was professionelle Erpresser schon immer wußten: Erpressung ist ein schwieriges und mit Ungewißheiten gespicktes Geschäft. Es hat viel mit Entführung gemeinsam, einem weiteren äußerst gefährlichen Unterfangen. Im Unterschied zu Bankraub oder Insider-Geschäften an der Börse, Straftaten, die sich von einem Augenblick auf den anderen begehen lassen, ist bei einer Entführung ein zweiter Schritt nötig, der zur Entdeckung des Täters führen kann – er muß sich um Lösegeld bemühen, will er die Früchte seines ersten Verbrechens genießen. Ähnlich geht es dem Erpresser, der sich unter Umständen auf unrechtmäßige Weise in den Besitz seines Beweismaterials gebracht hat: Bei jeder Zahlungsaufforderung muß er sich erneut exponieren. Das ist der Grund, warum sich wirkliche Spitzenleute unter Kriminellen weder mit Erpressung noch mit Entführung oder Menschenraub abgeben; das eine wie das andere ist ihnen zu riskant.

Möglich, daß die Geschworenen verstehen konnten, warum sich Hunt lieber still verhalten hatte, statt damit die Regierung zu Fall zu bringen. Immerhin war für jenen die Sache damals auch nicht besonders gut ausgegangen. Doch dürften sie kaum glauben, daß sich Hunt einfach nicht an die katastrophalen Ereignisse erinnern konnte, an die er dachte, während er dem Weißen Haus so ausdauernd mündlich und schriftlich Forderungen stellte. Hunt sah beiseite und rutschte unbehaglich auf seinem Zeugenstuhl hin und her. Es kam mir ganz so vor, als habe sich der Wind gedreht. Inzwischen konnte man den Eindruck gewinnen, die Geschworenen sähen in Hunt jemanden, der log, daß sich die Balken bogen.

Ich fragte jetzt etwas anderes.

F.: »Was versteht man unter der Formulierung: ›glaubwürdig dementieren‹?«

A.: »So, daß die ganze Sache plausibel wirkt.«

F.: »Verwendet man CIA-intern ›glaubwürdig dementieren‹ als Fachbegriff?«

A.: »Nachrichtenleute bezeichnen damit eine Geschichte, die plausibel klingt und von vielen geglaubt werden könnte. Wer etwas glaubwürdig dementiert, tut das so, daß es glaubhaft klingt, so, als könnte es stimmen.«

F.: »Erinnern Sie sich, am 28. Juni 1974 im Prozeß *Vereinigte Staaten gegen Ehrlichman* ausgesagt zu haben? Es geht um Seite 761. Hat man Ihnen folgende Fragen gestellt, und haben Sie wie folgt geantwortet?«

F.: Was war der Grund dafür, warum Sie und Mr. Liddy diese Operation durchführen konnten, oder wurde überhaupt ein Grund dafür angegeben?

A.: Es ging um unsere Verbindung zum Weißen Haus und darum, daß die Linie verfolgt werden mußte, ein solches Dementi plausibel erscheinen zu lassen.

F.: Sie sagten, daß die Linie verfolgt werden mußte, ein solches Dementi plausibel erscheinen zu lassen?

A.: Ja.

F.: Würden Sie erklären, was Sie damit meinen?

A.: Der Grundsatz des glaubwürdigen Dementis besteht einfach darin: Wenn sich zu einem späteren Zeitpunkt von einer Operation oder Aktion beispielsweise herausstellt, daß dahinter die amerikanische Regierung steckt, kann diese das glaubwürdig dementieren und erklären, sie hätte keinerlei Verbindung dazu und wäre in keiner Weise daran beteiligt.

F.: »Erinnern Sie sich an diese Fragen und Antworten?«

A.: »Ja.«

F.: »Würden Sie die von Ihnen gemachte Definition bei Ihrer Aussage darüber, was ein glaubwürdiges Dementi ist, als zutreffend bezeichnen?«

A.: »Ja.«

Damit hatte Hunt die Art seines Vorgehens beschrieben, die wohlerwogene und allgemein akzeptierte Vorgehensweise des CIA bei verdeckten Operationen. Dabei wurde nicht nur der Notwendigkeit Rechnung getragen, daß im Zusammenhang mit der Operation als solcher die Unwahrheit gesagt werden mußte, sondern man fälschte auch noch vor Beginn einer solchen Aktion die damit zusammenhängenden »Tatsachen« und »Beweismittel«, um die Lüge tragfähiger zu machen. Ich denke, die Geschworenen begriffen, daß wir uns jetzt auf das große Gebiet der vorbereiteten Ausflüchte begeben hatten. Ab sofort würde sich der Fall anders darstellen als bisher.

Nachdem ich die Verfahren herausgestellt hatte, deren sich Hunt und seine Kollegen bedient hatten, schien es mir angebracht, den Geschworenen zu zeigen, wen sich diese Leute als Opfer ausersehen hatten. Hunt hatte erklärt, solche fragwürdige Vorgehensweise finde ausschließlich auf ausländischem Boden Anwendung, entsprechend dem besonderen Auftrag des CIA, nicht in den Vereinigten Staaten tätig zu werden, und drakonische Maßnahmen würden ausschließlich gegen Ausländer angewendet.

Ich habe nie geglaubt, daß der Geburtsort eines als Opfer ausersehenen Menschen wirklich eine Rolle spielte, und wie sich zeigte, hielt es der CIA ebenso. Die Pressemitteilungen, die solche irreführenden Angaben enthielten, sollten in erster Linie die Bevölkerung beruhigen und die Befürchtungen der Kongreßabgeordneten zerstreuen, dic längst zur Selbsttäuschung neigten. In Wirklichkeit kann die gesetzwidrige Vorgehensweise des CIA jeden bedrohen, der in wichtigen Fragen der Wahrheit auf der Spur ist, ganz gleich, welcher Nationalität er ist, und wo er wohnt. Ich war der Ansicht, es sei für die Geschworenen wichtig, das zu verstehen. Immerhin war John Kennedy Amerikaner gewesen und in den Vereinigten Staaten ermordet worden.

Wir begannen mit Dr. Daniel Ellsberg und Leonard Boudin. Ich rechne es mir als hohe Ehre an, beide Männer gekannt zu haben. Ellsberg promovierte *summa cum laude* in Harvard, hatte im Dienst des Außenministeriums in Vietnam gearbeitet und war in Süd-Vietnam die rechte Hand des dortigen amerikanischen Botschafters.

Während des Krieges gegen die Völker von Vietnam, Laos und Kambodscha brachte sich Ellsberg in den Besitz geheimer Dokumente, die dem amerikanischen Volk, hätte man sie veröffentlicht, die Augen über die Tatsachen jenes Krieges geöffnet hätten, die CIA und Regierung ihm vorenthielten. Eine solche Veröffentlichung würde dem Volk und seinen Vertretern im Kongreß Gelegenheit geben zu entscheiden, ob es klug war, den Konflikt fortzusetzen oder nicht. Eine auf sachliche Informationen gegründete Einschätzung der Lage, so Ellsbergs Argument, könne ohne weiteres dazu führen, daß sich die Vereinigten Staaten aus diesem Krieg zurückzogen.

Im vollen Bewußtsein der Gefahr, der er sich damit aussetzte, machte Ellsberg die Papiere dem Senatsausschuß für Auslandsbeziehungen sowie der *New York Times* zugänglich. Die Zeitung veröffentlichte sie, und eine dadurch aufgerüttelte Bewegung gegen den Krieg, an deren Spitze zumindest zum Teil aktive Militärangehörige sowie Veteranen jenes Krieges standen und die an Zahl immer mehr zunahm, wurde besser informiert und erreichte schließlich, daß der Krieg beendet wurde.

Die alles andere als dankbare Regierung verfügte, Ellsberg müsse wegen hochverräterischer Verschwörung, Diebstahls und Verstoßes gegen das Spionagegesetz vor Gericht gestellt werden. Mit seiner Verteidigung beauftragte Ellsberg einen erstklassigen und brillanten New Yorker Anwalt, Boudin. Die unbegründete Anklage wurde zurückgewiesen, das rechtsstaatliche System hatte seine Aufgabe erfüllt. Damit hätte der Fall zu Ende sein müssen. Ellsberg hatte zahllosen Angehörigen der Streitkräfte der Vereinigten Staaten sowie Bewohnern Südostasiens das Leben gerettet, und sein begabter Anwalt, der wie schon in den Jahrzehnten davor in der besten Überlieferung der amerikanischen Rechtspflege stand, hatte die Rechte seines Mandanten gewahrt.

Nun wurden die Regierung Nixon, Charles Colson, E. Howard Hunt und der CIA aktiv. Wie aus inzwischen verfügbaren Dokumenten hervorgeht, wurde »auf höchster Regierungsebene« beschlossen, Ellsbergs und Boudins Ruf mit kriminellen Mitteln zugrunde zu richten. Es ist noch nicht ganz klar, ob mit dem Hinweis auf die höchste Regierungsebene Präsident Nixon oder der Leiter des CIA gemeint ist, da offenbar beide behaupteten, dem jeweils anderen übergeordnet zu sein. Ich fragte Hunt nach jenem Unternehmen

F.: »Haben Sie eine Aktennotiz verfaßt, in der Sie anregten, eine Operation durchzuführen, deren Ziel es war, Dr. Ellsbergs Bild in der Öffentlichkeit und seine Glaubwürdigkeit zugrunde zu richten?«

A.: »Ja.«

F.: »Ging das auf Ihren Vorschlag zurück?«

A.: »Es war mein Vorschlag, und ich habe ihn Mr. Colson vorgetragen, der empfohlen hat, daß man so vorgehen sollte.«

F.: »Haben Sie folgenden Absatz geschrieben: ›Ich schlage einen Aktionsplan vor, der darauf abzielt, eine Akte über Ellsberg anzulegen, die alle verfügbaren frei zugänglichen/geheimen sowie ihm abträglichen Informationen enthält.

Diese Grundvoraussetzung ist wesentlich, damit sich feststellen läßt, auf welche Weise sich sein Bild in der Öffentlichkeit und seine Glaubwürdigkeit zugrunde richten lassen.‹ Haben Sie das geschrieben?«

A.: »Ja.«

F.: »Beklagen Sie sich sinngemäß, daß *Spotlight* in diesem Fall mit Ihnen etwas ähnliches getan hat?«

A.: »Ich glaube nicht, daß es hier um etwas Vergleichbares geht. Ich vermute, Sie wollen von mir eine juristische Schlußfolgerung hören. Die aber bin ich nicht zu ziehen bereit.«

F.: »Haben Sie als Bestandteil Ihres Planes, mit dem Dr. Ellsbergs Ruf zugrunde gerichtet werden sollte, angeregt, dessen erste Frau zu verhören?«

A.: »Ja.«

F.: »Haben Sie angeregt, man solle bei FBI, CIA und CIC alles Material anfordern, was diese Institutionen über Dr. Ellsberg besaßen?«

A.: »Ja.«

F.: »Was bedeutet die Abkürzung CIC?«

A.: »Counter Intelligence Corps, also Spionageabwehr der Streitkräfte der Vereinigten Staaten.«

F.: »Haben Sie angeregt, man solle sich auch die Unterlagen von Ellsbergs Psychiater beschaffen?«

A.: »Ja.«

F.: »Haben Sie den CIA aufgefordert, eine verdeckte psychologische Begutachtung Ellsbergs durchzuführen?«

A.: »Auf jeden Fall war ich dafür.«

F.: »Ich werde Ihnen Seite 753 Ihrer Aussage vorlegen und Sie fragen, ob Sie diese Begutachtung verlangt haben.«

A.: »Na schön, eine psychologische Untersuchung, ja. Ich habe den CIA aufgefordert, eine verdeckte psychologische Untersuchung durchzuführen. Das findet sich in einer Aktennotiz an Charles Colson. Schließlich wurde das auch so gemacht, ohne großes Hin und Her.«

F.: »Halten Sie das für angebracht?«

A.: »Ob ich was für angebracht halte?«

F.: »Daß man versucht, den Ruf eines Menschen zugrunde zu richten, indem man die Streitkräfte der Vereinigten Staaten dazu verwendet, durch ihre geheimdienstliche Tätigkeit einen amerikanischen Bürger seiner Glaubwürdigkeit zu berauben. Halten Sie das für angebracht?«

A.: »Sofern er derjenige war, für den die ihn damals hielten, unbedingt.«

F.: »Falls er ein Verräter war, hätte man ihn wegen Hochverrats vor Gericht stellen müssen. Ist das richtig?«

A.: »Das ist richtig.«

F.: »Er hätte sich dann vor Gericht gegen diese Anklage verteidigen können. Ist das richtig?«

A.: »Das ist richtig. So funktioniert unser Rechtssystem. Jedenfalls setzen wir das voraus.«

F.: »Aber diese Gelegenheit wurde ihm nicht gegeben, nicht wahr, Mr. Hunt, weil Sie eine verdeckte Operation in die Wege leiteten, um jemanden insgeheim um seinen Ruf und seine Glaubwürdigkeit zu bringen. Ist das richtig?«

A.: »Das war in die Wege geleitet worden, ja.«

F.: »Ist das richtig? Stehen Sie zu diesen Aktivitäten?«

A.: »Ob ich zu diesen Aktivitäten stehe?«

F.: »Ja.«

A.: »Ich wollte, ich hätte nie von Watergate gehört. Ich wollte, ich hätte nie im Dienst des Weißen Hauses gestanden.«

F.: »Die Dinge haben sich für Sie nicht besonders gut entwikkelt. Danach frage ich aber nicht.
Ich möchte wissen, ob Sie dazu stehen, daß die Regierung der Vereinigten Staaten mit Hilfe geheimer Machenschaften amerikanische Bürger ihrer Glaubwürdigkeit beraubt?«

A.: »Ich müßte sagen, es kommt darauf an, wer diese amerikanischen Bürger sind.«

F.: »Müßten sie nicht wegen ihrer Taten vor Gericht gestellt werden, sofern es sich um Verbrecher handelt? Finden Sie es wirklich in Ordnung, daß Leute, die im Verborgenen tätig sind, auf eine Art und Weise, gegen die man sich nicht zur Wehr setzen kann, den Ruf solcher Menschen zugrunde richten?«

A.: »Wollen Sie von mir eine juristische Aussage dazu hören?«

F.: »Ich möchte Ihre Einstellung hören. Sind Sie davon überzeugt, daß das in Ordnung ist?«

A.: »Daß was in Ordnung ist?«

F.: »Daß man versucht, Glaubwürdigkeit und Ruf amerikanischer Bürger unter Zuhilfenahme geheimer Mittel zugrunde zu richten.«

A.: »Angesichts der damals herrschenden Umstände hatte ich keine Schwierigkeiten damit. Heute würde das wohl anders aussehen.«

F.: »Warum? Was hat sich geändert?«

A.: »Eine ganze Menge.«

F.: »Was?«

A.: »Ich bin seit damals sehr viel reifer geworden. Ich habe gesehen, wie unzulänglich Mr. Colsons Bezugsrahmen war.«

F.: »Haben Sie Dr. Ellsberg einen Entschuldigungsbrief geschrieben?«

A.: »Nein.«

Zum Plan, Dr. Ellsberg zugrunde zu richten, gehörte ein Einbruch bei dessen Psychiater Dr. Lewis Fielding, von dem Hunt vermutete, daß Ellsberg ihm vertraute.

F.: »Waren Sie der Ansicht, daß eine ungesetzliche Vorgehensweise Dr. Fielding gegenüber angebracht war?«

A.: »Sofern das FBI nicht bereit war, das zu übernehmen, ja.«

F.: »Entsprach das Ihrer Empfehlung?«

A.: »Möglich. Es hat sich dabei um eine gesetzwidrige Aktion gehandelt. Um sich in den Besitz von Material zu bringen, das sonst nicht leicht zugänglich wäre, führt hier im Inland das FBI so etwas durch, wie Ihnen bekannt ist, und der CIA im Ausland.«

F.: »Haben Sie ausgesagt: ›Ich war der Ansicht, daß ein gesetzwidriges Vorgehen gerechtfertigt war‹? Erinnern Sie sich, diese Aussage gemacht zu haben?«

A.: »Ja.«

Hunt, der in Wirklichkeit den rechtswidrigen Einbruch in Dr. Fieldings Praxis in Los Angeles selbst empfohlen und organisiert hatte, fuhr mit seiner Aussage über die Straftat fort, der Allgemeinheit Sand in die Augen zu streuen, soweit es die vom Gesetzgeber gezogenen Grenzen des CIA und des FBI betraf. Er und seine Mittäter hatten beschlossen, in der Presse unwahre Angaben über Ellsberg in Umlauf zu setzen. Anfänglich war sich Hunt in der Sache keineswegs sicher, doch die Vorlage der entsprechenden Dokumente half seinem Gedächtnis auf die Sprünge.

F.: »Haben Sie bei einer Besprechung gesagt, es sei ein glänzender Einfall, Ellsberg in der Presse unter Anklage zu stellen, wenn es schon im Gerichtssaal dazu keine Gelegenheit gab?«

A.: »Das ist möglich.«

F.: »Ich verlese von Seite 766 Ihrer Aussage aus dem als Beweis vorgelegten Dokument J des Beklagten, Ihre Aussage im Fall *Ehrlichman gegen Liddy:*

F.: Mr. Hunt, gab es während jener Besprechung mit Dr. Malloy irgendeine Diskussion darüber, daß man Dr. Ellsberg in der Presse unter Anklage stellen sollte?

A.: Ich kann mich an einen Fingerzeig in dieser Richtung erinnern.

F.: Wie könnte Ihr Fingerzeig ausgesehen haben?

A.: Daß es ein glänzender Gedanke wäre, ihn in der Presse unter Anklage zu stellen, wenn man ihn nicht vor Gericht stellen könnte.

F.: Erinnern Sie sich, wer diese Aussage gemacht hat?

A.: Das könnte ich selbst gewesen sein.

F.: »Frischt das Ihr Erinnerungsvermögen auf?«
A.: »Ja.«
F.: »Ging es in der Diskussion mit Mr. Colson nicht nur um Dr. Ellsberg, sondern auch um dessen Anwalt?«
A.: »Ohne einen zusätzlichen Hinweis kann ich mich daran nicht erinnern.«

Einen Augenblick lang sah ich Hunt entgeistert an. Ich war sprachlos. Stumm fragte mein Blick, ob es tatsächlich möglich war, daß er einen Plan entworfen und durchgeführt hatte, mit dem er den Ruf eines bekannten Anwalts zugrunde richten wollte, und anschließend das Ganze vergessen hatte.

F.: »Seite 767 Ihrer Aussage:
F.: Erinnern Sie sich, Mr. Hunt, mit Mr. Colson darüber gesprochen zu haben, daß Material über einen gewissen Leonard Boudin zusammengestellt werden müßte?
A.: Ja.
F.: Wer war Mr. Boudin?
A.: Zu jener Zeit war Mr. Boudin Dr. Daniel Ellsbergs Hauptverteidiger bei dessen Schwierigkeiten mit der Regierung der Vereinigten Staaten.
F.: »Frischt das Ihr Erinnerungsvermögen auf?«
A.: »Ja.«
F.: »Haben Sie entsprechend Ihrer damaligen Aussage angeregt, man möge Material über Leonard Boudin vorbereiten?«
A.: »Ja.«
F.: »Es handelte sich bei Leonard Boudin nicht um einen marxistischen Diktator?«
A.: »Nein.«
F.: »Ist Mr. Boudin in Juristenkreisen als außergewöhnlich fähiger und begabter Anwalt sowie als überragendes Mitglied der New Yorker Anwaltskammer anerkannt?«
A.: »Da ich keiner Anwaltsvereinigung angehöre, kann ich dazu keine Meinung äußern.«
F.: »Haben Sie mit Bezug auf Mr. Boudin Nachforschungen angestellt?«

A.: »Ja.«
F.: »Ist Ihnen dabei die Richtigkeit der von mir gemachten Aussage aufgefallen?«
A.: »Das hat nicht zu dem gehört, was unser Mann entdeckt hat.«

Als ich Hunt nach der von ihm in Auftrag gegebenen Recherche fragte, antwortete er mit einem Ausfall gegen Boudins andere Mandanten und dessen Tochter.

F.: »Glauben Sie, daß es jetzt von Belang ist, wenn ich die Frage stelle, welche Recherchen Sie damals durchführten, daß Sie den Geschworenen etwas über seine Tochter berichten? Ihnen ist bekannt, was Sippenhaft bedeutet?«
A.: »Durchaus.«
F.: »Ich frage Sie nach einem überragenden Mitglied der New Yorker Anwaltsvereinigung, und Sie erzählen mir etwas über seine Tochter. Hat das etwas mit Sippenhaft zu tun?«
A.: »Sie stellen ihn als überragendes Mitglied der New Yorker Anwaltsvereinigung hin, und ich sage, daß ich keine Ahnung habe, was er ist.«
F.: »War Sippenhaft Bestandteil der Vorgehensweisen, derer Sie sich vor Jahren bedient haben, ist es jetzt aber, da Sie reifer sind, nicht mehr?«

Hunt gehörte nicht zu denen, die eine Akte ausschließlich mit Hilfe von Nachforschungen füllen. Er war eine dynamische Persönlichkeit und entschlossen, seinen Gegner zu vernichten. Ich fragte ihn nach dem Ergebnis seines Tuns.

F.: »Haben Sie über Mr. Leonard Boudin eine Aktennotiz verfaßt?«
A.: »Ich glaube, ich habe Verschiedenes an Material über ihn in Form einer Aktennotiz zusammengefaßt.«
F.: »Geschah sonst noch etwas?«
A.: »Diese Aktennotiz ist jemandem übergeben worden, der Mr. Colsons Vertrauen genoß.«

F.: »Was geschah dann?«

A.: »Ich glaube, einen Teil davon hat die Presse veröffentlicht. Ich glaube, es war die *New York Times.*«

F.: »Tatsächlich haben Sie einen Artikel über Mr. Boudin verfaßt. Sie haben nicht einiges Aktenmaterial zusammengezogen, nicht wahr? Sie haben den Artikel verfaßt. Ist das richtig?«

A.: »Ich habe nicht den Artikel verfaßt, der erschienen ist.«

F.: »Haben Sie einen Artikel verfaßt?«

A.: »Ich habe eine lange Aktennotiz geschrieben, die derjenige, unter dessen Namen der Text dann erschienen ist, zu einem Artikel umgearbeitet hat.«

Dann konfrontierte ich Hunt mit seiner früheren Aussage.

F.: »Seite 768:

F.: »Haben Sie mit Bezug auf Mr. Boudin Nachforschungen angestellt?«

A.: »Ja.«

F.: »Haben Sie eine Aktennotiz über ihn verfaßt?«

A.: »Mehr als das. Ich habe einen Artikel verfaßt – einen journalistischen Artikel über Mr. Boudin.«

F.: »Waren das die Antworten, die Sie gegeben haben, als Sie damals unter Eid befragt wurden?«

A.: »Ja.«

F.: »Entsprachen sie der Wahrheit?«

A.: »Ja.«

F.: »Unter welchem Namen wurde der Artikel veröffentlicht?«

A.: »Das weiß ich nicht mehr.«

F.: »Sagt Ihnen der Namen Jerry terHorst etwas?«

A.: »Ja.«

F.: »Frischt das Ihr Erinnerungsvermögen auf?«

A.: »Ja.«

F.: »Wurde jener Artikel unter dem Namen Mr. Jerry terHorst veröffentlicht?«

A.: »Ja.«

Jerry terHorst, angeblich Verfasser des fraglichen Artikels, hatte von 1961 bis 1974 an der Spitze des Washingtoner Büros der *Detroit News* gestanden und wurde dann in der Frühzeit von Gerald Fords Präsidentschaft dessen Pressesprecher.

F.: »Halten Sie das für angebracht?«
A.: »Was soll ich für angebracht halten? Das war der Zweck der Operation.«
F.: »Das ist mir bekannt. Glauben Sie, daß es angebracht ist, unter Einsatz öffentlicher Mittel in hinterhältiger Weise einen Zeitungsartikel zu publizieren, so daß die amerikanische Öffentlichkeit bei dessen Lektüre annimmt, ein Journalist habe ihn verfaßt, nicht aber jemand, der im Sold des Weißen Hauses steht?«
A.: »Ich war dieser Ansicht. Unter den damals herrschenden Umständen habe ich das für angebracht gehalten. Heute sehe ich das anders.«

Hunt hatte alle ihm in dieser Frage verfügbaren Positionen eingenommen. Er rechtfertigte seine Vorgehensweise, er bestritt, was er getan hatte, und erklärte schließlich, als die Beweise erdrückend wurden, er habe sich geändert. Doch hatte er noch wenige Augenblicke vor dieser Veränderung nicht zur Sache gehörende herabsetzende Äußerungen über Leonard Boudins Angehörige von sich gegeben. Die Geschworenen hörten aufmerksam zu. Sie wußten, daß sich der Kläger trotz seiner gegenteiligen Beteuerungen auf dem Gebiet der Vereinigten Staaten strafbarer Handlungen und der Täuschung schuldig gemacht hatte, mit dem Ziel, den Ruf amerikanischer Bürger zugrunde zu richten. Wäre er in ähnlicher Weise vorgegangen, wenn Präsident Kennedy das ihm zugewiesene Ziel gewesen wäre? Keineswegs, erklärte er. Er habe John Kennedy gemocht. Ich fragte ihn, wie er zu diesem Präsidenten gestanden habe.

»Nun, er war ein junger Mann, gehörte meiner Generation an. Ich war ihm bei gesellschaftlichen Anlässen in Boston begegnet. Ich habe viel von ihm gehalten. Ich habe zur selben Zeit im Südpazifik gedient wie er. Wir waren beide Marineoffiziere. Zu einer bestimmten Zeit habe ich viel für ihn empfunden.«

F.: »Waren Sie je an irgendeiner Art von Irreführung der Allgemeinheit beteiligt, um ihm Schwierigkeiten zu machen?«
A.: »Präsident Kennedy?«
F.: »Ja.«
A.: »Nein.«

Zwar kam Hunts Antwort wie aus der Pistole geschossen und mit scheinbarer Aufrichtigkeit und Wärme, der Haken daran aber war, daß sie in keiner Weise der Wahrheit entsprach.

Ich fuhr fort:

F.: »Haben Sie je Gespräche mit Mr. Colson geführt, in denen es darum ging, Telegramme zu fälschen, um John Kennedy den Tod des südvietnamesischen Präsidenten in die Schuhe zu schieben?«

Hunt ließ eine Pause eintreten. Hilfesuchend sah er zu seinen Anwälten hinüber, doch konnten sie nichts für ihn tun. Die Frage war zulässig. Schließlich kam stockend Hunts Antwort und mit leiser Stimme.

A.: »Ja, das ist der Öffentlichkeit bekannt. Ich kann mich nicht erinnern, ob das die Schuld von Kennedy war. Bestimmt aber war die Regierung Nixon daran schuld – von der Regierung Kennedy bis zur Regierung Nixon.«
F.: »Haben Sie je Gespräche mit Mr. Colson geführt, in deren Verlauf Sie sich bereit erklärten, Telegramme des Außenministeriums zu fälschen, um den Eindruck zu erwecken, als habe Präsident John F. Kennedys Regierung den Mord am südvietnamesischen Präsidenten Diem angeordnet?«
A.: »Ja.«
F.: »Und haben Sie diese Telegramme gefälscht?«
A.: »Ob ich die gefälscht habe? [lange Pause] Ja.«

Dann bat ich Hunt zu erklären, auf welche Weise er die fraglichen Dokumente gefälscht hatte, um John F. Kennedy nach dessen Tod einen Mord anzuhängen, für den er nicht verantwortlich war.

F.: »Auf welche Weise sind Sie dabei vorgegangen?«

A.: »Nun, das war so. Ich habe das gesamte Telegramm-Material gesichtet, das mit dem Tod Präsident Diems von Süd-Vietnam zu tun hatte und das in den Akten des Außenministeriums sowie in denen anderer Regierungsstellen wie beispielsweise der Nationalen Sicherheitsbehörde NSA zur Verfügung stand. Ich habe gesehen, daß eine ganze Reihe davon herausgenommen worden war und sich nicht mehr in den Akten befand. Statt dessen waren in den Ordnern Platzhalter, auf denen stand ›In der Kennedy-Bibliothek‹. Das heißt, man hatte die zur J.-F.-K.-Bibliothek in Boston gebracht. Die Akten waren nicht da, und die Telegramme auch nicht. Unter Ausnutzung des Zeitrahmens und des wenigen, was ich über die Hintergründe der Ermordung wußte, bin ich hergegangen und habe Telegramme hineingelegt, die in den Gesamtzusammenhang des über Präsident Diems Tod zwischen Washington und Vietnam geführten Telegrammwechsels paßten.«

F.: »Was meinen Sie mit ›Sie haben hineingelegt‹? Was haben Sie genau getan?«

A.: »Habe ich ›hineingelegt‹ gesagt?«

F.: »Ich denke ja.«

A.: »Nun, ich habe sie gemacht.«

F.: »Sie –«

A.: »Ich habe sie gemacht, ja.«

Da ich gern wissen wollte, wie jemand nachträglich amtliche Telegramme anfertigen konnte, so daß sie echt aussahen, bat ich Hunt, den Geschworenen zu erklären, wie er bei dieser Aufgabe vorgegangen war:

A.: »Wie ich das gemacht habe? Sie meinen, mechanisch?«

F.: »Ja.«

A.: »Ich habe sie auf einer Schreibmaschine tippen lassen. Dann wurden sie fotokopiert, und die Fotokopien wurden schließlich jemanden vorgelegt, der Mr. Colsons Vertrauen genoß. Außerdem haben *Time* und *Life* sie veröffentlicht.«

F.: »Handelte es sich dabei um Mr. Lambert?«
A.: »Ja, Bill Lambert.«
F.: »Und wurden sie Mr. Lambert zum Zweck der Veröffentlichung vorgelegt?«
A.: »Ja.«
F.: »Und wurden sie ihm mit der Versicherung vorgelegt, sie seien echt?«
A.: [Pause] »Darüber muß ich erst nachdenken. Ich glaube, man hat ihm die Telegramme nicht in meinem, sondern in Mr. Colsons Dienstzimmer vorgelegt. Ich kann mich nicht erinnern, sie ihm selbst gezeigt zu haben. Vielleicht habe ich sie ihm gegeben. [Pause] Ob ich gesagt habe, daß sie echt waren, oder nicht, ist eine andere Sache. Möglich ist es. Es wäre schlimm gewesen, wenn ich das gesagt hätte, aber es ist möglich.«
F.: »Sagten Sie: ›Das sind Fälschungen, und ich habe sie gerade hergestellt. Ich möchte, daß Sie diese Fälschungen in Ihrem Organ veröffentlichen‹?«
A.: »Natürlich nicht. Natürlich nicht.«
F.: Sie haben Mr. Lambert also, indem Sie sie ihm anboten, –«
A.: »Man konnte annehmen, daß sie echt waren, sie waren es aber nicht.«

Nachdem Hunt ursprünglich unter Eid versichert hatte, er sei nie in eine Irreführung der Allgemeinheit verwickelt gewesen, deren Ziel es war, Kennedy in Schwierigkeiten zu bringen, hatte er jetzt ausgesagt, er habe sich lediglich bemüht, Beweise zu manipulieren und zu fabrizieren, die den Nachweis führen sollten, daß Kennedy ein Mörder war. Die Begründung, die Hunt für sein abnormes Verhalten lieferte, schien mir nicht weniger erstaunlich als die Tatsache, daß er diese Beweise selbst hergestellt hatte.

F.: »Im wesentlichen haben Sie also Dokumente gefälscht, um den Anschein zu erwecken, als sei John F. Kennedy und seine Regierung in die Ermordung jenes Staatsoberhauptes verwickelt gewesen – ist das richtig?«
A.: »Das hielt ich damals für zutreffend.«

F.: »Und daher haben Sie Beweismittel gefälscht, um die Wahrheit der von Ihnen in der Angelegenheit vertretenen Theorie zu zeigen. Ist das richtig?«
A.: »Das ist richtig.«
F.: »Kann man das als korrektes Verhalten bezeichnen?«
A.: »Nein.«

Wir hatten in den zwei Stunden des Kreuzverhörs viel über Hunt erfahren. Ich denke, wir hatten den Geschworenen gezeigt, daß er John Kennedy nicht ausstehen konnte, daß er nach dessen Tod zu Mitteln der Irreführung gegriffen hatte, um ihm ein Verbrechen anzuhängen, daß er bereit war, gegen das Gesetz zu verstoßen, um seine Aufträge zu erfüllen, daß er keine Achtung vor den grundlegenden Institutionen unseres oder irgendeines anderen Volkes besaß, daß er im Rechtswesen kein geeignetes Mittel sah, Auseinandersetzungen beizulegen, daß er regelmäßig und beharrlich Meineide geschworen und nach seiner eigenen Einlassung den Mord an einem Staatsoberhaupt für angebracht gehalten hatte, dessen Innen- und Außenpolitik nicht zur Weltsicht des CIA paßte. Hunt hatte ausgesagt, er hoffe zuversichtlich, daß sich der CIA bemühe, Castro zu töten, und sah es als moralisch ganz und gar gerechtfertigt an, maßgebliche Leute der Sowjetunion durch ein Attentat zu beseitigen.

Kennedy hatte Hunts Operationen aufgedeckt, deren Ziel es war, die kubanische Revolution rückgängig zu machen und Castro aus dem Weg zu räumen. Er stand außerdem im Begriff, das Abenteuer des CIA in Vietnam zu beenden.

Jetzt wohl waren die Geschworenen, meiner Vermutung nach zum erstenmal, davon überzeugt, daß Hunt und seine Kollegen vom CIA nicht nur fähig und willens waren, den Präsidenten zu töten, sondern auch die Motive dazu hatten. Das war natürlich noch meilenweit von einem Beweis dafür entfernt, daß sie es auch getan hatten. Als nächstes hieß es zu zeigen, daß sie die Gelegenheit dazu gehabt hatten. Wo hatte sich Hunt am 22. November 1963 aufgehalten?

Es ist bezeichnend für alle Amerikaner eines bestimmten Alters, daß sie mit Sicherheit sagen können, wo sie sich am 22. November

1963 befanden, was sie gerade taten und mit wem sie zusammen waren, als sie von Präsident Kennedys Ermordung erfuhren. Dasselbe gilt für Millionen Menschen auf der ganzen Welt. Ich habe an vielen Orten in den Vereinigten Staaten und Europa Vorträge über diesen Mord gehalten. Jedesmal berichteten mir anschließend Dutzende von Zuhörern aus dem Saal, auf welche Weise sie die tragische Nachricht erfahren hatten. Immer wieder beschrieben sie noch Jahre danach in allen Einzelheiten, mit wem sie gesprochen hatten, was gesagt worden war, wo sie sich befunden und was sie getan hatten. Ich zweifle nicht daran, daß auf Verlangen jeder von ihnen zahlreiche Zeugen benennen könnte, welche imstande wären, die Wahrheit des Gesagten zu bestätigen.

Was das betrifft, scheint E. Howard Hunt als einziger von allen Menschen, denen ich in nahezu drei Jahrzehnten begegnet bin, unsicher zu sein. Es ist keineswegs so, daß er nicht bereit wäre, Vermutungen darüber anzustellen, wo er sich seinerzeit möglicherweise aufhielt, nur hat er im Laufe der Jahre eine ganze Anzahl einander widersprechende Angaben dazu gemacht, in denen viele nicht existierende Zeugen vorkommen.

Zu jener Zeit war er Beamter des CIA gewesen. Man sollte annehmen, daß Unterlagen jenes Nachrichtendienstes seine Anwesenheit am Dienstort Washington für jenen Tag belegen. Das ist nicht der Fall. Vor der Verhandlung hatte Hunt die Frage, wo er sich an jenem Tag aufgehalten habe, bei verschiedenen Gelegenheiten beantwortet, meist unter Eid.

Im März 1974 sagte Hunt vor der Rockefeller-Kommission aus und erklärte später, er habe alle ihm gestellten Fragen beantwortet. Außerdem legte er der Kommission eine schriftliche eidesstattliche Erklärung vor. Sie lautet:

Ich, E. Howard Hunt, bestätige, daß Nachstehendes meine Erinnerung daran ist, wo ich mich am 22. November 1963 aufgehalten habe:

1. An jenem Tag war ich als Mitarbeiter der Zentralen Nachrichtendienstes der Abteilung Operationen Inland tätig, die ihren Sitz in einem Bürogebäude im Bezirk der Hauptstadt Washington hat.

2. Ich fuhr gerade mit meiner inzwischen verstorbenen Frau durch die H-Straße in der Nähe der Achten oder Neunten Straße, als wir im Autoradio die erste Meldung über das Attentat auf Kennedy hörten. Wir hatten chinesische Lebensmittel in einem Laden gekauft. Wenn mich meine Erinnerung nicht täuscht, hieß er ›Wah Ling‹. Ich weiß nicht, wie lange nach dieser ersten Meldung meine Frau und ich Nachrichten hörten. Ich erinnere mich, daß Brinkley den Kommentar gesprochen hat, weil er die Theorie von einem ›Anschlag der Rechten‹ vertrat. Er hat gesagt, die Bürger von Dallas hätten Adlai Stevenson beschimpft, und das dort herrschende Klima des Extremismus hätte den Auslöser für Kennedys Erschießung geliefert.
3. Von dem chinesischen Lebensmittelladen aus haben wir die Stadt über die Wisconsin Avenue verlassen, um unsere Tochter Kevan von der Sidwell-Friends-Schule abzuholen. Als sie zu uns in den Wagen gestiegen ist, hat sie berichtet, was wir bereits wußten, nämlich, daß man Präsident Kennedy erschossen hatte. Sie wußte das, weil zwei von Robert Kennedys Kindern aus der Schule abgeholt worden waren, vermutlich von Geheimdienstagenten.
4. Von Kevans Schule sind wir sofort zu unserem Haus in der Baltan Road in Sumner, Maryland (in Verlängerung der Massachusetts Avenue) gefahren. Dort befanden sich mein neugeborener Sohn David (geb. 1. 9. 63), das Kindermädchen Mary Trayner und die Tante meiner Frau, die inzwischen verstorbene Leona Drexler aus Chicago. Unser älterer Sohn, St. John, der die nahegelegene Brookmont-Grundschule besuchte, war vermutlich bereits zu Hause. Wie ich mich erinnere, ist unsere Älteste, Lisa, schon bald mit dem Bus von der Ursulinerinnen-Schule gekommen und hat sich in unserem als gemütlicher Wohnraum eingerichteten Kellerraum zu uns vor den Fernseher gesetzt, wo wir stundenlang die Ereignisse verfolgten: Lyndon B. Johnsons Vereidigung, das Eintreffen des Sarges mit dem Präsidenten in Andrews Field, und so weiter.
5. Was die Frage betrifft, warum ich den ganzen Nachmittag über nicht in meinem Büro war, kann ich nur vermuten, daß ich früh gegangen war, um meiner Frau bei den Einkäufen für das geplan-

te chinesische Abendessen zu helfen, was ich auch sonst immer tat.

6. Ich war vor Ende 1971, als ich auf Charles Colsons Anordnung nach Dallas geflogen bin, um mit General Paul Harkins, dem früheren militärischen Kommandanten in Vietnam, zu sprechen, nie dort gewesen.
7. Ich bin mit Frank Sturgis zum erstenmal im Frühjahr 1972 zusammengetroffen und wurde ihm in Bernard L. Barkers Büro durch diesen vorgestellt.
8. Ich habe weder Lee Harvey Oswald, Jack Ruby oder irgendeinen anderen der an den Morden in Dallas Beteiligten gekannt noch bin ich einem von ihnen je begegnet.
9. Ich war 1963 nicht in Mexiko. Ich war zwischen 1961 und 1970 nicht in Mexiko und seit einem Wochenendausflug, den ich im Juli 1970 nach Acapulco unternommen habe, auch nie wieder.
10. Aus den Jahren vor 1969 besitze ich keine Tagebücher oder sonstige Aufzeichnungen, da ich vor meinem Umzug nach Florida im Juli 1974 so viele überholte Papiere wie möglich vernichtet hatte, um Platz und Gewicht zu sparen. Aufgehoben hatte ich lediglich solche Unterlagen, Bankauszüge usw., die der von den Steuerbehörden vorgeschriebenen fünfjährigen Aufbewahrungspflicht zum Zweck der Einkommensteuerberechnung unterliegen.

Eine Überprüfung zeigte, daß es 1963 in Washington keinen Lebensmittelladen namens »Wah Ling« gab, wohl aber später. Die einzigen von Hunt genannten Zeugen, die noch lebten und seine Anwesenheit in der Nähe von Washington bestätigen konnten, waren seine Kinder. Wie wir gesehen haben, hatte sich Hunt entsprechend der Aussage von David Phillips zwischen 1961 und 1970 sehr wohl in Mexiko aufgehalten. Joseph Trentos Artikel und Tad Szulcs Buch *Compulsive Spy: The Strange Career of E. Howard Hunt* zufolge war Hunt im August und September 1963 vorläufiger Stationschef in Mexico-City gewesen.

Als man Hunt im Zusammenhang mit der Klage, die er gegen die Third Press, A. J. Weberman und andere angestrengt und wieder aufgegeben hatte, vernahm, sagte er aus, er habe sich mit den »Nachbarn Mr. und Mrs. Raymond Thomas« sowie seinen Kindern in dem als gemütlicher Wohnraum eingerichteten Kellerraum aufgehalten.

Außerdem sagte er damals, er habe »keine Ahnung«, ob er am Vormittag des Mordtages in seinem Dienstzimmer beim CIA gewesen sei. Doch erklärte er sicher zu wissen, daß er am 22. November 1963, nachdem er vom Tod des Präsidenten erfahren hatte, im Verlauf des Nachmittags in seine Dienststelle gegangen sei.

Nach dem Namen des Lebensmittelladens befragt, den er an jenem Tag aufgesucht haben wollte, antwortete er ohne zu zögern »Wah Ling« und fügte hinzu, dieser habe sich in der Innenstadt von Washington befunden, ziemlich weit von seinem auf dem Gebiet des Staates Maryland gelegenen Haus entfernt. Er sagte aus, er sei an jenem Tag »lediglich rund zwei Stunden« vor dem Mord aus dem Haus fort gewesen. Er sei von seinem Haus in Maryland zu dem chinesischen Lebensmittelladen gefahren. Ihm fiel der Name keines einzigen der Menschen ein, mit denen er an jenem Tag telefoniert hatte.

Eine weitere Aussage wurde in diesem Zusammenhang am 14. April 1978 protokolliert. Hunt hatte erfahren, daß es 1963 den Laden »Wah Ling«, der ihm ein Alibi verschaffen sollte, nicht gegeben hatte. Inzwischen wußte er allem Anschein nach, daß das seinen Gegnern ebenfalls bekannt war. Auf die Frage nach der Lage des Ladens »Wah Ling« in Washington antwortete er, es habe ihn damals möglicherweise nicht gegeben und versuchte dann, seine früheren unter Eid gemachten Aussagen zurückzunehmen: »Tatsächlich habe ich, wenn Sie sich erinnern, in der Aussage vor dem Church-Ausschuß gesagt, nach meinem besten Wissen habe der Lebensmittelladen »Wah Ling« geheißen.

Nachdem ich den Ort erneut aufgesucht habe – zufällig habe ich kürzlich im Chinesenviertel zu Abend gegessen – ist mir zu Bewußtsein gekommen, daß der Name des Lebensmittelladens wahrscheinlich Tuck Cheong war. T-U-C-K C-H-E-O-N-G.«

Als er dann gefragt wurde, ob er in seinem Alibi für den Tag der Ermordung einen Laden durch den anderen ersetzt habe, gab er zur Antwort: »Nun, ich sage jetzt, daß ich im Versuch, mich zu entsinnen, was ein paar Jahre zurückliegt, daß ich mir den Namen des chinesischen Lebensmittelladens, einer von mehreren an der H-Straße, den ich an jenem Nachmittag mit meiner Frau aufgesucht hatte, neu ins Gedächtnis rufen mußte, und das habe ich getan.«

Zuvor hatte Hunt in seiner jüngsten Aussage vor der Befragung vom April 1978 »Wah Ling« als den fraglichen Laden bezeichnet. Damals hatte er sich sogar erbötig gemacht, die Entfernung zwischen »Wah Ling« und seinem Haus zu schätzen.

Im Dezember 1981 hatte Hunt bei seiner Einvernahme vor dem ersten Prozeß im Fall Liberty Lobby gesagt, er erinnere sich »sehr gut« an den 22. November 1963. Anschließend lieferte er eine neue Variante der Ereignisse und sagte aus: »Meine Frau hatte am 1. September jenen Jahres unseren zweiten Sohn zur Welt gebracht und war an dem bewußten Tag mit dem Kleinen, der noch nicht ganz drei Monate alt war, in die Stadt gefahren, um mich abzuholen.

Sie wollte einkaufen, was für ein chinesisches Abendessen nötig ist, und wir sind von meiner Dienststelle in der Stadt zur H-Straße rübergefahren, weil es da verschiedene chinesische Restaurants und eine Reihe von Lebensmittelläden gab.

Ich sollte noch sagen, daß meine Frau, bevor wir uns kennenlernten, in Schanghai gelebt hatte und ausgezeichnet chinesisch kocht. Ich selbst hatte in China gedient und schätze die chinesische Küche. So kam es, daß wir zu Hause ziemlich häufig chinesisch aßen, und meine Frau bereitete die Mahlzeiten zu.

Sie brauchte mich, damit ich im Wagen sitzenblieb und auf das Kind aufpaßte, während sie in den Laden ging und ihre Einkäufe erledigte, frischen Ingwer und dergleichen, was man eben für eine chinesische Mahlzeit so braucht.

Während ich bei eingeschaltetem Autoradio im Wagen saß, habe ich die erste Blitznachricht aus Dallas gehört, in der es hieß, daß man den Präsidenten erschossen hatte.«

Auf die Frage, ob er an jenem Tag jemanden gesehen habe, der seinen neuen Bericht bestätigen könne, sagte er: »Meine Untergebenen. Eine Dame, die inzwischen geheiratet hat – ihr Name fällt mir gerade nicht ein –, außerdem Connie Mazerov, eine Schreibkraft beim Nachrichtendienst.

Nachdem meine Frau wieder zu mir in den Wagen gestiegen war, sind wir über die Connecticut Avenue in Richtung unseres Hauses in einem Vorort von Maryland gefahren. Da habe ich gesehen, wie jemand mit Mr. Walter Kuzmuk, der wohnt bei mir in der Nähe, aus Duke Zieberts Restaurant kam. In ihrer Begleitung waren ein oder zwei Damen.

Er kannte meinen Wagen, da wir von Zeit zu Zeit eine Fahrgemeinschaft bildeten, bei der wir eine Woche um die andere abwechselnd fuhren, einmal um Kosten zu sparen, aber auch, weil es vernünftig war, denn wir wohnten nur wenige Häuser voneinander entfernt.

Er hat mir zugewinkt, und ich habe zurückgewinkt, dann bin ich nordwärts weitergefahren. Ich mußte dauernd daran denken, daß der Präsident tot war. Ich hatte gehört, daß alle Regierungsdienststellen für den Rest des Tages geschlossen bleiben würden. Statt in mein Büro zurückzukehren, habe ich dann beschlossen, mit meiner Frau auf dem Weg nach Hause die Kinder abzuholen. Das haben wir auch getan, dann sind wir heimgefahren und, wie viele Millionen anderer Amerikaner, danach wie festgenagelt vor dem Fernseher sitzengeblieben.«

Es waren also zwei neue Zeugen aufgetaucht. Beide waren beim CIA beschäftigt gewesen. Trentos Artikel, der dreieinhalb Jahre, bevor Hunt seine endgültige Version formulierte, erschienen war, hatte CIA-Quellen zitiert, aus denen hervorging, daß zum guten Schluß alle Zeugen Hunts »vom CIA gestellt« würden. Doch um die Aussagen der CIA-Zeugen in seiner eigenen unterzubringen, sah sich Hunt gezwungen, wesentliche Teile dessen zu widerrufen, was er früher erklärt hatte. Wie konnte er am Vormittag des Mordtages Connie Mazerov im CIA-Gebäude gesehen haben, wenn er an jenem Tag erst dorthin gegangen war, nachdem er vom Tod des Präsidenten erfahren hatte? So hatte seine Aussage zuvor gelautet. Wie konnte er an jenem Vormittag im CIA-Gebäude gewesen sein, wenn er lediglich zwei Stunden von zuhause fort war, wie er ursprünglich ausgesagt hatte? Wenn man für die Einkäufe nur wenige Minuten ansetzte, war die Fahrt mit dem Wagen von seinem Wohnort in Maryland zur Stadtmitte von Washington und die Rückfahrt, bei der er seine Kinder einsammelte, in zwei Stunden möglich. In dem Fall aber wäre Hunts Auftauchen im CIA-Gebäude an jenem Vormittag ausgeschlossen gewesen. Die gesamte Alibi-Geschichte mußte umgebaut werden, um die neu aufgetauchten Aussagen der vom CIA gestellten Zeugen einbeziehen zu können.

Es gab noch eine weitere Schwierigkeit. Bei früheren Gelegenheiten hatte Hunt mehrfach die Namen aller Menschen genannt, die möglicherweise etwas darüber aussagen konnten, wo er sich am 22. November 1963 aufgehalten hatte, und zwar, wie er damals erklärte, um zu beweisen, daß er sich an jenem Tag nicht in Dallas befunden habe. Doch viele Jahre später, als die von ihm aufgetischten Geschichten eine wie die andere in sich zusammengebrochen waren, nannte er *erstmals* die Namen zweier CIA-Zeugen.

Wie wir bei meiner Einvernahme Kuzmuks gesehen haben, hatte er erklärt, er habe zwischen dem 18. November 1963 und Dezember 1963 Hunt nicht gesehen, mit Ausnahme der zufälligen Begegnung, als dieser an einem Restaurant vorüberfuhr, aus dem Kuzmuk gerade kam. Das sagte er, obwohl er und Hunt in nächster Nähe voneinander wohnten, gewöhnlich gemeinsam zur Arbeit fuhren und im selben Bürogebäude in nahe beieinander liegenden Räumen arbeiteten. Insbesondere sagte Kuzmuk aus, er sei am 22. November nicht mit Hunt zur Arbeit gefahren. Ursprünglich hatte Hunt ausgesagt, er und seine Frau seien am Vormittag aus ihrer Wohnung in Maryland unmittelbar zu jenem chinesischen Lebensmittelladen gefahren. Als aber die vorausgesagten CIA-Zeugen auftraten und die Aussage eines von ihnen, Mazerov, voraussetzte, daß sich Hunt am Vormittag des Mordtages im CIA-Gebäude aufgehalten hatte, sah er sich einer weiteren Schwierigkeit gegenüber. Wie hatte er an jenem Vormittag seine Dienststelle erreicht? Falls mit dem eigenen Wagen – wie war dann seine Frau von Maryland in die Innenstadt von Washington gelangt? Die einzige mögliche Lösung bestand für Hunt darin zu behaupten, Kuzmuk habe ihn zur Arbeit mitgenommen. Wie hätten sonst Hunt und seine Frau später gemeinsam in einem Auto sitzen und im Verlauf des Tages Kuzmuk sehen und von ihm gesehen werden können?

Hunt war flexibel genug, sich auf diese neue Situation einzustellen. Er hatte zuvor beschworen, am Vormittag des Mordtages nicht im CIA-Gebäude gewesen zu sein und über seine Fahrstrecke und seinen Tagesplan ausgesagt, die zu jener Zeit so aufeinander abgestimmt waren, daß sie zueinander paßten – das heißt, er beschrieb eine zweistündige Fahrt, von der er unter Eid erklärte, daß sie etwa zwei Stunden gedauert habe. Jetzt beschwor er, daß er sich am Vormittag in seinem Dienstzimmer im CIA-Gebäude aufgehalten habe, um sowohl Mazerovs Aussage als auch die Geschichte mit Kuzmuk unterzubringen.

Zwar hatte Kuzmuk bei seiner Einvernahme beschworen, am 22. November nicht mit Hunt zur Arbeit gefahren zu sein (in diesem Punkt hatten Hunts und Kuzmuks Aussage übereingestimmt), doch sah sich Hunt jetzt genötigt, seine eigene frühere Aussage ebenso zurückzuziehen wie die gegenwärtige seines Alibizeugen. Bei der Verhandlung sagte er: »Ich habe Walter Kuzmuk gesehen, mit dem ich mich bei der Fahrt zur Arbeitsstelle und zurück zu unseren nahe beieinander gelegenen Häusern im Vorort Sumner, Maryland, in einer Fahrgemeinschaft ablöste.« Ich fragte Hunt, wann er Kuzmuk am 22. November 1963 zum erstenmal gesehen habe, und er antwortete: »Zum erstenmal am Vormittag, als wir mit dem Wagen zur Arbeit gefahren sind.«

Hunt hatte sich inzwischen bei seinen im Verlauf mehrerer Jahre gemachten Aussagen über das, was er am 22. November 1963 getan und wer ihn dabei gesehen habe, bei nahezu allen Einzelheiten in Widersprüche verwickelt. Jetzt bestritt er die entscheidende Aussage Kuzmuks, eines seiner beiden verbleibenden Zeugen. Ich fragte ihn danach.

F.: »Ist Ihnen bekannt, daß Mr. Kuzmuk ausgesagt hat, er sei mit Ihnen am 22. November 1963 nicht im Auto nach Washington gefahren?«

A.: »Nein, das ist mir nicht bekannt.«

MR. SNYDER: »Einspruch.«

GERICHT: »Begründung.«

SNYDER: »Unzutreffende Darstellung von Mr. Kuzmuks Aussage.«

GERICHT: »Der Einspruch wird zurückgewiesen. Die Antwort lautet, es ist ihm nicht bekannt.«

MR. LANE:

F.: »Ich werde Ihnen die Mitschrift einer beeidigten Aussage zeigen, die Mr. Kuzmuk mit Bezug auf diesen Fall am Donnerstag, 28. Juni 1984, in Gegenwart Ihres Anwalts bei einer Einvernahme gemacht hat, und frage Sie, ob Sie dieses Dokument als diese Aussage erkennen. Es handelt sich um das als Beweis vorgelegte Dokument mit dem Kennbuchstaben M.«

A.: »Ich erkenne es als diese Aussage.«

F.: »Besitzen Sie eine Kopie davon, Mr. Snyder?«

MR. SNYDER: »Ja.«

MR. LANE:

F.: »Frage, Seite 11. Frage von mir an Mr. Kuzmuk:

F.: »Sind Sie in der Woche, die am 22. November 1963 endete, mit dem Wagen nach Washington gefahren?«

A.: »Nun, der einzige Kollege, mit dem ich eine Fahrgemeinschaft hatte, war Mr. Hunt, und ich nehme an, es geht hier um den 22. November, richtig?«

F.: »Es geht um dieses Datum. Das ist richtig.«

A.: »An dem Tag bin ich allein gefahren, weil mich Mr. Hunt an dem Tag nicht begleitete. Ich habe ihn erst auf der Straße gesehen, wie ich hier auch gesagt habe. Was den 21. betrifft, weiß ich nicht genau.«

F.: »War Ihnen bekannt, daß Mr. Kuzmuk diese Aussage gemacht hat?«

A. »Nein.«

Angesichts dieser Beweislage räumte Hunt ein, er habe sich bei seiner Einvernahme im Juli 1979, als es um die Frage *Third Press* ging, nachzuweisen bemüht, daß er sich am 22. November 1963 in der Hauptstadt Washington aufgehalten und Kuzmuk nicht als Zeugen benannt habe. Er erklärte lediglich: »Er war mir nicht eingefallen.« Dann fragte ich ihn, ob er bei seiner Einvernahme im Jahre 1977 Connie Mazerov als Alibizeugin benannt habe. Er sagte, daß sei nicht der Fall.

Dann begann ich, Hunt zu befragen, um die nicht zueinander passenden Aspekte bei seinen verschiedenen Geschichten unter einen Hut zu bringen.

F.: »In Ihrer Aussage haben Sie mehrfach erklärt, daß Sie bei jeder Ihrer Befragungen dasselbe ausgesagt haben. Als Sie 1977 in einem Prozeß, den Sie gegen Weberman und andere angestrengt hatten, unter Eid aufgefordert wurden, die Namen derer zu nennen, die Sie am 22. November 1963 gesehen hatten, haben Sie weder Kuzmuk noch Mazerov genannt. Ist das richtig?«

A.: »Das ist nachgewiesen worden.«

F.: »Und diese beiden sollen in diesem Verfahren als Alibizeugen auftreten?«

A.: »Sie sollen bei diesem Verfahren als Alibizeugen auftreten. Das ist richtig.«

F.: »Haben Sie heute Mr. und Mrs. Raymond Thomas aufgeführt, als ich Sie bat, jeden einzelnen Menschen zu nennen, von dem Sie sich erinnern, ihn am 22. November 1963 gesehen zu haben?«

A.: »Nein.«

F.: »Aber 1977 haben Sie Mr. und Mrs. Raynold Thomas als Alibizeugen benannt.«

A.: »Ja.«

F.: »Als ich Sie heute bat, jeden einzelnen Menschen zu nennen, den Sie am 22. November 1963 gesehen haben, haben Sie da Nachbarn aufgeführt?«

A.: »Ich habe keine Nachbarn aufgeführt.«

F.: »Haben Sie 1977, als Ihnen dieselbe Frage gestellt wurde, gesagt, es habe sich um Nachbarn gehandelt?«

A.: »Ja.«

F.: »Ein Jahr nach Ihrer Einvernahme in dem Prozeß, den Sie gegen Weberman angestrengt hatten, ein Jahr später, sagten Sie vor dem Sonderausschuß des Kongresses zur Untersuchung der Mordfrage aus. Ist das richtig?«

A.: »Nun, welches Jahr heißt ein Jahr?«

F.: »Am 3. November 1978.«

A.: »Ich habe den Ausschuß dazu gebracht, die Dinge mit meinen Augen zu sehen.«

F.: »Sie wollten bei dessen Mitgliedern den Eindruck erwecken, Sie seien imstande, mit Hilfe von Alibizeugen und anderen

Zeugen zu belegen, daß Sie sich am 22. November 1963 in der Hauptstadt Washington aufgehalten hatten?«

A.: »Das ist richtig.«

F.: »Sie haben gründliche Überlegungen angestellt, auf welche Weise Sie die Leute am nachdrücklichsten davon überzeugen konnten, daß Sie sich in Washington aufhielten. Ist das richtig?«

A.: »Das ist eine zutreffende Darstellung.«

F.: »Kuzmuk haben Sie an jenem Tag nicht erwähnt, nicht wahr? Sie haben dem Sonderausschuß des Kongresses zur Untersuchung der Mordfrage nicht gesagt, daß Sie Mr. Kuzmuk am 22. November 1963 gesehen hatten, oder?«

A.: »Nein. Ich glaube, er hatte mir seine Anwesenheit nicht mitgeteilt. Damals wußte ich nicht, daß er mir einen Brief schreiben würde.«

F.: »Er saß Ihrer beeideten Aussage nach am Vormittag des 22. November 1963 mit Ihnen im Auto. Ist das richtig?«

A.: »Das ist richtig.«

F.: »Sie sahen ihn später an dem Tag, unmittelbar nachdem Sie das Chinaviertel der Stadt Washington verlassen hatten. Ist das richtig?«

A.: »Das ist richtig. An diese Umstände hat er mich erinnert, als er wieder Kontakt mit mir aufnahm.«

F.: »Es ging dabei nicht darum, daß er Ihnen mitteilte, daß er anwesend war, sondern lediglich darum, Ihr Gedächtnis aufzufrischen. Ist das richtig?«

A.: »Das ist eine zutreffende Darstellung, ja.«

F.: »Sie haben aber, als Sie vor dem Sonderausschuß des Kongresses zur Untersuchung der Mordfrage auftraten, dessen Angehörige Sie unbedingt davon überzeugen wollten, daß Sie sich in Washington und nicht in Dallas aufgehalten hatten, Ihren anderen Alibizeugen, Miss Mazerov, nicht genannt?«

A.: »Ich dachte, ich hätte das getan.«

F.: »Möglicherweise irre ich mich. Wir wollen uns die Aussage ansehen. Sie trägt das Datum 3. November 1978, und es handelt sich dabei um eine Einvernahme, der Sie an jenem Tag vor dem Sonderausschuß des Kongresses zur Untersuchung der Mordfrage unterzogen wurden. Ist das richtig?«

A.: »Ja.«

F.: »Wollte der Sonderausschuß des Kongresses zur Untersuchung der Mordfrage von Ihnen die Namen Ihrer Alibizeugen wissen?«

A.: »Ich weiß nicht. Ich kann mir denken, daß ich die von mir aus genannt habe.«

F.: »Sie haben den Gegenstand angesprochen, ich glaube, auf Seite 6?«

A.: »Ja, ich habe ihn in meiner einleitenden Erklärung vor dem Ausschuß angesprochen.«

F.: »Haben Sie dabei von Connie Mazerov gesprochen?«

A.: »Nein, nicht in meiner Erklärung.«

F.: »Haben Sie zu Anfang vor dem Sonderausschuß des Kongresses zur Untersuchung der Mordfrage eine einleitende Erklärung abgegeben?«

A.: »Ja.«

F.: »Wer hat diese Erklärung formuliert?«

A.: »Ich.«

F.: »Umfaßte sie mehrere Seiten?«

A.: »Ja.«

F.: »Hatten Sie vor ihrer Abfassung gründlich darüber nachgedacht?«

A.: »Ja.«

F.: »Handelte es sich um eine für Sie sehr schwerwiegende Angelegenheit?«

A.: »Eine äußerst schwerwiegende.«

F.: »Haben Sie bei der Ausarbeitung von Absatz vier – er erscheint auf Seite 6 der Mitschrift der genannten Einvernahme, bei der Sie die Namen der Alibizeugen nannten – erwähnt, daß Sie mit Kuzmuk im Auto zum CIA-Gebäude gefahren sind?«

A.: »Zum CIA-Gebäude, nein.«

F.: »Haben Sie erwähnt, daß Sie Kuzmuk vor dem Restaurant gesehen hatten?«

A.: »Ich war mir dessen nicht mehr bewußt. Ich hatte die Sache mit Kuzmuk vollständig vergessen, bis er mir ein paar Monate später den Brief schrieb.«

F.: »Haben Sie in Ihrer ausgearbeiteten Erklärung davon gesprochen, daß Sie am 22. November 1963 eine gewisse Zeit mit Connie Mazerov zusammen waren?«

A.: »Nein.«

F.: »Ist es richtig, daß die beiden einzigen von Ihnen in diesem Prozeß benannten Alibizeugen jene sind, die Sie bei Ihrer Aussage vor dem Sonderausschuß des Kongresses zur Untersuchung der Mordfrage nicht genannt haben?«

A.: »Das ist richtig.«

Ich sah zu den Geschworenen hinüber. Zwar schien das Frage-und-Antwort-Spiel sie außerordentlich zu interessieren, doch hatte ich den Eindruck, daß ich gefährlich nahe daran war, diese Seite des Falles zu stark herauszustellen. Mir kam der Gedanke, ich könnte die kaum wahrnehmbare Linie, die zwischen dem Vorlegen überzeugenden Beweismaterials und eintönigem Darauf-herum-Hacken liegt, schon überschritten haben. Also wandte ich mich einem anderen Gebiet zu, obwohl es zu diesem Punkt noch weit mehr Material gab.

Da sowohl Hunt in seiner unmittelbaren Aussage wie auch sein Rechtsberater in Erklärungen vor den Geschworenen darauf hingewiesen hatte, daß ihn die Rockefeller-Kommission entlastet habe, sprach ich den Punkt kurz an. Der Kläger hatte inzwischen deutlich zu erkennen gegeben, daß er weder Gehaltslisten noch sonstige CIA-Unterlagen vorlegen werde, aus denen hervorging, daß er sich in Washington aufhielt, als der Präsident ermordet wurde. Diese Dokumente waren mir nicht zugänglich. Der Rockefeller-Kommission hatten einige Unterlagen über Hunt vorgelegen, anhand derer sie zu gewissen Schlußfolgerungen gelangt war. Ich wollte Fragen stellen, die Licht auf beide Fragen warfen.

F.: »Fuhr Mr. Kuzmuk Sie an jenem Tag zur Arbeit, weil Sie Dienst im CIA hatten?«

A.: »Wir hatten jeden Tag Dienst, ja, Sir.«

F.: »Wissen Sie, daß es im Bericht der Rockefeller-Kommission heißt: ›Hunt konnte sich nicht daran erinnern, ob er am Vormittag jenes Tages Dienst hatte‹. Mit jenem Tag bezieht sie sich, was aus dem Zusammenhang deutlich erkennbar ist, auf den 22. November 1963. Ist Ihnen bekannt, daß die Rokkefeller-Kommission das veröffentlicht hat?«

A.: »Ja, das ist mir bekannt.«

F.: »Wissen Sie, warum die Rockefeller-Kommission –«

A.: »Ich glaube, weil sie mich nicht gefragt haben, wo ich war.«

F.: »Natürlich, die Schlußfolgerung heißt nicht, daß man Sie nicht gefragt hat, sondern: ›Hunt konnte sich nicht erinnern, ob er am Vormittag jenes Tages Dienst hatte‹, also ob Sie an jenem Vormittag Dienst im CIA hatten. Wissen Sie, warum man zu jener Erklärung gekommen ist?«

A.: »Das könnte ich nicht sagen.«

F.: »Aber Sie wissen, daß es sich so verhält?«

A.: »Man hat das veröffentlicht. Das ist richtig. Ob ich wegen Krankheit oder Urlaub nicht da war, oder an jenem Morgen meinen Dienst angetreten habe, ist doch ziemlich unerheblich.«

F.: »Haben Sie sich in den zwei Wochen vor dem 23. November 1963 krank gemeldet?«

A.: »Möglich. Ich kann mich nicht daran erinnern.«

F.: »Ist die Rockefeller-Kommission zu dem Ergebnis gelangt, daß Sie in dem zweiwöchigen Zeitraum bis 23. November 1963 wegen Krankheit elf Stunden abwesend waren?«

A.: »Wenn die das ermittelt haben, waren ihnen Unterlagen des Nachrichtendienstes zugänglich. Mir nicht.«

F.: »Ich frage Sie, ob Ihnen bekannt ist, daß die Kommission zu diesem Ergebnis gekommen ist? Ja oder nein?«

A.: »Wenn Sie das sagen, ja, dann will ich es hinnehmen.«

F.: »Sie sollen sich nicht auf mich verlassen. Sofern Sie sich Ihrer Sache sicher sind, frage ich noch einmal, ob Ihnen bekannt ist, daß die Kommission das gesagt hat?«

A.: »Sie haben das doch in der Hand. Warum zeigen Sie es mir nicht?«

F.: »Ich werde es Ihren Anwälten und anschließend Ihnen selbst zeigen. Es handelt sich um das als Beweis vorgelegte Dokument mit dem Kennbuchstaben L, Seite 245 und 255 des Berichts der Rockefeller-Kommission. Ihre Anwälte haben diese beiden Seiten anhand des ganzen Bandes verglichen. Ich bitte Sie, diesen Absatz zu lesen.«

A.: »Laut vorlesen?«

F.: »Bitte still für sich.«

A.: »Wenn der Nachrichtendienst erklärt hat, daß ich in den zwei Wochen vor dem 23. November 1963 elf Stunden wegen Krankheit gefehlt habe, sage ich nichts dagegen.«

F.: »Meine erste Frage dazu: Ist es richtig, daß die Rockefeller-Kommission zu dem Ergebnis gelangt ist, daß Sie in den zwei Wochen bis 23. November 1963 wegen Krankheit elf Stunden vom Arbeitsplatz abwesend waren?«

A.: »Wie lange?«

F.: »Elf Stunden wegen Krankheit.«

A.: »Ja.«

F.: »In den beiden Wochen bis 23. November 1963?«

A.: »Genau das steht da.«

F.: »Entspricht das nach Ihrem besten Wissen der Wahrheit?«

A.: »Ich kann mich nicht so ohne weiteres daran erinnern. Die Leute hatten Zugang zu den Unterlagen des Nachrichtendienstes, ich nicht.«

Offenkundig hatte Hunt ausgesagt, er könne sich nicht erinnern, ob er am fraglichen Tag in seinem Büro war. Er hatte außerdem ausgesagt, er sei an jenem Vormittag dort gewesen, wie auch, er sei an jenem Vormittag nicht dort gewesen.

Trotz diesen Belegs bestand Hunt auf der Behauptung, die Rokkefeller-Kommission habe ihn »entlastet«. Ich fragte ihn, ob auch die Rockefeller-Kommission zu diesem Ergebnis gelangt sei: »Es gab keine Erinnerung an Kontakte zu Verwandten, Freunden, Bekannten, Nachbarn oder Arbeitskollegen, die etwas über den Aufenthalt von Hunt und Sturgis an jenem bestimmten Tag wußten.«

Er räumte ein, daß die Rockefeller-Kommission zu diesem Ergebnis gelangt sei.

Dann fragte ich Hunt, ob die Schlußfolgerung der Rockefeller-Kommission gelautet habe: »Es läßt sich nicht mit Sicherheit ermitteln, wo sich Hunt und Sturgis am Tag des Mordes befanden.« Er stimmte zu, daß der Bericht diese Aussage mache. Die Geschworenen sahen aufmerksam her. Einige waren auf ihrem Sitz nach vorn gerutscht und beugten sich vor. Ich unterließ es, Hunt zu fragen, worauf er die Annahme stütze, daß dieser Bericht günstig für ihn sei, geschweige denn ihn entlaste. Diese Frage konnte warten. Ich war davon überzeugt, daß die Geschworenen sie aufwerfen und behandeln würden, sobald der Fall in ihre Hände gelegt wurde.

Die Geschworenen hatten eine mehr als hinreichende Möglichkeit bekommen, sich ein Urteil über Hunts Charakter zu bilden.

Jetzt wollte ich die Falle zuschnappen lassen, die ich Hunt viele Monate zuvor bei seiner Einvernahme gestellt hatte. Bei jener Gelegenheit hatte er in zahlreichen Einzelheiten beschrieben, wie er sich von Freitag, 22. November 1963, bis entweder Montag oder Dienstag der folgenden Woche mit der ganzen Familie in seinem Heim in Maryland eingekuschelt hatte. Er konnte sich nicht erinnern, das Haus achtundvierzig, möglicherweise sogar zweiundsiebzig Stunden lang, verlassen zu haben. »Dafür hätte es keinen rechten Anlaß gegeben«, sagte er aus. Er, seine Frau und seine Kinder blieben »wie Tausende anderer Amerikaner, Millionen von ihnen« zusammen. Alle »sind wir dageblieben und haben uns [im Fernsehen] die Trauerfeierlichkeiten angesehen«.

Bei dieser Verhandlung erkannte er die Richtigkeit der Mitschrift jener Einvernahme an und erklärte, daß seine Aussagen der Wahrheit entsprachen. Dann fragte ich ihn nach der Aussage, die er beim ersten Prozeß des Falls Liberty Lobby am 16. Dezember 1981 gemacht hatte.

F.: »Erinnern Sie sich, am 16. Dezember 1981 ausgesagt zu haben, daß Ihre Kinder entsetzt waren, als behauptet wurde, Sie hätten sich am 22. November 1963 in Dallas im Staat Texas aufgehalten? Erinnern Sie sich, das ausgesagt zu haben?«

A.: »Ja.«

F.: »Erinnern Sie sich, ausgesagt zu haben, daß Sie die Kinder beruhigen und ihnen bestätigen mußten, an jenem Tag nicht in Texas gewesen zu sein?«

A.: »Ja.«

F.: »Daß Sie mit dem Mord an Kennedy nichts zu tun hatten?«

A.: »Das ist richtig.«

F.: »Und daß Sie aus Ihnen unerfindlichen Gründen verfolgt würden?«

A.: »Ja.«

F.: »Sagten Sie, daß die Behauptung, Sie hätten sich am 22. November 1963 in Dallas aufgehalten, zu starken Spannungen innerhalb Ihrer Familie geführt hat, und dazu, in der Familie auftretende Schwierigkeiten zu verschärfen?«

A.: »Das habe ich gesagt.«

Obwohl weder Hunt noch seine Anwälte zu merken schienen, in welcher Gefahr sie schwebten, sah es so aus, als ahnten die Geschworenen die nächste Frage.

Ich legte das Verhandlungsprotokoll aus dem Jahre 1981 mit seinen zahlreichen Eselsohren auf den Tisch, sah Hunt an und stellte mit leiser Stimme die schwierigste Frage, die er bei dieser Verhandlung würde beantworten müssen: »Mr. Hunt, warum mußten Sie Ihre Kinder davon überzeugen, daß Sie sich am 22. November 1963 nicht in Dallas aufgehalten hatten, wenn sich doch, wie Sie sagen, an jenem 22. November 1963 eine vierzehnjährige Tochter, eine dreizehnjährige Tochter und ein zehnjähriger Sohn gemeinsam mit Ihnen im Bereich der Hauptstadt Washington aufhielten und mit Ihnen von jenem Tag an mindestens achtundvierzig Stunden lang zusammen waren, in denen Sie alle vor dem Fernseher saßen?«

Hätte jemand Hunt geohrfeigt – er hätte körperlich nicht heftiger reagieren können. Sein Kopf zuckte zurück. Er sah zu seinen Anwälten hinüber. Snyder und Dunne schienen wie vom Donner gerührt und begannen hastig miteinander zu flüstern. Die Pause, die eintrat, bis Hunt antwortete, schien sich unendlich zu dehnen, in Wirklichkeit dürfte sie wohl nicht länger als eine halbe Minute gedauert haben. Schließlich begann Hunt, wobei er es vermied, die Geschworenen anzusehen: »Darf ich antworten?«

Ich sagte: »Ich bitte darum. Es ist eine Frage.«

Er sprach rasch, als hoffe er, man werde das Thema bald vergessen.

»Die Kinder sind noch klein, und es schien mir absolut unerläßlich, ihnen erneut ins Gedächtnis zu rufen, in welcher Situation sich unsere Familie damals befand.

Doch mein anderer Sohn, Howard St. John, hatte im *Berkeley Barb* und anderen Publikationen diese beständigen Wiederholungen meiner mutmaßlichen Verwicklung in den Kennedy-Mord gelesen.

Es ging also weniger darum, sie davon zu überzeugen, daß ich mich gemeinsam mit ihnen in Washington aufgehalten hatte – besser gesagt, sie daran zu erinnern – als ihnen zu versichern, daß alle Anwürfe und Beschuldigungen, die man gegen mich erhob, insbesondere was die von den Fotografen an der Dealey Plaza angeblich von mir gemachten Aufnahmen betraf, jeglicher Grundlage entbehrten.«

F.: »Wie konnten Ihre Kinder diese Fotos, auf denen angeblich Sie an der Dealey Plaza in Dallas zu sehen sind, wo Sie sich am 22. November 1963 aufgehalten haben sollen, für echt halten, wenn sie sich zu jener Zeit gemeinsam mit Ihnen im Gebiet der Hauptstadt Washington aufhielten und mit Ihnen achtundvierzig Stunden lang vor dem Fernseher saßen?«

A.: »Wegen der beständigen Wiederholung der Beschuldigungen. Weil Leute wie Dick Gregory die Sache in den Medien breitgetreten haben. Zum Beispiel hat er in Rundfunksendungen die Hörer aufgefordert, beim Sender anzurufen und zu sagen, was sie vom Fall Hunt hielten. Weil man Theorien in den Vordergrund gerückt hat, in denen es hieß, ich oder der CIA hätten irgendwie die Finger im Spiel. Natürlich wußten meine Kinder, daß ich für den CIA arbeitete. Sein Name war mit der Organisation verbunden und wurde gewöhnlich im Zusammenhang mit dem Mord an Kennedy genannt. Das war eine sehr große Schwierigkeit, die ich da mit meinen Kindern hatte.«

F.: »Es ist verständlich, wenn es Ihre Kinder beunruhigte, daß Sie mit dieser Sache in Zusammenhang gebracht wurden. Aber sind sie nicht darauf verfallen, daß es drei Menschen gab, die der ganzen Welt beweisen konnten, daß diese Anschuldigungen ein Lügengespinst waren? Hätten sie nicht sagen können: ›Ich war während der ganzen Zeit mit meinem Vater zusammen‹? Warum mußten Sie angesichts dessen, daß Ihren Kindern die Ungeheuerlichkeit der Lügen bewußt war, sie davon überzeugen, daß Sie sich nicht in Texas aufgehalten hatten?«

A.: »Nicht überzeugen – erinnern.«

F.: »Heißt das, sie erinnerten sich nicht selbst daran?«

Erneut ließ Hunt eine Pause eintreten. Er wischte sich mit einem Taschentuch die Stirn.

A.: »Die beständige Wiederholung dieser Anschuldigungen in der einen oder anderen Form hat sich auf meine Kinder äußerst nachteilig ausgewirkt. Ich habe mich mit ihnen zusammengesetzt, ihre Fragen beantwortet, ihnen immer wieder beteuert, daß ich in meinem ganzen Leben nie an der Dealey Plaza in Dallas war – weder an dem entscheidenden Tag, noch am Vortag oder am Tag danach. Kurz, nie. Ich habe mich gezwungen gesehen, meinen Angehörigen diese Art von Beteuerung zu machen.«

F.: »Waren am Tag nach der Ermordung Präsident Kennedys alle Ihre Kinder bei Ihnen?«

Der Zeuge griff nach einem Glas Wasser und trank langsam daraus.

A.: »Ja, ebenso wie am Tag des Mordes. Das ist richtig.«

F.: »Sie haben ausgesagt, Ihre erwachsenen Kinder seien zu Ihnen gekommen, nachdem man Ihnen unterstellte, Sie hätten sich am 22. November 1963 an der Dealey Plaza aufgehalten, und hätten Sie gefragt: ›Ist da etwas Wahres dran?‹ Haben Sie ausgesagt, daß sie das gesagt hatten?«

A.: »Ja. Das ist richtig.«

Hunts Erklärungen machten die Sache nur noch schlimmer. Sofern die drei Kinder über eine gewisse Zeit hinweg den falschen Anschuldigungen ausgesetzt waren, müßte man dann nicht annehmen, daß sie sich irgendwann erinnerten, wo sie einen der traumatischsten Augenblicke ihres Lebens verbrachten und wer bei ihnen gewesen war?

Warum hatten sie nicht hinausgeschrien, daß ihr Vater unschuldig war? Wenn sie das aber nicht taten, wie konnten sie erwarten, vom Vater ständig daran erinnert zu werden, daß sie jenen Tag miteinander verbracht hatten? Aus den Unterlagen ging hervor, daß die (inzwischen erwachsenen) Kinder wissen wollten, ob beständig erhobene Anschuldigungen, denen zufolge sich E. Howard Hunt am 22. November 1963 in Dallas befunden haben sollte, der Wahrheit entsprachen.

Es kommt nicht oft vor, daß ein Zeuge aussagt, er habe seine Alibizeugen daran erinnern müssen, wo sie sich im entscheidenden Augenblick aufgehalten hatten. Zwar ging es in diesem Fall um eine Zeit, die sehr lange zurück lag, doch handelte es sich andererseits um ein Ereignis von nationaler Bedeutung, so daß die Möglichkeit, es einfach zu vergessen, beträchtlich vermindert war.

Von diesen drei Zeugen wurde die entscheidende Aussage erwartet, nämlich daß sich Hunt Hunderte von Kilometern vom Ort des Verbrechens befunden hatte. Sie, nicht die beiden vom CIA gestellten Zeugen, mußten das Alibi liefern, auf das ihr Vater so verzweifelt angewiesen war.

Offenkundig war Hunt über den vielen Versionen, die er auf die Frage vorgetragen hatte, wo er sich am 22. November 1963 befunden und was er getan habe, wie auch über den vielen von ihm gelieferten voneinander abweichenden Darstellungen ganz entgangen, daß zwei der von ihm gewählten Erklärungsmuster einander ausschlossen: Gegen die Behauptung, er sei ununterbrochen mit seinen Kindern zusammengewesen, stand die Aussage, diesen sei nicht bekannt gewesen, wo sich ihr Vater zu jener Zeit aufgehalten hatte.

Doch die Geschworenen begriffen, und meiner Ansicht nach hatte Hunt den Prozeß schon verloren, bevor das Kreuzverhör zu Ende war. Unser Fall aber hatte gerade erst begonnen.

Hunt mochte außer einem Motiv die Fähigkeit sowie eine Gelegenheit gehabt haben, am Plan des CIA zur Ermordung Präsident Kennedys mitzuwirken, doch hatten wir bisher noch keine unmittelbaren Beweise dafür vorgelegt, daß er auch daran beteiligt gewesen war.

Als er den Zeugenstand schließlich verließ, waren wir tief in den Fall eingedrungen. Die Geschworenen hörten schon seit Tagen angespannt zu.

Hunt wollte noch weitere Zeugen aufbieten, doch mußte ich zuvor eine unabänderliche Entscheidung über den weiteren Verlauf des Verfahrens treffen.

Ich war mir zu jener Zeit einigermaßen sicher, wie der Fall enden würde, und neigte dazu, auf die Ehrverletzungsklage nicht weiter einzugehen, sondern mich statt dessen nahezu ausschließlich auf Beweismittel zu stützen, die Hunt und den CIA mit dem Mord am Präsidenten in Verbindung brachten.

Praktisch bedeutete das, daß ich die Aussage Victor Marchettis, der den Artikel verfaßt hatte, nicht besonders herausstellen wollte. Weder hatte ich die Absicht, Willis Carto als Zeugen dafür zu benennen, daß der Beklagte nicht mit erkennbarer böser Absicht gehandelt hatte, noch wollte ich Hunts Zeugen gründlich ins Kreuzverhör nehmen, um die Frage zu klären, ob dem Beklagten Vorsatz nachzuweisen und dem Kläger durch sein Handeln ein Schaden entstanden war. Lieber wollte ich mich darauf konzentrieren, das Augenmerk der Geschworenen auf die entscheidende und zentrale Frage zu lenken: Hatte der CIA Präsident Kennedy ermordet?

Welche Gefahr das bedeuten konnte, war mir klar. Sofern die Geschworenen die Einrede der erkennbaren böse Absicht verwarfen und zu dem Ergebnis kamen, Hunt habe schwerwiegende finanzielle Verluste erlitten, sofern sie weiterhin befanden, weder Hunt noch der Nachrichtendienst, für den er tätig war, sei an Kennedys Ermordung beteiligt gewesen, konnte auf meinen Mandanten eine Schadenersatzforderung zukommen, die nicht nur seinen finanziellen Ruin und das Ende seiner Zeitung bedeuten, sondern auch seinen Ruf nachhaltig gefährden würde.

Ich setzte mich mit Carto zusammen und besprach die Hauptlinie der von mir geplanten Verteidigungsstrategie. Er hörte konzentriert zu und stellte dann lediglich eine Frage: »Haben Sie sich je geirrt, wenn Sie sich über die Entscheidung eines Schwurgerichts sicher waren, so wie jetzt?«

Lachend gab ich zurück, daß ich im Laufe der Jahre in Prozessen viele Fehler gemacht, aber die Reaktion eines Schwurgerichts noch nie falsch eingeschätzt hätte.

Offensichtlich war sein Sinn für das Historische stärker entwikkelt als sein Überlebensinstinkt, denn er sagte lediglich: »Also los!« Ich erklärte ihm, da er als Zeuge nicht benötigt würde, könne er Miami verlassen und an seine Arbeit zurückkehren, sofern er das wolle. Er nahm die nächste Maschine nach Kalifornien, in der Hoffnung, die richtige Entscheidung getroffen zu haben. Ich kehrte in den Gerichtssaal zurück, einerseits dankbar, daß ich einen so furchtlosen Mandanten hatte, aber auch einen Augenblick lang besorgt, ich könnte den Fall unter Umständen falsch eingeschätzt haben. Dann rief der Kläger Edward J. Dunne jr. auf, einen pensionierten FBI-Beamten. Dieser sagte aus, seit 1939 mit Hunt befreundet zu sein und erklärte, jener sei, als er den Artikel im *Spotlight* gesehen habe, »zutiefst erschüttert« gewesen. Im Kreuzverhör fragte ich ihn, ob er sich erinnern könne, zu welcher Zeit er im Laufe des Jahres 1978 mit Hunt über den Artikel in *Spotlight* gesprochen hatte. Er wußte es nicht. Meiner Einschätzung nach war seine Aussage für Hunt zwar wertlos, doch da sie teilweise recht sonderbar gewirkt hatte, wollte ich unbedingt feststellen, ob ich sie falsch verstanden hatte.

Auf Snyders Frage, wo er sich zur Zeit des Mordes an Kennedy aufgehalten habe, hatte Dunne erklärt, er sei damals in der Stadt Providence im Staat Rhode Island tätig gewesen. Außerdem sagte er aus, wie Hunt sei er Absolvent der dortigen Brown University. Er erklärte, das FBI betraue ihn in Fällen, in die einstige Studenten jener Hochschule verwickelt waren, häufig mit der Untersuchung, er habe aber nach dem Mord an Präsident Kennedy keinen solchen Auftrag erhalten, über Hunt Erkundigungen einzuziehen.

Ich fragte: »Wollen Sie damit sagen, Mr. Dunne, das FBI hätte Ihnen in Providence, Rhode Island, die Nachforschungen über einstige Studenten der Brown University übertragen, sofern sich solche Nachforschungen im Zusammenhang mit dem Mord an Präsident

Kennedy oder mit einer Beteiligung an diesem Mord als erforderlich erwiesen hätten?«

Dunne antwortete: »Wahrscheinlich ja, Sir.«

Vorausgesetzt, Dunnes Angabe entsprach der Wahrheit, hatte im FBI das Prinzip, daß Ehemalige einer Bildungsanstalt zusammenhalten, neue Höhen erreicht.

Dann entschloß sich Snyder, den Geschworenen das Protokoll von Kuzmuks Einvernahme verlesen zu lassen. Statt der neueren, von mir unmittelbar vor dem gegenwärtigen Verfahren durchgeführten, wählte er die vom 7. Dezember 1981, die im Zusammenhang mit dem ersten Prozeß vorgenommen worden war. Beide wirkten auf Zuhörer verwirrend, denn Kuzmuk war ein schlechter Zeuge. Er sagte, er könne sich nicht erinnern, ob man Kennedy am 20. oder 21. November ermordet hatte. Snyder erinnerte ihn, daß der 22. November das richtige Datum sei, worauf Kuzmuk erwiderte: »Ich hatte gedacht, es wäre der einundzwanzigste oder dreiundzwanzigste, irgendwo dazwischen. Aber mir ist auch der zweiundzwanzigste recht.«

Nachdem sich Snyder mit Kuzmuk auf ein Datum für den Mord an Kennedy geeinigt hatte, sagte dieser aus, er habe am 22. November »wie gewöhnlich« seine Mittagsmahlzeit eingenommen. »Ein paar von uns haben sich zusammengesetzt und zu Mittag gegessen.« Er sei mit »ein paar Kollegen zusammen« gewesen, und als sie das Restaurant verließen, seien »Howard und Betty« vorübergefahren. Hunts Frau hieß Dorothy, nicht Betty. Während ich zuhörte, wie die Mitschrift der Einvernahme verlesen wurde, fragte ich mich, ob den Geschworenen auffiel, daß die anderen CIA-Angestellten, die angeblich mit Kuzmuk zusammen waren und daher seinen Bericht hätten bestätigen können, darin nicht auftauchten.

Ferner sagte Kuzmuk aus, er glaube nicht, daß er am 22. November 1963 mit Hunt zur Arbeit gefahren sei. Er sei nicht einmal sicher, ob Hunt an jenem Tag im Büro aufgetaucht war. Auf die Frage, wer Hunt an jenem Tag gesehen haben könnte, falls er dort war, nannte er Betty McDonald. Der Name Mazerov fiel nicht.

Der Kläger bot McDonald nicht als Zeugin auf; Hunt erklärte, sie sei an jenem Tag nicht im Büro gewesen. Weder der Kläger noch dessen Rechtsvertreter verwiesen darauf, daß Kuzmuks Kollegen im Restaurant auch Hunts Kollegen waren.

Obwohl Kuzmuk die Dinge etwas anders berichtet hatte als bei der Einvernahme durch mich im Juni 1984, ließ ich die Sache auf sich beruhen und stellte nicht den Antrag, seine später gemachte Aussage zu verlesen. Ich konnte mir nicht vorstellen, daß irgend jemand Kuzmuks Aussage ernst nehmen würde.

Hunts weitere Zeugen waren belanglos. Seine Aussage, die Veröffentlichung des Artikels habe ihm finanzielle Einbußen verursacht, wurde nicht nur von seinen eigenen Steuerunterlagen widerlegt, sondern auch durch die Aussage seines Literaturagenten. Hunts Einkommen war bereits vor der Veröffentlichung des Artikels zurückgegangen; und etliche Verleger hatten seine Bücher auch schon vor jenem Zeitpunkt abgelehnt.

Die jämmerlichste Aussage, die ich in langer Zeit gehört hatte, machte Connie Mazerov. Es war das reinste Schmierentheater, und das Stück hieß: »Freunde gehen durch Dick und Dünn«. Mit vergleichbarer Glaubwürdigkeit machte später Mrs. Gary Hart ihre Aussage, sie habe Hunt früh an jenem Morgen gesehen. Sie konnte sich aber nicht erinnern, daß er bei den Besprechungen zugegen war, an denen er (eine der Varianten von Hunts Darstellung der Ereignisse) teilzunehmen hatte. Sie konnte auch für jenen Vormittag sonst niemanden nennen, der ihn hätte gesehen haben können. Offensichtlich war sie zwar bereit, Hunt aus der Patsche zu helfen, nicht aber, auch nur den Namen eines einzigen anderen Menschen zu nennen, der dann hätte auftreten und ihre Darstellung bestreiten können.

Als der Kläger die eigene Beweisführung für abgeschlossen erklärte, hörte man förmlich, wie den Zuschauern im Saal der Atem stockte; bei den Geschworenen war das minder deutlich zu spüren. Hunt hatte auf die Möglichkeit verzichtet, seine Kinder vernehmen zu lassen, seine einzigen Alibizeugen, bezüglich derer er sich von Anfang an nicht in Widersprüche verwickelt hatte. Aus den Unterlagen ging hervor, daß alle seine Kinder lebten und gesund waren, so daß sie erforderlichenfalls als Zeugen verfügbar gewesen wären. Allem Anschein nach aber war – im Unterschied zu den vom CIA gestellten Zeugen – keines von ihnen zu einer fragwürdigen Aussage bereit; eine andere Erklärung dafür, daß Hunt keins seiner Kinder als Zeugen benannte, konnte es nicht geben.

Während unsere Seite den Fall darstellte, berichtete Marchetti, in dem wir ursprünglich einen wichtigen Zeugen gesehen hatten, lediglich, wie er den Artikel verfaßt und welche Quellen er dazu herangezogen hatte. Ich konnte mich den von ihm gemachten seltsamen Voraussagen nicht anschließen, die im übrigen den Bericht einerseits interessant, andererseits aber auch über weite Strecken hin unglaubwürdig erscheinen ließen. Statt diese Voraussagen und Irrtümer aufzugreifen, konzentrierte ich mich lieber auf die aus dem Artikel herauszulesende Behauptung, möglicherweise seien Hunt und der CIA an der Ermordung des Präsidenten beteiligt gewesen. In jenem Augenblick fungierte ich nicht mehr als Verteidiger bei einer Klage wegen Ehrverletzung, sondern war im Rahmen eines Zivilverfahrens zum Ankläger in einem Mordfall geworden.

Entsprechend dieser Verfahrensstrategie ließ ich andere von uns vorbereitete Beweismittel beiseite, mit denen wir hatten zeigen wollen, daß Liberty Lobby im guten Glauben gehandelt und sich zu Recht auf Marchettis Erfahrung auf dem Gebiet verlassen hatte. Zur Unterstützung all dieser Punkte riefen wir weder einen Redakteur noch einen Verlagsvertreter auf – ich legte die Aussage von Marita Lorenz vor.

Am 1. Januar 1959 nahm auf Kuba die Revolution den von Fidel Castro gewünschten Verlauf. Viele Beobachter zeigten sich überrascht von der spektakulären Plötzlichkeit, mit der das Ereignis hereinbrach. Einer von ihnen war der Kapitän eines im Hafen von Havanna vor Anker liegenden westdeutschen Luxusdampfers. Seine schöne achtzehnjährige Tochter Marita ließ sich von der Begeisterung der Revolution mitreißen und zeigte sich von Fidel Castro fasziniert, als dieser bald darauf zu Besuch an Bord kam. Zwischen dem Führer der Revolution und der Kapitänstochter entspann sich eine Romanze. Als Kapitän Lorenz' Schiff aus Havanna auslief, blieb sie auf der Insel. Etwa neun Monate später kam ihr erstes Kind zur Welt.

Der CIA, der Castros Erfolgsaussichten ebenso unzutreffend eingeschätzt hatte wie dessen Engagement für den Marxismus, war entschlossen, der Revolution eine Niederlage zu bereiten. Er wollte den Zusammenbruch von Kubas Wirtschaft in die Wege leiten und Militäraktionen gegen das Land durchführen. Langfristiges Ziel war

Castros Ermordung. Diese Vielzahl von unterschiedlichen Plänen rechtfertigte man mit der in Langley vorherrschenden Überzeugung, jeder Versuch eines hundertfünfzig Kilometer von Florida entfernt liegenden Landes, eine andere als die im CIA-Hauptquartier erwünschte Außenpolitik zu betreiben, verdiene mit dem Tod bestraft werden.

Der in den Vereinigten Staaten geborene Francisco Fiorini war unter Castro für die Sicherheit der kubanischen Luftstreitkräfte verantwortlich. Sofern man deren Stärke in den auf die Revolution folgenden Tagen als Maßstab für die Bedeutung von Fiorinis Stellung heranzog, konnte man ihn nicht einflußreich nennen. Dennoch war seine Position militärisch keineswegs unbedeutend, und sie gewann dadurch an Gewicht, daß Fiorini zugleich in Diensten des CIA stand.

Eines Abends ließ er Marita Lorenz insgeheim wissen, er müsse schnellstens und ohne daß jemand davon erfahre, mit ihr zusammentreffen. Bei dieser Begegnung teilte er ihr mit, Castro beabsichtige, ihr Kind zu ermorden. Zwar zweifelte sie zuerst, hatte aber doch Angst, obwohl ihr Castros Verhalten oder Wesen keinen Anlaß geliefert hatte, ihn einer solchen Handlungsweise für fähig zu halten. Andererseits war ihr bekannt, daß Fiorini das Vertrauen ihres Geliebten genoß. Von seiner Beziehung zum CIA wußte sie nichts. Die Angst gewann die Oberhand über ihre Urteilskraft, und sie ließ sich zu einer Flucht überreden, für die Fiorini über vorzüglich ausgearbeitete Pläne verfügte. Er erläuterte, man werde sie in der amerikanischen Botschaft erwarten. Nicht nur sei sie dort mit ihrem Kind sicher, man werde auch dafür sorgen, daß sie sofort und unauffällig in die Vereinigten Staaten gelange.

Die Analyse des CIA ergab, daß sich Marita Lorenz für Anwerbungsbemühungen zugänglich zeigen würde. Man versicherte ihr, der CIA habe ihr und ihrem Kind das Leben gerettet, und sie ließ sich schon bald nach ihrer Ankunft in den Vereinigten Staaten zur Mitarbeit an einer Reihe von Geheimaktionen überreden, mit deren Hilfe der CIA Castros Feinden in Kuba Waffen zukommen lassen wollte. Voll Dankbarkeit und in der Überzeugung, Castro sei nicht richtig im Kopf und trachte ihr wie dem Kind nach dem Leben, ließ sie sich, wütend und vom vermeintlichen Verrat des Geliebten enttäuscht, dazu hinreißen, zu seinem Sturz mit beizutragen.

Jahre später merkte sie, daß Fidel Castro zu keiner Zeit die Absicht gehabt hatte, ihr oder dem Kind ein Haar zu krümmen. Beim CIA hatte man sich das ganze Hirngespinst ausschließlich deshalb aus den Fingern gesogen, weil man sie anwerben und erreichen wollte, daß sie sich zur Mitwirkung an Castros Ermordung bereitfand.

Fiorini verließ Kuba und betrieb zusammen mit Hunt und anderen in Miami stationierten CIA-Mitarbeitern das Geheimprogramm zum Sturz der Regierung Fidel Castros. Marita Lorenz beteiligte sich an diesen Bemühungen. Gemeinsam beschafften sie Waffen aus verschiedenen Lagern in den Vereinigten Staaten und sorgten dafür, daß sie nach Kuba gebracht wurden.

Schließlich befand der CIA, Marita Lorenz sei hinreichend für die Operation motiviert und ausgebildet, für die man sie ursprünglich angeworben hatte. Sie bekam den Auftrag, Castro zu ermorden.

Es sei, teilte man ihr mit, ein völlig narrensicherer Plan. Sie solle nach Kuba zurückkehren, Castro um den Hals fallen und danach trachten, die frühere Beziehung zu ihrem Geliebten wiederaufzunehmen. Man gab ihr Giftkapseln, die sie ihm in ein Getränk schmuggeln sollte. Der Plan für ihre Flucht nach vollbrachter Tat wirkte zwar nicht besonders vertrauenerweckend, doch versicherten ihr die CIA-Experten, es werde ein leichtes sein, sie in der auf den Anschlag folgenden Verwirrung aus dem Lande zu schaffen. Beim CIA war man sicher, Castros Tod werde für die Massen das Signal sein, sich gegen das Regime zu erheben. Aufgrund einer ähnlichen Fehleinschätzung der Lage sagte er als Ergebnis einer Landung in der Schweinebucht gleichfalls eine Rebellion voraus – eine der vielen falschen Einschätzungen der Lage, die zum Scheitern jenes Abenteuers führten. Selten begeht die für geheime Aktionen zuständige Abteilung im CIA einen Fehler nur einmal.

Marita Lorenz erklärte sich mit dem Vorschlag einverstanden, teilte den kubanischen Behörden ihren Rückkehrwunsch mit und bestieg ein Flugzeug nach Havanna. Je näher die Insel rückte, desto widerstreitendere Gefühle empfand sie. Jetzt merkte sie, daß sie nicht sicher war, ob sie den Mann ermorden wollte, der ihr einmal so viel bedeutet hatte und so gütig zu ihr gewesen war. Außerdem fürchtete sie, man könne bei einer Gepäckkontrolle die Giftkapseln des CIA entdecken. Obwohl man ihr versichert hatte, ihr Gepäck werde nicht durchsucht, war sie ihrer Sache alles andere als sicher, denn sie hatte inzwischen gemerkt, daß die Trefferquote der Voraussagen des CIA recht gering war. Also ging sie mit ihrem Make-up-Köfferchen zur Flugzeugtoilette und drückte die Giftkapseln in einen Tiegel mit Gesichtscreme, so daß man sie nicht entdecken konnte.

Diesmal aber hatte der CIA recht gehabt: Ihr Gepäck wurde nicht durchsucht, man empfing sie freundlich und brachte sie sogleich zu einem Hotel. Bevor sie an jenem Abend mit Castro zusammentraf, wollte sie die Kapseln aus der Creme herausholen. Als sie dabei entdeckte, daß sie sich darin aufgelöst hatten, spülte sie die vergiftete Creme sogleich voll Erleichterung durch die Toilette. Als Castro viel später von dem Plan erfuhr und sie fragte: »Hättest du mich wirklich umgebracht? Das würdest du doch nie tun, oder?«, teilte sie ihm mit, sie wäre keinesfalls imstande gewesen, das Vorhaben auszuführen.

Als sie nach Miami zurückkehrte, warb Francisco Fiorini sie für eine weitere Operation an. Er nannte sich bei der geheimdienstlichen Arbeit inzwischen Frank Sturgis – es war *derselbe* Frank Sturgis, der später zusammen mit Hunt, Liddy und verschiedenen von Hunt angeworbenen kubanischen Castro-Gegnern für die Watergate-Verbrechen abgeurteilt wurde.

Nach Aussage von Frau Lorenz drohte Sturgis, sie im Jahre 1977 umzubringen. Zu jener Zeit lebte sie in New York. Sie rief die Polizei, und Sturgis wurde festgenommen. Damals setzte ich mich mit ihr in Verbindung, weil ich mit ihr über die Art ihrer Beteiligung an den Anfangsphasen des Plans zur Ermordung Kennedys sprechen wollte. Sie arbeitete für eine Spionageorganisation der Vereinigten Staaten an einem streng geheimen Projekt mit. Ihre Aufgabe war es, in dem riesigen Wohnblock an der East Side von Manhattan, in dem ihre Wohnung lag und in dem mehrere russische Familien lebten – Botschaftspersonal der unteren und mittleren Ebene –, täglich den Abfall dieser Leute nach Briefen, Notizen oder anderen fortgeworfenen Gegenständen zu durchsuchen, die sich bei näherer Betrachtung als nützlich erweisen mochten.

Frau Lorenz sprach mehrere Stunden lang mit mir. Sie kannte meine Tätigkeit im Zusammenhang mit dem Mord an Präsident

Kennedy und berichtete mir in Einzelheiten, was sie über den Attentatsplan und die dabei von Sturgis und Hunt gespielte Rolle wußte. Was ich erfuhr, war eindrucksvoll und überraschend, aber ich konnte niemanden dazu bringen, das von ihr Berichtete zu veröffentlichen.

Jahre später, als zum erstenmal, seit die Schüsse abgefeuert worden waren, ein Bezirksgericht der Vereinigten Staaten die Sache zur Kenntnis nahm, suchte ich sie erneut auf und fragte, ob sie bereit sei, bei der Verhandlung in Miami auszusagen. Sie schien ungespielte Angst zu empfinden und sagte: »Sie kennen diese Leute nicht. Sie haben getötet und würden nicht zögern, es wieder zu tun.« Die Aussicht, nach Miami zurückzukehren, erfüllte sie mit Entsetzen.

Dann fragte ich sie, ob sie bereit sei, an einem neutralen Ort auszusagen, beispielsweise in einer Hotelsuite in Manhattan, wenn ich mich verpflichtete, dafür zu sorgen, daß weder ihre Anschrift, ihre Telefonnummer noch ihre Arbeitsstelle bekannt würden und ich auch Hunts Anwalt, der natürlich dabeisein müsse, ihre Anschrift nicht mitteilen würde. Sie dachte über meinen Vorschlag nach und stimmte ihm nach längerer Zeit zu.

Die Einvernahme begann in Anwesenheit von Hunts Anwalt Kevin Dunne. Ich verlangte, daß in das Protokoll eine Vereinbarung aufgenommen wurde, derzufolge der Wohnsitz der Zeugin nicht genannt werden durfte. Zugleich verpflichtete ich mich, zu einem späteren Zeitpunkt für eine erneute Einvernahme von Frau Lorenz zu sorgen, sofern Hunt das wünschte. Dunne stimmte zu.

Es gibt verschiedene Möglichkeiten, Geschworene mit dem Inhalt eines Einvernahmeprotokolls vertraut zu machen. Snyder hatte sich dafür entschieden, das von Kuzmuks Einvernahme vorzulesen, wobei er jeweils die Wörter »Frage« und »Antwort« mitlas, bevor er die Fragen und die darauf gegebenen Antworten vortrug. Sofern es sich nicht gerade um eine mitreißende Aussage handelt, vermindert diese Art des Vortrags die Wirkung nahezu zwangsläufig. Eine andere Möglichkeit besteht darin, die Aufnahme des Protokolls in die Beweisunterlagen zu beantragen und jedem Geschworenen ein Exemplar davon zugänglich zu machen, so daß es jeder für sich lesen kann. Dieses Verfahren ermöglicht es ihnen zwar, das Dokument aufmerksam zur Kenntnis nehmen, entbehrt aber jeglicher Spannung.

Um die Geschworenen mit Marita Lorenz' Aussage bekannt zu machen, bat ich Julia Lee, die Gattin von Fleming Lee, Hauptanwalt von Liberty Lobby, sich gründlich mit dem Aussageprotokoll vertraut zu machen, damit sie bei der Verhandlung in den Zeugenstand treten und die Antwort auf die ihr jeweils gestellte Frage möglichst ungekünstelt ablesen konnte. Natürlich hatte man den Geschworenen erklärt, daß es sich bei der Vortragenden nicht um Marita Lorenz handelte, die Aussage aber authentisch sei.

Die Befragung begann:

F.: »Was ist Ihre gegenwärtige Beschäftigung?«
A.: »Ich bin in geheimer Mission für einen Nachrichtendienst tätig.«
F.: »Ist es Ihnen gestattet, Genaueres über diese Arbeit oder darüber zu sagen, wo Sie arbeiten?«
A.: »Nein.
F.: »Ist es richtig, daß Sie, wie ich beantragt habe, Ihre Privatanschrift nicht bekanntzugeben wünschen?«
A.: »Das ist richtig.«
F.: »Haben Sie für den CIA gearbeitet?«
A.: »Ja.«
F.: »Dürfen Sie sich zu Einzelheiten dieser Tätigkeit äußern?«
A.: »Nein.«
F.: »Haben Sie für das FBI gearbeitet?«
A.: »Ja.«
F.: »Dürfen Sie darüber sprechen?«
A.: »Nein.«
F.: »Haben Sie für die Polizei von New York gearbeitet?«
A.: »Ja.«
F.: »Handelte es sich dabei um eine nachrichtendienstliche Tätigkeit?«
A.: »Ja.«
F.: »Dürfen Sie sich zu Einzelheiten dieser Tätigkeit äußern?«
A.: »Nein.«
F.: »Sind Sie im Jahre 1978 vor dem Sonderausschuß des Kon-

gresses der Vereinigten Staaten zur Untersuchung der Mordfrage als Zeugin aufgetreten?«

A.: »Ja.«

F.: »Stand das im Zusammenhang mit dem Mord an Präsident John F. Kennedy?«

A.: »Ja.

F.: »Sind Sie als Zeugin aufgetreten, nachdem der Vorsitzende des Gerichts der Vereinigten Staaten für den Bezirk der Hauptstadt Washington Ihnen schriftlich Straffreiheit zugesichert hatte und Sie auszusagen zwang?«

A.: »Ja.«

Meine Fragen und ihre Antworten ergaben die Grundlage für die Beziehung, die zwischen Marita Lorenz, Hunt und Sturgis bestanden hatte. Dann wandte ich mich der Angelegenheit zu, um die es gerade ging.

F.: »Lebten Sie im November 1963 und davor in Miami im Staate Florida?«

A.: »Ja.«

F.: »Ich mache Sie darauf aufmerksam, daß Sie Fragen, auf die Sie keine Antwort geben dürfen, selbstverständlich nicht zu beantworten brauchen. Ich werde mich aber bemühen, aufgrund meines früheren Gesprächs mit Ihnen lediglich solche Fragen zu stellen, die Sie beantworten können.«

A.: »In Ordnung.«

F.: »Haben Sie im und vor dem November 1963 im Bereich Miami für den CIA gearbeitet?«

A.: »Ja.«

F.: »Haben Sie während Ihrer Tätigkeit für den CIA mit einem Mann namens Frank Sturgis zusammengearbeitet?«

A.: »Ja.«

F.: »War das in Miami im und vor dem November 1963?«

A.: »Ja.

F.: »Unter welchen weiteren Namen ist Frank Sturgis Ihres Wissens bekannt?«

A.: »Frank Fiorini, Hamilton; der letzte Name ist Hamilton, der andere F-I-O-R-I-N-I.«

F.: »War Mr. Fiorini oder Mr. Sturgis während der Zeit Ihrer Zusammenarbeit mit ihm gleichfalls beim CIA beschäftigt?«

A.: »Ja.«

F.: »Bekam Mr. Sturgis zu jener Zeit Geld für die Aufgaben, die er für den CIA ausführte?«

A.: »Ja.«

F.: »Haben Sie je gesehen, daß ihm jemand für die für den CIA geleistete Arbeit, an der Sie und Mr. Sturgis beteiligt waren, Geld gab?«

A.: »Ja.«

Hunt hatte ausgesagt, Sturgis sei nie für den CIA tätig gewesen, und er habe Sturgis vor dem Unternehmen Schweinebucht nie gesehen. Dennoch hatte Hunt schon Jahre vor der Invasion von Miami aus für den CIA gegen Castro gerichtete Unternehmungen geleitet, und Sturgis war dabei ein wichtiger Außenmitarbeiter des CIA gewesen. Auch er hatte sich im Gebiet um Miami aufgehalten.

Richard Helms, der einstige Leiter des CIA, erklärte bei seiner Aussage in diesem Fall: »Von Sturgis habe ich gehört.« Die Beziehung zwischen jenem und dem CIA beschrieb er wie folgt: »Frank Sturgis war ein Agent, ein Außenmitarbeiter des Nachrichtendienstes.«

Im Falle *Third Press* sagte Sturgis selbst aus: »Als ich auf Kuba lebte, hat mich die Station angeworben, der Leiter der CIA-Station in Santiago de Cuba, damit ich für die Regierung der Vereinigten Staaten spionierte.«

Hunt hatte einen Roman mit dem Titel *Bimini Run* geschrieben, der Jahre vor der vom CIA koordinierten Invasion in der Schweinebucht erschienen war. Eine der darin auftretenden Personen, ein Söldner und einstiger Barkellner, trug den Namen ›Hank Sturgis‹. Sturgis hatte am 8. Februar 1978 ausgesagt, er habe als Barkellner gearbeitet. Offenkundig hatte er einen guten Teil seines Lebens als Söldner verbracht. Er wurde nach dem »Hank Sturgis« in Hunts Buch gefragt. »Die Gestalt in dem Buch, dieser Hank Sturgis, scheint sich über weite Strecken an Ihrer Geschichte zu orientieren.« Sturgis gab zur Antwort: »Richtig. Das findet meine Frau auch. Sie hat gesagt: ›Das könntest du sein‹.«

Gebeten, die Beziehung zwischen »Hank Sturgis« und dem von Frank Sturgis durchgeführten tatsächlichen Aufgaben zu erklären, antwortete Hunt lediglich: »Darauf möchte ich nicht gern antworten.«

Nicht nur wurde Hunts eidliche Aussage, in der er behauptete, zwischen Sturgis und dem CIA bestehe keine Verbindung, durch die Aussage aller diesbezüglich befragten Zeugen widerlegt, er stellte sie sogar selbst durch das in Frage, was er in seinem Roman geschrieben hatte.

Auf der anderen Seite wurde Marita Lorenz' Aussage, die erklärt hatte, Sturgis habe für den CIA gearbeitet, von Helms, Sturgis selbst und möglicherweise von der Beschreibung in *Bimini Run* untermauert.

Es war klar, daß Marita Lorenz im Begriff stand preiszugeben, wer für Sturgis' geheime Operationen zuständig war und wer ihn dafür bezahlte. Im Gerichtssaal herrschte atemlose Stille. Sogar die üblichen Hintergrundgeräusche aus dem Zuschauerraum, Husten, Räuspern, Papierrascheln oder Schritte, hörten schlagartig auf. Es war fast gespenstisch.

F.: »Wer bezahlte Ihrer Beobachtung nach Mr. Sturgis?«
A.: »Ein gewisser Eduardo.«

Im Zusammenhang mit diesem Prozeß hatte Hunt ausgesagt, er habe unter dem Decknamen »Eduardo« gearbeitet. Marita Lorenz hatte mir schon viele Jahre zuvor über »Eduardo« berichtet, lange, bevor Hunts Deckname öffentlich bekannt geworden war. Außerdem hatte Liddys Aussage Hunts spätere Rolle als Zahlmeister in der für schmutzige Geschäfte zuständigen Abteilung des Weißen Hauses unter Nixon belegt.

F.: »Wer ist Eduardo?«
A.: »Das ist ein Deckname; in Wirklichkeit heißt der Mann E. Howard Hunt.«

Die Geschworenen, die wie gebannt auf Maria Lorenz' Stellvertreterin gesehen hatten, während diese die Antworten aus dem Protokoll der eidlichen Vernehmung ablas, richteten den Blick auf Hunt, als dessen Name fiel. Er erkannte, daß er jetzt im Mittelpunkt der Aufmerksamkeit der Geschworenen stand; er hatte sie angespannt beobachtet. Rasch sah er beiseite und begann sich mit seinen Anwälten zu besprechen.

F.: »Kannten Sie ihn und trafen Sie ihn im und vor dem November 1963?«
A.: »Ja.«
F.: »Wurden Sie Zeuge, wie Mr. Hunt bei mehr als einer Gelegenheit vor 1963 Zahlungen an Mr. Sturgis oder Mr. Fiorini vornahm?«
A.: »Ja.

Dann gingen wir sogleich zu den Ereignissen unmittelbar vor der Ermordung Präsident Kennedys über.

Bei einem Gespräch mit mir hatte sich Marita Lorenz bereit erklärt, die Einzelheiten der ganzen Episode zu enthüllen. Man hatte sie im Laufe der Jahre auch darin geschult, für den Fall, daß sie je in die Situation kam, aussagen zu müssen, zu schweigen oder wenig Verwertbares zu sagen. Mithin dämpfte ihre lange geübte Geheimdienstdisziplin ihren Wunsch, die Tatsachen offenzulegen. Aus dem Zusammenwirken dieser beiden Motive ergab sich eine Reihe sonderbar stakkatohafter, doch vollständig zutreffender und auf die Sache eingehender Antworten.

F.: »Haben Sie im Laufe des November 1963 von Miami aus zusammen mit Mr. Sturgis eine Reise unternommen?«
A.: »Ja.«
F.: »Hat Sie auf dieser Reise noch jemand begleitet?«
A.: »Ja.«
F.: Welches Verkehrsmittel haben Sie verwendet?«
A.: »Ein Auto.«
F.: »Ein oder zwei Autos?«
A.: »Es gab noch einen Wagen, der uns folgte.«
F.: »Bedeutet das zwei Autos?«
A.: »Ja. Zur Unterstützung.«

F.: »Was befand sich in diesem Unterstützungsfahrzeug, sofern Sie das wissen?«
A.: »Waffen.«
F.: »Ohne Sie nach Einzelheiten über die Tätigkeit fragen zu wollen, der Sie, Mr. Sturgis und Mr. Hunt nachgingen, darf ich Sie fragen, ob Sie zum Teil mit dem Transport von Waffen zu tun hatten?«
A.: »Ja.«
F.: »Hat Mr. Hunt für Tätigkeiten im Zusammenhang mit dem Waffentransport Gelder an Mr. Sturgis gezahlt?«
A.: »Ja.«

Der von der Zeugin für die Fahrt angegebene Zeitraum war aufschlußreich: November 1963. Bisher aber war sie weder nach dem Ziel noch dem Zweck der Reise gefragt worden.

F.: »Hatte Ihnen Mr. Sturgis, bevor Sie im November 1963 von Miami aus die Reise im Wagen unternahmen, das Ziel dieser Unternehmung genannt?«
A.: »Dallas in Texas.«
F.: »Das hatte er Ihnen gesagt?«
A.: »Ja.«
F.: »Hat er Ihnen den Zweck der Reise nach Dallas genannt?«
A.: »Nein, er hat gesagt, die Sache sei vertraulich.«
F.: »Sind Sie im November 1963 in Dallas eingetroffen?«
A.: »Ja.«
F.: »Haben Sie nach Ihrer Ankunft in Dallas dort irgendeine Art von Unterkunft bezogen?«
A.: »Ein Motel.«

Zweifellos fragten sich jetzt die Geschworenen, ob die Zeugin aussagen würde, daß sie Hunt kurz vor dem Mord in Dallas gesehen hatte. Die Spannung löste sich im nächsten Augenblick.

F.: »Sind Sie, während Sie sich in jenem Motel aufhielten, anderen Menschen als jenen begegnet, die mit Ihnen von Miami nach Dallas gefahren waren?«

A.: »Ja.«
F.: »Wem?«
A.: »E. Howard Hunt.«

Dann teilte Marita Lorenz Einzelheiten über ihren Aufenthalt in Dallas mit.

F.: »Gab es außer Mr. Hunt noch jemanden, den Sie sahen oder mit dem Sie zusammentrafen?«
A.: »Wie bitte?«
F.: »Noch einen außer den anderen?«
A.: »Jack Ruby.«
F.: »Teilen Sie mir die Umstände mit, unter denen Sie E. Howard Hunt im November 1963 in Dallas gesehen haben?«
A.: »Es kam zu einer im voraus festgelegten Zusammenkunft, bei der uns E. Howard Hunt Geld für die sogenannte Operation gab, deren Art ich nicht kannte.«
F.: »Wurde Ihnen gesagt, was für eine Rolle Sie dabei spielten?«
A.: »Man wollte mich damals einfach als Lockvogel benutzen.«

Bis dahin war, soweit es Marita Lorenz betraf, Hunts Rolle bei der Leitung der CIA-Unternehmung weitestgehend auf Hörensagen gegründet gewesen. Sturgis hatte ihr gesagt, jener habe die Vorbereitungen getroffen, er sei der entscheidende Kontaktmann und werde die Gelder für die Operation, den nötigen Schutz und Pläne für das Verlassen des Gebietes zur Verfügung stellen, sobald der Auftrag erledigt war. Jetzt wandte sich die Frage dem zu, was die Zeugin Lorenz an jenem Tag Hunt hatte tun sehen.

F.: »Haben Sie gesehen, wie Hunt in dem Motelzimmer, in dem Sie anwesend waren, jemandem Geld gab?«
A.: »Ja.«
F.: »Wem sahen Sie ihn das Geld geben?«
A.: »Er hat Frank Fiorini einen Umschlag mit Bargeld gegeben.«

F.: »Als er ihm den Umschlag gab, war das Geld darin sichtbar?«
A.: »Ja.«
F.: »Hatten Sie Gelegenheit, das Geld zu sehen, nachdem der Umschlag Mr. Fiorini übergeben worden war?«
A.: »Frank hat die Geldscheine herausgezogen, sie durchgeblättert, gezählt, gesagt, ›das genügt‹, und das Geld in die Jackentasche gesteckt.«
F.: »Wie lange blieb Mr. Hunt in dem Raum?«
A.: »Etwa eine Dreiviertelstunde.«

Der Zusammenhang war klar; es konnte das Vorspiel zum Attentat gewesen sein: der aus zwei Wagen bestehende Konvoi, der Waffentransport nach Dallas und die Zusammenkunft zwischen Sturgis und Hunt. Doch Beweismaterial, das unmittelbar etwas über den Zweck der CIA-Unternehmung aussagte, war bisher nicht vorgelegt worden.

F.: »Hat jemand außer Ihnen, Fiorini, Mr. Hunt und anderen, die möglicherweise vor dessen Ankunft da waren, das Motelzimmer betreten?«
A.: »Nein.«
F.: »Wo sind Sie dem Mann begegnet, den Sie als Jack Ruby identifiziert haben?«
A.: »Etwa eine Stunde, eine Dreiviertelstunde bis eine Stunde, nachdem Eduardo gegangen war, ist jemand an die Tür gekommen. Das war Jack Ruby.«
F.: »Wenn Sie Eduardo sagen, wen meinen Sie dann?«
A.: »E. Howard Hunt.«

Die Anwesenheit Rubys, des Mannes, der schon 1939 in Chicago als bezahlter Killer im Milieu des organisierten Verbrechens tätig gewesen war und der seit 1959 von Dallas aus dem FBI Informationen lieferte, schloß den Kreis enger.

Jetzt war es besonders wichtig, den genauen Tag im November festzulegen, an dem Hunt in Dallas Sturgis begegnet war und ihm das Geld übergeben hatte, damit die Operation ablaufen konnte.

F.: »Zu welcher Tageszeit fand die Begegnung statt; war es Tag oder Nacht?«

A.: »Früher Abend.«

F.: »Wie lange nach dieser abendlichen Zusammenkunft haben Sie Dallas verlassen?«

A.: »Etwa zwei Stunden später; Frank hat mich zum Flughafen gebracht, und wir sind nach Miami zurückgekehrt.«

F.: »Können Sie uns jetzt sagen, an welchem Tag diese Zusammenkunft stattfand, bezogen auf den Tag, an dem Kennedy ermordet wurde?«

A.: »Am Vortag.«

F.: »Heißt das, Sie sagen, die von Ihnen gerade beschriebene Zusammenkunft, bei der Mr. Hunt das Geld an Mr. Sturgis übergab, fand am 21. November 1963 statt?«

A.: »Ja.«

F.: »Wann haben Sie mich kennengelernt?«

A.: »Im Jahr 1977.«

F.: »Haben Sie mir bei jener Gelegenheit wörtlich oder dem Sinn nach genau das mitgeteilt, was Sie heute hier ausgesagt haben?«

A.: »Ja.«

Die Geschworenen hatten die Aussage der Zeugin gehört, derzufolge sich Hunt am 21. November 1963 in Dallas aufgehalten hatte.

Damit, daß sich Ellis Rubin, Hunts Anwalt im ersten Prozeß, so stark darauf kapriziert hatte, dessen angebliche Abwesenheit von Dallas für den 22. November 1963 zu beweisen, hatte er die Verteidigung so durcheinandergebracht, daß sich der CIA bemühte, mit Hilfe von Zeugen und Dokumentenbeweisen ein falsches Alibi für den falschen Tag zu liefern. Wie wir gesehen haben, hatte Hunt über die Jahre hinweg im Bemühen, sich gegen den Vorwurf einer Mitwirkung am Mord zur Wehr zu setzen, eine endlose Zahl verschiedener Geschichten sowie Namen von gesichtslosen Zeugen aufgeboten, mit deren Hilfe er belegen wollte, wo er sich zum Zeitpunkt des Mordes an Kennedy aufgehalten hatte. Sofern man Hunt nicht zur Last legte, an jenem Tag eine der Waffen eigenhändig abgefeuert zu haben (und ich kenne keinen verantwortungsbewußten Menschen, der diese Anschuldigung je erhoben hat), war seine Anwesenheit in Dallas am Tag des Attentats hochgradig unerheblich, was die Behauptung betraf, er sei an der Verschwörung zur Ermordung Präsident Kennedys beteiligt gewesen.

So kam es, daß sich die für Hunt aussagenden CIA-Zeugen, da sie sich im Irrtum über das befanden, worum es wirklich ging, auf den 22. November konzentrierten und den Vortag aus ihren Erwägungen gänzlich ausschlossen. Kuzmuk, ein so williger und beweglicher Zeuge, wie ich ihn in einem Prozeß je gesehen habe, wurde aufgefordert auszusagen, daß er Hunt am Nachmittag des Mordtages gesehen habe. Als der äußerst hilfsbereite Kollege, der er war, tat er ihm den Gefallen. Da ihn allem Anschein nach niemand aufgefordert hatte, Hunt für andere Tage gleichfalls ein Alibi zu verschaffen, sagte er im Kreuzverhör unumwunden aus, er könne sich nicht erinnern, Hunt zwischen dem 18. November und irgendwann im Dezember 1963 gesehen zu haben, und außerdem, daß er in Sumner knapp fünfzig Meter von Hunts Haus entfernt lebte und sein Büro beim CIA nur wenige Türen von dem Hunts entfernt lag. Sicherlich durfte man jener Aussage entnehmen, daß sich Hunt während jener Zeit nicht in seiner Nähe befunden hatte.

Er war sich selbst nicht im klaren darüber, was für ihn auf dem Spiel stand. Als ich ihm vorhielt, aus CIA-Unterlagen gehe hervor, daß er in den zwei Wochen bis zum 23. November 1963 elf Stunden wegen Krankheit gefehlt habe, gab er zur Antwort, er sei sicher, daß keine davon auf den 22. November entfalle.

Nachdem er die Anschuldigung, um die es gegebenenfalls ging, für entkräftet hielt, erklärte er, es könne ohne weiteres sein, daß er am 21. November nicht am Arbeitsplatz erschienen sei.

Jetzt, da er alle ihm verfügbaren besonderen Mittel erschöpft hatte, um für den 22. November eine gefälschte Verteidigung aufzubauen, war er bezüglich seiner Anwesenheit in Dallas am Vortag wehrlos. Kein einziger Zeuge war zu finden, keine Unterlage aufzutreiben, die hätten belegen können, daß er sich an jenem Tag woanders befunden hatte als in Dallas. Hunt selbst hatte, ebenso wie auch die letzten ihm verbliebenen Alibizeugen, ausgesagt, daß er möglicherweise an jenem Tag nicht an dem Ort war, an dem er hätte sein sollen – in seiner Dienststelle in der Hauptstadt Washington.

Während ich Marita Lorenz' Aussage protokollieren ließ, fragte ich sie auch danach, auf welche Weise sie den Mann identifiziert habe, von dem sie sagte, es handele bei ihm sich um Jack Ruby.

F.: »Wurde zwei Tage nach dem Attentat auf Präsident Kennedy, das heißt am 24. November 1963 Lee Harvey Oswald, den man festgenommen hatte, weil er beschuldigt wurde, das Attentat auf Präsident Kennedy begangen und den Polizeibeamten J. D. Tippit ermordet zu haben, in Dallas von einem Mann namens Jack Ruby getötet?«

A.: »Ja.«

F.: »Haben Sie bei jener Gelegenheit und später in der Zeitung Bilder von Jack Ruby gesehen, und haben Sie Jack Ruby im Fernsehen gesehen?«

A.: »Ja.«

F.: »Sagen Sie aus, daß der Mann, der Lee Harvey Oswald getötet hat, soweit Sie ihn identifizieren können, derjenige ist, der am Vorabend der Ermordung des Präsidenten in das Motelzimmer in Dallas gekommen war?«

A.: »Ja.«

F.: »Hatten Sie Jack Ruby vor dem 21. November 1963 je gesehen?«

A.: »Nein.«

Es gelang Dunne in seinem Kreuzverhör der Zeugin nicht, auch nur eine einzige Aussagen von Marita Lorenz als fragwürdig hinzustellen – ihr aber gab es Gelegenheit, verschiedene Einzelheiten nachzutragen.

In Beantwortung von Dunnes Fragen erklärte sie, daß sie für eine geheimdienstliche Einheit der New Yorker Polizei und der Behörde zur Bekämpfung der Drogensucht arbeite. Bei seiner Einvernahme hatte Frank Sturgis die Richtigkeit jener Aussage bestätigt. Weiter sagte Marita Lorenz aus, daß der CIA sie 1959 angeworben hatte.

Auf die Frage, warum sie nicht vor der Warren-Kommission ausgesagt habe, erklärte sie, ihre Vorgesetzten im CIA hätten sie angewiesen, das nicht zu tun. Dunne ließ nicht locker.

F.: »Sagen Sie, daß sich Ihre heutige Aussage mit dem deckt, was Sie vor dem Sonderausschuß des Kongresses zur Untersuchung der Mordfrage gesagt haben?«

A.: »So ist es.«

F.: »Wann haben Sie Howard Hunt kennengelernt?«

A.: »1960, in Miami in Florida.«

F.: »Auf welche Weise?«

A.: »Er wurde mir vorgestellt. Unter dem Namen Eduardo.«

F.: »Wie buchstabieren Sie den Namen?«

A.: »E-D-U-A-R-D-O. Eduardo. E-D-U-A-R-D-O. Er sollte die Unternehmungen in Miami finanzieren.«

F.: »In welcher Sprache hat er mit Ihnen verkehrt?«

A.: »Englisch und Spanisch.«

F.: »Englisch und Spanisch.«

A.: »Ja.«

F.: »Sprechen Sie Spanisch?«

A.: »Ja.«

F.: »Und weitere Sprachen?«

A.: »Deutsch.«

F.: »Wann wurde Ihnen klar, daß dieser Mann, den Sie als Eduardo kannten, mit E. Howard Hunt identisch war?«

A.: »Etwa um dieselbe Zeit. Wir hatten Anweisung, den Namen Eduardo zu benutzen, wenn wir über Projekte sprachen.«

F.: »Für wen arbeitete er Ihrer damaligen Ansicht nach?«

A.: »Für den CIA.«

F.: »Was brachte Sie zu dieser Annahme?«

A.: »Wir waren damals im Zusammenhang mit der Operation Forty alle Mitarbeiter des CIA. Eduardo hatte uns Anweisungen gegeben, und ihm standen bestimmte Rechte und Möglichkeiten zur Verfügung, Dinge zu tun, die kein Durchschnittsbürger besaß.«

Als Dunne die Zeugin Marita Lorenz nach ihrem früheren Erlebnis mit dem CIA auf Kuba fragte, gab sie ihm zur Antwort: »Ich werde Ihnen sagen, was schon bekannt ist. Ich habe auf Kuba Geheimnisse ausspioniert. Man hat mich ausgebildet, damit ich töten konnte. Noch etwas?«

Während des Gesprächs, das ich vor ihrer Einvernahme mit Marita Lorenz geführt hatte, hatte ich sie nach den Namen der anderen Personen gefragt, die in dem aus zwei Wagen bestehenden Konvoi von Miami nach Dallas gefahren waren. Sie zögerte lange mit der Antwort: »Die haben Kennedy umgebracht. Ich möchte nicht diejenige sein, die ihre Namen nennt; es ist zu gefährlich.« Ich sagte ihr, weder würde ich weiter darauf drängen, diese Namen zu erfahren, noch sie bei der Einvernahme danach fragen. Man müsse allerdings mit der Möglichkeit rechnen, daß Hunts Anwalt diese Frage stellte.

Nach der Einvernahme verlangte Hunts Anwalt, daß sie den Namen eines weiteren Mitfahrers nenne. Sie sah erst mich, dann Dunne an, als wolle sie sagen: »Nun, Sie haben es nicht anders gewollt«, und gab zur Antwort:

A.: »Der andere war Jerry Patrick –«
F.: »Jerry Patrick?«
A.: »Hemming.«
F.: »Wird das H-E-M-M-I-N-G geschrieben?«
A.: »Ja.«

Sie fügte hinzu, außerdem hätten der Reisegruppe zwei kubanische Brüder namens Novis und ein Pilot namens Pedro Diaz Lanz angehört.

Nach der Einvernahme sprach ich mit ihr über diesen Punkt. Sie sagte: »Wenn Hunt und seine Freunde vom CIA wollten, daß die Frage beantwortet wurde, oder wenn sie zu dumm oder zu faul waren, ihren Anwalt daran zu hindern, daß er sie stellte, liegt die Verantwortung bei ihnen, und nicht bei mir.«

Anschließend erkundigte sich Dunne nach den Waffen.

F.: »Haben Sie die Waffen im zweiten Wagen gesehen?«
A.: »Ja.«
F.: »Welcher Art waren sie?«
A.: »Pistolen und automatische Gewehre.«
F.: »Könnten Sie mir heute genau sagen, um was für Waffen es sich speziell gehandelt hat?«

A.: »Gewehre; mehrere Kisten mit Maschinenwaffen; außerdem Faustfeuerwaffen Kaliber achtunddreißig und fünfundvierzig.«

F.: »Sind Sie in Waffenkunde ausgebildet?«

A.: »Ja.«

F.: »Was für Gewehre waren das?«

A.: »M-16, M-1, Schrotflinten; verschiedene.«

F.: »Auch Maschinenpistolen?«

A.: »Ja, auch.«

F.: »Gehörte es im Zusammenhang mit Ihrer Tätigkeit für die Operation Forty des CIA zu Ihren Hauptaufgaben, Waffen zu transportieren?«

A.: »Ja.«

F.: »Ging es dabei um die gegen Kuba gerichteten Aktivitäten?«

A.: »Ja, so ist es.«

F.: »Was geschah mit den Waffen, als Sie Dallas erreichten?«

A.: »Sie sind im Wagen geblieben. Ich vermute, daß man sie am folgenden Tag, am folgenden Abend ins Motel gebracht hat. Die haben da ziemlich viel reingeschleppt.«

Anschließend erkundigte sich Dunne danach, von wo aus der Trupp in Miami aufgebrochen war.

F.: »Von wo aus sind Sie aufgebrochen?«

A.: »Von dem Haus in Miami.«

F.: »Ist das ein Haus des CIA?«

A.: »Ein sicheres Haus. Ja.«

F.: »Haben Sie am selben Ort jemanden getroffen?«

A.: »Ja.«

F.: »Wer befand sich außer den sieben Menschen, die Sie genannt haben, noch in jenem Haus?«

A.: »Einer von ihnen befindet sich im Gefängnis; es ist nicht recht, darauf zu antworten. Ein anderer ist tot.«

F.: »Wo im Gefängnis?«

A.: »Außerhalb des Landes, zur Zeit, irgendwo in Venezuela.«

F.: »Heißt er Bosch?«

A.: »Ja.«
F.: »Und mit Vornamen?«
A.: »Orlando.«
F.: »Gehörte er zu den an der Operation Forty beteiligten Kubanern, die gegen Castro gerichtete Maßnahmen ergriffen?«
A.: »Ja.«
F.: »Geht es dabei um der Allgemeinheit zugängliches Material?«
A.: »Ja.«

Ich unterbrach das Frage- und Antwortspiel und wandte mich an Dunne. »Die Angabe, daß er sich an jenem Tag in dem Haus aufhielt: Bringen Sie die Zeugin mit Ihren Fragen nicht unnötig in Bedrängnis. Sie ist nicht durch einen Anwalt vertreten und hat möglicherweise schon mit mehreren Antworten auf Ihre Fragen gegen das Gesetz verstoßen.«

F.: »Wer war der Mensch in dem Haus, der inzwischen verstorben ist?«
A.: »Alexander Rorke jr.«
F.: »Hat er für den CIA gearbeitet?«
A.: »Ja.«

Als Dunne wissen wollte, ob Marita Lorenz jemandem über das von ihr in Dallas Erlebte berichtet hatte, antwortete sie freimütig:

F.: »Was taten Sie, als Sie nach New York kamen und feststellten, daß Präsident Kennedy gerade in Dallas ermordet worden war?«
A.: »Ich habe mit dem FBI gesprochen.«
F.: »Sie haben mit dem FBI gesprochen?«
A.: »Ja.«
F.: »Von sich aus?«
A.: »Sie wollten ohnehin im Zusammenhang mit dem Vater meines Kindes über dies und jenes mit mir sprechen. Sie haben mich abgeholt und in ihr Büro gebracht.«
F.: »Wann war das?«

A.: »Einige Tage nach meiner Ankunft, nachdem alle den ersten Schock überwunden hatten.«

A.: »Also irgendwann im November 1963?«

F.: »Ja.«

F.: »Hat man Sie bei Ihren Gesprächen mit dem FBI nach Ihren Aktivitäten im Zusammenhang mit Dallas und dieser Gruppe von sieben Personen gefragt, die jene Fahrt mit dem Wagen unternommen hatten?«

A.: »Nun, es ging in erster Linie um die Leute, mit denen ich da unten zu tun hatte, und über meine Beziehung zum Vater meiner Tochter.«

F.: »Waren den Leuten die Namen der Personen bekannt, die mit Ihnen von Miami nach Dallas gefahren waren?«

A.: »Ja.«

F.: »Hat man Sie nach jedem einzelnen von ihnen gefragt?«

A.: »Ja.«

F.: »Haben Sie ihnen über die Waffen, das Geld und Eduardo berichtet?«

A.: »Ja.«

F.: »Ich muß noch einmal fragen, weil die Urkundsbeamtin des Gerichts ein Nicken nicht verzeichnen kann.«

A.: »Ich habe in allen Fällen ›Ja‹ gemeint.«

F.: »Was war Ihre Antwort?«

A.: »Sie haben mich nach allem gefragt, nach dem Vater meiner Tochter, und ich bin froh, daß ich jetzt hier oben und fern von alldem bin.«

F.: »Haben Sie ihnen über Eduardo berichtet?«

A.: »Ja.«

F.: »Und über die Waffen?«

A.: »Sie wissen alles über diese Verbindungen. Sie wollten sich nicht näher mit der Sache beschäftigen. Es handele sich um eine Angelegenheit des CIA, nicht des FBI.«

Noch am selben Tag erklärte Marita Lorenz, warum sie Dallas vor dem Attentat verlassen hatte: »Mir war klar, daß es da um etwas anderes ging als bei anderen Aufträgen. Das war nicht einfach Waffenschmuggel, sondern eine ganz, ganz heiße Sache. Damit wollte ich nichts zu tun haben. Ich habe zu Sturgis gesagt, daß ich weg wollte. Er hat erklärt, daß es eine ganz große Operation wäre, aber mein Teil daran wäre nicht gefährlich. Ich sollte nur ein Lockvogel sein. Bevor er weiterreden konnte, habe ich gesagt, laß mich bitte aus dem Spiel. Ich möchte zu meiner Kleinen nach Miami zurück. Schließlich hat er zugestimmt und mich zum Flughafen gefahren.« Von Miami flog sie mit ihrem Kind nach New York, wo sie ihre in New Jersey lebende Mutter in der Nähe wußte.

Dunne war einfach nicht bereit, locker zu lassen, hatte doch die Aussage der Zeugin Sturgis und Hunt mit dem Attentat in Verbindung gebracht. Er beschloß, die Aussage in eine bestimmte Richtung zu steuern.

F.: »Haben Sie seither je wieder mit Frank Sturgis darüber gesprochen?«

Die Zeugin zögerte. Offenbar wollte sie die Frage nicht ohne weiteres beantworten.

A.: »Frank und ich sprechen nicht miteinander.«
F.: »Das war nicht meine Frage. Haben Sie seit 1963 je mit Frank Sturgis darüber gesprochen?«
A.: »Ja.«
F.: »Hat er Ihnen gegenüber zu erkennen gegeben, daß er am Attentat auf den Präsidenten beteiligt war?«
A.: »Ja.

Dunne fuhr fort, Marita Lorenz Fragen von der Art zu stellen, die ich ihn zu unterlassen aufgefordert hatte. Da ich mich der Zeugin verpflichtet fühlte, hatte ich diese Fragen nicht gestellt. Dunne aber stellte immer weiter ungestüm Fragen, ohne zu wissen, welche Antworten er bekommen würde.

Später erklärte Marita Lorenz auf Dunnes Fragen hin, Sturgis habe ihr, als er sie für ein weiteres CIA-Unternehmen zu gewinnen trachtete, gesagt, sie habe »das ganz dicke Ding« in Dallas verpaßt. Er erklärte, wie sie sagte: »Wir haben an dem Tag den Präsidenten umgebracht. Du hättest dazugehören können – weißt du, Teil der

Geschichte. Du hättest dableiben sollen. Es war eine sichere Sache. Alles war von vornherein abgesichert. Es hat keine Verhaftungen gegeben, keine wirklichen Untersuchungen durch die Zeitungen. Es war alles abgesichert, ganz professionell.« Es mag sehr professionell gewesen sein, doch war es nach der Verlesung von Marita Lorenz' Aussage vor den Geschworenen in einem Gerichtssaal der Vereinigten Staaten nicht mehr abgesichert.

Ein objektiver Beobachter hätte in jenem Gerichtssaal zu dem Ergebnis kommen können, durch die Beweismittel sei Hunts Klage wegen Ehrverletzung vom Tisch gewischt und zum Thema einer rein theoretischen Erörterung geworden und es gebe keine einer gerichtlichen Entscheidung unterworfene Streitfrage mehr. Zweifellos hätten Hunt und sein Gefolge dieser Schlußfolgerung widersprochen; gerade durch diese Art von unterschiedlicher Auffassung gelangen Fälle überhaupt erst vor Gericht.

Zu einem früheren Zeitpunkt war ich in diesem Verfahren der Ansicht gewesen, die Geschworenen brächten den lange unterdrückten Aussagen im Zusammenhang mit dem Mord an ihrem Präsidenten eine gewisse Neugier entgegen. Jetzt kam es mir so vor, als brennten sie darauf, die Wahrheit über das Attentat zu erfahren und dann tätig zu werden. Die Gruppe war wie verwandelt; da saßen nicht einfach mehr gewöhnliche Geschworene in einem Zivilverfahren, sondern Menschen, die das Gewissen ihrer Nation verkörperten. Den *Spotlight*-Artikel und Marchettis Voraussagen, von denen keine auch je nur von ferne wahr geworden war, hatten sie längst vergessen.

Die Geschworenen waren den Aussagen der Zeugin Lorenz mit einer Anspannung gefolgt, die man selbst dann nur selten erlebt, wenn ein charismatischer Zeuge auftritt. Hier hatte ihnen eine Stellvertreterin die Worte vorgelesen. Das war belanglos. Die Geschworenen konzentrierten sich auf die Zeugenaussage, nicht darauf, wie sie verpackt war. Mit wachsender Spannung sahen sie der Reaktion Hunts und seiner Kollegen vom CIA auf die Aussagen entgegen, die sie gerade gehört hatten.

Sie hatten erlebt, wie Hunt, ein eindrucksvoller Zeuge bei seiner ersten Befragung, im Kreuzverhör eingebrochen war. Sie hatten gehört, wie die Worte Marita Lorenz', in ihrer ersten Befragung eine beeindruckende Zeugin, während des ganzen, von Hunts Anwalt geführten Kreuzverhörs ausdrucksvoller und sicherer wurden und immer mehr enthüllten.

Hunt und seine Anwälte waren bestürzt. Dabei kam die Aussage der Zeugin Lorenz für sie in keiner Weise überraschend, hatte doch die Einvernahme zwei Wochen vor der Verhandlung stattgefunden. Vielleicht hatten sie die mögliche Auswirkung falsch eingeschätzt. Hunts Anwalt bat dann um die Erlaubnis des Gerichts, Newton Scott Miler als Zeugen zu befragen, der die Gegenposition vertreten konnte. Miler gehörte dem CIA seit dessen Gründung im September 1947 an und war bis zu seiner Pensionierung Leiter der Spionageabwehr in jenem Nachrichtendienst gewesen. Er hatte einen sehr hohen Rang bekleidet, den dritthöchsten in der Hierarchie der Abteilung des CIA, deren Leiter Angleton über Jahre hinweg gewesen war.

Viele Anwälte, unter ihnen auch unerfahrene Rechtsvertreter, die in der ersten Instanz auftreten, haben es sich angewöhnt, den Ablauf eines Verfahrens unwillkürlich wie folgt zu sehen: Erst trägt der Kläger seinen Fall vor, dann die Verteidigung den ihren, schließlich wird der Versuch unternommen, den Gegenbeweis anzutreten, worauf dann dessen Widerlegung erfolgt. Doch sind Aussagen, mit denen der Gegenbeweis geführt werden soll, also solche, die der Kläger vorbringt, um Teile der vom Beklagten vorgelegten Beweismittel zu widerlegen, nicht automatisch zulässig, nur weil sie verfahrenserheblich sein könnten.

Erst nachdem beide Parteien erklärt haben, daß die eigene Beweisführung abgeschlossen ist, kann das Angebot gemacht werden, den Gegenbeweis zu führen. Da sich das Konzept, das die Wiederaufnahme eines Verfahrens zuläßt, womit ein außerordentlicher Rechtsbehelf ermöglicht wird, auf den Grundsatz der Billigkeit stützt, darf das angebotene Beweismaterial lediglich solche Aussagen widerlegen, die der Anwalt des Klägers vernünftigerweise nicht voraussehen konnte. Bringt beispielsweise ein Zeuge, während die beklagte Partei am Zuge ist, eine völlig unerwartete, aber für das Verfahren erhebliche Anschuldigung gegen den Kläger vor, ist es nur recht und billig, jenem die Möglichkeit zu geben, seinen Fall neu aufzunehmen, damit er Gelegenheit hat, den Gegenbeweis zur Widerlegung dieser Anschuldigung anzutreten.

Doch konnte hier vernünftigerweise nicht gesagt werden, daß es an Marita Lorenz' Aussage für den Kläger in irgendeiner Weise Überraschendes gab. Seine Anwälte waren bei der Einvernahme der Zeugin zugegen gewesen, und die Aussage war vor Prozeßbeginn protokolliert und vollständig abgeschlossen worden. Ich nehme an, daß Hunts Anwälte – sie hatten erfolglos versucht, die Aussage der Zeugin Lorenz aus technischen Verfahrensgründen aus der Verhandlung herauszuhalten – gehofft hatten, man würde den Geschworenen die Aussage vorenthalten. Der Richter hatte aber ihren Antrag, sie im Verfahren nicht zuzulassen, summarisch zurückgewiesen.

Sofern das mein Wunsch gewesen wäre, hätte ich erreichen können, daß das Verfahren ohne Milers Aussage beendet wurde, denn der Antrag, ihn als Zeugen gegen Marita Lorenz auftreten zu lassen, war unzulässig. Richter Kehoe machte deutlich, daß eine Aussage Milers nur dann statthaft sei, wenn ich mein Widerspruchsrecht dagegen aufgäbe. Zusätzlich wurde die Sache durch die Wetterbedingungen kompliziert. Miler lebte in New Mexico, und Snyder teilte dem Gericht mit, man habe vorhergesagt, daß in jenem Gebiet in den nächsten vierundzwanzig Stunden ein schreckliches Wintergewitter toben werde, und so könne Miler nur dann gefahrlos nach Hause zurückkehren, wenn er die Möglichkeit habe, Miami bald zu verlassen. Es war bereits das Ende des Verhandlungstages.

Richter Kehoe war zu jenem Zeitpunkt nicht bereit zuzulassen, daß die Geschworenen Milers Aussage hörten. Snyders Anregung, er möge sie vorprüfen und anschließend entscheiden, stieß beim Richter auf wenig Gegenliebe. Er hatte so recht keine Lust, sich bis in den späten Abend eine Aussage anzuhören, die höchstwahrscheinlich die Ohren der Geschworenen nie erreichen würde.

Ich saß da, während sich der Richter und Hunts Anwalt miteinander besprachen. Was sie sagten, drang kaum in mein Bewußtsein. Ich dachte an die Geschworenen, in jenem Augenblick die Vertreter des ganzen Volkes.

Sie wollten die vollständige Wahrheit hören. Sie hatten einen Anspruch darauf, alles zu hören, was beide Seiten vorzubringen hatten. Hier sollten keine verfahrensrechtlichen Fragen, wie vernünftig auch immer sie sein mochten, irgendwelche Aussagen unterdrükken. Davon hatte es zu lange zu viel gegeben.

Ich stand auf, wandte mich an das Gericht und erklärte, ich sei nicht nur bereit, auf mein Ablehnungsrecht gegen die Aussage zu verzichten, sondern auch Mr. Miler damit entgegenzukommen, daß ich mich am Abend zur Verfügung hielt, sofern Hunts Anwalt dessen unter Eid gemachte Aussage zu jenem Zeitpunkt aufzuzeichnen wünsche. Diese könne den Geschworenen anschließend vorgelesen werden.

Hunt und seine Anwälte wirkten verstört. Der Erregung nach, die sie an den Tag legten, schienen sie zu glauben, sie hätten jetzt den Sieg errungen. Richter Kehoe wirkte nicht einmal verwundert. Er lächelte, dankte mir, und die Verhandlung wurde vertagt.

Nach dem Ende der Sitzung rief ich Willis Carto an, um ihm zu sagen, was ich getan hatte. Befürchtungen, die ich vor meinem Gespräch mit ihm hatte, lösten sich bald auf. »Es war die richtige Entscheidung«, sagte er. »Jetzt soll alles auf den Tisch.«

An jenem Abend um sieben Uhr kamen Hunts beide Anwälte, Miler und eine Sekretärin mit einem Tonbandgerät in mein Zimmer im Everglades-Hotel.

Es war so kurzfristig nicht möglich gewesen, einen Urkundsbeamten des Gerichts herbeizuschaffen, der bevollmächtigt war, den Zeugen zu vereidigen und dessen Aussage zu protokollieren. Am Schluß einer solchen Einvernahme fügt dieser Urkundsbeamte eine Bestätigung bei, die mehr oder weniger so aussieht wie die nachstehende, bei der Aussage der Zeugin Lorenz gemachte:

BESTÄTIGUNG

ICH, ANGELO IODICE, bestätige hiermit, daß die eidliche Vernehmung der *MARITA LORENZ* am 11. Tag des Januar 1985 vor mir stattfand.

Daß die genannte Zeugin vor Beginn ihrer Aussage ordnungsgemäß vereidigt wurde, daß die Aussage von mir stenographisch festgehalten und danach von mir übertragen wurde, und daß die befragte Partei, wie hierin festgehalten, durch einen Anwalt vertreten war.

Daß es sich bei der Übertragung um eine genaue Wiedergabe der Aufzeichnung der Einvernahme der bezeichneten Zeugin handelt.

Daß ich mit keiner der Parteien verwandt oder verschwägert bin. Ich bin an dem Fall, um den es geht, weder mittelbar noch unmittelbar beteiligt, noch stehe ich im Dienst eines der Anwälte.

ZUM ZEUGNIS DESSEN habe ich hierunter an diesem 15. Tag des Januar 1985 meine Unterschrift gesetzt.

ANGELO IODICE

Es war überdeutlich zu sehen, daß hier gegen alle Vorschriften verstoßen wurde, die für eine rechtswirksame Einvernahme gelten. Der Zeuge konnte nicht ordnungsgemäß vereidigt werden, die Aussage würde nicht von einem Unbeteiligten niedergeschrieben und übertragen, und als Ergebnis bliebe Miler die Konsequenz erspart, gegebenenfalls wegen falscher eidlicher Aussage unter Anklage gestellt zu werden. Dennoch erklärte ich mich einverstanden und begann das ungewohnte Verfahren mit der Erklärung: »Hier handelt es sich um eine vom Kläger verlangte ›schriftlich festgehaltene eidliche Aussage‹. Weder ist ein Notar noch ein Urkundsbeamter des Gerichts zugegen. Ich habe mich bereit erklärt, auf alle Förmlichkeiten zu verzichten, auf die man verzichten kann, vorausgesetzt, daß der Aussagende für jede der von ihm gemachten Aussagen anschließend wegen Meineids unter Anklage gestellt werden kann, sofern sich das als notwendig erweist. Mir ist nicht bekannt, ob das unter den obwaltenden Umständen überhaupt möglich ist, doch statt alle Beteiligten nach Hause zu schicken, bin ich bereit, das Verfahren unter den genannten Bedingungen durchzuführen und auf alle Formalitäten zu verzichten, wobei selbstverständlich die Einschränkung gelten soll, daß für den Aussagenden auch in diesem Fall die bei Meineid üblichen Strafandrohungen Gültigkeit haben.«

Dunne ließ eine Erklärung über das folgen, was er beabsichtigte; anschließend begann er mit der förmlichen Einleitung: »Mein Name ist Kevin Dunne. Ich bin einer der für Howard Hunt tätigen Anwälte und werde nunmehr in Vertretung des Urkundsbeamten des Gerichts den aussagenden Mr. Miler vereidigen, und zwar mit nachstehender Beteuerungsformel.«

DUNNE: »Mr. Miler, schwören Sie im Bewußtsein dessen, daß ein Meineid mit Strafe bedroht ist, daß die Aussage, die Sie anschließend machen werden, die Wahrheit, die ganze Wahrheit und nichts als die Wahrheit enthält?«

MILER: »Das schwöre ich.«

LANE: »Der guten Ordnung halber richte ich die Frage an Sie, Mr. Dunne, ob Sie im Staat Florida als Anwalt zugelassen sind?«

DUNNE: »Nein, das bin ich nicht.«

LANE: »Das fängt ja gut an. Na schön, nehmen wir die Sache in Angriff.«

Und das taten wir. Dunne stellte eine Reihe von Fragen, um zu klären, daß es sich bei Miler um einen Mitbegründer des CIA, einen hochrangigen Mitarbeiter jener Organisation und einen ihrer Veteranen handelte. Miler sagte aus, daß er unter Ray Rocca gedient hatte, der ausschließlich dem legendären James Jesus Angleton, dem Leiter der Spionageabwehr, unterstellt war.

Innerhalb des CIA hatte Miler die Aufgaben der Spionageabwehr koordiniert und jener Organisation, wie er aussagte, nahezu dreißig Jahre lang gedient.

Nachdem Hunts Anwalt jetzt aktenkundig gemacht hatte, daß man Miler als Fachmann in Angelegenheiten des CIA anzusehen hatte, wollte er zeigen, daß der CIA Marita Lorenz nicht »beschäftigt« hatte. Zuvor hatte Sturgis im Fall Third Press berichtet, wie er für den CIA angeworben worden war, auch hatte er Angaben über die von ihm für jene Organisation durchgeführten verdeckten Aufträge gemacht. Geschlossen hatte er seine Aussage mit der Erklärung, er sei nie beim CIA »beschäftigt« gewesen. Um den Anschein der Unabhängigkeit von jener Organisation zu wahren, hatten er und der CIA sich dazu entschieden, keinen förmlichen Vertrag miteinander zu schließen. Dunne befragte Miler über Marita Lorenz:

F.: »Haben Sie während Ihrer in der Organisation verbrachten Zeit je gehört – Streichen Sie das. Kennen Sie den Namen Marita Lorenz?«

A.: »Ich habe ihn gelesen.«

F.: »Hat der CIA Ihres Wissens Marita Lorenz je für irgendwelche Zwecke beschäftigt?«

A.: »Nein, nicht so lange ich dabei war.«

Diese Worte sollten den Eindruck erwecken, als hätte Marita Lorenz keine Aufträge des CIA ausgeführt. Doch hatte Miler das gar nicht behauptet, sondern lediglich in Beantwortung von Fragen, die sorgfältig darauf abgestellt waren, mit einem Mindestmaß an Angaben ein Höchstmaß an Täuschung hervorzurufen, erklärt, Marita Lorenz sei »seines Wissens« nicht vom CIA »beschäftigt« worden und er besitze »keine Kenntnis« davon, daß sie Aufträge des CIA ausgeführt hatte. Möglicherweise hatte er von Aufträgen gehört, die sie ausgeführt hatte, doch solange er nicht anwesend war, als man ihr den Auftrag erteilte, konnte er ohne Bedenken aussagen, er besitze »keine Kenntnis« davon, daß man ihr diese Aufträge erteilt habe.

Dunne fuhr mit entsprechend verschwommenen Formulierungen fort.

F.: »Ich vermute, daß Sie nichts von einer Teilnahme der Marita Lorenz an Aktivitäten des CIA wußten?«
A.: »Nein. Ich habe nichts gewußt.«
F.: »Auch nicht an Operationen des CIA im Zusammenhang mit Kuba?«
A.: »Nein, ich weiß von alldem nichts.«

Hunts Anwalt zog seine Unterlagen zu Rate, besprach sich mit seinen Kollegen und stellte dann dieselben Fragen über Sturgis.

F.: »Kennen Sie den Namen Frank Fiorini Sturgis, Sir?«
A.: »Ich habe ihn gelesen.«
F.: »Und was sagt Ihnen dieser Name?«
A.: »Er sagt mir – man hat behauptet, er sei an gewissen Aktivitäten des CIA sowie an Aktivitäten im Zusammenhang mit Mr. Howard Hunt beteiligt gewesen.«
F.: »Hat der CIA Ihres Wissens Frank Sturgis je beschäftigt?«
A.: »Nein.«
F.: »Mr. Miler, Frau Lorenz hat in diesem Fall ausgesagt, sie sei CIA-Agentin gewesen und habe für Frank Sturgis gearbeitet, der seinerseits gleichfalls CIA-Agent gewesen sei – entspricht diese Aussage in irgendeiner Weise der Wahrheit?«
A.: »Meines Wissens nicht.«

In seinem Bemühen, Miler als Allzweckzeugen zu verwenden, mit dessen Hilfe sich jede Beziehung zwischen Marita Lorenz und Aktivitäten des CIA bestreiten ließ, war Dunne zu weit gegangen. Miler seinerseits, dem möglicherweise nicht bekannt war, welche überwältigende Fülle von Aussagematerial sich im Laufe der Jahre in diesem und anderen Fällen durch Einvernahmen angesammelt hatte, hatte mit seiner Aussage gezeigt, daß er nicht wußte oder nicht wissen wollte, worum es ging.

Sturgis, nach wie vor ein treuer Vasall des CIA, hatte vor dem Kongreß und auch bei anderen Gelegenheiten sowohl Aussagen über seine Arbeit für den CIA wie auch über seine Zusammenarbeit mit Marita Lorenz in diesem Zusammenhang gemacht. Richard Helms, einstiger Leiter des CIA, hatte, wie wir gesehen haben, schon früher unter Eid ausgesagt, daß es sich bei Sturgis um einen Außenmitarbeiter des CIA handelte. Milers Aussage, in der mitschwang, »seines Wissens« habe weder Marita Lorenz noch Sturgis für den CIA gearbeitet, kam zu spät und war unzureichend. Zwar hatten Miler und Hunt die Aussage exakt vorbereitet, aber zuviel zu beweisen versucht, und damit nichts bewiesen. Um einen namentlich nicht bekannten britischen Juristen zu zitieren, hatte Miler mit seiner Aussage, Sturgis habe nie ein Unternehmen für den CIA durchgeführt, »wie der dreizehnte Schlag einer verrückt gewordenen Uhr alle voraufgegangenen Schläge und alle folgenden ihrer Glaubwürdigkeit beraubt«.

Miler fügte hinzu, »seines Wissens« habe der CIA Präsident Kennedy nicht ermordet. Dieser Nachrichtendienst hatte sich mit einem solchen Nebel von Finten und Täuschungen umgeben, um nicht für sein Tun, mit dem er häufig gegen das Strafrecht verstieß, zur Rechenschaft gezogen zu werden, daß es in vielen Fällen kaum möglich war, in Angelegenheiten, bei denen er seine Finger im Spiel hatte, etwas zu beweisen. Als ich mein Kreuzverhör begann, erkundete ich dieses Terrain zu Milers großer Bestürzung näher.

F.: »Mr. Miler, können Sie mir hier und jetzt beweisen, daß Sie für den CIA tätig waren?«

A.: »Was meinen Sie mit ›beweisen‹?«

Ich hatte nicht oft einen Zeugen erlebt, der anfänglich solche Gefaßtheit, ja sogar Überheblichkeit ausgestrahlt hatte und der, nachdem man ihm eine einfache Frage gestellt hatte, von einem Augenblick auf den anderen so nervös und aufgebracht wirkte. Mit hochrotem Gesicht durchstöberte Miler auf der Suche nach einem bestimmten Dokument alle Taschen so gründlich, als habe er sich soeben selbst festgenommen.

Während dieser Selbstdurchsuchung sagte er: »Ich besitze eine Karte, auf der steht, daß ich pensionierter CIA-Mitarbeiter bin.« Als ich ihn fragte, ob er diese Karte beibringen könne, gab er mit einer gewissen Hochnäsigkeit zur Antwort: »Gewiß.« Bald darauf fügte er kleinlaut hinzu: »Zumindest glaube ich das.« Schließlich fand er ein Dokument von der Größe einer Visitenkarte, das er mir zeigte. Darauf stand lediglich, daß er im Dienst der Regierung der Vereinigten Staaten gestanden habe und jetzt pensioniert sei. Es war undatiert und ausschließlich von ihm selbst unterschrieben. Vermutlich bekommen Postbeamte im Ruhestand ähnliche oder sogar genau die gleichen Karten. Ich fuhr mit meiner Einvernahme fort.

F.: »Trägt diese Karte eine andere Unterschrift als Ihre eigene?«

A.: »Nein, Sir.«

F.: »Haben Sie irgendeinen Beweis dafür, daß Sie Mitarbeiter des CIA sind – waren?«

A.: »Außer dieser Karte, auf der steht, daß ich es war, trage ich keinen anderen Beweis bei mir.«

F.: »Aber bei dieser Karte handelt es sich um einen Vordruck, den Sie selbst unterschrieben haben. Ist das richtig?«

A.: »Ja.

F.: »Woher wissen wir, daß Sie je für den CIA gearbeitet haben?«

A.: »Sie dürfen als gegeben annehmen, daß ich mich nicht des Meineids schuldig machen möchte. Ich sage Ihnen die Wahrheit.«

F.: »Frau Lorenz hat ausgesagt, daß sie für den CIA gearbeitet habe. Diese Aussage hat sie gemacht, als sie rechtswirksam vereidigt war.«

A.: »Sie können beim CIA nachfragen. Es ist allgemein bekannt, daß ich dort gearbeitet habe. Ich habe Artikel geschrieben, und die Medien haben über meine Arbeit beim CIA berichtet.«

F.: »Die Medien haben ebenfalls berichtet, daß Marita Lorenz für den CIA gearbeitet hat und auch, daß Frank Sturgis für den CIA gearbeitet hat. Übrigens hat der frühere Leiter des CIA, Richard Helms, unter Eid ausgesagt, er glaube, Frank Sturgis sei ein CIA-Agent, der im Zusammenhang mit den Aktionen gegen Kuba in Florida tätig war. Besitzen Sie eine Aussage des früheren Leiters des CIA, die sich so nachdrücklich über Ihre Beziehung zum CIA äußert?«

A.: »Nein, Sir.«

Hunt, sein Anwalt und Miler hatten die Aussage äußerst sorgfältig vorbereitet, um die Grenzen abzustecken und die strafrechtlichen Folgen zu vermeiden, die bei wahrheitswidriger eidlicher Aussage drohen. Man hatte einen glaubhaft scheinenden Sachverhalt dargestellt; ein hochrangiger ehemaliger CIA-Mitarbeiter hatte ausgesagt, weder Hunt noch Sturgis seien vom CIA beschäftigt worden. Oder hatte er das nicht gesagt? Die Geschworenen hatten einen Anspruch darauf zu erfahren, was Miler zu wissen behauptete.

F.: »Kennen Sie alle Außenmitarbeiter, die zur selben Zeit wie Sie für den CIA tätig waren?«

A.: »Nein, Sir.«

F.: »Das ist also nicht der Fall?«

A.: »Nein, Sir.«

F.: »Sofern Sie nicht alle Außenmitarbeiter kennen, die seit dem Zeitpunkt, da Sie in die Organisation eintraten, bis zum Zeitpunkt, da Sie diese verließen, für den CIA tätig waren, wie können Sie dann sagen, daß Marita Lorenz keine Außenmitarbeiterin des CIA war?«

A.: »Ich sagte, meines Wissens.«

F.: »Sie können also nicht aussagen, daß sie vom CIA nicht beschäftigt worden ist. Ist das richtig?«

A.: »Das ist richtig.«

F.: »Sie können nicht aussagen, daß Frank Sturgis nicht vom CIA beschäftigt wurde, oder?«
A.: »Nein, Sir.«

Damit hatte Milers Beitrag nicht nur seine Wirkung, sondern auch jeglichen Sinn verloren.

Der Hang des CIA, sein geheimes Treiben, insbesondere seine häufigen Mißerfolge, mit einem undurchdringlichen Mantel zu verhüllen, war legendär. Unmöglich konnte man mit einem Anspruch auf Glaubwürdigkeit behaupten, Miler sei in der Lage, vertrauenerweckende Aussagen über Marita Lorenz und Sturgis zu machen, solange er keine Gelegenheit hatte, offen zu sprechen, sollte ihn unvermittelt der Wunsch nach einer wahrheitsgemäßen Aussage überkommen. Daher fragte ich, ob man Miler gestattet habe, die Tatsachen über Marita Lorenz und Sturgis zu enthüllen.

F.: »Sofern die beiden tatsächlich vom CIA beschäftigt wurden, wäre es Ihnen in dem Fall angesichts der Geheimhaltungsverpflichtung, die Sie dem CIA gegenüber schriftlich eingegangen sind, möglich, darüber etwas auszusagen?«
A.: »Bevor ich diese Frage beantworten könnte, müßte ich mich mit dem CIA kurzschließen.«
F.: »Haben Sie das auch getan, bevor Sie die Fragen über Marita Lorenz oder Frank Sturgis beantworteten?«
A.: »Nein, Sir.«
F.: »Sofern Sie also wüßten, daß die beiden vom CIA beschäftigt wurden, könnten Sie uns das jetzt nicht sagen. Ist das richtig?«
A.: »Ich bin mir im Hinblick auf die rechtliche Lage in einem solchen Fall nicht ganz sicher.«

Da Miler gesagt hatte, es bestehe ein gewisser Zweifel an seiner Befugnis, in dieser Angelegenheit die Wahrheit zu sagen, beschloß ich, diese Frage unmittelbar zu prüfen. Ich holte einen Notizblock aus meiner Aktentasche, nahm den Füllhalter zur Hand, so, als stehe ich im Begriff niederzuschreiben, was er mir sagen würde, und stellte dann meine Frage.

F.: »Nun, sagen Sie mir die Namen aller Außenmitarbeiter, die Ihnen einfallen, die je für den CIA gearbeitet haben.«
A.: »Nein, das darf ich nicht. Es fällt unter meine Geheimhaltungspflicht.«

Mit einem Schlag hatte er alle noch bestehenden Zweifel an seiner Zuständigkeit beseitigt.
Hunt und sein Anwalt hatten es unterlassen, einen Aspekt von Milers Tätigkeit anzusprechen. Dieser war als für Juri I. Nosenkos Verhör Zuständiger tief in die Bemühungen des Nachrichtendienstes verstrickt, die Tatsachen im Zusammenhang mit dem Mord an Präsident Kennedy zu vertuschen.
Auch hatte er eine Rolle in der Angelegenheit mit Mexiko-City gespielt. Ich fragte danach.

F.: »Ach, eines noch – ist Ihnen der Name Nosenko bekannt?«
A.: »Ja.«
F.: »Haben Sie Nosenko jemals verhört?«
A.: »Nein, das habe ich nicht.«

Formaljuristisch gesprochen mochte Miler damit recht haben; dennoch war seine Antwort nichts als Lug und Trug. Jahre hindurch hatte er dieses Verhör gelenkt, Fragen ausgearbeitet, Antworten analysiert, gemeinschaftlich mit anderen, unter ihnen Angleton, veranlaßt, daß man Nosenko gesetzwidrig festnahm, ohne jeden Rechtsbeistand einkerkerte und immer wieder folterte.

F.: »Haben Sie je eine Rolle beim Verhör Nosenkos gespielt, was das Lesen von Berichten oder die Anregung von Fragen betrifft, die man ihm stellen konnte?«
A.: »Ja, Sir.«

Nosenko hatte im Zweiten Hauptdirektorat des KGB, einer Dienststelle ähnlich dem FBI, ihrem Gegenstück in den Vereinigten Staaten, den Rang eines Oberstleutnants bekleidet. Zuständig war diese geheimdienstliche Einheit, der er seit 1953 angehört hatte, für die Überwachung potentieller feindlicher Agenten auf dem Gebiet der

Sowjetunion sowie für Aktionen gegen solche Agenten. Nosenko war stellvertretender Leiter der amerikanisch-britischen Sektion, also jener Abteilung, die sich mit Besuchern aus Großbritannien und den Vereinigten Staaten beschäftigte und für Maßnahmen gegen sie verantwortlich war.

Im Jahre 1959 reiste Lee Harvey Oswald in die Sowjetunion und nahm in Moskau seinen vorläufigen Wohnsitz im Hotel Metropol. Die Nachrichtenabteilung des CIA, die ihren Sitz in der Botschaft der Vereinigten Staaten in Moskau hatte, schickte Priscilla Johnson zu Oswald ins Hotel. In der Botschaft entworfene Pläne gelangten auf verschiedenen Wegen unverzüglich zur Kenntnis des KGB, unter anderem, wie wir inzwischen wissen, mit Hilfe von Sendevorrichtungen und Informanten.

Der KGB, dem Oswalds Anwesenheit ebenso wie das Interesse an und offensichtlicher Kontakt des CIA mit ihm bekannt geworden war, gab die Sache an die zuständige Sektion weiter. Nosenko nahm sich die Akte vor, die beim KGB über Oswald existierte und mit dem Jahre 1959 begann. Er kümmerte sich um die Motive Oswalds für seine Reise in die Sowjetunion, denn er war erkennbar nicht als Tourist gekommen.

Zu jener Zeit sprach Oswald davon, seine amerikanische Staatsbürgerschaft aufzugeben und seinen ständigen Wohnsitz in die Sowjetunion zu verlegen. Er traf mit Priscilla Johnson zusammen, die ihn auf Anweisung Richard Snyders aufsuchte, damals als CIA-Vertreter in Moskau tätig.

Nach Präsident Kennedys Ermordung bekam Nosenko von seinen Vorgesetzten im KGB den Auftrag, alle Kontakte zu untersuchen, die Oswald während seines Aufenthalts in der Sowjetunion geknüpft hatte. Als erstes lenkte Oswalds durch Priscilla Johnsons Besuch zustande gekommene Beziehung zu Snyder den Verdacht des KGB auf sich.

Nosenko, den der CIA im Verlauf des Jahres 1962 als Spionage-Agenten angeworben hatte, nahm Anfang 1964 als erster Vertreter der Sowjetunion an der Abrüstungskonferenz in Genf teil.

Am 20. Januar 1964 nahm er über ein verschlüsseltes Telegramm Kontakt mit dem CIA auf. Da es sich bei Nosenko um einen wichtigen Spion handelte, flog ein höherer CIA-Mitarbeiter der für die

Sowjetunion zuständigen Abteilung nach Genf, um dort mit ihm zusammenzutreffen. Der russische Oberst erklärte, er habe den Wunsch, sich in die Vereinigten Staaten abzusetzen. Der CIA wollte, daß er blieb, wo er war, Nosenko aber erklärte, er habe der Warren-Kommission wichtige Mitteilungen zu machen. Oswald, sagte er, habe zu keiner Zeit mit dem KGB, dem sowjetischen Nachrichtendienst, zusammengearbeitet, wohl aber vermute man dort, daß er dem nachrichtendienstlichen Apparat der Vereinigten Staaten angehöre. Richard Helms, damals Stellvertretender Direktor für Planung, ordnete an, daß Nosenko in Europa blieb und wollte nichts von dessen Flucht in die Vereinigten Staaten wissen.

Zu jener Zeit berichtete der CIA vor Warrens Ausschuß über die Affäre von Mexico-City, womit man eine ernsthafte Untersuchung des Attentats zu verhindern trachtete. Nosenko, der die Wahrheit über Oswald wußte, bedeutete eine Bedrohung für dieses Lügengespinst und damit auch für die Existenz des CIA.

Am 3. Februar 1964 traf Nosenko seine Entscheidung. Der KGB hatte ihn aufgefordert, nach Moskau zurückzukehren. Überzeugt, die russische Geheimpolizei wisse von den Informationen, die er dem CIA geliefert hatte, hielt es Nosenko für sicher, daß ihn Gefängnis und Folter erwarteten, wenn er nicht überlief.

Also suchte er seine Zuflucht in den Vereinigten Staaten, wo ihn, wie sich zeigte, in gleicher Weise Gefängnis und Folter erwarteten. Helms und Angleton hielten ihn im Keller eines sicheren Hauses des CIA in Virginia, nahe der Hauptstadt Washington, in Einzelhaft fest. Dort unterzog man ihn dem, was der CIA schönfärberisch mit »unfreundliche Befragung« umschreibt. Im Laufe der mehr als drei Jahre, die seine Haft und »Befragung« dauerten, wurde ihm mehrere Zähne ausgeschlagen.

Angleton vertrat den Standpunkt, der KGB habe Nosenko mit der Absicht in die Vereinigten Staaten geschickt, der Warren-Kommission zu berichten, daß Oswald nicht für den sowjetischen Nachrichtendienst gearbeitet hatte. Keinesfalls sei Nosenko ein echter Überläufer; daher müsse man ihn festsetzen und zu einem Geständnis zwingen. Doch im Unterschied zu Sylvia Duran, die man in Mexiko als Ergebnis ähnlicher Anweisungen des CIA in Einzelhaft gehalten hatte, war Nosenko ein ausgebildeter Berufsagent. Er lehnte es ab, ein falsches Geständnis zu unterschreiben, möglicherweise nahm er an, das sei gleichbedeutend mit der Unterzeichnung seines Todesurteils.

Je nachdrücklicher Nosenko auf seinem Vorhaben bestand, vor der Warren-Kommission auszusagen, desto energischer betrieb Angleton die Anklage gegen seinen früheren Spion. Selbstverständlich wußte er vom ersten Augenblick, daß Nosenko die Wahrheit sagte. Nach der Veröffentlichung des Warren-Berichts entließ man Nosenko aus seinem Gefängnis. Der CIA räumte ein, daß er von Anfang an die Wahrheit gesagt habe, erwarb für ihn ein Haus im Staat North Carolina, sorgte dafür, daß er die Staatsbürgerschaft der Vereinigten Staaten bekam und setzte ihm eine jährliche Unterhaltszahlung von dreißigtausend Dollar aus. Als einzige Bedingung war an diese Vorzugsbehandlung die Forderung geknüpft, über die ganze Angelegenheit Stillschweigen zu bewahren.

Im Verlauf des Jahres 1967 bekam John L. Hart, ein pensionierter CIA-Mitarbeiter höheren Ranges, den Auftrag, den Fall Nosenko für den CIA zu untersuchen. In seinem Bericht kam er zu dem Ergebnis, daß es sich um einen echten Überläufer gehandelt habe und die von ihm sowohl vor seinem Überwechseln in die Vereinigten Staaten wie auch während der Folterungen im sicheren Haus des CIA gemachten Angaben der Wahrheit entsprachen und von Bedeutung waren.

Später wurde Helms verurteilt, nachdem man ihm wegen einer vor einem Senatsausschuß der Vereinigten Staaten gemachten Falschaussage den Prozeß gemacht hatte. Nicht nur Angleton wurde entlassen, auch das Arbeitsverhältnis zwischen Miler und dem CIA wurde aufgelöst. Später berief man den von Kennedy entlassenen Dulles in die Warren-Kommission, in der er eine wichtige Rolle dabei spielte, den Ablauf der Nicht-Untersuchung zu gestalten.

Nosenko machte nie eine Aussage. Sein Name findet sich weder im Register des Warren-Berichts noch in dem der sechsundzwanzigbändigen Sammlung des Beweismaterials, das die Kommission zusammengetragen hat. Dennoch war er nach Oswalds Tod möglicherweise der wichtigste Zeuge, den die Warren-Kommission hätte befragen können. Der CIA hatte mit seinem Projekt in Mexico-City Erfolg gehabt, weil man zwei Zeugen festgesetzt und mit Mitteln wie Täuschung, Folter und Meineid gearbeitet hatte. Um den Kreis zu schließen, wurde nahezu zwei Jahrzehnte später Miler nach Miami in Marsch gesetzt, im vergeblichen Versuch, einen Zeugen in Mißkredit zu bringen und das vom CIA ins Leben gerufene Konstrukt des Projekts Mexico-City aufrechtzuerhalten.

Nach Nosenko fragte ich Miler nicht etwa, weil ich wirklich der Ansicht war, er werde wahrheitsgemäß antworten, sondern in erster Linie, weil ich den Geschworenen die Möglichkeit geben wollte zu hören, wie er seine eigene Glaubwürdigkeit untergrub. Zum Schluß der Einvernahme wurde es Miler immer unbehaglicher zumute. Der Schweiß lief ihm in dem klimatisierten Raum am Leibe herunter, immer wieder richtete er den Blick hilfeflehend auf seine Anwälte und verschwand aus dem Raum, kaum daß die Einvernahme beendet war.

F.: »Hat der CIA Nosenko mehr als drei Jahre lang gesetzwidrig inhaftiert?«

A.: »Ich verwahre mich gegen die Formulierung ›gesetzwidrig inhaftiert‹. Entsprechend der vom Sonderausschuß des Kongresses zur Untersuchung der Mordfrage wie auch vom Church-Ausschuß* und so weiter verwendeten Sprachregelung wurde er – gefangengehalten.«

F.: »Ist der Sonderausschuß des Kongresses zur Untersuchung der Mordfrage zu dem Ergebnis gekommen, daß die Haft jenes Mannes, die rund drei Jahre dauerte, nicht den gesetzlichen Vorschriften entsprach?«

A.: »War das der Sonderausschuß des Kongresses zur Untersuchung der Mordfrage? Ich weiß nicht, ob es dieser oder einer der anderen Ausschüsse war. Ja, so hieß es.«

F.: »Und hat der CIA zugegeben, es habe sich um eine vom CIA durchgeführte gesetzwidrige Vorgehensweise gehandelt?«

A.: »Ich bin nicht sicher, was er zugegeben hat.«

F.: »Hat sich Mr. Nosenko damit einverstanden erklärt, daß man ihn drei Jahre lang in eine Zelle einsperrte?«

A.: »Das kann ich, soweit ich über Mr. Nosenko informiert bin, nicht sagen.«

* Von Frank Church geleiteter Sonderausschuß des Senats zur Untersuchung von Aktivitäten der Regierung im Zusammenhang mit Operationen der Nachrichtendienste.

F.: »Hat man ihm nach seiner Einreise in die Vereinigten Staaten zu irgendeinem Zeitpunkt eine Straftat zur Last gelegt?«

A.: »Meines Wissens nicht – nicht nach den Gesetzen der Vereinigten Staaten.«

F.: »Nun, er befand sich nun einmal in den Vereinigten Staaten, nachdem er hergekommen war, nicht wahr? Hat irgendein Gericht der Vereinigten Staaten verfügt, daß er in einer Zelle festzuhalten sei?«

A.: »Meines Wissens nicht.«

F.: »Sie waren also an einer gesetzwidrigen Vorgehensweise gegen Nosenkos Rechte beteiligt?«

A.: »Was meinen Sie mit ›an einer gesetzwidrigen Vorgehensweise gegen Nosenkos Rechte beteiligt‹?«

F.: »Wußten Sie, daß man ihn während jener Zeit festhielt?«

A.: »Ja.«

F.: »Waren Sie nicht nach Begehung der Tat daran beteiligt, daß man Mr. Nosenko seine Rechte vorenthielt?«

A.: »Ich kann diese Aussage nicht ihrer juristischen Bedeutung nach einschätzen.«

F.: »Ich habe keine weiteren Fragen.«

Als Milers Anwälte, denen keine einzige Frage einfiel, mit der sie ihren Mandanten hätten herauspauken können, Gelegenheit bekamen, die Dinge erneut in die Hand zu nehmen, gaben sie zu verstehen, daß sie keine Fragen hatten. Ich erklärte mich bereit, zusätzlich auf den Vorbehalt zu verzichten, daß Milers Aussagen zu beeidigen seien, bevor sie den Geschworenen vorgelegt wurden. Mit der Vorlage seiner Aussage vor den Geschworenen war die Frage der Beweiserhebung für diesen Prozeß abgeschlossen.

Jahre später, als Stansfield Turner ein Buch über seine Zeit als Leiter des CIA schrieb, das den Titel *Secrecy and Democracy* trug, bemühte er sich zwar, das Fehlverhalten des CIA herunterzuspielen, räumte aber ein: »Ab Ende 1974 waren Presse und Fernsehen in Amerika wie im Ausland voller Berichte über Untaten von Geheimdiensten. Obwohl der CIA nur einer der angeblichen Übeltäter war, traf ihn die volle Wucht dieser Kritik. Es gab eine Vielzahl von Beschwerden. In einem Computer des CIA wurden Angaben über rund 300 000 Amerikaner gespeichert, die man als möglicherweise gefährlich für unsere nationale Sicherheit ansah, und über etwa 7200 wurden spezielle Akten angelegt. Millionen von Privattelegrammen landeten zwischen 1947 und 1975 bei der Behörde für Nationale Sicherheit. Man überwachte zahllose ›gefährliche‹ Bürger, hörte ihre Telefongespräche ab, brachte Mikrofone in ihren Schlafzimmern an und verschaffte sich ohne gerichtlichen Durchsuchungsbefehl Zugang zu ihren Wohnungen. Mitbürger wurden weithin als Informanten herangezogen. Man beschaffte sich von den Finanzbehörden Steuerunterlagen und durchforschte diese auf verwertbare Angaben. Nachrichtendienste des Militärs infiltrierten Gruppen politisch Andersdenkender, sammelten Informationen über prominente Bürger, die solchen Gruppen wohlwollend gegenüberstanden, und legten von Mitte der sechziger Jahre bis 1971 schätzungsweise 100 000 Dossiers über amerikanische Staatsbürger an. Es gab verschiedene Pläne – die aber nie verwirklicht wurden –, ausländische Politiker zu beseitigen, die der Regierung der Vereinigten Staaten ein Dorn im Auge waren.«

Dann wandte Turner seine Aufmerksamkeit dem Fall Nosenko zu. Er räumte ein, es habe sich bei diesem um einen nützlichen Spion auf hoher Ebene gehandelt: »Es sprach auch für Nosenko, daß er uns manche wertvolle Information über die nachrichtendienstlichen Aktivitäten der Sowjets geliefert hat. Mit seiner Hilfe waren wir imstande, ein von den Sowjets in der Moskauer Botschaft der Vereinigten Staaten installiertes Abhörsystem zu entdecken (zweiundfünfzig Mikrofone in den empfindlichsten Bereichen der Botschaft). Außerdem machte er uns auf einen äußerst hochrangigen sowjetischen Spion aufmerksam, der in einer westeuropäischen Regierung tätig war. Doch als es darum ging, das Für und Wider abzuwägen, kam Angleton zu dem Ergebnis, Nosenko müsse ein Doppelagent sein, und so entschloß er sich, ihm ein Geständnis abzupressen.«

Turner enthüllte, mit Hilfe welcher Verfahren der CIA unter Angletons Leitung Nosenko zwingen wollte, seine wahrheitsgemäßen Aussagen zurückzunehmen und wie man »den Mann psychisch zerbrechen« wollte. Das vom CIA dazu ausgeklügelte Programm verstieß in gleicher Weise gegen die Gesetze wie Nosenkos Inhaftierung: »Man errichtete eigens für ihn an einem geheimen Stützpunkt in der Nähe von Washington ein kleines Gefängnis. Dort hielt man ihn dreieinhalb Jahre in Einzelhaft, in der offenkundigen Absicht, ihn zu isolieren, so daß die Befragung um so wirksamer vor sich gehen konnte. Tatsächlich wurde er lediglich an 292 der 1277 Tage verhört, die er in jenem Gefängnis verbrachte. Diese Befragungen dauerten manchmal ohne Unterbrechung vierundzwanzig Stunden. Wenn man ihn nicht verhörte, wurde er vierundzwanzig Stunden am Tag von Wächtern beobachtet, die nicht mit ihm reden durften. Er hatte während der gesamten Zeit keinerlei Kontakt zur Außenwelt, man gestatte ihm weder einen Fernseher, ein Radio noch eine Zeitung. Über zwei Jahre lang bekam er nichts zu lesen. Als er sich aus Fäden einen Behelfskalender bastelte, nahm man ihm diesen fort.

Boden, Decke und Wände seiner Zelle, die etwa zweieinhalb Meter im Geviert maß, waren aus Beton. Sie besaß kein Fenster, sondern lediglich in der oberen Hälfte der Tür eine vergitterte Öffnung. Die ganze Einrichtung bestand aus einem Metallbettgestell mit einer Matratze. Es gab weder Kopfkissen noch Laken; gelegentlich bekam der Häftling eine Wolldecke. Von Zeit zu Zeit durfte er die Zelle verlassen und auf eine Art kleinen Hof hinausgehen, dessen Mauern so hoch waren, daß er nichts sehen konnte als den Himmel. Was ihm an Kleidung zugebilligt wurde, war für die im Staat Virginia üblichen Winter unzureichend. Man verweigerte ihm Zahnpasta und Zahnbürste; duschen und sich rasieren durfte er nur einmal in der Woche. Während der gesamten Zeit bekam er siebzehnmal eine oder mehr von vier Drogen. Auch psychisch setzten ihn Ärzte zeitweise unter Druck.«

Der Ausgang, den die Angelegenheit nahm, schien Turner zu freuen: »Erfreulicher- und, wie ich annehme, überraschenderweise ist über die Geschichte ein glücklicher Ausklang zu berichten. Nosenko hat sich von seinem Martyrium erholt. Er ist ein bemerkenswert gut angepaßter Bürger der Vereinigten Staaten geworden und hat nichts getan, das uns zu der Annahme veranlassen könnte, er sei kein echter Überläufer.«

Offensichtlich kam es Turner keine Sekunde lang in den Sinn, man könne die in dem von ihm geleiteten Nachrichtendienst tätigen Verbrecher vor Gericht stellen, um diese Art »glücklichen Ausklang« für die Zukunft überflüssig zu machen.

Das vor Abschluß eines Verfahrens übliche Hin und Her setzte ein. Letzte Anweisungen wurden erteilt, und eine Besprechung mit dem Richter fand statt. Unmittelbar bevor sich die Geschworenen zur Beratung zurückziehen, muß sie der Richter über die anwendbaren Gesetze belehren und ihnen auseinanderlegen, an welche Vorschriften sie sich zu halten haben. Es kommt häufig vor, daß Berufungsgerichte Fälle, in denen Verfahrensfehler reklamiert werden, deshalb an die Erstinstanz zurückverweisen, weil dieser bei der Geschworenenbelehrung Fehler unterliefen. Daher, aber auch aus anderen Gründen setzen Richter eine Besprechung mit den Anwälten beider Seiten an, um alles Erforderliche abzuklären. Alle Beteiligten dürfen sich dazu äußern, ob die vom Richter vorgesehenen Anweisungen für den betreffenden Fall angemessen sind, Vorbehalte gegen die Entscheidung des Gerichts anmelden – womit sie im Falle eines für sie ungünstigen Spruchs einen möglichen Einspruch vorbereitet haben –, sowie dem Richter Vorschläge für besondere Anweisungen an die Geschworenen machen.

Zwar findet das Schlußplädoyer der Anwälte vor der Belehrung der Geschworenen durch den Richter statt, doch teilt dieser den Anwälten grundsätzlich vor diesen Plädoyers mit, welche Anweisungen er für die Belehrung der Geschworenen vorgesehen hat. Dieses Verfahren ermöglicht es den Anwälten, auf die rechtlichen Fragen einzugehen und den Geschworenen dabei zur Hand zu gehen, das Gesetz im jeweiligen Fall ordnungsgemäß anzuwenden. Dementsprechend verweist ein Anwalt häufig während seines an die Geschworenen gerichteten Schlußplädoyers auf seine »Vermutung« mit Bezug auf das, was der Richter den Geschworenen zu einem bestimmten Punkt sagen wird. Dazu braucht er kein Vorauswissen – ihm wurde das alles bereits mitgeteilt.

Snyders Schlußplädoyer war eindrucksvoll. Da er den Kläger vertrat, oblag ihm die Beweislast. Daher mußte er nicht nur die Richtigkeit der behaupteten Tatsachen zweifelsfrei nachweisen, er durfte auch als erster plädieren und hatte anschließend, nachdem ich gesagt hatte, was zu sagen war, das Recht, sich erneut an die Geschworenen zu wenden.

Er zog Marchettis Glaubwürdigkeit in Zweifel, wies darauf hin, daß der Artikel schon dem Augenschein nach nicht der Wahrheit entspreche, erklärte, Hunt sei auf den Pfad der Tugend zurückgekehrt und malte den Geschworenen ein ergreifendes Bild der Qualen, die Hunt als Ergebnis der Veröffentlichung des Berichts gelitten habe. Marchetti und *Spotlight* warf er vor, falsche Anschuldigungen abgefaßt und veröffentlicht zu haben. Nachdrücklich malte er aus, einen wie großen Gewinn das beklagte Unternehmen gemacht habe und verwies auf dessen Einkommen und Vermögenswerte.

Er teilte den Geschworenen mit, es sei unvorstellbar anzunehmen, das FBI, der Präsident des Obersten Gerichtshofs, Earl Warren, die verdienten Mitglieder seines Ausschusses und andere prominente Amerikaner könnten im Zusammenhang mit Präsident Kennedys Ermordung wahrheitswidrige Aussagen gemacht haben. Die Unterstellung, FBI oder CIA würden die Tatsachen vertuschen, stellte er als »absurd« hin. Alle maßgeblichen Stimmen seien sich einig darüber, daß Oswald Kennedy getötet habe. Er allein sei der Mörder gewesen, ein Einzelgänger.

Da die Behörden offensichtlich recht hätten, müsse Marita Lorenz, die eine völlig andere Fassung vorgetragen hatte, zwangsläufig die Unwahrheit gesagt haben. Habt Vertrauen zu unseren amerikanischen Institutionen, war der Tenor von Snyders Aufforderung an die Geschworenen, auf keinen Fall aber zu Renegaten vom Schlage Marchetti.

Er trat an die Schranke vor der Geschworenenbank, um seinen letzten Worten an die dahinter Sitzenden besonderes Gewicht zu verleihen. Er teilte ihnen mit, er habe sie ausgewählt, weil er sicher sei, daß sie ein gerechtes Urteil fällen würden, so, wie sie es gelobt hatten. Jetzt, sagte er, wolle er sie an diese Zusage erinnern.

»Die Massenpresse wartet auf Ihr Urteil«, sagte Snyder, so, als würden diese Publikationen ihre Aufgabe künftig verantwortungsbewußter erfüllen, wenn die Geschworenen ein Urteil zugunsten Mr. Hunts fällten. »Es ist Zeit, ihnen ein Signal zukommen zu lassen und die Familie Hunt vom Kreuz zu erlösen. Ich danke Ihnen sehr.«

In meinem eigenen Plädoyer ließ ich die Beweismittel erneut Revue passieren, aus denen hervorging, daß der CIA den Mord am Präsidenten geplant und ausgeführt hatte.

Snyder, erinnerte ich die Geschworenen daran, hatte ihnen gesagt, daß sie zu unseren nationalen Führern Vertrauen haben müßten – »sofern Sie kein Vertrauen zu diesen Männern haben können, zu wem dann?« Dann gab ich ihnen die Antwort: »Zu uns selbst, zu unserer Fähigkeit, die Beweismittel zu analysieren.«

Ich schloß: »Wir sind das Volk. Wir haben eine Demokratie geschaffen, und unser Geschworenensystem ist kein unbedeutender Bestandteil davon. Wir können nicht zulassen, daß nach zweihundert Jahren eine Gruppe von Geheimdienstoffizieren aus dem Verborgenen an unserer Stelle Entscheidungen trifft.«

Ich räumte ein, daß äußerst bedeutende Männer in dieser Angelegenheit ihr Urteil abgegeben hatten. Doch gebe es, erklärte ich, eine wichtigere Kommission als die Warrens oder Rockefellers. »Es ist die des Volkes. Sie. Nicht der Präsident hat Sie ernannt. Sie wurden gemäß den Überlieferungen für diese Aufgabe ausgewählt. Ihre Verantwortung ist es, in diesem historischen Fall ein gerechtes Urteil zu sprechen.«

Umsichtig instruierte Richter Kehoe die Geschworenen und las eine vorbereitete Erklärung ab, die er zuvor den Anwälten beider Seiten zur Kommentierung vorgelegt hatte. Die Geschworenen zogen sich in einen gesonderten Raum zurück, um sich über diese und jene Einzelheit zu beraten, das vom Gericht vorbereitete Formular für den Wahrspruch näher in Augenschein zu nehmen und die Beweislage durchzusprechen. Es war schon recht spät am Nachmittag, und der Richter rief die Geschworenen in den Gerichtssaal zurück, um sie für diesen Tag nach Hause zu schicken. Er riet ihnen, sich auszuruhen, damit sie am nächsten Morgen frisch seien, damit sie sich an die Beratung machen konnten.

Um halb zehn am folgenden Vormittag traten die Geschworenen zusammen, um über den Fall zu sprechen. Fünfundsechzig Minuten später teilte der Gerichtsbeamte dem Gericht mit, sie seien zu einem Ergebnis gekommen.

»Wir haben eine Entscheidung!«

Der Gerichtsdiener sprach diese Worte so, daß man merkte, er kannte ihr Gewicht und hatte sie schon oft gesagt; so laut, daß jeder Anwesende sie hören konnte, zugleich aber so persönlich, als wolle er wie bei einer rituellen Handlung jedem einzelnen eine heilige, nur für ihn bestimmte Botschaft zukommen lassen. Es war sein großer Auftritt, und er wußte das. Seine Darbietung war makellos.

Alle Anwälte, alle Beteiligten und alle interessierten Zuhörer im Saal hörten die lange erwarteten Worte schweigend an. In die gespannte Erwartung mischte sich Furcht, weit stärker als diese.

Für die Anwälte bedeuteten die letzten Worte, die bald eine Gruppe ihnen fremder Menschen sprechen würde, daß am Ende ihrer jahrelangen Arbeit Freude und Jubel oder Verzweiflung und Niedergeschlagenheit stehen würden. Entweder würde ihnen ein überwältigender Sieg den Lohn ihrer Nachforschungen schenken, die häufig bis spät in die Nacht gedauert hatten, ihrer langen Schriftsätze, der vor Gericht gehaltenen Plädoyers, der Hunderte von Stunden, in denen sie Zeugen einvernommen und die dafür nötigen Vorbereitungen getroffen hatten, sich bemüht hatten, den Fall im Hinblick auf die Gesetzeslage zu durchdringen und eine Verfahrensstrategie zu entwickeln –, oder eine lähmende Niederlage würde all das zunichte machen. Das Urteil, nur wenige Worte aus dem Munde des Obmanns der Geschworenen, würde den emotional aufgeladenen, nervenzehrenden und häufig bitteren Kampf beenden, den unser auf dem Verhandlungsgrundsatz beruhendes Recht fordert oder zumindest zuläßt.

Für die Beteiligten würde der Ausgang weit mehr bedeuten als gekränkter Stolz. E. Howard Hunt und seine derzeitige Frau rechneten mit einem Sieg. Der könnte seinen Ruf festigen und ihnen beiden finanzielle Unabhängigkeit sichern. Ein Urteil zugunsten des Beklagten hingegen wäre für sie ein vernichtender Schlag. Immerhin hatte Hunt die Zeitung wegen der Behauptung vor Gericht gezogen, der Anschein spreche dafür, daß er, während er im Dienst des CIA stand, an der Ermordung von Präsident John F. Kennedy beteiligt gewesen sei.

Wie wir wissen, hatte einige Jahre zuvor ein Schwurgericht einen Spruch gefällt, als dessen Ergebnis Hunt Schadenersatz in Höhe von 650 000 Dollar zugebilligt worden war. Hätte nicht das Berufungsgericht der Vereinigten Staaten, dessen Machtfülle lediglich der des

Obersten Gerichtshofs nachsteht, ein neues Verfahren verfügt, weil der Richter der ersten Instanz bei der Belehrung der Geschworenen einen Formfehler begangen hatte – *Spotlight* hätte nicht überleben können.

Dann war der Fall Jahre später erneut vor Gericht gekommen. Jetzt, am 6. Februar 1985, standen wir kurz davor zu erfahren, wie er ausgehen würde.

Ein in erster Linie für Hunt günstiges Urteil in diesem zweiten Verfahren würde für Willis A. Carto, Gründer und Geschäftsführer von Liberty Lobby, Inc. und seine Zeitung *Spotlight* das Ende bedeuten. Es würde der ihm feindlich gesonnenen Presse das Signal zu einem journalistischen Freudentaumel liefern, und überdies wäre sein Ruf in der Öffentlichkeit dahin. Den Prozeß gewinnen bedeutete Überleben.

Anwälte, Parteien und Pressevertreter drängten sich in voneinander getrennten Gruppen im großen Vestibül unmittelbar vor dem Gerichtssaal zusammen, um die Entscheidung zu hören. Den großen, hell erleuchteten Raum begrenzten auf der einen Seite eine Reihe von Aufzügen, gegenüber lagen die Türen zum Gerichtssaal: Das Geschworenenzimmer war, wenn man mit dem Gesicht zu ihnen stand, links und das Büro des Gerichtsbeamten rechts. Der Architekt, von dem die Pläne zu diesem Gebäude stammten, hatte den Bau so gegliedert, daß jedes Stockwerk ein auf sich allein gestellt funktionsfähiges Ganzes enthielt.

Nicht zugegen war Victor Marchetti, der Autor des umstrittenen Artikels. Er hatte beschlossen, nicht auf das Urteil zu warten und war an seinen Wohnsitz in Virginia zurückgekehrt.

Weit öffneten sich die Türen zum Gerichtssaal. Alle stürmten hinein, nur drei Vertreter der elektronischen Medien arbeiteten sich wie flußaufwärts schwimmende Lachse gegen den Strom zu den Aufzügen voran, um ihren Kamerateams zu sagen, daß es Neues gebe.

Richter Kehoe leitete die Vorgänge von seinem Platz aus. Die Geschworenen wurden hereingeführt. Prozeßbeteiligte, Anwälte und Reporter konnten die offizielle Ankündigung kaum erwarten und suchten nach einem Hinweis auf den Gesichtern der Geschworenen. Sahen sie zu Hunt hin? Wie? War das ein Lächeln? Nickte die

Sprecherin dem Anwalt der beklagten Partei zu? Presseleute machten sich eifrig Notizen. Diejenigen, die am meisten auf den Ausgang gespannt waren, die Prozeßbeteiligten und ihre Anwälte, hielten den Atem an.

Der Richter fragte Leslie Armstrong, die von den Mitgeschworenen zu ihrer Sprecherin gewählt worden war: »Sind Sie zu einer Entscheidung gelangt?« Sie erhob sich und antwortete mit klarer Stimme: »Ja, Euer Ehren.« Der Gerichtsdiener nahm das Blatt mit der Entscheidung aus ihrer Hand entgegen, trug es durch den Saal und übergab es dem Richter. Dieser las es still für sich. Dutzende von Augenpaaren richteten sich auf sein Gesicht, während er es überflog. Jeder hoffte, sein Ausdruck werde irgendeine Regung erkennen lassen. Auch im letzten Augenblick war Richter Kehoe so unbeteiligt und neutral wie während des ganzen Verfahrens.

Der Gerichtsdiener nahm das Blatt erneut an sich und gab es der Sprecherin der Geschworenen, die stehengeblieben war, zurück.

Der Richter wandte sich ihr zu: »Wie lautet Ihr Spruch?«

Gespannt warteten die Menschen im Saal. Auf der Straße vor dem Gerichtsgebäude machten sich Kamerateams und Rundfunkreporter daran, dem amerikanischen Volk das Ergebnis des Verfahrens zu verkünden.

Das Protokoll verzeichnet, wie der Fall endete: [Darauf kehrten die Geschworenen um zehn Uhr vierzig zur Geschworenenbank zurück.]

GERICHT: »Sind Sie in dieser Angelegenheit zu einer Entscheidung gelangt?«

SPRECHERIN: »Ja.«

GERICHT: »Würden Sie sie der Urkundsbeamtin geben, damit sie öffentlich bekanntgegeben werden kann?«

URKUNDS-BEAMTIN: Bezirksgericht der Vereinigten Staaten, südlicher Bezirk des Staates Florida, Miami. Florida, Fall Nummer 80-1121-Civ-JWK. E. Howard Hunt, Kläger, gegen Liberty Lobby, Beklagte. Entscheidung vom 6. Februar 1985. Wir, die Geschworenen, entscheiden zugunsten der beklagten Partei Liberty Lobby und gegen den Kläger E. Howard

Hunt. Das ist unsere einstimmige Entscheidung, unterschrieben von der Sprecherin.«

GERICHT: »Meine Damen und Herren, wir befinden uns jetzt in einem Teil des Verfahrens, bei dem die Geschworenen einzeln zu ihrer Entscheidung befragt werden. Wenn Mary Sie nach dem Namensaufruf fragt, ob die soeben verlesene Entscheidung tatsächlich die Ihre war, bestätigen Sie, daß es sich so verhält. Andernfalls lassen Sie uns das wissen. Sinn dieses Verfahrens ist es, für das Protokoll mit absoluter Sicherheit festzuhalten, daß wir es mit einer einstimmig getroffenen Entscheidung zu tun haben.«

[Anschließend wurden die Geschworenen von der Urkundsbeamtin befragt und beantworteten ihre Frage »Ist das tatsächlich Ihre Entscheidung?« mit Ja.]

GERICHT: »Nun soll diese ordnungsgemäß öffentlich bekanntgegebene Entscheidung, zu der die Geschworenen einzeln befragt wurden, ins Protokoll aufgenommen werden.«

[Daraufhin wurden die Geschworenen von ihrer Aufgabe entbunden.]

Anwälte neigen dazu, ihre Professionalität, die sie gelegentlich mit einem falschen Gefühl von Überheblichkeit verwechseln, dadurch nachzuweisen, daß sie beim Verlesen der Entscheidung Gleichgültigkeit an den Tag legen. Zwar halte ich es für schlechten Stil, seinen Sieg in Gegenwart der unterlegenen Partei zu feiern, sehe aber andererseits eine der erfreulichen Überlieferungen unseres Standes darin, daß der Anwalt als leidenschaftlicher Fürsprecher seines Mandanten und dessen Falles auftritt. Im allgemeinen schütteln die Anwälte der obsiegenden Partei und ihre Mandanten einander die Hand und tauschen Glückwünsche aus. Hier aber war weder der Mandant noch einer seiner Vertreter anwesend, und so beglückwünschten wir – Brent Whitmore, Fleming Lee und ich – einander mit einem festen Händedruck und packten unsere Papiere in die Aktentaschen.

Ein historischer Augenblick war gekommen. Jetzt mußte nur noch das amerikanische Volk davon in Kenntnis gesetzt werden.

Nachdem die Geschworenen ihre Sachen aus dem Geschworenenzimmer geholt hatten, verließen sie das Gerichtsgebäude. Ihnen stellte sich draußen auf der Freitreppe eine Schar von Zeitungs-, Rundfunk- und Fernsehreportern entgegen, die dort auf sie gewartet hatten.

Einzelne Geschworene traten auf mich zu, um mir die Hand zu schütteln und mir ihre Gedanken über den Fall mitzuteilen. Auf Gespräche dieser Art habe ich stets großen Wert gelegt, denn von Geschworenen, vor denen ich eine Verhandlung geführt habe, konnte ich bisher mehr lernen als in Seminaren über Verfahrenstechniken.

Unglücklicherweise mußte ich mich in diesem Fall darauf beschränken, die Glückwünsche der Geschworenen entgegenzunehmen, mich bei ihnen zu bedanken und mich rasch zu entschuldigen. Zusätzlich zu den Bundesvorschriften über Gerichtsverfahren kann jedes Gericht für den Bezirk, der seiner Zuständigkeit untersteht, eigene Verfahrensvorschriften erlassen, die als örtliche Richtlinien bekannt sind. Das für den südlichen Bezirk von Florida zuständige Gericht der Vereinigten Staaten hatte eine örtliche Richtlinie erlassen, die es ausdrücklich untersagte, daß am Verfahren beteiligte Anwälte nach der Bekanntgabe der Entscheidung mit Geschworenen über den Fall sprachen. Verständlicherweise bedeuten Kontakte mit einem Geschworenen außerhalb des Gerichtssaals vor der Entscheidung nicht nur einen Verstoß gegen eine örtliche Richtlinie, sondern sind sogar ein Grund für einen Ausschluß aus der Anwaltschaft.

Die in Florida geltende Richtlinie war unbillig und verstieß überdies vermutlich gegen die Verfassung der Vereinigten Staaten, da sie unzulässigerweise bestimmte Anwälte diskriminierte, während jeder andere Anwalt mit den der Pflicht enthobenen Geschworenen sprechen durfte. Doch mir lag es zu jener Zeit fern, gegen die Verfassungsmäßigkeit jener Vorschrift anzugehen; mir lag mehr daran zu hören, was die Geschworenen den Medien mitzuteilen hatten.

Die Reporter drängten sich um Leslie Armstrong. Immer wieder wurde sie gefragt, was sie dazu gebracht habe, für den Beklagten zu stimmen. Geduldig erklärte sie, daß sie anfänglich, wie alle anderen Geschworenen auch, ganz und gar neutral gewesen sei. Keiner von ihnen habe eine vorgefaßte Meinung zu dem Fall oder zu den Tatsachen im Zusammenhang mit Präsident Kennedys Ermordung gehabt.

Ich stand etwas beiseite, so daß mich die Kameras nicht erfaßten, aber nahe genug, um jede Frage und Antwort zu hören.

Und warum habe sie sich gegen Hunt entschieden, wurde sie von ungeduldigen Reportern bestürmt, die ihre Fragen hinausschrien und sich mit den anderen um den besten Platz für ihr Mikrofon oder ihre Kamera balgten.

Die Beweislage sei klar gewesen, sagte sie. Der CIA habe Präsident Kennedy umgebracht, Hunt sei daran beteiligt gewesen, und das mit so großer Mühe zusammengetragene und vorgelegte Beweismaterial müsse jetzt von den zuständigen Regierungsstellen der Vereinigten Staaten geprüft werden, damit die für den Mord Verantwortlichen ihrer gerechten Strafe zugeführt würden.

Immer wieder stellte man ihr dieselbe Frage, immer wieder formulierte ein anderer Berichterstatter sie etwas anders, damit sich jeder später der Nation gegenüber rühmen konnte, die historische Antwort sei »auf die Fragen Ihres Reporters« gegeben worden. Geduldig beantwortete Leslie Armstrong jede Frage, mit einfachen Worten, doch zugleich voll Beredsamkeit.

Der Berichterstatter einer lokalen Fernsehstation von Miami gab seine Empörung über die Entscheidung der Geschworenen zu erkennen. Er bedrängte die Sprecherin der Geschworenen, ihm Antworten auf unerhebliche Fragen zu geben: »Und was ist damit, daß kein erkennbar böswilliger Vorsatz vorlag? War das nicht die Grundlage für Ihre Entscheidung?« Sie antwortete, daß die Geschworenen, wären sie nicht von der Wahrheit der wesentlichen Anschuldigungen überzeugt gewesen, daß nämlich der CIA und Hunt an dem Verbrechen beteiligt waren, die Frage des erkennbar böswilligen Vorsatzes erwogen hätten. Was sie betreffe, sagte sie, sei es gar nicht dahin gekommen. Da die Beweislage sehr eindrucksvoll gewesen sei, habe sie keine Notwendigkeit gesehen, über die Frage der bösen Absicht nachzudenken; sie sei davon überzeugt gewesen, daß der Vorwurf einer Komplizenschaft des CIA auf Wahrheit beruhe.

Ziemlich aggressiv und verächtlich sagte der Reporter: »Wollen Sie damit sagen, daß erkennbar böswilliger Vorsatz keine Rolle spielt, wenn es um einen Fall von Verleumdung geht?« Leslie Armstrong erklärte, daß in einem solchen Fall böswilliger Vorsatz stets von Bedeutung sei, der Richter diesen Umstand den Geschworenen in seiner Rechtsbelehrung sorgfältig auseinandergesetzt habe, daß sie aber in der tatsächlichen, in diesem Fall zur Verhandlung stehenden Situation keineswegs über die Motive des Verlegers habe nachzudenken brauchen, weil sie davon überzeugt gewesen sei, daß der Hauptpunkt des Artikels der Wahrheit entsprach. Er habe die Wahrheit gedruckt; die vorgebrachten Beweismittel hätten das, soweit es sie betreffe, hinlänglich nachgewiesen. Der Reporter verschwand.

An jenem Abend berichtete der Fernsehsender von Miami, Hunt sei vor Gericht mit seiner Verleumdungsklage unterlegen, und die Sprecherin der Geschworenen werde erklären, warum. Einen Augenblick lang sah man Leslie Armstrong auf dem Bildschirm. Der Sender hatte einen Bruchteil ihrer Antwort herausgegriffen, so daß man aus ihrem Munde lediglich hörte, in Fällen von Ehrverletzung sei böswilliger Vorsatz stets von Bedeutung. Eigentümer des Senders sind die in der Hauptstadt Washington ansässigen Presseorgane *Washington Post* und *Newsweek*.

Dort präsentierte man die Nachricht in den Medien noch selektiver. Die *Washington Post,* die im ersten Prozeß Hunts Triumph einen ausführlichen Bericht gewidmet hatte, als keine Frage von nationaler Bedeutung Gegenstand des Verfahrens oder auch nur angesprochen worden war, brachte kein einziges Wort über die Entscheidung der Geschworenen im zweiten Verfahren, bei dem entscheidende Bedeutung der Frage zugekommen war, welche Rolle der CIA bei der Ermordung des Präsidenten gespielt hatte. Nahezu alle Medien von nationaler Bedeutung schlossen sich an und schufen einen Eisernen Vorhang, den die Nachricht von der historischen Entscheidung nicht zu durchdringen vermochte. Praktisch kein Verleger in den Vereinigten Staaten war bereit, das vorliegende Buch herauszubringen.

Ich mußte an den 30. November 1978 denken, als Anthony Lewis, womöglich der liebedienerischste Parteigänger der Warren-Kommission und ihres Berichts, in einem in der *New York Times* in der Kommentarspalte des Herausgebers erschienenen Artikel von Moderatoren von Gesprächsrunden in Rundfunk und Fernsehen verlangte, mich am Reden zu hindern. Im selben Artikel regte er an, Verleger sollten meine Bücher nicht drucken, und forderte Kollegen auf, mich am Betreten des Universitätsgeländes zu hindern. Man habe mir, erklärte Lewis, bereits gestattet, zu viele Fragen über den Mord an Kennedy zu stellen.

Die führenden Männer, in deren Händen die Geschicke des Nachrichtengeschäfts liegen, bei dem es um viele Millionen Dollar geht, und ihre eifrigen Helfershelfer berufen sich, wenn ein Richter oder Politiker mögliche Gewinne zu beschneiden scheint, prompt und lautstark auf die in der Verfassung garantierten Grundrechte, insbesondere auf die in den ersten Verfassungszusätzen enthaltenen. Doch haben sie sich schon seit langem als unfähig erwiesen, die Erhabenheit des Ersten Zusatzartikels zur Verfassung in seiner Allgemeingültigkeit zu verstehen. Doch auch wenn sie sich dagegen sperren, unangenehme und beunruhigende Wahrheiten zu veröffentlichen, zeigen die jüngsten Meinungsumfragen, daß in den Vereinigten Staaten oder im Ausland in der Frage des Mordes an Kennedy nahezu niemand mehr an die Theorie vom »Einzeltäter« glaubt. Selbst der Sonderausschuß des Kongresses zur Untersuchung der Mordfrage ist zu dem Ergebnis gekommen, daß es dabei eine Verschwörung gegeben hat. Der Warren-Bericht wurde für nichtig erklärt, aber was die alten und getreuen Anhänger betrifft, haben alte Mythen ein zähes Leben.

Als Leslie Armstrong erkannte, welche Gewalt ihr örtlicher Fernsehsender der Wahrheit angetan hatte, rief sie noch am selben Abend die dort Zuständigen an. Nachdem man behauptet hatte, die ursprüngliche Videoaufnahme des Interviews sei gelöscht worden, sie aber auf einer Richtigstellung bestand, erklärte man sich schließlich bereit, sie erneut zu interviewen. So erlebte sie, daß in einer sehr späten Nachrichtensendung ein wahrheitsgemäßer Bericht über die Entscheidung der Geschworenen gezeigt wurde.

Ein Hoch auf Ms. Armstrong!

Ein Hoch auf das Geschworenensystem!

EPILOG:
Operation Zapata

Die etablierten Medien hätten die Möglichkeit gehabt, das Urteil im Falle Hunt als Anlaß zu einer erneuten Diskussion der Frage zu nutzen, wer Präsident Kennedy ermordet hat. Das haben sie unterlassen.

Während des gerade zu Ende gegangenen Jahrzehnts haben die meisten der landesweit verbreiteten Medien das Geheimnis um das Attentat auf den Präsidenten wohlwollend übersehen und gelegentlich die mangelnde Bereitschaft der Amerikaner beklagt zu glauben, was ihnen vorgesetzt wird.

Die *New York Times* widmete am 20. November 1988 mehrere Seiten ihrer Sonntagsmagazin-Beilage einem Artikel David Belins, eines der einfallsreichsten und liebenswürdigsten der in der Warren-Kommission vertretenen jungen Juristen, der gemeinsam mit Arlen Specter stolz die von jenem Gremium vorgetragene Theorie entwickelt hat, derzufolge es nur eine einzige Kugel gab. In jenem *Times*-Artikel mit dem Titel »*Warum wir es nach wie vor nicht glauben*« erklärte Belin: »Wie Umfragen zeigen, sind die meisten Amerikaner überzeugt, daß Präsident Kennedys Ermordung auf eine Verschwörung zurückgeht.« Er bemühte sich, der Öffentlichkeit zu versichern, der CIA habe seine Finger dabei nicht im Spiel gehabt, und erinnerte uns an unsere Pflicht, Earl Warren zu vertrauen, »einem Mann, dessen Integrität über jeden Zweifel erhaben ist«. Der Grund, warum »man« die Theorie vom Einzeltäter nicht glaube, liege darin, erklärte Belin, daß die Sitzungen der Warren-Kommission »geheim« gewesen seien.

Diese Erklärung ist eine Spur paradox und mehr als nur ein wenig ungenau. Zu jener Zeit hatte ich die Mitglieder der Kommission aufgefordert, öffentliche Anhörungen durchzuführen. Das zu tun weigerte man sich, versah anschließend alle bedeutsamen Dokumente, auf die sich die Kommission ihrer eigenen Aussage nach gestützt hatte, mit dem Siegel der Geheimhaltung und erklärte, sie dürften erst nach fünfundsiebzig Jahren freigegeben werden. Trotz dieser Geheimnistuerei, für die es in der Vergangenheit keine Parallele gibt, übernahmen die etablierten Medien das in der Allgemeinheit weithin verbreitete Untersuchungsergebnis der Kommission nicht nur unkritisch, sie trugen es auch voll geradezu hymnischer Begeisterung mit.

Die *Washington Post*, die mehr als die meisten dazu beitrug zu verhindern, daß die Tatsachen im Zusammenhang mit dem Attentat an die Öffentlichkeit gelangten, und eine ernsthafte Untersuchung behinderte, indem sie sich weitgehend auf die gewundenen Äußerungen eines George Lardner jr. stützte, veröffentlichte schließlich am 20. November 1983 auf der ersten Seite ihres Sonderteils ›Outlook‹ einen Artikel mit dem Titel »Handelte Oswald allein?« Darin wird betrübt Klage über den Zustand geführt, in dem wir uns unerklärlicherweise wiederfanden. »Damals gingen wir der Wahrheit aus dem Wege, und jetzt läßt sie sich nicht finden.« Der Artikel endete mit dem Ausdruck der Hoffnung, daß keine weitere Untersuchung erforderlich sei: »Die volle Wahrheit hätte sich auch 1963 und 1964 nur schwer ermitteln lassen; jetzt ist sie wahrscheinlich auf alle Zeiten unauffindbar.«

Selbst Walter Cronkite stöberte aus seinem Ruhestand den Produzenten der CBS auf, der ihn einst dabei unterstützt hatte, in vier überaus irreführenden Fernsehsendungen, die ab Sonntag, 25. Juni 1967, an aufeinanderfolgenden Abenden zur besten Sendezeit ausgestrahlt wurden, zu beweisen, daß der Warren-Bericht auf Wahrheit beruhte. (Eine Analyse der Sendungen findet sich in dem 1980 bei Holt, Rinehart Winston veröffentlichten *»A Citizen's Dissent«* [Ein Bürger meldet sich mit einer abweichenden Meinung zu Wort]). Die »nationale Nachrichteninstitution« Cronkite bemühte sich, möglicherweise, weil ihm Bedenken gekommen waren, wie man künftig seinen Ruf einschätzen würde, mit der Nachwelt um die Richtigkeit der Theorie zu schachern. Er präsentierte der Allgemeinheit die Listen – kläglich genug wirkte es – in NOVA, einer ansonsten ordentlichen Sendung des öffentlichen Rundfunks, und erklärte, wir würden die Wahrheit wohl nie erfahren.

Die Nachrichtendienste und ihre ehemals trotzigen Tribunen waren entschlossen, zu einem Ergebnis zu gelangen, das keines war. Man könnte glauben, die von der etablierten Presse vertretene pflaumenweiche Position, die an die Stelle der Theorie vom Einzeltäter getretene Leier: »Wir werden es nie erfahren«, schlösse weitere Nachforschungen in diesem Mordfall aus. Doch was sie nicht ausschließt, ist die Kritik von Menschen, die nicht damit einverstanden sind, daß die Untersuchung sang- und klanglos zu Ende geht.

Es hat sich als beschwerliche Aufgabe erwiesen, für dieses Buch einen Verleger zu finden, doch dies wurde schon bald in den Schatten gestellt, als der einfluß- und einfallsreiche Filmproduzent und Oscar-Preisträger Oliver Stone ankündigte, er werde mit einem Etat von mehreren Millionen Dollar und bedeutenden Stars einen großen Film drehen, der die Wahrheit über den Mord an Präsident Kennedy verkünden sollte.

Kaum hatten die Aufnahmen begonnen – Monate, bevor der Film überhaupt besprochen werden konnte –, schickte die *Washington Post*, der darum zu tun war, das Projekt schon in einem frühen Stadium in Mißkredit zu bringen, George Lardner jr. nach Dallas, ihren für Fragen des CIA zuständigen Mann. Er hat selten eine Pressemitteilung jenes Nachrichtendienstes gesehen, ohne daß er den Wunsch verspürte, sie zu verwerten.

Für Sonntag, den 19. Mai 1991, lautete die Schlagzeile auf der ersten Seite von ›Outlook‹: »In den Kulissen: Dallas im Wunderland. Wie Oliver Stone mit seiner Version des Kennedy-Mordes die Randbezirke des Wahnsinns auslotet.« Im Text macht sich Lardner über Stone und dessen Gewährsmann lustig, für ihn grundsätzlich der »einstige Bezirksstaatsanwalt von New Orleans, Jim Garrison, dessen irrsinnig komische Untersuchung des Mordes gegen Ende der sechziger Jahre nahezu aus dem Gedächtnis verschwunden ist«.

Mit seiner eigenen Variante journalistischer Objektivität erklärt Lardner, Stone jage »der Fiktion hinterher«, und Garrisons Untersuchung sei »ein aufgelegter Schwindel« gewesen. In dem langen und wortreichen Artikel, der hie und da von bloßer Übertreibung in Hysterie umzuschlagen droht, liefert Lardner seinen Parteigängern einen bunt ausgeschmückten Hintergrund. An keiner Stelle erfährt der Leser, daß der einstige Bezirksstaatsanwalt nun als Richter am zweithöchsten Gericht des Staates Louisiana tätig ist, eine Position, in die er schon vor Jahren gewählt und anschließend wiedergewählt wurde.

Der Artikel endet mit einem bissigen Kommentar zu *Unternehmen Staatsgewalt**. Lardner beschreibt den Film als »Mark Lanes Gemengsel aus Tatsachenmaterial und Erfundenem über den Mord«. Wie sich aus dem Vorspann ergibt, stammt das Drehbuch, an dessen erster Fassung Donald Freed und ich mitgearbeitet hatten, von Dalton Trumbo. Angestrebt war ein auf die tatsächlichen Ereignisse gegründetes dokumentarisches Drama über den Mord. Es war mein erster Ausflug in die Welt von Hollywood, und ich merkte bald, daß dort, wo Banken, Versicherungsunternehmen, Filmstudios und Produzenten darüber entscheiden, was sich verkaufen läßt und was nicht, der Stellenwert von Unterhaltung höher ist als der von Tatsachen. Das Filmgeschäft ist eine gewaltige Industrie; und häufig wird die höchste Priorität der Rendite auf das eingesetzte Kapital eingeräumt.

Als Freed und ich sahen, was in späteren Entwürfen aus unserem auf Tatsachen gründenden Material geworden war, legten wir Protest ein, und zwar sowohl privat beim Produzenten wie auch danach öffentlich auf Pressekonferenzen. Dabei wiesen wir auf die Irrtümer hin – mit der Folge, daß unsere Namen als Verfasser des Drehbuchs nicht erwähnt wurden. Lardner und der *Post* mußte all das bekannt gewesen sein, als sie ihre jüngste falsche Darstellung zum Thema veröffentlichten.

Vor einiger Zeit traf ich mit Oliver Stones Vertreter in Los Angeles zusammen, um über seinen Film zu sprechen. Zwar zeigte sich Stone an meiner Arbeit interessiert, behielt sich aber bedauerlicherweise ebenfalls das Recht vor, die Ereignisse so umzugestalten und zu verändern, daß der Film spannend wird. Daraufhin nahm ich an keinen weiteren Besprechungen seines Vorhabens mehr teil. Ich war zu weiteren Zusammenkünften mit ihm nicht mehr bereit, wenn die Voraussetzung dafür war, daß er das Recht haben wollte, das von mir zugänglich gemachte Material nach Gutdünken zu verwenden.

* Dieser 1973 enstandene Film, der aus Dokumentenmaterial und fiktiven Szenen über den Kennedy-Mord besteht, schiebt die Verantwortung für die Verschwörung einer rechtsradikalen Clique zu.

Seither habe ich die Arbeitsfassung des Drehbuchs für den Film *JFK* gelesen. Es war ein mutiger Versuch, ein Geheimnis von gewaltiger Tragweite zu erkunden. Zwar mag das ursprüngliche Drehbuch hier und da Mängel enthalten, doch ist es im großen und ganzen zutreffend und hätte daher einen historischen Beitrag zur Debatte liefern können. Stone allerdings hat öffentlich erklärt, er habe es umgeschrieben, nachdem man in den Medien Anläufe unternommen hatte, ihn zu diskreditieren. Daher wird *JFK* nicht den Versuch unternehmen, verschiedene Sehweisen miteinander zu vereinbaren, so daß eher den finanziellen Interessen und der Filmkritik gedient ist als der geschichtlichen Wahrheit.

Nachdem der Lardner-Artikel erschienen war, schrieb Stone einen Brief an die *Washington Post*. Deren Redaktion veröffentlichte ihn am 2. Juni 1991 als redaktionellen Beitrag, nachdem sie, mit ihren eigenen Worten, »größere Streichungen« daran vorgenommen hatte. Auf derselben Seite erfolgte ein weiterer Angriff durch Lardner.

Im Drehbuch war Lyndon Johnsons Entscheidung dramatisiert worden, in Umkehrung von Kennedys Politik Truppen aus Vietnam abzuziehen. Lardner, der diese Szene als »Unsinn« bezeichnet hatte, zitierte in seinem erneuten Angriff auf Stone aus Johnsons Denkschrift Nr. 273 der Nationalen Sicherheitsbehörde wie folgt: »Die Ziele der Vereinigten Staaten, was den Abzug von Militärpersonal betrifft, bleiben so, wie das in der Erklärung des Weißen Hauses von Oktober 1963 formuliert ist [in ihr werden unter anderem ›Pläne zum Abzug von tausend Angehörigen des Militärs bis Ende 1963‹ gebilligt].«

Lardner nannte Stones Film ein »schlampiges Machwerk« und behauptete, »obwohl die Tatsachen für sich selbst sprechen, scheint Stone sie nicht zu kennen«. Er kam zu dem Ergebnis, Kennedy »hätte es ebenso gemacht wie Johnson«. Die Quelle, auf die er sich dabei stützte, gab er lediglich als »Historiker Gibbon« an.

Lardners Gewährsmann scheint über Material zu verfügen, an das man ausschließlich mit Hilfe übersinnlicher Fähigkeiten gelangen kann. Ein Journalist, der nicht über die Gabe des Hellsehens verfügt, müßte zu dem Ergebnis kommen, Kennedy habe in seinen letzten Lebenstagen den Abzug von Truppen aus Vietnam angeordnet und versprochen, sie würden alle bis Ende des folgenden Jahres zu Hause sein. Man vergleiche Kennedys Worte und Taten mit denen seines Nachfolgers.

Sechs Monate nach seiner Amtsübernahme drängte Johnson in einer Botschaft an den Kongreß vom 18. Mai 1964 darauf, es müßten mehr Mittel zur Fortführung des Krieges zur Verfügung gestellt werden. In jener Botschaft erklärte er, »sechzehntausend Amerikaner« befänden sich in Vietnam. Ein Jahr später kündigte Johnson am 28. Juli bei einer Pressekonferenz unter der Devise »Wir werden in Vietnam nicht weichen« an, er habe die Verlegung weiterer Truppen nach Vietnam angeordnet, was »unsere Kampfkraft von 75 000 auf nahezu 125 00 Mann erhöhen« werde.*

Lardner hatte recht – in der Tat sprechen die Tatsachen für sich. Als Kennedy ermordet wurde, befanden sich etwa 16 000 Amerikaner in Vietnam, und bis zum Ende jenes Krieges hatten dreimal so viele dort ihr Leben gelassen.

Aus den Bemühungen der *Washington Post*, dieses Projekt schon in einem so frühen Stadium zu torpedieren, darf man nicht den Schluß ziehen, daß sich die Angaben jenes Blattes oder Lardners Kritik durch Richtigkeit auszeichnen – wohl aber daß diesem Projekt eine immense Bedeutung beigemessen wird. Wie im Fall der auf den CIA zurückgehenden Rezension meines Buchs *Mark Lane klagt an* läßt sich darin die Absicht erkennen, ganz allgemein die Stimmung anzuheizen und die speziellen Sorgen derer an die Öffentlichkeit zu bringen, die hemmungsloser Entscheidungsfreiheit das Wort reden.

Weder kommen die Angriffe gegen jene, die Fragen zu diesem Aspekt unserer jüngeren nationalen Geschichte stellen, unerwartet, noch waren sie unvorhersehbar. Zwar nähern wir uns der Wahrheit in dieser Angelegenheit zwangsläufig immer mehr an, doch nehmen wir zugleich wahr, wie verblüffend die in jüngster Zeit in die Wege geleiteten Bemühungen zur Verteidigung des verhängnisvollen Lügengewebes aussehen.

Nachdem man erkannt hat, wie unhaltbar die ursprüngliche Behauptung war, eine Beteiligung des CIA an der nationalen Tragö-

* Vgl. Anhang S. 480

die unermeßlichen Ausmaßes sei ausgeschlossen, scheint man sich jetzt Schritt für Schritt der Betrachtungsweise zu nähern, Präsident Kennedys Ermordung habe sich für das Land letzten Endes vorteilhaft ausgewirkt.

Über John Kennedys Privatleben hat Thomas Reeves ein Buch mit dem Titel *A Question of Character* verfaßt. Jonathan Yardley, der führende Literat unter den Rezensenten der Bücher, die in der Sonntagsbeilage der *Washington Post* besprochen werden, sagte darüber (in Book World, 26. Mai 1991):

> In dieser Biographie John Fitzgerald Kennedys mit dem Titel *A Question of Character* finden sich weder Überraschungen, noch gibt es neue Enthüllungen darüber, wie im East Room Politik gemacht wurde, übermäßig originelle Einblicke in die Kennedy-Legende oder neue Skandalgeschichten. Wohl aber leistet sie zwei bescheidene Dienste, die durchaus von Wert sind: In einem einzigen Band faßt das Werk alle existierenden Angaben über Kennedy zusammen, von denen sich viele erstmals in Büchern oder Artikeln von äußerst unterschiedlicher Bedeutung und Zielsetzung veröffentlicht fanden; und es unternimmt, wie der Titel erkennen läßt, den Versuch, ein Urteil über Kennedy nicht nur nach politischen oder mythologischen, sondern auch nach moralischen Maßstäben abzugeben.

Warum aber behandelte Yardley das Buch gleichsam nebenbei, als sei es unwichtig? Allem Anschein nach, damit die *Post* eine Analyse vorlegen konnte, die eingestandenermaßen Yardley mehr verdankt als Reeves:

> Obwohl Reeves nicht klipp und klar sagt, was er meint, läßt sich seiner Analyse die Schlußfolgerung entnehmen, daß der Mord an John F. Kennedy, wie grausam und abscheulich auch immer er gewesen sein mag, dem amerikanischen Volk etwas erspart haben könnte, das schlimmer gewesen wäre als die auf diesen Mord folgende sich lang hinziehende Orgie von Trauer und Beweihräucherung. Er läßt durchblicken, daß sich ohne weiteres jemand hätte finden können, der bereit gewesen wäre – aus welchem

Grund auch immer –, während einer zweiten Amtszeit gegen die stillschweigende Übereinkunft zu verstoßen, die darauf abzielte, Kennedys Privatleben vor der Allgemeinheit abzuschotten, und daß das Ergebnis dessen ein Amtsenthebungsverfahren hätte sein können.

Ein solches aber hätte möglicherweise noch größeren Schaden angerichtet als Watergate. Das Schauspiel eines wegen außerehelicher Beziehungen inner- und außerhalb des Weißen Hauses sowie wegen fragwürdiger Kontakte zu führenden Gestalten der Unterwelt vor Gericht gestellten Präsidenten der Vereinigten Staaten wäre mehr gewesen, als das Land um die Mitte der sechziger Jahre hätte bewältigen können. Ein solches Gerichtsverfahren hätte uns auf eine Art und Weise, die wir uns kaum vorzustellen vermögen, in Stücke gerissen und uns der Politik gegenüber mit einem Zynismus erfüllt, mit dem verglichen die Folgen von Watergate ein unbedeutender Illusionsverlust gewesen wären. Besser war es da schon, daß der gutaussehende junge Präsident als mythenumwobener – wenn schon nicht wirklicher – Held starb und sich die Nachricht davon, wie sein Wesen in Wahrheit beschaffen war, so unmerklich und allmählich herausarbeitete, daß uns Zeit blieb, damit fertig zu werden. Hätten wir das volle Ausmaß dessen, was uns Thomas Reeves berichtet, mit einem Schlag ertragen müssen, es hätte uns zugrunde gerichtet.

Bevor wir die jüngst entwickelte moralische Vorstellung der *Washington Post* untersuchen, welche die Ansicht zu vertreten scheint, in den wenigen Gerichtsbezirken, in denen Ehebruch nach wie vor als Straftat gilt, sei die Todesstrafe für dieses Delikt als angemessen anzusehen, könnte es nützlich sein, die Hauptprämisse zu untersuchen, auf die sich diese Vorstellung stützt. Wir erfahren, daß Kennedys persönlichen und sexuellen Beziehungen dank Frank Sinatra und Sam Giancana der Ruch der Unterwelt anhaftete. Man wird sich erinnern, daß Sinatra von Kennedy öffentlich, ohne Umstände und für immer aus dem Weißen Haus verbannt wurde. Das dem alternden Sänger damit zugefügte Trauma bewirkte, daß er einem lebenslangen Grundsatz untreu wurde und ab sofort auf die

Fahne der Republikaner schwor. Später unterstützte er die Wahl Reagans und Bushs und wurde ziemlich regelmäßig zu öffentlichen Anlässen wie auch zu privaten Mittagsmahlzeiten ins Weiße Haus eingeladen. Bisher hat die *Post* noch keine Schritte gegen Ronald Reagan, George Bush oder Nancy Reagan verlangt, die mittags mit Sinatra zu essen pflegte.

Ich glaube nicht, daß die Mehrzahl der Amerikaner der Ansicht ist, es sei besser gewesen, daß der gutaussehende junge Präsident an jenem Tag in Dallas als mythenumwobener – wenn schon nicht wirklicher – »Held« starb. Den meisten von uns dürften der demokratische Prozeß und die Wahlurne als Kräfte, welche die Demokratie in unserem Lande steuern, lieber sein als die heimtückische Heckenschützen, die aus dem Hinterhalt feuern.

Möglicherweise geht die zynische Annahme, Kennedys Tod könne für das Volk gut gewesen sein, auf den Abstand zurück, der zwischen uns und den Ereignissen von 1963 liegt. Die Affäre ist jetzt neunundzwanzig Jahre alt.

Allerdings kann man ebendiesen zeitlichen Abstand als Argument dafür heranziehen, daß es jetzt mehr als je an der Zeit ist, die Wahrheit ans Licht zu lassen. Ohnehin kommt sie nach und nach mit Rucken und Zucken zum Vorschein. Dulles und Phillips leben nicht mehr, Helms und Hunt sind mit Schande bedeckt aus rechtsstaatlichen Gerichtsverfahren hervorgegangen. Sind nicht alle am Drama um Kennedy beteiligten wichtigen Gestalten inzwischen pensioniert oder tot?

Nein. George Herbert Walker Bush, einst Leiter des CIA und heute Präsident der Vereinigten Staaten, ist nach wie vor auf dem politischen Parkett tätig. Neuere Enthüllungen über die Rolle, die er bei der Oktoberüberraschung von Reagans Regierungsmannschaft* und den Skandalen um die Geiseln in der Iran-Contra-Affäre gespielt zu haben scheint, lassen seine wenig bekannten Aktivitäten, die er zu Beginn der sechziger Jahre zum der Nutzen des CIA entfaltet hat, noch bemerkenswerter erscheinen.

Als ich um die Mitte der siebziger Jahre gegen die Regierung prozessierte, um zu erreichen, daß die Vorschriften des Gesetzes zur

* Eine Geiselbefreiung, die Reagan und die führenden Köpfe seiner Regierung angeblich politisch zu ihrem Nutzen manipuliert hatten.

Wahrung des Rechts auf Auskunft weiterhin Anwendung fanden, mußten in verschiedenen polizeilichen Institutionen der Vereinigten Staaten die Archivare widerwillig Dokumente herausrücken, die den Stempel »Streng Geheim« trugen und hinter den Panzertüren von Tresorräumen verschwunden waren. Allein das FBI rückte 1977 und 1978 nahezu hunderttausend Seiten zuvor als geheim eingestuften Materials heraus. All das las ich aufmerksam durch, um auf einen Sinn zu stoßen, der sich lediglich im Zusammenhang des gesamten Rätsels verstehen ließ.

Sobald ein Name auftauchte, der wenig oder nichts sagte, sah ich ihn in einem zuverlässigen Nachschlagewerk nach. Wäre ich nun 1977 auf den Namen George Bush gestoßen und hätte in der 1976 erschienenen 39. Auflage von *Who's Who in America* über ihn nachlesen wollen, hätte kein aufsehenerregender Eintrag meine Aufmerksamkeit erregt.*

Glücklicherweise untersuchte viele Jahre später, als der Name George Bush im Lande deutlich lauter vernehmbar war, Joseph McBride, allem Anschein nach jemand, der bei seinen Nachforschungen nie aufgibt, verschiedene der FBI-Dokumente und wies in zwei wichtigen Artikeln nach, die in *The Nation* veröffentlicht wurden,** daß Bush in der Zeit vor dem Mord an Kennedy bereits Kontakte zum CIA unterhalten hatte.

Das war keine geringe Leistung. Wie die Aussagen im Zusammenhang mit der Iran-Contra-Affäre zeigen, führt Bush regelmäßig ein Tagebuch, das ihm dabei hilft, alles mögliche glaubwürdig zu dementieren, und zwar ebenso geschickt wie ein betrügerischer Buchhalter, der den Begriff »doppelte Buchführung« auf seine Wei-

* BUSH, GEORGE HERBERT WALKER, Reg.-Vertr., früher Vors. Nat. Corn. Republ.; geb. Milton, Mass., 12. Juni 1924; Sohn d. Prescott Sheldon und d. Dorothy (Walker), Abschl. Philips Acad. Andover, Mass. 1942 in VWL, Yale 1948, verh. m. Barbara Pierce, 6. Jan. 1945; Kinder – George W., John E., Neil M., Marvin P., Dorothy W. Mitbegr. u. Leiter Zapata Petroleum Corp., 1953–1959; Präs. Zapata Off Shore Co., Houston, 1956–1964, Aufs.ratsvors. 1964–1966, Mitgl. im 90./91. Kongreß, 7. Bez. Tex., Mitgl. Ways-and-Means-Ausschuß, UN-Botsch. d. U.S., 1971–1972, Aufs.ratsvors. Nat. Com. Republ., 1973–1974; oberst. U.S. Verb. offz. Peking, V.R. China, 1974 – Tex. Vors. Herzstiftung, Vors. Republ. Partei Harris County, Tex., 1963–1964; Abg. Nat. Kongr. Republ. 1964, 1968; Kand. Republ. U.S. Senator für Tex., 1964, 1970. Im 2. Weltkrieg Lt., Pilot USNR; Ausz. D.F.C.-Flieg.-Abz. (3). Anschr. priv.: 5161 Palisade Lane NW, Washington, DC 20016, dienstl.: USLO Peking V.R. China.

** *The Nation*, 16./23. Juli 1988 und 13./20. August 1988. Beide Artikel sind im Anhang auf S. 466 abgedruckt.

se auslegt. Als Bush 1976 zum Leiter des CIA ernannt wurde, fragte man sich in der Bevölkerung, wie jemand in eine so hohe und geheime Position gelangte, bei dem nichts von dem, was man über seinen Hintergrund wußte, auf die für diese Position erforderliche Erfahrung schließen ließ.

Am 29. November 1963 legte McBride eine Aktennotiz vor, die J. Edgar Hoover, der damalige Leiter des FBI, an das Außenministerium gerichtet hatte. Sie trug den Titel »Ermordung Präsident John F. Kennedys, 22. November 1963«, und es hieß darin, am 23. November 1963 hätten der Sonderagent des FBI, W. T. Forsyth und Captain William Edwards vom militärischen Abschirmdienst »Mr. George Bush vom CIA« über mögliche Schwierigkeiten im Zusammenhang mit dem Mord instruiert – zur selben Zeit, da sich Oswald in Polizeigewahrsam befand, wo man ihn nach seinen Beziehungen zu Behörden der Regierung der Vereinigten Staaten befragen konnte. McBride erläutert: »Ein Gewährsmann mit engen Verbindungen zu Geheimdienstkreisen bestätigt, daß Bush ab 1960 oder 1961 für den Nachrichtendienst tätig wurde, wobei ihm sein Ölgeschäft zur Tarnung der geheimen Operationen diente.«

Im Jahre 1988 reagierte Bush durch einen Sprecher auf McBrides Vorwürfe und bestritt, Verbindung zum CIA gehabt zu haben, bevor er 1976 dessen Leiter wurde. Anschließend erklärte der CIA, der George Bush, den man nach dem Tag des Attentats instruiert habe, sei ein George William Bush gewesen, nicht aber George Herbert Walker Bush. Damit hätte die Sache ihr Bewenden haben können – eine Fußnote in einem unübersichtlichen Rätsel –, doch McBride ließ nicht locker. Er stöberte George William Bush auf, einen Nachrichtenbeschaffer unteren Dienstgrades, und dieser bestritt, je Instruktionen vom FBI oder dem militärischen Abschirmdienst empfangen zu haben.

Auftrag des für den 1963 und 1964 lediglich sechs Monate lang vom CIA beschäftigten George William Bush war die Durchsicht von Fotos und Dokumenten, die mit dem Thema der Instruktion nichts zu tun hatten. Er war nicht der »Mr. George Bush vom CIA« aus Hoovers Aktennotiz.

Sofern der gegenwärtige Präsident 1963 für den CIA tätig war, liegt die Frage nahe, ob er 1988 zu dieser Frage gelogen und warum er zugelassen hat, daß diese wahrheitswidrige Aussage bis auf den heutigen Tag unberichtigt blieb.

Bei Bushs Instruktion durch den militärischen Abschirmdienst und das FBI am 23. November 1963 ging es in erster Linie um Militäraktionen gegen Kuba, die man seinerzeit erwog oder als möglich ansah und für die keine Ermächtigung durch die Regierung vorlag. Was konnte FBI und militärischen Abschirmdienst zu der Vermutung veranlassen, George Bush wisse über diese nicht genehmigten Aktionen etwas, das Informationen über solche von der Regierung genehmigte Aktionen voraussetzte? Eine Untersuchung der Tatsachen, die mit den Aktivitäten George Herbert Walker Bushs vor 1963 zusammenhängt, könnte die Antwort darauf liefern.

Von New Haven aus zog er nach Texas, wo er eine geschäftliche Vereinbarung mit John Overbey und anschließend mit Hugh und Bill Liedtke traf. Mit der von ihnen neu gegründeten Firma Zapata Petroleum Corp. stiegen sie 1953 ins Ölgeschäft ein, wobei Bush die ihm inzwischen vertraute Rolle des Vizepräsidenten übernahm. Hugh Liedtke, der Texaner, der etwas vom Ölgeschäft verstand und Zugriff auf die erforderlichen Finanzmittel hatte, war der Präsident.

Es war Bushs Aufgabe, zusätzliche Gelder zu beschaffen. Er erklärte, es sei unter Yale-Absolventen von alters her üblich gewesen, mit GVA zu arbeiten, also mit »Geld *V*on *A*nderen« (man könnte den Eindruck gewinnen, daß er das GVA-Gen in männlicher Linie weitervererbt hat). Bush kehrte an die Ostküste zurück, wo sein Onkel »Herbie« Walker gern bereit war, Prescott Bushs Sohn unter die Arme zu greifen und seine Freunde an der Wall Street dazu zu bringen, es ihm gleich zu tun. So entstand das Unternehmen Bush-Overbey und schloß sich später mit dem der Familie Liedtke zur Firma Zapata Petroleum zusammen. Mit Hugh Liedtke am Ruder machte Zapata das große Geld. Bush verkaufte dann seinen Anteil an der Firma und zog mit seiner Frau Barbara nach Houston, wo er die Gesellschaft Zapata Off Shore Co. gründete, als deren Leiter er von 1956 bis 1964 fungierte. Über das, was er zu jener Zeit getan hat, weiß man wenig. Lee Harvey Oswald ließ sich nach seiner Rückkehr aus der Sowjetunion in die Vereinigten Staaten in Texas nieder, wo er sich mit einem reichen weißrussischen Ölindustriellen namens

George de Mohrenschildt anfreundete, der seinerzeit dort lebte. Gewisse Hinweise lassen darauf schließen, daß es sich bei de Mohrenschildt um den CIA-Führungsoffizier handelte, der Oswalds Aktionen leitete und der durch eine Kugel ums Leben kam, kurz bevor er vom Ausschuß des Kongresses für Mord befragt werden sollte. Nach seinem Tod fand man sein persönliches Telefonverzeichnis. Es enthielt unter anderem nachstehenden Eintrag: »Bush, George H. S. (Poppy) 1412 W. Ohio, auch Zapata Petroleum Midland«.

Der Name Zapata war für Bush so etwas wie ein Maskottchen, das ihm Glück bringen sollte. Er stand für die beiden Unternehmungen, die ihm in seiner Karriere als Geschäftsmann gelungen waren. Während er in Houston lebte und die Firma Zapata leitete, plante der CIA 1961 die Invasion an der Schweinebucht. Das nur wenigen Eingeweihten bekannte streng geheime Schlüsselwort des CIA für diesen Plan zur Invasion Kubas hieß »Operation Zapata«.*

Colonel Fletcher Prouty, verantwortlich für die Beschaffung der für dieses Landungsunternehmen erforderlichen Ausrüstung und Materialien, hatte die Aufgabe, zwei Wasserfahrzeuge der Marine der Vereinigten Staaten aufzutreiben, die Panzer, Waffen, Munition und Soldaten transportieren konnten. Obwohl sich an der ersten Landung lediglich etwa 1400 Mann beteiligen sollten, lautete sein Auftrag, Ausrüstung und Material für 25 000 zu beschaffen. Man teilte ihm mit, der CIA sei zuversichtlich, daß die Invasion binnen zweiundsiebzig Stunden den wunschgemäßen Verlauf nehmen werde. »Daran hatten die überhaupt keinen Zweifel«, erklärte er mir, »der Erfolg des Unternehmens galt als ausgemachte Sache. Man hat in Miami zur Bildung einer Exilregierung kubanische politische Führer zusammengezogen, die überdies die Organisation der Amerikanischen Staaten (OAS) um Beistand bitten sollten. Die OAS war vorab informiert worden und stand zum Handeln bereit.«

Prouty sagte, sobald die OAS die Exilregierung anerkannt hätte, sollten die Landetruppen in einer Blitzaktion vor Kuba ausgeschifft

* Das wirkt zynisch, wenn man bedenkt, daß Emiliano Zapata (1879?–1919) bis zu seiner Ermordung durch gedungene Handlanger der etablierten Kräfte unter der Parole »Land und Freiheit« als Revolutionsführer dafür kämpfte, daß Grund und Boden den *campesinos* gehören sollten, also den bettelarmen Landarbeitern, die ihn beackerten.

werden, wo am Landekopf bereits ihre Ausrüstung wartete, und damit wäre Castro erledigt.

Zur Unterstützung des Ganzen machten sich Michael R. Beschloss *(The Crisis Years*; dt.: *Powergame. Kennedy und Chruschtschow – Die Krisenjahre 1960–1963*, Düsseldorf 1991) zufolge »vom CIA ausgerüstete Helfershelfer Sam Giancanas mit Botulinusgiftpillen an Fidel Castro heran«. Am 29. März 1961 habe Bissel im Auftrag des CIA »im Kabinett einen Bericht über die Fortschritte der Operation Zapata vorgelegt, den streng geheimen Plan zur Invasion Kubas von der Schweinebucht aus« (ebd.).

Prouty beschaffte zwei Landefahrzeuge der U.S.-Marine, die er in einer Werftanlage jener Truppengattung entdeckt hatte. Man brachte sie zu einem damals nicht verwendeten Marinestützpunkt in der Nähe von Elizabeth City im Staate North Carolina, wo alles übermalt wurde, was auf die U.S.-Marine hinwies. Ganze Zugladungen mit militärischer Ausrüstung trafen ein, während man die Schiffe für ihre Aufgabe vorbereitete. Für ihre historische Mission – den Beginn der »Operation Zapata« – bekamen sie neue Namen aufgemalt, und zwar »Barbara« und »Houston«.

ANHANG

Mark Lane klagt an – Rezension von Norman Mailer, August 1966

DAS GROSSE AMERIKANISCHE GEHEIMNIS

Am 14. Mai 1964 äußerte J. Edgar Hoover in seiner Aussage vor der Warren-Kommission über Marguerite Oswald: »Den ersten Hinweis auf ihre seelische Verstörtheit findet man darin, daß sie einen Anwalt nahm, auf den niemand verfallen wäre, dem ernsthaft daran lag, war, die Fakten zu erfahren.« Nun, irren kann jeder einmal. J. Edgar Hoover aber hat an jenem Tag nicht nur geirrt, sondern eine staunenswerte Unfähigkeit an den Tag gelegt, gewisse Benachteiligte und gewisse Männer richtig einzuschätzen, denn Mark Lane (er ist der Anwalt, um den es in der Aussage ging) hat auf vierhundert Seiten Fakten über die Untersuchung vorgelegt, mit deren Hilfe die Warren-Kommission den Mord an Präsident John F. Kennedy wie auch den an dem Polizeibeamten J. D. Tippit und an Lee Harvey Oswald begangenen Mord klären wollte, und es sind ziemlich verblüffende Tatsachen. Sollte sich nur ein Zehntel davon als bedeutungsvoll erweisen, wird die Geschichte im Tun der Warren-Kommission einen übleren Skandal sehen als es der um die Ölreserven des Landes war.*

Bei *Mark Lane klagt an* handelt es sich selbstverständlich um den Schriftsatz, wie ihn ein Strafverteidiger dem Gericht vorlegt, und wo immer das möglich ist, bemüht sich sein Autor darin, seine Sehweise des Falles so günstig wie möglich darzustellen. Wer eine ausführliche Erklärung des Geheimnisses sucht, das den Mord umgibt, wird sie dort nicht finden. Weder enthält der Text eine einzelne Gesamterklärung der unausgesprochenen Möglichkeiten, und er bietet auch keine an. Lane bemüht sich, den Nachweis zu führen,

* Bei diesem als *Teapot Dome-Skandal* bekannten Eklat aus den zwanziger Jahren ging es um Korruption bis in die höchsten Regierungskreise. Der Begriff gilt in den Vereinigten Staaten als Synonym für einen politischen Korruptionssumpf.

daß Oswald mit größter Bestimmtheit das Verbrechen nicht allein begangen haben kann und mit hoher Wahrscheinlichkeit keines der beiden ihm zur Last gelegten Morde schuldig ist. Daher bemüht sich Lane, die von der Anklage vorgebrachten Behauptungen zu widerlegen – während Lane äußerst fesselnd seine detaillierten Argumente vorträgt, trifft den Leser immer wieder ein neuer Schock, wenn er sieht, daß man in der Warren-Kommission eher den Handlanger bei einer abgesprochenen Anklage als eine Untersuchungskommission zu sehen hat. Daß das nicht sogleich ans Licht kam, als ihr Bericht erschien, hängt mit seiner Undurchsichtigkeit und dem einlullenden Stil zusammen, in dem er abgefaßt wurde. Doch häufig schreiben die wohlmeinendsten Männer einen merkwürdigen Stil, und so mancher gewissenlose, berechnende Schurke befleißigt sich eines denkbar angenehmen Prosastils.

Ja, der Warren-Bericht hat eine Mehrheit der Amerikaner durch seinen vernünftig und unaufdringlich wirkenden Stil für sich eingenommen – nur geht aus einer beiläufige Lektüre nicht hervor, daß die Kommission an Stellen, wo sie durchaus einsehbar erklärt, daß etwas nicht zu beweisen war, den Hinweis darauf unterließ, daß die Mehrzahl der nicht weiter ausgewerteten Hinweise auf neues Beweismaterial zweifelsfrei in die ihrer Schlußfolgerung entgegengesetzte Richtung wies. Der Skandal um die Warren-Kommission ist von zweierlei Art: Sie hat es unterlassen, sich näher mit einigen der aufschlußreichsten und fesselndsten Gesichtspunkte zu beschäftigen, die ihr vorlagen, und sie hat verfälscht, was ihr an wirklichem Beweismaterial vorlag. Wie Hugh Trevor-Roper in einer klarsichtigen Einleitung zur britischen Ausgabe von *Mark Lane klagt an* erklärt: »Man hat dafür gesorgt, daß sich aus dem Beweismaterial ein Muster herausbildete, und als man dieses Muster hatte, scheint man ihm das Beweismaterial untergeordnet zu haben.« Er wies darauf hin, daß es nicht genüge, den Bericht zu lesen, man müsse auch die sechsundzwanzig Bände die Anhörungen lesen. »Wer über die drei aufeinanderfolgenden Schritte ›Anhörungen‹, ›Bericht‹ sowie ›Zusammenfassung und Schlußfolgerungen‹ derselben Frage folgt, sieht hin und wieder, wie sich Beweismaterial lautlos verwandelt.«

Doch mag man fragen: »Hatten sich die Mitglieder der Warren-

Kommission etwa abgesprochen, die Wahrheit zu verhehlen, all die ehrenwerten, würdigen, verdienten Herren, von denen jeder seine eigene Meinung hat? Die Antwort heißt: selbstverständlich nicht. Sie haben sich nicht abgesprochen, und das war auch nicht nötig: ebensowenig wie ein Unternehmen, das ein Erzeugnis aus dem Markt drängen will, welches dem, das es selbst herstellen könnte, haushoch unterlegen ist, eine Absprache braucht oder die Firmenspitze von General Motors Privatdetektive beschäftigen muß, um Jagd auf Ralph Nader* zu machen. Produkte sind das Ergebnis von Prozessen, und der Bericht einer Kommission spiegelt ein Untersuchungsverfahren wider. Nicht einmal Fletcher Knebels Überzeugung nach hat Edward Jay Epsteins Buch den Nachweis erbracht, daß sich die Warren-Kommission übermäßige Mühe gegeben hat. Walter Craig, der zum »Wahrer« von Oswalds Interessen ernannte Vorsitzende der amerikanischen Anwaltsvereinigung, nahm an zwei von 51 Sitzungen der Kommission teil – vielleicht war er nicht die Art Anwalt, die Mr. Hoover Mrs. Oswald empfohlen hätte; als einziges Kommissions-Mitglied war Allen Dulles vom CIA während deutlich mehr als der Hälfte der Sitzungszeit anwesend – vielleicht hatte er am meisten Interessen zu beschützen.

Nein, über weite Strecken waren die sieben Mitglieder der Kommission mit anderem beschäftigt und häufig abwesend: Die Anwälte, die ernannt worden waren, als ihre Assistenten die Nachforschungen zu betreiben, taten das häufig nur dem Namen nach, weil sie mit ihrer Kanzlei genug zu tun hatten, und gewöhnlich waren sie nicht zugegen. So wurde die Aufgabe auf deren Stellvertreter abgewälzt, begabte junge Anwälte, die noch eine Laufbahn vor sich hatten. Sie mußten sich täglich mit Geheimdienstleuten, Untersuchungs- und Kriminalbeamten herumschlagen, die mehr von der Untersuchung einer Straftat wußten als sie und ihnen darüber hinaus vermutlich nicht nur auch an Körperkraft und Kenntnis von

* Amerikanischer Anwalt und Staatsrechtslehrer an den Universitäten Hartford und Princeton, der sich – vor allem in den sechziger Jahren – als Verbraucherschützer hervorgetan hat, wobei Hauptziel seiner Angriffe die amerikanische Autoindustrie war (insbesondere das Modell Corvette von General Motors). Sein Buch *Unsafe at Any Speed* wurde nicht nur ein Bestseller, es trug auch maßgeblich dazu bei, daß ein Verkehrs-Sicherheitsgesetz erlassen wurde, das es der amerikanischen Regierung ermöglichte, an alle auf dem Inlandsmarkt verkauften Kraftfahrzeuge bestimmte Sicherheits-Mindestanforderungen zu stellen.

Kampfsportarten überlegen waren, sondern auch jenes starre, beharrliche und zugleich fanatische Durchsetzungsvermögen besaßen, das am Verhandlungstisch so häufig siegreich bleibt. An allen Ecken und Enden ergab die Untersuchung Hinweise darauf, daß die Polizei von Dallas – und, auf komplexere Weise, der CIA sowie FBI – unfähig, korrupt, unmittelbar in den Fall verwickelt oder zumindest der Mittäterschaft schuldig sein könnten. Der Geheimdienst, der unzulängliche Arbeit geleistet hatte, mußte seinen eigenen Ruf wahren. Welcher überarbeitete junge Anwalt wird in einer solchen Situation und angesichts der Bände sprechenden Schläfrigkeit der Ausschußmitglieder und des Widerstandes des FBI aus der Untersuchung einen persönlichen Kreuzzug machen, vor allem, wenn ihm eine die Kommission zufriedenstellende Routineleistung eine beschleunigte und materiell gesicherte Karriere versprach?

Mit bedrückender Klarheit wird deutlich, daß die Warren-Kommission von Anfang an keineswegs die Absicht hatte, einen anderen Mörder als Oswald zu finden. Ob aus achtbaren Motiven oder aus minder klarem Antrieb (man erinnert sich, daß der Oberste Richter, schon bevor die Kommission ihre Arbeit aufnahm, von Informationen sprach, die fünfundsiebzig Jahre lang nicht preisgegeben werden könnten), ob aus einer ihnen unbewußten Befangenheit oder im absichtlichen Bestreben, die Sache zu verdunkeln, hat man das Beweismaterial in ein Prokrustesbett gezwängt und alles aufgeboten, um die These zu erhärten, der halbverrückte Oswald habe seine Tat allein begangen und der halbverrückte Ruby die seine gleichfalls. So ließ die Kommission die Aussage Brennans gelten, eines Zeugen, der schlecht sieht und Oswald am Fenster im fünften Stock erkannt haben wollte. Vermutlich huldigte man der unausgesprochenen Annahme, daß seine Augen abwechselnd besser und schlechter zu sehen vermochten. Einen anderen Zeugen, ein gewisser Rowland, der glänzend sieht und zwei Männer am Fenster erkannte, stempelte man als unzuverlässig ab, weil seine Frau der Kommission mitteilte, ihr junger Ehemann neige zu einer Überbewertung seiner Zeugnisnoten.

Hinzu kommt, daß es sich um ein Expertenforum handelte. Wenn solche Leute an einem Spiel teilnehmen, haben sie den Hang, dafür zu sorgen, daß ihre Seite gewinnt – die psychische Struktur eines

Experten ist so beschaffen, daß er dem Aufspüren der Wahrheit erst dann etwas abgewinnen kann, wenn er festgestellt hat, ob die Wahrheit für die von ihm vertretene Seite gut ist. Unser System kennt vor Gericht Anklagevertreter und Verteidiger, weil ein Rechtsfall in erster Linie ein Spiel ist – beide Seiten streben danach, ihren Zipfel der Wahrheit zu erhaschen, selbst wenn sie die Suche zu nahezu unmöglichen Annahmen veranlaßt. Daher kann eine Kommission, deren Aufgabe es ist, Tatsachen zu ermitteln, ihrem Wesen nach keine Entdeckungen machen, die so fallentscheidend sind wie das Material, auf das ein Anwalt stößt, der sich dem Fall verschrieben hat. Seine Suche ist monoman, ähnlich der Kapitän Ahabs nach dem weißen Wal, und im Gegensatz zu ihm sind die Vertreter des Totalitarismus bestrebt, ihre Wahrheit auf der Ebene des Einvernehmens zu finden. Menschen wie Sie und ich finden sie eher unter einem Stein.

Lanes Buch stellt also den Fall vom Standpunkt der Verteidigung aus dar. Wie bei Schriftsätzen von Anwälten üblich befriedigt auch dieser als Buch nicht in jeder Beziehung. Man wünschte sich wenigstens eine Zusammenfassung der überzeugendsten unter den Beweismitteln für Oswalds Schuld, welche die Warren-Kommission zusammengetragen hat, und sei es nur, um sie zu widerlegen, oder das Eingeständnis Lanes, daß sich gewisse entscheidende für Oswald ungünstige Punkte nicht widerlegen lassen. Andererseits ist es Lanes Absicht, das Beste für seinen toten Mandanten herauszuholen, und das tut er. Auch wenn Lanes Buch sonst nichts erreicht, wird es für jeden ernsthaften Amateurdetektiv in Amerika zum Klassiker werden. Manch einer wird lange Winternächte im Bauernhaus damit zubringen, den Widersprüchen in den sechsundzwanzig Bänden der Anhörungen nachzugehen, wobei ihm Lanes Buch als Führer dient, und manch einer wird Pläne schmieden und auf eine Reise nach Dallas sparen, das zur Wallfahrtsstätte für die noch ungeborenen künftigen Privatdetektive dieser Welt werden wird, denn dieses Buch führt ein für allemal den Nachweis, daß den Mord an Präsident Kennedy heute ein schwerer durchdringbares Geheimnis umgibt als zur Zeit der Tat.

Nun denn – was fördert Lane letzten Endes zu Tage? Er legt auf seinen vierhundert Seiten eine Unzahl von Punkten vor, die eindeutig zum Zweifel Anlaß geben, Material, das jeder Kommission, der es um Gerechtigkeit zu tun wäre, für eine wirkliche Untersuchung von fünf Jahren Dauer genügte. Er macht klar, daß die meisten Zeugen des Attentats der Ansicht waren, die Schüsse seien nicht aus dem Gebäude des Schulbuchlagerhauses gekommen, sondern aus Richtung eines Zaunes auf einer kleinen Anhöhe vor dem Wagen des Präsidenten. Die Autopsie aber, die hätte klarstellen können, ob die Schüsse auf den Präsidenten von vorn, von hinten oder aus beiden Richtungen kamen – nun, sie ist von einer erheblichen Verwirrung umgeben, welche die Kommission nicht entwirrt, sondern der Allgemeinheit vorenthalten hat, denn bei der Autopsie angefertigte Röntgenaufnahmen und Fotos blieben unveröffentlicht. Bei der Kugel, die nahezu mit Sicherheit den Schädel des Präsidenten zerschmettert hat, muß es sich um ein weiches Bleigeschoß gehandelt haben, denn sonst hätte sie keine so große Wunde hervorrufen können; aus Oswalds Waffe ließen sich ausschließlich harte Metallmantel-Geschosse abfeuern. Die Fragen, die Edward Jay Epstein in *Inquest* im Zusammenhang mit dem Geschoß stellt, das angeblich den Präsidenten sowie Gouverneur Connally traf, werden immer wieder untersucht, mit immer wieder derselben Schlußfolgerung – unmöglich konnte ein und dieselbe Kugel an der Einschußstelle eingedrungen und an der Ausschußstelle ausgetreten sein.

Darüber hinaus weist Lane detailliert nach, daß nie eine befriedigende Erklärung dafür geliefert wurde, wieso die Polizei imstande war, binnen fünfzehn Minuten nach dem Attentat die Aufforderung zur Festnahme Oswalds ergehen zu lassen, noch warum die beiden Polizeibeamten, die das Gewehr im fünften Stock entdeckten, es gewissenhaft und eingehend wie folgt beschrieben: ». . . ein Mauser-Repetiergewehr mit Zylinderverschluß, Kaliber 7,65, mit einem Zielfernrohr 4 mal 18, einem dicken schwarzbraunen Leder-Tragriemen . . . bläulich schimmernder Lauf . . . Waffenmetall . . . der hintere Teil des Schlagbolzens war erkennbar abgenutzt . . .« Doch wie im Märchen verwandelte sich die Mauser in einen Kürbis, und dann wurde daraus ein Mannlicher-Carcano-Karabiner vom Kaliber 6,5. Natürlich ging Marina Oswald, als sie im Radio vom Attentat hörte, in die Garage, um nachzusehen, ob Oswalds Mannlicher-Carcano an Ort und Stelle war. Das war sie. Oder doch nicht? »Später zeigte sich«, sagte sie, »daß das Gewehr nicht da war [und] ich wußte nicht, was ich davon halten sollte.« Bald schon kam die Polizei von Dallas, um die Garage zu durchsuchen und berichtete später, man habe dort auf einem Regal eine leere Wolldecke gefunden, und zwar just die, hieß es, in der Marina irrtümlich das Gewehr vermutet habe. Auf diese Weise wurde aus dem im fünften Stock gefundenen Mauser-Repetiergewehr mit Zylinderverschluß vom Kaliber 7,65 mm ein Mannlicher-Carcano-Karabiner mit Vorderschaft-Repetierer, Kaliber 6,5.* Diese Nuß mag der Geist des Sherlock Holmes knacken, denn selbst wenn die Polizeibeamten in Texas so widernatürliche Texaner sein sollten, daß sie nichts von Langwaffen verstehen, müßten sie wissen, daß die 7,65 Mauser das geschätzteste und begehrteste aller Gewehre ist, während das Mannlicher-Carcano 6,5 als verächtlichster aller Schießprügel gilt. Es ist sonderbar; man muß wiederholen: es ist sonderbar, daß sich die Kommission, die denselben Beamten befragte, der das von ihm als Mauser bezeichnete Gewehr entdeckt hatte, nicht dazu verstehen konnte, ihm den Mannlicher-Carcano-Karabiner vorzulegen und ihn zu fragen, ob er sich irre oder ob die Gewehre, nicht auszudenkender Schrecken, vertauscht worden seien.

Damit ist die Reihe dieser unerforschten Einzelheiten aber noch nicht zu Ende. Auf dem Mannlicher-Carcano-Gewehr befand sich das gleiche Zielfernrohr wie auf der nicht existierenden Mauser, doch hatte Marina Oswald nie ein Zielfernrohr auf einem Gewehr gesehen (schließlich war sie eine Frau). So drängt sich die Annahme auf – hat man etwa in aller Hast und Heimlichkeit das Zielfernrohr 4 mal 18 von der Mauser auf die Mannlicher ummontiert? Dann aber so eilig, daß die Visierlinie nicht mit der Schußlinie übereinstimmte! Aus den Unterlagen geht einwandfrei hervor, daß es erforderlich war, das Zielfernrohr mit Unterlegscheiben neu zu justieren, bevor die Meisterschützen der National Rifle Association damit auch nur zielen konnten. Und mit dem Gewehr soll Kennedy erschossen worden sein? Als dann diese drei Präzisionsschützen, um die Waffe auszuprobieren, jeweils dreimal zwei Schuß auf drei feste Ziele

* Zwar müssen Gewehre beider Bauarten vor jedem Schuß neu gespannt werden, doch ist beim Repetierer mit Zylinderverschluß außerdem für jeden Schuß die Anschlaghaltung zu verändern, so daß der Vorderschaft-Repetierer eine schnellere Schußfolge ermöglicht.

abgaben, insgesamt achtzehn Schüsse von drei Meisterschützen, feuerten sie auf diese unbeweglichen Ziele weder annähernd so rasch noch so zielgenau, wie Oswald aus einer schwierigeren und sicherlich ungewöhnlicheren Position angeblich auf bewegliche Ziele geschossen hatte. Es ist Tatsache, daß die Mannlicher so stark streute (annähernd dreißig Zentimeter auf neunzig Meter Schußentfernung), daß es bei sämtlichen achtzehn Schüssen keinem der Spezialisten gelang, Kopf oder Hals des unbeweglichen Ziels zu treffen. Dennoch kam die Kommission zu dem Ergebnis, die Tat sei mit der Mannlicher-Carcano ausgeführt worden. Zwar galt Oswald nicht als großartiger Gewehrschütze, aber vielleicht wirkten im Rausch des Augenblicks seine mangelnde Zielgenauigkeit, das fahrende Auto, das schlecht erkennbare Ziel, der streuende Lauf der Waffe und der sehr schwergängige Abzug zusammen, um zwei der drei Schüsse punktgenau ins Ziel zu bringen.

Vielleicht. Vielleicht stehen die Aussichten dafür eins zu tausend. Danach aber muß man einen Meister des Zen-Bogenschießens fragen, nicht jedoch einen Schußwaffen-Fachmann.

Hier und überall erheben sich Fragen. Der Beutel zum Transport von Vorhangstangen, in dem Oswald das zerlegte Mannlicher-Carcano-Gewehr angeblich verborgen hatte, war (nach Aussage beider Zeugen, die ihn gesehen hatten) zu klein, um es aufzunehmen. Doch bleibt die Frage unerheblich, wie groß das Behältnis war, denn es wurde zerstört, während man es in den Labors des FBI auf Fingerabdrücke *untersuchte.* Ein anderer Beutel wurde zusammengestichelt – knapp einen Meter lang, doch nach Schätzung der Zeugen war er rund 25 Zentimeter länger als das Original. (Die Mannlicher mißt zerlegt knapp neunzig Zentimeter.) Die Kommission befand, die Zeugen »könnten sich bei ihrer Schätzung ohne weiteres geirrt haben«. Das läßt sich auch über das FBI sagen, es sei denn, es lägen schriftliche eidliche Erklärungen über die Größe des Beutels vor, die abgegeben wurden, bevor man ihn auf Fingerabdrücke untersuchte.

Einzige Augenzeugin des Mordes an Tippit war eine Mrs. Markham. Sie war sicher, daß die Tat um 13.06 Uhr stattfand. Die Kommission sah sich außerstande, Oswald früher als 13.16 Uhr an Ort und Stelle gelangen zu lassen und befand daher, daß Mrs. Markham zwar Oswald richtig identifiziert, sich aber in der Zeit geirrt habe. Mrs. Markham allerdings beschrieb Tippits Mörder in einem Gespräch mit Lane als »klein, etwas untersetzt, mit leicht buschigem Haar«. Die Beschreibung, die sie der Polizei gab, lautete »etwa dreißig Jahre alt, zwischen einssiebzig und einsfünfundsiebzig, schwarzes Haar, schlank«.

Von Tippit führt der Weg zu Ruby. Unter den vielen, die als Zeugen in Frage kämen, aber nicht befragt wurden, befinden sich die verschiedensten Menschen, die jahrelang mit Ruby zu tun hatten. Faßt man ihre Aussagen zusammen, muß man mutmaßen, daß Ruby über die Hälfte der Polizeibeamten von Dallas persönlich kannte. Immer wieder bat er die Warren-Kommission, ihn von Dallas in ein Washingtoner Gefängnis zu verlegen. »Ich möchte die Wahrheit sagen«, sagte er, »und das kann ich hier nicht ... Solange Sie mich nicht nach Washington bringen, können Sie von mir keine vernünftige Aussage bekommen.« Natürlich hat man eine ganze Anzahl von Zeugen auf geheimnisvolle Weise eingeschüchtert. Zwei Berichterstatter, die Rubys Wohnung aufsuchten, unmittelbar nachdem er Oswald erschossen hatte, wurden später umgebracht; einer fiel in seiner Wohnung in Dallas einem Karate-Überfall zum Opfer. Die Kommission scheint dem nicht weiter nachgegangen zu sein. Ein weiterer Zeuge, Warren Reynolds, bekam eine Kugel durch den Kopf, überlebte aber den Anschlag. Er hatte einen Mann, den er nicht als Oswald erkannte (nach mancher Drangsal acht Monate später aber doch), den Ort des Mordes an Tippit mit der Pistole in der Hand verlassen sehen. Bis Reynolds vernommen wurde, gingen zwei Monate ins Land. Dann berichtete er den Beamten des FBI, er könne den Flüchtigen nicht als Oswald identifizieren – obwohl er dem Mann zu Fuß bis zur nächsten Nebenstraße gefolgt war. Zwei Tage nach dieser Befragung schoß jemand Reynolds mit einem Gewehr durch den Kopf, was dieser glücklicherweise überlebte. Den Hauptverdächtigen, Darrel Wayne Garner, nahm die Polizei von Dallas fest, und er gestand später, seine Schwägerin besucht zu haben, wobei er »ihr mitteilte, er habe auf Reynolds geschossen«. Dennoch ließ man die Anklage fallen, da Garner über ein Alibi in Gestalt einer schriftlich vorliegenden eidlichen Aussage einer Nancy Jane Mooney verfügte, einer Striptease-Tänzerin, die einst in Jack

Rubys Lokal *Carousel* beschäftigt gewesen war. Acht Tage später nahm die Polizei von Dallas Miss Mooney, »wegen Ruhestörung« fest, weil sie sich mit ihrer Zimmergenossin gezankt hatte. Allein in ihrer Zelle – sie war nicht einmal zwei Stunden dort –, erhängte sich Miss Mooney, wie es im Polizeibericht heißt.

Man beachte: Im Juli 1964 erklärte Reynolds – er hatte sich inzwischen einen Wachhund zugelegt, sein Haus mit hellen Leuchten umgeben und ging im Dunkeln nicht auf die Straße – , er sei inzwischen davon überzeugt, daß es sich bei dem Mann um Oswald gehandelt habe. Die Kommission unterließ in ihrem Bericht über die geänderte Aussage den Hinweis darauf, daß in Houston zu jener Zeit ein Mordanschlag auf Warren Reynolds verübt worden war.

Man beachte: Die Warren-Kommission hat Angaben aus dem Protokoll gestrichen, die Nancy Perrin Rich ihr gemacht hatte und denen zufolge Jack Ruby Geld zu einem Treffen zwischen verschiedenen Agenten und einem Heeresoffizier der Streitkräfte der Vereinigten Staaten mitbrachte, bei dem es darum ging, daß Waffen nach Kuba und Flüchtlinge von der Insel geschmuggelt werden sollten.

Man beachte: In einer Mitteilung des CIA, die mit vier Monaten Verspätung als Antwort auf eine Frage der Kommission eintraf, hieß es: »Eine Untersuchung der Akten im CIA hat keine Angaben über Jack Ruby oder dessen Aktivitäten ergeben.« So, so. Was für Akten? Die Balkan-Akten? Die Ipcress-Akte?*

Man beachte: William Whaley, der angeblich Oswald in seinem Taxi gefahren hatte, kam am 18. Dezember 1965 bei einem Zusammenstoß mit einem anderen Auto ums Leben.

Man beachte: Albert G. Bogard, ein Autoverkäufer, der versucht hatte, einem Mann ein Auto zu verkaufen, der sich Lee Oswald nannte, wurde nach seiner Aussage von einigen Männern krankenhausreif geprügelt. Die Warren-Kommission kam zu dem Ergebnis, der Käufer des Wagens könne nicht Oswald sein, ging der Angelegenheit aber nicht weiter nach. Es scheint sie nicht weiter interessiert zu haben, daß sich vor dem Attentat jemand als Oswald ausgegeben haben könnte.

Man beachte: Am Mittwoch, dem 22. Januar, rief der General-

* Berühmter Spionageroman von Len Deighton.

Staatsanwalt des Staates Texas den Hauptanwalt der Warren-Kommission, J. Lee Rankin, und teilte ihm mit, er habe erfahren, ein »Geheimagent«, der für das FBI gearbeitet habe, sei niemand anders als Lee Harvey Oswald gewesen. Nachdem die Kommission an jenem Abend nach langem Hin- und Herdiskutieren beschlossen hatte, dieser Angabe durch eine unabhängige Untersuchung auf den Grund zu gehen, kam sie dennoch Monate später zu nachstehendem Ergebnis: »Nichts stützt die Vermutung, daß Oswald als Agent, Informant oder Mitarbeiter des FBI tätig gewesen sein könnte.« Mit dieser Erklärung berief man sich auf Angaben, die Hoover, dessen Assistent und drei FBI-Agenten gemacht hatten. Außerdem verwies man auf mehrere, von verschiedenen anderen FBI-Agenten unterzeichnete eidliche Erklärungen. Weiter ging die »unabhängige Untersuchung« nicht. Es gibt keinen Hinweis darauf, daß man den General-Staatsanwalt von Texas je dazu aufgefordert hätte auszusagen, wie er in den Besitz dieser ihm gerüchteweise zugetragenen Information gelangt war.

So sehen wir uns nun diesem ungewöhnlichen Fall und dieser ungewöhnlichen Kommission gegenüber, die zwar die psychischen Traumata aus Oswalds Kindheit sowie die »Fischgräten-Wahnvorstellung« von Jack Rubys Mutter zu ergründen bestrebt ist, aber nicht daran denkt, mit Hilfe einer unabhängigen Untersuchung zu ermitteln, welcher Beamte der Polizei von Dallas Jack Ruby Zutritt zu dem bewußten Keller verschafft haben könnte, oder ob Oswald je als Geheimagent für das FBI, den CIA, die sowjetische Geheimpolizei, MI-5*, die Bewegung Gerechtigkeit für Kuba, JURE, Mao Tse-tung, die John-Birch-Gesellschaft**, die Nazi-Renaissance-Partei oder gar für alle von ihnen tätig war. Mr. Hoovers Wort genügt der Kommission, denn selbstverständlich ist Mr. Hoover ein ehrenwerter Mann, und alle erstarren vor ihm.

Nein, was wir nach der Lektüre dieses Buches empfinden, ist der unauslöschliche Eindruck, daß es neue Protagonisten gibt – die Poli-

* In Großbritannien das Amt für Innere Sicherheit und Abwehr.

** Von einem Bostoner Süßwarenfabrikanten 1958 gegründete ultrakonservative Gesellschaft, die unter anderem den Kampf gegen den Kommunismus auf ihre Fahnen geschrieben hat. John Birch war ein von chinesischen Kommunisten 1945 ermordeter baptistischer Missionar und Nachrichtenoffizier in den Streitkräften der Vereinigten Staaten.

zei von Dallas – und hinter ihnen, ihnen gegenüber, unter ihnen, für sie, rings um sie, einen weiterer oder weitere Protagonisten. Aber in erster Linie und vor allem ist es die Polizei.

Bei Verbrechern gibt es zwei Kategorien – gute und schlechte. Im Fall eines schlechten Verbrechers ist alles ganz einfach – man kann ihm in keiner Hinsicht trauen. Einen guten Verbrecher umgibt ein gewisses edles Beiwerk, und wer ihn zum Freund hat, besitzt einen Freund, wie man ihn nicht alle Tage findet. Aber Polizisten! Ja, die sind viel komplexer als Verbrecher, denn in ihrem Inneren finden sich explosive Widersprüche. Sie sollen dem Gesetz zur Geltung verhelfen und neigen dazu, sich selbst als das Gesetz anzusehen. Sie tragen mehr Verantwortung als der Durchschnittsmensch und sind kindlicher als dieser. Einerseits sind sie mit der Vorstellung von Ehrenhaftigkeit förmlich verwachsen und andererseits zutiefst korrupt. Sie sind von größerer körperlicher Einsatzbereitschaft als der Durchschnittsmensch und skrupellose Schläger; sie dienen der Wahrheit und sind psychopathische Lügner (niemand schenkt je der Aussage eines Polizeibeamten Glauben, wenn sie nicht von anderer Seite untermauert wird); sie gehen autoritär vor und sind zynisch; und zu guter Letzt platzen sie außerdem vor Habgier, obwohl sie im tiefsten Inneren idealistisch gesonnen sind. Keine menschliche Schöpfung ist so voller Widersprüche und von so abgründiger Rätselhaftigkeit wie das Wesen des Durchschnittspolizisten, und diese Widersprüche machen das Rückgrat des großen amerikanischen Geheimnisses aus: Wer war der Mörder Präsident Kennedys?

Doch selbst diese bedrückende Empfindung gegenüber der Polizei von Dallas deckt nicht alle Aspekte des Geheimnisses ab, um das es hier geht. Nach wie vor bleibt die Frage: War Oswald eine Art Geheimagent? Hier kommen wir dem wirklichen Kern der entsetzlichen Sache unbehaglich nahe. Daher ist es an der Zeit, eine neue Hypothese zu formulieren (oder zumindest die Grundlage einer Arbeitshypothese vorzulegen), ja, sogar, sie ohne die Spur von Beweisen »aus dem Material herauszuarbeiten«. Man mag es eine Metapher nennen. Ich sage also: In der Tat weist verschiedenes darauf hin, daß Oswald ein Geheimagent war. Er war zu wertvoll, um keiner zu sein. Wie viele Amerikaner waren denn mit dem Leben in der Sowjetunion so vertraut wie Oswald? Wie war es ihm möglich gewesen, seine Rückkehr ins Werk zu setzen? Wenn Sie, lieber Leser, an der Spitze eines Spionagedienstes stünden, hätten Sie dann nicht den Wunsch, daß Oswald als Preis für seine Rückkehr für Sie tätig würde? Wenn Sie dem russischen Geheimdienst angehörten, würden Sie nicht verlangen, daß er im Austausch gegen seine Freilassung Dienste als eine Art sowjetischer Agent leistet? In der Rolle des kleinen Geheimagenten, der für zwei oder drei Nachrichtendienste tätig ist, des Mannes ohne wirkliche Bedeutung und ohne besonders finsteren Auftrag mag er dennoch eine so exponierte Position eingenommen haben, daß andere Geheimdienste auf ihn aufmerksam wurden. Spionagedienste neigen dazu, jeweils dieselben Agenten anzuwerben, denn die Mehrzahl ihrer Operationen ist ohnehin nur als Spiel ernst zu nehmen, und man kommt dafür mit einem kleines Brett aus. Ohne weiteres könnte Oswald ein solches ramponiertes kleines Spielbrett gewesen sein.

Nachdem man sich seiner solange bedient hatte, bis aus dem Spielbrett eine in die Enge getriebene Ratte worden war, ist es sogar möglich, daß er am Rande der zwanzig Verschwörungen von Dallas herumgenagt hat. Es war alles eine äußerst schreckliche Komödie, doch als Kennedy ermordet wurde, können die Spionagedienste der halben Welt dahintergekommen sein, daß ein unbedeutender Bursche in Dallas – jetzt bricht die ganze Hölle los – ein nutzloser kleiner Geheimagent war, der auf ihrer vertraulichen Gehaltsliste stand; welche Alpträume müssen sich daraus ergeben haben! Welche Alpträume von einem Augenblick auf den anderen! Welcher gelassene niedrige Geist in einem unbekannten Zimmer, in dem Kriegsrat gehalten wurde, dachte daran, was für ein ungewöhnliches Spiel eine in die Enge getriebene und über das zulässige Maß hinaus belastete Ratte bald abliefern würde, eine in einem Gerichtssaal losgelassene Ratte, und dann riefe die eine oder andere distinguierte, auf Eliteuniversitäten geschulte Stimme aus: »Kann man denn da nichts machen, haben wir keine Handhabe gegen diesen Kerl?« Dann könnte ein anderer aufgestanden sein und gesagt haben: »Bis dann«. Etwas später dann wurde ein Telefongespräch geführt und noch eines, und schließlich sagte eine Stimme zu unserem Freund Ruby: »Jack, ich habe eine gute Nachricht für dich. Ein kleiner Auftrag ...« Ist es so unvernünftig anzunehmen, daß der winzige metaphorische Mittelpunkt einer Vielzahl von Spionagediensten durch genau diese Überschneidung von Mafia, Polizei, unsichtbarer Regierung und Strip-Geschäft ums Leben gebracht wurde, wie Jack Ruby sie in perfekter Weise verkörperte?

Nein, möglicherweise gab es keinen ausgeklügelten Generalstabsplan zur Ermordung Kennedys, vielleicht waren es lauter unsagbare Zufälle, gegen die man nichts unternehmen konnte, etwa so, als sei in einem gewaltigen Augenblick alles zusammengekommen und nichts übriggeblieben als Trümmer und Wahn sowie in jedem Polizisten, Kriminalbeamten und Geheimagenten der westlichen Hemisphäre das geheime Staunen darüber, daß etwas von niemandem Erfaßbares geschehen war. Jetzt mußte man sich um die Beweislage kümmern. Möglicherweise wurde Kennedy als Ergebnis einer Verschwörung ermordet, die bis in ihre tiefsten Wurzeln kleinlich und unbedeutend war; sicherlich war es eine unsäglich unbedeutende Verschwörung, an der sich einige gute texanische Scharfschützen beteiligten, doch dann könnte sich die Macht verschiedener Meisterverschwörer erhoben haben, um jeden von uns vor der Möglichkeit der Entdeckung und der Wahrheit zu schützen, denn niemand von denen, die in Amerika Macht besitzen, wußte, wie diese Wahrheit aussah. Sie wußten es nicht mehr. Auf diese Weise bekam der Fall immer neue Nahrung, bis er sich zu einem Dickicht ausgewachsen hatte. Durch dieses Dickicht mußte die Kommission einen geraden Pfad schlagen, und damit war der Grund für künftige unermeßliche Skandale und Katastrophen gelegt.

Sofern nicht in den allernächsten Jahren irgendeine neue Kommission in klarer und zufriedenstellender Weise die bekannten und unbekannten Grenzen des Falles erkundet, ist einer ganzen Reihe surrealistischer politischer Machenschaften der Weg gebahnt. Für jenen unglückseligen Tag – und wir wollen hoffen, daß er nie kommt – an dem Amerika einem totalitären Links-, Mitte- oder Rechtsregime in die Hände fällt, besitzen wir Material für eine Anzahl von Prozessen gegen hochstehende Persönlichkeiten der Regierung, im Vergleich mit denen die Moskauer Prozesse der Jahre 1936 bis 1938, die auf den Mord an Kirow folgten, als harmlose Herrschaftsübungen erscheinen. Immerhin läßt die Fülle widersprüchlichen Materials, das uns der verrottende Komposthaufen Dallas bisher geliefert hat, jede beliebige Deutung zu, ermöglicht es, auch Belieben einen Pfad durch das Dickicht zu schlagen – aus welcher Richtung auch immer. Jetzt kann die Rechte die Linke für schuldig erklären, die Linke kann die Rechte erdrücken. Die Mitte kann beide auffressen. Der unverfälschte kannibalische Totalitarismus liegt in greifbarer Nähe.

Man sollte also eine letzte neue Kommission einsetzen, eine, die den Namen verdient – eine mit öffentlichen Mitteln unterstützte literarische Kommission, die sich einige Jahre mit dem Fall beschäftigt. Amerika besitzt bedeutende Intellektuelle, die inzwischen alt sind und nie Gelegenheit hatten, dem öffentlichen Leben unseres Landes zu dienen. Jetzt ist ihre Zeit gekommen. Die Zeit für die besten Intellektuellen, dem Lande zu dienen. Ich würde einer Kommission, an deren Spitze Edmund Wilson* steht, eher trauen als noch einer unter dem Vorsitz Earl Warrens. Sie etwa nicht? Würden Sie nicht auch annehmen, daß Dwight MacDonald im Alleingang mehr Tatsachen und wirkliche Widersprüche aufspüren würde als zwanzig erstklassige Ermittlungsbeamte des FBI, die sich gemeinsam ans Werk machen?

Lacht, ihr finanzkräftigen Hintermänner, laßt die Getränke rüberwachsen, macht aus der Sache das Spiel der Woche. Sucht eure Mitglieder für die neue Kommission aus. Es ist alles sehr lustig. Gleichwohl bleibt nach wie vor die kleine Aufgabe von nationaler Bedeutung, daß einige Männer aus widersprüchlichem Beweismaterial zu einer Synthese gelangen können. Die Lösung für den Mord an Präsident Kennedy wird nicht von Kommissionen kommen, die aus Justiz- oder Regierungsbeauftragten zusammengesetzt sind, sondern aus Köpfen, die vorrangig mit den Geheimnissen der Hypothese, der unverdorbenen Logik und der Metapher vertraut sind. Während wir noch auf eine solche Kommission warten, sollten wir ein dreifaches Hoch auf Mark Lane ausbringen. In seiner Arbeit finden sich durchaus Ansätze des Formats, das wir heroisch nennen. Ein dreifaches Hoch. Denn das Spiel ist noch nicht zu Ende, das Echo der gedämpften Trommeln noch nicht verhallt und die Erinnerung an das reiterlose Pferd nicht entschwunden.

* Dieser 1972 verstorbene Literaturkritiker und Essayist galt als führender Literat der Vereinigten Staaten.

DER MANN, DER NICHT DA WAR –
›GEORGE BUSH‹, MITARBEITER DES CIA

Vizepräsident George Bushs Werdegang ist sein meistgepriesener Vorzug als Präsidentschaftskandidat. Doch eine kürzlich entdeckte Denkschrift des FBI läßt die Vermutung zu, daß darin, wie in so vielen anderen Werdegängen, Dinge unterschlagen werden, über die sich der Bewerber um das Amt lieber nicht äußern möchte; insbesondere daß er bereits 1963, mehr als ein Jahrzehnt, bevor er Leiter des CIA wurde, für diesen Nachrichtendienst tätig war.

Die vom 29. November 1963 datierte Denkschrift des FBI leitete der damalige Direktor des CIA, J. Edgar Hoover, dem Außenministerium zu. Sie trägt den Titel »Präsident John F. Kennedys Ermordung am 22. November 1963«, und in ihr teilt Hoover mit, der FBI habe bald nach dem Attentat »Mr. George Bush vom CIA« über die Reaktionen kubanischer Exilanten in Miami in Kenntnis gesetzt. Eine Quelle, die in enger Beziehung zu Nachrichtendiensten steht, bestätigt, daß Bush 1960 oder 1961 mit der Arbeit für den CIA begonnen hat, wobei er sein Ölgeschäft als Tarnung für seine geheimdienstlichen Aktivitäten benutzte.

Als der Sprecher des Vizepräsidenten, Stephen Hart, mit dieser Denkschrift konfrontiert wurde, erkundigte er sich: »Sind Sie sicher, daß es sich um denselben George Bush handelt?« Nachdem Hart mit dem Vizepräsidenten gesprochen hatte, zitierte er ihn wie folgt: »Ich lebte damals in Houston und war in der Ölförderung tätig. Außerdem habe ich Ende 1963 für den Senat kandidiert.« Hart fügte hinzu: »Das ist bestimmt ein anderer George Bush.«

Da mir die Reaktion des Vizepräsidenten wie ein Dementi vorkam, das nichts dementierte (er sagte, was er tat, statt klipp und klar seine Mitarbeit beim CIA zu bestreiten), stellte ich ihm über Hart nachstehende Fragen:

(1) »Waren Sie für den CIA oder beim CIA tätig, bevor Sie dessen Leiter wurden?«
(2) »Falls ja, wie sah Ihre Beziehung zu dem Nachrichtendienst aus, und wie lange dauerte sie?«

(3) »Hat Sie ein Mitarbeiter des FBI über gegen Castro gerichtete Aktivitäten im Gefolge des Attentats auf Präsident Kennedy instruiert?«

Eine halbe Stunde später rief Hart zurück und erklärte, er habe nicht wieder mit dem Vizepräsidenten über die Sache gesprochen, werde die Frage aber selbst beantworten. Die Antwort auf die erste Frage, erklärte er, laute Nein, und daher könne er die zweite überspringen. Die dritte beantwortete er mit Bushs obenzitierter Erwiderung, fügte aber hinzu, Bush habe darüber hinaus gesagt: »Ich habe keine Ahnung, wovon er redet.«

Doch als ihm Bushs Dementi vorgelesen wurde, erklärte Hart, es sei ihm lieber, wenn es nicht unmittelbar zitiert werde. Als Begründung gab er an: »Es ist jetzt eine Woche alt, und ich weiß das nicht mehr wörtlich.« Als ich ihn daran erinnerte, daß wir Bush selbst zitieren wollten, erklärte Hart: »Ich bin sein Sprecher. Wie auch immer Sie es schreiben wollen, die Antwort heißt Nein.« Damit meinte er die Bush vorgehaltene Beziehung zum CIA im Jahre 1963.

»Das ist das erste, was ich davon höre«, sagte der CIA-Sprecher Bill Devine, als ihm die Behauptung vorgetragen wurde, der Vizepräsident sei zu Anfang der sechziger Jahre für den Nachrichtendienst tätig gewesen. »Ich will sehen, was ich feststellen kann. Ich ruf' Sie zurück.« Am nächsten Tag meldete er sich mit der knappen offiziellen Antwort: »Ich kann das weder bestätigen noch dementieren.« Nachdem er erfahren hatte, welche Antwort das Büro des Vizepräsidenten gegeben hatte, und gebeten worden war zu prüfen, ob ein anderer George Bush mit dem CIA zu tun gehabt hatte, schien er ein wenig verwirrt zu sein. »Vor siebenundzwanzig Jahren? Das bezweifle ich sehr. So oder so gilt bei uns die Vorschrift, daß wir niemandem eine Bestätigung darüber abgeben, ob jemand mit dem CIA zusammenarbeitet oder nicht.«

Richard Helms, 1963 stellvertretender Direktor für Planung, erklärte, Bushs Name in der Denkschrift »muß wohl ein Druckfehler oder etwas in der Art gewesen sein. Ich kann mich nicht erinnern, daß irgend jemand dieses Namens für den Nachrichtendienst gearbeitet hat ... Für mich hat er jedenfalls nie gearbeitet«.

Hoovers an den Leiter des Nachrichten- und Nachforschungsbüros im Außenministerium gerichtete Denkschrift war unter den 98 755 Seiten von FBI-Dokumenten verborgen, die 1977 und 1978 als Ergebnis der Klagen im Zusammenhang mit dem Gesetz zur Wahrung des Rechts auf Auskunft offengelegt worden waren. Diese Denkschrift faßte zusammen, welche Instruktionen am 23. November, dem Tag nach dem Mord (da lebte Lee Harvey Oswald noch, so daß man ihn nach seinen Verbindungen zu kubanischen Exilanten und dem CIA befragen konnte) W. T. Forsyth vom FBI an Bush und Capt. William Edwards vom militärischen Abschirmdienst weitergeleitet hatte.

Die Instruktion wurde erteilt, so die Erklärung des Leiters des FBI, weil man im Außenministerium befürchtete, »irgendeine irregeleitete gegen Castro arbeitende Gruppe könnte Kapital aus der gegenwärtigen Situation schlagen und auf eigene Faust gegen Kuba losschlagen, in der Annahme, Präsident John F. Kennedys Ermordung bedeute eine Änderung der Politik der Vereinigten Staaten – was nicht der Fall ist«. Hoover fährt fort:

> Von unseren mit kubanischen Angelegenheiten vertrauten Quellen und Informanten im Gebiet von Miami verlautet, daß unter den gegen Castro Eingestellten ganz allgemein erstaunte Ungläubigkeit herrscht sowie der Eindruck – und das gilt sogar für Menschen, die nicht in jeder Hinsicht mit der Kuba-Politik des Präsidenten einverstanden waren –, der Tod des Präsidenten bedeute nicht nur für die Vereinigten Staaten, sondern auch für ganz Lateinamerika einen unermeßlichen Verlust. Diesen Quellen ist nicht bekannt, daß jemand erwöge, auf eigene Faust gegen Kuba vorzugehen.
>
> Ein Informant, von dem schon früher zuverlässige Angaben kamen und der einer kleinen Castro-freundlichen Gruppe in Miami nahesteht, deren Mitglieder gleichwohl das Attentat bedauern, hat mitgeteilt, daß in jenen Kreisen die Besorgnis herrscht, die Ermordung des Präsidenten könne zu erheblichen repressiven Maßnahmen gegen sie führen.
>
> Die wesentlichen Punkte der voranstehenden Information wurden mündlich Mr. George Bush vom CIA mitgeteilt.

(Wir versuchten, William T. Forsyth aufzuspüren, erfuhren aber, daß er nicht mehr lebt. Er war nicht im Hauptquartier des FBI in Washington tätig. Seine bekannteste Aktion war die von ihm geleitete Untersuchung gegen Martin Luther King in der Abteilung des FBI zur Überwachung subversiver Aktivitäten. Alle Bemühungen, Captain Edwards Aufenthalt zu erkunden, waren bis Redaktionsschluß fruchtlos geblieben.)

In *Blick nach Vorn,* der gemeinsam mit Victor Gold verfaßten und 1987 bei Doubleday erschienenen Autobiographie, umgibt Vizepräsident Bush sein Tun Anfang der sechziger Jahre, als er an der Spitze des Unternehmens Zapata Off-Shore Company mit Firmensitz in Houston stand, mit dem Schleier des Geheimnisvollen. (»Wer vor der Küste Öl fördert«, schreibt er, »muß viele Tage an oder auf dem Wasser zubringen, nicht nur im Golf von Mexiko, sondern auf Meeren und Ozeanen um die ganze Welt.«) Doch liefert Bushs 1972 in *Current Biography* erschienenes Profil mehr Einzelheiten über das, was er in jenen Jahren tat: »Bush reiste durch die ganze Welt, um die Dienstleistungen seiner Firma auf dem Gebiet der Ölförderung zu vermarkten. Unter seiner Leitung wurde Zapata zu einem in Lateinamerika, der Karibik, dem Mittleren Osten, Japan, Australien und Westeuropa tätigen Konzern mit einem Wert von vielen Millionen Dollar.« Wenn man dem folgt, was Nicholas King in *George Bush: A Biography* schreibt, konzentrierte sich Zapata Anfang der sechziger Jahre auf die Karibik und die Küsten vor Südamerika. Diese Angabe paßt gut zu dem vorliegenden Material über Bushs frühe Tätigkeit für den CIA.

Hoovers Denkschrift läßt sich nicht entnehmen, welche Aufgaben Bush 1963 für diesen Nachrichtendienst erfüllte (beispielsweise, ob er als Mitarbeiter oder lediglich als Zuträger tätig war). Doch sagte die Geheimdienstquelle (die betreffende Person arbeitete Ende der fünfziger Jahre und die gesamten sechziger Jahre hindurch für den CIA) mit Bezug auf den Vizepräsidenten: »Ich weiß, daß er an Aktionen in der Karibik beteiligt war. Ich weiß, daß er mit der Unterdrückung von Verschiedenem nach dem Mord an Kennedy zu tun hatte: Es gab eine ganz konkrete Befürchtung, daß einzelne kubanische Gruppen gegen Castro losschlagen und versuchen würden, die Schuld daran dem CIA zuzuschieben.«

Senator Frank Church, Vorsitzender des Kongreß-Sonderausschusses über Nachrichtendienste, reagierte auf William Colbys 1975 erfolgte Entlassung als Leiter des CIA und Bushs Ernennung zu seinem Nachfolger anfänglich damit, daß er sich beklagte, dieser Schachzug gehöre zu einem Plan Präsident Fords (der einst der Warren-Kommission angehörte), und dieser wolle damit die nahezu beendete Untersuchung des Church-Ausschusses von Mordkomplotten des CIA behindern. Colby arbeitete dem Ausschuß in die Hände, während Ford die Sache vergebens geheimzuhalten versuchte.

Elegant überspringt Bush in seiner Autobiographie die frühen sechziger Jahre und liefert zusammenhängende Angaben erst wieder für die Jahre 1963 bis 1964. Damals trat er als Vorsitzender der Republikanischen Partei in Harris County, Texas, im öffentlichen Leben in Erscheinung. Im Jahre 1964 kandidierte er ohne Erfolg gegen den Amtsinhaber Ralph Yarborough von der Demokratischen Partei für den Senat, gab 1966 das Ölgeschäft auf und wurde von Houston aus für den Kongreß nominiert und gewählt, dem er zwei Legislaturperioden angehörte, bis er 1970 gegen Lloyd Bentsen verlor, der in den Vorwahlen Yarborough geschlagen hatte. Dieser erklärte, als man ihn vor einiger Zeit nach Bushs frühen CIA-Verbindungen fragte: »Ich habe nie etwas darüber gehört. Es verwundert mich aber nicht. Verwundert hat mich, daß man ihn zum Leiter des CIA gemacht hat – wie konnte man das, wenn er über keinerlei Kenntnisse oder Erfahrungen verfügte?« Hoovers Denkschrift »erklärt mir etwas, was mir stets unklar war. Einen ausgebildeten CIA-Mann in das Amt einzusetzen, jemanden, der Erfahrung hat, ist sinnvoll«.

Bushs 1975 erfolgte Ernennung zum Leiter des CIA wurde in weiten Kreisen kritisiert, weil man, wie Bush schreibt, »Bill Colby, einen Fachmann auf dem Gebiet der Nachrichtendienste, durch einen Außenseiter ersetzt hat, einen Nicht-Fachmann – der zu allem Überfluß Politiker war«. Senator Church kommentierte: »Es sieht ganz so aus, als benutze das Weiße Haus diese wichtige Position lediglich als Durchgangsstation, von der aus man ihn im nächsten Jahr als Mitbewerber für das Amt des Vizepräsidenten präsentieren will.« Er sprach sich gegen die Ernennung aus und sagte, er sehe »keinen besonderen Grund, warum man (Bush) als qualifiziert für die Aufgabe ansehen sollte«. Bush selbst nannte seine Ernennung »einen echten Schock«. In seiner Autobiographie erläutert er: »Ich war mit gewissen allgemeinen Kenntnissen über das Funktionieren des CIA dorthingekommen.« Was er in dem Buch über seine »Auslandskontakte als Geschäftsmann« schreibt, die angeblich dazu beitrugen, ihn für die umstrittene Ernennung durch Präsident Nixon als Botschafter der Vereinten Nationen zu qualifizieren, könnte sich auch auf eine frühere Erfahrung im CIA beziehen. Agenten tarnen sich häufig als Geschäftsleute. Auch sind Geschäftsleute als Informanten des Nachrichtendienstes aufgetreten und haben dabei auf ihren Reisen gewonnene Erkenntnisse weitergegeben.

Bushs Beziehungen zum CIA könnten ein neues Licht auf seine Kenntnis der Finanzierungsquellen und Nachschuboperationen der Contras wie auch auf seine angebliche Kenntnis des Drogenschmuggels der Contras sowie der Aktivitäten General Noriegas werfen.

Erwähnenswert ist in diesem Zusammenhang, wie Leslie Cockburn in *Out of Control* schreibt, daß »die gegen Castro operierende Arbeitsgruppe des CIA in Florida schon 1963 die Aufmerksamkeit auf ihre Drogenschmuggel-Aktivitäten« lenkte, und daß Felix Rodriguez – der »CIA- Zögling«, der Che Guevaras Armbanduhr trug und George Bush zu seinen Freunden zählte – »angeblich derjenige war, der eine Zahlung von zehn Millionen Dollar durch das kolumbianische Kokainkartell an die Contras vermittelte.

»Will das amerikanische Volk tatsächlich einen ehemaligen Chef des CIA zum Präsidenten wählen?« fragte Tom Wicker am 29. April in der *New York Times*. »Bisher hat man diesen Punkt kaum behandelt, aber es scheint auf der Hand zu liegen, daß ein CIA-Direktor die Art von ›schwarzen‹ Geheimnissen kennt, durch die er später – als jemand, der im Öffentlichen Leben steht – erpreßbar wird. Käme einer der früheren Leiter des Nachrichtendienstes ins Weiße Haus, müßte das bei dem Ruf, den der CIA im Zusammenhang mit geheimen Interventionen und politischer Einmischung auf der ganzen Welt hat, außerdem dazu führen, daß man einem solchen Präsidenten in vielen Ländern mit Mißtrauen und Argwohn begegnete – und dazu gäbe es wohl auch allen Grund.«

Es war symptomatisch, daß George Bush bei seiner Vereidigung als Chef des CIA 1976 erklärte: »Ich bin entschlossen, alles zu schützen, was geheim bleiben muß, und noch entschlossener bin ich, meine Hand über all die selbstlosen und patriotischen Menschen zu halten, die ihrem Land voller Hingabe dienen, wobei sie häufig ihr Leben aufs Spiel setzen, nur damit manche, denen es darum zu tun ist, diesen Nachrichtendienst zu zerstören, ihre Namen der Öffentlichkeit preisgeben.«

Der Verhaltenskodex des CIA ist Bush in Fleisch und Blut übergegangen, und möglicherweise hält er sich für verpflichtet, einen Schleier des Geheimnisses über das zu breiten, was er Anfang der sechziger Jahre getan hat. Doch hat er jetzt, da er für das höchste Amt Amerikas kandidiert, dem Volk gegenüber eine höhere Pflicht, nämlich die der Ehrlichkeit. Sofern der Mann, der Präsident werden möchte, schon seit langem an geheimdienstlichen Aktivitäten beteiligt ist, haben die Menschen ein Recht darauf, das zu erfahren. Bisher war Bush nicht bereit, eine solche Verstrickung offen zu bestreiten. Entweder führt er uns absichtlich in die Irre, oder er ist das Opfer einer Namensverwechslung. Sofern letzteres zutrifft, ist es seine oder Präsident Reagans Aufgabe anzuordnen, daß die Gnome von Langley die Personalunterlagen jenes anderen George Bush offenlegen. Die Forderungen der nationalen Sicherheit verblassen neben dem alles überragenden nationalen Interesse, die Wahrheit zu erfahren.

The Nation-Artikel von Joseph McBride, August 1988

WO WAR GEORGE?

Ja, wo war George? Die Berichte, Vizepräsident George Bush habe 1963 mit dem CIA zu tun gehabt, werden immer sonderbarer. In einem Artikel der Zeitschrift *The Nation,* Ausgabe vom 16./23. Juli, [»›George Bush‹, Mitarbeiter des CIA«] berichtete ich über die Entdeckung einer von J. Edgar Hoover, damals Leiter des FBI, verfaßten Denkschrift. In ihr heißt es, man habe »George Bush vom CIA« am 23. November 1963 darüber instruiert, wie die gegen Castro eingestellten kubanischen Exilanten in Miami auf Präsident John F. Kennedys Ermordung reagierten.

Nach Erscheinen dieses Artikels verbreitete der CIA die Meldung, bei dem in der Denkschrift genannten George Bush handele es sich nicht um den Vizepräsidenten George Herbert Walker Bush, sondern um George William Bush, der 1963-1964 für den Nachrichtendienst gearbeitet habe. Obwohl dieser Nachrichtendienst behauptete, dessen gegenwärtiger Aufenthalt sei unbekannt, gelang es mir, George William Bush aufzustöbern. Er teilte mir mit, daß er zu jener Zeit als Küsten- und Landungsstrandspezialist für den Nachrichtendienst gearbeitet und den Rang GS-5 bekleidet habe, aber 1963 mit Sicherheit *nicht* die FBI-Instruktion erhalten habe, um die es geht.

Wie in meinem Artikel berichtet, bestritt Vizepräsident George Bush durch seinen Sprecher Stephen Hart, daß er der Mann sei, auf den sich die Denkschrift bezieht. »Ich lebte damals in Houston und war in der Ölförderung tätig. Außerdem habe ich Ende 1963 für den Senat kandidiert. Ich habe keine Ahnung, wovon er redet.« Hart fügte hinzu: »Das ist bestimmt ein anderer George Bush.« Als ich mich beim CIA zum erstenmal erkundigte, was man dort von Harts Theorie hielt, berief man sich auf das übliche Verfahren, dergleichen weder zu bestätigen noch zu dementieren.

Doch nachdem der in *The Nation* erschienene Bericht in den Medien ein weithin hallendes Echo gefunden hatte, überlegte man es sich beim CIA offenbar anders. Am 19. Juli teilte die Sprecherin des Nachrichtendienstes, Sharon Basso, der Nachrichtenagentur Associated Press mit, Hoovers Denkschrift beziehe sich »allem Anschein nach« auf George William Bush, der 1963 im CIA-Hauptquartier als Wachmann beschäftigt gewesen sei, eine Position, in der jemand »ohne weiteres einen solchen FBI-Bericht bekommen konnte«. Sie erklärte, jener George Bush habe den CIA 1964 verlassen und sei zum militärischen Abschirmdienst gegangen. Warum brach man beim CIA mit der lange geübten Praxis, »weder zu bestätigen noch zu dementieren«? Sharon Basso sagte, der Nachrichtendienst vertrete die Ansicht, »daß die Sache geklärt werden« müsse. Ein anderer offizieller Vertreter des CIA teilte der AP mit: »Wir geben uns in der Angelegenheit wirklich große Mühe.«

In Wahrheit muß man die jüngste Mitteilung des CIA weniger als Versuch der Klärung und eher als strategisches Verdunkelungsmanöver ansehen. Hart aus dem Büro des Vizepräsidenten leitete dieselben Angaben an Sarah Perl von *The Nation* weiter. Sie und ich riefen beim militärischen Abschirmdienst an, und ein Sprecher dort bestätigte, daß George William Bush zwischen Februar 1964 und Juli 1965 in jener Organisation tätig gewesen sei und dieselben Aufgaben ausgeführt habe wie beim CIA. Im Klartext dürfte das heißen, daß er dort als nicht der Truppe eingegliederter ziviler Nachforschungsspezialist der Regierung tätig war. Entlassen wurde er im Rang GS-7. Als seine letzte bekannte Anschrift nannte man uns Cambridge Road 401 in Alexandria im Staate Virginia. Eine Überprüfung alter Adreßbücher von Alexandria zeigte, daß 1964 und in den darauf folgenden Jahren unter der angegebenen Anschrift ein George W. Bush »Ang. US-Reg.« gemeldet war und er das Haus gemeinsam mit Chester K. Bush von der US-Armee bewohnt hatte. Aus dem neuesten Adreßbuch der Stadt ergab sich, daß das Haus einem Colonel Bush und seiner Frau Alice gehört und im Februar dieses Jahres ein unter dieser Anschrift wohnhafter George William Bush seine Kraftfahrzeugsteuer bei der Stadt bezahlt hat.

Ich rief Colonel Bush an und erfuhr, daß er George William Bushs Vater ist. Er bestätigte, daß sein Sohn für den CIA gearbeitet hatte und noch im Hause lebte, sagte aber, er könne nicht ans Telefon kommen, da er krank sei. Er legte mir nahe, am nächsten Abend noch einmal anzurufen. Das tat ich und sprach bei dieser Gelegenheit mit George William Bush. Er ist neunundvierzig Jahre alt und Sachbearbeiter beim Sozialamt. Auf meine Frage teilte er mir mit, daß er 1963 bis 1964 etwa ein halbes Jahr für den CIA gearbeitet hatte. Als ich ihm Hoovers Denkschrift über die Instruktion durch das FBI vorlas, fragte er: »Ist das der andere George Bush?«

Er erklärte, während seiner Arbeit für den CIA nie Instruktionen von anderen Geheim- oder Nachrichtendiensten bekommen zu haben, denn er sei »lediglich ein untergeordneter Spezialist für Nachforschungen und Analysen« gewesen und habe ausschließlich mit Dokumenten und Fotos zu tun gehabt. Er sagte, er kenne »keinen von den beiden anderen«, über die es in der Denkschrift heißt, daß sie ebenfalls instruiert wurden, nämlich William T. Forsyth vom FBI und Captain William Edwards vom militärischen Abschirmdienst. »Dann kann ich es also nicht gewesen sein«, sagte er.

Bush erklärte, er habe die Arbeit beim CIA aufgegeben, weil man ihm eine besserbezahlte und gehobene Position im militärischen Abschirmdienst angeboten habe, wo er geblieben sei, bis er im Januar 1961 zur Sozialverwaltung wechselte. Er zeigte sich »ein wenig erstaunt, wenn auch nicht unbedingt überrascht« davon, daß CIA und militärischer Abschirmdienst seine Tätigkeit für diese Stellen bekanntgegeben hatten. »Ich wußte nicht, daß die das dürfen«, sagte er. »Jedenfalls haben sie mir vorher nichts davon gesagt.« Er erklärte, daß er den in *The Nation* erschienenen Bericht über Vizepräsident Bushs angebliche Verbindungen zum CIA aus dem Jahr 1963 nicht kenne.

Es gab eine geringfügige Nicht-Übereinstimmung im Bericht dieses George Bush über seinen Hintergrund. Während er mir erklärte, er sei 1968 unmittelbar vom militärischen Abschirmdienst zum Sozialamt übergewechselt, nennt das Adreßbuch von Alexandria für das Jahr 1967 als seinen Beruf »Sozialarbeiter bei der Stadt«. Als ich Bush nach dieser Anstellung fragte, erklärte er, er habe dort »etwa ein Jahr« gearbeitet, bevor er für die Sozialbehörde tätig wurde. Aus den Personalunterlagen der Stadt ergibt sich, daß ihn die Abteilung Öffentliche Wohlfahrt der Stadtverwaltung Alexandria zur Ausbildung als Sozialarbeiter am 2. August 1965 aufnahm, ihn am 10. August 1966 als Sozialarbeiter anstellte und er am 12. Januar 1968 ausschied. Die Sozialbehörde bestätigte, daß Bush gegenwärtig in ihrer Zweigstelle in Arlington, Virginia, tätig ist, und auch andere Angaben Bushs ließen sich nachprüfen. Er teilte mir mit, er habe, bevor er zum CIA ging, in Honolulu gewohnt, wo sein Vater stationiert war, dort die Universität von Hawaii besucht und bei der in Honolulu für soziale Dienste und Wohnungswesen zuständigen Behörde gearbeitet. Im Adreßbuch von Stadt Honolulu für die Jahre 1962 bis 1963 ist Chester K. Bush als »Ang. US-ARPAC« unter der Anschrift Koloa Street 1172 angeführt, und Personalunterlagen der Stadt Honolulu bestätigen, daß George William Bush unter jener Anschrift wohnhaft gemeldet war, während er 1963 einige Monate lang zum Sozialarbeiter ausgebildet wurde. Die Unterlagen des Immatrikulationsbüros der Universität Hawaii zeigen, daß er dort von Herbst 1959 bis Sommer 1961 studierte und sein Studium am 1. September 1961 mit dem untersten akademischen Grad in

Geschichte abschloß. Auch die Altersangaben, die er mir machte, deckten sich mit dem, was die Überprüfung ergab. Den Unterlagen der Schule zufolge war er am 18. Mai 1939 in White Plains im Staat New York zur Welt gekommen.

In der Welt der Nachrichtendienste, in der es zugeht wie in *Alice im Wunderland,* muß man immerzu damit rechnen, daß jemand nicht der ist, als der er sich ausgibt. Außerdem ist da noch die Abweichung bei Bushs Tätigkeit als Sozialarbeiter, für die es aber eine gänzlich harmlose Erklärung geben könnte. Auf meine Bitte hin rief Victor Navasky, der Herausgeber von *The Nation,* noch einmal bei Bush an und ließ ihn seinen Bericht über seine Tätigkeit für den CIA im Jahr 1963-1964 sowie seine Aussage wiederholen, daß er nicht der in der FBI-Denkschrift Genannte sei.

Warum hat der CIA behauptet, George William sei der fragliche Bush gewesen, ohne ihn zuvor aufzusuchen? Warum berichteten die Medien die Version des Nachrichtendienstes, ohne in der Sache weiter zu recherchieren? Und wo hielt sich Vizepräsident George Herbert Walker Bush am 23. November 1963 auf? Sofern er damals für den CIA tätig war, warum hat er uns das nicht gesagt?

Joseph NcBride, dessen Nachforschungen durch den Fonds für Kritischen Journalismus und Wesentliche Informationen unterstützt wurden, dankt für die ihm durch Ruth O'Hara und Timothy D. McBride gewährte Unterstützung.

Vorbemerkung

Präsident Kennedy hatte klargemacht, daß spätestens bis Ende 1964 alle Amerikaner aus Vietnam abgezogen würden. Die nachstehenden Auszüge aus drei Erklärungen seines Nachfolgers Lyndon B. Johnson ließen erkennen, daß die neue Regierung der von Kennedy betriebenen Politik des Abzugs aus jenem Lande entgegenarbeitete. Am 18. Mai 1964 bestätigte Johnson, daß sich dort 16 000 Amerikaner aufhielten, und erklärte am 28. Juli 1965, er habe an jenem Tag die Zahl der in Vietnam stationierten amerikanischen Streitkräfte von 75 000 auf 125 000 erhöht. Am 23. Februar 1966 teilte er mit, seit Anfang des Vorjahres seien 200 000 weitere Soldaten dorthin in Marsch gesetzt worden. Bis jener Krieg zu Ende ging, hatten mehr als doppelt so viele in Vietnam gedient. Nachstehende Texte wurden als *Dokumente über die außenpolitischen Beziehungen* Amerikas gedruckt und erschienen für die Jahre 1964, 1965 und 1966 im Auftrag des Rates für Auslandsbeziehungen im Verlag Harper and Row.

Erklärung Lyndon B. Johnsons, Juli 1965*

»WIR WERDEN IN VIETNAM NICHT WEICHEN«

Liebe Mitbürger: Vor gar nicht langer Zeit bekam ich von einer Frau aus dem Mittleren Westen einen Brief, in dem es heißt:

> Sehr geehrter Herr Präsident:
> Ich schreibe Ihnen ganz bescheiden über die Krise in Vietnam. Ich habe einen Sohn, der jetzt dort steht. Mein Mann hat im Zweiten Weltkrieg gedient. Unser Land war im Krieg, aber jetzt, diesmal, geht es um etwas, das ich nicht verstehe. Warum?

Nun, ich habe Dutzende von Malen und noch öfter in praktisch jedem Staat dieses Landes eine Antwort auf diese Frage zu geben versucht. Ausführlich habe ich das im April in Baltimore, im Mai in Washington und im Juni in San Francisco getan. Jetzt, hier in meinem Amtszimmer im Weißen Haus, möchte ich erneut darauf zu sprechen kommen.

Warum müssen junge Amerikaner, die in ein Land voller Hoffnung und goldener Zukunftsaussichten geboren wurden, in einem so fernen und fremden Land Schmerzen und Beschwernisse ertragen, warum müssen manche von ihnen ihr Leben lassen?

Eine einfache Erwiderung darauf ist ebensowenig möglich, wie sich der Krieg selbst leicht erklären läßt, aber die Antwort ergibt sich deutlich aus den bitteren Lektionen eines halben Jahrhunderts. Dreimal im Lauf meines Lebens mußten Amerikaner in entlegenen Ländern für die Freiheit kämpfen, in zwei Weltkriegen und in Korea. Es hat uns einen entsetzlich hohen Preis gekostet zu lernen, daß Rückzug keine Sicherheit bietet und Schwäche keinen Frieden bringt.

* Der Text stammt aus dem Bulletin des US-Außenministeriums vom 16. August 1965 (*Department of State Bulletin*, pp. 262–265). Weiteres Material in diesem Zusammenhang findet sich in *The United States in World Affairs*, 1965, pp. 231-232.

Diese Lektion hat uns Vietnam gelehrt. Hier geht es um einen gänzlich andersgearteten Krieg. Er wird von Nord-Vietnam geführt und von Rotchina gefördert. Sein Ziel ist die Eroberung des Südens, die Zerschlagung der Macht Amerikas und die Ausbreitung der Herrschaft des Kommunismus in Asien.

Großes steht auf dem Spiel.

Die Mehrzahl der nicht-kommunistischen Länder Asiens vermag aus eigener Kraft der wachsenden Macht und dem immer noch zunehmenden Vormachtstreben des Kommunismus auf jenem Kontinent nichts entgegenzusetzen.

Daher ist unsere Macht ein äußerst wichtiger Schutzschild. Wenn wir uns aus Vietnam vertreiben lassen, kann kein Volk je wieder dasselbe Vertrauen wie früher zu den Versprechungen Amerikas oder zum Schutz durch Amerika haben.

In jedem Land würden die Kräfte, die zur Unabhängigkeit drängen, deutlich geschwächt, und es steht außer Zweifel, daß ein von der Vorherrschaft der Kommunisten bedrohtes Asien die Sicherheit der Vereinigten Staaten selbst gefährden würde.

Wir haben uns nicht nach der Rolle des Wächters am Tor gedrängt, aber einen anderen gibt es dafür nicht.

Auch würde es nicht zum Frieden führen, wenn wir in Vietnam nicht standhielten. Eines haben wir daraus gelernt, daß man Hitler in München nachgab: Das Gelingen solcher Vorhaben stachelt die Angriffslust noch an. Die Schlacht würde erst in einem und dann in einem anderen Land neu entbrennen, und der Zusammenstoß, zu dem es dabei käme, wäre unter Umständen noch weitreichender und grausamer als jene, die wir aus den Lektionen der Geschichte kennen.

Verstärkte Kampfkraft der Vereinigten Staaten

Wie sehen unsere Ziele in jenem vom Krieg heimgesuchten Land aus?

Erstens: Wir beabsichtigen, die Kommunisten davon zu überzeugen, daß man uns nicht mit Waffengewalt oder durch zahlenmäßig überlegene Kräfte besiegen kann. Sie lassen sich nicht leicht überzeugen. In den letzten Monaten haben sie die Zahl ihrer Streitkräfte, ihrer Angriffe und Übergriffe deutlich erhöht. Ich habe den Kommandierenden General, [William C.] Westmoreland, gefragt, was er braucht, um dieser zunehmenden Angriffslust entgegenzutreten. Er hat es mir gesagt. Wir werden ihm geben, wessen er bedarf.

Ich habe heute die mobile Luftdivision sowie gewisse andere Streitkräfte nach Vietnam in Marsch gesetzt, was unsere Kampfkraft nahezu von einem Augenblick auf den anderen von 72 000 auf 125000 Mann steigert. Zusätzliche Streitkräfte werden später erforderlich sein, und man wird sie zum erforderlichen Zeitpunkt in Marsch setzen. Um das zu bewerkstelligen, wird man für einen gewissen Zeitraum die Zahl der Aushebungen von monatlich 17 000 auf 25 000 heraufsetzen und unsere Kampagne zur Werbung von Freiwilligen verstärken müssen.

*BOTSCHAFT AN DEN KONGRESS, 18. MAI 1964**

DER PRÄSIDENT DRÄNGT AUF VERSTÄRKTE HILFE DURCH DIE VEREINIGTEN STAATEN

Im Januar habe ich in meiner Etatrede vor dem Kongreß darauf hingewiesen, daß in jenem Etat kein Posten für größere neuere Anforderungen vorgesehen war, wie sie im Laufe der Zeit im Zusammenhang mit unserem Verteidigungs- und Entwicklungsprogramm auf Gegenseitigkeit erforderlich werden könnten. Ich sagte zu jener Zeit, daß ich mich sofort an den Kongreß wenden würde, um solche zusätzlichen Mittel anzufordern, sobald die Notwendigkeit dafür eintritt.

Diese Notwendigkeit hat sich in Vietnam ergeben. Ich fordere nunmehr den Kongreß auf, zusätzlich zu den für Auslandshilfe eingeplanten 3,4 Milliarden Dollar weitere 125 Millionen zur Verfügung zu stellen. 70 Millionen davon werden für Wirtschaftshilfe und 55 Millionen Dollar für eine militärische Verwendung in Vietnam benötigt.

Seit der Etat für 1965 erstellt wurde, sind in Vietnam zwei wichtige Veränderungen eingetreten:

Erstens haben die Guerillas des Vietkong im Auftrag ihrer kommunistischen Herren im Norden die Terroraktionen gegen das fried-

* Dokument des Kongresses 307 (House Document 307, 88. Kong. 2. Sitzung; Text aus *Department of State Bulletin*, 8. Juni 1964, pp. 891–898.

liche Volk von Süd-Vietnam intensiviert. Diese Verschärfung des Terrorismus erfordert eine verschärfte Reaktion.

Zweitens ist unter Premierminister [Nguyen] Khan eine neue Regierung an die Macht gekommen, mit neuer Energie und neuer Führungskraft. Von ihr dürfen wir uns wirksame Aktionen erhoffen, und ich teile mit dem Botschafter (Henry Cabot) Lodge die Überzeugung, daß sie eine erfolgreiche Kampagne gegen den Kommunismus zu führen vermag.

Im März erklärte Premierminister Khan die Absicht, sein Volk zu mobilisieren. Diese Absicht wurde jetzt durch seinen neuen und vergrößerten Etat für das Jahr 1964 unterstrichen. Er sieht vor:

> Eine Vergrößerung der vietnamesischen Armee, Bereitschaftspolizei und Polizeikräfte sowie eine Koordination von deren Vorgehen mit politischen, wirtschaftlichen und gesellschaftlichen Maßnahmen in einer systematischen Kampagne, die darauf abzielt, das Terrain zu säubern und sauberzuhalten.
>
> Eine bedeutende Erweiterung und Verbesserung der vietnamesischen Zivilverwaltung, mit dem Ziel, die Wirksamkeit der Regierungsmaßnahmen und ihrer Dienstleistungen auf der Ebene der Dörfer, der Bezirke und der Provinzen zu erhöhen. Die Funktionsfähigkeit von Gemeindeverwaltungen und ihre Reaktion auf die Bedürfnisse der Bevölkerung sowie Initiativen sollen verstärkt werden.
>
> Eine bessere Entlohnung der Männer und ein angemessenes Budget für die an diesem Mehrfrontenkampf beteiligten Organisationen.
>
> Eine mannigfaltige Erweiterung von Ausbildungsprogrammen, mit deren Hilfe man Lehrer, Hilfskräfte im Gesundheitswesen sowie Fachkräfte auf dem Gebiet der Landwirtschaft, des Finanzwesens und der Verwaltung in die ländlichen Gebiete bringen kann.

Diese und weitere Maßnahmen werden, sofern man sie unverzüglich durchführt, eine Erhöhung von etwa vierzig Prozent in Vietnams Inlandsetat gegenüber dem Stand von 1965 erfordern – eine weit größere Steigerung der vietnamesischen Bemühungen, als man bei den im Januar vorgelegten Hilfsplänen angenommen hatte. Unter den gegenwärtigen Umständen kann Vietnam sein Finanzaufkommen aus eigener Kraft nicht im nötigen Maßstab steigern. Eine umfangreiche Inflation als Ergebnis eines Haushaltsdefizits würde sowohl die politische als auch die wirtschaftliche Stabilität gefährden, es sei denn, man würde ausgleichende finanzielle Maßnahmen ergreifen. Wir erwarten, daß die Regierung Vietnams alle erdenklichen Maßnahmen der Selbsthilfe nutzt, um dieser Schwierigkeiten intern Herr zu werden, doch wird auch eine beträchtliche Steigerung der Wirtschaftshilfe erforderlich sein. Wir müssen uns an den gestiegenen Kosten für die deutlich verstärkten vietnamesischen Bemühungen beteiligen.

Unsere eher unmittelbar wirkende Unterstützung der erweiterten militärischen und zivilen Operationen Vietnams muß außerdem mit der verstärkten Bemühung der Regierung jenes Landes Schritt halten. Auf der zivilen Seite – durch das von der Behörde für internationale Entwicklung ins Leben gerufene Programm zur Unterdrückung von Aufruhr – bedeutet das mehr Dünger, mehr medizinische Hilfsgüter und mehr Dienstleistungen, außerdem mehr Material für den Ersatz des durch Kriegseinwirkung beschädigten rollenden Materials der vietnamesischen Eisenbahn sowie Reparaturen daran, Baumaterial, Lehr- und Lernmaterial für Schulen, Material und Arbeitstrupps für den Brunnenbau, damit die Wasserversorgung von Dorfbewohnern sichergestellt wird, und vergrößerte Beraterstäbe in den Provinzen.

Auf der militärischen und paramilitärischen Ebene werden in dem Maße, wie sich Aufbau und Funktion der Streitkräfte verbessern, zusätzliche Ausrüstungen, Munition, Ausbildung und Versorgungsgüter benötigt. Weitere Flugzeuge, eine verstärkte Ausbildung vietnamesischer Piloten sowie Verbesserungen an den Flugplätzen sind erforderlich. Eine intensivere militärische Aktivität verlangt zusätzliche Munition. Alle Streitkräfte brauchen weitere unterstützende Ausrüstung.

Die von Vietnams neuer Regierung getroffene nachdrückliche Entscheidung, sämtliche Hilfsquellen des Landes aufzubieten, verdient unsere größtmögliche Unterstützung, und die Steigerung des kommunistischen Terrors macht sie unabdingbar. Mit unseren

Worten und Taten haben wir uns in einem Jahrzehnt entschlossener Anstrengung vor aller Welt verpflichtet, dem freien Volk von Vietnam zur Seite zu stehen. Sechzehntausend Amerikaner dienen unserem Lande und der Bevölkerung von Vietnam. Tag für Tag sehen sie im Dienste der Freiheit der Gefahr ins Auge. Die Pflicht gebietet und das amerikanische Volk verlangt, daß wir ihnen die größtmögliche Unterstützung angedeihen lassen.

Wir haben den gesamten Etat für gegenseitige Verteidigungs- und Entwicklungsprogramme erneut überarbeitet, um festzustellen, ob sich die zusätzlichen Anforderungen darin unterbringen lassen. Das ist nicht der Fall. Es ist sogar möglich, daß in jüngerer Zeit eingetretene Ereignisse in Brasilien und andernorts die ursprünglichen Ansätze für Wirtschaftsprogramme noch einmal hinaufschrauben. Militärische Programme wurden bereits auf das absolute Minimum beschnitten. Wir können auf die neue Situation in Vietnam nicht im Rahmen des ursprünglichen Etatansatzes reagieren, wenn wir nicht unannehmbare Gefahren für unsere anderen grundlegenden Sicherheitsinteressen auf uns nehmen wollen.

*ANSPRACHE JOHNSONS BEI DER ENTGEGENNAHME DER NATIONALEN FREIHEITSMEDAILLE NEW YORK, 23. FEBRUAR 1966**

FESTLEGUNG DER AMERIKANISCHEN VERPFLICHTUNG

Heute abend stehen in Vietnam über 200 000 unserer jungen Landsleute im Kampf um Ihre Freiheit. Heute abend zeigt sich unser Volk entschlossen, nicht nur dafür zu sorgen, daß diesen Männern jede Hilfe zuteil wird, die sie brauchen, sondern auch dafür, daß ihre Sache, die zugleich die unsere ist, unterstützt wird.

Doch hat man in den letzten Tagen auch gefragt, was wir in Vietnam tun. Auf diese Fragen wurden so unüberhörbar und unmißverständlich Antworten erteilt, daß jeder Bürger das mitbekommen konnte. Diskussionen vermögen Amerikas Stärke keinesfalls zu

* Text aus *Weekly Compilation of Presidential Documents* (wöchentliche Zusammenstellung von Dokumenten des Präsidialamtes), 28. Februar 1966, S. 253–261. Weiteres Material in diesem Zusammenhang ist in *The United States in World Affairs*, 1966, S. 40-41, enthalten.

untergraben, und wir kennen keine bessere oder stärkere Überlieferung als die der offenen und freien Debatte in Stunden der Gefahr. Mit Macaulay sind wir überzeugt: Die beste Lösung einer strittigen Frage besteht darin, daß man frei über sie spricht.

Wir sind vereint in der Verantwortung, die wir der freien Diskussion gegenüber empfinden. Ebenso vereint sind wir in unserer Entschlossenheit, daß kein Feind, wo auch immer er stehen mag, je unsere Auseinandersetzungen für Unentschlossenheit oder unsere Debatten für Schwäche halten soll.

Wie aber sehen die Fragen aus, die nach wie vor gestellt werden?

Erstens fragen manche, ob es sich hier um einen Krieg mit grenzenlosen Zielen handelt. Die Antwort ist einfach; sie heißt Nein. Es ist unser Ziel in Vietnam, den Erfolg einer Aggression zu verhindern. Weder geht es um Eroberung, noch um die Verfolgung imperialistischer Ziele, und es geht auch nicht um Stützpunkte auf ausländischem Boden oder um Herrschaft.

Einfach gesagt, geht es darum zu verhindern, daß Nord-Vietnam den Süden des Landes mit Waffengewalt erobert.

Zweitens fragen manche, ob wir in einer blinden Eskalation der Macht befangen seien, die uns immer mehr zu einem immer ausgedehnteren Krieg hinzieht, den niemand wünscht. Wieder ist die Antwort ein schlichtes Nein. Wir wenden so viel Kraft auf, wie unerläßlich ist, um dieser Aggression Einhalt zu gebieten, und nicht mehr. Unsere Soldaten stehen in Vietnam, weil vor ihnen Zehntausende von Eindringlingen in den Süden geströmt waren. Die Zahl unserer Männer in Vietnam hat zugenommen, weil die Aggression der anderen in Vietnam zugenommen hat. Die hochgesteckten Hoffnungen des Aggressors wurden vermindert, und das Schlachtenglück hat sich gewendet. Unser maßvoller Einsatz militärischer Stärke wird und muß weitergehen. Aber dabei wird mit umsichtiger Entschlossenheit gehandelt, die, wie ich überzeugt bin, unter sorgfältiger Überwachung steht. Es gibt keine gedankenlose Eskalation, und es wird keine geben.

Andere fragen drittens, ob man unseren Soldaten die Hilfe verweigert, die sie brauchen. Wieder ist und bleibt die Antwort ein laut hallendes Nein. Seit dem Frühjahr hat unser Militär 200 000 Männer über mehr als 15 000 Kilometer transportiert.

Diesen Männern steht alles zur Verfügung, was sie brauchen, um dem Aggressor die Stirn zu bieten, und es wird ihnen auch künftig zur Verfügung stehen. Sie haben im Kampf bereits Wunder gewirkt. Die Männer, die hinter ihnen stehen, haben Wunder der Logistik bewirkt, neue Häfen gebaut, weiteres Material transportiert und neue Straßen erschlossen.

Die amerikanischen Freiheits-Streitkräfte sind heute abend in Süd-Vietnam stark, und wir beabsichtigen, dafür zu sorgen, daß es dabei bleibt. Wie Sie wissen, stehen sie dort unter der Führung des brillanten und erfahrenen kommandierenden Generals William C. Westmoreland. Er weiß, worauf es im Krieg ankommt, und er unterstützt das Werk des Friedens. Wenn er sagt, daß weitere Amerikaner nötig sind, um den Männern zu helfen, die ihm unterstehen, werden seine Forderungen sogleich geprüft, und, wie ich dem Volk im Juli gesagt habe, sogleich erfüllt.

Dank

Die vergangenen achtundzwanzig Jahre habe ich nicht allein die Stellung gehalten. Hilfe, Rat, Ermutigung, Unterstützung und Beweismittel haben auch meine alten Verbündeten beigesteuert, aber auch viele Menschen, die ich damals noch nicht kannte und mit denen mich heute in vielen Fällen eine herzliche Freundschaft verbindet.

Nehmt dieses Buch, mein letztes Werk über den Tod des Präsidenten, als Gruß und Ehrenbezeugung.

Euch allen sage ich meinen Dank, Donald Freed, Dick Gregory, Ann Lane, Bertrand Russell, Lawrence und Pat Lane, Linus Pauling, Arnold Toynbee, Richard Sprague, Hugh Trevor-Roper, Arthur P. Cohen, Ted Gandolfo, Fletcher Prouty, Emile de Antonio, Paul McCartney, Steve Jaffe, Norman Mailer, Graham Hodges, Robert Tannenbaum, Shirley Martin, Cyril Wecht, Penn Jones, Dorothy Kilgallen, Willis Carto, Florence Kennedy, Jim Garrison und Jean Hill.

Insbesondere möchte ich unseren Abgeordneten im Kongreß meine Anerkennung aussprechen, die ihre Treue zur Verfassung bewiesen und einen politischen Beitrag zu dieser Sache lieferten: Richard Schweicker, Don Edwards, Henry B. Gonzales, Andrew Young, Bella Abzug, Richardson Preyer, Christopher Dodd, Herman Badillo, Mervyn Dymally und Mario Biaggi.

Ziemlich kurz ist die Liste der Angehörigen der vierten Macht im Staate, die über die Jahre ihren Grundsätzen treu geblieben sind und dafür gesorgt haben, daß der Tod ihres Präsidenten nicht in Vergessenheit geriet; angeführt wird sie von Peter Kihss von der *New York Times*, es folgen Richard Dudman von der *St. Louis Post Dispatch*, Joseph Trento vom *Wilmington News Journal* und Penn Jones vom *Midlothian Mirror.*

Danken will ich auch den früheren CIA-Beamten George O'Toole, John Stockwell, »Paul«, Phillip Agee und Victor Marchetti, den ehemaligen Spezialagenten des FBI Arthur Murtagh, William Turner und Wes S. sowie jenen aktiven CIA- und FBI-Beamten, die verständlicherweise darum gebeten haben, daß die öffentliche Anerkennung für den Dienst, den sie der Nation erweisen und erwiesen, aufgeschoben werde.

Als alle anderen nein sagten, aus Gründen, die, wie ich fürchte, weder ethischer noch ökonomischer Natur waren, sagten Neil Ortenberg und seine Thunder's Mouth Press ja. Nun agieren wir gemeinsam in Shakespeares »Donnermund« und werden sehen, ob, wie er versprach, unsere Leidenschaft die Welt erschüttert.

Register

Martin Luther King
Aufruf zum zivilen Ungehorsam
128 Seiten

Dieses Buch ist das Glaubensbekenntnis des amerikanischen Bürgerrechtlers, wie er es wenige Monate vor seinem Tod formuliert hat. Es ist zugleich sein Vermächtnis, nicht nur für Amerika, sondern für die ganze Welt.

John F. Kennedy
Zivilcourage
280 Seiten

»Kennedy wählt die Beispiele für Zivilcourage aus allen Epochen der amerikanischen Geschichte (...). Es sind keine Säulenheiligen (...). Alle aber sind sie dadurch hervorgetreten, daß sie wenigstens einmal in ihrem Leben in einer Grundsatzfrage (...) der Stimme ihres Gewissens mehr gefolgt sind als den Berechnungen der Opportunität, der Rücksichtnahme auf ihre Karriere.«
Iring Fetscher, DIE ZEIT

Bill Clinton, Al Gore
Weil es um die Menschen geht
Politik für ein neues Amerika
291 Seiten

Der neue Präsident der USA, Bill Clinton, und sein Stellvertreter Al Gore haben nach ungezählten Gesprächen mit der Bevölkerung vor der Präsidentschaftswahl ein Programm aufgestellt, das mehr ist als nur eine politische Linie.
So wird die Wahl zum historischen Einschnitt und Bill Clinton und Al Gore werden zu Hoffnungsträgern für ein ganzes Land.

Rolf Tophoven
Sterben für Allah
Die Schiiten und der Terrorismus
220 Seiten

Die Machtübernahme Khomeinis 1979 im Iran führte zu einer Renaissance des schiitischen Islam. Diese islamische Glaubensrichtung hat zwar wesentlich weniger Anhänger als der sunnitische Islam, operiert dafür aber weitaus radikaler. Khomeinis Herrschaft im Iran führte zur Entstehung jener fanatischen Terrorkommandos, die dem Ayatollah und seinen Lehren bedingungslos ergeben waren. Nach Khomeinis Tod hat sich an der Radikalität des schiitischen Terrorismus nichts geändert – vielmehr erlebt die arabische Welt vielerorts jetzt auch das Aufkeimen fanatischer sunnitischer Terrorgruppen.

Der international anerkannte Terrorismusexperte Rolf Tophoven enttarnt in diesem Buch das Terrornetz der Mullahs im Iran und Libanon. Neben kenntnisreicher Schilderung der Infrastruktur der einzelnen Kommandos zeichnet er farbige Porträts der charismatischen Führungsfiguren, deren Ruf zum »Heiligen Krieg« die Welt in Atem hält.
Ein fesselnder Bericht, der für die Taschenbuchausgabe erweitert und aktualisiert wurde.

Rolf Tophoven beschäftigt sich mit dem Terrorismus und der Guerilla seit über zwanzig Jahren. Er ist freier Mitarbeiter einiger großer Tages- und Wochenzeitungen, hat mehrere Bücher publiziert und ist stellvertretender Direktor des Instituts für Terrrorismusforschung in Bonn.

ECON Taschenbuch Verlag
Postfach 4 04 04 · 40474 Düsseldorf